개정판

신 법문서작성

범경철 · 손인혁 · 윤태석 · 이미현

Legal Writing

法 文 社

　신법문서작성의 개정판을 내게 되었습니다.

　개정판에서는 그동안 변경된 법령, 대법원 판례와 인용문헌의 내용을 반영하였고, 제7장 형사소송에서는 2022. 1. 1. 시행되는 검사작성의 피의자신문조서에 대한 증거능력 구비요건의 개정 형사소송법 취지도 반영하여 기존의 변호사시험 기출문제의 답안 작성 내용을 추가하였습니다. 나아가 법학전문대학원의 수업과정에 부합하지 않다고 생각되는 부분은 과감하게 축소·삭제하였습니다.

　담당 영역은 종전과 동일합니다.

2021년 8월

공동저자
범경철, 손인혁, 윤태석, 이미현 씀

서 문

　　기존의 권오봉, 권혁재, 김동호, 윤태석 공저의 법문서작성은 제4판 2쇄 발행으로서 종료되었다. 이제 다시 범경철, 손인혁, 윤태석, 이미현 공저의 신법문서작성을 출판하게 되었다.

　　법문서작성이 출판된 이래 세월이 많이 흘러 기존의 공저자 중 윤태석 외의 세 분은 학교에서 퇴직하는 등으로 더 이상 강의를 담당하지 않게 되었기에 새로운 저자가 참여하게 되었다.

　　전체적인 체계는 기존 공저자의 승낙하게 기존의 법문서작성을 그대로 유지하면서도 저자의 변경으로 대폭 변경되거나 전반적으로 내용을 보완한 부분이 있고, 저자의 변경이 없다고 하더라도 현재까지 변호사시험의 기출문제를 전부 반영하여 대폭 보완하였다.

　　신법문서작성이 출판됨에 있어 기존의 저자께 감사드리고 출판과정에 노고를 아끼지 않았던 법문사 담당자 특히 배은영님께도 감사드린다.

　　제1장, 제4장, 제7장은 윤태석, 제2장, 제3장, 제5장은 범경철, 제6장, 제8장은 손인혁, 제9장은 이미현 교수가 각각 담당하였음을 밝혀둔다.

2019년 8월

공동저자
범경철, 손인혁, 윤태석, 이미현 씀
(가나다順)

차 례

제3장　기타 민사소송 법문서

제4장 민사 보전소송 문서

제5장 가사소송

제6장　행정소송

제7장 형사소송

제8장 헌법소송

제9장　소송 외 문서

제 1 장

법문서작성 시 주의사항

제1장

법문서작성 시 주의사항

제1절 법문서의 특성

법문서는 크게 소장, 답변서·준비서면, 각종의 신청서, 고소장, 변론요지서, 판결서 등의 소송문서와 의뢰인과의 수임과정에서 작성하는 면담기록, 법률검토의견서, 계약서, 청구서 등의 소송 외 문서로 분류할 수 있다. 그 구체적인 종류와 작성방법에 대하여는 아래 각 장에서 자세히 살펴보겠지만, 이러한 문서들은 모두 사실을 분석하고 법적 쟁점과 법률적 판단을 적용하는 등 그 고유의 목적에 이바지하기 위하여 전문가인 법률가가 작성하는 법문서로서의 특성을 가지고 있다. 법문서의 법률문장을 구성함에 있어서 이러한 특성을 염두에 둔 법률언어를 사용하게 되고, 또한 그 전문적 영역에서 사용되는 관행 등이 있으므로, 우리말의 어문규정 외에 이에 대하여도 익혀두어야 한다. 아래에서는 이러한 법문서작성 시 일반적으로 주의하여야 할 부분에 대하여 적시한다.[1]

---

[1] 수업시간에 학생들로부터 어떻게 하면 법문서를 잘 작성할 수 있는가 하는 질문을 종종 듣게 된다.

소송문서나 소송 외 문서를 포함하여 모든 법문서는 그 작성목적에 따라 작성하게 된다. 작성목적에 따른 설득력 있는 좋은 문장에 의한 논리적 전개과정이 필요하고, 작성 목적에 부합하는 명확한 법정보가 충분히 제공되어야 한다. 결국 법문서를 잘 작성하기 위해서는, 법문서의 작성목적을 충분히 이해하여야 하고, 명확한 법정보 획득을 위한 전제요건인 탄탄한 법적 이해력, 치밀한 법적 사고 능력 및 법적 추론·판단 능력의 구비가 필수적이다. 좋은 법문서를 작성하기 위해서는 이러한 능력의 구비를 위한 부단한 노력이 필요하다.

제2절   법률언어 문체 사용[2]

1. 간결체 문체로 기술하라[3][4]

문장은 같은 내용을 갖더라도 그 기재 형식, 어휘, 어법, 수사 등의 차이로 인하여 독자에게 여러 가지 다른 인상을 준다. 이 인상의 차이로 문장 표현을 몇 가지 유형으로 나눌 때, 그 유형을 문체[5]라고 한다. 법률 행위는 예술 행위가 아니기 때문에 이에 사용되는 문장은 일반적으로 감정을 탈피한 냉철한 문체로 나타난다.[6]

필자의 의사를 정확하게 전달하기 위해서는 만연체 문체보다 간결체 문체가 효과적이다.

모든 언어활동은 화자(speaker)와 청자(listener)의 상호작용을 전제로 이루어진다. 화자가 아무리 역설해도 청자가 이해하지 못하면 의사전달이 이루어질 수 없다. 원활하고 완전한 의사 전달을 위해서는 여러 가지 유의할 점이 있다. 그 가운데 문(월, sentence)의 길이가 매우 중요하다.

문의 단위는 [주어]＋[서술어]로 구성되는데 이 구성 방식이 단순할수록 그 길이가 짧아지고, 구성이 복잡할수록 길어진다. 한 [주어]에 여러 [서술어]가 연결되거나 한 [서술어]에 여러 [주어]가 겹치는 것은 만연체의 특징이다. 화자(필자)는 일시에 많은 내용을 표출하려고 하기 때문에 만연체에 빠지기 쉽다. 청자(독자)는 이러한 필자의 의도와는 관계없이 표기된 문장을 따라가며 필자의 의도를 짐작한다. 만연체의 복잡한 표현을 읽으면서 머릿속에 필자의 의도를 재구성해야 하므로 그 부담이 매우 크고 때로는 오해를 일으킬 위험도 있다.

아래의 글을 비교하여 필자의 의도가 선명한 간결체의 글에 익숙해지자.

[만연체]
　상당액의 학자금 지원을 받는 공무원이나 대기업 직원들과 달리 농어민, 중소기업 직원, 식당 등 자영업자는 '자식 농사'를 위해 1년에 두 번씩 돈 문제와 씨름하는데, 수백만원대의 등록금을 한꺼번에 현금으로 내야 하기 때문에 일부 대학에 분납 제도라는 게 있지만 절반을 낸 뒤 한 달 뒤 나머지를 내는 정도여서 부담되기는 마찬가지다.

[간결체]
　영세한 학부모들은 '자식 농사'를 위해 1년에 두 번씩 돈 문제와 씨름한다. 수백만원대의 등록금을 한꺼번에 현금으로 내야 하기 때문이다. 공무원이나 대기업 직원들은 상당액의 학자금 지원을 받지만 농어민, 중소기업 직원, 식당 등 자영업자는 지원을 받지 못한다. 일부 대학에 분납 제도가 있지만 그것도 절반을 먼저 내고 한 달 뒤 나머지를 내는 정도여서 부담되기는 마찬가지다.

---

2) 이 부분은 김영송 명예교수(부산대학교 국어국문학과)의 감수를 거친 부분이다.
3) 대법원재판예규 제625-1{판결서 작성방식에 관한 권장사항(98. 8. 20. 송무심의 0410-132) 제3조 제1항}에 의하면, 판결서는 쉬운 단어와 짧은 문장을 사용하고, 형식적 기재·중복기재·무익한 기재등을 생략하여 간략하게 작성한다고 되어 있다.
4) 민사소송규칙 제4조 제1항에는 "소송서류는 간결한 문장으로 분명하게 작성하여야 한다"고 규정되어 있다.
5) 주로 문어체와 구어체, 간결체와 만연체, 산문체와 운문체 등으로 분류한다.
6) 그러나 때로는 이러한 문체에서 과감히 탈피하여 파격적이며 감상적인 판결문(미국 연방 대법원 판결 등)을 보게 되는 경우도 있다.

간결한 문체가 정확한 의사 전달에 효율적인데도 만연체에서 벗어나지 못하는 이유는 무엇일까?

첫째로 화자는 본인이 사고하고 구축한 논리를 한꺼번에 표출하려는 심리가 있다. 그래서 문장을 단문으로 끊지 못하고 부사절을 붙여 복문을 만들게 된다. 긴 내용을 연결어미로 이어 나가면 장황한 느낌을 주고 논지가 산만해진다.

둘째로 화자는 문장을 단문으로 구성하면 사고가 단절된다고 생각한다. 문의 종결어미는 사고의 종결을 의미하는 것이 아니다. 화자는 자기가 전개하는 논지가 단절될 것을 우려하여 문의 종결을 피하는데 이는 기우에 불과하다. 오히려 단문으로 끊어줌으로써 청자에게 사고의 여유를 줄 수 있다.

2. 분명한 서법으로 기술하라[7]

필자의 의사를 정확하게 전달하기 위해서는 분명한 서법으로 기술해야 한다. 서법이란 화자의 심적 서술 양식을 말한다. 직설법(直說法), 명령법(命令法), 서상법(敍想法)이 그것이다. 직설법은 사물을 사실(fact)로서 진술하는 형식이고, 명령법은 화자의 의지(will)를 상대에게 실현시키려고 진술하는 양식이며, 서상법은 사물을 하나의 상(想, thought)으로서 진술하는 양식이다. 이들을 의미로 보면 명령, 강제, 의무, 조언, 탄원, 권유, 허가, 약속, 기원(祈願), 원망(願望), 의지, 필연, 단정, 추정, 의혹, 가능, 조건, 가정(假定), 양보 등 심적 상태가 있다.

법률적 문장의 서법은 성격상 명령, 단정의 의미를 담은 직설법이 주된 문체이다. 추정이나 탄원 등의 서법으로는 법률언어의 권위와 신뢰가 무너진다. 우리말의 서법표현은 대부분 서술어의 어미에 나타난다. 그러므로 단호하고 분명한 어미로 문장을 종결해야 한다. 아래 글에서 밑줄 친 부분은 이 글의 단정을 약화하는 군더더기이다.

채무자들이 오염물질로 인한 위험에서 완벽하게 벗어났다고 보기는 어렵다 할 것이나,
주민들의 나머지 주장 역시 충분히 수용되는 것이 바람직하다 할 것이다.
법치국가에서는 허용될 수 없는 것임은 두말할 필요도 없다.

또 "~지 않을까 생각한다. ~인 것 같다." 등은 화자가 자신의 분명한 판단을 피하기 위해 쓰는 말투다.

3. 모호문을 피하라

동일한 단어나 문장이 여러 의미로 해석되는 것을 모호(模糊, ambiguity)라고 한다. 이것은 표현하고자 하는 내용에 명확성이 떨어지기 때문에 법률언어로는 적합하지 않은 문체이다.

모호문에는 단어의 의미에 유래하는 어휘적 모호와 구문구조에 유래하는 문법적 모호가 있

---

7) 앞서 본 민사소송규칙 제4조 제1항에 소송서류는 "분명하게" 작성하라고 기재되어 있다.

다. 어휘적 모호는 동음이의어(同音異義語)나 다의어(多義語)가 원인이 된다.

　　　　　　"이빨을 갈았다"는

　　　　　　　　　　"이빨을 새 이빨로 바꾸었다"는 뜻도 되고,

　　　　　　　　　　"분해서 이빨을 빡빡 갈았다"는 뜻도 된다.

　　　　　　"현장에는 높은 집과 창고가 있었다."는

　　　　　　　　　　"높은 집과 높은 창고"란 뜻도 되고,

　　　　　　　　　　"높은 집, 그리고 창고"의 뜻도 된다.

　　　　　　"피고의 사진"은

　　　　　　　　　　"피고가 가지고 있는 사진",

　　　　　　　　　　"피고가 찍은 사진",

　　　　　　　　　　"피고가 찍힌 사진"이란 여러 뜻이 있다.

　　이러한 모호성은 문맥에 의해서 어느 정도 의미가 파악되지만, 법률언어에서는 다른 뜻으로 잘못 해석될 우려가 있는 동음이의어나 다의어는 피하고 모호성을 가진 구문은 화자의 의도가 분명해지도록 표현에 주의를 기울여야 한다.

제3절　법률 문장 관행 및 용례 숙지

1. 법령 이름 표기법

　　종래에는 법령(법률, 조약, 시행령, 규칙, 조례) 이름을 전부 붙여 썼다. 그러나 정부에서는 5개년 계획을 세워 2006년부터 2010년까지 5년 동안 법제처 주도로 국민이 쉽게 이해할 수 있도록 현행 법령을 모두 알기 쉽게 정비하는 사업을 추진하였고 2014년부터는 상시적인 법령심사 체계를 구축하고 법령용어의 정비를 추진하고 있다. 법제처 홈페이지(www.moleg.go.kr)에서 그러한 내용을 확인할 수 있다.[8] 국회에서도 "알기쉬운 법률용어 2020"의 자료를 제공하고 법률 용어 표기에 관하여 기준을 제시하고 있다.[9]

　　간단히 정리하면 아래와 같다.[10]

　　가. 법률령 이름은 단어별로 띄어 쓴다.

---

8) 법제처에 심사권한이 있는 법률안, 대통령안, 조약안 및 대통령 훈령, 국무총리 훈령은 2005. 1. 1. 이후 공포되는 것부터 띄어쓰기로 표기한다. 소관 부처는 법제처에 법안 심사를 의뢰할 때 이 정비기준에 따라 해당 법령의 모든 조문을 알기 쉽게 고친 상태로 법령안을 제출해야 한다. 법제처 홈페이지(www.moleg.go.kr) 법제업무정보 ⇒ 알기 쉬운 법령 만들기 ⇒ 알기쉬운 법령 정비기준 제9판 참조.

9) 2009. 12. 16. 국회사무처 예규 제28호(의장결재) 일부 개정. 법률안 입안·접수 및 심사와 의안의 정리업무를 담당하는 국회사무처 소속 공무원에게 적용하고 있다. 국회사무처 홈페이지(www.nas.na.go.kr) ⇒ 정보마당 ⇒ 법제정보 ⇒ 법제자료실 ⇒ [법제기준] 알기 쉬운 법률용어 2020 참조.

10) 법제처, 위 정비기준 제9판 참조.

◦ 박물관˅및˅미술관˅진흥법

나. 명사(복합명사)만으로 이루어진 법률 이름은 8음절까지 붙여 쓸 수 있다. 예외적으로 조직·단체 또는 기금의 명칭을 포함하는 법령 이름은 붙여 쓸 수 있다.

◦ 대한무역투자진흥공사법, 공공자금관리기금법

다. '시행령', '시행규칙', '규정' 등 하위법령임을 나타내는 명칭은 띄어 쓴다. '조 번호, 항 번호, 호 번호, 목 번호'를 서로 붙여 쓰고, 가지번호도 붙여 쓴다.

◦ 아동복지법˅시행령

◦ 제5조제2항제4호가목

◦ 제5조의3

라. '조, 항, 호, 목'의 앞말이 숫자가 아닐 경우 앞말과 띄어 쓴다.

◦ 각˅조, 각˅항, 각˅호, 각˅목

마. 법령 이름이 아직 한글화가 되지 않았거나 띄어쓰기가 되지 않은 법령 이름을 인용할 때에는 '권고안'으로 개정되기 전이라도 권고안같이 인용한다. 법령 이름이 아직 띄어쓰기가 되지 않았거나 띄어쓰기가 되었더라도 적절하지 않게 되어 있는 법령 이름은 그 법령을 일부개정하거나 전부개정할 때 '권고안'에 따라 법령이름 띄어쓰기를 적용하여 개정한다.[11]

2. 문장부호 사용법

법률문장에서 흔히 사용하는 문장부호를 바르게 사용하도록 한다. 그 중 가운뎃점[12]의 용법을 간략히 설명하면 아래와 같다.

가. 열거된 여러 단위가 대등하거나 밀접한 관계임을 나타낼 때 사용한다.

지정·공고, 조사·연구, 조사·심의, 지도·감독, 위법·부당, 기록·유지, 설치·운영, 유지·관리, 부과·징수 등

나. '직계존·비속'은 직계존속과 직계비속을 아우르는 말이나 가운뎃점을 사용할 경우 앞뒤로 하여 '직계존'과 '비속'으로 읽힐 우려가 있다. 이런 경우는 '직계존비속'으로 가운뎃점을 쓰지 않거나 '직계존속·비속', '직계존속과 직계비속'으로 풀어 쓴다.

3. 외래어 표기법[13]

가. 국어에서 현재 사용하고 있는 24자모만으로 쓴다.

나. 하나의 음운은 원칙적으로 하나의 기호로 적는다.

---

11) 따라서 위 정비기준에 게재된 권고안을 수시로 참고할 일이다.

12) 법제처, 위 정비기준 제9판, 67면 참조. 가운뎃점을 입력할 때에는 글(HNC)문자표 HNC코드번호가 '357D' [전각 기호(일반) 오른쪽 밑]인 가운뎃점을 쓴다.

13) 법제처, 위 정비기준 제9판, 48면 참조.

다. 받침에는 'ㄱ, ㄴ, ㄹ, ㅁ, ㅂ, ㅅ, ㅇ'만 쓴다.

라. 파열음(ㅂ, ㄷ, ㄱ 계열의 자음) 표기에는 된소리를 쓰지 않는 것을 원칙으로 한다.

마. 이미 굳어져 사용되고 있는 외래어는 관행을 존중하되, 그 범위와 용례를 따로 정한다.

◦ 핀셋(pincette), 카세트(cassette): 뒷부분의 자모나 발음기호가 같지만 우리말 표기는 '셋'과 '세트'로 다름

4. 판결, 문헌 인용방법[14]

◦ 대법원✔1996.✔4.✔26.✔선고✔96다1078✔판결(공1996상,✔1708), 대법원✔1996.✔6.✔14.✔선고✔96다46374✔판결(공1996하,✔2114)

◦ 박해식, "행정소송법상의 간접강제결정에 기한 배상금의 성질", 행정판례연구 9집, 박영사(2004), 289~292.

◦ Walter E. May, "International Equipment Leasing: The UNIDROIT Draft Convention", 105 Harv. L. Rev. 80(1991).[15]

5. 경우, 때[16]

~한 경우, ~하는 경우, ~할 경우

~하였을 때, ~할 때

다만, '시점'의 의미를 강조할 때에는 '~한 때'와 '~하는 때'를 쓸 수 있다.

6. 단위의 표시

km, kg, %, ㎡ 등 각종 단위 부호를 나타낼 때에는 '킬로미터' 등으로 풀어쓰지 아니하고 부호 그대로 표기한다.

7. 항목 구분[17]

가. 첫째 항목의 구분은 1., 2., 3., 4.……로,

나. 둘째 항목의 구분은 가., 나., 다., 라.……로,

다. 셋째 항목의 구분은 1), 2), 3), 4)……로,

---

14) 법원도서관 홈페이지 ⇒ 발간정보 ⇒ 법원 맞춤법 자료집 전정판, 583면 참조. 외국 문헌은 그 나라의 인용례에 따르는 것을 원칙으로 하되, 책 이름에 이탤릭체나 밑줄 등을 사용하지 아니하고 논문 제목에 " " 표시를 한다.

15) 105는 권수(volume number)를, 80은 면수(page number)를 각각 표시한다.

16) '한 때'와 '하는 때'는 부자연스럽고, 시제에 관한 논란이 생긴다. '경우'는 '때'와 달리 앞말에 놓이는 어미에 제약이 없다. 법제처 위 정비기준 제9판, 56면 참조.

17) 법원사무관리규칙 시행내규(2010. 2. 22. 대법원 내규 제403호) 제10조.

라. 넷째 항목의 구분은 가), 나), 다), 라)……로,

마. 다섯째 항목의 구분은 (1), (2), (3), (4)……로,

바. 여섯째 항목의 구분은 (가), (나), (다), (라)……로,

사. 일곱째 항목의 구분은 ①, ②, ③, ④……로,

아. 여덟째 항목의 구분은 ㉮, ㉯, ㉰, ㉱……로 나누어 표시한다.

자. 나. 라. 바의 경우에 하, 하), (하), ㉻ 이상 더 계속되는 때에는 거, 거), (거), 너, 너), (너)……로 이어 표시한다.

8. 끝표시[18]

가. 문서의 본문이 끝나면 한 자 띄우고 "끝" 표시를 하며, 첨부물이 있는 때에는 붙임의 표시문 끝에 한 자 띄우고 "끝" 표시를 하여야 한다.

나. 본문의 내용이나 붙임의 표시문이 오른쪽 한계선에 닿은 때에는 다음 줄의 왼쪽 기본선에서 한 자 띄우고 "끝" 표시를 하여야 한다.

다. 연명부등의 서식을 작성하는 때에는 기재사항이 서식의 마지막칸까지 작성되는 경우에는 서식의 칸 밖의 아래 왼쪽 기본선에서 한 자 띄운 후 "끝" 표시를 하고, 서식의 칸 중간에서 기재사항이 끝나는 경우에는 위 가.의 규정에 의한 "끝" 표시를 하지 아니하고 기재사항 마지막 자의 다음 칸에 "(이하 빈칸)" 표시를 하여야 한다.

제4절 법률 용어의 순화[19]

가건물(→ 임시건물), 가계약(→ 임시 계약), 결석계(→ 결석 신고, 결석 신고서), 공안(→ 공공의 안녕), 공여하다(→ 제공하다), 공연히(→ 공공연하게), 공지(→ 빈터, 공터), 과도하다(→ 지나치다), 교량(→ 다리), 구거(→ 도랑), 구릉(→ 언덕), 구좌(→ 계좌), 국부적인(→ 부분적인), 규정에 의한(→ 에 따른, 제○조에 따른), 균분(→ 균등 배분), 기망(→ 속임), 기왕증(→ 과거 질병, 과거 증세, 기존 병력), 기한 내(→ 기한까지), 내역서(→ 명세서), 누락하다(→ 빠뜨리다), 늑골(→ 갈비뼈), 다과(→ 많고 적음), 답(→ 논), 당일(→ 그날), 대통령령이 정하는(→ 대통령령으로 정하는), 도과(→ 지남, 넘김), 도래하다(→ 이르다), 독거실(→ 독방), 동법(→ 같은 법), 두개골(→ 머리뼈), 등재되다, 등재하다(→ 올리다, 올라 있다, 실려 있다, 기록하여 올리다, 싣다), 망실(→ 잃음, 잃어버림, 분실), 매{→ (사진 몇) 장}, 모두진술(→ 최초 진술), 모용(→ 거짓으로 사용, 함부로 사용), 모해하다(→ 모함하여 해치다), 모호하다(→ 분명하지 아니하다), 몽리자(→ 이용자, 이익을 얻는 사람), 무인(→ 손도장, 지장), 미제(→ 처리되지 않은, 처리되지 아니한), 발부(→ 발급), 발주하다(→ 주문하다), 백미(→ 쌀), 범의(→ 범죄 의사), 부적합하다(→ 적합하지 아니하다, 적합하지 않다, 맞지 아니하다, 맞지 않다, 모자라다, 떨어지다),

---

18) 위 규칙 제11조.

19) 흔히 사용하는 용어를 일부 발췌 정리하였다. 법제처의 위 정비기준 제9판, 166면 이하 정비권고용어 참조.

분납하다(→ 나눠 내다, 나눠 납부하다, 분할 납부하다), 불능(→ 불가능), 불응하다(→ 따르지 아니하다, 따르지 않다, 응하지 아니하다, 응하지 않다), 삭도(→ 공중 철선), 산재하다(→ 흩어져 있다), 산회하다(→ 회의를 종료하다, 회의를 마치다), 상반하다, 상반되다(→ 어긋나다), 상위 없음(→ 서로 어긋남이 없음, 서로 다름이 없음), 상치되다(→ 다르다, 어긋나다), 새로이(→ 새로), 생계비(→ 생활비), 설영인(→ 설치운영자, 설치·운영자), 소환장(→ 출석요구서), 손괴하다(→ 파손하다), 손해를 받은(→ 손해를 입은), 수태(→ 임신, 동물인 경우 새끼배기), 시건장치(→ 잠금장치), 시혜를 줌(→ 혜택을 줌), 식별하다(→ 알아보다, 구별하다), 심히(→ 매우, 몹시, 심하게), 압송(→ 호송), 여하한(→ 어떠한, 어떤), 연와조(→ 벽돌 구조), 오인하다(→ 잘못 인식하다), 완제(→ 모두 변제, 전부 변제), 요하는, 필요로 하는(→ ~이 필요한), 용이하다(→ 쉽다), 인감을 날인하다(→ 인감도장을 찍다), 적하목록(→ 화물 목록, 짐 목록), 전(→ 밭), 전가하다(→ 넘기다, 떠넘기다, 미루다), 전말조사(→ 경위조사), 정을 알고(→ 정황을 알고, 사실을 알고, 사정을 알고), 제세공과금(→ 각종 세금과 공과금), 종지하다(→ 끝나다), 죄적(→ 범죄흔적, 범행흔적), 주관절(→ 팔꿈치 관절), 중혼(→ 이중혼인), 증빙서류(→ 증명서류, 증명서), 지려천박(→ 지적능력부족), 지료(→ 토지 임대료), 지불(→ 지급), 집행유예선고를 받고(→ 집행유예를 선고받고), 차주(→ 차용인), 착수하다(→ 시작하다), 첩부하다, 첩용하다(→ 붙이다), 추완하다(→ 추후 보완하다), 출두하다(→ 출석하다), 탁월하다(→ 뛰어나다), 태만히 하다(→ 게을리하다), 통고하다(→ 알리다), 통산하다(→ 합산하다), 통첩(→ 통지), 패용하다(→ 달다), ~법은 이를 폐지한다(→ ~법은 폐지한다),[20] 폐질(→ 불치병), 포태하다(→ 임신하다), 하악골(→ 아래턱뼈), 하회하다(→ 밑돌다), 해태하다(→ 게을리하다, 제때 하지 아니하다, 제때 하지 않다), 호명하다(→ 이름을 부르다), 호창되다(→ 불리다), 혼거실(→ 공동생활실), 회복하기 어려운 손해(→ 심각한 손해)

---

20) 중복을 피하여 간결하게 한다는 취지이다.

제 2 장

민사 소장

제2장

민사 소장

제1절 소장작성의 기본사항

1. 소장의 제출주의

민사소송은 원고의 소제기에 의하여 개시된다.[1] 소의 제기는 법원에 소장을 제출하여서 한다(민사소송법[2] 제248조). 다만 소액사건심판법이 적용되는 소액의 민사사건에서는 구술에 의한 제소도 가능하다(소액사건심판법 제4조).[3] 소장에는 일정한 사항을 기재하여, 작성자인 원고 또는 대리인이 기명날인 또는 서명하고(제249조 제2항, 제274조), 소송목적의 값에 따라 인지를 붙여야 한다. 그리고 피고에게 송달하기 위하여 피고 수만큼의 부본을 함께 제출한다(규칙[4] 제48조 제1항). 또한 필요한 소송서류의 송달비용을 미리 낼 것도 요구된다(제116조). 소장은 지참제출이 바람직하지만, 우편제출도 허용된다. 2011. 5. 2.부터는 민사전자소송이 시행되기 시작하여 소장의 인터넷 제출도 가능해졌다(민사소송 등에서의 전자문서 이용 등에 관한 법률 참조).

---

1) 「소 없으면 재판 없다」는 법언(法諺)은 이를 가리킨다.
2) 이하 괄호 안에 법조문만 표시된 것은 "민사소송법"을 말한다.
3) 소액사건은 소송목적의 값이 3,000만 원 이하의 금전 그 밖의 대체물이나 유가증권의 일정수량의 지급을 구하는 사건이다(소액사건심판법 제2조 제1항, 소액심판규칙 제1조의2 본문). 그 밖에 일정한 경우에는 소제기가 의제되는 경우가 있다. 즉 독촉절차에 의한 지급명령에 대하여 채무자의 이의신청이 있는 경우(제472조), 제소전 화해의 불성립으로 소제기신청이 있는 때(제388조), 조정이 성립되지 않거나 조정에 갈음하는 결정에 이의 신청을 한 때(민사조정법 제36조)에는 지급명령이나 제소전 화해신청, 조정신청을 한 때 모두 소송절차로 이행하게 되는데 이 경우 지급명령신청 또는 화해신청·조정신청을 한 때에 소가 제기된 것으로 본다.
4) 이하에서 '규칙'은 "민사소송규칙"을 말한다.

2. 소장의 기재사항

가. 소장에는 필요적 기재사항과 임의적 기재사항이 있다. 전자는 소장에 반드시 기재하여야 할 사항으로서 당사자, 법정대리인, 청구취지 및 청구원인이 이에 해당한다(제249조 제1항). 이에 의하여 소송의 주체(당사자)와 소송의 객체(청구＝소송물)가 특정된다. 필요적 기재사항의 기재 여부는 재판장의 소장심사의 대상이 된다.[5] 후자는 원고가 소장을 최초로 제출하는 준비서면에 갈음하기 위해 기재하는 사항을 말하는데(제249조 제2항)[6] 사건의 표시, 덧붙인 서류, 작성한 날짜, 법원 등이 이에 속한다. 임의적 기재사항의 기재여부는 당사자의 자유이며 재판장의 소장심사의 대상이 되지 아니한다. 실무상으로는 필요적·임의적 기재사항을 구분하지 않고 모두 기재하고 있으므로 구별의 실익은 크지 않다.

그 밖에 표제, 증명방법 등도 관행적으로 기재한다.

나. 소장에 기재하여야 할 사항을 순서대로 적어보면 다음과 같이 된다.
① 표제
② 당사자 및 법정대리인의 표시
③ 사건의 표시
④ 청구취지
⑤ 청구원인
⑥ 증명방법
⑦ 첨부서류
⑧ 작성 연월일
⑨ 작성자의 기명날인 혹은 서명
⑩ 법원의 표시

---

5) 만일, 필요적 기재사항에 흠이 있으면, 재판장은 원고에게 상당한 기간을 정하여 흠의 보정을 명하여야 하고, 보정명령을 받고도 보정하지 않으면 재판장은 명령으로 소장을 각하하여야 한다(제254조).

6) 제249조(소장의 기재사항)
① 소장에는 당사자와 법정대리인, 청구의 취지와 원인을 적어야 한다.
② 소장에는 준비서면에 관한 규정을 준용한다.
제274조(준비서면의 기재사항)
① 준비서면에는 다음 각 호의 사항을 적고, 당사자 또는 대리인이 기명날인 또는 서명한다.
1. 당사자의 성명·명칭 또는 상호와 주소
2. 대리인의 성명과 주소
3. 사건의 표시
4. 공격 또는 방어의 방법
5. 상대방의 청구와 공격 또는 방어의 방법에 대한 진술
6. 덧붙인 서류의 표시
7. 작성한 날짜
8. 법원의 표시
② 제1항 제4호 및 제5호의 사항에 대하여는 사실상 주장을 증명하기 위한 증거방법과 상대방의 증거방법에 대한 의견을 함께 적어야 한다.

다. 실제 소장의 작성례[7)]

소　장

원　고　　　　한아름 (670205-2135324)
　　　　　　　부산 해운대구 센텀1로 28, 102동 1003호(우동, 현대아파트)
　　　　　　　소송대리인 변호사 정의감
　　　　　　　부산 연제구 법원로 32번길 15, 608호(거제동)
　　　　　　　전화번호: 590-1234, 팩스: 590-1235, 전자우편: justice@hotmail.net
피　고　　　　변상원 (531020-1534232)
　　　　　　　부산 동래구 충렬대로 337, 208호(안락동)

대여금 청구의 소

청 구 취 지

1. 피고는 원고에게 5,000만 원 및 이에 대한 2020. 8. 20.부터 이 사건 소장 부본 송달일까지는 연 5%의, 그 다음날부터 다 갚는 날까지는 연 12%의 각 비율로 계산한 돈을 지급하라.
2. 소송비용은 피고가 부담한다.
3. 제1항은 가집행할 수 있다.

청 구 원 인

1. 원고는 2020. 5. 18. 피고에게 5,000만 원을 변제기는 같은 해 8. 19.로 정하여 대여하였습니다(갑 제1호증).
2. 그렇다면 피고는 원고에게 위 차용금 5,000만 원 및 이에 대한 변제기 다음날인 2020. 8. 20.부터 이 사건 소장 부본 송달일까지는 민법이 정한 연 5%의, 그 다음날부터 다 갚는 날까지는 소송촉진 등에 관한 특례법이 정한 연 12%의 각 비율로 계산한 지연손해금을 지급할 의무가 있습니다.

증 명 방 법

1. 갑 제1호증(차용증서)

첨 부 서 류

1. 위 증명서류　　　　　　　　　　　　　　　　　　　　　　　　2통
1. 영수필확인서 및 영수필통지　　　　　　　　　　　　　　　각 1통
1. 송달료납부서　　　　　　　　　　　　　　　　　　　　　　　1통
1. 소송위임장　　　　　　　　　　　　　　　　　　　　　　　　1통
1. 소장 부본　　　　　　　　　　　　　　　　　　　　　　　　　1통

2021. 2. 10.

원고 소송대리인 변호사 정의감 (서명 또는 날인)

부산지방법원 귀중

---

7) 대법원은 소의 종류마다 소장의 견본을 마련하여 일반인이 이를 이용하도록 하고 있다(대법원 홈페이지(www.scourt.go.kr) ⇒ 대국민서비스 ⇒ 전자민원센터 ⇒ 양식찾기(또는, 민원안내 ⇒ 양식모음 ⇒ [민사] 소장 참조)).

3. 소장의 문체 · 용어 등

소장은 소송서류의 하나이므로 간결한 문장으로 분명하게 작성하여야 한다(규칙 제4조 제1항). 소장의 용지규격은 특별한 사유가 없는 한 A4 용지(가로 210㎜, 세로 297㎜)를 세워서 사용하고(같은 조 제2항), 용지의 위로부터 45mm, 왼쪽 및 오른쪽으로부터 각 20mm, 아래로부터 30mm의 여백을 둔다(법원재판사무 처리규칙 제6조 제2항). 그 밖에 문체, 용어, 일시 및 장소의 표시 등은 모두 법원의 관행(예컨대, 징역 4월, 6월, 8월, 10월, 1년, 1년 6개월, 2년, 2년 6개월, 3년 등으로 선고하는 것이 관행이다)에 따르는 것이 바람직하다.[8]

가. 문 체

소장의 문장은 주어, 술어, 목적어 등의 누락이 없어야 할 뿐 아니라 주어에 따른 술어의 적절한 활용 등 문법에 맞는 것이어야 한다. 문체는 논리적이고 일의적이어야 하며 간결하면서도 정확하고 명료하여야 한다.

또한, 문어적 문구를 피하고 구어체에 의한 문구를 사용하여 알기 쉽게 표현하여야 한다. 그렇다고 하여 격조와 품위를 잃어서는 안 되고, 속된 표현은 가능한 한 피하여야 한다(예컨대, 횡령을 삥땅이라든지 사실혼관계를 내연관계라고 하는 등). 일반적으로 법령에서 사용되는 문구를 그대로 쓰는 것이 무난하다.

나. 용 어

소장은 국어기본법 제3조의 규정에 의한 어문규범에 맞게 한글로 작성하되 쉽고 간명하게 표현하고, 뜻을 정확하게 전달하기 위하여 필요한 경우에는 괄호 안에 한자 그 밖의 외국어를 넣어 쓸 수 있으며, 특별한 사유가 있는 경우를 제외하고는 가로로 쓴다('법원사무관리규칙' 제10조 제1항). 문서에 쓰는 숫자는 특별한 사유가 있는 경우를 제외하고는 아라비아숫자로 한다(같은 조 제2항). 외국인의 이름, 외국의 지명 또는 외국어로 표기할 수밖에 없는 단어도 일단 한글로 그 외국어의 음을 기재한 다음 괄호 안에 외국문자(한자 등)를 병기한다. 다만, 'km', 'm²', 'kg', '%', 'cc' 등 각종 단위부호를 나타낼 때에는 부호 그대로 표기한다.

다. 일시 및 장소의 표시

1) 날짜의 표기는 숫자로 하되, '년', '월', '일'의 글자는 생략하고 그 자리에 온점(.)을 찍어 표시하며, 시·분의 표기는 오전, 오후의 표시 없이 24시간제에 따라 숫자로 하되, '시', '분'의 글자는 생략하고 그 사이에 쌍점(:)을 찍어 구분한다. 다만 특별한 사유로 인하여 다른 방법으로 표시할 필요가 있는 경우에는 그러하지 아니하다(같은 조 제3항).

예: 「2015. 3. 30. 14:00」

---

8) 이하는 사법연수원, 민사실무Ⅱ(2018), 8∼11면(다만 '판결문'은 '소장'으로 바꾸었다).

2) 등록기준지·주소 등의 표시는 다음의 원칙에 의한다(재판서 양식에 관한 예규 제10조).

① 특별시, 광역시, 도는 '서울', '부산', '경기', '강원' 등으로 표시하고, 시를 표시할 때는 앞에 도의 표시를 하지 아니한다. 예: 경북 문경시 → 문경시

② 읍, 면에는 소속 시, 군을 기재한다.

③ 번지에는 '번지'를 생략하고 가지번호는 '-(하이픈)'으로 표시한다(예컨대, 756-18).[9] 지번에 이어 통·반의 기재가 필요할 때에는 '756-18(13통 6반)'의 방식으로 괄호 안에 적는 것이 좋으며, '(13/6)'과 같은 방식은 혼동의 우려가 있으므로 피하여야 한다.

4. 소장의 중요성

민사 제1심의 소송절차는 보통 원고의 소장 제출 → 재판장의 소장 심사 → 법원의 피고에 대한 소장부본 송달·답변서 제출의무의 고지(→ 변론준비절차)[10] → 변론·증거조사 → 판결선고 순으로 진행된다.

이처럼 소장이 법원에 접수되면 우선 재판장의 소장심사를 거치게 되는데 심사의 결과 소장에 흠이 있으면 재판장은 상당한 기간을 정하여 그 보정을 명하고(제254조 제1항) 보정이 없으면 소장을 각하하여야 하므로(제254조 제2항) 다음 단계인 소장부본 송달로 넘어가지 못하게 된다. 다음, 소장 심사 결과 형식적 기재사항에 흠이 없는 소의 제기가 있다고 인정되는 경우 및 보정에 의하여 소장이 방식에 맞게 된 때에는, 법원은 소장의 부본을 피고에게 송달하고 피고가 답변서를 제출하지 아니한 때에는 변론 없이 원고승소판결을 선고할 수 있는데(제257조 제1항), 청구원인 사실에 승소판결을 하기에 필요한 요건사실이 빠져 있는 경우[11] 등에는 피고가 답변서를 제출하지 아니하여도 원고는 무변론승소판결을 받을 수 없게 된다. 나아가 집중심리주의(제272조 제1항)를 선언하고 있는 민사소송법은 심리의 집중을 통해 소송을 효율적으로 진행하기 위하여 소장을 송달받은 피고가 원고의 청구를 다투는 경우에는 30일 안에 답변서를 제출하여야 하고(제256조 제1항) 이 답변서에는 단순히 원고의 주장사실에 대한 '전부 부인'과 같은 형식적 답변이 아닌, 구체적 답변을 기재하도록 하고 있는데(규칙 제65조 제1항), 원고의 소장에 대한 피고의 최초의 대응인 답변서가 구체적일 것을 기대하려면 우선 원고의 소장부터 그 내용이 충실할 것이 요구된다.

결국 민사 제1심 소송절차는 원칙적으로 소장의 제출에 의하여 소송이 개시되고, 원고가 소장에서 청구하거나 주장한 사실을 중심으로 당사자 사이에 공격과 방어가 전개되며, 소장이 형식이나 내용 면에서 제대로 작성되어야 소송절차가 효율적으로 진행되고 원고가 원하는 적정한 판결을 기대할 수 있으므로, 민사소송에서는 소장이 가장 중요한 서면이 되는 것이다.

---

9) 그래서 "태평동 24번지"는 단지 "태평동 24"로, "24번지의 1" 또는 "24의 1"은 단순히 "24-1"로 표시한다.
10) 변론준비절차는 변론에 앞서 원칙적으로 거쳐야 될 절차이었으나 2008. 12. 26. 민사소송법(법률 제9171호) 개정으로 예외적으로 거쳐야 할 절차가 되었다.
11) 민사소송에는 변론주의가 지배하므로 소송물인 권리의 발생요건에 해당하는 사실은 원고가 주장·증명하여야 한다. 따라서 청구원인 사실에 요건사실의 일부라도 빠져있으면 보정이 되지 않는 한 원고 승소판결을 받을 수 없다.

제2절 소장의 작성요령

1. 표 제

표제로는 '소장'이라고 기재한다. 반소의 경우에는 '반소장', 재심청구의 경우에는 '재심소장'이라고 기재한다.

2. 당사자 표시

가. 당사자 본인

1) 당사자의 표시[12]는 누가 원고이며, 누가 피고인가를 다른 사람과 구별할 수 있을 정도로 기재하여야 한다. 자연인의 경우에는 성명과 주소를 기재하되 성명은 한글로 표시하고, 주민등록번호나 한자성명을 괄호 안에 병기하여 표시하며,[13] 법인 기타 사단, 재단의 경우에는 상호 또는 명칭과, 본점 또는 주된 사무소의 소재지를 기재한다.[14]

주소는 당사자의 특정 및 이에 따른 토지관할의 결정과 소장, 기일통지서 등 소송 서류의 송달 장소로서의 기능을 하므로, 공부(주민등록, 법인등기부)상의 주소를 기재하는 것을 원칙으로 하되, 빌딩의 이름·호실이나 아파트의 동·호수까지 정확히 기재해야 한다. 그 밖에, 송달의 편의를 위하여 통·반의 표시나 우편번호를 기재함은 물론, 송달 이외의 방법으로 신속한 연락이 가능하도록 전화번호·팩시밀리 번호·전자우편 주소 등을 기재하여야 한다.[15] 피고의 소재가 불명인 때에는 소장의 제출과 동시에 공시송달의 신청을 하고, 공시송달의 요건을 소명할 자료를 제출한다.[16]

---

12) 당사자표시를 잘못한 경우 당사자의 동일성이 인정되는 범위 내에서는 표시정정이 자유롭게 허용되나, 이를 벗어난 당사자의 변경은 피고경정(제260조, 제261조)의 요건을 갖추어야 한다.

13) 대법원 2007. 12. 28. 재판예규 제1186호 재판서 양식에 관한 예규(대법원 재판예규 일반 2003-12) 제9조는 민사·가사·행정·특허사건의 재판서(또는 화해·조정·포기·인낙조서)에서 당사자의 표기 다음에 괄호 안에 주민등록번호를 기재하고 이를 알 수 없는 경우에는 한자성명을 병기하도록 하고 있다.

14) 민사소송규칙 제2조(법원에 제출하는 서면의 기재사항) ① 당사자 또는 대리인이 법원에 제출하는 서면에는 특별한 규정이 없으면 다음 각호의 사항을 적고 당사자 또는 대리인이 기명날인 또는 서명하여야 한다.
   1. 사건의 표시
   2. 서면을 제출하는 당사자와 대리인의 이름·주소와 연락처 [전화번호·팩시밀리번호 또는 전자우편주소 등을 말한다]
   3. 덧붙인 서류의 표시
   4. 작성한 날짜
   5. 법원의 표시
   ② 당사자 또는 대리인이 제출한 서면에 적은 주소 또는 연락처에 변동사항이 없는 때에는 그 이후에 제출하는 서면에는 주소 또는 연락처를 적지 아니하여도 된다.

15) 가사사건에 있어서는 판결내용에 따라서 가족관계등록부의 기재에 영향을 미치는 경우가 있으므로 등록기준지도 함께 기재한다.

16) 통상 주민등록등본 및 그 주소지 통·반장의 불거주증명(예컨대, 불거주확인서)에 의하여 소명하는 방법에 의한다.

[기재례 1] 자연인의 경우

원고	이 동 혁 (701204-1048721) 서울 강남구 테헤란로23길 30(역삼동) 우편번호: 06302 전화번호: 325-1276 팩스번호: 325-1275 전자우편: dh70@hanmail.net
피고	전 지 현 (481018-1029718) 서울 강남구 도산대로45길 20(신사동)

* 이하 전화번호, 우편번호, 전자우편 주소 등은 생략함.

[기재례 2] 법인의 경우[17)]

피고	경동산업 주식회사 서울 서초구 서초대로15길 21, 303호(서초동) 법인등기부상 주소 서울 서대문구 연희로 225(창천동)

2) 동일한 지위에 있는 당사자가 다수인 경우에는 원고 또는 피고를 중복기재하는 예도 있으나, 중복기재를 피하고 일련번호를 붙이는 기재방법이 일반적이다.

[기재례]

피고	1. 한 나 라 (480727-2093118)
	   부산 해운대구 반여로 67(반여동)
	2. 박 꽃 잎 (340127-2073118)
	   대구 중구 공평로 480

3) 소송물이 등기나 등록에 관계되는 소송에 있어서 당사자의 주소가 등기기록 또는 등록부상의 주소와 다를 때에는 등기기록 등의 주소도 병기한다.

[기재례]

피고	김 경 옥 (480727-2093118) 서울 관악구 봉천로 454, 904호(봉천동, 미래오피스텔) 등기기록상 주소 서울 송파구 잠실로 280(잠실동)

4) 소송의 목적이 된 권리 또는 법률관계에 관한 실체법상의 주체는 아니면서 법률의 규정 등에 의하여 관리권을 가지게 되어 그 자격에 기하여 당사자가 되는 제3자 소송담당의 경우에는 당사자의 표시에 그 자격을 함께 기재한다.

---

17) 등기부상의 본점 또는 사무소가 실제와 다를 때에는 실제의 본점 또는 사무소 소재지를 병기한다.

조합의 업무집행조합원이 조합원들로부터 임의적 소송신탁을 받아 조합재산에 관하여 소송을 하는 경우에도 그 자격을 표시한다.

그러나 채권자대위권을 행사하는 채권자(민법 제404조)의 경우에는 소송 담당 관계를 표시하지 아니하고 제3자만을 표기하는 것이 실무이다.

[기재례 1] 파산관재인[18]

원고　　　파산채무자 ○○○의 파산관재인 ○○○

[기재례 2] 회생절차의 관리인[19]

원고　　　회생채무자 ○○ 주식회사의 관리인 ○○○

[기재례 3] 선정당사자[20]

원고(선정당사자)　　　○○○

[기재례 4] 유언집행자[21]

원고　　　망 ○○○의 유언집행자 ○○○

[기재례 5] 친족관계소송에서의 검사[22]

피고　　　검사[23]

[기재례 6] 업무집행조합원[24]

원고　　　동백홍농계의 업무집행조합원 ○○○

---

18) 채무자회생 및 파산에 관한 법률 제359조.
19) 「피고 회생채무자 ○○주식회사」라고 표기하고 그 주소를 쓴 다음에 「관리인 ○○○」이라고 기재하여서는 아니 된다. 이렇게 적으면 피고는 회생채무자 ○○주식회사이고 그 소송수행자가 관리인 ○○○이라는 뜻이 되므로 회생채무자의 재산에 관한 소에서 당사자적격이 없는 자를 당사자로 삼은 위법이 있게 된다(대법원 1985. 5. 28. 선고 84다카2285 판결 참조).
20) 선정자 목록을 소장 뒤에 별지로 첨부한다. 선정자 목록에는 선정당사자 본인도 포함한 선정자 전원이 성명과 주소를 쓴 후 서명 또는 날인하여야 한다.
21) 민법 제1101조.
22) 민법 제849조(子사망후의 친생부인), 제864조(부모의 사망과 인지청구의 소), 제865조(다른 사유를 원인으로 하는 친생관계존부확인의 소), 가사소송법 제24조 제3항, 제27조 제4항.
23) 검사의 성명은 기재하지 않는다.
24) 대법원 1984. 2. 14. 선고 83다카1815 판결.

5) 피고가 소재불명인 경우에는 최후주소를 기재한다.

피고	이만수 현재 소재불명[25] 최후주소 부산 동래구 온천장로 119(온천동)

6) 주소와 송달장소가 다른 경우

피고	김하늘 서울 송파구 잠실로 250(잠실동) 송달장소 서울구치소[26]

나. 법정대리인

법정대리인은 본인의 의사에 기하지 않고 법률의 규정이나 본인 이외의 사람 또는 법원의 선임에 의하여 대리인이 된 사람으로 소장의 필요적 기재사항에 해당한다. 법정대리인의 표시는 당해 소송이 대리권 있는 대리인에 의하여 적법하게 이루어짐을 나타냄과 동시에 송달을 용이하게 하기 위한 것이다.

법정대리인은 당사자의 표시 아래에 소송법상 또는 실체법상의 대리 자격[27]과 함께 성명과 주소를 기재한다. 그러나 법정대리인의 주소가 본인의 주소와 같거나 별도로 소송대리인이 선임되어 있는 때에는 법정대리인의 주소는 따로 기재할 필요가 없다.

[기재례]

원고	정 일 섭(051010-3029321) 서울 종로구 삼청로9길 30(삼청동) 미성년자이므로 법정대리인 친권자 부 정상영, 모 박현숙

다. 법인 등의 대표자

1) 당사자가 법인이나 당사자능력이 인정되는 사단 또는 재단(제52조)인 경우에는 그 대표자를 기재하여야 한다. 대표자에게는 법정대리인에 관한 규정이 준용되므로(제64조), 대표자의 기재는 소장의 필요적 기재사항이라 할 수 있다.

대표자가 여러 사람인 경우 공동대표의 정함이 있을 때(상법 제208조, 제389조 제2항)에는 그 전원을 기재하여야 하나, 그렇지 않은 때에는 각자 대표권이 있으므로 실제로 소송을 수행할 1

---

25) "현재 소재불명"은 생략하기도 한다. 그것은 그 바로 아래에 기재한 '최후주소'에 '현재 소재불명'의 의미가 포함되어 있다고 보기 때문이다.

26) "현재 서울구치소 수감중"이라고 기재하기도 한다. 교도소·구치소 또는 국가경찰관서의 유치장에 체포·구속 또는 유치된 사람에게 할 송달은 교도소·구치소 또는 국가경찰관서의 장에게 한다(제182조).

27) 예컨대, "피성년후견인이므로 법정대리인 성년후견인 ○○○", "부재자이므로 법정대리인 재산관리인 ○○○" 등과 같이 기재한다.

인을 기재하면 된다.

대표자의 기재는 자격과 성명만을 표시하고 주소는 표시하지 않는다. 대표자의 자격에 관하여 법률에 규정이 있는 때는 그 법률상의 직명을 기재한다.[28]

[기재례 1] 회사의 경우

원고	신라산업 주식회사 인천 계양구 시루봉로15길 34 대표이사 김 진 영

[기재례 2] 사단법인의 경우

원고	사단법인 성우동지회 서울 강남구 역삼로7길 17(역삼동) 대표자 이사 박 현 석

[기재례 3] 종중의 경우

원고	안동권씨 ○○공파 종중 안동시 제비원로 280(안기동) 대표자 도유사 ○○○

[기재례 4] 사찰인 경우

피고	불국사 경주시 불국로 385(진현동 15-1) 대표자 주지 ○○○

2) 당사자가 국가, 지방자치단체일 때에는 대표자의 자격과 성명만을 표시하고, 당사자나 대표자의 주소는 표시하지 않는다.

[기재례 1] 당사자가 국가인 경우

피고	대한민국 법률상 대표자 법무부장관 ○○○

---

28) 대한석탄공사법 제7조, 농업협동조합법 제46조, 제47조, 제127조, 제128조, 수산업협동조합법 제130조, 제131조, 한국산업은행법 제10조 등.

[기재례 2] 당사자가 지방자치단체인 경우[29]

피고	서울특별시 대표자 시장 ○○○

[기재례 3] 교육·학예에 관하여 지방자치단체가 당사자인 경우[30]

피고	부산광역시 대표자 교육감 ○○○

라. 소송대리인

1) 소송대리인의 표시는 실제의 소송수행자를 명백히 하고, 송달을 편리하게 하기 위하여 요구되는 임의적 기재사항이다. 소송대리인의 성명과 주소 외에 연락 가능한 전화번호, 팩시밀리 번호, 전자우편 주소도 함께 기재한다.

소송대리인이 변호사나 법무법인 경우에는 그 자격을 기재하여야 한다. 그러나 소송대리인이 변호사가 아닌 경우(제88조, 소액사건심판법 제8조 제1항)에는 자격을 기재할 여지가 없다. 원고가 2인 이상이나 원고들의 소송대리인이 1인일 때에는 소송대리인을 중복하여 기재하지 않고 끝부분에 일괄 기재한다.

[기재례 1] 소송대리인이 변호사인 경우

원고	1. 서 동 욱
	   부산 연제구 아시아드대로 794(거제2동, 현대아파트)
	2. 송 원 택
	   부산 수영구 남천대로 18, 105동 1708호(남천동, 우성아파트)
	원고들 소송대리인 변호사 박 정 언
	부산 연제구 법원로 28, 508호(거제동, 부산법조타운)

[기재례 2] 소송대리인이 법무법인인 경우

원고	심 현 섭 서울 중구 남대문로 1 소송대리인 법무법인 평화 담당변호사 이재수, 김필곤 서울 서초구 사평대로 100, 1008호(법조빌딩)

---

29) 지방자치법 제92조.

30) 교육감은 교육·학예에 관한 소관 사무로 인한 소송이나 재산의 등기 등에 대하여 당해 시·도를 대표한다(지방교육자치에 관한 법률 제18조 제2항).

2) 소송대리권이 위임에 의하여 발생하지 않고 법령의 규정에 의하여 발생하는 경우가 있다. 상법상의 지배인,[31] 국가를 당사자로 하는 소송에 있어서의 소송수행자,[32] 각종 특수법인의 등기된 대리인[33] 등이 그것이다.

위와 같은 소송대리인은 그 지위, 자격 등과 함께 성명을 기재하고 주소는 기재하지 않는다.

[기재례 1] 지배인의 경우

원고	대한섬유 주식회사
	서울 중랑구 면목로 80
	대표이사 전 은 수
	지 배 인 이 진 수

[기재례 2] 법률상 대리인의 경우

원고	중소기업은행
	서울 중구 남대문로 1
	대표자 은행장 문 용 석
	법률상 대리인 최 정 훈

3. 사건의 표시

사건명은 간결하고 정확하게 표시하여야 한다. 보통 사용되는 사건명으로는 대여금, 물품대금, 손해배상,[34] 계약금반환, 부당이득금반환, 약속어음금, 건물(가옥)인도, 토지인도, 소유권이전등기, 근저당권설정등기, 소유권이전등기말소, 근저당권설정등기말소, 소유권확인, 채무부존재확인, 공유물분할, 주주총회결의취소, 사해행위취소, 청구이의, 이혼 등을 들 수 있다. 수개의 청구가 병합되어 있는 때에는 대표적인 청구 하나만을 골라 그것을 사건명으로 하여 '등'자를 붙인다(예: 소유권이전등기 등). 그리고 사건명 뒤에 '청구의 소'라고 기재한다(예: 대여금 청구의 소).

---

31) 상법 제11조 제1항: 지배인은 영업주에 갈음하여 그 영업에 관한 재판상 또는 재판외의 모든 행위를 할 수 있다.
32) 국가를 당사자로 하는 소송에 관한 법률 제7조.
33) 농업협동조합법 제131조 제7, 8항. 한국산업은행법 제15조, 중소기업은행법 제130조 등.
34) 대법원 예규인 '손해배상 사건에 대한 사건명 표시의 구분(대법원재판예규 민사 86-5호)'에 의하면, 손해배상사건에서 사건명을 기재할 경우, 자동차손해배상보장법에서 정한 자동차의 운행으로 인한 손해배상청구는 '손해배상(자)'로, 근로자의 업무상재해로 인한 손해배상청구는 '손해배상(산)'으로, 의료과오로 인한 손해배상청구는 '손해배상(의)'로, 공해로 인한 손해배상청구는 '손해배상(공)'으로, 지적재산권의 침해로 인한 손해배상청구는 '손해배상(지)'로, ……기타(불법행위, 부동산사기, 공동불법행위, 농작물 피해, 선관주의위배, 이사의 불법행위 등)의 손해배상청구는 '손해배상(기)'로 구분하여 사건표시를 하도록 되어 있다.

4. 청구취지[35)]

가. 의 의

청구취지는 원고가 당해 소송에서 소송의 목적인 권리 또는 법률관계에 관하여 어떠한 재판을 구하는 것인가를 표시하는 소의 결론 부분이다. 이에 의하여 원고가 어떤 종류의 판결을 구하는지, 어떤 내용과 범위의 판결을 구하는지가 정해진다. 원고의 청구가 인용되는 경우에는 청구취지가 그대로 판결의 주문이 된다.

청구취지는 소송물의 동일성을 가리는 기준이 될 뿐만 아니라 소송목적의 값의 산정, 사물관할, 상소이익의 유무 등을 정함에 있어 표준이 된다.

실무상 소장의 청구취지란에는 이 밖에 소송비용의 재판과 가집행의선고의 신청을 기재하고 있으나, 이들은 원고의 신청이 없어도 법원이 직권으로 하는 것이므로 이론상 반드시 기재하여야 하는 것은 아니지만, 기재하는 것이 관례이다.

나. 기재방법

가) 청구취지는 명확해야 한다. 금전인 경우에는 그 액수가 명시되어야 하고, 물건인 경우에는 그 물건이 특정되도록 구체적으로 표시하여야 하며, 법률관계인 경우에는 그 동일성을 인식할 수 있을 정도로 특정해야 한다.

나) 청구취지에서는 판결을 확정적으로 요구하여야 한다. 조건부나 기한부로 판결을 구하는 것은 절차의 안정을 해하므로 허용되지 아니한다. 다만 당해 소송절차 안에서 밝혀질 사실을 조건으로 하여 청구취지를 기재하는 예비적 신청은 소송절차의 안정을 해칠 염려가 없으므로 허용된다.

다) 청구취지는 간단·명료해야 한다. 따라서 금전의 지급을 구하는 청구일 때에는 지급할 금전의 액수 및 부대금액의 발생기간과 비율 등을 명시하면 충분하고, 그 밖에 차용금인지 손해배상금인지, 부대금액이 이자인지 지연손해금인지 따위를 기재할 필요는 없다.[36)] 한편 내용이 복잡하거나 다수의 목적물을 표시하여야 할 사건에서는 청구취지에 표시할 내용 중 일부를 목록, 계산서, 도면 등으로 따로 작성하여 별지로 소장의 끝부분에 첨부하고 그것을 청구취지에서 인용하는 방법이 활용되고 있다.

라) 소를 제기함에 있어서 수개의 청구를 단순 병합하거나, 선택적 또는 예비적으로 병합하여 제기할 수 있음은 물론이고, 공동소송의 요건을 갖춘 경우에는 1개의 소로써 여러 명을 상대로 소를 제기할 수 있다.

---

35) 법원행정처, 민사소송(Ⅱ), 2005(이하 "민사소송(Ⅱ)"라 한다), 12~17면; 사법연수원, 민사실무Ⅰ, 2009(이하 "민사실무Ⅰ"이라 한다), 51~92면.

36) 다만, 가사소송에서는 '위자료로서', '재산분할로서' 등과 같이 이행할 채무의 종류를 표시하고 있다(제5장 '가사소송 법문서' 참조).

청구취지의 기재방법은 각 소송의 종류에 따라 다르나, 각 종류별로 유형이 정형화되어 있어 모범적인 기재례를 참조하여 작성하면 된다. 아래에서는 실무상 자주 등장하는 사례를 중심으로 구체적인 기재례를 살펴본다.

다. 각종 소에 있어서의 기재례

1) 이행청구

이행청구는 원고에게 이행청구권이 있음을 확정하고 피고에 대하여 이행명령을 해 줄 것을 소로써 구하는 것이므로, 이행의 대상·내용과 함께 이행판결을 구한다는 취지를 기재한다. 청구취지는 명령적 형태(……를 이행하라)로 기재한다.

이행판결은 집행력을 가지므로 이행의 소에 관한 청구취지는 강제집행의 단계까지 고려하여 그 집행이 가능하도록 구성하여야 한다.

가) 금전지급의 청구

금전의 지급을 구하는 경우에는 그 액수를 명시하여야 하며, 구체적인 액수를 밝히지 않고 '현시가 상당의 임대료' 또는 '법원이 적당하다고 인정하는 금액'을 지급하라는 방식의 청구취지는 허용되지 아니한다. 2인 이상의 피고에 대하여 금전 지급을 청구할 때에는 '각', '공동하여', '연대하여', '합동하여' 등의 표시를 하여 피고들의 상호관계와 채무의 범위를 확정하여야 한다. '각'은 중첩관계가 없는 반면 '공동하여', '연대하여', '합동하여'는 중첩관계[37]가 있다. 단순히 "피고들은 원고에게 ○○○원을 지급하라."는 청구취지는 민법 제408조의 분할채무의 원칙상 청구금액을 피고별로 균분하여 지급을 구하는 것으로 된다.

(1) 기본형

[기재례 1] 일정액의 금전 지급의 청구

> 피고는 원고에게 5,000만 원[38)]을 지급하라.

---

37) 피고들의 채무 사이에 중첩관계가 있는 경우
  (1) 중첩관계의 유형
  ① 불가분채무(민법 제411조): 공동의 점유사용으로 말미암아 부담하게 되는 부당이득의 반환채무
  ② 연대채무: 연대채무자의 채무(민법 제413조), 주채무자와 연대보증인의 채무(민법 제437조 단서)
  ③ 부진정연대채무: 공동불법행위자의 채무(민법 제760조), 피용자와 사용자의 각 손해배상채무(민법 제756조)
  ④ 합동채무: 여러 사람의 어음·수표채무자의 채무(어음법 제47조, 수표법 제43조)
  ⑤ 기타 여러 사람이 각자 전액의 책임을 지는 경우: 주채무자와 단순보증인 1인의 각 채무
  (2) 중첩관계의 표시
  위 ②의 연대채무에 있어서는 「연대하여」, 위 ④의 합동채무에 있어서는 「합동하여」, 그 밖에 위 ①, ③, ⑤의 경우에는 「공동하여」라는 문구를 사용한다. 종래에는 위 ①, ③, ⑤의 경우에 '각자'라는 문구를 사용하였으나 '각'이라는 문구와의 구별이 어려워 청구취지의 명료성에 의문이 있을 수 있으므로 현재는 '각자' 대신 '공동하여'라는 표현이 사용되고 있다. 다만 이러한 구별은 이행의무의 성질을 명확히 하여 준다는 점에서 의미가 있을 뿐이고, 원고의 입장에서 보면 위 3가지 중 어느 표현을 사용하든 각 피고에 대하여 채권 전액을 집행할 수 있고 그 중 한 사람의 피고로부터 만족을 얻으면 그 한도 내에서 다른 피고들에 대한 관계에서도 채권이 소멸한다는 것을 나타낸다는 점에 있어서 차이가 없다.

[기재례 2] 부대청구(이자, 지연손해금 등[39])가 있는 경우

> 피고는 원고에게 7,000만 원 및 이에 대한 2020. 6. 10.부터 다 갚는 날까지 연 12%의 비율로 계산한 돈을 지급하라.[40]

(2) 응용형

[기재례 1] 부대청구의 이율이 기간별로 다른 경우

> 피고는 원고에게 5,000만 원 및 이에 대한 2018. 12. 18.부터 이 사건 소장 부본[41] 송달일까지는 연 5%, 그 다음 날부터 2019. 5. 31.까지는 연 15%, 그 다음날[42]부터 다 갚는 날까지는 연 12%의 각 비율로 계산한 돈을 지급하라.

[기재례 2] 여러 원고들이 1인의 피고에게 다른 금액의 지급을 구하는 경우

> 피고는 원고 甲에게 1억 원, 원고 乙에게 5,000만 원 및 각 이에 대한[43] 2020. 2. 10.부터 다 갚는 날까지 연 12%의 비율로 계산한 돈을 지급하라.

---

38) 실무상 「3,000만 원」은 「30,000,000원」 또는 「3천만 원」으로 기재하기도 하고, 또 그 앞에 「금」, 「돈」을 넣어 「돈 3,000만 원」, 「금 30,000,000원」으로 기재하기도 하는 등의 다양한 방법이 혼용되고 있다. 그러나 「돈」, 「금」은 뒤에 나올 구체적인 금액에 대한 반복의 의미밖에 없어 굳이 쓸 필요가 없는 것이 현재 실무의 경향이다.

39) 이자제한법은 1962. 1. 15.부터 시행되다가 1998. 1. 13. 폐지되었는데, 2007. 3. 29. 법률 제8322호로 다시 제정되고 2011. 7. 25. 개정되어 2012. 10. 26.부터 시행되다가 2014. 1. 14. 법률 제12227호로 다시 개정되어 제한이자율이 연 25%로 축소되었다. 이들 법률 등에 의한 제한 최고이자율은 1983. 12. 16. ~ 1997. 12. 21. 연 25%, 1997. 12. 22. ~ 1998. 1. 12. 연 40%, 1998. 1. 13. ~ 2007. 6. 29. 무제한, 2007. 6. 30. ~ 2014. 7. 14. 연 30%, 2014. 7. 15. ~ 2021. 7. 6.까지는 연 24%. 2021. 7. 7.부터 ~ 현재 연 20%이다(이자제한법 제2조 제1항의 최고이자율에 관한 규정[개정 2021. 4. 6., 시행 2021. 7. 7.]에 따르면 현재 금선대차에 관한 계약상의 최고이자율은 연 20%이다).

한편 저금리 경제사정을 반영하여 소송촉진등에 관한 특례법 제3조 제1항에 따른 법정이율은 2015. 10. 1.부터 연 20%에서 연 15%로 바뀌었다. 최근 2019. 5. 21. 개정된 소송촉진 등에 관한 특례법 제3조 제1항 본문에서 "대통령령으로 정하는 이율"이란 연 100분의 12를 말한다고 하여[시행일: 2019. 6. 1.] 더욱 더 축소되었다.

40) 「이에 대한」을 「이에 대하여」로, 「다 갚는 날까지」를 「완제일까지」 또는 「완제에 이르기까지」로, 「의 비율에 의한」을 「의 비율로 계산한」으로, 「돈」을 「금원」으로 표시하기도 한다.

41) 피고에게 송달하는 것은 소장 '부본'(지급명령은 '정본')이다. 따라서 정확한 표현은 「이 사건 소장 부본 송달일까지」이겠지만 단순히 「이 사건 소장 송달일까지」라고 표시해도 무방하고, 실무상 흔히 그렇게 쓰고 있다.

42) 적용이율이 다른 기간이 여럿인 경우에는 "그 다음날부터"라는 표현은 "소장송달일 다음날부터" 외에는 사용하지 않는 것이 바람직하다. 즉 중간의 여러 기간들에 대하여는 혼동을 피하기 위하여 각 기산일의 연월일을 정확히 기재하여야 한다.

43) 「각 이에 대한」은 「각 이에 대하여」, 「위 각 돈에 대하여」, 「위 각 금원에 대하여」로 쓰기도 한다.

[기재례 3] 여러 피고들 사이에 중첩관계가 있는 경우

> 피고들은 연대하여(또는 합동하여, 공동하여) 원고에게 5,000만 원 및 이에 대한 2020. 3. 18.부터 다 갚는 날까지 연 12%의 비율로 계산한 돈을 지급하라.

[기재례 4] 여러 피고들 사이에 중첩관계가 없는 경우

> 원고에게, 피고 甲은 500만 원, 피고 乙은 1,000만 원, 피고 丙, 피고 丁은 각 5,000만 원을 지급하라.[44]

[기재례 5] 금액이 피고별로 달라 중첩부분과 중첩되지 않는 부분이 있는 경우

> 원고에게, 피고들은 연대하여 500만 원을, 피고 甲은 100만 원을 각 지급하라.[45]

[기재례 6] 한정승인을 한 경우[46]

> 피고는 원고에게 2,000만 원 및 이에 대한 2021. 1. 10.부터 다 갚는 날까지 연 12%의 비율로 계산한 돈을 피고가 피상속인 망 ○○○로부터 상속한 재산의 한도 내에서 지급하라.

나) 종류물의 인도 청구

종류물의 지급이나 인도를 구할 경우에는 품명, 수량 외에 품질, 종별 등 목적물의 표준을 확정하는 데 필요한 사항을 빠짐없이 표시하여야 한다.

또한 채무자가 판결에서 명한 종류물을 소유하고 있지 아니하면 강제집행을 할 수가 없으므로, 종류물의 인도청구를 할 때에는 집행불능에 대비하여 미리 환산금의 지급을 구하는 대상청구까지 하는 것이 보통이다.

[기재례]

> 피고는 원고에게 백미(2015년산, 일반미, 상등품) 150가마(가마당 80kg들이) 및 이에 대한 2021. 3. 15.부터 다 갚는 날까지 연 12%의 비율로 계산한 백미를 인도하라.
> 위 백미에 대한 강제집행이 불능일 때에는 백미 1가마당 30만 원의 비율로 환산한 돈을 지급하라.

다) 특정물의 인도 청구

특정물의 인도를 구하는 경우에는 원칙적으로 '인도'라는 용어를 사용한다. 인도란 물건에

---

44) 단순히 "피고 丙, 피고 丁은 원고에게 5,000만 원을 지급하라."고 하면 이는 "피고 丙, 피고 丁은 원고에게 각 2,500만 원을 지급하라."는 취지이다.
45) 피고 갑이 원고에게 이행하여야 할 채무는 600만 원(연대 500만 원＋단독 100만 원)이다.
46) 상속인이 한정승인(민법 제1019조)을 한 경우에는 "상속받은 재산의 한도 내에서"라는 문구를 기재한다.

대한 직접적 지배, 즉 현상 그대로의 점유를 이전하는 것을 말한다. 따라서 현상의 변경을 수반하는 경우에는 별도의 용어를 사용하여야 한다(예컨대, 지상건물의 '철거', 지상 분묘의 '굴이(掘移)', 지상 수목의 '수거' 등).

'명도(明渡)'란 인도의 특별한 형태로서, 부동산(주로 건물) 내에 존재하는 점유자의 물품을 부동산 밖으로 모두 반출함과 아울러 그 부동산의 점유를 이전하는 것을 말한다. 구 민사소송법(제690조 제1항)은 인도와 구별되는 개념으로 '명도'의 개념을 사용하고 있었으나, 현행 민사집행법(제258조 제1항)은 명도라는 개념을 따로 인정하지 않고 인도의 개념에 포괄시키고 있으므로 목적물이 동산이든, 토지이든, 건물이든 가리지 않고 언제나 인도의 용어를 사용할 수 있다.[47]

'퇴거'란 건물점유자의 점유를 풀어 그 건물로부터 점유자를 퇴출시킴과 아울러 그 건물 내에 있는 점유자의 물품까지 배출하는 것을 말한다. 명도와 거의 같은 개념이지만, 점유자를 축출하는 것으로 족하고, 점유의 이전까지 요구하지 않는 개념이다.[48] 그 대표적인 예로, 토지 소유자가 지상건물 소유자를 상대로 철거청구를 함에 있어서 그 건물을 건물 소유자가 아닌 제3자가 점유하고 있을 때에 그 점유자를 상대로 퇴거청구를 구하는 경우를 들 수 있다.

인도청구의 경우 판례는 불법점유를 이유로 한 인도청구와 그 밖의 인도청구(예컨대, 인도 약정에 따라 그 이행을 구하는 경우)를 나누어, 불법점유자에 대한 인도청구는 현실로 불법점유를 하고 있는 직접점유자만을 상대로 하여야 하며 간접점유자를 상대로 인도청구를 할 수 없는 반면, 인도 약정에 따른 이행청구의 경우에는 간접점유자에 대하여도 인도를 구할 수 있다고 하고 있나.[49] 점유보조자(주로 가족이나 피용자 등)는 독립한 점유주체가 아니므로 그를 상대로 인도청구를 하여서는 아니 된다.

- **토지 인도의 경우**

토지대장상 표시에 따라 지번, 지목(토지의 종류), 면적을 표시하여야 한다. 토지대장과 등기부상의 표시가 다른 경우에는 토지대장을 기준으로 하되, 괄호를 이용하여 그 안에 등기부상 표시를 병기한다.

- **건물 인도의 경우**

등기부상의 표시에 따라 대지의 지번(지목, 토지면적의 표시는 원칙적으로 필요하지 이니하나) 및 건물의 구조(○○조 ○○지붕), 층수(단층, 2층 등), 용도(주택, 창고, 영업소 등), 건축면적(○○㎡) 등을 빠짐없이 기재하여야 한다. 만약 등기부상 표시와 현황이 다를 때에는 현황에 따라 표시하고 등기부상의 표시는 괄호 안에 병기하는 것이 관례이다.[50] 목적물이 여러 동이거나 건물

---

47) 그러나, 인도와 명도는 위와 같이 개념적으로 구분될 뿐만 아니라 집행 방법에서도 실질적인 차이가 있는 등 구별의 실익이 있으므로 실무에서는 '명도'라는 용어도 여전히 사용되고 있다.
48) 퇴거의 집행은 채무자와 그가 점유하고 있는 물건을 반출함으로써 집행한다. 건물 철거 의무에는 퇴거 의무도 포함된 것으로 보므로 철거를 구하면서 그 의무자에게 별도로 퇴거를 구할 필요는 없다.
49) 대법원 2000. 4. 7. 선고 99다68768 판결; 1999. 7. 9. 선고 98다9045 판결 등.
50) 인도청구의 경우 토지는 토지대장을 기준으로 표시하고, 건물은 현황을 기준으로 표시한다. 그 이유는, 토지의 경우 토지의 경계와 면적을 표시하고 있는 '토지대장'이 절대적으로 중요한 현황의 기준이 되므로 이와 따로 현황에 관한 표시를 할 필요가 없고, 나아가 현황이 대장과 다소 달라도 인도의무의 집행에 지장을 주지 않는 반면, 건물의 경우에는 '건축물대장'이 행정편의상 작성된 장부에 불과하여 토지대장에 버금가는 추정력이 없으며, 건물철거 집행시 현황과의 동일성이 매우 중요하므로 '현황'을 기준으로 청구취지에

표시가 너무 길어(아파트 또는 고층건물의 경우) 청구취지에서 이를 기재하는 것이 불편할 때에는 별지 목록을 이용하는 것이 편리하다.

- **토지·건물의 일부분만이 목적물인 경우**

이때는 축척과 방위가 정확히 표시된 측량도면을 별지로 첨부하고, 그 도면에 표시된 목적 부분의 외곽선의 꼭지점 부호를 차례로 명시함과 아울러 목적 부분의 면적을 기재하여야 한다. 실무상 보통 소장에는 도면을 개략적으로 그려서 별지로 첨부하고, 측량감정 후에 '감정설명도' 를 복사하여 이를 별지도면으로 사용하여 소를 변경하는 방법이 활용되고 있다.

(1) 기본형

[기재례 1] 토지 1필지의 인도청구[51]

피고는 원고에게 청주시 흥덕구 복대로190번길 73대 200㎡를 인도하라.

[기재례 2] 건물 1동의 인도청구[52]

피고는 원고에게 대구 수성구 수성로 288 지상 철근콘크리트조 슬래브지붕 2층 건물, 1층 근린생활 100㎡, 2층 사무실 100㎡를 인도하라.

(2) 응용형

[기재례 1] 건물의 등기부상 표시와 현황이 다른 경우[53]

피고는 원고에게 대전 서구 둔산로31번길 22 지상 철근콘크리트조 슬래브지붕 단층주택 200㎡ (등기부상 표시: 시멘트벽돌조 기와지붕 단층주택 150㎡)를 인도하라.

[기재례 2] 건물이 두 지상에 걸쳐 있고 건물의 철거 및 대지의 인도를 구하는 경우

피고는 원고에게 서울 강남구 삼성로 232 대 300㎡ 및 같은 동 233 대 100㎡ 양 지상 철근콘크리트조 슬래브지붕 단층주택 200㎡를 철거하고, 위 각 대지를 인도하라.

표시한다.
51) 토지대장상 표시에 따라 지번, 지목(토지의 종류), 면적을 표시하여야 한다. 지적법 제5조[지목의 종류] 제 1항은 지목의 종류로 전·답·과수원·임야·대(垈)·공원·주차장 등을 열거하고 있다.
52) 등기부상의 표시에 따라 대지의 지번 및 건물의 구조, 층수, 용도, 건축면적 등을 모두 기재하여야 한다.
53) 현황에 따라 표시하고, 괄호 안에 등기부상의 표시를 병기한다.

[기재례 3] 토지의 일부분만이 목적물인 경우

> 피고는 원고에게 부산 서구 암남로58번길 78 대 300㎡ 중 별지 도면 표시 1, 2, 3, 4, 5, 1의 각 점을 순차로(또는 차례로) 연결한 선내 (가)부분 90㎡를 인도하라.

[기재례 4] 건물의 일부분만이 목적물인 경우

> 피고는 원고에게, 별지 목록 기재 건물 중 별지 도면 표시 1, 2, 3, 4, 5, 1의 각 점을 순차로 연결한 선내 (가)부분 점포 30㎡를 인도하라.

라) 동산의 인도청구

동산 등의 소재지와 외형상의 특징(기계류의 경우에 기관번호, 제작연도, 제작업체 등이 각자(刻字)되어 있을 때는 그에 의한다) 등을 구체적으로 명시하고, 자동차·건설기계와 같이 등록된 물건인 경우에는 그 등록원부의 표제부에 등재된 사항을 명시하여 청구취지만에 의하여 그 물건을 특정할 수 있도록 기재하여야 한다.

[기재례 1] 자동차의 경우

> 피고는 원고에게 별지 목록 기재 자동차를 인도하라.

[별지 목록의 기재례]

목   록

등록번호	30마5350
차 명	소나타
형식 및 연식	LC4-13MA-2015
차대번호	KMHCG41FP1U305821
원동기의 형식	G4EA
사용본거지	부산 수영구 남천동로 68(남천동)
등록연월일	2015. 11. 10. 끝.

[기재례 2] 기계류의 경우

> 피고는 원고에게 별지 목록 기재 각 물건을 인도하라.

[별지 목록의 기재례]

목 록					
번호	품 명	수량	제작회사	고유번호	소재지
1	볼 반	1	주식회사 대우	DW-1200-85-B	안양시 하안동 35
2	프레스	1	주식회사 삼성	SY-12-5-23	부천시 소사동 11. 끝.

마) 의사의 진술을 구하는 청구

1) 의사표시나 의사의 통지, 관념의 통지를 할 의무가 있는 자가 이를 이행하지 않을 경우에는 소송을 통해서 그와 같은 의사표시를 구할 수 있다. 등기의무자를 상대로 하여 각종 등기절차의 이행을 구하는 소송, 주주명부의 명의개서[54]나 인허가, 분양 등에 따른 권리자 명의의 변경에 관한 절차이행을 구하는 소송 등이 대표적으로 여기에 해당한다.

2) 등기의 경우 등기권리자와 등기의무자 쌍방이 공동신청에 의하여 이루어지는 것이 원칙이나(부동산등기법 제27조, 제28조), 판결에 기한 등기는 승소한 등기권리자 또는 등기의무자가 단독으로 신청할 수 있다(같은 법 제29조).

등기에 관한 소송의 청구취지에는 등기의 종류와 내용 이외에 등기원인과 그 연월일까지 표시하여야 한다. 등기신청서에는 등기원인과 그 연월일을 기재하여야 하며(같은 법 제41조 제5호), 등기를 함에 있어서도 사항란에 등기원인과 그 연월일을 기재하도록 되어 있기 때문이다(같은 법 제57조 제2항).

그러나 기존등기의 등기원인이 부존재, 무효이거나 해제, 취소되었음을 이유로 하여 말소등기 또는 회복등기 절차의 이행을 청구할 때에는 말소, 회복등기를 실행함에 있어 법원의 판결 자체가 등기원인으로 되기 때문에 청구취지란에 위와 같은 사유를 등기원인으로 기재할 필요가 없다.

등기부에 기재된 부동산의 소재지, 지목, 면적, 용도 등에 관한 표시가 토지대장, 임야대장, 건물물대장과 부합하지 아니하는 경우 원고는 소장에서 등기부가 아닌, 대장상의 기재에 따라 목적물을 표시하여야 한다. 반면에 등기부의 표시가 실제의 현상과 다르더라도 등기신청에는 장애가 되지 않기 때문에 청구취지에 실제의 현상을 따로 기재할 필요는 없다.

(1) 소유권이전등기

이전등기절차의 이행을 구하는 소송의 청구취지에는 목적부동산, 등기의 종류와 내용 및 등기원인과 그 연월일을 표시하여야 한다.

---

54) 회사를 상대로 타인 앞으로 명의개서가 되었다며 주주권 확인을 구할 것이 아니라, 직접 회사를 상대로 자신이 주주임을 증명하여 명의개서 절차의 이행을 구할 수 있다(대법원 2019. 5. 16. 선고 2016다240338 판결).

(가) 기본형

[기재례]

> 피고는 원고에게 별지 목록[55] 기재 부동산에 관하여 2021. 5. 10. 매매(혹은, 증여, 교환, 취득
> 시효완성 또는 시효취득, 명의신탁해지 등)를 원인으로 하는 소유권이전등기절차를 이행하라.

[별지 목록의 기재례]

〈별지 1〉 목적 부동산이 여러 개인 경우

> 목　　록
>
> 1. 부산 해운대구 해운대해변로 141 대 250㎡
> 2. 서울 서초구 잠원로 37 - 18 잡종지 450㎡
> 3. 서울 마포구 월드컵로 212 도로 350㎡. 끝.

〈별지 2〉 목적 부동산이 아파트인 경우[56]

> 목　　록
>
> (1동의 건물의 표시)
> 　부산 금정구 구서동 364-15 현대아파트 제103동
> 　[도로명주소]
> 　부산 금정구 중앙대로1926번길 10
> 　철근콘크리트조 슬래브지붕 11층 공동주택(아파트)
>
> (전유부분의 건물의 표시)
> 　제8층 제808호 철근콘크리트조 84.985㎡
>
> (대지권의 목적인 토지의 표시)
> 　부산 금정구 구서동 364-15 대 10,179㎡
>
> (대지권의 표시)
> 　소유권 대지권 10,179,000분의 54,759. 끝.

---

55) 등기신청서에 기재한 부동산의 표시가 등기부와 저촉되는 때는 등기신청의 각하 사유가 된다(부동산등기법 제55조). 따라서 부동산이 아파트 등 집합건물로 대지권 등기가 되어 있는 등 표제부의 기재가 복잡한 경우에도 등기부 중 표제부에 기재된 내용을 그대로 표시해주어야지 일부 내용을 생략하여서는 아니된다. 통상 별지를 사용한다.

56) 공동주택이나 여러 층 건물 중 일부만을 대상으로 특정하고자 하는 경우에는 전체 건물의 표시와는 별도로, 해당 건물부분을 추가로 특정하는 방식으로 기재하고, 아울러 등기부상 대지권(대지에 관한 지분권)이 있는 경우에는 그 대상인 전체 토지를 표시한 뒤 해당 대지권의 종류 및 지분을 명확히 표시한다. 원칙적으로 해당 건물의 등기부상 표제부에 기재된 사항을 그대로 표시하면 될 것이지만(현황이 다른 경우는 현황을 별도로 기재), 전체 건물을 표시함에 있어서는 등기부의 표제부에 기재되어 있는 각 층의 면적을 일일이 열거할

(나) 가등기에 기한 본등기

[기재례]

> 피고는 원고에게 별지 목록 기재 부동산에 관하여 수원지방법원 2020. 5. 10. 접수 제1234호로 마친[57](혹은, 경료한) 가등기에 기하여 2020. 7. 20. 매매(혹은, 매매예약완결)를 원인으로 한 소유권이전등기절차(혹은, 소유권이전등기의 본등기절차)를 이행하라.[58]

(다) 대위에 의한 소유권이전등기

[기재례 1] 순차로 이전등기를 청구하는 경우[59]

> 별지 목록 기재 부동산에 관하여,
>
> 　가. 피고 甲은 피고 乙에게 2020. 2. 20. 매매를 원인으로 한,
>
> 　나. 피고 乙은 원고에게 2021. 5. 28. 매매를 원인으로 한
>
> 각 소유권이전등기절차를 이행하라.

[기재례 2] 피대위자인 채무자가 피고로 되지 않은 경우[60]

> 피고는 소외 乙(560522−1445211, 주소: 서울 서초구 언주로 18)에게 별지 목록 기재 부동산에 관하여 2020. 10. 18. 매매를 원인으로 한 소유권이전등기절차를 이행하라.

(2) 제한물권·임차권의 설정등기

[기재례 1] 전세권설정등기[61]

> 피고는 원고에게 별지 목록 기재 부동산에 관하여 2018. 5. 1. 전세권설정계약을 원인으로 한 전세금 100,000,000원, 존속기간 2020. 4. 30.까지의 전세권설정등기절차를 이행하라.

필요는 없고 해당 동수와 전체 층수를 기재하는 것으로 충분하다 할 것이다.

57) 관할등기소, 접수일자, 접수번호 순으로 표시하는 것이 관례이다. 등기소가 아니고 법원 내의 등기과에서 등기업무를 취급할 때에는 관할등기소의 표시를 '○○지방법원'으로 한다.

58) 등기의 종류와 등기원인의 표시를 빠뜨리지 말아야 한다.

59) 갑, 을, 원고의 순서로 부동산이 매도된 경우 원고가 갑에 대하여는 을을 대위하여, 을에 대하여는 자신의 청구권에 기하여 이전등기를 구한다.

60) 이 경우에는 채무자의 성명 다음에 괄호를 하여 그 안에 채무자의 주소와 주민등록번호를 기재하여야 한다(대법원 1995. 6. 19.자 95그26 결정).

61) 부동산등기법 제72조.

[기재례 2] 저당권설정등기[62)

> 피고는 원고에게 별지 목록 기재 부동산에 관하여 2017. 10. 1. 저당권설정계약을 원인으로 한 채권액 100,000,000원, 채무자 甲(720318-1445423, 주소: 서울 서초구 언주로25길 123), 변제기 2020. 12. 31., 이자 연 20%, 이자 지급시기 매월 1일의 저당권설정등기절차를 이행하라.

[기재례 3] 근저당권설정등기[63)

> 피고는 원고에게 별지 목록 기재 부동산에 관하여 2020. 5. 18. 근저당권설정계약을 원인으로 한 채권최고액 1억 원, 채무자 ○○○(600725-1039270, 주소: 서울 강남구 도산대로40길 14)의 근저당권설정등기절차를 이행하라.

(3) 말소등기 및 회복등기

말소등기나 회복등기 절차의 이행을 구하는 경우에는 원칙적으로 목적부동산, 말소 또는 회복의 대상인 등기의 관할 등기소, 접수연월일, 접수번호, 등기의 종류를 순서대로 명시하면 되고 (예: 청주지방법원 음성등기소 2020. 7. 10. 접수 제16875호로 마친 소유권이전등기), 그 밖에 등기의 원인이나 등기의 내용까지 표시할 필요는 없다. 다만, 유효하던 등기가 후발적 실효사유에 의하여 장래에 향하여 실효됨을 원인으로 말소등기를 할 경우(예: 변제나 설정계약의 해지로 인한 저당권의 소멸 등)에는 그 소멸 사유를 말소등기의 원인으로 청구취지에 기재하여야 한다.

(가) 기본형

[기재례 1] 소유권이전등기말소

> 피고는 원고에게 별지 목록 기재 부동산에 관하여 부산지방법원 금정등기소 2021. 5. 18. 접수 제1234호로 마친 소유권이전등기의 말소등기절차를 이행하라.

[기재례 2] 근저당권설정등기말소

> 피고는 원고에게 별지 목록 기재 부동산에 관하여 서울중앙지방법원 등기국 2019. 9. 10. 접수 제1234호로 마친 근저당권설정등기에 대하여 2020. 8. 10. 해지를 원인으로 한 말소등기절차를 이행하라.

---

62) 용익물권이나 담보물권의 설정등기를 구하는 경우에는 물권의 내용을 이루는 사항을 빠짐없이 기재하여야 한다(부동산등기법 제69조-제75조).
63) 부동산등기법 제75조.

[기재례 3] 말소등기의 회복등기[64]

> 피고는 원고에게 별지 목록 기재 부동산에 관하여 의정부지방법원 가평등기소 2020. 8. 10. 접수 제32385호로 말소등기된 같은 등기소 2020. 5. 18. 접수 제2896호로 마친 근저당권설정등기의 회복등기절차를 이행하라.

(나) 순차로 된 여러 등기의 말소등기

[기재례]

> 원고에게,[65] 별지 목록 기재 부동산에 관하여,
>
> 　가. 피고 甲은 광주지방법원 화순등기소 2020. 5. 10. 접수 제21234호로 마친 소유권이전등기의,
> 　나. 피고 乙은 같은 등기소 2020. 8. 10. 접수 제2345호로 마친 소유권이전등기의,
> 　다. 피고 丙은 같은 등기소 2020. 12. 25. 접수 제11324호로 마친 소유권이전등기의
>
> 　각 말소등기절차를 이행하라.

(다) 대위에 의한 말소등기

[기재례]

> 별지 목록 기재 부동산에 관하여,
>
> 　가. 피고 甲에게[66]
>
> 　　(1) 피고 乙은 제주지방법원 서귀포등기소 2020. 5. 20. 접수 제1234호로 마친 소유권이전등기의,
> 　　(2) 피고 丙은 같은 등기소 2020. 7. 30. 접수 제2345호로 마친 소유권이전등기의 각 말소등기절차를 이행하고,
>
> 　나. 피고 甲은 원고에게 2021. 4. 10. 매매를 원인으로 한 소유권이전등기절차를 이행하라.

---

64) 말소등기의 회복등기절차이행을 구하는 소송에서는 회복대상인 등기와 말소된 등기를 모두 특정하여야 한다.

65) 원인무효의 등기가 순차로 다수 이루어진 경우 원인무효의 등기 명의자는 그 등기로 아무런 권리를 취득하지 못하므로 그 후에 이루어진 등기명의자들에 대하여 말소를 구할 권한이 없고(대법원 1982. 12. 28. 선고 82다카349 판결), 소유자가 각 등기 명의자들을 공동으로 또는 개별로 상대하여 직접 말소 청구를 할 수 있으므로(대법원 1998. 9. 22. 선고 98다23393 판결) 원고에 대하여 말소할 것을 구한다.

66) 채권자대위권을 행사하여 말소등기를 청구하는 경우 말소등기의 이행 상대방은 피대위자로 기재하여야 한다(대법원 1966. 9. 27. 선고 66다1149 판결). 다만, 대법원 1995. 4. 14. 선고 94다58148 판결은 피대위자가 아닌 원고에게 말소등기절차를 이행하라고 하여도 위법은 아니라는 취지로 판시하고 있다.

(라) 말소등기 대신 이전등기를 구하는 경우[67]

[기재례]

> 피고는 원고에게 별지 목록 기재 부동산에 관하여 진정명의 회복을 원인으로 한 소유권이전 등기절차를 이행하라.

(4) 그 밖의 의사의 진술을 구하는 경우

(가) 채권양도의 통지[68]

[기재례]

> 피고는 소외 甲(620707-1445627, 주소: 서울 강남구 자곡로 260)에게 별지 목록 기재 채권을 2020. 10. 1. 원고에게 양도하였다는 취지의 통지를 하라.

(나) 수분양자명의변경[69]

[기재례]

> 피고는 원고에게 별지 목록 기재 부동산에 관하여 2020. 10. 18. 매매를 원인으로 한 서울특별시의 ○○시영아파트 수분양자대장상의 수분양자명의변경절차를 이행하라.

바) 특수한 유형의 이행청구

(1) 장래이행의 청구[70]

[기재례]

> 피고는 원고에게 2021. 5. 10.부터 별지 목록 기재 건물의 인도 완료일까지 월 100만 원의 비율로 계산한 돈을 지급하라.

---

67) 무효인 등기가 행해진 경우 진정명의의 회복을 위하여 최종 등기명의자와 중간 등기명의자 전부를 상대로 각 등기의 말소를 구하는 대신 최종 등기명의자만을 상대로 진정명의회복을 원인으로 직접 이전등기를 구할 수도 있다(대법원 1997. 3. 11. 선고 96다47142 판결; 2001. 8. 21. 선고 2000다36484 판결).

68) 보통 채권의 양수인이 양도인을 상대로 양도의 대항요건인 통지를 채무자에게 하도록 청구한 경우에 한다.

69) 아파트 수분양자인 매도인이 명의변경을 하여 주기로 하는 약정 아래 수분양자 지위를 매도한 경우에는 매도인은 그 아파트 수분양자 대장상의 수분양자 명의를 매수인 명의로 변경해 줄 의무를 진다(대법원 1987. 3. 24. 선고 86다카802 판결; 1991. 9. 24. 선고 90다8879 판결 참조).

70) 장래의 이행의 소는 변론종결시를 표준으로 하여 이행기가 장래에 도래하는 이행청구권을 주장하는 소이기 때문에 "미리 청구할 필요"가 있는 경우에 한하여 허용된다(제251조). 일반적으로 채무자가 채무의 이행기 도래 전부터 채무의 존재나 범위를 다투기 때문에 이행기가 도래하여도 임의의 이행을 기대할 수 없는 경우에는 미리 청구할 필요가 인정된다(대법원 1993. 11. 9. 선고 92다43128 판결).

(2) 부작위를 구하는 청구[71]

[기재례]

> 피고는 별지 목록 기재 대지 중 별지 도면 표시 1, 2, 3, 4, 5, 1의 각 점을 순차로 연결한 선내 (가) 부분 60㎡에 대한 원고의 통행을 방해하는 일체의 행위를 하여서는 아니 된다.

(3) 정기금의 지급을 구하는 청구[72]

[기재례]

> 피고는 원고에게 2020. 10. 1.부터 2029. 9. 30.까지 원고의 생존을 조건으로 매년 9. 30. 10,000,000원씩 지급하라.

(4) 동시이행(상환이행)판결을 구하는 경우[73]

[기재례]

> 피고는 원고로부터 100,000,000원을 지급받음과 동시에(혹은, 상환으로) 원고에게 별지 목록 기재 건물을 인도하라.

(5) 선이행판결을 구하는 경우[74]

[기재례]

> 피고는 원고로부터 50,000,000원을 지급받은(또는 수령한) 다음 원고에게 별지 목록 기재 부동산에 관하여 전주지방법원 2020. 5. 10. 접수 제5588호로 마친 근저당권설정등기의 말소등기 절차를 이행하라.

---

71) 장래이행청구의 하나이다. 현재로부터 계속하여 일정한 행위를 하지 아니할 것을 내용으로 하는 부작위를 명하는 판결을 구하는 소이다.

72) 교통사고 등 불법행위에 의한 손해배상청구의 경우에 그 예를 볼 수 있다. 이 경우에는 정기금의 시기, 종기, 지급일자, 금액 등을 명확히 기재하여야 한다.

73) 동시이행판결은 원고 또는 제3자가 피고에게 일정한 의무를 이행하는 것과 동시에(상환으로) 피고로 하여금 일정한 의무의 이행을 하도록 명하는 판결이다. 소를 제기하면 상대방이 동시이행의 항변이나 유치권의 항변을 하여 그것이 판결과정에서 인용될 것이 예상되는 경우에는 처음부터 동시이행을 구하는 형태로 청구취지를 작성한다. 동시이행의 관계에 있는 청구임에도 불구하고 단순이행만을 청구하면 원고 청구의 일부기각 판결과 함께 소송비용 일부에 대한 원고 부담의 판결이 선고되기 때문이다. 동시이행의 관계에 있는 대표적인 예로 ① 임차보증금반환채무와 임대건물인도채무, ② 건물철거청구에 대하여 건물매수청구권이 행사되어 건물의 매매가 성립되었음을 이유로 토지 임대인이 건물소유권이전등기 및 인도청구로 청구를 변경한 경우 토지 임차인의 건물소유권이전등기 및 인도의무와 토지 임대인의 건물대금 지급의무, ③ 부동산 매수인의 잔대금지급의무와 매도인의 소유권이전등기의무, ④ 도급인의 손해배상채권과 수급인의 공사대금채권, ⑤ 계약해제시 일방의 손해배상의무와 상대방의 원상회복의무의 관계 등을 들 수 있다.

74) 저당권설정등기, 담보 목적의 가등기 또는 소유권이전등기 등을 마친 경우 피담보채무의 변제의무는 위 각 등기의 말소의무보다 선이행관계에 있다. 피담보채무가 아직 남아있는 상태에서 담보목적으로 설정된 등기의 말소를 구하는 것은 선이행청구로서 허용되지 않는 것이 원칙이나, 채권자가 피담보채무의 액수를 다투

(6) 토지거래허가신청의 협력의무 이행청구[75]

[기재례]

> 피고는 원고에게, 원고와 피고 사이에 2020. 7. 1. 체결된 별지 목록 기재 부동산의 매매계약에 관하여 토지거래허가 신청절차를 이행하라.

2) 확인청구

확인청구는 법원에 대하여 당사자 사이에 다툼이 있는 권리·법률관계에 관하여 그 존재·부존재의 확정 선언을 구하는 것이므로, 확인을 구하는 대상·내용과 함께 확인판결을 구한다는 취지를 기재한다. 청구취지는 선언적 형태(……확인한다)로 기재한다.

확인청구에서는 확인의 대상이 된 권리 또는 법률관계가 특정될 수 있도록 그 종류, 범위, 발생원인 등을 명확히 하여야 하고, 목적물도 특정하여 표시하여야 한다.[76] 다만, 그 표시 정도는 확인의 대상인 권리가 물권인가, 채권인가에 따라 다소 차이가 있다. 물권의 확인을 구하는 경우에는 동일 주체가 동일 목적물에 대하여 가지는 동일 종류의 권리가 여러 개 있을 수 없으므로 목적물, 주체 및 종류만 명백히 하는 것으로 충분하다. 그러나 채권의 존재 또는 채무부존재의 확인을 구하는 경우에는 동일 당사자 사이에 동일한 내용의 권리가 발생 원인을 달리하여 여러 개 존재할 수 있으므로 채권의 목적, 범위는 물론 발생원인까지도 명백히 하여야 한다.

확인청구의 대상은 원칙적으로 권리 또는 법률관계이지만 예외적으로 '법률관계를 증명하는 서면'에 대하여는 사실관계임에도 불구하고 그 진부확인의 청구가 허용되고 있다(제250조). 이때의 청구취지는 확인의 대상이 되는 문서의 작성일자와 내용을 명확하게 하여야 한다.[77]

가) 기본형

[기재례 1] 물권 확인

> 별지 목록 기재 부동산이 원고의 소유임을 확인한다.

[기재례 2] 채권 확인

> 별지 목록 기재 건물에 관하여 원고와 피고 사이의 2020. 5. 10. 임대차계약에 의한 기간 2년, 임대차보증금 50,000,000원, 차임 매월 800,000원으로 된 임차권이 원고에게 있음을 확인한다.

기 때문에 채무자가 변제하더라도 담보권설정등기의 임의 말소를 기대할 수 없는 경우에는 '미리 청구할 필요'가 인정되므로 원고는 자신의 채무를 선이행하는 것을 조건으로 하는 청구를 할 수 있다.

75) 대법원 1991. 12. 24. 선고 90다12243 (숲) 판결; 1993. 1. 12. 선고 92다36830 판결 등.
76) 따라서 토지 및 그 지상건물의 소유권확인판결에서 토지의 지번, 지목, 면적만을 표시하고 건물에 관하여는 「지상건물 일체 포함」으로만 표시하였다면 건물의 표시가 특정된 것이라 할 수 없으므로 위법하다(대법원 1959. 10. 8. 선고 4291민상844 판결).
77) 뒤의 특수한 확인청구 "[기재례 1] 증서진부확인" 참조.

[기재례 3] 지위확인[78]

원고가 피고 어촌계의 계원임을 확인한다.

[기재례 4] 채무부존재(1)[79]

원고의 피고에 대한 공증인가 ○○ 합동법률사무소 2020. 9. 15. 작성 2020년 증서 제350호 약속어음공정증서에 기한 약속어음금채무는 존재하지 아니함을 확인한다.

[기재례 5] 채무부존재(2)

원고와 피고 사이에 2021. 3. 20. 16:40경 강원 속초시 청봉로 97 설악마트 앞 교차로에서 발생한 교통사고에 기한 원고의 피고에 대한 손해배상채무는 존재하지 아니함을 확인한다.

나) 특수한 확인청구

[기재례 1] 증서진부확인

원고를 매도인, 피고를 매수인으로 하여 2021. 2. 20.자로 작성된 별지 내용의 매매계약서는 진정하게 성립된 것이 아님을 확인한다.

[기재례 2] 미등기 토지의 소유권 확인

강원 평창군 용평면 평창대로 190 임야 2,000㎡가 원고의 소유임을 확인한다.

[기재례 3] 주주총회결의 무효확인

피고의 2021. 5. 10. 임시주주총회에서 甲을 이사에서 해임하고 乙을 이사로 선임한 결의는 무효임을 확인한다.

[기재례 4] 해고처분무효확인[80]

피고의 원고에 대한 2020. 12. 12.자 해고(처분)는 무효임을 확인한다.

3) 형성청구

형성청구는 법원에 대하여 형성권의 존재를 확정하여 법률관계를 변동(발생·변경·소멸)시켜 줄 것을 소로써 구하는 것이므로, 형성의 대상·내용과 함께 형성판결을 구한다는 취지를 기재

---

78) 대법원 1994. 12. 2. 선고 94다41454 판결; 1998. 8. 21. 선고 98다21045 판결.
79) 채무의 목적, 채무의 범위, 발생원인을 명백히 하여야 한다.
80) 이하 [소장예문 9] 해고무효확인 '해설' 참조.

한다. 형성의 소는 법률에 명문으로 규정되어 있는 경우에 한하여 인정된다. 청구취지는 확인청구의 그것과 같이 선언적 형태(……한다)를 취한다. 다만 형식적 형성의 소(예: 토지경계확정의 소, 공유물분할 청구 등)에서는 어떠한 내용의 판결을 할 것인가는 법원의 재량에 맡겨지기 때문에 통상의 소에서와 같이 청구취지를 반드시 명확히 특정할 필요는 없고, 법관의 재량권행사의 기초가 될 정도로만 기재하면 된다.[81]

가) 실체법상 형성의 소

[기재례 1] 이혼

> 원고와 피고는 이혼한다.

[기재례 2] 주주총회결의취소[82]

> 피고의 2021. 5. 10. 임시주주총회에서 甲을 이사로, 乙을 감사로 각 선임한 결의를 취소한다.

[기재례 3] 사해행위취소 − 전부취소(원물반환)[83]

> 1. 피고와 소외 甲 사이에 별지 목록 기재 부동산에 관하여 2020. 9. 27. 체결된 매매계약을 취소한다.
> 2. 피고는 소외 甲에게 위 부동산에 관하여 대구지방법원 2020. 10. 1. 접수 제3456호로 마친 소유권이전등기의 말소등기절차를 이행하라.

[기재례 4] 사해행위취소 − 일부취소(가액배상)[84]

> 1. 피고와 소외 甲 사이에 별지 목록 기재 부동산에 관하여 2020. 5. 28. 체결된 매매계약을 5,000만 원의 한도 내에서 취소한다.
> 2. 피고는 원고에게 5,000만 원 및 이에 대한 이 판결 확정일 다음날부터 다 갚는 날까지 연 5%의 비율로 계산한 돈을 지급하라.

---

81) 대법원 1993. 11. 23. 선고 93다41792 판결.
82) 이하 [소장예문 10] 주주총회결의취소 '해설' 참조.
83) 수익자(또는 전득자)를 피고로 채권자취소권을 행사하는 형성소송을 제기하면서, 사해행위취소로 인하여 소멸하게 되는 원인행위에 기하여 마쳐진 소유권이전등기의 말소를 구하는 이행소송을 병합하여 제기하는 경우이다. 실무상 채권자취소소송에 있어서 일반적으로 행하여지는 방법이다. 사해행위 취소에 따른 말소등기 절차의 이행을 구하는 청구에 있어서 말소등기의 이행상대방은 원칙적으로 채무자가 되어야 할 것이지만, 실무상으로 채권자를 이행의 상대방으로 지정하는 것도 허용된다.
84) 사해행위취소로 인한 원상회복을 가액배상으로 하는 경우 그 이행의 상대방은 채권자이어야 한다(대법원 2008. 4. 24. 선고 2007다84352 판결). 사해행위소송에서의 가액배상청구는 장래의 이행을 구하는 것으로서 소송촉진등에관한특례법 제3조 제1항 단서의 적용을 받게 되므로 그 지연손해금의 비율은 민사법정이율에 의하여야 한다. 가액배상의 지급의무는 그 전제가 되는 사해행위취소라는 형성판결이 확정될 때 비로소 발생하므로 판결이 확정되기 전에는 지체책임을 물을 수 없어, 판결확정일까지의 지연손해금은 인정되지 않는다.

나) 형식적 형성의 소

[기재례 1] 경계확정

> 원고 소유의 서울 중구 당주동 112의 3 대 328㎡와 피고 소유의 같은 번지의 4대 250㎡의 경계는 별지도면 표시 "1, 2, 3, 4, 5"의 각 점을 연결한 직선으로 확정한다.

[기재례 2] 공유물분할[85] – 현물분할

> 서울 서초구 서초로 100 대 500㎡ 중 별지 도면 표시 ㄱ, ㄴ, ㄷ, ㄹ, ㄱ의 각 점을 순차로 연결한 선내 (가)부분 180㎡를 원고의 소유로, 같은 도면 표시 ㄴ, ㅁ, ㅂ, ㄷ, ㄴ의 각 점을 순차로 연결한 선내 (나)부분 320㎡를 피고의 소유로 분할한다.

[기재례 3] 공유물분할 – 경매에 의한 분할

> 별지 목록 기재 부동산을 경매에 부쳐 그 대금에서 경매비용을 공제한 나머지 금액을 원고에게 3분의 2, 피고에게 3분의 1의 각 비율로 분배한다(혹은, 분할한다, 배당한다).

다) 소송법상 형성의 소

[기재례 1] 청구이의[86]

> 피고의 원고에 대한 부산지방법원 2021. 3. 10. 선고 2018가합2385 판결에 기초한 강제집행을 불허한다.

[기재례 2] 제3자이의[87]

> 피고가 소외 甲에 대한 전주지방법원 2020. 7. 1. 선고 2018가합3456 판결의 집행력 있는 정본에 기초하여 2021. 2. 1. 별지 목록 기재 물건에 대하여 한 강제집행을 불허한다.

[기재례 3] 배당이의

> 부산지방법원 2020타경123호 부동산강제경매 사건에 관하여 위 법원이 2021. 1. 10. 작성한 배당표 중 피고에 대한 배당액 500만 원을 200만 원으로, 원고에 대한 배당액 300만 원을 600만 원으로 각 경정한다.

---

85) 이하 [소장예문 6] 공유물분할 '해설' 참조.
86) 이하 [소장예문 13] 청구이의 '해설' 참조.
87) 제3자 이의의 소는 집행의 목적물에 대하여 제3자가 소유권을 가지거나 목적물의 양도·인도를 막을 수 있는 권리를 가진 때 그 제3자가 채권자를 상대로 자신의 권리를 침해하는 강제집행에 이의를 주장하고 집행의 배제를 구하는 소이다(민사집행법 제48조).

4) 병합청구

가) 단순병합

[기재례 1] 수개의 금전청구[88]

> 피고는 원고에게 5,000만 원을 지급하라.

[기재례 2] 건물 인도와 차임(손해배상 및 부당이득금)

> 피고는 원고에게 별지 목록 기재 건물을 인도하고, 2020. 9. 10.부터 위 건물의 인도완료일까지 월 200만 원의 비율로 계산한 돈을 지급하라.

[기재례 3] 이혼, 위자료 및 재산분할의 병합

> 1. 원고와 피고는 이혼한다.
> 2. 피고는 원고에게 위자료로서 1억 원 및 이에 대하여 이 사건 소장 부본 송달 다음날부터 다 갚는 날까지 연 12%의 비율로 계산한 돈을 지급하라.
> 3. 피고는 원고에게 재산분할로서 별지 목록 기재 부동산 중 2분의 1 지분에 관하여 이 판결 확정일자 재산분할을 원인으로 한 소유권이전등기절차를 이행하라. (또는 5천만 원 및 이에 대한 이 판결 확정일 다음날부터 다 갚는 날까지 연 5%의 비율로 계산한 돈을 지급하라.)[89]

나) 선택적 병합

[기재례 1] 불법행위 혹은 채무불이행에 기한 손해배상

> 피고는 원고에게 1,000만 원 및 이에 대하여 이 사건 소장 송달 다음날부터 다 갚는 날까지 연 12%의 비율로 계산한 돈을 지급하라.[90]

---

88) 병합된 청구의 목적이 모두 금전인 경우(예: 대여금과 수표금)에는 단순히 합산액만을 기재하여야 한다. 즉, "대여금 2,000만 원, 수표금 3,000만 원의 합계 5,000만 원"이라고 기재하여서는 아니되고, 그냥 "5,000만 원"이라고 기재하여야 한다.

89) 이혼으로 인한 재산분할청구권은 이혼을 한 당사자의 일방이 다른 일방에 대하여 재산분할을 청구할 수 있는 권리로서 이혼이 성립한 때에 그 법적 효과로서 비로소 발생하는 것일 뿐만 아니라, 협의 또는 심판에 의하여 그 구체적 내용이 형성되기까지는 그 범위 및 내용이 불명확·불확정하기 때문에 구체적으로 권리가 발생하였다고 할 수 없으므로, 당사자가 이혼이 성립하기 전에 이혼소송과 병합하여 재산분할의 청구를 하고 법원이 이혼과 동시에 재산분할로서 금전의 지급을 명하는 판결을 하는 경우 그 금전지급채무에 관하여는 그 판결이 확정된 다음날부터 이행지체책임을 지게 되고, 따라서 소송촉진등에관한특례법 제3조 제1항 단서에 의하여 같은 조항 본문에 정한 이율이 적용되지 아니한다(대법원 2001. 9. 25. 선고 2001므725, 732 판결).

90) 동일 액수의 손해배상을 불법행위와 채무불이행에 기하여 청구하는 경우로서 선택적인 주장은 청구원인에서만 하면 된다.

[기재례 2] 소유권 혹은 점유권에 기한 인도청구

> 피고는 원고에게 별지 목록 기재 물건을 인도하라.[91]

다) 예비적 병합

(1) 객관적 예비적 병합

[기재례 1]

> 주위적으로
> 피고는 원고에게 별지 목록 기재 부동산에 관하여 부산지방법원 2020. 8. 10. 접수 제3503호로 마친 소유권이전등기의 말소등기절차를 이행하라.
>
> 예비적으로
> 피고는 원고에게 별지 목록 기재 부동산에 관하여 이 사건 소장 부분 송달일자 명의신탁해지를 원인으로 한 소유권이전등기절차를 이행하라.[92]

(2) 주관적 예비적 병합

[기재례 2]

> 주위적으로
> 피고 甲은 원고에게 1억 원을 지급하라.
>
> 예비적으로
> 피고 乙은 원고에게 1억 원을 지급하라.

5) 소송비용

법원이 사건을 완결하는 재판을 할 때에는 반드시 직권으로 그 심급의 소송비용 부담에 관한 재판을 하여야 한다(제104조). 따라서 당사자에게는 법률상 소송비용 부담의 재판을 구할 신청권이 없고, 당사자의 신청은 직권발동을 촉구하는 의미밖에 없다.

그러나 실무상의 관행은 소송비용의 부담에 관하여 청구취지의 일부로서 기재하고 있다.

[기재례 1] 소송비용은 피고가(피고들이) 부담한다.
[기재례 2] 소송비용은 피고(들)의 부담으로 한다.

---

91) 선택적 주장은 소유권과 점유권에 기하여 청구하는 경우로서 청구원인에서만 기재한다.
92) 주위적 청구로서 등기가 원인무효임을 이유로 말소청구를 하고, 등기가 유효할 때를 대비하여 예비적 청구로서 신탁해지를 원인으로 하여 소유권이전등기청구를 한 예이다(대법원 1982. 7. 13. 선고 81다카1120 판결).

6) 가집행선고

가집행선고는 확정되지 아니한 종국판결에 집행력을 부여하는 형성적 재판으로서, 법원은 재산권의 청구에 관한 판결에는 상당한 이유가 없는 한 당사자의 신청유무를 불문하고 직권으로 이를 선고하여야 한다(제213조).

따라서 가집행선고 역시 소송비용의 경우와 마찬가지로 당사자의 신청은 법원의 직권발동을 촉구하는 의미밖에 없는 것이지만, 실무상의 관행은 여전히 청구취지에 포함시켜 기재하고 있다.

가집행선고는 재산권상의 청구에 한하여 허용되는 것이므로 신분권이나 기타 비재산권에 관한 청구에서는 이를 신청하여서는 안 된다.

그러나 외형상 신분관계를 내용으로 하는 것이지만 부양료 지급 청구와 같이 실질적으로 경제적 이익을 내용으로 하는 것이면 재산권상의 청구이므로 가집행선고를 신청할 수 있다. 다만 재산권상의 청구라도 판결이 확정되어야 집행력이 발생하는 의사의 진술을 명하는 청구(등기절차의 이행청구)나 형성 청구(공유물분할, 이혼에서 재산분할 등)에서는 가집행선고를 신청하여서는 안 된다.

[기재례 1] 제1항은 가집행할 수 있다.
[기재례 2] 제1항 중 건물인도 부분은 가집행할 수 있다.

5. 청구원인[93]

가. 의 의

청구원인은 청구취지 기재와 같은 판결을 할 수 있도록 하는 권리 또는 법률관계를 발생시키는 구체적인 사실관계를 말한다. 이는 청구취지와 함께 소송물[94]인 권리 또는 법률관계를 특정하여 주며, 원고의 청구를 이유 있게 하기 위한 전제가 되는 사실관계이다.

청구원인은 확인의 소에 있어서는 청구취지를 보충하고, 이행의 소나 형성의 소에 있어서는 전적으로 소송물을 특정하는 역할을 한다. 예컨대 같은 물건의 인도청구도 '소유권', '점유권' 또는 '매매 기타의 계약' 중 어느 것을 원인으로 하는가에 따라,[95] 이혼을 구하는 경우에도 '부정행위' 또는 '부당한 대우' 등 어느 것을 원인으로 하는가에 따라[96] 각각 별개의 소송이 된다. 실체법상의 권리나 법률관계를 주장함에는 하나의 소에서도 선택적, 예비적 주장이 가능하다.

---

93) 민사소송(II), 17~22면, 민사실무 I, 93~97면.
94) 심판의 대상이 되는 소송의 객체를 소송물(＝소송상 청구)이라고 하는데, 판례는 기본적으로 실체법상의 권리 또는 법률관계의 주장을 소송물로 보고, 실체법상의 권리마다 소송물이 별개로 된다는 입장이다.
95) 대법원 1996. 6. 14. 선고 94다53006 판결: 소유권에 기하여 미등기 무허가건물의 반환을 구하는 청구취지 속에는 점유권에 기한 반환청구권을 행사한다는 취지가 당연히 포함되어 있다고 볼 수는 없고, 소유권에 기한 반환청구만을 하고 있음이 명백한 이상 법원에 점유권에 기한 반환청구도 구하는 지의 여부를 석명할 의무가 있는 것은 아니다.
96) 대법원 1963. 1. 31. 선고 62다812 판결: 민법 제840조의 각 이혼사유는 그 각 사유마다 독립한 이혼청구원인이 되므로 법원은 원고가 주장한 이혼사유에 관하여서만 심판하여야 한다.

나. 기재 내용

청구원인에는 소송물을 특정하여야 하고, 피고의 항변이 제출되지 아니한다면 그 내용만으로 원고의 청구가 인용되기에 필요하고도 충분한 사실관계를 기재하여야 한다.[97]

청구를 특정하려면 물권과 같은 절대권에서는 하나의 물건에 대하여 2개 이상의 권리가 성립될 수 없기 때문에 주체 및 내용을 기재하면 충분하나, 채권과 같은 상대권의 경우에는 같은 내용의 권리가 동일 당사자 사이에 여러 개가 성립할 수 있기 때문에 권리의 주체와 내용 외에 그 발생원인도 구체적으로 기재할 필요가 있다. 따라서 계약상의 청구권이면 계약의 당사자, 종류, 내용(금액), 성립된 일시 또는 장소 등 그 발생원인인 구체적 사실을 청구원인 사실로 기재하여야 한다. 일부청구인 경우에는 이를 명시하지 않으면 잔부청구의 기회를 잃게 될 수 있으므로 일부청구의 취지를 명시하여야 한다.[98]

소송물인 권리의 발생 요건에 해당하는 요건사실[99]은 변론주의 원칙상 원고가 주장·증명하여야 하므로 원고는 청구원인에서 빠짐없이 이를 기재하여야 한다.[100] 원고가 청구원인으로 기재해야 할 요건사실이 무엇인가는 권리마다 그 발생 규범인 민법, 상법, 노동법 등 실체법의 내용에 따라 정해진다.[101] 요건사실인 법률행위 등은 행위의 주체, 일시, 상대방 및 내용을 기재하면 되고, 그 행위가 이루어지게 된 동기, 경위, 연유 등은 간접사실[102]에 불과한 것으로 통상

---

97) 청구원인이라는 말은 두 가지 의미로 사용된다. 좁은 의미로는 소송물을 특정함에 필요한 사실관계를, 넓은 의미로는 소송물인 권리관계의 발생 원인에 해당하는 사실관계를 말한다. 소장에는 좁은 의미의 청구원인에 해당하는 사실만을 적으면 적법하지만, 실무에서는 그 이외에 넓은 의미의 청구원인에 해당하는 사실까지 적는 것이 보통이다(예를 들어, 대여금 청구라면 대여일, 당사자, 금액까지는 청구를 특정 하는 데 해당하는 사실이나, 변제기일의 도과는 청구를 이유 있게 하는 사실일 뿐 특정에 필요한 사실은 되지 않는다).

98) 가분 채권의 일부에 대한 이행청구의 소를 제기하면서 나머지를 유보하고 일부만을 청구한다는 취지를 명시하지 아니한 이상 그 재판의 기판력은 청구하고 남은 잔부 청구에까지 미치는 것이므로, 나머지 부분을 별도로 다시 청구할 수 없다(대법원 2002. 9. 23.자 2000마5257 결정). 일부청구의 표시방법으로 예컨대, 교통사고로 인한 손해배상청구와 같이 전체 손해액을 알 수 없는 상황에서 일부청구를 하는 경우에는 "……손해는 1억 원을 넘을 것이나, 우선 이 사건 소로 그 일부인 5천만 원을 청구하기로 합니다.", 혹은 "……인한 손해배상의 일부로서 5천만 원의 지급을 구합니다."와 같이 기재한다.

99) 요건사실이란 권리 또는 법률관계의 발생, 소멸, 저지 등의 각 법률효과가 생기는 요건으로 각 실체법규에 규정되어 있는 것(법률요건 또는 구성요건)에 해당하는 구체적 사실을 말한다. 견해에 따라서는 요건사실은 실체법규에 의하여 법률효과의 발생요건으로 규정되어 있는 사실이고, 주요사실은 요건사실에 해당하는 구체적 사실이라고 하여 양자를 구별하기도 하지만, 대법원 1983. 2. 13. 선고 83다카1489 판결은 당사자가 변론에서 주장한 주요사실만이 심판의 대상이 되는 것으로서 여기서 주요사실이라 함은 법률효과를 발생시키는 실체법상의 구성요건 해당사실을 말한다고 하여 양자를 동의어로 쓰고 있다. 요건사실은 권리발생의 요건이 되는 권리근거사실과 그 반대의 요건이 되는 권리장애사실, 권리소멸사실, 권리행사저지사실로 분류되는데, 보통 전자에 대하여는 권리주장자가, 후자 3가지에 대하여는 상대방이 주장·증명책임을 부담하므로, 원고가 청구원인에서 기재해야 할 사실은 권리근거사실이 된다.

100) 요건사실에 대한 주장이 충분하지 않으면(보완이 없다면) 그 주장은 증명할 필요도 없이 주장 자체에서 이유 없는 것으로 배척될 수 있다. 예컨대 민법 제126조의 표현대리책임을 주장하면서 대리권의 존재를 믿었고 그에 대한 정당한 이유가 있었다고 주장하면서 기본대리권의 존재에 관한 주장을 빠뜨린 경우 그 주장은 주장 자체로 이유 없게 된다.

101) 실체법규는 보통 '어느 법률요건이 있는 때에는 어느 법률효과가 발생한다.'라는 형식으로 규정되어 있다. 그러나 모든 조문이 이러한 형식으로 규정되어 있는 것은 아니므로 이러한 경우에는 당사자 사이의 공평, 사물의 성질, 개연성, 법률의 실질적 목적 등이 어떤 사실이 요건사실이 되는가의 결정 기준이 될 것이다.

102) 간접사실은 주요사실의 존부를 추측케 하는 데 도움이 되는 사실을 말한다. 예컨대 대여금반환청구(민법 제598조 소비대차의 의의)에서 ① 금전소비대차계약의 체결, ② 돈의 지급, ③ 반환시기의 도래 등 3가지

기재할 필요가 없다. 그러나 실제의 사회적 사실은 여러 종류의 사실이 서로 엉켜 인과관계를 갖고 이루어지고 사건의 배경, 동기, 목적 등 간접사실을 주장하는 것은 주요사실의 존부를 합리적으로 설명하거나 추인할 수 있도록 하는데 도움이 되므로(특히 요건사실에 다툼이 있는 경우) 실무상으론 기재하는 것이 일반적이다. '정당한 이유', '권리의 남용' 등 규범적 평가가 요건사실인 경우에는 이를 이유 있게 할 구체적인 사실을 기재하여야 하고, '과실'의 경우에는 사고발생을 피하여야 할 주의의무의 내용과 그 위반 사실을 기재하여야 한다.[103]

청구원인은 소송물을 특정하여 원고의 청구를 이유 있게 하는 범위에서 기재를 하면 충분하다고 할 것이지만, 더 나아가 공격 및 방어방법까지 기재하는 경우가 많다. 이는 청구원인이 소송물을 특정하여 소송의 기초를 제공하는 것인 점에 비추어 피고의 항변이 명백히 예측되는 경우 이를 기다릴 필요 없이 항변에 대한 재항변을 미리 기재하거나,[104] 다툼이 예상되는 증거의 증명력에 대한 기재를 함으로써 쟁점을 명확하게 하여 충실한 심리를 가능하게 하고 소송진행을 촉진하기 위한 것이다. 민사소송규칙 제62조도 청구의 원인에 청구를 뒷받침할 구체적 사실, 피고가 주장할 것이 명백한 방어방법에 대한 구체적 진술, 증명이 필요한 사실에 대한 증거방법까지 적도록 하고 있다.

청구원인에 기재한 구체적 사실관계만으로 소송물의 특정이 분명하지 않거나 청구취지 기재의 주문 도출이 충분하지 아니한 경우에는 청구원인의 마지막(결론) 부분에서 법률적 견해를 분명히 밝혀야 한다.[105] 예컨대 승객이 기차전복사고로 상해를 입고 손해배상을 구하는 경우라면 '운송계약불이행(상법 제148조)'에 기한 것인지, 혹은 '불법행위(민법 제750조)'에 기한 것인지를, 돈을 대여하고 '1,000만 원과 이에 대하여 2021. 6. 15.부터 다 갚는 날까지 연 12%의 비율로 계산한 돈의 지급'을 구하는 경우라면 1,000만 원은 어떻게 산출된 것인지, 연 12%의 비율로 계산한 돈의 성질은 무엇이고 그 비율의 근거는 무엇인지, 기산일은 왜 위 날짜가 되는지 등을

는 주요사실이고, 부동산 구입에 필요하다고 하여 돈을 빌려주게 되었다든지, 현금으로 주었다든지 하는 경위나 내력에 관한 사실들은 간접사실이 된다. 요건사실이 善意·惡意, 知·不知와 같은 내심의 의사일 경우 등에는 간접사실에 의해 이를 추단할 수밖에 없으므로 이때는 간접사실을 충실히 기재할 필요가 있다. 변론주의가 지배하는 민사소송에 있어서는 요건사실은 당사자가 주장한 경우에만 그 법률효과의 발생 여부를 판단하지만, 간접사실은 당사자의 주장 유무나 주장 내용에 관계없이 법원이 증거에 의하여 자유롭게 인정할 수 있다.

103) 이 경우 '정당한 사유', '과실' 등과 같은 추상적 개념 그 자체를 주요사실로 보고 이를 판단하는 데 기초가 되는 사실을 간접사실로 볼 것인지, 아니면 추상적 개념 판단의 기초가 되는 구체적 사실 자체를 주요사실로 볼 것인지가 문제되는데, 후자가 다수설의 입장이다. 예컨대 전자의 입장에 따르면 교통사고 피해자가 가해자를 상대로 손해배상청구를 하는 경우 피해자가 가해자의 과실로 음주운전만을 주장하였는데 법원이 당사자가 주장하지도 아니한 졸음운전 사실을 이유로 과실을 인정할 수 있고, 후자의 입장에 따르면 피해자가 음주운전만을 주장하였다면 법원은 졸음운전 사실을 이유로는 과실을 인정할 수 없다는 결론에 이른다.

104) 예컨대 피고가 원고의 소 제기 이전부터 소멸시효 항변을 해 온 경우라면 원고가 소를 제기하면서 피고의 소멸시효 항변이 있음을 전제로 하여 가압류(민법 제168조) 등 시효중단의 재항변을 소장에 기재함과 같다.

105) 판례가 취하는 구소송물이론에 의하면 소송물은 특정한 권리 또는 법률관계의 존부에 관한 주장이어야 하므로, 이를 이유 있게 하기 위한 법률상 진술이 원고에 의하여 주장될 필요가 있게 되고 법원은 이에 구속된다. 기재방법은 원고소유 건물을 임차한 임차인 상대 건물인도청구라면 "소유권에 기한 방해배제청구권에 기하여", 혹은 "임대인으로서의 목적물반환청구권에 기하여"라고 기재한다. 이에 대하여 학설의 주류는 청구원인에는 소송물을 특정하기 위해 필요한 사실관계를 적으면 되는 것이지 그 특정을 위한 법률적 용어 또는 법조문을 표시할 필요는 없다는 입장이다.

밝혀야 한다.

다. 기재방식

1) 청구원인의 기재방식은 청구취지와 달리 정해진 형식이 없다. 일반적으로 누가, 언제, 누구와 사이에, 무엇에 관하여, 어떠한 행위를 하였다는 순서로 간결하고 정확하게 기재하여야 한다. 행위의 장소는 사고의 내용, 전후 경위 등을 설명함에 꼭 필요한 경우이거나 준거법의 결정 등이 문제가 되는 경우에만 예외적으로 기재한다. 권리의 발생요건에 아무런 영향이 없는 행위의 동기, 연혁, 경위 등을 너무 자세히 기재하거나 권리발생요건과 관련이 없어 쟁점이 되지 않는 사실을 장황하게 늘어놓아서는 아니 된다. 기재할 사실이 많은 경우에는 가능한 한 주어를 변경하지 않고, 시간적 순서에 따라 기재하되, 당사자 또는 목적물이 다수인 경우 번호와 제목을 적절히 붙이고, 시간, 사람, 목적물별로 나누어 기재함으로써 다른 사람이 읽고 이해하는 데 도움이 되도록 한다. 용어는 법원에 제출하는 서면인 점에서 경어체를 사용함이 바람직하다.

2) 청구원인의 기재방식에 정형이 없는 이상 청구원인으로서 사실을 어느 범위에서 어느 정도로 기재하느냐는 매우 중요한 문제이다. 따라서 구체적인 사건마다 이에 적용될 법률관계를 잘 분석하여 그에 맞는 청구원인을 구성할 수 있도록 평소 실체법과 판례를 꾸준히 연구하고 다양한 사건의 처리를 통해 경험을 쌓아가는 수밖에 없다.

구체적 기재례는 뒤의 제3절 [소장예문] 중 각 "청구원인"란에서 참조하도록 한다.

6. 증명방법

소장에 첨부하여 제출하는 증거서류를 기재한다. 원고가 제출하는 증거는 '갑'호증이다.[106] 가급적 청구원인사실의 기재순서에 따라 서증도 갑 제1호증, 갑 제2호증 …의 순서로 각 호증을 부여하고 첨부하여 제출한다. 소장에는 특히 기본적인 서증은 피고가 답변 방향을 잡는 데 중요한 단서가 되므로 가능한 한 제출하여야 한다(규칙 제63조 제2항). 예컨대 부동산에 관한 사건에서는 그 부동산의 등기사항 전부·일부증명서, 친족·상속관계 사건에서는 가족관계 기록사항에 관한 증명서, 어음 또는 수표사건에서는 그 어음 또는 수표의 사본 등이다.

증거서류는 상대방의 수에 1을 더한 수의 사본(피고가 2명이면 3통)을 제출하여야 한다(규칙 제105조 제2항).

---

106) ① 서증사본을 작성하는 때에는 서증 내용의 전부를 복사하여야 한다. 여기서 "서증 내용의 전부"라 함은 반드시 "문서의 전부"를 뜻하는 것이 아니다(예, 농협조사월보, 거래가격, 통장, 거래장부 등과 같이 표지가 있는 서증의 경우는 표지와 증거로 원용할 부분을 복사하여 "갑 제2호증의 1, 2 통장 표지 및 그 내용"으로 표시함). 재판장이 필요하다고 인정하는 때에는 서증사본에 원본과 틀림없다는 취지를 적고 기명날인 또는 서명하여야 한다(규칙 제107조 제1항).
② 서증사본 중 원고가 제출하는 것은 "갑", 피고가 제출하는 것은 "을", 독립당사자참가인이 제출하는 것은 "병"의 부호와 서증의 제출순시에 따른 번호를 붙여야 한다(규칙 제107조 제2항 제3항)(예: 갑 제1호증, 을 제1호증 등).

[기재례]

   1. 갑 제1호증(부동산 등기사항 전부·일부증명서)
   2. 갑 제2호증(매매계약서)
   3. 갑 제3호증의 1 내지 3(각 영수증)
   4. 갑 제4호증의 1(농협조사월보 표지)
        〃   2(농협조사월보 내용)

7. 첨부서류

소장에 첨부하거나 같이 제출하는 서류의 이름과 그 통수를 기재한다. 소가 제기되면 법원은 소장부본을 피고에게 송달하여야 하는 것이므로(제255조), 소를 제기하는 원고는 반드시 피고의 수에 상응하는 소장 부본을 첨부하여 제출하여야 한다.

청구취지와 원인만으로 소송물의 가액을 산출하기 어려운 소송의 소장에는 그 산출자료도 첨부하여야 한다.[107] 당사자가 소송능력이 없는 때에는 법정대리인, 당사자가 법인인 때에는 대표자, 당사자가 법인 아닌 사단이나 재단인 때에는 대표자 또는 관리인의 각 자격을 증명하는 서면(예를 들면, 가족관계등록부 등본, 법인등기부 등본이나 초본,[108] 대표자 증명서 등)과 당사자능력을 판단할 자료(정관, 규약 등)를 첨부하여야 하고(규칙 제63조, 제12조), 소송대리권을 증명하기 위하여 소송위임장을 첨부한다(제89조).

원고가 소장을 제출함에는 인지 외에 송달료를 미리 납부하여야 하므로(규칙 제19조 제1항 제1호) 송달료 수납은행에 이를 납부하고 송달료납부서를 받아 소장에 첨부하여야 한다(송달료규칙 제3조 제1항, 제2항).

첨부서류는 소장에 첨부한 순서에 따라 기재한다.

[기재례]

   1. 위 증명방법   각 3통[109]
   1. 영수필확인서 및 영수필통지서[110]   각 1통
   1. 토지대장 등본   1통

---

107) 소가 및 첩용인지액의 산출자료는 부동산에 관한 소송에서는 공시지가확인원, 토지대장등본이나 건축물대장등본을 첨부하나, 동산이나 기타 공시 가격이 없는 경우에는 이를 인정할 자료로 계약서, 감정서 등을 제출한다.

108) 2008. 1. 1. '등기사항전부·일부증명서'로 명칭이 변경되었다.

109) 종래 실무에서는 서증 사본은 기록에 편철될 사본 1부만을 소장에 첨부하여 제출하고, 상대방에게 교부할 사본은 기일에 지참하였다가 서증 신청을 하면서 상대방에게 교부하는 것이 관례였다. 그러나 신모델에서는 서면 공방을 거쳐 쟁점정리기일 이전에 주장뿐 아니라 증거에 관한 쟁점도 정리하고, 증인 되의 증거조사를 완료할 것을 요구하고 이를 위하여 기일 전에 서증 사본을 제출할 것을 요구하고 있으므로 상대방에게 교부할 서증 사본도 같이 소장에 첨부하여 제출하여야 한다.
다만, 서증의 분량이 많은데 반하여 상대방이 다툴 가능성이 적거나 하는 등 특별한 사정이 있는 때에는 상대방 교부용 서증 사본의 첨부를 생략할 수도 있을 것이다.

110) 소장 등에 첨부하거나 보정하여야 할 인지액(이미 납부한 인지액이 있는 경우에는 그 합산액)이 1만원 이상인 때에는 그 인지의 첨부 또는 보정에 갈음하여 인지액 상당의 금액 전액을 현금으로 납부하여야 한다(민사소송 등 인지규칙 제27조 제1항). "영수필확인서 및 영수필통지서"는 민사소송 등 인지규칙 제29조에 따라 인지액을 현금으로 납부하고 그 확인서 등을 첨부한 것이다.

1. 법인등기부 등본	1통
1. 송달료납부	1통
1. 소송위임장	1통
1. 소장 부본	2통

8. 작성 연월일

소장의 끝 부분에 소를 제기하는 연, 월, 일을 기재한다.

소송서류는 작성·제출하여 법원에 접수되어야 비로소 의미를 갖는 것이므로 실제로는 소장을 작성한 날이 아닌, 법원에 소장을 접수시키는 날을 작성일로 기재한다.

9. 작성자의 기명날인 또는 서명

소장 등 소송서류에는 작성자가 기명날인 또는 서명을 하여야 한다(제249조 제2항, 제274조 제1항). 만일, 작성자의 기명날인 또는 서명이 없으면 작성자 및 진정작성 여부를 확인할 방법이 없게 된다. 실무상 여러 장으로 이루어지는 소장 등 소송서류에는 일부가 무단으로 교체되는 것을 막기 위해 간인(間印)을 하는 것이 보통이다.

10. 법 원

당해 소송의 관할법원으로서 소장을 제출하는 법원을 기재한다.

소장을 작성, 제출할 때에는 관할법원에 관하여 검토함으로써 이송 등 관할위반 때문에 입는 소송법상의 불이익을 방지하여야 한다. 특히 전속관할 사건에서는 합의관할이나 변론관할이 허용되지 않으므로 특별히 주의하여야 한다.

법원을 표시함에 있어서는 법원명 뒤에 "귀중"이라는 기재를 덧붙인다.

11. 인지의 첨부

민사소송절차 등에서 제출하는 소장, 항소장, 상고장, 신청서 등에는 달리 특별한 규정이 없는 한 「민사소송 등 인지법」이 정하는 인지를 붙이거나 이에 갈음하여 당해 인지액 상당의 금액을 현금으로 납부하여야 하고(같은 법 제1조), 이를 위반하면 부적법하며(같은 법 제13조), 보정되지 아니하면 각하 사유가 된다(제254조).

제3절 소장예문

[소장예문 1] 대여금

소 장

원고   이보람 (470824-2035829)
          서울 서초구 명달로11길 30-8
피고   정미자 (541108-2311179)
          서울 강남구 도산대로25길 150
대여금 청구의 소

청 구 취 지[111]

1. 피고는 원고에게 5,000만 원 및 이에 대한 2020. 1. 1.부터 다 갚는 날까지는 연 12%의 비율로 계산한 돈을 지급하라.
2. 소송비용은 피고가 부담한다.
3. 제1항은 가집행할 수 있다.
   라는 판결을 구합니다.

청 구 원 인[112]

1. 원고는 2019. 12. 1. 피고에게 5,000만 원을 다음과 같은 약정으로 대여하였습니다.
   (1) 변제기일: 2020. 12. 31.
   (2) 이자: 월 1.0%
   (3) 이자지급일: 매월 말일
   그런데 피고는 2019. 12. 31., 1개월 분의 이자만 지급하였을 뿐, 그 이후 이자의 지급은 물론 변제기일이 지났음에도 불구하고 원금의 변제도 하지 않고 있습니다.
2. 그렇다면 피고는 원고에게 위 대여원금 5,000만 원 및 이에 대하여 2020. 1. 1. 부터 이 사건 소장 부본 송달일까지는 약정이율인 연 12%의, 그 다음날부터 다 갚는 날까지는 소송촉진 등에 관한 특례법이 정한 연 12%의 각 비율로 계산한 이자 및 지연손해금을 시급할 의무가 있습니다.

증 명 방 법

1. 갑 제1호증(차용증서)

첨 부 서 류

1. 위 증명방법   2통
1. 영수필확인서 및 영수필통지서   각 1통
1. 송달료납부서   1통
1. 소장부본   1통

---

111) 피고, 원고, 목적물, 행위(피원목행) 순으로 작성한다.
112) 원고, 시기, 피고, 목적물, 내용, 행위(원시피목내행) 순으로 작성한다.

> 2021. 6. 18.
>
> 원고 이 보 람 (서명 또는 날인)
>
> 서울중앙지방법원 귀중

▮ 원고가 피고에게 5,000만 원을 대여하고 대여원금, 미지급 이자 및 지연손해금을 청구한 사례

해설

(1) 청구취지에는 청구금액만을 기재하고 그 성질(예: 대여금)은 기재하지 않는다.

(2) 이자는 약정이율에 의한다. 만일 약정이율이 없다면 민사 법정이율(연 5%)에 의하고, 상거래일 경우에는 상사 법정이율(연 6%)에 의한다. 소장 부본이 송달된 날의 다음날부터는 소송촉진 등에 관한 특례법 제3조 제1항에 따라 연 12%의 법정이율이 적용될 수 있다.

(3) 지연손해금에는 ① 약정지연손해금, ② 약정이율에 의한 지연손해금, ③ 법정이율(민법·상법·소촉법)에 의한 지연손해금이 있다. 지연손해금은 변제기 이후의 지연배상금을 말하므로, '지연이자'라는 말을 쓰는 경우가 있으나, 지연손해금을 이자의 일종으로 오인할 수 있으므로 그 사용을 피함이 바람직하다. 지연손해금의 기산일을 빠뜨리지 않도록 주의한다.

(4) 변제기의 정함이 있으면, 이자 약정이 없어도 변제기의 경과로 당연히 법정이율인 연 5%의 비율로 계산한 지연손해금을 청구할 수 있다(민법 제397조 제1항).

(5) 대여금반환청구와 부대청구인 이자 및 지연손해금 청구는 별개의 청구(소송물)이다. 요건사실은 원금만 청구하는 경우에는 ① 소비대차계약 체결 사실, ② 금전인도 사실, ③ 반환시기(변제기) 도래이고, 그 밖에 이자를 청구하는 경우에는 ④ 이자약정 사실을 추가한다.

(6) 위 사례는 이사 미지급일부터 변제기까지는 '이자', 그 다음날부터 완제일까지는 '지연손해금'(이행지체에 따른 손해배상청구)을 청구하는 것이다. 따라서 2020. 1. 1.부터 변제기일인 같은 해 12. 31.까지는 이자, 그 다음날부터 다 갚는 날까지는 지연손해금으로서 청구하는 것을 구분하여야 할 것이지만, 편의상 한꺼번에 '이자 및 지연손해금'으로 적는다.

(7) 예상되는 항변사유: 변제(대물변제), 상계, 공탁, 채무면제, 면책적 채무인수, 소멸시효완성, 상속포기나 한정승인 등. 대여금채권이 원고의 채권자에 의하여 압류·추심되었다는 것은 소 각하의 본안전 항변이고, 압류·전부되었다는 것은 본안에 관한 항변이다. 그러나 대여금 채권이 단순히 압류·가압류되었다는 사실은 항변사유가 되지 아니한다.

(8) 증명방법: 금전소비대차계약서, 차용증, 현금보관증, 이행각서, 약속어음, 은행여신거래약관, 연체이율표 등

[연습문제 1]

다음의 사건메모를 토대로 하여 변호사의 입장에서 소장을 작성하시오.

[상담내용]

　甲은 한강대학교 법학과 동기동창생인 乙이 사업자금이 필요하다면서 자금지원을 요청하자, 2020. 5. 10. 乙에게 장남의 결혼자금으로 준비해둔 3천만 원을 이자는 월 1.5%, 변제기는 6개월 후인 같은 해 11. 10.로 정하여 빌려주었다. 이 때 乙의 동서인 치과의사 丙이 연대보증인이 되었다.

　또한 甲은 2020. 6. 20. 乙에게 자신이 5년 동안 타던 그랜져 승용차를 대금 2,000만 원에 매도하는 매매계약을 맺고, 계약당일 계약금 100만 원을 지급받고 나머지 돈 1,900만 원은 2020. 8. 31. 지급받기로 하였다. 이에 따라 甲은 계약 당일 계약금 100만 원을 지급받았고 같은 날 위 차를 乙에게 인도하고 그 앞으로 이전등록도 마쳐 주었다.

　한편 乙은 2020. 7. 11.부터 위 차용금에 대한 이자의 지급을 연체하더니 변제기일을 넘기고도 원리금을 변제하지 않고 자동차 잔대금도 지급하지 않고 있다. 甲은 乙과 丙에게 여러 차례 독촉을 하였으나 乙은 형편이 나아지면 갚을 테니 시간을 달라고 하고 있고 丙은 乙에게 받으라고 하면서 미루고 있다.

[증거서류] 차용증서, 차량매매계약서, 영수증(계약금 100만 원), 예금통장(이자수령) 등
* 소장작성일 2021. 1. 10. 甲, 乙, 丙은 [소장예문 2]의 당사자로 함.

[소장예문 2] 약속어음금

소　　장

원　고　　　권우섭 (630419 – 1053482)
　　　　　　대구 달서구 조암로5길 50
피　고　　　1. 김진순 (541108 – 2111397)
　　　　　　대구 중구 공평로 370
　　　　　　2. 송미성 (740824 – 2051824)
　　　　　　대구 수성구 달구벌대로 2410

약속어음금 청구의 소

청 구 취 지

1. 피고들은 합동하여 원고에게 1억 원 및 이에 대한 2020. 10. 15.부터 이 사건 소장 부본 송달일까지는 연 6%의, 그 다음날부터 다 갚는 날까지는 연 12%의 각 비율로 계산한 돈을 지급하라.
2. 소송비용은 피고들이 부담한다.
3. 제1항은 가집행할 수 있다.

청 구 원 인

1. 가. 피고 김진순은 2020. 8. 16. 피고 송미성에게 액면금 1억 원, 지급기일 2020. 10. 15., 지

급지 발행지 각 대구광역시, 지급장소 주식회사 신한은행 대구지점으로 된 약속어음 1장을 발행하였고,

　나. 피고 송미성은 2020. 10. 2. 위 약속어음을 지급거절증서 작성의무를 면제하고 원고에게 배서양도 하였으므로, 원고는 위 약속어음의 최종소지인이 되었습니다.

2. 이에 원고는 위 약속어음의 소지인으로서 어음금의 지급을 받기 위하여 위 지급 기일에 지급장소에 이르러 위 어음을 제시하며 지급을 구하였으나, 지급이 거절되었습니다.

3. 그렇다면, 피고들은 합동하여 원고에게 위 약속어음금 1억 원 및 이에 대하여 지급기일인 2020. 10. 15.부터 이 사건 소장 부본 송달일까지는 어음법 소정의 연 6%의 이자를, 그 다음 날부터 다 갚는 날까지는 소송촉진 등에 관한 특례법 소정의 연 12%의 비율로 계산한 지연손해금을 지급할 의무가 있습니다.

증 명 방 법

1. 갑 제1호증　　　어음

첨 부 서 류

1. 위 증명방법　　　　　　　　　　　　　　　3통
1. 영수필확인서 및 영수필통지서　　　　　　　각 1통
1. 송달료납부서　　　　　　　　　　　　　　　1통
1. 소장부본　　　　　　　　　　　　　　　　　2통

2021.　5.　18.
원고 권 우 섭 （서명 또는 날인）

대구지방법원 귀중

┃ 소지인(원고)이 발행인과 배서인(피고들)을 공동피고로 하여 어음금의 지급을 청구한 사례

해 설

(1) 피고들은 발행인과 배서인 2명으로 어음법상의 합동책임을 지는 경우이므로 "합동하여" 지급을 구한다.[113]

(2) 어음법상 법정이자는 지급을 할 날[114] 또는 이에 이은 제2거래일 내에 지급제시되었음을 전제로 만기일 당일부터 연 6%이다(어음법 제5조 제3항, 제48조, 제49조).[115]

(3) 요건사실

　ⅰ) 발행인에 대한 청구: ① 피고의 어음발행, ② 어음상 권리의 원고귀속(배서가 연속된 사실, 배서의 연속이 끊어진 경우에는 그 부분에 관한 실질적인 권리승계 사실), ③ 원고의 어음소지 [④ 지연손해금을 청구하는 경우에는 적법하게 지급제시(지급제시기간 내에 지급장소에서)를 한 사실].

---

113) '합동책임'은 피고들 각자가 전액의 지급의무를 부담하고 그 중 어느 한 사람이 지급하면 채무는 소멸하는 관계에 있다.

114) 통상 만기일과 동일하나 만기일이 공휴일인 경우에는 이에 이은 제1의 거래일이 '지급을 할 날'이 된다(어음법 제72조).

115) 백지어음은 백지를 보충하여 발행인에게 제시한 날부터 연 6%의 지연손해금을 구할 수 있다.

ⅱ) 배서인에 대한 청구: ① 피고의 어음배서, ② 어음상 권리의 원고귀속, ③ 적법한 지급제시 및 지급거절, ④ 지급거절증서의 작성(혹은 작성면제의 특약), ⑤ 원고의 어음소지.

(4) 예상되는 항변

물적항변: 시효완성, 공시최고에 의한 제권판결, 어음의 위조(변조), 의사무능력.

인적항변: 원인관계의 부존재·무효·취소 또는 해제, 어음행위에 대한 사기·강박, 담보용(견질용)으로만 사용한다는 특약의 존재 등

(5) 어음소지인은 만기 후에만 어음상의 권리를 행사할 수 있는 것이 원칙이나 만기 전에 그 권리를 행사하여야 할 특별한 사정(이미 지급불능의 상태에 있는 경우 등)이 있는 경우에는 만기 전이라도 장래이행의 소(제251조)에 의하여 미리 청구할 수 있다.

(6) 보통재판적(피고의 주소지)에 소를 제기할 수 있으나(제2조), 특별재판적(지급지의 법원)에도 소를 제기할 수 있다(제9조). 그러나 어음·수표채권자나 소지인의 주소지를 관할하는 법원에는 제기할 수 없음에 주의하여야 한다(대법원 1980. 7. 22.자 80마208 결정 참조).

(7) 증명방법: 약속어음

[소장예문 3] 소유권이전등기

소 장

원고   박만수 (470824-1035824)
                울산 남구 법대로14번길 18, 105호(옥동)

피고   김호철 (541108-1011179)
                울산 중구 다운4길 18, 101호(다운동, 문수빌)

소유권이전등기 청구의 소

청 구 취 지

1. 피고는 원고에게 서울 강동구 천호대로18길 5 대 300㎡에 관하여 2020. 3. 15. 매매를 원인으로 한 소유권이전등기절차를 이행하라.
2. 소송비용은 피고가 부담한다.

청 구 원 인

1. 원고는 2020. 3. 15. 피고와 사이에 피고 소유의 청구취지 기재 부동산을 대금 3억 원에 매수하기로 하는 매매계약을 체결하였습니다.
2. 그렇다면 피고는 원고에게 위 부동산에 관하여 위 날짜 매매를 원인으로 한 소유권이전등기절차를 이행할 의무가 있습니다.

증 명 방 법

1. 갑 제1호증   매매계약서
2. 갑 제2호증   등기사항 전부·일부증명서

첨 부 서 류

1. 위 증명방법   각 2통

1. 영수필확인서 및 영수필통지서   각 1통
1. 송달료납부서   1통
1. 소장부본   1통

2021. 2. 18.

원고 박 만 수 (서명 또는 날인)

울산지방법원 귀중

원고가 피고로부터 부동산을 매수하고 이에 기하여 소유권이전등기절차의 이행을 청구한 사례

해 설

(1) 요건사실은 '부동산에 관하여 매매계약을 체결한 사실'이다(대금지급 사실은 요건사실이 아니다). 그러나 실무에서는 계약금, 중도금, 잔금 지급일자와 지급장소 등 매매계약의 구체적 내용과 매매대금을 지급한 사실도 청구원인 사실에 기재하는 것이 보통이다.

(2) 등기부상 표시와 실제의 현상이 다른 때에도 특별한 경우가 아닌 한 등기부상 표시로써 족하고, 실제의 현상을 병기할 필요는 없다.

(3) 매도인의 상속인을 상대로 청구하는 경우에는 법정상속분에 따라 지분이전등기를 청구한다.

(4) 아파트, 다세대 등 전유부분이 있는 공동주택의 경우 1동의 건물의 표시와 전유부분을 모두 표시하여야 한다. 통상 별지를 사용한다.

(5) 청구취지에 등기원인을 "2020. 3. 15. 매매"와 같이 특정하여야 한다.

(6) 예상되는 항변: 이행불능, 소유권이전등기청구권의 (가)압류(가처분), 원인행위의 소급적 실효(해제, 취소 등), 시효소멸, 대금미지급 등

(7) 재산권상의 청구라도 의사의 진술을 명하는 청구(등기절차의 이행청구 등)나 형성청구(공유물분할 등)와 같이 판결이 확정되어야 집행력이 발생하는 소에는 가집행선고가 허용되지 아니한다.

(8) 주요서증: 매매계약서, 등기사항 전부·일부증명서

[연습문제 2]

귀하는 부산광역시 연제구 법원로 34 정림빌딩 4층, 601호(거제동)에서 단독으로 개업하고 있는 변호사 한정음이다. 2021. 7. 10. 이정수의 내방을 받고 제시하는 서류를 보고 상담을 한 후 소송수행을 위임받았다. 작성일을 2021. 7. 15.로 하여 소장을 작성하시오.

[상담내용]
1. 나는 서울에 있는 주식회사 한라공영에 근무하고 있었는데 승진에 따른 직장의 이동으로 부산에 있는 아파트를 구입할 필요가 발생하였다.
2. 나는 생활정보지 "벼룩시장"을 통해 매물을 찾던 중 광고에 나온 전화번호로 연락하여 "부산제일"이라는 부동산중개인사무소에 찾아갔다.
3. 나는 중개인 금보라의 소개로 2020. 4. 6. 남상필로부터 부산 수영구 연수로 249번길 380

에 있는 철근콘크리트조 슬래브지붕 단층주택 200㎡를 매매대금 2억 5,000만 원에 매수하기로 하면서, 계약금 2,500만 원은 계약당일에, 중도금 1억 원은 같은 해 5. 18.에, 잔대금 1억 2,500만 원은 같은 해 6. 18.에 소유권이전등기에 필요한 서류의 교부와 상환으로 지급하기로 하였다.

4. 나는 계약당일에 계약금을 지급하였고, 중도금 지급기일에 자기앞수표를 지참하고 중개인 사무소에 나갔으나, 남상필은 나타나지 않고 연락도 두절되었다. 나중에 알아본 바, 나보다 매매대금을 5,000만 원을 더 주고 매수하겠다는 사람이 나타나자, 남상필이 그 사람과 2중으로 매매계약을 체결하였음을 알게 되었다.

5. 나는 중도금 지급기일 10일 후인 2020. 5. 28.자로 중도금을 변제공탁하였다. 그런데 남상필은 같은 해 6. 10.자로 계약금 배액을 반환하고 매매계약을 해제한다는 뜻을 내용증명우편으로 통지해 왔다.

6. 나는 계약해제를 받아들일 수 없고 위 건물이 꼭 필요하므로 매수하기를 희망한다.

[제시서류] 매매계약서 1매, 등기사항 전부·일부증명서 1통, 공탁서 1매, 내용증명 1매, 계약금 영수증 1매

[인적사항]

이정수: 부산 연제구 아시아드대로 794(거제2동, 현대아파트) 전화번호: 010-3835-1275, 주민등록번호: 820818-1039735

남상필: 부산 해운대구 반송1로 28, 102동 1008호(반송동, 보람아파트)

[반소장예문 1] 위약금

반 소 장

사건   2018가합312 소유권이전등기
피고(반소원고)   김호철 (541108-1011179)
          울산 중구 다운4길 18, 101호(다운동, 문수빌)
원고(반소피고)   박만수 (470824-1035824)
          울산 남구 법대로14번길 18, 105호(옥동)

위 사건에 관하여 피고(반소원고)는 다음과 같이 반소를 제기합니다.

위약금 청구의 소

반소 청구취지

1. 원고(반소피고)는 피고(반소원고)에게 5,000만 원 및 이에 대한 이 사건 반소장 부본 송달 다음날부터 다 갚는 날까지 연 12%의 비율로 계산한 돈을 지급하라.
2. 반소로 인한 소송비용은 원고(반소피고)가 부담한다.
3. 제1항은 가집행할 수 있다.

반소 청구원인

1. 원고(반소피고, 이하 '원고'라고만 한다)는 2020. 3. 15. 피고(반소원고, 이하 '피고'라고만 한다)로부터 이 사건 토지를 대금 3억 원에 매수하면서 2020. 5. 28.까지 소유권이전등기 서류

교부와 상환으로 대금을 지급하기로 계약하였는데, 그 대금지급기일에 대금을 제공하였으나 피고가 소유권이전등기신청에 필요한 서류를 건네주지 아니하므로 본소로서 그 등기이전을 청구한다고 주장합니다.

2. 피고도 원고 주장과 같은 내용의 계약이 있었던 사실은 인정합니다. 그러나 매매계약을 체결하면서 당사자 중 어느 쪽이든 계약을 위반하면 위약금으로 5,000만 원을 상대방에게 지급하기로 하는 특약이 있었습니다. 그런데 피고는 2020. 7. 20. 소유권이전등기서류를 완비하여 이행의 제공을 하며 원고에게 대금의 지급을 요청하였으나, 원고가 대금 3억 원을 지급하지 아니함에 따라 2020. 12. 24. 원고에게 계약을 해제한다는 통지를 하였습니다.

3. 그렇다면 위 매매계약은 원고의 위약으로 해제되었다 할 것이므로 원고는 피고에게 위약금 5,000만 원 및 이에 대한 반소장 부본 송달 다음날부터 다 갚는 날까지 소송촉진 등에 관한 특례법이 정한 연 12%의 비율로 계산한 지연손해금을 지급할 의무가 있습니다.

첨 부 서 류

1. 영수필확인서 및 영수필통지서	각 1통
1. 송달료납부서	1통
1. 반소장부본	1통

2021. 5. 20.

피고 김 호 철 (서명 또는 날인)

울산지방법원 제1민사부 귀중

원고가 매매를 원인으로 소유권이전등기절차의 이행을 구한 것에 대하여 피고가 반소로서 위약금을 청구한 사례

해 설

(1) 반소는 본소의 소송계속 중에 피고가 그 소송절차를 이용하여 원고에 대하여 제기하는 소이다. 본소의 변론종결 전이면 1, 2심에서 모두 제기할 수 있다.

(2) 반소의 소장은 본소에 준한다(제270조).[116] 청구취지 및 청구원인의 기재방법과 기재내용도 본소와 동일하다. 다만 반소의 소장이 본소의 소장과 다른 점은 표제를 '반소장'이라고 하고, 본소의 사건번호를 표시하며, 그 사건의 반소로서 제소한다는 취지를 명시하는 것과 당사자의 칭호를 '원고(반소피고)', '피고(반소원고)'라고 표시하는 점이다.

(3) 반소 제기 후에 본소가 취하 포기 인낙 등에 의하여 종료되더라도 반소의 운명에는 영향이 없고, 계속 심리판단을 받을 수 있다.

(4) 본소의 소송절차를 현저히 지연시키지 않을 것을 요건으로 하지만, 특별한 경우가 아닌 한, 실무상 그런 이유로 각하되는 예는 드물다.

(5) 반소의 제기는 특별수권사항에 속하므로(제90조 제2항 제1호).[117] 본인으로부터 개별적인 수권

---

116) 반소장에 소가에 따른 인지를 첨부하여야 한다. 사건명도 붙이는 것이 바람직하다. 본소가 단독사건인 경우에 피고가 반소로서 합의사건에 속하는 청구를 한 때에는 직권 또는 당사자의 신청에 의하여 결정으로 본소와 반소를 모두 합의부에 이송하는 것이 원칙이다(제269조 제2항).

이 있어야 한다.

(6) 증명방법은 보통 본소에 대한 방어방법으로 이미 제출되어 있는 것이 보통이므로 따로 제출할 필요가 있는 경우에만 기재한다.

[소장예문 4] 소유권이전등기말소

소　　장

원고　　　　전명수 (470824-1035824)
　　　　　　부산 수영구 남천서로 108(남천동)
피고　　　　이정철 (320125-1053456)
　　　　　　부산 해운대구 센텀동로 9, 5동 310호(우동, 보람아파트)

소유권이전등기말소등기 청구의 소

청 구 취 지

1. 피고는 원고에게 별지 목록 기재 부동산에 관하여 2020. 7. 20. 부산지방법원 금정등기소 접수 제2856호로 마친 소유권이전등기의 말소등기절차를 이행하라.
2. 소송비용은 피고가 부담한다.

청 구 원 인

1. 원고는 자신의 소유인 별지 목록 기재 아파트에 살다가 서울로 전근이 되는 바람에 서울로 이사하면서 자녀 없이 홀로 사는 이모인 박말숙(70세)에게 거주하도록 하였습니다.
2. 그런데 박말숙은 노인정에서 피고를 만나 사귀다가 원고 소유의 위 아파트에서 2년간 동거하였습니다. 피고의 행실이 나빠 박말숙은 2019. 12월경 피고와 헤어졌는데, 피고는 원고로부터 위 아파트를 매수한 것처럼 박말숙이 가진 문서 중에서 원고의 인감증명이 날인된 문서를 이용하여 인감도장을 위조하고 다시 매매계약서에 날인하는 등 관계되는 매매관련 문서들을 위조 행사하여 2020. 7. 20. 청구취지 기재와 같이 위 아파트에 대하여 피고 명의로 소유권이전등기를 마쳤습니다. 그래서 원고는 피고를 상대로 형사고소를 제기했고 피고는 문서위조죄 등으로 징역 1년의 실형을 선고받아 확정되었습니다.
3. 그렇다면 피고 명의의 위 등기는 실체적 권리관계 없이 마쳐진 원인무효의 등기이므로 피고는 원고에게 위 등기의 말소등기절차를 이행할 의무가 있습니다.

증 명 방 법

1. 갑 제1호증　　형사판결문
2. 갑 제2호증　　등기사항 전부·일부증명서

첨 부 서 류

1. 위 증명방법　　　　　　　　　　　　　　　　　　각 2통

---

117) 변호사들이 통상 사용하는 소송대리인 위임장 양식에는 특별수권 문구가 부동문자로 인쇄되어 있는 것이 보통이다. 최근 공정거래위원회가 개입하여 위임장에는 의뢰당사자가 각 특별수권사항에 대리권부여 여부를 ○·×로 선택할 수 있도록 하였다.

1. 영수필확인서 및 영수필통지서   각 1통
1. 송달료납부서   1통
1. 소장부본   1통

2020. 10. 20.

원고 전 명 수 (서명 또는 날인)

부산지방법원 귀중

> 원고 명의로 되어 있던 부동산에 관하여 피고 명의로 소유권이전등기가 원인 없이 경료되어 그 말소를 청구한 사례

해설

(1) 소송물은 '소유권이전등기의 말소등기청구권'으로, 소유권에 기한 방해배제청구권으로서의 성질을 가진다.

(2) 청구취지에 목적 부동산과 말소의 대상이 되는 등기를 표시하여야 한다.

(3) 등기의 표시는 ① 관할등기소, ② 접수연월일, ③ 접수번호, ④ 등기종류를 기재하면 충분하고, 이전등기청구와 달라 등기원인사실과 그 일자는 기재할 필요가 없다.

(4) 요건사실은 ① 원고의 소유, ② 피고 명의의 소유권이전등기 경료, ③ 등기의 원인무효(등기원인서류가 위조되거나 등기원인인 매매가 무효, 취소, 혹은 해제된 사실)이다.

(5) 예상되는 항변: 원고 명의 등기의 원인무효, 실체적 권리관계에 부합(매수 등), 원고의 후발적 소유권 상실, 등기기록상 등기원인의 유효, 등기의 유용.

(6) 일단 피고 명의의 소유권이전등기가 경료된 이상 등기절차 및 원인이 적법하게 이루어진 것으로 법률상 추정되므로, 원고는 그 반대사실, 즉 등기원인의 무효사실 또는 등기절차의 위법사실까지 주장·증명하여야 한다.

(7) 소유권이전등기 청구와 같은 이유로 가집행선고를 신청하지 않는다.

(8) 증명방법: 등기사항 전부·일부증명서, 형사판결 또는 공소장, 형사기록송부촉탁신청, 취소·해제통지서

[소장예문 5] 건물인도 및 부당이득금

소   장

원   고   박승용 (470824-1035824)
　　　　　　서울 종로구 북악산로 27
피   고   김호윤 (541108-1011179)
　　　　　　서울 강남구 테헤란로20길 154

건물인도 등 청구의 소

청 구 취 지

1. 피고는 원고에게
　　가. 별지 목록 기재 건물을 인도하고,
　　나. 2020. 4. 14.부터 인도 완료일까지 월 100만 원의 비율로 계산한 돈을 지급하라.
2. 소송비용은 피고가 부담한다.
3. 제1항은 가집행할 수 있다.

청 구 원 인

1. 원고는 2018. 7. 15. 피고에게 원고 소유인 청구취지 기재의 건물을 임대차보증금 1억 원, 차임은 매월 100만 원(매월 14일 지급), 임대기간은 2018. 8. 15.부터 2020. 8. 14.까지로 정하여 임대하기로 약정하고, 2018. 8. 15. 위 임대차보증금 전액을 지급받고 위 건물을 인도하여 주었습니다(갑 제1호증).
2. 피고는 임대차계약 이후 위 건물에서 "해물칼국수"라는 상호로 음식점을 운영하면서 2020. 4. 14.부터 차임을 지급하지 아니하고 있고, 2020. 8. 14. 임대기간이 만료되었습니다.
3. 그렇다면 피고는 원고에게 임대차계약의 종료에 따라 위 건물을 인도하고, 2020. 4. 14.부터 인도 완료일까지 월 100만 원의 비율로 계산한 차임 및 차임 상당의 부당이득금을 지급할 의무가 있습니다.

증 명 방 법

1. 갑 제1호증　　임대차계약서
2. 갑 제2호증　　부동산등기사항 전부·일부증명서

첨 부 서 류

1. 위 증명방법　　　　　　　　　　　　　　　　각 2통
1. 영수필확인서 및 영수필통지서　　　　　　　각 1통
1. 송달료납부서　　　　　　　　　　　　　　　　1통
1. 소장부본　　　　　　　　　　　　　　　　　　1통

2020. 9. 18.
원고 박 승 용 (서명 또는 날인)

서울중앙지방법원 귀중

* 별지 목록은 첨부를 생략함

> 임대인(원고)이 임차인(피고)을 상대로 임대차계약기간의 종료를 원인으로 건물인도, 미지급 차임 및 차임 상당의 부당이득금을 청구한 사례

해설

(1) 타인 소유의 물건에 대한 임대차계약도 유효하게 성립하는 것이므로, 임대인은 목적물이 자신의 소유인 점을 주장·증명할 필요가 없다.

(2) 임대차 목적물이 원고 소유이고 임대차의 종료를 원인으로 하여 건물인도청구를 하는 경우 ① 소유권에 기한 것인지, ② 임대차계약관계에 기한 것인지를 청구원인란에서 특정하여야 한다.

(3) 임대차 목적물 반환청구의 요건사실은 ① 임대차계약 체결, ② 목적물의 인도, ③ 임대차 종료(기간만료, 해지)이다. 임대차 종료 후에 피고가 건물을 계속 사용·수익하고 있음을 들어 차임 상당의 부당이득반환청구를 병합하는 경우에는 임대목적물에 대한 사용·수익을 계속한 사실을 요건사실에 추가한다. 이 경우 목적물을 본래의 임대차계약상의 목적에 따라 사용·수익하고 있는 사실까지 주장·증명하여야 한다. 실질적 이익을 얻은 바 없는 경우에는 그로 인하여 임대인에게 손해가 발생하였다고 하더라도 임차인의 부당이득반환의무는 성립되지 아니한다(대법원 2006. 10. 12. 선고 2004재다818 판결 참조).

(4) 차임은 임대차계약이 존속하는 경우에 청구할 수 있고 계약이 종료되면 차임 상당의 부당이득 반환 청구를 하여야 하는데,[118] 이 경우 약정 차임은 부당이득금의 기준으로서의 역할을 한다. 약정차임이 없는 경우에는 감정에 의하여 인정되는 차임 상당액의 반환을 구한다.

(5) 예상되는 항변(인도청구): 임대차보증금과의 동시이행(임차보증금반환, 부속물매수청구), 유치권(필요비, 유익비상환청구권), 묵시의 갱신

(6) 증명방법: 임대차계약서, 부동산등기사항 전부·일부증명서, 해지통고서

[연습문제 3]
귀하는 서울 송파구 법원로 55, 210호(전화 02-828-3987, 이메일 khs88@naver.com)에 사무실을 둔 김현수 변호사이다. 귀하는 2021. 4. 2. 의뢰인 甲으로부터 다음과 같은 설명을 듣고 관련 서류를 받은 뒤 사건을 수임하였다. 의뢰인 甲의 입장에서 소장을 작성하시오.

[상담내용]

1. 나(甲)는 2020. 9. 11. 乙로부터 서울특별시 양천구 가로공원로 32 소재 대지를 대금 7억 원에 매수하는 계약을 체결하였다. 계약금 1,000만 원은 당일 지급하였다.

2. 위 토지 일대는 항공법에 의해 층고 15m 이상의 건축이 제한되어 있었으나 곧 고도제한이 풀린다는 소문이 있어, 나는 위 토지에 층고 45m 이상의 주택을 지어 분양할 것을 계획하고 위 토지를 매수한 것이었다. 나는 자신이 위 토지를 왜 매수하려 하는지에 대해 乙에게 말하였고, 乙도 그런 소문을 들었다면서 곧 고도제한이 해제될 것이니 걱정 말라고 하였다.

3. 위 토지의 시세는 원래 평당 100만 원 정도였으나, 고도제한이 풀린다는 소문이 돌면서 평

---

118) 임대차 종료 후 임차인의 목적물 점유와 관련하여 임대인은 부당이득반환청구 대신 불법행위로 인한 손해배상청구를 할 수 있는데, 이 때 임차인은 임차보증금반환채무와 동시이행을 주장하며 목적물의 반환을 거절할 권능을 가지고 있으므로 임차인의 점유를 불법점유로 주장하기 위해서는 임대인이 잔존임차보증금 반환채무의 이행제공이 계속되어 왔음을 주장·증명하여야 한다.

당 200만 원으로 올랐고, 나도 평당 200만 원에 위 토지를 산 것이었다. 나는 그 뒤 고도 제한이 해제되지 아니하여 위 잔금 지급기일이 지나도 잔금을 지급하지 못하고 있었는데, 2021. 2. 경 주무부처인 국토교통부에서 위 토지 일대에 대한 고도제한을 해제하지 않기로 확정하였다고 발표하였다.

4. 나는 위 토지에 대한 고도제한이 풀리지 않는다면 위 토지를 그것도 평당 200만 원씩이나 주고 살 이유가 없다. 의뢰인은 이 계약을 파기하고 싶다. 계약금은 가급적 돌려받고 싶지만, 그것이 안된다면 계약금을 포기할 용의도 있다.

[제시자료] 부동산매매계약서 1통, 계약금 영수증 1매

부동산매매계약서

매수인을 甲, 매도인을 乙이라 하여 서로 합의 하에 다음과 같이 부동산 매매계약을 체결한다.

1. 부동산의 표시: 서울특별시 양천구 신월동 32-7번지 대지 1,157 제곱미터
2. 계약 내용(약정사항)

   제1조 매수인은 위 부동산의 매매대금을 다음과 같이 지불하기로 한다.

매매대금	금 칠억	원 (₩ 700,000,000) 정
계약금	금 일천만	원 (₩ 10,000,000) 정을 계약 시 지불한다.
중도금	금	원 (₩) 정을 지불한다.
잔 금	금 육억구천만 원 (₩ 690,000,000) 정은 2020년 12월 31일에 지불한다.

   제2조 매도인은 2020. 12. 31. 잔금과 상환으로 위 부동산을 매수인에게 인도한다.

   제3조 매도인은 위 부동산의 소유권 행사를 방해하는 저당권 설정, 공과금의 미납 등 제반 사항을 제거하여 매매 대금의 잔금을 수령함과 동시에 소유권이전등기에 필요한 모든 서류를 매수인에게 교부하여 소유권을 이전한다.

   제4조 위 부동산에 관하여 발생한 수익과 공과금 등의 지출 부담은 부동산의 인도일을 기준으로 하여 그 전일까지는 매도인에게, 그 이후부터는 매수인에게 귀속한다.

   제5조 민법 제565조에 불구하고 매수인이 매도인에게 잔금을 지급할 때까지 매도인은 계약금의 배액을 상환하고 이 계약을 해제할 수 있으며, 매수인은 계약금을 포기하고 이 계약을 해제할 수 있다.

본 계약에 대하여 계약 당사자가 이의 없음을 확인하고 각 서명날인한다.

2020년 9월 11일

※ 소장작성일 2021. 4. 15. 甲·乙은 [소장예문 3]의 당사자로 함.

[소장예문 6] 공유물분할

소　　장

원고　　　　　　김유정 (580824-1035824)
　　　　　　　　울산 북구 연암10길 14(연암동)
피고　　　　　　1. 변대수 (510725-1093119)
　　　　　　　　　울산 남구 돋질로 144(달동)
　　　　　　　　2. 황성호 (470525-1038907)
　　　　　　　　　울산 중구 성안11길 28-1(성안동)

공유물분할 청구의 소

청 구 취 지

1. 별지목록 기재 부동산을 경매에 부쳐 그 대금에서 경매비용을 공제한 나머지 금액을 원고에게 5분의 3, 피고들에게 각 5분의 1의 각 비율로 분배한다.
2. 소송비용은 피고들이 부담한다.

청 구 원 인

1. 청구취지 기재의 부동산은 원고와 피고들의 공유로 그 지분비율은 청구취지 기재와 같습니다. 그리고 위 부동산은 구조상으로나 이용상으로 독립성이 없는 1동의 건물로서 현물분할이 불가능하며, 가능하다고 하더라도 현저하게 그 가액이 감손될 염려가 있습니다.
2. 그러므로 원고는 위 부동산을 경매에 부쳐 그 비용을 공제한 나머지 금액을 원, 피고들이 지분비율에 따라 분할할 것을 구합니다.

증 명 방 법

1. 갑 제1호증　　등기사항 전부·일부증명서

첨 부 서 류

1. 위 증명방법　　　　　　　　　　　　　　3통
1. 영수필확인서 및 영수필통지서　　　　　각 1통
1. 송달료납부서　　　　　　　　　　　　　1통
1. 소장부본　　　　　　　　　　　　　　　2통

2021. 3. 20.
원고 김 유 정　(서명 또는 날인)

울산지방법원 귀중

공유자의 1인(원고)이 다른 공유자들(피고들)을 상대로 공유물의 대금분할을 청구한 사례

해 설

(1) 공유물분할청구의 소는 형식적 형성의 소에 해당한다. 법원은 원고가 청구하는 방법에 구애받지 아니하고 자유재량에 따라 합리적인 방법으로 공유물을 분할할 수 있으므로 이 소의 형식은 소송사건이나 실질은 비송사건에 속한다.

(2) 위 (1)과 같은 이유로 보통의 소와는 달리 청구취지를 명확히 할 필요는 없고, 법원의 분할판결을 청구하는 의사표시가 분명히 나타나 있다면 구체적인 분할 방법이 기재되어 있지 않아도 된다(예컨대 "공유물의 분할을 구한다"는 청구취지도 가능하다).

(3) 요건사실은 '원고와 피고들이 목적물을 공유하고 있는 사실'이다.

(4) 고유필수적 공동소송이다. 따라서 피고는 원고를 제외한 나머지 공유자 전원이 되어야 한다(가사소송법 제47조).

(5) 공동상속인들이 상속재산의 분할을 구하는 소는 가정법원의 전속관할인 마류 가사비송사건에 해당하므로 가정법원에 소를 제기하여야 한다(가사소송법 제2조 제1항).

(6) 구분소유적 공유관계 해소를 목적으로 하는 경우, 특정부분을 소유하고 있다고 주장하는 공유자는 다른 공유자를 상대로 그 특정부분에 대한 명의신탁해지를 원인으로 한 지분이전등기절차의 이행을 구할 수 있을 뿐이고, 이에 갈음하는 공유물분할청구를 할 수 없다.

(7) 예상되는 항변: 분할금지의 항변(민법 제268조 제1항), 분할합의의 항변. 공유자 사이에 분할합의가 성립한 경우에는 합의에 따른 지분이전등기절차이행 또는 대금지급청구소송을 할 수 있을 뿐이고, 제기된 공유물분할소송은 부적법 각하된다(대법원 1995. 1. 12. 선고 94다30348 판결).

(8) 증명방법: 등기사항 전부·일부증명서

[소장예문 7] 손해배상(자)

소　　장

원　　고　　1. 박 원 숙 (730419-2111112)
　　　　　　2. 최 우 영 (710303-1122333)
　　　　　　3. 최 장 남 (000427-3112222)
　　　　　　4. 최 장 녀 (040325-4113333)
　　　　　　　　원고들 주소　광주 북구 군왕로18번길 29-5(풍향동)
　　　　　　　　원고 4는 미성년자이므로 법정대리인 친권자 부 최우영, 모 박원숙
　　　　　　원고들 소송대리인 변호사 강만수
　　　　　　광주 동구 동명로 101-1, 501호(지산동) (우편번호: 61441)
　　　　　　전화번호: 332-1934, 팩스번호: 332-1932
　　　　　　전자우편: ms333@hanmail.net
피　　고　　김 명 희
　　　　　　광주 광산구 하남대로 261번길 11

손해배상(자) 청구의 소

청 구 취 지

1. 피고는 원고 박원숙에게 27,000,000원, 원고 최우영에게 5,000,000원, 원고 최장남, 최장녀에게 각 3,000,000원 및 위 각 돈에 대하여 2019. 6. 2.부터 이 사건 소장 부본 송달일까지는 연 5%의, 그 다음날부터 다 갚는 날까지는 연 12%의 각 비율로 계산한 돈을 각 지급하라.
2. 소송비용은 피고가 부담한다.
3. 제1항은 가집행할 수 있다.

청 구 원 인

1. 손해배상책임의 발생

가. 피고 소유 광주2고1111호 그랜져 자가용 운전자인 소외 강봉수는, 2019. 6. 2. 17:30경, 위 차를 운전하여 광주 북구 임동 소재 무등경기장 쪽에서 유동 4거리를 향하여 가다가 일신방직 정문 근처에 이르러 횡단보도 20m전방 지점에서 도로를 횡단하던 원고 박원숙을 충격하여 위 원고로 하여금 제4-5요추부추간판탈출증 등의 상해를 입혔습니다.

나. 원고 최우영은 위 원고의 남편, 원고 최장남, 최장녀는 위 원고의 자녀들입니다.

다. 그렇다면 피고는 자동차손해배상보장법 소정의 자기를 위하여 자동차를 운행하는 자로서 위 사고로 원고들이 입은 손해를 배상할 책임이 있습니다.

2. 손해배상책임의 범위

가. 일실수익

　　원고 박원숙은 1973. 4. 19. 생인 가정주부로서, 이 사건 사고 당시 42세 11개월 남짓 되었고, 그 나이 또래의 한국인 여자의 평균여명은 34.18년이며, 건설물가표에 나타난 사고 당시인 2019. 6.경의 도시일용노임은 1일 79,000원입니다. 경험칙상 일용노동에는 매월 25일씩 65세가 되는 때까지 종사할 수 있습니다.

　　위 원고는 치료가 종료된 후에도 후유장애가 남는다는 것이 담당 의사의 소견인 바, 구체적인 일실수익 액수는 장차 신체감정결과에 의하여 확정하여 청구하겠습니다.

나. 치료비

　　① 원고 박원숙의 전남대학병원에서의 입원기간 중 치료비는 12,000,000원입니다.

　　② 향후치료비는 장차 신체감정결과에 의하여 청구하겠습니다.

다. 보조기대

　　장차 신체감정결과에 의하여 청구하겠습니다.

라. 위자료

　　이 사건 사고의 경위, 원고 박원숙의 나이와 직업, 상해정도와 치료기간 등 제반 사정을 종합하면 위자료로서, 원고 박원숙에게 10,000,000원, 원고 최우영에게 5,000,000원, 원고 최장남, 최장녀에게 각 3,000,000원 정도는 지급되어야 합니다.

3. 결 론

　　그렇다면 피고는 원고 박원숙에게 손해배상금의 일부로 27,000,00원(재산상 손해 1,200만 원＋위자료 1,000만 원), 원고 최우영에게 위자료 5,000,000원, 원고 최장남, 최장녀에게 위자료 3,000,000원씩 및 위 각 돈에 대하여 이 사건 사고발생일인 2019. 6. 2.부터 이 사건 소장부본 송달일까지는 민법이 정한 연 5%의, 그 다음날부터 다 갚는 날까지는 소송촉진 등에 관한 특례법이 정한 연 12%의 각 비율로 계산한 지연손해금을 각 지급할 의무가 있습니다.

증 명 방 법

1. 갑 제1호증   가족관계등록부
2. 갑 제2호증   교통사고사실확인원
3. 갑 제3호증   자동차등록원부
4. 갑 제4호증   진단서
5. 갑 제5호증   진료비청구서
6. 갑 제6호증의 1,2   월간거래가격(2019. 6. 28.) 표지 및 내용
7. 갑 제7호증의 1,2   간이생명표(2018. 12. 31.) 표지 및 내용

첨 부 서 류

1. 소장부본   1통
1. 위 증명방법   각 2통
1. 납부서   1통
1. 소송위임장   1통

2019. 7. 20.
원고들 소송대리인 변호사 강만수 (서명 또는 날인)

광주지방법원 귀중

> 자동차사고로 부상을 입은 피해자와 가족들(원고들)이 차량 소유자(피고)를 상대로 자동차손해배상보장법에 따라 손해배상(적극적손해 ＋ 소극적손해 ＋ 위자료)청구를 한 사례

해 설

(1) 일반적으로 자동차사고에 의한 손해배상청구사건은 ① 손해배상책임의 발생(가. 사고의 발생,[119] 나. 가족관계, 다. 책임근거), ② 손해배상의 범위(소극적 손해, 적극적 손해, 정신적 손해), ③ 결론의 순으로 청구원인 사실을 기재한다.

(2) 요건사실은 ① 자동차 운행 중 교통사고가 발생하여 원고가 상해를 입은 사실, ② 피고가 자기를 위하여 자동차를 운행한 사실, ③ 원고가 입은 손해액이다. 그러나 운전자의 과실은 요건사실이 아니므로 기재할 필요가 없다.[120]

---

119) 여기에는 운전자, 사고일시, 장소, 차량, 경위 등을 적는다.
120) 자동차사고로 인명피해가 난 경우 자동차손해배상보장법 제3조에 의한 책임을 주장하거나 민법상 불법행위에 기한 손해배상책임을 주장할 수 있으나, 두 책임은 법조경합의 관계에 있어 전자가 우선 적용되므로 운전자의 과실은 책임의 요건이 아니다.

(3) 소 제기당시에 확정되지 않은 손해액(특히 소극적 손해)이 있는 경우 소장에는 추정상실률을 기재하였다가 신체감정 후에 감정결과가 나오면 거기에 맞추어 손해금액을 확정하여 청구를 변경한다.

(4) 일실수익(소극적 손해)의 산정은 원칙적으로 사고 당시 실제수입을 기준으로 한다. 무직자, 가정주부, 영세수입의 일용근로자 등에 대하여는 도시거주자의 경우 건설물가월보상의 도시일용노임이 인정되고, 농촌거주자의 경우 농협조사월보상의 농촌일용노임이 인정된다.

(5) 손해액 산정에 필요한 기초사실(성별, 나이, 직업 등)들은 종래 문장식으로 기술하였으나 현재는 나열식으로 기재하는 예가 많다.

(6) 손해에는 재산적 손해와 정신적 손해가 포함되고, 판례는 손해3분설을 취하므로 적극적 손해(치료비, 향후 치료비, 보조구비, 장례비, 개호비 등), 소극적 손해(일실수익, 일실 퇴직금), 정신적 손해(위자료)로 나누어 청구한다.

(7) 사고차량이 종합보험에 가입되어 있는 경우에는 보험회사를 피고로 삼는 것이 보통이다.

(8) 지연손해금은 불법행위(사고) 발생일부터 구하되, 소장 송달일까지는 민법이 정한 연 5%, 그 다음날부터는 소송촉진 등에 관한 특례법이 정한 연 12%의 이율에 따라 구한다.

(9) 예상되는 항변: 면책항변(자동차손해배상보장법 제3조 단서), 운행자 지위상실, 위법성 조각, 소멸시효, 과실상계, 손익상계 등

(10) 증명방법: 자동차등록원부, 교통사고사실확인원, 상해진단서, 치료비 영수증, 보험가입증명서, 건설물가, 가족관계등록부, 급여명세서, 입금대장 등

[연습문제 4]

의뢰인(= 김혜정)을 위하여 소송을 수임한 소송대리인으로서, 아래의 상담내용 및 제시한 자료를 기초로 하여 보험회사를 상대로 손해배상(자)청구 소장을 2021. 7. 30.자로 작성하시오(부산광역시 연제구 법원로32번길 15, 911호 (거제동) 소재 '법무법인 금강'이 소송을 수임하였고 해당 학생은 담당변호사인 것으로 할 것).

[상담내용]

1. 저는 1990. 3. 18. 생으로 미혼의 여자이고 부산 수영구 광남로 4 우성아파트 10동 1205호에 거주하며 한국대학교를 졸업하였고 직업은 없습니다.

2. 저는 2020. 2. 20. 오전 8:00경 친구를 만나러 부산 해운대구 센텀중로 250번지 해운대수영교회 앞 횡단보도에서 길을 건너다가 박상민 운전의 부산 30마5370 소나타 승용차의 우측 앞 범퍼부분에 좌측다리 부분을 충격당하였습니다. 사고장소는 왕복 4차선이고 신호등은 없는 횡단보도인데 주변에 상가와 아파트가 밀집되어 있어 평소 보행자가 많은 곳입니다. 위 사고는 박상민이 자기 소유인 위 차를 운전하고 출근하던 중 휴대폰으로 문자를 보내다가 횡단보도 앞에서 일시 정거하는 등 보행자 보호의무를 게을리 한 잘못으로 일어났습니다.

3. 저는 사고당시 현장에 온 보험회사 직원으로부터 위 차량이 행복화재해상보험 주식회사(대표이사 김철기, 서울 강남구 테헤란로 641-11 행복타워 1005호)의 자동차종합보험에 가입되어 있는 사실을 확인하였습니다.

4. 저는 위 사고로 좌측 슬관절부 후방십자인대파열, 뇌진탕 등의 상해를 입고 2020. 2. 20.부터 2020. 6. 19.까지 해운대 센텀병원에서 십자인대재건반월상 연골절제수술과 입원치료를

받고 퇴원하였습니다. 사고당일 위 병원에서 M.R.I. 촬영비 등으로 45만 원, 진단서발급비로 5만 원을 지불하였고, 퇴원하면서 입원 및 수술비로 1,200만 원을 지불하였습니다.
5. 저는 조만간 하지부 반흔으로 인한 성형수술비로 4,200,000원이 필요한 실정이고, 인제대학교부산백병원 의사로부터 치료를 종결한 후에도 영구히 장해가 남아 노동능력 14.5%가 상실된다는 진단을 받았습니다(맥브라이드 장해평가표 관절강직부분 슬관절 Ⅳ-1).

[제시자료] 법인등기사항 전부·일부증명서 1매, 보험계약서 1매, 진단서 1매, 진료비영수증 5매, 후유장해진단서 1매, 주민등록등본 1통, 교통사고 사실확인원 1매, 자동차등록원부 1매, 가족관계증명서 1매

[소변경신청서예문 1-1] 손해배상(자)

청구취지확장 및 청구원인보충신청

사 건   2018가단1111 손해배상(자)
원 고   박 원 숙 외 3인
피 고   김 명 희

신체감정결과에 따라서, 원고 박원숙은 다음과 같이 청구취지를 확장하고 청구원인을 보충합니다.

확장하는 청구취지

원고 박원숙의 종전 청구원금 27,000,000원을 78,205,188원으로 확장합니다.

보충하는 청구원인

1. 신체감정결과에 의하면, 원고 박원숙은 정형외과 분야에서 15%, 신경외과 분야에서 10% 노동능력이 감퇴하였으므로 노동능력의 총감퇴율은 [23.5%(15%+(100%-15%)×0.1]가 되고, 금속내고정물 제거술을 시행해야 하는데 그 수술비가 1,880,000원이 되며, 우하지 운동장애로 인해 보조기(목발)를 착용해야 합니다.
   한편 대한보장구협회에 대한 사실조회 결과에 의하면 하지보조기(목발)의 중등품 1족 가격은 750,000원이고, 그 수명은 평균 10년입니다.
   이에 의하여 연 5%의 중간이자를 공제하고 사고 시 기준의 현가액(現價額)으로 손해액을 계산하면 다음과 같습니다.

   가. 일실수익
      ① 치료기간(4개월)
         79,000원×25일×3.9588×100%=7,818,630원
      ② 치료기간 경과후(200개월간)
         79,000원×25일×(147.4150-3.9588)×23.5%=66,581,608원

③ 위 합계 74,400,238원(7,818,630원＋66,581,608원)

나. 향후치료비

1,880,000원

다. 보조기대

750,000원＋750,000원×0.6666＋750,000원×0.5＋750,000원×0.4

＝750,000원＋499,950원＋375,000원＋300,000원＝1,924,950원

2. 결론

그러므로 위 원고의 손해액은 위 재산상 손해액에 소장 기재의 기왕치료비와 위자료를 합한 합계 78,205,188원(일실수익 74,400,238원＋기왕치료비 12,000,000원＋향후치료비 1,880,000원＋보조기대 1,924,950원＋위자료 10,000,000원)이 됩니다.

이에 원고 박원숙은 소장의 ＜2. 손해배상의 범위＞ 중 가. 나. 다. 부분을 위와 같이 변경하고 아울러 청구취지를 확장하고자 합니다.

2021. 10. 15.

원고들 소송대리인 변호사 강만수 (서명 또는 날인)

광주지방법원 민사○○단독 귀중

> 소 제기 후에 아래의 ＜신체감정결과＞에 따라 청구원인을 보충하고 청구취지를 확장하여 청구를 변경한 사례

해설

(1) 청구의 변경은 원고가 소송계속 중에 청구의 취지 혹은 청구의 원인을 바꾸어 동일 피고에 대한 심판의 대상(소송물)을 변경하는 것을 말한다(제262조). 사례와 같이 일부청구를 전부청구로 확장하는 경우도 이에 해당한다.

(2) 소장의 청구취지와 청구원인 중 변경되지 않은 부분은 언급하지 않고 변경되는 부분만을 어떠한 내용을 어떻게 바꾼다는 취지를 기재하고 담당재판부에 제출한다.

(3) 청구의 변경은 일종의 소제기에 해당하므로 서면에 의하여야 하고, 소정의 인지도 첨부해야 한다.[121] 이는 사실심(1, 2심) 변론종결 전까지 할 수 있다.

＜신체감정결과＞

1. 노동력감퇴

박원숙에 대한 신체감정촉탁결과, 우하지의 운동제한장애가 존재하고 그로 인한 노동력감퇴율은 정형외과 15%, 신경외과 10%로 기재된 감정서가 전남대학부속병원장명의로 재판부에 제출되어 있음.

---

121) 청구의 확장이나 소의 추가적 변경에 있어서는 증가분에 대하여 부족인지를 더 내면 된다(민사소송 등 인지법 제5조).

2. 향후 치료비

  박원숙에 대한 신체감정촉탁결과, 우하지에 대하여는 상해를 입은 날로부터 1년 이내에 금속내고 정물 제거술을 시행해야 하고 그 수술비용으로는 1,880,000원이 소요된다는 정형외과 전문의의 의견이 감정서에 기재되어 있음.

3. 의지착용

  ① 박원숙에 대한 신체감정촉탁결과, 박원숙는 우하지에 평생토록 목발을 사용해야 하는 것으로 정형외과 전문의의 의견이 감정서에 기재되어 있음.

  ② 대한보장구협회에 대한 사실조회결과, 하지장애에 대한 목발 보조기 1족의 중등품가격은 750,000원이고, 수명은 평균 10년이라는 회보서가 재판부에 도착해 있음. 끝.

[소변경신청서예문 1-2] 소유권이전등기[122]

청구취지 및 원인 변경(추가)신청서

사 건   2020가합12345 소유권이전등기
원 고   박명수
피 고   이경재
위 사건에 관하여 원고 소송대리인은 아래와 같이 청구취지 및 원인을 변경(추가)합니다.

변경한 청구취지

주위적으로

1. 피고는 원고로부터 1억 원을 지급받음과 동시에 원고에게 별지 목록 기재 부동산에 관하여 2020. 4. 24. 매매를 원인으로 한 소유권이전등기절차를 이행하라.
2. 소송비용은 피고가 부담한다.
라는 판결을,

예비적으로

1. 피고는 원고에게 1억 2,000만 원 및 그 중 1억 원에 대하여는 2020. 4. 30.부터 이 사건 청구취지 및 청구원인 변경신청서 부본 송달일까지 연 5%의, 1억 2,000만 원에 대하여는 그 다음날부터 다 갚는 날까지 연 12%의 각 비율로 계산한 돈을 지급하라.
2. 소송비용은 피고가 부담한다.
3. 제1항은 가집행할 수 있다.
라는 판결을 구합니다.

변경한 청구원인

1. 주위적 청구원인

  원고는 2020. 4. 24. 피고로부터 경기 포천군 일동면 길명리 120-1 잡종지 12,358㎡를 대금 2억 원에 매수하며, 같은 날 계약금으로 2,000만 원을 지급하고, 중도금 8,000만 원은 같은 달 30.에, 나머지 잔금 1억 원은 같은 해 5. 31.까지 위 토지에 설정된 근저당권설정등기를 말소

---

122) 민사실무1, 173~175면.

한 후 소유권이전등기에 필요한 서류의 교부와 상환으로 각 지급하기로 약정하였고, 2020. 4. 30. 위 중도금을 지급하였습니다.

따라서 피고는 원고로부터 위 잔금을 지급받음과 동시에 원고에게 위 부동산에 관하여 위 매매를 원인으로 한 소유권이전등기절차를 이행할 의무가 있습니다.

2. 예비적 청구원인

그럼에도 피고는 원고의 소유권이전등기청구에 응하지 않으면서 오히려 위 매매계약 당시 계약금의 배액을 배상함으로써 동 계약을 해제할 수 있도록 약정하였으므로 동 매매계약을 해제하였다고 주장합니다.

만약 피고의 이와 같은 주장이 인정된다면, 피고는 피고가 이미 지급받은 위 매매 대금을 부당이득으로 반환하고 아울러 위 약정에 따른 배상을 하여야 할 것인바, 그렇다면 피고는 원고에게 원상회복금 1억 원과 약정 배상금 2,000만 원을 합한 1억 2,000만 원 및 그 중 1억 원에 대하여는 중도금 지급일인 2020. 4. 30.부터 이 사건 청구취지 및 청구원인변경신청서 부본 송달일까지 민법이 정한 연 5%의 이자를, 1억 2,000만 원에 대하여는 그 다음날부터 다 갚는 날까지 소송촉진 등에 관한 특례법이 정한 연 12%의 비율로 계산한 지연손해금을 각 지급할 의무가 있습니다.

3. 결론

그러므로 원고는 종래의 소유권이전등기청구를 주위적으로 구하고, 위 부당이득금 등 반환청구를 예비적으로 구하는 것으로 청구취지 및 청구원인을 변경(추가)합니다.

증 명 방 법

1. 갑 제4호증(통지서)

첨 부 서 류

1. 위 증명방법   2통
1. 청구취지 및 원인변경신청서 부본   1통

2020. 9. 11.

원고 소송대리인 변호사 박만호 (서명 또는 날인)

서울중앙지방법원 제3민사부 귀중

[소장예문 8] 손해배상(산)

소　　장

원 고　　1. 전 광 남 (750425－1111234)
　　　　　2. 박 정 애 (750303－2222333)
　　　　　3. 전 규 태 (020427－3112222)
　　　　　4. 전 옥 녀 (040325－4113333)
　　　　　　　원고들 주소 광주 북구 평교로 45, 202동 1305호(문흥동, 대주1차아파트)
　　　　　　　원고 3, 4는 각 미성년자이므로
　　　　　　　법정대리인 친권자 부 전광남, 모 박정애

피 고　　1. 김 서 영
　　　　　　　광주 동구 중앙로 202(금남로3가)
　　　　　2. 추 봉 도
　　　　　　　광주 북구 서림로 97(임동)

손해배상(산) 청구의 소

청 구 취 지

1. 피고들은 공동하여 원고 전광남에게 49,966,422원, 원고 박정애에게 7,000,000원, 원고 전
　규태, 전옥녀에게 각 4,000,000원 및 위 각 돈에 대하여 2016. 9. 7.부터 이 사건 소장 부
　본 송달일까지는 연 5%의, 그 다음날부터 다 갚는 날까지는 연 12%의 각 비율로 계산한
　돈을 지급하라.
2. 소송비용은 피고들이 부담한다.
3. 제1항은 가집행할 수 있다.

청 구 원 인

1. 손해배상책임의 발생

　가. 원고 전광남은 숙련된 연마공으로서 5년간 일해오던 광주 서구 양동 소재 '동명공업사'에
　　서 2016. 9.초에 퇴직하여, 2016. 9. 7. 피고 추봉도 경영의 연마전문업체인 '반짝연마'에 취
　　업하였습니다. 위 원고는 출근 첫날 피고 추봉도의 지시에 따라 피고 김서영 경영의 '서영
　　기업' 작업장인 광주 서구 농성동 600－1 소재 공장에 나가 '반짝연마' 소속의 동료작업자인
　　소외 이종기, 윤병하 등과 함께 호이스트 작업을 하다가 사고를 당하였습니다. 사고경위는
　　'반짝연마'에 연마작업을 도급 준 '서영기업'의 작업장에서 '서영기업'의 시설인 호이스트(무
　　거운 물건의 이동을 위하여 작업장 내에 설치된 운반시설)를 이용하여 '서영기업'에서 제공
　　한 2톤 정도 무게의 철판을 이동하는 작업을 하던 도중, 호이스트의 묶음장치가 노후되어
　　느슨해진 탓으로 이동 중인 철판의 무게와 움직임을 이기지 못하고 스스로 풀려 갑자기 철
　　판이 쏟아져 내리는 바람에 위 원고의 발등이 충격을 받아 우족부중증심부압궤열상 및 중
　　증오염창 등의 상해를 입게 된 것입니다.

나. 원고 박정애는 위 원고의 처이고, 나머지 원고들은 위 원고의 자녀들입니다.

다. 그렇다면 이 사건 사고는 공작물인 호이스트의 묶음장치가 노후되어 이동 중인 물건을 단단하게 조일 수 없게 된 하자가 있음으로 인하여 발생한 것이라 할 것이므로, '서영기업'의 사업주인 피고 김서영은 하자있는 공작물의 소유 및 점유자로서, '반짝연마'의 사업주인 피고 추봉도는 그 일시적 점유관리자로서, 공동하여 원고들이 입은 손해를 배상할 책임이 있습니다.

2. 손해배상책임의 범위

가. 일실수익

원고 전광남은 1975. 4. 25.생으로서 사고당시 38년 4개월 남짓되었고, 사고발생 직전에 근무한 '동명공업사'에서 2016. 6.에 2,718,006원, 2016. 7.에 1,508,310원, 2016. 8.에 1,809,332원을 받았으므로(2016. 9.분이 368,440원이라고 되어 있으나, 이는 9. 4.까지의 근무에 한한 것임. 한편 '반짝연마'에서는 근무 첫날에 사고를 당하였으므로 급여수령이 없음.) 그의 3개월간 월평균 급여는 2,011,882원{(2,718,006원＋1,508,310원＋1,809,332원)÷3개월}이 되고, 한편 연마공 근무연한인 55세 이후 60세까지는 일용노동에 종사할 것인데 2016. 11.경 도시일용노임은 1일에 33,755원입니다. 한편 위 원고는 4개월 15일간 입원 및 통원치료를 받았고, 치료종결 후에도 이 사건 사고로 인한 후유장해로서 정형외과적으로 향후 5년간 9%의 노동력감퇴(한시장애), 성형외과적으로는 5%의 노동력감퇴(영구장애)의 장해가 있으므로, 호프만식계산법에 의하여 중간이자를 공제한 사고시의 현가액을 상정하면 다음과 같습니다.

① 치료기간 4개월: $2,011,882원 \times 3.9588 \times 100\% = 7,964,638원$

② 한시장해기간 중 치료기간을 제외한 나머지 60개월간: $2,011,882원 \times (56.6281 - 3.9588) \times (5\% + 95\% \times 0.09) = 14,358,178원$

참고: 노동력상실률 $= 5\% + (100\% - 5\%) \times 0.09 = 13.55\%$

③ 55세까지(135개월간): $2,011,882원 \times (144.7001 - 56.6281) \times 5\% = 8,859,522원$

④ 60세까지(60개월간): $33,755원 \times 25일 \times (175.4128 - 144.7001) \times 5\% = 1,295,883원$

따라서 위 합계 32,478,222원(①＋②＋③＋④＝7,964,638원＋14,358,178원＋8,859,523원＋1,295,883원)이 위 원고의 일실수익 현가액입니다.

나. 기왕치료비

원고 전광남의 대부분의 치료비는 산재보험으로 처리되었으나 산재보험으로 처리되지 않은 치료비로 광주제일병원에 지급한 MRI 촬영비 및 검사료 620,000원은 위 원고가 직접 부담하였습니다.

다. 향후치료비

원고 전광남은 향후 성형외과적으로 2회에 걸쳐 반흔제거술을 받아야 하는바 그 치료비 예상액은 1,868,200원이 됩니다.

라. 위자료

이 사건 사고의 경위, 원고 전광남의 상해와 치료기간 등 제반사정을 종합하여 볼 때 위자료로서, 원고 전광남에게 15,000,000원, 원고 박정애에게 7,000,000원, 원고 전규태, 전옥녀에게 각 4,000,000원 정도는 지급되어야 합니다.

3. 결 론

　그렇다면 피고들은 공동하여 원고 전광남에게 49,966,422원(일실수익 32,478,222원＋기왕치료비 620,000원＋향후치료비 1,868,200원＋위자료 15,000,000원), 위자료로서 원고 박정애에게 7,000,000원, 원고 전규태, 전옥녀에게 각 4,000,000원 및 위 각 돈에 대하여 이 사건 사고발생일인 2016. 9. 7.부터 이 사건 소장 부본 송달일까지는 민법이 정한 연 5%의, 그 다음날부터 다 갚는 날까지는 소송촉진 등에 관한 특례법이 정한 연 15%의 각 비율로 계산한 지연손해금을 지급할 의무가 있습니다.

증 명 방 법

－ 생 략 －

첨 부 서 류

1. 소장부본　　　　　　　　　　　　　　　　　　　　2통
1. 위 증명방법　　　　　　　　　　　　　　　　　　각 2통
1. 납부서　　　　　　　　　　　　　　　　　　　　　1통

2018. 9. 27.

원 고 1. 전 광 남 (서명 또는 날인)
　　　 2. 박 정 애 (서명 또는 날인)
원 고 3. 4. 의 각 법정대리인 부 전 광 남 (서명 또는 날인)
　　　　　　　　　　모 박 정 애 (서명 또는 날인)

광주지방법원 귀중

▌작업장에서 산재사고를 입은 피해자와 가족들(원고들)이 시설물의 흠 때문에 사고가 발생하였다는
▌이유로 그 소유자 및 점유자(피고들)를 상대로 손해배상을 청구한 사례

해 설

(1) 일반 불법행위로 인한 소장과 같이 손해배상책임의 발생, 손해배상의 범위, 결론의 형식에 따라 청구원인 사실을 기재한다.

(2) 원고가 소유자 및 점유자를 모두 공동피고로 삼은 주관적 청구병합의 예이다(제70조).

(3) 요건사실은 ① 피고가 공작물을 설치(혹은 점유)한 사실, ② 공작물에 하자가 있어 원고가 손해를 입은 사실, ③ 원고의 손해액이다.

(4) 예상되는 항변: 주의를 해태하지 않았다는 항변(점유자인 경우), 소멸시효의 항변, 과실상계, 손익상계.

(5) 공동불법행위자 상호간은 부진정연대(민법 제760조)의 관계에 있으므로 피고들은 공동하여 손

해금을 지급할 의무가 있다.

(6) 증명방법: 공작물 등에 관한 감정서, 검증 감정신청

[소장예문 9] 해고무효확인[123]

소　장

원　고　　　박인호 (470824-1035824)
　　　　　　서울 강남구 광평로51길 27, 401동 202호(수서동, 삼익아파트)
피　고　　　주식회사 동서약품
　　　　　　서울 중구 을지로 80(을지로 2가)
　　　　　　대표이사 김만식

해고무효확인 등 청구의 소

청 구 취 지

1. 피고가 2020. 5. 20. 원고에 대하여 한 해고는 무효임을 확인한다.
2. 피고는 원고에게 2020. 5. 21.부터 원고의 복직 시까지 월 3,135,620원의 비율로 계산한 돈을 지급하라.
3. 소송비용은 피고가 부담한다.
4. 제2항은 가집행할 수 있다.

청 구 원 인

1. 원고는 2010. 7. 18. 피고 회사에 입사하여 영업부를 거쳐 2014. 8. 20.부터 경리부에서 성실하게 근무하면서 매월 평균 3,135,620원의 임금을 받아 왔습니다.
2. 피고는 원고가 무단결근을 하고 영업실적이 저조하다는 사유를 내세워 2020. 5. 20. 원고를 해고하고 같은 해 6. 25. 그 통지를 보내 왔습니다.
3. 그러나 원고는 위와 같은 행위를 한 사실이 없고, 그렇지 않다고 하더라도 그러한 행위가 해고할 만한 사유에는 해당하지 않는다 할 것입니다.
4. 따라서 원고에 대한 위 해고는 정당한 이유가 없는 해고로서 무효라 할 것이므로 원고는 그 무효확인 및 해고 다음날인 2020. 5. 21.부터 원고의 복직 시까지 월 3,135,620원의 비율로 계산한 임금의 지급을 구하기 위하여 이 사건 청구에 이르렀습니다.

증 명 방 법

1. 갑 제1호증　　　　　　　　　　근로계약서
2. 갑 제2호증　　　　　　　　　　재직증명서
3. 갑 제3호증　　　　　　　　　　징계처분장
4. 갑 제4호증　　　　　　　　　　해고통지서

---

123) 본안소송을 제기하면서 종업원 등 지위보전의 가처분 신청을 하는 것이 좋다. 청구취지는 「채권자가 채무자에 대하여 피용자로서의 지위에 있음을 임시로 정한다」가 된다. 이러한 가처분을 받아도 사용자가 가처분에 따라 종업원으로서 취급하지 않고 급여도 지급하지 아니할 경우에는 임금지급단행가처분이나 취업방해금지가처분을 따로 구해야 한다.

첨 부 서 류

1. 위 증명방법	각 2통
1. 영수필확인서 및 영수필통지서	각 1통
1. 송달료납부서	1통
1. 소장부본	1통

2020. 8. 20.
원고 박 인 호 (서명 또는 날인)

서울중앙지방법원 귀중

> 피고(사용자)가 원고(근로자)를 징계해고하여, 원고가 그 무효 확인 및 복직 시까지 급여 지급을 청구한 사례

해 설

(1) 해고무효확인청구는 소극적 확인의 소에 해당한다.

(2) 해고무효확인 및 임금 청구의 요건사실은 ① 원고가 피고의 근로자인 사실, ② 피고가 원고를 해고한 사실, ③ 임금 액수이다. 원고는 해고가 부당한 이유를 댈 필요가 없고 피고가 해고에 정당한 사유가 있다는 항변을 제출한다.

(3) 해고기간 중 임금청구를 하는 경우의 임금은 평균임금이나 통상임금이 아니고, 평균임금산정의 기초로 되는 임금총액에 들어가는 임금이 모두 포함된다.

(4) 소송 도중 복직이 되거나 정년에 도달 또는 채용기간 만료의 경우에는 소의 이익이 없다.

(5) 증명방법: 근로계약서, 재직증명서, 징계처분장, 해고통지서, 급여명세서 등

[소장예문 10] 주주총회결의취소[124]

소   장

원 고	박정규 (470824-1035824)	
	서울 강남구 언주로125길 20(개포동)	
피 고	주식회사 태평양건설	
	서울 서초구 사평대로 128(반포동)	
	대표이사 이정수	

---

124) 본안소송을 제기하면서 직무집행정지·대행자선임의 가처분 신청을 해야 한다. 청구취지는 「채권자의 ○○주식회사에 대한 주주총회결의취소사건의 본안판결 확정시까지, 채무자는 같은 회사 이사 또는 감사의 직무를 집행하여서는 아니 된다. 위 직무집행정지기간 중 ○○○을 같은 회사 이사(혹은 감사)의 직무대행자로 선임한다」가 된다.

주주총회결의취소 청구의 소

청 구 취 지

1. 피고의 2020. 6. 28. 임시주주총회에서 정주영을 이사로, 박한수를 감사로 각 선임한 결의를 취소한다.
2. 소송비용은 피고가 부담한다.

청 구 원 인

1. 원고는 피고회사의 주식 1,000주를 소유한 주주입니다.
2. 피고회사는 2020. 6. 15. 각 주주에 대하여 2020. 6. 28. 14:00 피고회사 대회의실에서 임시주주총회를 개최한다는 취지의 서면 통지를 발송하였습니다.
3. 그 후 피고회사의 임시주주총회는 위 2.항의 일시, 장소에서 열려 청구취지 기재와 같은 결의를 하였습니다.
4. 그러나 서면으로 주주총회를 소집하려면 총회일로부터 2주 전에 각 주주에 대하여 그 통지를 발송하여야 하는바(상법 제363조 제1항), 위 총회소집의 통지는 2020. 6. 15.에 발송한 것이므로, 적법한 기간을 둔 것이 아닙니다.
5. 그렇다면 위 주주총회는 소집절차가 법령과 정관에 위배된 총회이므로 위 총회에서 한 결의는 취소되어야 합니다.

증 명 방 법

1. 갑 제1호증	총회의사록
2. 갑 제2호증	법인등기사항 전부·일부증명서
3. 갑 제3호증	주주명부
4. 갑 제4호증	총회소집통지서
5. 갑 제5호증	우편배달증명

첨 부 서 류

1. 위 증명방법	각 2통
1. 영수필확인서 및 영수필통지서	각 1통
1. 송달료납부서	1통
1. 소장부본	1통

2020. 9. 18.

원고 박 정 규 (인)

서울중앙지방법원 귀중

> 주주(원고)가 회사(피고)에 대하여 주주총회 소집절차에 흠이 있음을 이유로 총회결의의 취소를 청구한 사례

해 설

(1) 주주총회결의취소 청구는 소에 의하여 결의의 취소를 구하는 형성의 소로서 회사관계 소송 중

에서 가장 많이 볼 수 있다.[125]

(2) 형성의 소로서 제소의 요건이 상법에 명문으로 규정되어 있다(상법 제376조).

(3) 원고는 주주·이사 또는 감사이고, 피고는 언제나 회사가 된다.

(4) 요건사실은 ① 원고가 피고회사의 주주인 사실, ② 주주총회의 소집과 존재 사실, ③ 주주총회에서 결의가 있었던 사실, ④ 그 결의에 취소사유가 있는 사실이다.

(5) 청구취지에서 취소를 구하는 결의의 일시, 총회의 종류, 결의내용 등을 표시하여야 한다.

(6) 회사 본점 소재지의 전속관할이다(상법 제376조 제2항, 제186조).

(7) 서면으로 주주총회를 소집하려면 총회일로부터 2주 전에 각 주주에 대하여 그 통지를 발송하여야 하는데(상법 제363조 제1항), 다만 자본금 총액이 10억 원 미만인 회사인 경우에는 같은 조 제3항에 의하여 주주총회일의 10일 전에 각 주주에게 서면으로 통지를 발송하거나 각 주주의 동의를 받아 전자문서로 통지를 발송할 수 있고, 같은 조 제4항에 의하여 주주 전원의 동의가 있을 경우에는 소집절차 없이 주주총회를 개최할 수 있고, 서면에 의한 결의로써 주주총회의 결의를 갈음할 수 있다.

(8) 이사개임결의에 취소사유가 있다고 하더라도 그 후에 적법한 절차에 의하여 후임 이사가 선임되고 등기까지 되었을 경우에는 종전 결의에 대한 취소소송은 소의 이익이 없다.

(9) 예상되는 항변: 제척기간(결의일로부터 2월 내)도과의 항변(상법 제376조)

(10) 증명방법: 법인등기사항 전부·일부증명서, 주주명부, 주주총회의사록, 총회소집통지서, 정관, 우편배달증명

[소장예문 11] 사해행위취소

소 장

원 고 이몽룡 (470824-1035824)
부산 금정구 수림로 12, 101동 805호(부곡동, 에스케이아파트)
피 고 정순자 (541108-2311179)
부산 금정구 부산대학로 10, 105동 1201호(부곡동, 한양아파트)

사해행위취소 등 청구의 소

청 구 취 지

1. 피고와 소외 정순옥 사이에 별지 목록 기재 부동산에 관하여 2020. 5. 10. 체결한 매매계약을 취소한다.

2. 피고는 원고에게 위 부동산에 관하여 부산지방법원 2020. 5. 12. 접수 제13567호로 마친 소유권이전등기의 말소등기절차를 이행하라.

3. 소송비용은 피고가 부담한다.

---

125) 주주총회결의의 하자를 다투는 소송으로 주주총회결의의 "취소" 외에 "무효확인", "부존재확인"(상법 제380조)의 3가지 방법이 있으나, 실무상 각기 그 원인의 차이를 분간하기 어려운 때가 많다. 그러므로 선택적 혹은 예비적으로 3개 청구를 병합하여 소를 제기하기도 한다.

청 구 원 인

1. 원고는 2019. 6. 20. 소외 정순옥에게 금 5,000만 원을 이자 월 2%, 변제기일 2020. 6. 20.로 정하여 대여한 바 있습니다.

2. 그런데 소외 정순옥은 2020. 5. 10. 그 소유인 별지 목록 기재 부동산을 대금 6,000만 원에 피고에게 매도하고 2020. 5. 12.자로 청구취지 2항 기재와 같이 피고명의로 소유권이전등기를 마쳤습니다.

3. 그러나 소외 정순옥은 부산은행에 6,000만 원의 차용금 채무를, 경남은행에 3,000만 원의 보증채무를 각 부담하고 있는 반면, 시가 1억 원 상당의 위 부동산 외에는 달리 아무런 재산도 없었던 것이므로, 위 정순옥이 피고와 사이에 위 부동산에 관하여 체결한 매매계약은 책임재산을 없앰으로써 원고로부터 강제집행을 면탈하기 위한 사해행위라 할 것이고, 피고는 위 정순옥의 언니로 위와 같은 사정을 잘 알면서도 위 부동산을 취득한 악의의 수익자라 할 것입니다.

4. 따라서 원고는 위 정순옥과 피고 사이의 위 매매계약을 사해행위로서 취소하고 그 원상회복으로 피고명의로 마쳐진 소유권이전등기의 말소등기절차이행도 아울러 구합니다.

증 명 방 법

1. 갑 제1호증(차용증서)
2. 갑 제2호증(부동산등기사항 전부·일부증명서)
3. 갑 제3호증(재산세과세증명서)

첨 부 서 류

1. 위 증명방법	각 2통
1. 영수필확인서 및 영수필통지서	각 1통
1. 송달료납부서	1통
1. 소송위임장	1통
1. 소장부본	1통

2020. 9. 10.

원고 이 몽 룡 (서명 또는 날인)

부산지방법원 귀중

원고가 정순옥에게 돈을 대여하였는데, 정순옥이 채무초과상태에서 유일한 자기 소유의 부동산을 피고에게 처분하여 정순옥과 피고 사이의 매매계약 취소 및 피고명의로 마쳐진 소유권이전등기의 말소등기절차 이행을 청구한 사례

해 설

(1) 채권자취소권[126]의 본질에 관하여는 형성권과 원상회복청구권의 결합이라고 하는 견해가 통설

---

126) 민법 제406조(채권자취소권) ① 채무자가 채권자를 해함을 알고 재산권을 목적으로 한 법률행위를 한 때

이고, 사해행위취소의 소의 성질도 형성의 소와 이행의 소의 결합이라고 하는 것이 통설, 판례이다.

(2) 채권자취소권은 채권자가 취소원인을 안 날로부터 1년, 법률행위 있은 날로부터 5년 내에 행사하여 한다(민법 제406조 제2항). 이 기간은 제척기간이다.

(3) 채권자취소권의 행사는 소에 의하여서만 허용되는 것이고, 공격방어방법으로는 할 수 없다.[127]

(4) 채권자취소권 행사에 있어서 채무자는 피고적격이 없다. 항상 수익자나 전득자를 피고로 삼아야 한다.[128] 사해행위 취소로 인한 말소등기를 누구에 이행하라고 명할 것인가에 관하여 과거에 채권자 또는 등기권리자에게 이행할 것을 명하였으나, 최근에는 채무자에게 이행할 것을 명하는 판결도 있다. 어느 경우나 위 판결을 가지고 원고 단독으로 말소등기 신청을 할 수 있다.

(5) 사해행위 취소청구만을 할 수도 있지만(청구취지 제1항), 원상회복청구(청구취지 제2항)를 하려면 반드시 취소청구도 병합청구해야 한다.

(6) 요건사실은 ① 피보전채권의 발생, ② 채무자의 사해행위, ③ 채무자의 사해의사 존재이다.[129]

(7) 예상되는 항변: 제척기간의 도과, 수익자(전득자)의 선의, 채무자의 자력회복.

(8) 증명방법: 소비대차계약서, 부동산등기사항 전부·일부증명서, 재산세 과세자료, 가족관계등록부(친족관계인 경우)

[연습문제 5]

귀하는 서울 서초구 잠원로 37-48. 대동빌딩 208호에서 단독으로 변호사 개업을 하고 있는 안동진이다. 귀하는 2021. 5. 23. 서울 서초구 서초중앙로 242에 거주하는 손흥민으로부터 아래와 같은 내용의 상담을 받고. 제시서류를 자료로 받았다. 작성일을 2021. 6. 13.로 하여 사해행위취소청구의 소장을 작성하시오.

[상담내용]

1. 저는 2018. 3. 18. 류현진에게 2억 원을 이자는 연 10%, 변제기는 2019. 12. 18.로 정하여 대여하였습니다. 류현진은 변제기가 지났음에도 원금은 물론 이자 한 푼도 갚지 않고 있습니다.

2. 류현진은 대전 서구 대덕대로 211 대 180㎡를 소유하고 있었는데, 저는 근래에 류현진이 2020. 7. 18. 위 부동산을 고등학교 동창인 강정호에게 대금 8천만 원에 매도하는 매매계약을 체결하고, 대전지방법원 2020. 7. 30. 접수 제23808호로 강정호 앞으로 소유권이전등기를 마친 사실을 확인하였습니다.

3. 그런데 류현진은 위 매매계약시 시가 1억 2천만 원 상당의 위 부동산 외에는 아무런 재산이 없었고 저에 대한 위 채무 외에도 대전은행에 5,000만 원의 채무를 부담하고 있었습니다.

4. 류현진이 위와 같이 유일한 책임재산을 처분하는 행위는 책임재산을 없앰으로써 저로부터

에는 채권자는 그 취소 및 원상 회복을 법원에 청구할 수 있다. 그러나 그 행위로 인하여 이익을 받은 자나 전득한 자가 그 행위 또는 전득 당시에 채권자를 해함을 알지 못한 경우에는 그러하지 아니하다.
② 전항의 소는 채권자가 취소원인을 안 날로부터 1년, 법률행위 있은 날로부터 5년 내에 제기하여야 한다.

127) 대법원 1993. 1. 26. 선고 92다11008 판결.
128) 대법원 1991. 8. 13. 선고 91다13717 판결.
129) 사해의사의 판단기준시는 행위 당시이다. 사해의 의사는 채권자가 이를 증명하여야 한다(대법원 2000. 2. 25. 선고 99다42384 판결). 다만 유일한 부동산을 매각하거나 특정채권자에게 채권담보로 제공하는 행위 등과 같이 일정한 요건에 해당할 경우 사해의사가 추정된다(대법원 1998. 4. 14. 선고 97다54420 판결; 대법원 2001. 4. 24. 선고 2000다41875 판결; 대법원 2007. 2. 23. 선고 2006다47301 판결).

강제집행을 면탈하기 위한 목적이 있음이 분명하고, 강정호도 류현진과 고등학교 동창으로 위와 같은 사정을 잘 알면서도 이 사건 부동산을 취득하였다 할 것입니다.

5. 저는 사해행위를 취소하고 소유권이전등기도 원래대로 회복시켜 줄 것을 희망합니다.

[제시서류] 부동산등기사항 전부·일부증명서 1통, 차용증 1매, 금융거래내역서 1매
[인적사항]
　손흥민: 서울 서초구 서초중앙로 242, 주민등록번호 920708-1039750
　류현진: 대전 서구 대덕대로 211, 주민등록번호 870325-1578240
　강정호: 대전 중구 대종로 147, 주민등록번호 870405-1576311

[소장예문 12] 채무부존재확인

소　　장

원 고　　　　　김광호 (720824-1035824)
　　　　　　　　수원시 영통구 영통로 498, 황골마을 주공1단지 309호
피 고　　　　　장예슬 (780725-2093119)
　　　　　　　　인천시 남동구 인주대로 247, 동아아파트 607호

채무부존재확인 청구의 소

청 구 취 지

1. 원고의 피고에 대한 2020. 5. 10. 금전소비대차계약에 기한 500만 원의 채무는 존재하지 아니함을 확인한다.
2. 소송비용은 피고가 부담한다.

청 구 원 인

1. 피고는 2018. 5. 10. 원고에게 500만 원을 대여한 바 있다고 주장하면서 그 변제를 요구하고 있습니다.
2. 원고는 피고로부터 위 돈을 빌린 사실은 인정하지만, 2020. 10. 12. 피고로부터 위 채무를 면제받았습니다.
3. 그러므로 원고의 피고에 대한 위 차용금 채무는 소멸하였고, 원고는 이를 다투는 피고에 대한 관계에서 이를 확인할 필요가 있습니다.

증 명 방 법

1. 갑 제1호증　　　　　확인서

첨 부 서 류

1. 위 증명방법　　　　　　　　　　　　　　　　2통

```
   1. 영수필확인서 및 영수필통지서                      각 1통
   1. 송달료납부서                                      1통
   1. 소장부본                                          1통


                         2021. 5. 20.
                  원고  김 광 호  (서명 또는 날인)


   수원지방법원 귀중
```

채무를 면제하였음에도 다시 지급요구를 하여 그 부존재 확인을 청구한 사례

해 설

(1) 채무부존재확인청구는 소극적 확인의 소에 해당한다. 청구취지에서는 채권의 발생원인과 금액을 명시하여 특정한다.[130]

(2) 위 사례는 이미 발생한 채무가 면제에 의하여 소멸된 것을 주장하는 것으로, 권리의 소멸 또는 권리 발생 장애 사유에 관한 주장·증명책임은 원고에게 있으므로, 그 채무면제 사실은 원고가 주장·증명하여야 한다.

(3) 요건사실은 ① 발생한 채무가 면제 등으로 소멸하였다는 사실, ② 확인의 이익이 있음을 인정할 수 있는 사실이다.[131]

(4) 증명방법: 확인서, 영수증

[소장예문 13] 청구이의

```
                           소        장

   원 고        이인호 (870824-1035824)
                전주시 덕진구 백제대로 486
   피 고        성보라 (700725-2093119)
                김제시 중앙로 67


   청구이의 청구의 소

                         청 구 취 지

   1. 피고의 원고에 대한 전주지방법원 2020. 6. 12. 선고 2020가단3120 판결에 기한 강제집행
      은 이를 불허한다.
   2. 소송비용은 피고가 부담한다.
```

---

130) 만일 자동차사고로 인한 손해배상채무 부존재확인청구라면 사고일시, 장소, 원인을 명시하여 특정한다.

131) 위 사례와 달리, 소송물인 특정채무의 발생원인사실이 처음부터 없었다고 주장하는 경우에 원고로서는 소송물을 특정할 정도의 주장만을 하면 되고, 피고가 그 발생원인사실을 주장·증명하여야 한다.

청 구 원 인

1. 원고와 피고 사이의 전주지방법원 2020. 6. 12. 선고 2020가단3120 판결은 원고는 피고에 게 1,000만 원을 지급할 것을 명하고 있습니다.

2. 그런데 원고는 위 판결이 있은 후인 2020. 8. 20. 피고에 대하여 위 1,000만 원을 모두 변 제하였습니다.

3. 따라서 위 판결에서 지급을 명한 채무는 소멸하였으므로 원고는 위 집행권원의 집행력의 배 제를 구하여 이 사건 소에 이르렀습니다.

증 명 방 법

1. 갑 제1호증 민사판결문
2. 갑 제2호증 변제증서

첨 부 서 류

1. 위 증명방법   각 2통
1. 영수필확인서 및 영수필통지서   각 1통
1. 송달료납부서   1통
1. 소장부본   1통

2021. 3. 20.
원고 이 인 호 (서명 또는 날인)

전주지방법원 귀중

▌ 판결문상 채무를 변제하였으므로, 판결문에 기한 집행을 불허하는 청구를 구한 사례

해설

(1) 청구이의의 소[132]는 집행권원의 집행력 자체의 배제를 구하는 것이므로, 이미 집행된 구체적 집행력의 배제를 구할 수는 없다.

(2) 제1심 판결법원의 전속관할에 속한다(민사집행법 제44조 제1항).[133]

(3) 요건사실은 ① 집행권원(확정판결, 집행증서 등)의 존재, ② 집행권원에 표시된 청구권이 소멸된 사실.[134]

(4) 청구이의의 소는 강제집행을 계속하여 진행하는 데에는 영향을 미치지 아니하고(민사집행법 제46조 제1항), 강제집행이 이미 완료되면 소의 이익이 없으므로, 따로 강제집행 정지 결정을 받

---

132) 민사집행법 제44조(청구에 관한 이의의 소) ① 채무자가 판결에 따라 확정된 청구에 관하여 이의 하려면 제1심 판결법원에 청구에 관한 이의의 소를 제기하여야 한다.
　② 제1항의 이의는 그 이유가 변론이 종결된 뒤(변론없이 한 판결의 경우에는 판결이 선고된 뒤)에 생긴 것이어야 한다.

133) 집행권원이 화해조서 등일 경우에는 1심 수소법원이, 집행증서일 경우에는 채무자의 주소지가 있는 지방법원이 관할 법원이 된다.

134) 집행증서나 지급명령, 이행권고결정에 표시된 청구권에 대하여는 시기의 제한 없이 소멸사유를 주장할 수 있다.

아야 한다(동조 제2항).

[소장예문 14] 건물철거, 토지인도 및 부당이득금

소 장

원고   한상기 (620925-1058280)
　　　　제주시 남광북5길 3, 신동아아파트 103동 1102호
피고   1. 박종호 (780725-1039880)
　　　　　서귀포시 중앙로 105, 현대아파트 115동 702호
　　　　2. 정민영 (821108-2097259)
　　　　　서귀포시 일주동로 28, 자유아파트 102동 1008호

토지인도등 청구의 소

청구취지

1. 원고에게
　가. 피고 박종호은 별지 목록 제2항 기재 건물을 철거하고, 같은 목록 제1항 기재 토지를 인
　　　도하고, 2020. 5. 18.부터 위 토지의 인도 완료일까지 월 100만 원의 비율로 계산한 돈을
　　　지급하고
　나. 피고 정민영는 위 건물 중 1층에서 퇴거하라.
2. 소송비용은 피고들이 부담한다.
3. 제1항은 가집행할 수 있다.

청구원인

1. 원고는 2020. 5. 10. 소외 이성철로부터 별지 목록 제1항 기재 토지(이하 '이 사건 토지'라
　함)를 매수하여 2020. 5. 18.자로 소유권이전등기를 마친 이 사건 토지의 소유자입니다.
2. 그런데 피고 박종호는 아무런 권한도 없이 2019. 8.경 위 토지 위에 별지 목록 제2항 기재
　건물(이하 '이 사건 건물'이라 함)을 신축하여 소유하면서 건물 1층은 2019. 10.경 피고 정민
　영에게 임대하여 피고 정민영은 그 곳에서 음식점을 운영하고 있고, 건물 2층은 피고 박종호
　가 사무실로 사용하고 있습니다.
3. 그렇다면 원고는 소유권에 기해 피고 박종호에 대하여는 이 사건 건물의 철거 및 이 사건 토
　지의 인도를 구하고, 2020. 5. 18.부터 위 토지의 인도 완료일까지 차임상당의 부당이득금으
　로 추후 감정을 통하여 증명하기로 하고 우선 월 100만 원의 지급을 구하며, 피고 정민영에
　대하여는 이 사건 건물 중 1층으로부터 퇴거할 것을 구합니다.

증명방법

1. 갑 제1호증　등기사항 전부·일부증명서(토지)
2. 갑 제2호증　등기사항 전부·일부증명서(건물)
3. 갑 제3호증　임대차관계확인서

첨부서류

1. 위 증명방법　　　　　　　3통

1. 소장부본   3부
1. 공시지가 확인원   1부

2021. 3. 20.

원고 한 상 기 (서명 혹은 날인)

제주지방법원 귀중

[별지]

목 록

1. 제주 제주시 연동9길 130 대 200㎡
2. 위 지상 철근콘크리트조 콘크리트슬래브지붕 2층 근린생활시설
   1층 105㎡
   2층 105㎡. 끝.

> 원고가 자기 소유 토지상의 건물 소유자를 상대로 건물철거, 토지인도 및 부당이득금의 반환을 구하고 건물 임차인을 상대로는 퇴거를 청구한 사례

해설

(1) 소유권에 기한 부동산인도, 철거 및 퇴거청구에 있어서 소송물은 소유권에 기한 방해배제청구권이다.
(2) 요건사실
   인도청구: 원고의 목적물 소유＋피고의 목적물 점유
   철거·퇴거청구: 원고의 토지 소유＋피고의 지상건물 소유(건물철거의 경우), 피고의 제3자 소유 건물 점유(건물퇴거의 경우)
   부당이득반환청구: 피고의 수익＋원고의 손해＋인과관계의 존재＋법률상 원인 흠결＋이득액
(3) 불법점유를 이유로 한 인도청구에서 피고의 '점유사실'은 원고의 소유권을 현실적으로 방해하는 직접 점유사실을 의미하므로, 제3자에게 그 부동산을 임대한 간접점유자를 상대로 인도청구를 하는 것은 부당하다(대법원 1999. 7. 9. 선고 98다9045 판결). 그러나 불법점유를 이유로 한 인도청구가 아니라면 간접점유자를 상대로 한 인도청구가 가능하다(대법원 1983. 5. 10. 선고 81다187 판결).
(4) 자기 소유 토지상에 타인이 건물을 소유하고 있는 경우 그 토지를 인도받기 위해서는 그 전제로 지상건물의 철거를 구해야 한다. 지상건물의 소유자는 지상건물의 소유를 통하여 그 대지를 점유하는 것이므로 원고는 피고가 지상건물을 소유한 사실을 증명하면 대지점유사실까지 증명하는 것이 된다. 또한 건물철거는 그 소유권의 종국적 처분에 해당하는 사실행위이므로 원칙적으로는 그 소유자에게만 그 철거처분권이 있지만 미등기건물을 매수하여 점유하고 있는 자는

등기부상 아직 소유자로서의 등기명의가 없다하더라도 그 권리의 범위 내에서 그 점유중인 건물에 대하여 법률상 또는 사실상 처분을 할 수 있는 지위에 있으므로 그 건물의 건립으로 불법점유를 당하고 있는 토지소유자는 위와 같은 지위에 있는 건물점유자에게 그 철거를 구할 수 있다(대법원 1988. 9. 27. 선고 88다카4017 판결).

(5) 지상건물 소유자 이외의 자가 지상건물을 점유하고 있는 때에는 지상건물에 대한 점유사용으로 인하여 대지인 토지의 소유권이 방해되고 있는 것이므로 토지 소유자는 방해배제로서 점유자에 대한 건물퇴거를 청구할 수 있다. 그리고 건물의 소유자가 아닌, 단순한 점유자가 대지인 토지를 점유하고 있는가에 관하여는 점유설과 비점유설이 대립되어 있으나, 현재의 판례 및 실무는 비점유설의 입장이다. 즉, 건물점유자에 대하여는 대지 인도 주문을 내지 않고 있다(대법원 2003. 11. 13. 선고 2002다57935 판결).

(6) 타인 소유의 토지 위에 권한 없이 건물을 소유하고 있는 자는 그 자체로써 특별한 사정이 없는 한 법률상 원인 없이 타인의 재산으로 인하여 토지의 차임에 상당하는 이익을 얻고 이로 인하여 타인에게 동액 상당의 손해를 주고 있다고 본다(대법원 1998. 5. 8. 선고 98다2389 판결). 따라서 피고의 지상건물 소유사실 외에 별도로 토지의 사용·수익사실을 증명할 필요는 없다.

(7) 예상되는 항변:

인도, 철거, 퇴거청구: 정당한 점유권원의 존재(시효취득, 법정지상권, 토지임차권, 매매로 인한 점용권 등), 철거청구의 경우 신의성실의 원칙이나 권리남용

부당이득반환청구: 법률상 원인의 존재, 선의의 점유자(과실수취권), 사용수익권 포기.

(8) 증명방법: 부동산등기부, 사진, 건축물대장, 차임감정신청

제 3 장

기타 민사소송 법문서

제3장

기타 민사소송 법문서

제1절 답변서 · 준비서면

1. 변론주의 · 주장책임과 답변서 · 준비서면

가. 변론주의원칙이 지배하는 민사소송에서는 법원의 판단의 기초가 되는 사실자료의 수집과 제출책임을 소송당사자에게 돌리고 있다. 특정 소송에 있어서 소송물을 전제로 하여 그 요건사실을 구성하는 주요사실은 당사자의 변론을 통하여 반드시 주장되어야만 하는 것이다. 소송대리인은 소송당사자로부터 분쟁사실을 청취하여 적용법규와 구체적 근거규정을 선택한 뒤 법적 요건사실별로 분류하여 정리한 결과를 답변서와 준비서면을 통하여 주장하여야 한다. 즉 법률전문가인 변호사로서는 당사자의 사실관계 주장을 그대로 옮길 것이 아니라 요건사실의 존부와 밀접한 관련이 있는 사실을 추려내어 이를 간결하게 정리한 내용을 답변서와 준비서면에 기재하여야 하는 것이다.

과거의 실무관행상 소장을 비롯한 각종 법문서는 긴 문장, 난해한 문어체로 일관되어 있었다. 이제는 위와 같은 과거의 관행을 과감히 벗어날 필요가 있다. 가능한 한 문장은 짧게 끊어 쓰고, 설득력 있는 구어체로 이해하기 쉬운 문장으로 다듬는 노력을 기울여야 할 것이다.

나. 피고는 소장 부본을 송달받은 날로부터 30일 내에 답변서를 제출하여야 한다(제256조 제1항). 답변서에는 소장에 기재된 개개의 청구원인 사실에 대한 구체적 답변내용을 적어야 한다(규칙 제65조 제1항). 법원은 위와 같은 구체적 답변내용이 기재되지 아니한 경우에 보정명령을 통하여 방식에 맞는 답변서의 제출을 촉구할 수 있다.[1]

다. 답변서 및 준비서면에는 공격방어방법으로서의 사실에 관한 주장과 더불어 법률적 견해

---

1) 법원의 구체적 답변서 제출촉구명령에 불응하는 경우에 법원이 취할 수 있는 조치의 구체적 내용에 관하여는, 권혁재, 民事訴訟爭點審理論, 한국사법행정학회, 208면 이하 참조.

의 전개 등이 주된 내용을 이루게 된다. 그 외에도 당해 주장사실을 뒷받침하는 증거를 기재하고, 상대방 제출의 증거에 대한 탄핵이나 설명을 기재할 수도 있다.

라. 2008. 12월 일부 개정된 민사소송법은 변론준비절차의 필요적 시행 규정을 삭제하여 변론준비서면 등을 통한 당사자 간의 사전 변론준비 과정의 실시 여부는 법원의 판단에 맡기고 있다(제258조 제1항). 따라서 답변서 및 준비서면의 중요성이 일부 저하된 감이 없지 않지만, 충실하고도 빈틈없는 구술변론을 위하여 사전에 변론준비서면 등을 통한 변론준비는 소송대리인이 반드시 갖추어야 할 기본이라고 할 수 있을 것이다.[2]

2. 답변서

가. 기본 사항

1) 답변서에는 준비서면에 관한 법 제274조 규정 사항과 청구취지에 관한 답변 외에 소장에 기재된 개개의 사실에 대한 인정 여부, 항변과 이를 뒷받침하는 구체적 사실 및 위의 사실에 관한 증거방법 등을 기재하여야 한다(규칙 제65조 제1항). 아울러 중요한 서증의 사본을 첨부하여야 한다(동조 제2항).

2) 청구취지에 관한 답변에는 본안 전 답변과 본안에 관한 답변으로 나눌 수 있다. 본안 전 답변에는 소송의 이송을 구하는 신청과 소송요건을 갖추지 못하였음을 이유로 하는 소 각하 판결신청이 있다.

본안에 관한 답변은 원고 청구기각판결을 구하는 신청이 될 것이나, 특수한 경우에 인낙의 의사표시를 할 수도 있다.[3]

3) 청구원인사실에 관한 답변은 자백, 부인, 부지, 침묵의 형태로 할 수 있다. 원고의 주장사실에 대한 답변을 함에 있어서는 피고로부터 정확한 사실관계를 확인하여 신중하게 하여야 한다. 일단 자백한 사실은 취소·철회가 어렵고(제288조), 함부로 부인·부지로 일관하다가는 법관의 심증형성에 나쁜 영향을 미칠 수도 있으므로 처음부터 자백과 부인을 명백히 하여야 할 것이다.[4] 원고가 선행자백하고 있는 사실은 이를 원용한다는 뜻을 명시할 필요가 있다.

4) 답변서는 준비서면을 겸하는 것이므로 소장 기재사실에 대한 답변 외에 피고의 새로운 공격방어방법에 관한 주장을 전개할 수 있다(규칙 제65조 제1항 제2, 제3호). 집중심리주의의 실현을 위한 준비절차의 충실한 실행과 신속한 재판절차 진행을 위하여 적극적이고 공격적인 답변서 제출이 요망된다.

---

2) 신법이 변론준비절차의 필요적 실시규정을 폐지한 것은 법원에서의 구술변론 기회를 보다 넓게 부여하고 자 하는 것으로 해석할 수도 있을 것이다.

3) 답변서에 원고의 청구를 인낙한다는 의사표시를 하고 있을 경우에는 그러한 서면은 공증사무소의 인증을 받은 때에 그 취지에 따라 인낙이 성립한다(제148조 제2항).

4) 사법연수원, 민사실무 I (2014), 151면.

나. 답변서 양식

답 변 서

사 건   2020가합10011 전부금 등
원 고   김 일 동
피 고   이 병 삼, 박 이 을

위 사건에 관하여 피고들 소송대리인은 다음과 같이 답변합니다.

청구취지에 대한 답변

1. 원고의 피고 박이을에 대한 소를 각하한다.
2. 원고의 피고 이병삼에 대한 청구를 기각한다.
3. 소송비용은 원고의 부담으로 한다.
라는 판결을 구합니다.

청구원인에 대한 답변

1. 피고 이병삼이 원고에게 물품대금 채무를 지고 그 대금의 지급을 위하여 약속어음을 발행하여 약속어음 공정증서가 작성된 사실, 원고 주장의 채권압류명령을 원고 주장의 일자에 피고 박이을이 송달받은 사실은 이를 인정합니다.

2. 피고 박이을에 대한 청구에 관하여

원고는 피고 이병삼에 대한 위 약속어음금 채권을 보전하기 위하여 동 피고를 대위하여 피고 박이을에 대한 이 사건 청구를 하고 있습니다. 그러나 아래에서 보듯이 피고 이병삼은 원고에 대한 위 채무를 모두 변제하였습니다.

따라서 원고는 피고 이병삼의 피고 박이을에 대한 채권을 대위행사 할 수 있는 당사자적격이 없으므로 원고의 피고 박이을에 대한 이 사건 소는 각하되어야 할 것입니다(대법원 2004. 2. 13. 선고 2003다46475 판결 등 참조).[5]

3. 피고 이병삼에 대한 청구에 관하여

피고 이병삼은 의류도매상을 운영하면서 원고로부터 남성용 의류를 공급받았는데(을 제1호증) 2018년 9월 이후 갑작스럽게 닥친 극심한 경기침체로 인하여 재고품이 쌓이게 되면서 상점을 정리하게 되었습니다(을 제4, 5호증). 그리하여 원고와 피고 이병삼은 2018년 10월 말까지의 의류 대금 채권을 5,000만 원으로 확정하고(을 제2호증), 그 중 2,000만 원에 해당하는 부분은 피고 이병삼의 점포에 보관되어 있던 의류를 가져가고, 나머지 3,000만 원은 2017. 11. 1 모두 변제 하였습니다(을 제3호증).[6]

---

5) 소송요건의 존부는 법원의 직권조사사항이므로 당사자의 주장이 있어야 하는 것은 아니다. 그러나 피고의 항변이 없으면 치유되는 소송요건(예컨대, 중재합의의 존재에 관한 항변)도 있고, 법원의 직권 발동을 촉구하는 의미도 있으므로 소송요건에 관한 항변도 반드시 검토하여 주장할 필요가 있다.
6) 피고가 제출하고자 하는 서증이 준비되었으면 통상 주장사실 말미에 괄호를 하고 그 안에 서증번호를 기재하는 방식으로 증거를 원용한다(사법연수원, 앞의 책, 155면).

증 명 방 법

1. 을 제1호증 (의류 공급 계약서)
2. 을 제2호증 (합의서)
3. 을 제3호증 (영수증)
4. 을 제4호증 (확인서)
5. 을 제5호증 (폐업 신고서)

첨 부 서 류

1. 증거설명서 및 위 증명방법	각 2통
2. 소송위임장	각 2통
3. 답변서 부본	각 1통

2020. 12. 20.

피고 이병삼 · 박이을
소송대리인 변호사 오세변 (인)[7]

서울중앙지방법원 제1민사부 귀중

다. [예제]

이 책 제2장 제3절 [소장예문 4]에 예시된 소유권이전등기말소청구의 소에 대하여 피고 소송대리인 변호사 이선방의 명의로 아래의 기초사실을 참고하여 답변서를 작성하시오.

1. 이 사건 아파트는 박말숙이 평생에 걸쳐 저축한 돈을 보태어 매수한 것이다.

박말숙은 건강 상의 이유와 슬하에 자식이 없어 평소 조카인 원고의 도움을 많이 받아왔다. 그래서 박말숙의 뜻에 따라 이 사건 아파트등기부 상 소유자를 원고 단독명의로 해두었지만, 박말숙이 살아있는 동안에는 박말숙이 실질적 소유권의 일부를 갖기로 원고와 약속이 되어 있다.

2. 피고는 박말숙으로부터 위와 같은 사실을 들어서 잘 알고 있다.

이 사건 당시 박말숙은 병원에 입원하여야 할 정도로 건강이 악화되어 많은 목돈이 급히 필요하게 되어 원고에게 그러한 사정을 호소하였다.

3. 박말숙은 원고에게 이 사건 아파트를 담보로 돈을 대출받겠다고 말하여 원고의 인감도장과 인감증명서 및 이 사건 아파트등기필증 등을 교부받았다.

---

7) 원칙적으로 피고 소송대리인의 표시에 주소, 전화번호, 팩시밀리번호 또는 전자우편주소 등을 기재하여 연락이나 송달을 용이하게 하여야 한다(민사소송규칙 제2조). 그러나 변호사 사무실에서는 통상 소송대리인의 주소, 전화번호, 팩시밀리번호, 전자우편주소 등이 인쇄되어 있는 용지를 사용하고 있으므로 굳이 별도의 기재는 필요 없을 것이다. 법원이 피고 본인에 대하여 전화 등의 방법으로 소환할 수 있도록 피고 본인의 전화번호, 팩시밀리번호, 주민등록번호 등을 기재하는 것이 좋을 것이다.

4. 박말숙은 원고에게 이 사건 아파트 소유권이전등기를 넘겨준 뒤부터 원고가 자신에게 섭섭하게 한 일이 많다고 하면서, 이 사건 아파트를 팔게 되면 원고와 매매대금을 나누어 갖고 싶다고 피고에게 말한 사실이 있다.

3. 준비서면

가. 기본 사항

1) 소송당사자는 각자에게 유리한 사실을 법원에서의 구술진술을 통하여 변론함이 원칙이다 (제134조 제1항). 그러나 구술진술은 기록의 어려움뿐만 아니라 소송상대방이 미처 준비하지 아니한 신청 및 공격방어방법의 제출 시에는 이에 대한 답변 등에 필요한 신기일의 지정이 요구되어 소송절차 지연의 원인이 된다. 그리하여 당사자는 변론을 서면으로 준비하여야 하고(제272조 제1항), 준비서면의 제출은 그것에 적힌 사항에 대하여 상대방이 준비하는데 필요한 기간을 두고 제출하여야 하며, 법원은 상대방에게 그 부본을 송달하여야 한다(제273조).

2) 준비서면에 기재할 사항은 제274조에서 정하고 있으나, 동 규정내용은 훈시적 열거로 볼 것이다.[8]

준비서면 기재 내용 중 핵심적인 부분은, 사실에 관한 주장과 법률에 관한 주장, 증거에 관한 주장 및 상대방의 공격방어방법에 관한 진술이다. 사실에 관한 진술은 원고 청구의 근거가 되거나 이를 저지하는 항변사실 즉 주요사실(요건사실) 중심이 될 것이다. 그 외에 그러한 사실을 추인할 수 있는 간접사실, 보조사실 등 주변사정에 관한 주장도 포함되는 것이 일반적이다.[9]

3) 사실에 관한 주장은 행위의 주체, 일시, 행위의 상대방, 행위의 내용과 같은 6하원칙에 맞추어 묘사하여야 한다. 행위의 장소는 사고의 내용, 전후 경위 등을 설명함에 있어서 꼭 필요한 경우에 이를 밝히면 될 것이다.[10]

나. 준비서면 양식 － 피고의 답변서에 대한 원고의 반박 준비서면

준 비 서 면

사 건   2020가합28547 소유권이전등기말소 등
원 고   한 송 이
피 고   박 정 현 외 1인

위 당사자 사이의 소유권이전등기 말소 등 청구사건에 관하여 원고 소송대리인은 다음과 같

---

8) 사법연수원, 앞의 책, 216면: 따라서 동 규정상의 기재사항이 일부 누락되거나 잘못된 부분이 있더라도 준비서면으로서 실체를 인정할 수 있다면 그 효력에는 영향이 없다.
9) 준비서면에 간접사실, 보조사실을 기재하는 경우에도 될 수 있는 한 어떠한 요건사실(주요사실) 또는 항변사실과 관련 있는 것인지를 명확히 하여야 할 것이다(사법연수원, 위의 책, 217면).
10) 사법연수원, 위의 책, 219면: 때로는 준거법의 결정에 있어서 행위장소를 밝혀야 할 경우도 있을 것이다.

이 변론을 준비합니다.

1. 피고 박정현의 소송대리인의 답변서 중

가. 원고 명의의 소유권이전등기가 원인무효의 등기라는 사실에 관하여,
　이 사건 토지가 당초 피고 박정현의 아버지인 소외 망 박인태의 소유였던 사실은 인정합니다.
　그러나 원고는 망 박인태로부터 이 사건 토지를 대금 5,000만 원에 매수한 후 그로부터 등기신청 서류를 교부받아 이 사건 토지에 관하여 정당하게 원고의 명의로 소유권이전등기를 경료하였으므로 이 사건 토지는 원고의 소유입니다.

나. 피고 박정현이 원고로부터 이 사건 토지를 매수하였다는 사실에 관하여,
　원고는 망 박인태로부터 이 사건 토지를 매수하여 원고의 명의로 소유권이전등기를 경료한 이후 피고 박정현에게는 물론이고 어느 누구에게도 이 사건 토지를 매도한 적이 없습니다.

다. 이 사건 토지를 소유의 의사로 20년간 점유하였다는 사실에 관하여,
　원고는 피고 박정현과 같은 동네에 거주하다가 2000. 5. 10.경 서울로 이사를 가면서 피고 박정현에게 이 사건 토지를 잠시 관리하여 달라고 부탁하였던 사실은 있으나, 그것은 어디까지나 일시적인 것이었을 뿐입니다. 그리고 당시 피고 박정현은 언제라도 원고가 요구하는 때에는 위 토지를 반환하기로 약정하기까지 하였습니다.
　그런데 원고는 2018년 겨울경 피고 박정현이 문서를 위조하여 이 사건 토지에 관하여 소유권이전등기를 경료하여 간 사실을 알고 그대로 두어서는 안 되겠다고 생각하고 피고 박정현에게 이 사건 토지의 반환을 요구하였습니다.
　그럼에도 피고 박정현은 이 사건 토지를 반환하지 않고 있다가 2019년 말경에 그 지상에 건축되어 있던 가건물을 철거하였습니다.

라. 따라서 피고 박정현이 소유의 의사로 20년간 계속하여 이 사건 토지를 점유하였다는 것은 전혀 사실이 아닌 것입니다. 설령 피고 박정현이 이 사건 토지를 20년간 점유하였다 하더라도, 앞서 본 바와 같이 그 점유는 점유권원의 성질상 소유의 의사가 없는 타주점유이므로 시효완성을 주장할 수 없습니다.
　그리고 취득시효가 완성되었다고 하더라도, 피고 박정현은 시효완성 이후인 2013. 1.경부터 2-3차례에 걸쳐 원고에게 이 사건 토지에 대한 사용료라면서 합계 600만 원을 지급한 사실이 있을 뿐만 아니라 매수를 제의한 일도 있는데, 이는 시효이익의 포기에 해당하므로 이 점에서도 피고 박정현의 주장은 이유가 없습니다.

2. 피고 오명수에 대한 청구에 대하여

가. 원고는 소외 김유정이 피고 오명수에 대하여 2018. 3. 10.자 차용금채무를 부담하고 있었다는 사실은 알지 못하였으며, 원고가 김유정에게 위 근저당권설정등기를 빨리 말소하라고 재촉하자, 김유정은 피고 오명수에게 2억 원을 변제하였으니 조만간 위 근저당권설정등기가 말소될 것이라고 하여, 원고는 이를 그대로 믿고 근저당권설정등기가 말소되기만을 기다리고 있었습니다.

나. 그런데 나중에 김유정에게 확인하여 보니, 김유정은 2017. 11. 11. 피고 오명수로부터 1억 5000만 원을 차용하고 이를 변제하지 못하였는데, 2019. 4. 14. 피고 오명수에게 채무변제금으로 2억 원을 지급하였다는 답변을 들었습니다.

다. 따라서 피고 오명수는 이 사건 토지에 대한 근저당권 설정등기를 말소하여야 할 것입니다.

이상과 같이 변론을 준비합니다.

2021. 7. 20.

원고 소송대리인 변호사 윤 재 능 (인)

서울중앙지방법원 제2민사부 귀중

[추가된 사실]

원고는 피고의 답변서에 대하여 다음과 같은 내용을 담아서 반박 준비서면을 제출하고자 한다. (1) 피고가 이 사건 토지매매계약상의 매매대금을 인상하여 줄 것을 요구한 사실은 인정하지만 원고가 이에 대하여 거절하자 피고가 우발적으로 해제의사표시를 한 것이다. (2) 피고와 이 사건 아파트 매매계약을 체결한 최부호는 위 아파트 소재지 인근 지역에서 거주하고 있으면 피고와는 평소에 호형호제하는 사이라고 하며, 원고가 이 사건 아파트를 매수한 사실도 잘 알고 있었다. (3) 피고는 원고에게 이 사건 아파트의 매매대금의 증액을 요구하다가 원고가 이를 거절하자 이러한 사실을 최부호에게 알리면서 대책을 의논하였다고 한다. (4) 그 무렵 최부호는 그의 소유 토지가 세종시 공용부지에 편입되면서 거액의 보상금을 수령하였다고 한다. (5) 원고가 피고에게 이사건 토지 매매대금 중 중도금을 변제공탁하자 피고는 이를 최부호에게 알리고 상의하자 최부호의 제의에 따라 서둘러 양자 사이의 매매가 성사되었다고 한다.

제2절 소송당사자의 변경 · 소송참가 · 소송서류의 송달 · 이송신청 등

1. 소송계속 중의 당사자변경

가. 소송계속 중에 소송당사자가 사망한 경우(제233조) 등의 사유가 있으면 소송절차는 중단되고 신 당사자가 수계절차를 밟게 된다. 수계절차는 승계인 본인이나 상대방 소송당사자의 수계신청에 의하여 진행된다.

소송계속 전에 당사자가 이미 사망한 사실을 모르고 사망한 자를 당사자(피고)로 표시하였거나, 기타 당사자능력이나 당사자적격의 유무에 관한 오해 등으로 인하여 당사자를 잘못 표시하였음이 명백한 경우에는 당사자표시정정신청이나 피고경정신청(제260조)을 통하여 바로 잡을 수 있다.

나. 현재 계속 중인 타인 간의 소송에 법률상 이해관계 있는 제3자는 자기의 이익을 옹호하기 위하여 소송에 참가할 수 있다. 소송참가는 참가인의 지위와 참가형식에 따라 ① 보조참가 (제79조), ② 공동소송적 보조참가(제78조), ③ 독립당사자참가(제79조), ④ 공동소송참가(제83조)

방식으로 나뉜다.

　다. 소송당사자는 소송참가를 할 이해관계 있는 제3자에게 일정한 방식에 따라 소송고지함으로써 피 고지인에게 소송참가를 통한 이익 옹호의 기회를 주고, 아울러 소송참가에 소극적인 피 고지인에게 참가적 효력(제77조)을 미치게 할 수 있다.

　라. 한편 소송계속 중 소송물이나 당사자적격(분쟁주체인 지위)을 양수한 자는 자발적으로(참가승계: 제81조) 또는 수동적으로(인수승계: 제82조) 그 소송의 당사자 지위를 승계하여 소송참가하게 된다.

2. 당사자표시정정 신청서

가. 기본 사항

　당사자표시정정은 당사자의 표시를 잘못하였을 경우에 그 동일성을 유지하는 범위 내에서 이를 바로 잡는 것이다. 판례의 일반적 태도(대법원 1996. 12. 20. 선고 95다26773 판결)는 당사자의 동일성 유무를 판단하는 기준으로서 소장의 기재 이외에 여러 가지 재판자료와 분쟁의 실질에 관한 사정까지도 참작하는 것으로 볼 수 있다(실질적 표시설).

나. 당사자표시정정 신청서 양식

피고표시정정신청

사 건　　2020가합3303 소유권이전등기 등
원 고　　노 수 성
피 고　　조 석 수 외 1인

　위 사건에 관하여 원고 소송대리인은 아래와 같이 당사자(피고) 표시정정을 신청합니다.

신 청 취 지

　위 사건에 관하여 '피고 조석수'를 아래 상속인들로 정정한다.

상속인들의 표시

피고　　　　1. 조 상 구
　　　　　　2. 조 상 덕
　　　　　　피고들 주소: 서울 관악구 시흥대로 552

신 청 원 인

피고 조석수는 이 사건 소제기 이전인 2020. 4. 15. 이미 사망하였으나 원고가 이를 모르고 피고를 조석수로 표시하였는데, 이는 명백한 잘못이므로 신청취지와 같이 그 상속인들로 당사자 표시를 정정하고자 합니다.

첨 부 서 류

1. 제적등본	1통
2. 가족관계증명서	2통
3. 주민등록등본	1통
4. 신청서 부본	3통

2020. 8. 10.

원고 소송대리인 변호사 이 봉 수 ㉑

서울중앙지방법원 제12민사부 귀중

3. 소송수계 신청서

가. 기본 사항

신청서에는 수계사유(중단사유)와 수계할 자를 특정하여 기재하고, 수계자격을 소명하는 서류를 첨부하여야 한다(규칙 제60조 제1항).

나. 소송수계 신청서 양식 ─ 승계인 본인에 의한 수계신청[11]

수계 신청서

사 건	2020가합1101 대여금 등 청구
원 고	오 세 일
피 고	김 태 성

위 사건에 관하여 원고 망 오세일의 상속인 오정국은 다음과 같이 소송수계를 신청합니다.

---

11) 수계신청을 상대방 당사자가 할 경우에는 피 신청인의 인적 사항과 함께 피 신청인이 당해 소송을 수계하였다는 취지의 신청원인을 기재한다.

신청인 (원고 승계인)

오 정 국 (770609-1874719)

부산 수영구 남천동로 110

신 청 원 인

위 사건의 원고 망 오세일은 2020. 5. 24. 사망하여 소송절차가 중단되었습니다. 신청인은 원고의 아들이고 망 오세일의 유산을 전부 상속함으로써 본 사건 소송절차를 수계하였기에 이에 신청합니다.

첨 부 서 류

1. 제적등본   1통
2. 가족관계증명서   1통

2020. 7. 28.

신청인(원고 승계인) 오 정 국 ㊞

부산지방법원 제10민사부 귀중

4. 보조참가 신청서

가. 기본 사항

보조참가 신청은 참가의 취지와 이유를 밝혀 참가하고자 하는 소송이 계속된 법원에 제기하여야 한다(제72조 제1항). 참가의 취지에는 참가하고자 하는 소송, 어느 쪽 당사자를 보조하고자 하는지를 밝히고, 참가의 이유에는 소송의 결과에 대하여 이해관계를 가지고 있는 사실관계를 기재하여야 한다. 당사자로 참가하는 것이 아니므로 인지를 붙일 필요가 없다(민사소송 등 인지법 제9조). 참가신청서와 함께 원고 및 피고의 수만큼의 부본을 제출하여야 한다.

나. 보조참가 신청서 양식

보조참가 신청(서)

사건   2020가합1234 대여금 등
원고   김 갑 동
피고   이 서 봉

피고 보조참가인   박 병 갑 (741103-1842715)
　　　　　　　　서울 중구 퇴계로 199

참 가 취 지

　위의 당사자 사이의 위 사건에 있어서 보조참가인은 피고를 보조하기 위하여 위 소송에 참가합니다.

참 가 이 유

　이 사건 소송은 원고와 피고 간의 2019. 10. 15.자 금전 소비대차계약에 따른 원고의 피고에 대한 대여금 1억 5,000만 원 및 그 약정이자의 지급을 구하는 소송으로서 보조참가인은 위 계약 시에 피고의 채무를 연대보증 하였습니다. 따라서 보조참가인은 위 소송결과에 대하여 이해관계가 있으므로 피고를 보조하기 위하여 참가신청을 하기에 이르렀습니다.

첨 부 서 류

1. 위임장 및 담당변호사지정서　　　　　　　　　　　　　각 1통

2021. 1. 11.
피고 보조참가인 소송대리인 법무법인 대성
담당변호사 조 유 성 ㊞

서울중앙지방법원 제10민사부 귀중

5. 소송고지 신청서

가. 기본 사항

1) 고지서에는 고지이유 및 소송의 진행정도를 기재하여야 한다(제85조 제1항).

2) 고지의 이유에는 청구취지와 원인을 기재하여 계속 중인 소송의 내용을 명시하고, 피고지인이 당해 소송에 있어서 참가의 이익을 가지게 되는 사유, 즉 당해 소송에서 고지인 패소시에는 고지인과 피고지인 사이에 어떠한 법률적 분쟁이 발생할 가능성이 있다는 것을 구체적으로 기재하여야 한다.

3) 소송의 정도에는 어느 법원에 소가 제기되어 있으며, 현재 어떠한 진행상황에 있는가를 기재한다.

4) 고지인은 피고지인에 송달용 및 상대방 당사자에 대한 송부용에 해당하는 고지서부본을 제출하여야 한다.

나. 소송고지 신청서 양식

소송고지 신청서

사 건   2020가단2002 대여금
원 고   고 규 일
피 고   서 순 갑

위 사건에 관하여 피고는 아래의 피고지인에 대하여 소송고지를 하고자 합니다.

피고지인
        김 을 동 (760728－2342725)
        서울 종로구 종로5길 186

고지의 이유

 1. 본건 소송은 피고지인이 2018. 12. 22. 원고로부터 차용한 돈 7,000만 원 차용금 채무에 대한 것으로서, 고지인이 피고지인을 위하여 연대보증을 함에 따라 원고가 고지인에 대하여 보증채무의 이행을 구하는 소송입니다.
 2. 그런데, 고지인은 피고지인의 부탁을 받고 연대보증을 하였으므로 고지인이 위 소송에서 패소하게 되면 피고지인에 대하여 민법 제441조에 따라 구상 청구를 하고자 합니다. 이에 민사소송법 제84조 등에 따라 소송고지를 합니다.

소송의 정도

 본건 소송은 서울서부지방법원 제1민사부에서 제1회 구술변론기일이 2020. 2. 20.로 지정되어 있습니다.

2020. 1. 11.
피고 서 순 갑 ㊞

서울서부지방법원 제1민사부 귀중

---

6. 독립당사자참가 신청서

가. 기본 사항

 1) 독립당사자참가는 이미 소송계속 중인 사건당사자와 사이에 분쟁을 모순없이 일거에 해결하기 위하여 당사자로서 참가하는 것으로서 그 실질은 소의 제기에 해당한다. 따라서 소제기

에 있어서와 같이 소장의 기재사항을 기재하여야 한다.

    2) 참가신청 방식은 보조참가 규정을 준용하고 있으므로(제79조 제2항), 참가신청서에는 참가의 취지 및 이유를 기재하여야 한다.

    3) 참가신청서에는 소장에 준하는 인지를 붙여야 하고(민사소송 등 인지법 제6조), 본 소송의 당사자 수만큼의 신청서 부본을 제출하여야 한다.

나. 독립당사자참가 신청서 양식

독립당사자참가 신청서

사 건   2020가합2000 소유권이전등기
원 고   김 일 동
피 고   이 병 삼

독립당사자참가인   박 이 정 (680911-2891725)
                             서울 광진구 뚝섬로32길 28

참 가 취 지

  위의 원고 · 피고간의 위 사건에 있어서 참가인은 민사소송법 제79조에 따라 당사자 양쪽을 상대방으로 하여 위 소송에 참가합니다.

참 가 이 유

  원고는 피고에 대하여, 이 사건 소송의 목적물인 소장 첨부의 별지 기재 부동산(대지)을 피고로부터 매수하였다는 취지의 주장을 하면서 동 부동산에 대한 소유권이전등기를 구하고 있습니다. 그러나 위 부동산은 참가인의 소유이므로 본 참가신청을 합니다.

청 구 취 지[12]

1. 원고 및 피고는 소상 첨부 별지기재 대지가 참가인의 소유임을 확인한다.[13]
2. 피고는 참가인에 대하여 위 별지기재 대지에 관하여 서울동부지방법원 2018. 12. 5.접수 제2908호로 마친 소유권이전등기의 말소등기절차를 이행하라.
3. 참가에 따른 소송비용은 원고 및 피고의 부담으로 한다는 판결을 구합니다.

청 구 원 인

1. 소장 첨부의 별지 기재 대지('이 사건 대지'라 합니다)는 참가인의 소유인데, 피고는 이 사

---

12) 이 사건 신청과 같이 독립당사자참가 중 권리주장 참가의 경우 참가인의 청구와 원고의 청구는 서로 양립 불가한 것이어야 한다. 즉 소송 목적의 전부 또는 일부가 참가인의 권리에 귀속됨을 분명히 하여야 한다.
13) 신 민사소송법은 원고와 피고 양쪽에 대하여 청구하는 쌍면참가뿐만 아니라 원고 또는 피고 한쪽에 대하여서만 청구하는 편면참가도 허용한다.

건 대지를 참가인으로부터 매수한 사실이 없음에도 관련 서류를 위조하여 위 청구취지 기재와 같이 피고 명의의 소유권이전등기를 마쳤습니다. 따라서 피고 명의의 위 소유권이전등기는 무효의 등기이므로 말소되어야 합니다.

2. 원고는 피고의 말만 믿고 피고와 이 사건 대지에 관하여 2018. 10. 29.자 매매계약을 체결하고, 동 계약에 따른 소유권이전등기청구의 소를 제기하였습니다.

3. 참가인은 위와 같은 사실을 알고 원고에게 원고가 피고로부터 사기를 당한 피해자라는 사실을 알렸으나 원고는 참가인의 말을 믿지 않고 피고의 말만 철석같이 믿고 있고, 위 소송에서는 피고가 적극적으로 다투지 않고 있다고 합니다.

4. 이에 참가인은 원고와 피고 양쪽에 대하여 청구취지와 같은 판결을 구하고자 이 신청을 하기에 이르렀습니다.

증 명 방 법

1. 병 제1호증   등기필증
2. 병 제2호증   확인서

첨 부 서 류

1. 위 증명방법   각 3통
2. 참가신청서부본   2통
3. 위임장   1통
4. 납부서   1통

2021. 6. 10.

독립당사자참가인 소송대리인 변호사 최 병 일 ㉑

서울동부지방법원 귀중

7. 권리승계인의 승계참가 신청서

가. 기본 사항

1) 소송이 법원에 계속되어 있는 동안에 제3자가 소송 목적인 권리 또는 의무의 전부나 일부를 승계하였다고 주장하며 독립당사자참가 신청 규정에 따라 소송에 참가하는 경우이다(제81조).

2) 참가신청서의 기재양식은 독립당사자참가 형식과 대동소이하다. 즉, 참가취지 및 참가이유를 기재하는 외에 소제기의 경우에 준하여 소장의 기재사항을 기재하여야 한다.

3) 참가신청서에는 소장에 준하는 인지를 붙여야 하고, 본 소송의 당사자 수만큼의 신청서부본을 제출하여야 한다.

나. 승계참가 신청서 양식 - 생략(독립당사자참가 신청서 양식 참고)

8. 의무승계인에 대한 인수참가 신청서

가. 기본 사항

1) 소송계속 중에 소송의 목적인 권리·의무를 양수한 자를 당해 소송에 끌어들이는 신청이다. 양도인인 소송당사자의 소송상 지위를 승계시킴으로써 양도 시점까지 진행된 소송절차를 무위로 돌리지 않고자 하는 것이다. 승계참가가 적극적 소송참가 형식을 취하고 있음에 반하여, 인수참가는 소송참가에 소극적인 양수인을 강제로 소송에 끌어들이는 것이다. 일반적으로는 상대방 당사자가 신청인이 될 것이나, 양도인인 전주(前主)도 신청인이 될 수 있다고 보는 것이 다수설이다.

2) 인수신청서에는 인수인에 대하여 청구하는 바를 밝혀야 한다. 교환적 인수의 경우에는 청구취지를 따로 밝힐 필요 없이 '피 청구인은 피고를 위하여 본건 소송을 인수한다'라고 신청취지를 쓰면 될 것이다. 추가적 인수의 경우에는 인수인에 대한 청구취지·청구원인을 새로 밝혀야 된다.[14)]

나. 인수참가 신청서 양식

인수참가 신청서

사 건　　2020가합5005 건물철거 및 토지인도
원 고　　김 유 정
피 고　　박 삼 선

　위 사건에 관하여 원고는 아래의 피신청인에 대하여 민사소송법 제82조에 따라 소송의 인수를 신청합니다.

피 신청인
　　　　　　박 삼 돌 (660728-1789153)
　　　　　　서울특별시 영등포구 신길로 41다길 4

신 청 취 지
　피 신청인에 대하여 피고 박삼선의 본건 소송의 인수를 명한다. 라는 재판을 구합니다.

---

14) 이시윤, 신민사소송법(제13판), 박영사, 840면.

신 청 이 유

1. 원고와 피고 간에는 현재 귀 법원에 위 소송이 계속 중에 있습니다.
2. 피고는 소장 첨부의 별지 기재 대지 위에 별지기재 무허가 건물을 점유하다가 2008. 11. 2. 경 피신청인에게 점유 이전하였습니다.
3. 이에 피신청인에게 본건 소송을 인수시키기 위하여 이 신청을 하기에 이르렀습니다.

첨 부 서 류

1. 신청서 부본   2통
2. 위임장   1통
3. 납부서   1통

2021. 6. 20.

원고 소송대리인 변호사 배 인 수 ㉑

서울남부지방법원 귀중

9. 선정당사자 선정신고서 및 선정당사자 선정서

가. 기본 사항

1) 다수당사자(공동)소송에서 공동의 이해관계자들 중에서 모두를 위하여 당사자가 될 한 사람 또는 여러 사람을 선정하여 그 사람이 소송을 수행하게 할 수 있다(제53조). 소송수행자로 선출된 자를 '선정당사자', 선출한 자를 '선정자'라고 한다.

2) 선정당사자의 자격은 대리인의 경우와 같이 서면 증명을 필요로 한다(제58조). 따라서 선정당사자가 선정서를 선정당사자 선정신고서와 함께 법원에 제출한다. 선정당사자 선정 취소와 변경의 경우에도 그러한 취지를 법원에 서면으로 신고하여야 한다(규칙 제13조 제2항, 제1항).

나. 선정당사자 선정신고서 양식

선정당사자 선정신고서

사 건   2020가합5505 손해배상
원 고   김 태 갑 외 301인
피 고   부삼건설 주식회사

　위 당사자 사이의 위 소송에 있어서 원고들은 민사소송법 제53조에 따라 원고들 전원을 위하여 원고로서 소송을 담당할 자로서 아래의 사람을 선정하고, 이에 신고서를 제출합니다.

　　피선정자(원고)　김 태 갑
　　　　　　　　　　서울 강남구 개포로 229

첨 부 서 류

1. 선정서 1통

2020. 6. 22.

피선정자(원고) 김 태 갑 ㉑

서울중앙지방법원 귀중

선 정 서[15]

선정당사자　　김 태 갑
　　　　　　　　서울 강남구 개포로 229

　원고 김태갑 외 301인 피고 부삼건설 주식회사 간의 2020가합5505 손해배상사건에 있어서 민사소송법 제53조에 따라 원고들은 원고 전원을 위하여 소송을 수행할 자로서 위의 사람을 선성합니다.

1. 선정자　김 정 태 ㉑
　　　　　　서울 강남구 개포로 129

(이하 선정자인 원고 301인 연명)

---

15) 선정서를 별도로 작성하여 선정당사자 선정신고서(선정계)와 함께 제출하는 것이 법 규정의 취지에 맞을 것이다(이시윤, 위의 책, 766면). 실무례로서는 선정서에 갈음하여 선정자목록을 제출하는 예도 있다. 한편, 피선정자(선정당사자)도 선정자목록(선정서) 상의 선정인으로 포함하여야 할 것인가가 문제된다. 선정행위를 대리권의 수여에 유사한 단독행위(통설)로 본다면, 피선정자는 선정인에 포함되지 않는다고 봄이 옳을 것이다. 그러나 실무상으로는 합동행위설에 따라 피선정자 본인도 포함시키고 있는 것으로 보인다(사법연수원, 앞의 책, 50면 각주 14 참조).

10. 공시송달 신청서

가. 기본 사항

소송서류의 송달은 송달받을 사람 본인에게 직접 건네주는 교부송달 방식에 의하여야 한다 (제178조). 다만 일정한 경우에 보충송달·유치송달(제186조), 우편송달(제187조)이 가능하다. 특히 당사자의 주소 등 또는 근무장소를 알 수 없는 경우 또는 외국에서 하여야 할 송달이 촉탁의 방법으로 할 수 없는 경우에는 공시송달(제194조~제196조)에 의할 수 있다. 공시송달을 신청할 때에는 신청인이 그 사유를 소명하여야 한다(제194조 제2항). 일반적으로 주민등록등본 및 통·반장의 불거주 증명에 의하여 상대방이 주민등록지에 거주하지 아니 한다는 내용을 소명하거나, 주민등록 직권말소 증명에 의하여 주민등록지에도 없음을 소명한다.

나. 공시송달 신청서 양식

공 시 송 달 신 청

사 건   2020가합1505 물품대금 등
원 고   이 형 주
피 고   조 정 현 외 3인

위 당사자 사이의 2020가합1505호 물품대금 등 청구사건에 관하여 피고 정호근에 대한 소장부본 등의 서류송달이 되지 않았는데, 위 피고는 그 주거지인 서울 영등포구 신길로62길 17-11에 2007. 5. 7. 전입신고를 한 후 그곳에 거주하다가 2020. 2월 중순경 무단가출하여 행방을 감추어 현재 거주하지 아니하고 있고, 거소를 백방으로 탐문하였으나 도저히 알 수가 없으므로, 위 피고에 대한 소장부본 등 서류의 송달을 공시송달로 하여 주시기 바랍니다.

소 명 방 법

1. 동장확인서
2. 불거주확인서

2020. 6. 10.
원고 소송대리인 변호사 오 정 남 ㊞

서울중앙지방법원 제11민사부 귀중

<h1 style="text-align:center;">불 거 주 확 인 서</h1>

주   소: 서울 영등포구 신길로62길 17 - 11

성   명: 정 호 근 (鄭 好 根)

주민등록번호: 660924 - 1114119

  상기자는 2019. 5월경 위 주소지에 혼자 전입하여 거주하다가 2020. 2월경 직장을 구하러 간다며 가출하여 행방을 감춘 후 아직까지 위 주소지에 돌아온 사실이 없음을 확인합니다.

2020. 6. 29.

신길1동 11통장 홍 석 칠 ㉑

신길1동 11통 8반장 신 명 희 ㉑

제3절 증거신청 관련 문서

1. 증거조사절차 개설

가. 집중적 증거조사(집중심리주의)

1) 법관의 심증형성은 법정에서 심리한 결과인 기록을 판사실이라는 폐쇄된 공간에서 홀로 검토함으로써 형성될 수 있는 것이 아니다. 집중적 증거조사가 행하여지는 살아있는 현장인 법정에서 소송당사자나 증인의 자세, 태도나 표정 등을 직접 경험하는 과정에서 제대로 형성될 수 있다.

2) 2008. 12월 개정의 민사소송법은 변론준비절차의 필요적 시행을 통한 집중심리주의 방식을 일부 후퇴시키고 있는 것으로 보인다. 하지만, 효율적 변론절차 진행과 증거조사를 하기 위해서는 증인신문과 당사자본인신문을 제외한 나머지 증거조사는 원칙적으로 변론 준비절차를 진행하는 과정에서 마치는 것이 합리적이라고 할 수 있다.[16] 신법 하에서도 소장(규칙 제62조), 답변서(규칙 제65조), 준비서면(제274조 제2항, 제275조)을 제출할 때에는 서증(문서)사본 또는 등본·초본을 첨부하고, 본인이 제출하고자 하는 증거방법 및 상대방의 증거방법에 대한 의견을 적어내어야 한다.

---

16) 제대로 된 집중심리방식 하에서는 실기한 공격방어방법의 각하(제149조)규정을 엄격히 적용하여 변론준비기일(구술방식에 의한 변론준비기일로서 실무상 '쟁점정리기일'이라고 불려진다.) 후의 새로운 주장과 증거 제출을 엄격히 제한하게 될 것이다(이시윤, 앞의 책, 374~376면).

나. 증명책임(증명책임)과 증거방법

1) 변론주의원칙에 따라 당사자는 그가 증명하여야 할 사실[17]을 뒷받침하는 증거방법을 선택하여 법원에 제출하여야 한다.

2) 민사소송법은 사실인정에 있어서 증거방법을 제한하거나 증거의 가치판단에 관한 기준을 법으로 규제하지 않고 사실심 법관의 자유로운 심증에 맡기고 있다. 그러나 원칙적으로 권리관계의 기초가 되는 사실의 인정은 법률이 정한 증거방법에 의하여 법률이 정한 증거조사절차에 따라야 한다.

3) 민사소송법상의 증거방법으로서는 증인신문, 감정, 서증, 검증, 조사의 촉탁(사실조회: 제294조), 당사자본인신문, 도면·사진·녹음테이프·비디오테이프·컴퓨터용 자기디스크와 기타의 증거(제374조)가 있다.

다. 증거조사 절차

1) 증거신청

증거신청은 실기한 공격방어방법(제149조)에 해당되지 않는 한 변론종결 시까지 할 수 있다.[18] 그러나 증거신청 등을 비롯한 공격방어의 방법은 소송의 정도에 따라 적절한 시기에 제출하여야 하므로(제146조), 증인신문 등을 제외한 모든 증거신청 및 증거자료의 제출은 가급적 쟁점정리기일(구술변론에 의한 변론준비기일; 제282조; 이른바 쟁점정리기일은 수소법원이 재량껏 판단하여 그 실시여부를 결정한다) 이전에 완료되도록 하여야 할 것이다. 법원은 당사자가 제출한 준비서면 등에 첨부한 서증의 사본을 상대방에게 송부한다. 문서송부촉탁, 검증, 감정, 사실조회 등에 대한 증거신청서가 접수되면, 기일개시 이전에라도 재판장이 채부결정을 하여 필요한 통지를 하고 증거조사를 실시한다.[19]

증인은 쟁점정리기일 이전에 필요한 증인 전원을 일괄하여 신청하여야 한다(규칙 제75조 제1항). 즉, 당사자는 쟁점정리기일 실시 이전에 증명계획을 잘 세워 위 기일까지 증거신청을 완료하여야 한다.

2) 증거의 채부결정

당사자 한쪽이 증거신청하면 상대방 당사자는 그 증거방법의 적법 여부 및 신빙성 등에 관하여 의견을 진술(증거항변)할 수 있다(제274조 제1항 제5호, 제283조).[20]

법원은 증거신청에 대하여 채부 결정을 한다. 이때 당사자의 주장에 대한 유일한 증거방법

---

17) 증명책임의 분배기준에 관한 현재의 통설이자 판례의 입장인 법률요건분류설에 따라, 각 원고는 그의 청구의 근거로 삼는 법규에서 정하고 있는 요건사실을, 피고는 원고의 권리발생에 장애가 되거나 권리의 소멸 또는 권리행사를 저지할 수 있는 항변권의 근거 법규에서 정하고 있는 요건사실을 증명하여야 한다.

18) 집중심리주의원칙 하의 민사소송절차에서는 당사자의 자발적 협조 하에 증거신청 및 채부결정이 변론준비절차가 종료될 때까지 완료되도록 하는 것이 이상적 모습이라고 할 수 있다. 경우에 따라서는 법원이 제147조(재정기간) 및 제149조(실기한 공격방어방법의 각하)를 활용하고 구술변론 방식의 준비기일(제282조: 쟁점정리기일)실시를 통하여 당사자로 하여금 신속한 증거신청을 독촉할 필요가 있다.

19) 사법연수원, 앞의 책, 240면.

20) 상대방이 하는 진술(증거항변)은 실기한 증거신청이라거나, 증거방법이 증거가치가 없다거나, 쟁점의 판단에 불필요한 증거라거나, 위조된 증거라는 등의 주장이 일반적이다(위의 책, 241면).

(제290조 단서)이 아니라면 법원이 재량껏 판단하여 결정할 수 있다.

3) 법원이 증거조사를 하는 경우에는 그 기일과 장소를 당사자에게 고지하고 소환한다.

2. 서증(書證)신청 및 사실조사촉탁 관련 문서

가. 기본 사항

1) 법에서 정하고 있는 증거방법 중에서 증명력의 측면에서 서증은 가장 유용한 증거라고 할 수 있다. 주장사실을 증명하는 서증이 있다면 재판에서의 승소를 어느 정도 확신할 수도 있다. 증인의 증언은 서증으로 증명되지 않는 부분이나 서증의 해석에 영향을 줄 사실에 관하여 보충적으로 활용한다.[21]

2) 문서를 증거로 제출하는 방법은 4가지가 있는데 다음과 같다.
① 자기가 소지하는 문서를 직접 제출하는 방법(제343조 전단)
② 법원에 대하여 제출의무가 있는 문서소지인에게 문서를 제출하도록 명할 것을 신청하는 방법(제343조 후단)
③ 법원에 대하여 문서소지인에게 문서를 법원에 보내도록 촉탁(문서송부촉탁)하여 달라고 신청하는 방법(제352조)
④ 법원에 대하여 문서가 있는 곳에서 서증조사를 하여 달라고 신청을 하는 방법(제297조) 등이 있다.

3) 문서를 법원에 제출하거나 보낼 때에는 원본, 정본,[22] 또는 인증이 있는 등본으로 하여야 한다(제355조 제1항). 사본을 원본에 갈음하여 또는 사본 그 자체를 원본으로써 제출할 수도 있다. 이때 상대방이 원본의 존재나 성립을 인정하고 사본으로써 원본에 갈음하는 것에 대하여 이의가 없는 경우에는 사본을 원본에 갈음하여 제출할 수 있다. 이 경우에는 원본이 제출된 것과 동일한 효력이 생긴다.[23] 한편, 이와 달리 상대방이 원본의 존재나 진정성립을 다투거나 사본으로써 원본에 갈음하는 것을 동의하지 않을 경우 그 사본 자체가 독립한 서증이 된다. 따라서 사본제출자는 증거에 의하여 사본과 같은 원본이 존재하고 그 원본이 진정하게 성립하였음을 증명하여야 한다.

4) 서증을 제출하는 때에는 상대의 수에 1을 더한 수의 사본을 함께 제출하여야 한다(규칙 제106조 제1항). 재판장이 필요하다고 인정하는 때에는 서증사본에 원본과 틀림이 없다는 취지를 적고 기명날인 또는 서명하여야 한다(규칙 제107조 제1항 후문).

---

21) 사법연수원, 위의 책, 245면.
22) 정본이라 함은 특히 정본이라 표시한 문서의 등본으로서 원본과 같은 효력이 인정되는 것을 말한다. 예: 판결정본
23) 대법원 2002. 8. 27. 선고 2001다79457 판결.

나. 문서양식

1) 증거설명서[24]

<table>
<tr><td colspan="6" style="text-align:center">증 거 설 명 서</td></tr>
<tr><td colspan="6">사건 2020가합33033</td></tr>
<tr><th>호증</th><th>서증명</th><th>작성일자</th><th>작성자</th><th>증명취지</th><th>비고</th></tr>
<tr><td>을1[25]</td><td>임대차계약서</td><td>2019. 8. 9</td><td>피고 고유자, 피고 윤정철</td><td>피고들 사이에 체결된 임대차계약</td><td></td></tr>
<tr><td>2</td><td>차용증</td><td>2020. 3. 1</td><td>피고 윤정철</td><td>피고 윤정철이 피고 고유자로부터 2012. 3. 1, 2,000만 원을 차용한 사실</td><td></td></tr>
<tr><td>3</td><td>통고서</td><td>2020. 12. 1</td><td>피고 고유자</td><td>피고 고유자가 원고로부터 전부명령정본을 송달받고 통지한 내용</td><td></td></tr>
<tr><td>4-1</td><td>가압류결정</td><td>2020. 11. 15</td><td>서울중앙지방법원</td><td>채권자 소외 유돈자의 신청으로 발령된 이 사건 임차보증금반환채권 중 1,000만 원에 대한 가압류 결정</td><td></td></tr>
<tr><td>4-2</td><td>송달증명원</td><td>2021. 6. 29</td><td>서울중앙지방법원</td><td>위 가압류결정이 피고 고유자에게 송달된 사실</td><td></td></tr>
<tr><td colspan="6" style="text-align:center">2021. 4. 20.
피고 고유자 소송대리인 변호사 유 명 부 ㉑</td></tr>
<tr><td colspan="6">**서울중앙지방법원 제13민사부 귀중**</td></tr>
</table>

2) 문서제출명령 신청서 · 문서송부촉탁 신청서 · 법원 외 서증조사 신청서

가) 기본 사항

① 민사소송법은 구법과는 달리 문서제출 대상 문서의 범위를 일반문서에까지 확대하였다(제344조 제2항). 문서제출명령은 서면에 의하여야 하며(규칙 제110조 제1항), 그 신청서에는 ⓐ

---

24) 문서를 증거로 제출할 때에는 문서의 제목·작성자 및 작성일을 밝혀야 한다(증거설명서 제출을 의미한다). 다만 문서의 기재 상 명백한 경우에는 생략할 수 있다(규칙 제105조 제1항). 재판장은 서증의 내용을 이해하기 어렵거나 서증의 수가 방대한 경우 또는 서증의 증명취지가 불명확한 경우에는 당사자에게 서증과 증명할 사실과의 관계를 구체적으로 밝힌 설명서를 제출할 것을 명할 수 있다(규칙 제106조 제1항).

25) 서증사본에는 다음 각 호의 구분에 따른 부호와 서증의 제출순서에 따른 번호를 붙여야 한다.
   1. 원고가 제출하는 것은 "갑"
   2. 피고가 제출하는 것은 "을"
   3. 독립당사자 참가인이 제출하는 것은 "병"(규칙 제107조 제2항).
   한편, 같은 부호를 사용할 당사자가 여러 사람인 때에는 제2항의 부호 다음에 "가", "나", "다" 등의 가지번호를 붙여서 사용하게 할 수 있다(제3항).

문서의 표시, ⓑ 문서의 취지, ⓒ 문서를 가진 사람, ⓓ 증명할 사실, ⓔ 문서를 제출하여야 하는 의무의 원인 등을 기재하여야 한다(제345조). 상대방은 위 신청에 관하여 의견이 있는 경우에 의견을 적은 서면을 법원에 제출할 수 있다.

② 문서제출명령 신청은 위와 같이 그 대상 문서를 특정하여서 하여야 하므로 그 특정이 어려운 경우에는 법원에 대하여 상대방 문서소지인으로 하여금 문서목록을 제출하도록 명하여 줄 것을 신청할 수 있다(제346조). 이 때 법원은 신청대상이 되는 문서의 취지나 그 문서로 증명할 사실을 개괄적으로 표시한 신청에 따라 그 소지인에게 가지고 있는 문서 또는 신청내용과 관련하여 서증으로 제출할 문서의 표시와 취지 등을 적어 내도록 명할 수 있다.

③ 문서를 가지고 있는 사람에게 그 문서를 보내도록 촉탁할 것을 신청(제352조: 문서송부촉탁)할 경우, 법원·검찰청, 그 밖의 공공기관이 보관하고 있는 기록의 불특정 일부에 관하여 송부촉탁할 수도 있다(규칙 제113조 제1항). 문서송부촉탁을 받은 소지인은 정당한 사유가 없는 한 이에 협력하여야 한다(제352조의2 제1항). 문서송부촉탁에 따라 문서가 법원에 제출된 때에는 신청인은 그 중 서증으로 제출하고자 하는 문서를 개별적으로 지정하고 그 사본을 법원에 제출하여야 한다(규칙 제115조).

④ 제3자가 가지고 있는 문서로서 법원에 직접제출(제343조) 또는 문서송부촉탁의 방법에 의할 수 없거나 또는 신청하기 어려운 사정이 있는 때에는 그 문서가 있는 장소에서 서증조사하여 달라는 신청을 할 수 있다(규칙 제112조 제1항). 이 경우 신청인은 서증으로 신청한 문서의 사본을 법원에 제출하여야 한다.

나) 문서양식[26]
(1) 문서제출명령 신청서

문서제출명령 신청

사 건: 2020가합3223 손해배상(기)
원 고: 오 증 자
피 고: 미래투자 주식회사

위 사건에 관하여 원고는 주장사실을 증명하기 위하여 아래와 같이 문서의 제출명령을 신청합니다.

아 래

1. 문서의 표시 및 소지자; 피고가 소지하고 있는,
　　가. 원고와 피고 사이의 2018. 12. 29.자 투자약정서 및 투자설명서
　　나. 피고의 2018년 및 2019년도 유가증권투자 내역서
　　다. 피고가 작성하여 보관하고 있는 2020년도 투자환경 전망.

---

26) 대법원홈페이지 전자민원센터 문서양식 참조.

2. 문서의 취지

2020. 12. 29. 원고가 피고 직원의 권유로 5억 원을 피고 회사에 개설되어 있던 원고 명의의 위탁계좌로 입금함에 있어서 원고와 피고가 작성한 투자약정서 및 위 직원이 원고에게 제시하였던 투자환경 전망과 피고의 2019년 및 2020년 투자내역을 기재한 문서입니다.

3. 증명취지

원고는 피고 직원의 과장되거나 사실과 다른 투자권유에 기망되어 5억 원을 투자하였다가 투자원금의 60% 이상을 상실하는 손해를 입게 된 사실을 증명하고자 합니다.

4. 문서제출의무의 원인

위 1. 가. 문서는 원고와 피고 사이의 법률관계에 관하여 작성된 문서이고, 나. 및 다. 문서는 민사소송법 제344조 제2항에 의하여 제출의무가 있는 문서입니다.

2021. 6. 30.

원고 소송대리인 변호사 이 정 술 (인)

서울중앙지방법원 제11민사부 귀중

(2) 문서송부촉탁 신청서

문서송부촉탁신청

사 건: 2020가합112 손해배상(자)

원 고: 이 갑 동

피 고: 박 무 을

위 사건에 관하여 원고는 주장사실을 증명하기 위하여 아래와 같이 문서송부촉탁을 신청합니다.

아 래

1. 기록의 보관처(송부촉탁할 기관)
   서울 강남경찰서

2. 송부촉탁할 기록(문서의 표시)
   피의자 박무을에 대한 2019. 10. 24. 서울 강남구 봉은사로 524 코엑스몰 앞에서 발생한 교통사고 수사기록
   가. 교통사고 현황조사서
   나. 이병수에 대한 진술조서
   다. 피의자 신문조서

3. 증명하고자 하는 사실
  이 사건 교통사고는 피고의 과실에 의하여 발생하였음을 증명하고자 합니다.

2020. 6. 3.
원고 소송대리인 손 배 전 (인)

서울중앙지방법원 제18민사부 귀중

(3) 법원 외 서증조사 신청서
① 기본 사항
ⓐ 법원 외 서증조사 신청 대상 문서는 제3자가 가지고 있는 문서여야 하고, 제343조(문서의 직접제출 또는 문서제출명령신청 방식) 또는 제352조(문서송부의 촉탁)가 규정하는 방법에 따라 신청할 수 없거나 신청하기 어려운 사정이 있어야 한다.
ⓑ 법원으로부터 증거조사 신청이 채택되면 서증조사의 대상 문서, 보관장소, 문서번호를 확인하여 서증조사 신청서를 제출하고, 법원 참여사무관 등에게 서증조사에 필요한 출장여비 등 비용을 확인하여 보관금 취급담당자에게 예납하여야 한다.
ⓒ 서증조사 기일에는 서증조사 장소에 출석하여 서증의 등본을 작성하여 서증으로 제출 하여야 한다.

법원 외 서증조사 신청

사 건   2020가단324 손해배상(기)
원 고   최 을 병
피 고   이 무 기

  위 사건에 관하여 원고는 주장사실을 증명하기 위하여 아래와 같이 법원 외 서증조사를 신청합니다.

아 래

1. 기록의 표시
  서울 중앙지방검찰청 2019형 제123459 폭력행위 등 처벌에 관한 법률위반 등.

2. 서증조사 할 장소
  서울 중앙지방검찰청 808호 검사실

3. 증명할 사항
  피고는 원고를 폭행하여 전치 11주간의 중상을 입혔음에도 마치 원고가 가해자인 것처럼 무고한 사실을 증명하고자 함.

2020. 7. 4.
위 원고 소송대리인 변호사 손 배 희 (인)

서울중앙지방법원 제15민사단독 귀중

(4) 금융거래정보 제출명령 신청서

① 기본 사항

ⓐ 294조 규정의 사실조회(조사) 촉탁에 해당하는 증거신청이라고 할 수 있을 것이지만, 신청의 기본 양식은 문서송부촉탁 신청 등과 대동소이하므로 여기에 소개한다.

ⓑ 사실조회(조사) 촉탁은 당사자의 신청에 의하여 법원이 공공기관·학교, 그 밖의 단체·개인 또는 외국의 공공기관에게 그 업무에 속하는 사항에 관하여 필요한 조사 또는 보관 중인 문서의 등본·사본의 송부를 촉탁하는 증거조사 방법이다. 증인신문 등에 비하여 자유로운 방식에 의하여 증거조사가 가능하다.

ⓒ 조사 및 송부촉탁은 상대방이 쉽게 조사할 수 있는 사실에 대하여 활용할 수 있다.

② 금융거래정보나 과세정보에 관하여는 금융기관 또는 세무공무원에 대한 제출명령이라는 형식에 의하는데, 그 근거조문은 금융거래실명 및 비밀보장에 관한 법률 제4조 제1항, 국세기본법 제81조의8 제1항과 사실조회, 문서송부촉탁, 문서제출명령 등에 관한 민사소송법 규정이다.

서 울 중 앙 지 방 법 원
제16민사부
제출명령[27]

외환은행 개포동지점장 귀하

사 건   2020가합15156 소유권이전등기말소 등
원 고   이 양 재
피 고   김 옥 수 외 1인

다음과 같이 금융거래정보의 제출을 요구합니다.

---

27) 사법연수원 민사실무수습기록 61-1권 수록.

다 음

요 구 내 용	명의인의 인적 사항	성명	김서현
		주민등록번호	651123 − 2750322
		계좌번호(또는 증서번호)	
	요구대상 거래기간	2018. 4. 6. − 2020. 5. 7.	
	요구의 법적 근거	금융실명거래 및 비밀보장에 관한 법률 제4조 제1항 제1호	
	사용목적	증명자료	
	요구하는 거래정보 등의 내용	별지와 같음	
통 보 유 예	유예기간	해당 없음	
	유예사유	해당 없음	
특이사항		해당 없음	

* 참고사항: 1. 위 사건의 다음 변론기일이 2021.   .   .: 00이므로 그때까지 도착되도록 배려하여 주시기 바랍니다.
  2. 당사자에게 교부하지 말고 법원으로 직접 송부하여 주시기 바랍니다.
  3. 당원의 사건번호(2020가합15156호)를 반드시 기재하여 보내주십시오.

2021. 5. 16.

재판장 판사 유동현

요구하는 거래정보 등의 내용

김서현(651123 − 2750322)은 2020. 7. 24. 국민은행(도곡역지점)에서 발생한 자기앞수표 1매(액면금 2억 원, 수표번호 마가87270621)를 귀 은행 개포동지점에서 지급제시 하였는바,

　가. 위 지점에서 위 수표금을 지급한 자세한 내역

　나. 2020. 7. 24. 현재 위 지점에서 거래하고 있는 김서현 명의의 모든 계좌의 2020. 7. 24.부터 2021. 4. 30.까지의 거래내역

3. 증인신문

가. 증인신문 절차에 관한 일반적 검토

1) 민사소송에서 증인신문은 서증조사와 더불어 증거조사의 핵심을 이루고 있다. 증인의 증언은 위증의 가능성 등으로 인하여 서증에 비하여 증명력이 떨어지는 것은 사실이다. 그렇다고 증인신문의 증거가치가 떨어진다고 말할 수는 없다. 일반적으로 서증은 소송 초기 단계에 집중적으로 제출된다. 서증의 기재내용이 객관성을 가진다는 점에서는 증거가치가 상대적으로 높다고 할 수 있을지 몰라도 그 문서의 작성목적, 작성당시 상황에 따라 증명력이 달라질 수 있다.

2) 증인의 증언은 사건의 전개과정을 역동적으로 법정에서 드러내 보일 수 있다는 점에서 그 의의를 찾을 수 있다. 증인신문이나 당사자본인신문을 통하여 이러한 서증의 증명력의 한계점을 보완하는 것이 중요하다.[28] 일반적인 경우에 법관들은 증언의 증거가치를 그리 높게 평가하지 않는 경향이 있다. 이와 반대로 소송대리인인 변호사는 증인신문과정을 통하여 법관으로 하여금 유리한 심증을 형성케 하려고 집착하는 경우가 많다. 특히 서증의 측면에서 다소 불리한 당사자 쪽이 더욱 그러한 경향을 보이고 있다.

3) 재판에 있어서 사실인정은 법관의 자유심증(제202조)에 의하는 것이다. 증언의 증명력평가도 법관의 자유심증에 의할 것인데 대체로 다음과 같은 요소들이 증명력 평가의 중요 포인트라고 할 수 있을 것이다.[29]

① 증인의 진실파악 능력

② 증인의 정신상태, 인식력, 기억력

③ 진술의 근거(남에게 들은 사실인가, 증인이 직접 경험한 사실인가?)

④ 진술태도

⑤ 진술의 형식과 내용(진술내용이 초지일관하고 있는가? 전후모순은 없는가?)

⑥ 증인신문의 방법·기술과 진술의 관계(유도신문이 있었는가 여부 등)

⑦ 보조사실[30]·경험법칙·사실의 핵심·현저한 사실·변론전체의 취지(진술이 이와 같은 사실을 정리하고 있는가)·간접사실(진술과의 일치여부)

⑧ 상대방 당사자의 진술 또는 다른 증거방법(서증 기재내용과의 모순 여부 등)

⑨ 기본적인 사실관계에 있어서 동일 내용의 사실을 진술하는 다른 증인의 증언과 상호 비교하고, 기타의 부분에 있어서 모순의 유무

⑩ 진술 당시의 기억의 정도

⑪ 증언대상 사실을 경험할 당시의 나이, 경험 시점으로부터 증언 시점까지의 세월(시간)의

---

28) 加藤新太郎 編著, 新版 民事尋問技術, ぎょうせい(2007), 61면; 비유하자면, 서증을 점이라고 한다면 증인신문을 선이라고 할 수 있을 것이다.

29) 위의 책, 36~37면.

30) 보조사실은 각종 증거방법의 증명력 결정요인들에 관한 사실이다. 증인의 증명력과 관련되는 보조사실은 당해 증인과 당사자의 관계(친척, 친구 등), 당해 증인이 위증죄 전과가 있는지, 그 외 다른 전과의 유무, 직업·학력 등이 될 것이다.

경과

⑫ 타인에 의한 암시의 유무

⑬ 증인의 발표능력(표현능력)

4) 객관적 사실관계를 반영하고 있는 증언은 다음과 같은 속성을 가진다고 한다.[31]

① 별도로 확인된 사실과 서로 어긋나지 않는다.

② 사실관계 묘사가 사실적이고 현실에 가까우며, 구체성·직관성·독창성·뚜렷한 개성을 가진다.

③ 진술의 일관성이 있고, 세부적인 사실관계까지 묘사하고 있다.

④ 묘사된 사실관계가 관계자의 특수 생활사정과 시간·공간적으로 밀접한 연관성을 드러낸다.

⑤ 어떤 사실관계가 장기간 계속된 경우에 사실관계 묘사 중에 그 관계의 진행 내용이 반영되고 있다.

⑥ 진술의 자발적 정정이 있고, 진술 내용 중의 행위가 단편적 성질을 가진다.

⑦ 진술 내용 중에는 진술자에게 불리한 사실의 고백도 포함되어 있다.

나. 문서양식

민사소송 상 증인조사 방식으로는 증인진술서 제출방식, 증인신문사항 제출방식, 서면에 의한 증언방식이 있다.[32] 어떠한 방식에 의하여 증인을 조사할 것인가는 변론기일 또는 변론준비기일(쟁점정리기일: 제282조)에 정하여지는 것이 원칙이다.[33]

1) 증인진술서

① 기본 사항

ⓐ 법원은 효율적인 증인신문을 위하여 필요하다고 인정하는 때에는 증인을 신청한 당사자에게 증인진술서를 제출하게 할 수 있다(규칙 제79조 제1항).

일반적으로 증인신문을 신청한 당사자에게 우호적인 증인의 경우 주신문사항은 증인의 검토를 거쳐 작성되는 관계로 그 대답은 모두 '맞다'는 취지로 일관된다. 따라서 법정에서 형식적으로 증인신문절차를 거칠 필요가 없이 증언하고자 하는 내용을 사건진행의 시간적 경과에 따라 기재하고 증인이 서명 날인하여 법원에 제출하고, 증인신문절차에서는 핵심 쟁점사항에 한하여 주신문을 한다.[34] 진술서가 제출되면 법원사무관 등은 증인진술서 사본 1통을 증인신문기일 전에 상대방에게 송달하여야 한다(규칙 제79조 제4항). 상대방은 그 진술서 내용 및 주신문내용에 대하여 반대신문을 한다.

ⓑ 증인진술서는 다음과 같은 법원의 작성안내 양식에 맞추어 작성되어야 한다.

---

31) 加藤新太郎, 앞의 책, 37~38면.
32) 사법연수원, 앞의 책, 246~253면.
33) 합의부 관할사건이나 복잡한 사건은 원칙적으로 당사자들 사이의 서면공방에 의한 변론준비와 아울러 구술변론방식에 의한 변론준비기일(쟁점정리기일)을 열어서 당사자의 주장 및 증거를 정리하여야 한다. 이러한 변론준비기일이 열리지 않을 경우에는 제1회 변론기일에 증인조사방식이 결정되는 것이 일반적이라 할 수 있다.
34) 증인진술서는 서증으로서 제출되므로 다른 서증과 같이 순서에 따라 서증 번호를 붙여서 제출한다.

증인진술서 작성 안내

증인진술서는 증인으로 채택된 사람이 증언할 내용을 적어 법원에 미리 제출하는 서면을 말합니다.

증인진술서는 다음과 같은 요령으로 작성하여, <u>상대방의 수에 2를 더한 만큼의 사본을 함께 제출</u>하여야 합니다.

◇ 작성요령◇

1. 증인진술서에는 먼저 증언할 <u>사건의 표시</u>(법원, 사건번호, 사건명)와 <u>증인의 인적사항</u>(이름, 주민등록번호, 주소, 전화번호) 및 당사자와의 관계를 적은 다음, 증인이 증언할 내용을 사건이 진행된 <u>시간 순서에 따라 간결하게</u> 적어야 합니다.

2. 특히, 증언할 내용이 증인 자신이 직접 경험한 것인지 여부를 기재하여야 하고, 만일 자신이 직접 경험하지 않은 사실을 적는 때에는 그 사실을 알게 된 경위(예컨대, "언제 어디서 ○○○로부터 들었다")를 분명하게 밝혀야 합니다.

3. 증인진술서에는 개인적인 의견이나 법률적 견해를 적어서는 아니됩니다.

4. 증인진술서의 말미에는 **"이상의 내용은 모두 진실임을 서약하며, 이 진술서에 적은 사항의 신문을 위하여 법원이 출석요구를 하는 때에는 법정에 출석하여 증언할 것을 약속합니다"**라는 문구와 증인진술서를 작성한 날짜를 적고, 작성한 사람이 서명 날인하여야 합니다.

증 인 진 술 서

사 건   2020가단2375 약속어음금
원 고   오 현 경
피 고   최 정 규 외 2인

진술인(증인)의 인적사항

    이름: 정 의 현 (800617-1495472)

    주소: 서울 강남구 역삼로 501

    전화번호: 010-2157-7894

1. 진술인은 피고 최정규가 경영하는 의류 등 수출업체인 'SHINESTYLE'직원입니다.

2. 피고 최정규는 2019. 5. 경 여성용 의류 등 제작 및 도매업체인 'NEWL○○K'의 오정인과 거래하기 시작하였습니다.

3. 증인이 그 발주, 수발, 결제 등에 직접 관여하여 그 내용을 자세히 알고 있습니다.

4. 피고 최정규는 2020. 2. 10. 오정인에게 그 지급을 위하여 SC제일은행 약속어음 1,750만 원 권을 교부하고, 2020. 3. 15.부터 2020. 4. 5.까지 여성 블라우스 3박스, 원피스 3박스

합계 1,920만 원을 납품받아 그 중 100만 원을 할인받았습니다.

5. 이어서 2020. 4. 30. 원피스 대금 지급을 위하여 국민은행 약속어음 2,300만 원권을 교부하였습니다. 전번에 납품기일을 수일씩 지체하여, 이번에는 그 납기를 엄수하기로 하였는데도, 납기를 지키지 않았습니다.

6. 이후, 2020. 5. 7. 위 각 약속어음이 모두 부도처리되었다는 연락이 왔습니다.

7. 그러자 오정인은 위 각 약속어음을 반환하지도 아니한 채 이후 의류 납품은 현금거래만을 고집하여 일단 5. 10. 원피스 1박스는 현금으로 결제하고, 나머지 3박스는 추후 부도어음 관계를 원만하게 정산하기로 하여 5. 15. 더 납품받았습니다.

8. 이 사건 소송 도중 피고 최정규와 오정인은 2020. 11. 29. 정산합의를 하였습니다.

9. 당시 미결제 대금만이 정산대상이었기 때문에 2020. 5. 10. 현금결제와 동시에 납품된 원피스 1박스 대금은 제외되었습니다.

10. 위 정산합의에 따라 피고 최정규는 오정인과 원고 사이의 채권양도를 승낙하는 승낙서를 작성하여 주었습니다.

11. 위 채권양도는 위 정산합의에 기한 것이어서 당연히 이미 결제된 2020. 5. 10.자 납품대금은 제외된 것으로 생각하였다가, 원고의 소장부본을 송달받고서 포함된 사실을 알게 되었습니다.

12. 이상의 내용은 모두 진실임을 서약하며, 이 진술서에 적은 사항의 신문을 위하여 법원이 출석요구를 하는 때에는 법정에 출석하여 증언할 것을 약속합니다.

2021. 6. 12.

진술인 정 의 현 (정현의인)

2) 증인신청서

① 기본 사항

ⓐ 증인신문과 당사자본인신문은 당사자의 주장과 증거를 정리한 뒤 집중적으로 실시되어야 한다(제293조). 즉, 구술변론기일의 핵심은 증인신문이라고 할 수 있으므로 소송대리인은 증인의 인적 사항 및 증인신문사항을 사전에 충실히 정리한 뒤에 증인신청절차를 밟아야 한다.

ⓑ 증인신문신청은 구술 또는 서면으로 한다. 소송당사자는 원칙적으로 필요한 증인 전원에 대하여 변론준비기일(쟁점정리기일) 이전까지, 증인의 이름·주소·연락처·직업, 증인과 당사자의 관계, 증인이 사건에 관여하거나 알게 된 경위, 증인신문에 필요한 시간 및 증인의 출석을 확보하기 위한 협력방안을 밝혀 서면으로 신청을 마쳐야 한다(규칙 제75조 제1, 제2항).

ⓒ 증인신문을 신청한 당사자는 법원이 정한 기한까지 상대방의 수에 3(다만 합의부에서는 상대방의 수에 4)을 더한 통수의 증인신문사항을 적은 서면을 제출하여야 한다. 다만 증인진술서를 제출하는 경우로서 법원이 증인신문사항을 제출할 필요가 없다고 인정하는 때에는 증인신문사항을 제출하지 아니한다(규칙 제80조 제1항).

② 증인신청서 양식

(증인신문사항은 생략함: 앞의 증인진술서 중 진술내용 참조)

증 인 신 청 서

1. 사건: 2020가합2358 소유권이전등기말소 등

2. 증인의 표시

성 명	이 일 웅	직 업	회사원		
주민등록번호	710428-1792513				
주 소	서울 강남구 도곡로 110				
전화번호	자택		사무실	휴대폰	010-9573-8679
원·피고와의 관계	원·피고의 고등학교 동창				

3. 증인이 이 사건에 관여하거나 그 내용을 알게 된 경위
 증인은 이 사건 부동산의 매매과정에 깊게 관여하였고, 증인을 통하여 원고로부터 중도금 3억 원을 빌리게 되었으며, 피고 최갑규가 원고에게 3억 원을 갚을 당시 현장에 있었던 관계로 이 사건에 관하여 누구보다 잘 알고 있음.

4. 신문할 사항의 개요
 ① 피고 최갑규가 이 사건 부동산을 매수하게 된 경위
 ② 피고 최갑규가 원고로부터 3억 원을 차용하게 된 경위
 ③ 피고 최갑규가 원고에게 매월 300만 원씩 이자를 지급한 경위
 ④ 피고 최갑규가 원고에게 3억 원을 변제한 경위
 ⑤ 기타 참고 사항

5. 희망하는 증인신문방식(해당란에 "∨"표시하고 희망하는 이유를 간략히 기재)
 □ 증인진술서 제출방식 ☑ 증인신문사항 제출방식 □ 서면에 의한 증언 방식
이유: 증인이 원·피고 쌍방의 고등학교 동창 관계에 있으나, 이 사건 부동산 중개료지급과 관련하여 원고와 서로 적대적 관계에 있으므로.

6. 그 밖에 필요한 사항

2020. 5. 4.
원고 오세웅 소송대리인 법무법인 원일
담당변호사 최두호 　辯護士
　崔斗浩

서울중앙지방법원 제16민사부 앞

===

법무법인 원일 주소: 서울 서초구 남부순환로 310길 27 오양빌딩 404호
☎: 545-3366 FAX: 545-3377 E-mail: wonill@lawyers.com

3) 증인 구인 신청서

① 기본 사항

증인이 법원에 의하여 채택된 때에는 증인신청을 한 당사자는 당해 증인이 기일에 출석할 수 있도록 노력하여야 한다(규칙 제82조).

증인이 기일통지서를 받고도 정당한 사유없이 출석하지 아니하는 때에는 법원은 증인에 대하여 과태료 부과 및 감치에 처하는 결정을 할 수 있다(제311조 제1, 제2항). 법원은 정당한 사유 없이 출석하지 아니하는 증인을 구인(拘引)하도록 명할 수 있다. 구인되어 출석한 증인은 통상 증인신청을 한 당사자에 대하여 적대감을 갖고 있다. 그렇지만 일단 법정에 출석한 경우에는 위증죄로 처벌받을 것을 감수하면서 허위 내용의 증언을 하는 예는 거의 없다고 할 수 있다.

집중심리주의 하에서는 증인신문은 사전 변론준비절차가 완결된 것을 전제로 1-2회의 집중 증거조사기일에 집중하여 필요한 모든 증인을 신문하는 것을 원칙으로 하고 있으므로, 변호사로서는 사전에 증인의 출석 여부를 점검하여 증인신문기일에 대비하는 자세가 요구된다.

② 문서양식

증인 구인 신청[35]

사건번호   20 가 [담당재판부: 제 (단독)부]
원 고
피 고

   위 사건에 관하여 다음 증인은 20 . . . ,   20 . . . . 의 각 변론기일에 증인으로 출석하여야 할 취지의 적법한 출석요구를 받고도 정당한 사유 없이 출석하지 아니하므로 다음 변론기일에 증인에 대하여 구인절차를 취하여 줄 것을 신청합니다.

        증인의 표시
        이름:
        주소:

20 . . .

원(피)고 (날인 또는 서명)
(연락처)

○○지방법원 귀중

---

35) 대법원 홈페이지 전자민원센터.

4. 기타 증거방법 – 감정·검증신청서

가. 감정·검증 신청의 기본 사항

1) 감정신청이란 특별한 학식과 경험을 가진 자에게 그 전문적 지식 또는 그 지식을 이용한 판단을 소송상 보고하도록 하여, 법관의 판단능력을 보충하기 위한 증거조사 신청을 말한다. 감정신청은 증인신청에 준하여 하면 된다. 그러나 증인신청과는 달리 감정인은 법원에서 지정한다(제335조). 당사자가 감정신청을 하면서 어떤 자격을 가진 자 중에서 감정인을 선정하여 달라는 취지의 의사표시를 할 수 있다. 이러한 신청은 특수 분야에 관한 감정으로서 법원이 적절한 감정인을 발굴하기 어려운 경우에 할 수 있겠으나 법원은 이를 참고할 수 있을 뿐이고, 법원을 구속하는 것은 아니다.

2) 검증신청이란 법관이 그 오관(五官)의 작용에 의하여 직접 사물의 성상(性狀), 현상을 검사하여 그 결과를 증거자료로 할 것을 요구하는 증거신청을 말한다. 검증신청에는 서증신청에 관한 규정이 준용되며(제366조 제1항), 당사자가 검증을 신청하고자 하는 때에는 검증의 목적을 표시하여 신청하여야 한다(제364조). 거증자가 검증물을 소지·지배하는 경우에는 이를 법원에 제출하여야 하고, 상대방 또는 제3자가 소지·지배하는 경우에는 이에 대하여 제출명령을 신청하여야 한다.

일반적으로 검증신청에 의하여 증명하고자 하는 사실이 전문적 지식을 바탕으로 하는 것이 일반적이므로,[36] 검증신청 시에 감정 신청 또는 증인신문 신청을 함께 하고 있다(제365조 참조).

3) 감정을 신청하는 때에는 감정을 구하는 사항을 적은 서면을 함께 제출하여야 한다. 동 서면은 상대방에게 송달하여야 하고, 상대방은 그 서면에 관하여 의견이 있는 때에는 의견을 적은 서면을 법원에 제출할 수 있다(규칙 제101조).

---

36) 토지경계 확정이나 토지·건물 인도청구사건의 경우를 예로 들면, 현장검증을 통하여 부동산의 현황·점유 상황 등을 확인하고 경계측량 등 감정을 통하여 대상물을 확정하여야 하는 것이다.

나. 문서양식 37)

감 정 신 청 서

사 건:
원 고:
피 고:

  위 사건에 관하여 원고는 다음과 같이 감정을 신청합니다.

다 음

1. 감정의 목적
2. 감정의 목적물
3. 감정사항

2021. . .
위 원고 (인)

○○지방법원 귀중

현장검증신청서

사 건:
원 고:
피 고:

  위 사건에 관하여 원고는 아래와 같이 현장검증을 신청합니다.

아 래

1. 검증의 목적
2. 검증할 장소
3. 검증할 사항

2021. . .
위 원고 (인)

○○지방법원 귀중

---

37) 본문의 감정신청, 검증신청서, 검증·감정신청서 양식은 앞의 대법원 홈페이지 전자민원센터에서 인용하였음.

검증 · 감정신청서

사 건:

원 고:

피 고 :

  위 사건에 관하여 주장사실을 증명하기 위하여 아래와 같이 검증 · 감정 신청을 합니다.

아 래

1. 검증 및 감정 장소
2. 검증 목적
3. 감정 목적
4. 감정의 목적물

2021. . .

위 원고 (인)

○○지방법원 귀중

기일 외 증거조사 신청

사 건   2020가합8475 건물인도 등

원 고   박 부 자

피 고   오성인 외 2

  위 당사자 간 건물인도 등 청구사건에 관하여 원고 소송대리인은 주장사실을 증명하기 위하여 별지와 같이 현장검증, 차임감정 및 측량감정을 신청합니다.

2021. 1. 15.

원고 소송대리인 변호사 김 갑 수 ㉔

서울중앙지방법원 제11민사부 귀중

별 지

1. 검증 및 감정할 목적물
  서울 서초구 사평대로 359 토지 및 그 지상 건물

2. 검증할 사항
 위 토지 및 그 지상 건물의 현황과 점유자를 확인하고, 그 지상건물의 특정 및 위 토지에 대한 차임의 감정을 명하는 데 있음.

3. 감정할 사항
 가. 위 토지상에 소재하는 건물에 대한 측량감정
 나. 위 토지에 대한 2020. 6. 20. 이후 현재에 이르기까지의 차임감정. 끝.

제4절 판결 및 상소·재심청구관련 문서

1. 판 결

가. 판결서의 기능

판결서는, ① 당사자에게 그가 받은 판결의 내용을 정확하게 알려줌으로써 그 판결에 대하여 불복하고 상소할 것인가 여부를 검토할 수 있는 자료를 제공하는 당사자에 대한 보고적 기능, ② 원심법원이 어떠한 이유로 어떻게 재판하였는가를 보여줌으로써 상급심 법원이 원심법원 판결의 당부를 심판하는 기초자료로서의 기능, ③ 확정판결의 일반적 효력인 기판력, 집행력, 형성력이 미치는 범위를 명확히 하는 본질적 기능을 가진다.[38]

나. 판결서의 기재사항

1) 판결서에는 다음 사항을 적고, 판결한 법관이 서명날인하여야 한다(제208조 제1항).[39]

 ① 당사자와 법정대리인, ② 주문, ③ 청구의 취지 및 상소의 취지, ④ 이유, ⑤ 변론을 종결한 날짜. 다만, 변론 없이 판결하는 경우에는 판결을 선고하는 날짜, ⑥ 법원.

 2) 판결서의 문장은 간결하면서도 정확하고 명료하여야 한다. 특히 판결주문은 강제집행의

---

[38] 사법연수원, 민사실무 Ⅱ(2014), 3∼4면; 본문의 본질적 기능 외에, 법원 판결의 정확성, 공정성을 보다 확실히 하고, 일반 국민에 대하여 법원의 법해석·적용에 관한 일반적 기준을 제시하고, 당사자가 소송과정에서 한 변론 내용 등에 대한 기록으로서의 기능 등 부수적 기능을 가진다.

[39] 제208조 제1항이 열거하는 필요적 기재사항 이외에 법원 실무에서는 사건의 표시와 표제, 소송대리인 등 소송 진행에 관여한 자 등을 기재한다.

기초가 되고, 기판력의 객관적 범위를 정하는 기준(제216조)이 되므로 주문 자체로써 내용이 특정될 수 있어야 한다.[40] 예컨대, 아파트입주자대표회의를 상대로 아파트단지 내로의 출입, 통행 및 주차의 방해금지를 구한 사안에서 그 방해금지청구를 인용하면서 주차시간을 '특별한 사정이 없는 한 06:00부터 22:00시까지'로 한정한 판결은 대지사용권에 관한 법리를 오해하고, 판결 주문으로서 갖추어야 할 명확성을 갖추지 못하였다고 할 수 있을 것이다.[41]

3) 판결서 기재사항 중 이유 부분을 제외한 나머지 부분은 대부분 형식적 요식성을 갖는 것이어서 크게 문제될 것은 없고, 쉽게 이해하기 위한 표현방식의 문제만이 논의의 대상이 될 뿐이다.[42] 이에 반하여 이유 부분은 사건마다 분쟁내용이 천차만별일 뿐만 아니라, 법관마다 구성체계나 표현방식이 다양할 수 있으므로 단순하게 정형화 할 수 있는 것이 아니다. 따라서 법관 업무의 상당부분이 판결서 이유의 작성에 소비됨으로써 소송과정에서 충실한 사건내용 파악과 실질적인 변론절차 진행을 어렵게 하는 원인으로 지적되어 왔다. 이러한 문제점에 대한 해결책으로서 '판결이유의 간소화'를 위한 논의가 오랫동안 계속되어 왔다. 제208조 제2항이 '판결서의 이유는 주문이 정당하다는 것을 인정할 수 있을 정도로 당사자의 주장, 그 밖에 공격방어방법에 관한 판단을 표시한다'고 명시적으로 규정하고 있는 것도 위와 같은 입장을 밝힌 것으로 볼 수 있다.

4) 현재까지 통용되고 있는 판결서 작성의 일반원칙은 판결 구성의 자족성과 논리성의 추구에 있다고 한다.[43] 자족성의 원리는 판결서는 그 자체만으로 당사자 쌍방의 주장과 증명 및 법원의 판단내용을 모두 알 수 있도록 설시되어야 한다는 것이다. 논리성의 원리는 판결이유의 구성은 요건사실의 분류 및 증명책임 분배의 원칙에 따라야 하고 판결서의 체제도 그러한 원리에 충실하여야 한다는 것이다. 판결서의 논리성 원리에 따라 판결이유는 원고가 내세운 근거 법조에서 정한 요건사실에 대한 판단, 피고의 항변사실에 대한 판단, 원고의 재항변과 피고의 재재항변사실에 관한 판단순서로 서술된다. 즉, 분쟁사실이 1개이더라도 권리발생의 근거가 되는 사실과 항변에 관련된 사실을 통합하여 설시하는 것은 부적절하다고 보았다.

위와 같은 자족성과 논리성의 추구는 당사자 사이에서 쟁점이 되어 있지도 않은 사실관계와 증거일지라도 법리상 요건사실에 해당하는 한 어떠한 형태로든 판결내용에 그에 관한 언급을 필요로 하였다. 그리하여 판결서는 사건 전개과정에 관하여 시간적 선후관계를 무시하고 증명책임과 요건사실에 따라 분리 설시됨으로써 소송당사자나 일반인에게 이해하기 어렵게 되었다. 법관 역시 논리적 요건사실에 맞게 사실을 재구성하는데 있어서 많은 시간을 허비하게 되었다.

5) 2002년 개정된 민사소송법 제208조가 시행된 후 법원실무는 위와 같은 자족성과 논리성을 완화하는 방향으로 나아가고 있다.[44]

---

40) 대법원 2006. 9. 28. 선고 2006두8334 판결 등 참조.
41) 대법원 2006. 3. 9. 선고 2005다60239 판결.
42) 사법연수원, 새로운 판결서 작성방식, 2008, 1면.
43) 위의 책, 2면.
44) 위의 책, 5~12면.

그 내용을 정리하면 다음과 같다.[45)]

① 판결서에는 당사자의 주장 또는 요건사실에 대한 판단을 빠짐없이 설시할 필요가 없고 법률상 의미가 없거나 쟁점으로 부각되지 아니한 요건사실을 생략한다(자족성의 완화).

즉, 판결서에 당사자의 주장은 요지만을 기재할 수 있고(권장사항 제7조), 증거의 설시도 최소화 하도록 하고(권장사항 제8조, 제9조, 제10조), 법원의 판단내용은 자유로운 방식으로 설시할 수 있도록 하였다(권장사항 제11조).

② 사건의 결론을 내기 위한 논리적 추론과정과 판결서의 체제 구성을 반드시 결부시킬 필요가 없다(판결체제 구성의 다양화; 논리성의 완화).

인정되는 사실이면 그것이 청구원인사실이든 항변사실이든 구분 없이 일괄하여 설시하더라도 무방하고, 주장을 인용하느냐 배척하느냐에 따라 당사자의 주장을 앞부분에서 먼저 적시하느냐 않느냐에 관한 관행적 설시방식에 대해서도 집착할 필요가 없다는 것이다.

③ 판결서는 법률전문가가 아닌 당사자도 이해하기 쉽게, 되도록 쉬운 단어를 사용하고, 문장은 짧게 세분하여 간명하게 작성한다(판결의 당사자에 대한 답변기능의 중시).[46)] 즉 판결서에는 당사자의 주장에 대한 답변이 충실하게 나타날 수 있도록 작성하여야 한다.

다. 문서 양식 - 판결서의 형식 예시[47)]

↑
45mm
↓

서 울 중 앙 지 방 법 원[48)]
제 3 민 사 부[49)]
판 결

사*******건********2004가합123**대여금[50)]

원   고   김갑동*(700501 − 1047515)[51)]
              서울 서초구 남부순환로 251

---

45) 대법원은 1998. 8. 20. 「판결서 작성방식에 관한 권장사항」을 제정하고 판결의 간이화 및 다양화를 개별 법관들의 재량적 선택 사항으로써 방임하지 않고 적극적으로 수용하여 시행할 것을 권장하고 독려하고 있다(위의 책, 4면).

46) 대법원, 1991. 2. 7, 송무심의 제9호, 「판결서 작성 방식의 개선을 위한 참고사항」 제1조 가항.

47) 사법연수원, 앞의 민사실무 Ⅱ, 12면.

48) 법원의 종류와 명칭 및 관할구역은 법원조직법 제3조와 각급법원의 설치와 관할구역에 관한 법률 제12조의 별표 1,2 및 제14조의 별표 3 내지 7에 각 규정되어 있다.

49) 단독 판사에 의한 판결서에서는 따로 재판부의 표시(제0단독 등)를 하지 아니 한다.

50) 사건번호는 각 법원별로 그 사건을 접수한 연도의 아라비아 숫자(1999년까지는 10단위 이하의 숫자)와 사건별 부호문자 및 그 법원에서의 진행번호(접수된 문서)인 아라비아 숫자를 차례로 연결하여 구성한다(법원재판사무처리규칙 제19조 제2항). 다만 민사본안사건, 조정사건, 부동산 경매사건 등 송달료가 전산으로 처리되는 사건에 있어서 사건 번호의 끝 숫자는 접수의 일련번호와는 무관한 전산처리를 위한 검색용 숫자이다[송달료규칙의 시행에 따른 업무처리요령(재일 87-4) 제16조]. 사건별 부호문자에 관한 것은 법원재판사무처리규칙 제20조에 따라 사건별 부호문자의 부여에 관한 예규(재일 2003-1)에 규정되어 있다.

51) 원고가 여러 명인 경우에는 각 성명 앞에 일일이 '원고' 표시를 하지 않고 일련번호를 붙이는 방식을 주로

소송대리인*변호사*이삼수

피 고 이정*(李正)(이하 위와 같은 방식)

변*론*종*결 2004.*2.*20.[52)

판*결*선*고 2004.*3.*5.

주*******문

1. 피고는 원고에게·············하라.

←20mm→ 2.·······················한다. ←20mm→

청*구*취*지

··································

····하라.

이 유

··································

····주문과 같이 판결한다.

재판장 판사 김일남 (서명) ㉑

판 사 이이남 (서명) ㉑

판 사 박삼남 (서명) ㉑

↑ ※ *으로 표시된 글자간격은 예규에 규정되어 있는 것임

30mm

↓

[판결서 예시]

부 산 지 방 법 원

제 13 민사부

판 결

사 건 2017가합12345 소유권이전등기말소등기[53)

원 고 전 명 수 (670824－1035824)

사용한다(피고도 같다). 독립당사자참가인이 있는 경우에는 원고, 피고 다음에 독립당사자참가인을 기재한다. 반소가 제기된 경우에는 '원고(반소피고)', '피고(반소원고)'라고 표시하고, 항소의 경우 '원고, 피항소인'(원고가 피항소인인 경우), '피고, 항소인' 이라고 표시한다. 개인정보유출을 방지하기 위하여 2014. 8. 13. 개정되어 2015. 1. 1. 시행된 재판서 양식에 관한 예규 제9조에서는 판결서에 당사자의 성명과 주소를 기재하고, 한글이름이 같은 여러 사람을 표시하여야 하는 경우에는 해당 당사자 등의 성명으로부터 한 칸 띄어 괄호하고 그 안에 생년월일이나 한자성명 중 어느 하나를 기재하거나 모두 병기한다.

52) 판결선고일, 변론종결일, 작성일 등 연월일은 연과 월, 월과 일 사이에 각각 한 칸씩 띄어 표시한다.

53) 본 사건은 이 책 제2장 제3절 소장예문 4와 제3장 제1절 2. 답변서의 예제 1에 나타난 사실을 기초로 하여 판결

부산 서구 구덕로214번길 19 광북아파트 103동 109호
소송대리인 변호사 김선공
피　　고　　이 정 철 (320125－1053456)
부산 북구 은행나무로 26 보람아파트 105동 201호
소송대리인 변호사 이선방
변 론 종 결　　2018. 8. 12.
판 결 선 고　　2018. 8. 26.

주　문

1. 피고는 원고에게 별지 목록 기재 부동산에 관하여 2017. 7. 20. 부산지방법원 금정등기소 접수 제2856호로 마친 소유권이전등기의 말소등기절차를 이행하라.
2. 소송비용은 피고가 부담한다.

청 구 취 지

주문과 같다.

이　유

1. 청구원인에 관한 판단
별지 목록 기재 이 사건 부동산에 관하여 2011. 5. 6. 원고 명의로 소유권이전등기가 마쳐져 있다가, 2017. 7. 20. 주문기재와 같이 피고 명의의 소유권이전등기가 마쳐진 사실[54]은 당사자 사이에 다툼이 없다.

갑 제2호증(판결등본), 갑 제3호증(피의자신문조서)의 각 기재 및 증인 박말숙의 증언에 변론 전체의 취지를 종합하면, 다음과 같은 사실을 인정할 수 있다. 원고는 그의 이모인 소외 박말숙으로부터 이 사건부동산 매입자금 일부를 지원받은 사실이 있는데, 2017. 7. 초 위 박말숙이 병원비 등에 쓸 돈을 은행에서 대출받고자 이 사건 부동산을 담보로 제공할 수 있게 하여달라고 원고에게 부탁하였다. 이에 원고가 인감도장과 인감증명서 및 이 사건 부동산 등기필증 등을 위 박말숙에게 교부하면서 채권최고액을 2천만 원 한도로 한 근저당권설정등기를 하기로 서로 약정하였다. 위 박말숙은 원고로부터 교부받은 위 서류들을 피고에게 건네면서 2천만 원 한도 내의 근저당권 설정과 금원의 차용을 부탁하였다. 피고는 위 서류와 인감도장을 이용하여 원고의 위임장, 매매계약서, 인감증명서등을 위조·행사하여 2017. 7. 20. 주문기재와 같이 피고 명의의 소유권이전등기를 마쳤다.[55] 그렇다면 특별한 사정이 없는 한 피고 명의의 위 소유

서의 가장 기초적 사항을 예시한 것이다.
54) 원고는 이 사건 부동산의 소유권에 기한 방해배제청구권 행사를 청구원인으로 내세우고 있으므로 이 사건 부동산에 대한 '원고의 소유사실'이 요건사실이다. 부동산소유권은 등기부 기재에 의하여 공시되는 것이고, 등기부 기재에 따라 소유권의 존재사실이 추정되므로 본문과 같이 기재하여야 한다.
55) 판결서의 자족성을 훼손하지 않는 범위 내에서 사건의 경위와 같은 간접사실을 간단하게 기재할 필요가 있다. 대법원의 판결서 작성방식에 관한 권장사항 제13조는 청구원인·항변·재항변의 구분 없이 인정사실을 일괄 기재하고, 쟁점별 판단방식으로 판결이유를 구성할 수 있도록 하고 있다. 본 판결서의 인정사실 중 '원고가 인감도장과 인감증명서 및 부동산 등기필증을 박말숙에게 교부한 사실, 박말숙이 채권최고액 2천만 원으로 한 근저당권 설정등기를 하기로 한 사실' 등은 원고의 청구원인사실에 관한 것으로 보기 어렵다고 할 수도 있다. 그러나 이 사례에서 피고의 항변은 원고의 청구원인사실을 기초로 한 것이므로 일괄하

권이전등기는 적법한 원인이 없을 뿐만 아니라 적법절차를 거치지 아니한 무효의 등기라 할 것이고, 이 사건 부동산은 원고의 소유로 추정되므로, 피고는 원고에게 위 소유권이전등기의 말소등기절차를 이행할 의무가 있다.

2. 항변에 관한 판단

1) 피고는 이 사건 부동산의 등기부 상 소유자는 원고로 되어 있으나 소외 박말숙이 실질적인 소유자로서 원고로부터 그 매매에 관한 권한을 위임받아 위 매매계약을 체결한 것이라고 주장하고 있으나, 이를 인정할 증거가 없으므로 위 항변은 이유 없다.

2) 다음으로 피고는 위 박말숙이 원고로부터 대리권을 수여받은 사실이 없다고 하더라도, 이 사건 매매계약 당시 원고의 인감도장과 등기필증 등을 가지고 있었기 때문에 피고로서는 박말숙이 원고를 대리하여 이 사건 부동산을 매도할 권한이 있다고 믿었고, 또 그와 같이 믿은 데에 정당한 이유가 있었으므로 위 박말숙의 위 대리행위는 민법 제126조의 권한을 넘은 표현대리에 해당한다고 항변한다.

살피건대, 원고가 2017. 7. 초 박말숙에게 채권최고액 2천만 원 한도 내에서 근저당권설정계약을 체결할 대리권을 수여한 사실은 위 1에서 인정한 내용과 같으나, 위 박말숙이 이 사건 부동산매매에 관하여 원고의 대리인으로서 계약을 체결한 사실을 인정할 증거가 없으므로 위 항변 역시 이유 없다.[56]

3. 결론

그렇다면 원고의 이 사건 청구는 이유 있어 인용하고, 소송비용의 부담에 관하여는 패소자인 피고의 부담으로 하여 주문과 같이 판결한다.

재판장 판사 오 정 직 (서명) ㉑

판사 공 정 혜 (서명) ㉑

판사 명 석 한 (서명) ㉑

(※이 사건 부동산에 관한 별지목록은 생략함)

2. 항소장

가. 기본 사항

1) 민사소송법은 항소심이 제1심에서 수집한 소송자료를 기초로 하여 심리를 속행하여 여기에 새로운 소송자료를 보태어 제1심 판결의 당부를 재심사하는 속심제를 채택하고 있다(제407조, 제409조 등). 따라서 항소제기와 함께 새로운 공격방어방법의 제출도 가능하다. 다만 제1

여 기재하는 것이 타당하다 할 것이다.

56) 민법 제126조 표현대리의 요건사실은 ① 대리인에게 기본대리권이 있는 사실, ② 대리인이 기본대리권을 넘어 상대방과 법률행위를 한 사실, ③ 상대방이 대리인에게 기본대리권을 넘은 법률행위를 할 권한이 있다고 믿을만한 정당한 사유가 있을 것이다. 본 사례에서는 피고가 '원고의 대리인'인 박말숙과 이 사건 매매계약을 체결한 사실에 대한 증명이 없으므로 ③ 요건에 관하여는 더 나아가 살펴볼 필요가 없게 된 것이다.

심의 변론준비절차가 항소심에도 그 효력이 있다고 규정한(제410조) 입법 취지와 사실심을 제1 심 법원 중심으로 운용할 때 제도적 필요성 등에 비추어, 실기한 공격방어방법의 각하(제149조) 등을 적극 활용하여 진정한 속심구조로 전환하여야 할 것이다.[57]

2) 항소의 제기는 항소기간(제396조) 내에 제1심 법원에 항소장을 제출하여야 한다. 항소장 에는 당사자와 법정대리인, 제1심 판결의 표시와 그 판결에 대한 항소의 취지를 반드시 기재하 여야 한다(제397조). 그 외의 공격방어방법 즉 제1심 판결이유에 기재된 사실 판단에 대한 불복 사유 등에 관한 기재(항소이유)는 임의적 기재사항으로서 준비서면에 관한 규정을 준용한다(제 398조). 상고와는 달리 제출기간을 정한 항소이유서 제출 강제주의는 채택하지 않고 있다. 항소 이유는 항소심의 변론종결시까지 서면 또는 말로 제1심 판결의 변경을 구하는 한도를 명확히 하면 된다. 항소장에는 위의 필요적 기재사항을 적고 항소이유는 '추후 제출하겠습니다'라고 표 시하여 생략하는 것이 일반 실무관행이라고 할 수 있다.

3) 항소취지는 제1심에서 원고 전부승소판결이 선고된 경우에는 '원 판결을 취소한다. 원고 의 청구를 기각한다. 소송비용은 제1·2심 모두 원고의 부담으로 한다'라고 기재한다. 제1심에 서 원고 일부승소 시에 피고 항소의 경우에는, '원 판결 중 피고 패소부분을 취소한다. 원고의 청구를 기각한다. 소송비용은 제1·2심 모두 원고의 부담으로 한다'라고 기재한다.

4) 항소장에는 소정의 인지를 첨부하여야 한다. 항소장의 인지액은 제1심 소장의 1.5배이지 만 상소로써 불복하는 범위의 소송물가액을 기준으로 한다. 항소인은 항소장과 함께 피항소인 의 수만큼의 부본을 첨부하여야 한다.

나. 항소장 양식

항 소 장

원고(항소인) 1. 이 갑 수 (680324－1874629)
            대구 수성구 달구벌대로 22, ○○○타운 102동 701호
        2. 김 병 식 (690425－1893456)
            대구 수성구 달구벌대로 22, ○○○타운 101동 1005호
        3. 오 정 일 (700512－1887979)
            대구 달성군 가창면 가창로 1003
피고(피항소인) 삼우 비산4동재건축조합
            대구 서구 달서천로 311
            대표자 조합장 김 상 경

위 당사자 간의 대구지방법원 2018가합3694 양수금 청구사건에 관하여, 동 법원에서 2019. 1. 5. 판결을 선고하였는바, 원고들 소송대리인은 동 판결에 대하여 모두 불복이므로 이에 항 소를 제기합니다.

---

57) 이시윤, 앞의 책, 835면.

(항소인들은 2019. 1. 15. 위 판결정본을 송달받았습니다)

원 판결의 표시

1. 원고들의 청구를 기각한다.
2. 소송비용은 원고들의 부담으로 한다.

항 소 취 지

1. 원 판결을 취소한다.
2. 피고는 원고들에게 9억 원 및 이에 대하여 2017. 2. 25.부터 이 사건 소장 송달일까지는 연 5%의, 그 다음날부터 다 갚을 때까지는 연 15%의 각 비율로 계산한 돈을 지급하라.
3. 소송비용은 제1, 2심 모두 피고의 부담으로 한다.
4. 위 제2항은 가집행할 수 있다.
라는 판결을 구합니다.

항 소 이 유

1. 원심법원은, 소외 주식회사 우삼건설이 2013. 7월경부터 2014. 12월경까지 사이에 소외 박성호 외 24인으로부터 그들 소유의 대구 서구 비산동 315의 29 공장용지 3,005m²외 34필지의 토지를 매수한 뒤 재건축사업의 편의상 피고 명의로 소유권이전등기를 마쳤다고 판시하여 위 소외회사가 위 각 부동산을 매수한 뒤(즉 위 부동산을 소외회사가 실질적으로 소유하면서) 피고에게 명의신탁하여 피고 명의로 소유권이전등기를 마친 것으로 보고 있습니다.

   그러나, 원 판결은 아래에서 보는 바와 같은 이유로 부당하므로 마땅히 파기되어야 할 것입니다.

2. 현행법 하에서 명의신탁등기의 효력에 관하여

   (1) 부동산실권리자명의등기에 관한 법률 제3조, 제4조, 동 부칙 제1조 등의 규정에 의하여 1995. 7. 1. 이후 누구든지 부동산에 관한 물권을 명의신탁 약정에 의하여 명의수탁자의 명의로 등기하여서는 아니되고, 이에 위반한 명의신탁 약정은 무효로 되고, 위와 같은 금지규정에 위반하여 명의신탁 등기를 한 자는 5년 이하의 징역 또는 2억 원 이하의 벌금에 처하도록 되어있습니다(동법 제7조).

   (2) 이 사건 재건축사업의 진행경과, 위 각 부동산을 취득하게 된 경위, 위 소외 회사와 피고의 관계 등 이 사건 변론에 나타난 모든 자료를 종합하여 볼 때, 위 소외 회사가 위와 같은 강행법규의 규정을 무시하고, 엄벌에 처해질 수도 있는 위험성을 무릅쓰면서 위와 같은 부동산 명의신탁등기를 실행하였다고 볼 수 있는 근거는 어디에도 없습니다.

   뿐만 아니라, 위 소외 회사와 피고가 원심 판시와 같이 위 각 부동산에 관하여 명의신탁에 관한 약정을 하였다면 이에 관한 약정을 서면화 하여 두는 것이 거래의 관행 및 경험법칙에 부합한다 할 것인데 이에 관한 문서가 전혀 없습니다.

   오히려, 위 각 부동산의 매매계약서 상 매수명의인은 모두 피고로 되어 있고, 그 대금 수령 영수증도 피고 앞으로 발행된 점(위 소외 회사의 명의가 위 영수증에 공동으로 기재되어 있는 것은 어디까지나 위 매매대금을 소외 회사가 피고에게 지급하여 피고가 위 부동산 매도인에게 지급하도록 하지 않고, 소외회사로부터 직접 매도인들에게 지급되었고, 따라서 위 매매대금 상당액의 차용증 역할도 할 수 있도록 하고자 한 의도가 있었기 때문이 아닌가 생각됩니다.) 등에 비추어 보면, 위 소외 회사가 위 각 부동산의 실질적 매수인임을 증명할 수 있는 자료는 없다 할 것입니다.

(3) 원심법원은 이 사건 재건축사업 대행계약서(갑 제3호증) 제4조 제2항 ④ 신탁계약서(인감첨부)라는 규정을 내세워, 재건축사업에 동의하는 지주들의 토지에 관하여도 재건축사업의 원활한 시행을 위하여 피고 앞으로 신탁을 원인으로 한 소유권이전등기를 마치기로 한 점에 비추어 이 사건 각 부동산의 경우에도 위 소외 회사가 매수한 뒤 위와 같은 이유로 피고에게 명의신탁한 것으로 판단하고 있는 듯합니다.

그러나, 위와 같은 판단은 이 사건 부동산에 대한 피고 명의의 소유권이전등기에 있어서는 신탁법 상의 신탁등기절차를 경료하지 않고 있음에 반하여, 위 재건축사업에 동의한 다른 조합원의 부동산 소유권이전등기는 모두 신탁법 상의 신탁을 등기원인으로 하고 있는 명백한 차이점을 간과한 것으로서 심히 부당하다 할 것입니다.

만약에, 원심판시와 같이 이 사건 부동산의 진정한 실소유자가 위 소외 회사라면 위 재건축사업에 동의한 다른 조합원 소유 부동산의 경우와 마찬가지로 위와 같은 신탁법 상의 신탁계약을 체결하고 이에 따라 피고 조합명의의 소유권이전등기가 이루어졌을 것입니다.

그런데, 이 사건 부동산의 경우에는 피고가 위 소외회사로부터 그 매수대금을 차용하여 피고가 직접 위 재건축사업에 반대하는 부동산소유자로부터 위 부동산을 매수한 피고의 부동산이므로 위와 같은 신탁법 상의 신탁을 등기원인으로 하지 않았던 것입니다.

(4) 백보를 양보하여 원심 판시와 같이 위 소외 회사와 피고 사이에 위 각 부동산에 관하여 명의신탁 약정을 하고 이에 따라 피고 명의의 소유권이전등기가 경료된 것이라면(원심법원의 판시내용을 살펴보면, 매수인인 위 소외 회사와 명의수탁자인 피고 간의 약정에 의하여 원 소유자인 위 부동산매도인들은 위와 같은 사실을 모르는 상태에서 피고와 매매계약을 체결하고 피고 명의의 소유권이전등기를 넘겨 준 것으로 판단하고 있는 듯합니다.), 위 소외 회사는 피고에 대하여 위 매매대금 또는 위 각 부동산의 가격에 해당하는 금액의 부당이득 반환청구권을 가지게 된다 할 것입니다.

원고와 위 소외 회사는 이 사건 채권양도·양수계약에 의하여 위 부당이득 반환청구권도 양도한 것이므로 원고는 피고에 대하여 사건 청구 금액 상당의 부당이득 반환을 청구합니다.

3. 이상과 같은 이유로 원 판결은 취소되어야 합니다.

첨 부 서 류

1. 항소장 부본   1통
1. 납부서   1통

2019. 1. 20.
위 원고들의 소송대리인
변호사 이 열 변 (인)

대구고등법원 귀중

다. 예 제[58]

1) 기초적 사실 관계

① 원고는 경기도 성남시 소재 상가건물의 소유자, 피고는 원고와 고교동창 사이로 의료장비납품업자, A는 피고와 알고 지내는 의사이다.

② 피고와 A는 위 상가 중 2칸을 분양(매수)받아 병원을 운영하기로 하고, 피고는 2015. 11. 11. 원고와 위 상가 중 301호를 매매대금 8억 원에 매수하되, 계약금 5,000만 원은 계약당일 지급하고, 중도금 4억 원은 위 301호에 설정된 근저당권의 피담보채무를 인수하는 것으로 갈음하고, 잔금 3억 5,000만 원은 2015. 12. 31.에 소유권이전등기와 동시에 지급하기로 하는 내용의 매매계약을 체결하였다.

③ 피고는 자금사정이 여의치 않아 대출을 받아, 매매대금을 지급하기 위해 위 301호의 등기를 먼저 이전받기로 하되, 양도소득세 부담을 줄이려는 원고의 부탁에 따라 매매대금을 6억 원으로 신고하여 등기부에 거래가액이 6억 원으로 등재되었다.

④ 한편 피고는 매매대금 담보를 위해 2015. 12. 27. 원고에게 피고 명의의 위 301호와 연립주택에 대하여 각각 채권최고액을 3억 원과 1억 8,000만 원으로 한 근저당권을 설정해 주었다(당시까지 피고는 원고에게 매매대금으로 피 담보 채무 인수금 4억 원을 포함하여 4억 8,000만 원을 지급한 상태였음).

⑤ 이 무렵부터 원고가 약정에 없던 부가세 8,000만 원을 추가로 지급할 것을 요구하고, 피고가 2006. 6. 1.부터 시행된 개정 부동산등기법에 따라 등기부에 실거래가액인 8억 원이 아닌 원고를 위하여 축소한 거래가액인 6억 원이 기재됨에 따라 향후 대출을 받거나 처분 시 양도소득세부담 증가사실을 뒤늦게 알게 되어 원고와 피고 사이에 다툼이 시작되었다.

⑥ 이에 피고는 원고에게 등기부 상의 거래가액을 8억 원으로 정정해주거나(이 경우 원고는 양도소득세를 추가 부담하게 됨), 아니면 등기부 상의 거래가액대로 매매대금을 6억 원으로 감액해 줄 것을 요구하였으나 거절당하였다. 그러던 중 약정 잔금지급기일이 경과하자, 2016. 1. 10. 원고는 피고 명의의 연립주택에 대한 근저당권에 기해 임의경매 신청을 하였다.

⑦ 경매신청으로 인해 원고와 피고 관계가 더욱 악화되자, 원고와 실내인테리어공사 도급계약을 체결하고 위 상가 301호, 302호에 대하여 실내 인테리어공사를 해주었음에도 원고로부터 공사대금 1억 8,000만 원을 지급받지 못하고 있던 소외 B가 원고가 B에게 지급해야 할 301호에 대한 공사대금 9,000만 원을 피고가 대신 지급하는 것으로 하고 대신 301호에 대한 매매대금을 등기부 상의 거래가액은 6억 원으로 감액해주는 내용으로 적극 중재를 시도하였고, 피고는 이에 동의하였다.

⑧ 원고는 2016. 1. 15. "피고는 미납된 잔금 1억 2,000만 원을 2016. 2. 15.까지 완불하며, 불이행 시 2016. 2. 16.자로 301호를 원고에게 양도함을 각서함"이란 내용의 각서를 작성한 후 B를 통해 피고의 서명날인을 받아오게 함과 동시에 불이행 시를 대비하여 미리 양도에 필요한 피고 명의 부동산매도용 인감증명서, 주민등록초본 등 등기관련서류들도 미리 받아 2016. 2.

58) 안민, 이론과 실무의 벽 허물기(7)-민사, 매매대금사건, 考試界, 통권620호(2008. 10월호), 125～132면.

15.까지 B가 보관하도록 하였다.

⑨ 피고와 B는 각각 위 각서에 채무자와 보증인으로 서명날인하였고, 피고는 301호의 소유권 이전에 필요한 등기관련서류를 중재를 맡은 B에게 맡겨 2016. 2. 15.까지 보관하도록 하였다.

⑩ 위 각서를 받은 원고는 다음날인 2016. 1. 16. 피고 명의의 연립주택에 설정된 채권최고액 1억 8,000만 원의 근저당권을 말소하고, 2016. 1. 24. 위 연립주택에 대하여 한 임의 경매신청도 취하해 주었다.

⑪ 피고는 위 각서 상의 잔금지급기일인 2016. 2. 15. B가 동석한 가운데 원고를 만나 잔금 1억 2,000만 원을 지급하였는데, 당시 중재를 맡은 B가 작성한 영수증에 '잔금'이라는 문구가 누락되어 있어 이를 삽입해 줄 것을 요구하였으나 원고가 이에 반대하자, '어차피 각서 상의 내용대로 잔금으로 1억 2,000만 원을 약정 지급기일에 지급하는 것이니 별 문제가 없을 것이다'라는 B의 권유를 받아들여 '잔금'표시가 되지 않은 영수증을 받았다.

⑫ 원고는 1억 2,000만 원을 받은 바로 당일 301호에 대하여 남아있던 채권최고액 3억 원의 근저당권을 말소해 주었다.

⑬ 그로부터 4개월이 지난 2016. 6. 11. 원고는 잔금 2억 원이 더 남아있다면서 피고를 상대로 2억 원의 매매대금청구의 소를 제기하였다.

2) 원고 주장의 요지(청구원인)

원고는 2015. 11. 11. 피고에게 원고 소유의 상가 301호를 8억 원에 매도하였는데, 그 중 6억 원만을 지급받고 나머지 2억 원을 지급받지 못하였으므로 피고는 원고에게 잔금 2억 원 및 그에 대한 지연손해금을 지급할 의무가 있다고 주장하였다.

3) 원심 판단의 요지

원심은 피고의 매매대금 일부 면제(감액) 합의 주장에 대하여,

① B의 증언은 원고가 2016. 2. 15. 피고로부터 1억 2,000만 원을 받을 당시 피고가 중재를 맡은 B에게 영수증에 '잔금'이라는 문구가 누락되어 있어 이를 삽입해 줄 것을 요구하였으나, 원고가 이에 반대하여 '잔금'이 아닌 '매매대금'으로 표시된 점, 상가 301호의 시세가 8억 원을 상회하고 있는데 등기부 상의 거래가액을 낮춰 준 대가로 2억 원의 매매대금을 감액해 준다는 것은 경험칙 상 납득하기 어려운 점에 비추어 믿기 어렵다.

② 2016. 1. 15. 각서는 원고가 이를 본 적조차 없다고 다투고 있고, B의 증언 외에는 원고가 이를 작성하였다고 인정할 증거가 없다.

③ 원고가 감액합의 다음날인 2016. 1. 16. 상가 301호에 대한 근저당권을 말소하고, 이어 피고 소유의 연립주택에 대한 임의경매 신청도 취하하였으며, 2016. 2. 15. 1억 2,000만 원을 지급받고 당일 연립주택에 대한 근저당권을 말소한 사실은 인정되나, 이는 매매잔금을 지급받지 못하던 원고가 잔대금 중 일부를 지급하면서 한 피고의 말소 요구를 어쩔 수 없이 받아들였을 여지가 있어 보이므로 위 사실만으로는 감액합의가 있었다고 추인하기 어렵고, 달리 인정할 증거가 없다.

④ 위와 같은 이유로 피고의 주장을 배척하고 원고의 청구를 전부인용하였다.

4) 문제

피고는 위와 같은 원심 판결에 불복하여 서울고등법원에 항소하고자 한다.

귀하는 피고의 대리인으로서 항소이유가 포함된 항소장을 작성하시오.

※ 참고사항

① 당사자의 이름과 매매대상 상가명은 적절히 작명하여 현실감 있게 작성할 것.

② 항소이유를 작성함에 있어서는 다음 사항을 참고하여 적절히 사실구성할 것.

  ⅰ) 원·피고 양 당사자가 직접 대면하는 방식이 아니라 B를 통한 방식으로 합의가 이루어지게 된 경위.

  ⅱ) 당사자 사이의 합의서 역할을 한 각서를 원고가 작성하여 B를 통하여 피고에게 전달한 경위.

  ⅲ) 위 각서 내용의 이행을 위하여 상가 301호의 등기이전에 필요한 서류들이 작성, 교부된 경위.

  ⅳ) 위 각서 내용대로 이행이 완료됨에 따라 원고가 두 건의 근저당권을 모두 말소한 경위.

  ⅴ) 위 각서 내용의 검토는 설문을 참고하되 각자가 적절히 상상력을 발휘하여 사실구성할 것.

3. 부대항소장

가. 기본 사항

1) 피항소인은 항소기간 도과 뒤나 항소권을 포기한 뒤에도 항소심 변론종결 전까지 부대항소(제403조)를 제기하여 자기에게 유리하게 항소심의 심판범위를 확장시킬 수 있다. 부대항소를 통하여 항소인이 불복하지 않은 부분뿐만 아니라 제1심 판결사항이 아니었던 사항까지도 그 심판범위에 포함시킬 수 있다. 제1심에서 전부승소한 자는 상대방이 제기한 항소에 편승하여 청구취지 확장 또는 반소의 제기를 위한 부대항소를 제기하는 것도 가능하다.

2) 부대항소 방식에는 항소에 관한 규정이 적용된다(제405조). 부대항소장에는 항소장에 준하는 인지를 납부하여야 한다.

나. 문서양식

부 대 항 소 장

사   건   서울고등법원 2021나5458 보증금 등
원고(부대항소인, 피항소인)   나 약 한
                            서울 서초구 양재천로29길 10
피고(부대피항소인, 항소인)   김 상 한
                            서울 관악구 양녕로 38

위 당사자 간의 위 사건에 관하여 원고(부대항소인, 피항소인)는 피고(부대피항소인, 항소인) 의 항소에 부대하여 동 항소사건의 제1심 서울중앙지방법원 2019가합24693 보증금 등 사건에 대하여 동 법원이 2021. 6. 20. 선고한 판결에 대하여 항소를 제기합니다.

부 대 항 소 의 취 지

1. 원 판결 중 원고(부대항소인, 피항소인) 패소부분을 취소한다.
2. 피고(부대피항소인, 항소인)는 원고에게 1억 원 및 이에 대한 2020. 1. 10.부터 다 갚을 때 까지 연 12%의 비율로 계산한 돈을 지급하라.
3. 소송비용은 제1, 2심 모두 피고의 부담으로 한다.
4. 제2항은 가집행할 수 있다.

부 대 항 소 이 유

1. 피고(부대피항소인, 항소인; 이하 '피고'라 합니다)는 원 판결 중 피고 패소 부분의 취소를 구하는 취지의 항소를 제기하여 동 사건은 2021나5458호 사건으로서 현재 귀 법원에 계속 중에 있습니다.
2. 원 판결은 원고(부대항소인, 피항소인; 이하 '원고'라 합니다)의 피고에 대한 청구 중, 1억 원 은 피고의 보증계약체결 사실을 인정할 증거가 없다고 하여 배척하였습니다.
   그러나 원고는 원 판결 후 위 보증계약 체결을 증명할 새로운 증거를 발견하였으므로 이 에 부대항소를 제기합니다.

증 거 방 법

1. 갑 제7호증(보증계약서)
2. 갑 제8호증(진술서)

첨 부 서 류

1. 증거설명서 및 위 증명방법   각 2통

2021. 8. 5.
원고 나 약 한 (인)

서울고등법원 제12민사부 귀중

4. 상고장

가. 기본 사항

1) 상고심은 법률심이므로 상고제기는 사실심 법원의 판결에 법령 위배가 있다는 주장에 바탕을 두어야 한다. 당사자는 상고심에서는 새로운 사실관계 주장이나 증거신청을 할 수 없다. 상고이유는 일반적 상고이유(제423조)와 절대적 상고이유(제424조)로 구분되어 있는데, 모두 '판결에 영향을 미친' 헌법·법률·명령 또는 규칙에 관한 '해석상 과오'와 '법령적용의 과오'가 있어야 하는 것이다. 사실인정의 과오는 상고이유가 될 수 없지만 실제에 있어서는 법령적용의 과오와의 관계에서 구별이 힘들다.[59] 대법원판례는 자유심증주의 원칙 상(제202조)의 논리법칙·경험법칙 위배나 채증법칙 위배를 내세우거나 사실심법원의 심리미진 등을 법령 위배로 보아 상고이유가 된다는 입장이다.

상고이유를 기재함에는 원 판결의 어느 점이 어떻게 법령에 위배되었는지를 알 수 있도록 명시적이고 구체적인 위배의 사유를 적어 내어야 한다. 그리고 구체적인 법령의 조항 또는 내용, 절차위반의 사실을 표시하여야 하고, 절대적 상고이유의 경우에는 해당 조항 및 이에 해당하는 사실을, 판례 위반을 주장하는 때에는 그 판례를 구체적으로 명시하여야 한다(규칙 제129조~제131조).

2) 상고심절차는 항소심절차에 관한 규정을 준용한다(제425조; 따라서 제408조에 따라 제1심 절차규정도 준용된다). 상고심절차는 항소심 종국판결정본을 송달받은 날로부터 2주내에 원심(제2심)법원에 상고장제출 → 소송기록접수통지(제426조) → 소송기록 접수통지 받은 날로부터 20일 이내 상고이유서 제출 → 상고요건인 심리속행사유의 심사 → 상고이유의 심리 순으로 진행된다.

상고인이 제출기간 내에 상고이유서를 제출하지 아니한 때에는 직권조사사항이 있는 경우가 아니면 상고심법원은 변론 없이 상고를 기각하여야 한다(제429조).

3) 상고절차에 관한 특례법(법률 제4769호; 2009. 1. 26. 개정 법률 제9816호)은 심리불속행제도를 두어 동법 제4조 제1항에 해당하는 사유를 포함하고 있지 않다고 인정되는 때에는 더 나아가 심리를 하지 아니하고 판결로 상고를 기각한다고 하였다. 심리속행여부의 결정은 원심법원으로부터 상고기록을 송부받은 날로부터 4월을 시한으로 하고 있다(동법 제6조).

4) 상고장의 기재사항은 항소장에 준하되, 인지액은 지방법원에 제기하는 제1심 소장의 2배이다(민사소송 등 인지법 제3조).

---

59) 이시윤, 앞의 책, 867면.

나. 상고장양식

상 고 장

원 고(피상고인)   이 명 현(580924-1767582)
　　　　　　　　서울 영등포구 영등포로 361
피 고(상고인)   나 시 민(610424-1689372)
　　　　　　　　서울 강서구 강서로 148

　위 당사자 간 서울고등법원 2020나4789 양수금 사건에 관하여, 동 법원에서 2021. 6. 9. 판결을 선고하였는바 피고는 동 판결에 대하여 불복이므로, 이에 상고를 제기합니다.
(피고는 2021. 6. 22. 위 판결정본을 송달받았습니다.)

원 판결의 표시

1. 원 판결을 취소한다.
2. 피고는 원고에게 돈 2억 5,000만 원 및 이에 대한 2020. 5. 10.부터 다 갚는 날까지 연 12%의 비율로 계산한 돈을 지급하라.
3. 소송비용은 1·2심 모두 피고의 부담으로 한다.
4. 제2항은 가집행할 수 있다.

상 고 취 지

원 판결을 파기하고 상당한 재판을 구합니다.[60]

상 고 이 유[61]

1. 절대적 상고이유
　원 판결절차에 관여하고 원 판결에 서명날인한 판사 한심해는 이 사건의 제1심 판결절차에도 관여하였고 동 판결에 서명날인 하였습니다.
　따라서 원 판결은 민사소송법 제424조 제1항 제2호가 규정하는 법률에 따라 판결에 관여할 수 없는 판사가 판결에 관여한 때에 해당하므로 마땅히 파기되어야 할 것입니다.

2. 채증법칙위배 등
(1) 원 판결은 아래에서 보듯이 증거의 취사선택 및 증거조사결과에 대한 증명력의 판단에 있어서 사회정의와 형평의 이념에 반하고 논리와 경험법칙에 반하는 사실인정을 하여 자유심증주의에 관한 민사소송법 제202조 규정을 위배하였음이 명백하므로 마땅히 파기되어야 할 것입니다.

---

60) 상고심인 대법원은 상고가 이유 없을 때에는 상고기각판결로서 사건을 확정적으로 종결짓게 된다. 상고가 이유 있을 때에는 원심판결을 파기하고 사건을 원심법원에 환송하거나, 동등한 다른 법원에 이송한다(제436조 제1항). 원심판결이 확정한 사실에 대하여 법령적용이 어긋난다 하여 판결을 파기하는 경우에 사건이 그 사실을 바탕으로 하여 판결을 파기하는 때에는 대법원(상고법원)은 그 원심판결을 파기하고 종국판

(2) (이하 생략)

첨 부 서 류

1. 상고장 부본   1통
2. 납부서   1통

2021. 6. 30.
상고인 나 시 민 (인)

대법원 귀중

다. 예 제[62]

1) 사실관계

① 원·피고 등 가족관계

원고와 그 처 사이에 3남 3녀가 있고, 피고는 원고와 그 처 사이에 태어난 장녀이다(장남 고영무, 차남 고영민, 3남 고영옥, 차녀 고명현, 3녀 고례현).

피고는 1933년생(62세)으로 미국으로 이민을 가서 혼자 살고 있다.

② 이 사건 관련사실 연표[63]

- 1963. 4. 22.: 이 사건 토지를 원고의 처 장양규 이름으로 불하받음

- 1968. 3. 21.: 이 사건 토지에 관하여 증여를 원인으로 피고 앞으로 이전등기가 경료됨, 그 무렵 이 사건 토지상에 건물을 지음

- 1973. 8.: 피고, 일본으로 출국

- 1976.: 피고, 일본에서 미국으로 이민

- 1986. 3. 27.: 원고, 피고를 상대로 이 사건 소(1986. 2. 3. 매매원인 소유권이전등기) 제기

- 1986. 6. 27.: 원고, 이 사건 1심판결에 기하여 소유권이전등기

- 1988. 10. 21.: 피고, 일시 귀국, 소 제기 및 이전등기 사실을 듣게 됨

결을 하여야 한다(파기자판; 제437조). 위 각 판결형태 중에서 원심판결을 파기하여 원심법원으로 되돌려 보내는 '파기환송' 판결이 일반적이므로 상고취지로서는 일반적으로 '원 판결을 취소하여 사건을 ○○○○ 법원으로 환송한다.'라고 기재하고 있다.

61) 상고장제출 시에는 그 시간적 촉박성으로 인하여 상고이유 기재를 생략하고 '추후 제출하겠습니다'는 문구를 기재하는 경우가 많다. 민사소송법 제427조는 상고장에 상고이유를 적지 아니한 때에 상고인은 상고법원으로부터 소송기록접수 통지를 받은 날부터 20일 이내에 상고이유서를 제출하도록 하였다. 즉 상고인인 원심판결정본을 송달받으면 상고이유를 신속하게 구상하여 작성할 수 있도록 만전을 기할 필요가 있다. 참고로 상고이유서 제출기한을 20일 이내로 제한하고 있는 민사소송법 규정은 외국의 입법례에 비하여 지나치게 짧은 감이 있어서 비판을 받고 있다(이시윤, 앞의 책, 874면).

62) 대법원 1996. 7. 30. 선고 94다51840 판결 참조; 이광범, 실효의 원칙의 의의 및 그 원칙의 소송상 권리에 대한 적용 피줌, 대법원 판례해설 27호, 법원도서관.

63) 민사소송 실무 상, 법원에서는 복잡한 사건의 경우에 당사자에게 사건의 시계열표를 작성하여 제출할 것을 명하는 경우가 있다. 본문의 내용은 참고가 될 수 있다(본문의 내용은 이광범, 위 판례해설에서 원용하였음).

－1998. 11. 18.: 피고, 출국

－1992. 8.: 원고, 원고의 처(장양규), 고수경 3인, 미국으로 피고 방문

－1992. 11. 5.: 원고, 보조참가인에게 이 사건 토지 매도(2억 4천 3백만 원)

－1992. 11. 12.: 보조참가인, 이 사건 토지에 관하여 소유권이전등기

－1992. 12. 6.: 피고의 동생(고영옥), 피고에게 토지매도사실 알려 줌

－1993. 2. 2.: 피고, 항소 제기

－1994. 2. 21.: 피고, 보조참가인에게 소송고지 신청

－1994. 3. 7.: 보조참가인, 보조참가 신청

－1994. 3. 28.: 보조참가인, 원고, 고영무, 고영민, 강건자를 사기죄로 고소

－1994. 3. 29.: 보조참가인, 고영민 소유 대지 및 건물(삼선동 29-173), 고영무 소유 아파트(대치동 동원아파트) 가압류

－1994. 7. 14.: 고영무, 강건자 구속

－1994. 7. 22.: 원고(불구속), 고영무, 강건자 기소, 고영민 기소유예

－1994. 8. 25.: 이 사건 원심 변론종결

－1994. 9. 29.: 원심판결 선고

2) 원심판결의 요지

① 원심은 먼저, 피고의 항소는 일단 적법하다고 인정한 다음, 다음과 같은 몇 가지 전제사실을 인정하였다.

피고가 1988. 10. 21. 일시 귀국하여 1개월 동안 체류하면서, 고영민으로부터 이 사건 제1심판결에 의하여 이전등기한 사실 및 피고가 고소하면 징역을 가게 되니 양해해 달라는 말을 듣고서 이 사건 사위판결이 있다는 점을 알게 되었다. 피고는 당시 원고에게 이의를 제기하고 법률사무소에 그 구제방법을 문의하였으나 소송비용도 없고 다른 사람도 아닌 아버지인 원고의 이름으로 해 두었으니 설마 다른 사람에게 팔겠느냐는 생각에서 별다른 소송문제를 거론하지 않은 채 1988. 11. 18. 미국으로 출국하였다. 원고, 원고의 처, 손녀 등이 1992. 8. 12. 피고의 초청으로 1개월 간 미국의 피고 집에 다녀온 적이 있는데 그 때에도 피고는 이 사건 소송에 대힌 항소 내지는 원고와 피고의 동생 고영무 등을 상대로 한 형사고소 등을 거론하지 아니하였다. 원고 및 고영무는 피고가 상당한 기간이 지나도록 아무런 법적 조치를 취하지 않은 것이 부정한 방법으로 등기를 넘겨 갔더라도 가족 간의 일이라 용서해 준다는 취지로 믿고, 1992. 11. 5. 이 사건 토지를 보조참가인에게 매도하였다. 보조참가인은 이 사건 토지에 따른 아파트 분양권을 함께 매수하였고, 매수 당시 공부 및 재개발조합사무실에 가서 원고가 권리자임을 확인하였다.

② 이어서 원심은, 피고의 항소권은 다음과 같은 점에 비추어 실효의 원칙에 의해 소멸되었다고 판단하였다.

피고는 원고의 불법상태를 안 즉시 선의의 제3자가 생기기 이전에 이를 원상회복할 수 있음에도 장기간 항소권을 행사하지 않음으로써 항소권이 실효된 것으로 보이는 외관 및 기대를 제공하였다. 원고는 피고가 장기간에 걸쳐 소송상의 권능을 행사하지 않음에 따라 이제는 항소권

을 행사하지 않으리라는 정당한 기대를 갖게 되었고, 그러한 신뢰에 바탕을 두고 이 사건 토지를 보조참가인에게 매도하였다. 피고의 항소권을 인정하는 것은, 피고가 4년 이상의 상당한 기간이 지나도록 항소나 형사고소 등 아무런 법적 조치를 취하지 않음으로써, 설령 부정한 방법으로 등기를 넘겨갔더라도 가족 간의 일이라 용서해 준다는 취지로 받아들인 원고의 신뢰에 반한다. 피고의 항소권을 인정하는 것은, 거래상의 모든 주의를 다하였음에도 부녀지간인 원고와 피고 사이의 가족 내부적인 분쟁으로 인하여 이미 형성된 모든 법률관계가 무효화됨으로써 회복할 수 없는 재산 상의 불측의 손해를 입게 될 선의의 제3자인 보조참가인의 신뢰에 반하는 것이다. 피고의 항소권이 실효되었다고 보는 것이 민사소송법상 재심의 소나 추완항소의 경우에도 일정한 불변기간 내에 이를 행사하도록 함으로써 장기간의 법적 불안정 상태의 방치를 제한하고자 하는 취지에도 부합한다.

3) 문제

위 사건에 관하여 귀하가 변호사로서 피고로부터 상고심소송을 위임받았음을 전제로 상고장을 작성하시오.

[① 사위판결에 관하여 항소설을 견지하고 있는 대법원 1978. 5. 9. 선고 75다634 전원합의체 판결 등 일련의 판례, ② 항소제기 이후 16회의 변론기일, 2회의 화해기일 등 재판을 진행하였고, 1심에서의 청구취지가 항소심에서 교환적으로 변경되기까지 하였는데, 제1심판결에 대한 항소가 부적법하다고 판단한 것이 타당한가? ③ 이 사건에서 피고가 패소하더라도, 피고는 원고 앞으로 경료된 소유권이전등기의 말소등기청구소송을 제기할 수 있다. 그 외, 원고 명의의 부정한 방법에 의한 등기를 가족 간의 일이라 용서해 준다는 취지라고 한 원심의 사실인정 및 피고가 그간 항소를 제기하지 않은 것은 미국 거주, 법의 무지, 소송비용 때문일 수도 있다는 사정 등을 들어서 원심판결의 사실인정에 있어서 논리법칙 및 경험법칙 위배 등을 주장할 것.]

5. 항고장 · 재항고장

가. 기본 사항

1) 항고 · 재항고는 판결 이외의 재판인 결정 · 명령에 대한 독립의 간이한 상소이다. 항고는 모든 결정 · 명령에 대하여 허용되는 것이 아니고, 법률이 특별히 인정한 경우에 한하여 제기할 수 있다.[64] 민사소송 상 항고는 부수적 결정에 대한 불복신청인 것이 중심임에 대하여, 강제집행 · 보전처분 · 비송 · 도산절차에서는 독립적 결정에 대한 불복신청의 성격을 가지고 있다는 점에서 차이가 있다.[65]

2) 항고는 편면적 불복절차이고, 판결절차와 같이 당사자 대립구조가 아니다. 따라서 항고인

---

64) 민사소송법 제439조는 항고대상인 재판으로서 '소송절차에 관한 신청을 기각한 결정이나 명령'을 명시하고 있다. 당사자가 소송절차에 대해 신청권을 갖지 않고, 다만 법원의 직권발동을 촉구하는데 그칠 때에는 신청을 기각한 재판이라도 당사자는 항고할 수 없다. 예컨대 관할위반을 이유로 하는 이송신청(제34조)을 기각하는 결정에 대하여는 당사자의 항고(즉시항고)권이 없다(대법원 1996. 1. 12. 자 95그59 결정 등).

65) 이시윤, 앞의 책, 889면.

과 이해상반하는 자가 있는 경우라도 판결절차에서와 같이 엄격한 의미의 대립을 인정할 수가 없으므로, 항고장에 피항고인을 표시하거나 항고장을 상대방에게 송달할 필요는 없다.[66]

3) 항고는 원심법원에 항고장을 제출함으로써 한다(제445조). 항고기간은 즉시항고(법 규정 상 '즉시항고 할 수 있다'라고 특별히 규정하고 있는 경우가 이에 해당한다)의 경우에는 원 재판을 고 지 받은 날로부터 1주간의 불변기간 내에 제소하여야 하고(제444조), 그 외의 항고는 기간의 제 한이 없다. 항고기간의 준수 여부는 원심법원에 접수된 때를 기준으로 한다.[67] 항고장에는 민사 소송 등 인지법 제11조 소정의 인지를 붙어야 한다. 항고심의 절차는 성질에 반하지 않는 한 항소심에 관한 규정을 준용한다(제443조 제1항).

4) 재항고와 이에 관한 절차는 상고심에 관한 규정을 준용한다(제443조 제2항). 따라서 재 항고장은 원심법원에 제출하여야 하고, 재항고이유서는 소송기록 접수통지를 받은 날로부터 20 일 내에 제출하여야 한다. 상고의 경우와 마찬가지로, 원심재판이 재판에 영향을 미친 헌법·법 률·법률·명령·규칙을 위반하였음을 이유로 드는 때에 한하여 재항고할 수 있다(제442조).

나. 문서양식

1) 항고장

(즉시) 항 고 장

항 고 인(피고)　　이 상 한
　　　　　　　　　서울 영등포구 국제금융로6길 23
　　　　　　　　　소송대리인 변호사 오 열 변

상 대 방(원고)　　김 수 열
　　　　　　　　　제주시 동광로21길 18
　　　　　　　　　소송대리인 변호사 양 현 일

　위 당사자 사이의 제주지방법원 2020. 3. 10. 이송신청 사건에 대하여 동 법원이 2020. 12. 29.자로 한 아래의 결정에 불복하여, 이에 항고를 제기합니다.

원 결정의 표시

　이 사건 이송신청을 각하한다.
(항고인은 위 결정을 2020. 3. 28. 송달받았습니다)

항 고 취 지

원 결정을 취소하고, 이 사건을 서울남부지방법원으로 이송한다.
라는 결정을 구합니다.

---

66) 위의 책, 892면.
67) 대법원 1983. 4. 26. 자 84마251 결정 등.

항 고 이 유

원 결정은 이 사건 원고(상대방)의 주소지가 제주시에 있고, 이 사건을 제주지방법원에서 심리한다고 하여 민사소송법 제35조 소정의 현저한 손해 또는 지연을 초래할만한 사유가 없다는 이유로 피고(항고인)의 이송신청을 기각하였습니다.

그러나, 이 사건 부동산 소재지가 서울남부지방법원 관할 내(영등포구 여의도동 소재 건물)이고, 검증 및 감정 대상물과 증인 거주지(주소지) 등 주요 증거방법이 모두 위 법원 관내에 있으므로 서울남부지방법원에서 심리하는 것이 타당하다 할 것입니다. 그러므로 원 결정을 취소하고 소송이송결정을 하여주시기 바랍니다.

첨 부 서 류

1. 납부서   1통

2020. 3. 29.
항고인 소송대리인 변호사 오 열 변 (인)

광주고등법원 제주부 귀중

2) 재항고장

재 항 고 장

재항고인(피고)   이 상 한
서울 영등포구 국회대로 480
소송대리인 변호사 오 열 변

상 대 방(원고)   김 수 열
제주시 동광로21길 18
소송대리인 변호사 양 현 일

위 당사자 사이의 제주지방법원 2020. 3. 29.자 결정에 대한 항고사건에 대하여 광주고등법원 제주부가 2020. 4. 20.자로 한 아래의 결정에 불복하여 이에 재항고를 제기합니다.
(재항고인은 위 결정정본을 2020. 4. 23.자로 송달받았습니다)

원 결정의 표시

이 사건 항고를 기각한다.

재항고의 취지

원 결정을 취소하고 다시 상당한 재판을 구합니다.

```
                              재항고 이유
  (앞의 항고 이유 참조)

                              첨 부 서 류
  1. 납부서                                            1통


                            2020.  4.  26.
                  재항고인 소송대리인 변호사 오 열 변 (인)


  대법원 귀중
```

6. 재심소장

가. 기본 사항

1) 재심의 소는 확정판결에 대하여 법(제451조 제1항)에서 정한 재심사유를 주장하여 원 판결(확정판결)의 취소와 종결된 소송에 대한 재심리를 구하는 소이다.

2) 재심의 소가 적법하려면, ① 재심당사자적격, ② 재심소송물의 대상적격, ③ 재심기간 준수, ④ 재심이익 등의 요건을 갖추어야 한다.[68]

3) 재심의 소는 취소 대상인 판결을 한 법원의 전속관할에 속한다(제453조 제1항). 취소 대상인 판결이 상고심판결이면 상고법원(대법원)의 관할이 될 것이나, 서증의 위조·변조(제451조 제1항 제6호)나 허위진술(동 제7호) 등 사실인정에 관한 것을 재심사유로 할 때에는 상고심판결이 아니라, 사실심법원의 판결에 대해 재심의 소를 제기하여야 한다.[69]

4) 재심의 소는 소장의 제출을 통하여 제기함이 원칙이나 소액사건의 경우에는 말로 제기할 수도 있다(소액사건심판법 제4조).

재심소장에는 ① 재심의 대상인 판결의 표시, ② 그 판결에 대하여 재심을 구하는 취지, ③ 새심사유를 기재하여야 한다(필요적 기재사항임; 제458조). 재심소장에 기재한 재심사유는 재심의 소제기 후에 변경할 수 있다. 불복의 범위(원 판결 변경의 범위)와 본안 사건에 대한 신청(원래의 소장의 청구취지)은 임의적 기재사항이다.[70] 재심소장에는 심급에 따라 소장·항소장·상고장에 붙이는 것과 같은 금액의 인지를 첨부하여야 하고(민사소송 등 인지법 제8조), 재심의 대상이 되는 판결의 사본을 붙여야 한다(규칙 제139조).

5) 재심 소송절차는 그 성질에 어긋나지 아니하는 범위 안에서 각 심급의 소송절차에 관 한 규정이 준용된다(제455조; 규칙 제138조). 재심피고는 부대재심의 소를 제기할 수 있고, 자기 측의 재심사유에 기한 반소도 제기할 수 있다.[71]

---

68) 이시윤, 앞의 책, 904면.
69) 대법원 1983. 4. 26. 선고 83사2 판결.
70) 이시윤, 앞의 책, 918면.

6) 확정판결과 같은 효력을 가지는 화해, 청구의 포기·인낙을 기재한 조서(변론조서 또는 변론준비기일조서) 또는 즉시항고로 불복할 수 있는 결정이나 명령이 확정된 경우에는 재심사유(제451조 제1항)가 있는 때는 재심절차에 준하여 재심을 제기할 수 있다(준재심의 소).

나. 재심소장 양식

재 심 소 장[72]

원고(재심피고):
    주 소:
    우편번호:
    전화번호:
피고(재심원고):
    주 소:
    우편번호:
    전화번호:

사건의 판결에 대한 재심

재심피고를 원고, 재심원고를 피고로 하는 귀원 가소(단, 합) 호 사건에 관하여 동원이 200 . . . 선고한 다음 판결에 재심사유가 있으므로 재심의 소를 제기합니다.

재심을 구하는 판결의 표시

재심 청구 취지

재심 청구 원인

2021.   .   .
위 재심원고   (인)

○○법원 귀중

---

71) 위의 책, 919면.
72) 대법원 홈페이지 대국민서비스 전자민원센터.

재 심 소 장

재심원고(본소원고)   한 성 필 (640724－1679314)
                     서울 강남구 압구정로10길 30－17
                     소송대리인 변호사 이 일 관
                     서울 서초구 사평대로56길 14 일원빌성 305호
재심피고(본소피고)   오 구 만 (650828－1873514)
                     서울 광진구 아차산로57길 15

대여금 청구사건의 항소심 판결에 대한 재심

위 당사자 사이의 서울고등법원 2015나3234 대여금청구사건(아래에서는 '이 사건 소송'이라 합니다)에 대하여 동 법원이 2017. 10. 24. 선고한 판결(아래에서는 '이 사건 판결'이라 합니다)은 이미 확정되었으나, 아래의 청구원인 기재와 같은 재심사유가 있으므로 재심의 소를 제기합니다.

불복하는 판결의 주문

1. 원 판결을 취소한다.
2. 원고(피항소인)의 청구를 기각한다.
3. 소송비용은 1, 2심 모두 원고(피항소인)의 부담으로 한다.

재심 청구의 취지

1. 위의 확정판결을 취소한다.
2. 재심피고(본소피고; 항소인)의 항소를 기각한다.
3. 소송비용은 1, 2심 모두 재심피고(본소피고; 항소인)의 부담으로 한다.

재심 청구 원인

1. 재심사유
 (1) 재심원고(본소원고; 피항소인; 아래에서는 '재심원고'라 합니다)가 제기한 이 사건 소에 관하여 2017. 10. 24. 재심피고(본소피고; 항소인; 아래에서는 '재심피고'라 합니다)의 변제 항변을 받아들여 재심원고의 청구를 기각하였습니다.
 (2) 위 판결 확정 후, 재심피고의 변제사실을 증명할 유일한 증거로서 제출한 을 제7호증(확인서)은 재심피고가 위조한 것임이 수사결과 밝혀졌습니다. 그 결과 재심피고는 서울중앙지방법원에서 사문서위조죄로 유죄판결을 선고받고, 동 판결은 2018. 12. 22. 확정되었습니다.
 (3) 따라서 이 사건 판결은 민사소송법 제451조 제1항 제6호의 재심사유에 해당하여 마땅히 취소되어야 할 것입니다.

2. 청구원인

　재심원고는 재심피고에게 2015. 9. 5. 돈 2억 원을 대여하였습니다.

　(자세한 내용은 이 사건 소장에 기재한 사실과 같습니다.)

3. 이상과 같은 이유로 재심청구취지 기재와 같은 판결을 구합니다.

첨 부 서 류

1. 소송위임장	1통
2. 판결확정증명서	1통
3. 재심대상 판결	1통
4. 갑 제7호증(판결)	2통

2020. 7. 5.

위 재심원고 소송대리인 변호사 이 일 관 (인)

서울고등법원 귀중

제5절　지급명령 · 공시최고 신청서

1. 지급명령 신청서

가. 기본 사항

1) 금전, 그 밖의 대체물이나 유가증권의 일정한 수량의 지급을 목적으로 하는 청구에 대하여, 채권자는 지급명령신청서를 법원에 제출하고, 법원의 지급명령에 대하여 채무자가 송달받은 날로부터 2주 이내에 이의신청을 하지 않으면 그대로 확정되어 집행권원이 된다(제474조; 확정된 지급명령은 확정판결과 같은 효력이 있다).

2) 지급명령신청에는 그 성질에 반하지 않는 한 소에 관한 규정이 준용된다(제464조). 신청은 당사자(채권자와 채무자), 법정대리인, 청구취지 및 원인을 기재한 신청서에 의하여야 한다. 신청서에 첨부하는 인지는 소장에 붙일 인지액의 10분의 1 상당액이다(민사소송 등 인지법 제7조 제2항).

3) 독촉절차에서의 전자문서 이용 등에 관한 법률(법률 제8057호)에 따라 신청인은 대법원 전자독촉시스템 홈페이지(http://ecf.scourt.go.kr)를 통하여서도 지급명령신청을 할 수 있다.[73]

---

73) 정동윤 · 유병현, 민사소송법(제2판), 법문사, 1011면.

나. 지급명령신청서 양식

지급명령신청

채권자   오 철 식
          서울 종로구 대명길 15

채무자   이 점 숙
          서울 서초구 강남대로 33

대여금청구 독촉사건

청 구 취 지

  채무자는 채권자에게 1,000만원 및 이에 대한 이 지급명령정본 송달일 다음날부터 다 갚을 때까지 연 12%의 비율로 계산한 돈과 아래 독촉절차 비용을 지급하라.

독촉절차비용: 19,000원
내용   1. 인지대: 4,000원
          2. 송달료: 15,000원

청 구 원 인

(생략)

첨 부 서 류

1. 차용증   1통
2. 내용증명우편   1통
3. 납부서   1통

위 채권자 오 철 식 (인)

서울중앙지방법원 귀중

2. 공시최고 신청서

가. 기본 사항

  1) 공시최고란 법원이 불특정 또는 불분명한 이해관계인에게 그 신고를 하지 아니하면 권리를 상실하는 효력이 발생할 것이라는 경고와 함께 권리 또는 청구를 신고할 것을 재판에 의하여 최고하는 것을 말한다.[74] 공시최고는 법률이 특히 정하고 있는 경우에만 허용된다(제475조).

실정법 상 ① 실종선고를 위한 공시최고(민법 제27조), ② 등기·등록 말소를 위한 공시최고(부동산등기법 제56조 제1항 등), ③ 증권 또는 증서의 무효선고를 위한 공시최고(민법 제521조 등)가 있다.

2) 공시최고는 그 신청의 원인과 제권판결을 구하는 취지를 기재한 신청서에 의하여 신청하여야 한다(제477조 제1, 제2항).

공시최고는 법률에 다른 규정이 있는 경우를 제외하고는 권리자의 보통재판적이 있는 곳의 지방법원이 관할한다.

3) 신청서에는 1,000원의 인지를 첨부하고, 송달료 5회분과 신문광고료를 납부한다.

나. 공시최고신청서 양식

공시최고신청

신청인   김 상 한 (710430 — 1798414)
            서울 강남구 압구정로 97

무효선고를 구하는 수표의 표시

별지목록 기재와 같음

신 청 취 지

  별지목록 기재 수표에 대하여 공시최고기간 내에 권리신고가 없을 때에는 무효선고의 제권판결을 한다.

신 청 이 유

  신청인은 별지목록 기재 자기앞수표의 소지인인데, 2020. 12. 31. 23:00부터 그 다음날 02:00까지 사이 서울 송파구 신천동 소재 모 주점에서 망년회를 즐기던 중 위 수표가 든 지갑을 도난당하여 분실한 사실을 뒤늦게 알게 되었습니다. 신청인은 즉시 경찰에 신고하고 수사에 착수하였으나 발견하지 못하였으므로 위 수표의 제권판결을 받고자 본 신청에 이르렀습니다.

소명방법 및 첨부서류

1. 미지급 증명원   1통
2. 분실신고접수증   1통
3. 목 록   6통

2021. 1. 29.
신청인 김 상 한 (인)

서울중앙지방법원 귀중

---

74) 위의 책, 1012면.

[별지목록]

증서의 중요한 취지

1. 종류: 자기앞수표
2. 번호: 다가 78937523, 78937524, 78937525, 78937526, 78937527, 78937528, 78937529, 78937530, 78937531 (10만 원 권 9매)
   다가 23454252, 23454253, 23454254 (100만 원 권 3매)

1. 금 액: 390만 원 정
2. 발 행 일: 2020. 12. 12
3. 발 행 지: 신한은행 송파지점
4. 지 급 지: 신한은행 송파지점
5. 최종소지인: 신청인

제 4 장

민사 보전소송 문서

제 4 장

민사 보전소송 문서

제1절 민사 보전소송 문서 개관

1. 보전소송의 의의

채무자가 스스로 그 채무를 이행하지 아니하는 한 권리자가 그 권리를 실현하기 위해서는 민법상 허용되는 자력구제[1]를 제외하고는 민사소송절차를 거쳐서 집행권원[2]을 얻고 다시 강제 집행절차[3]를 거쳐야 한다. 그런데 민사소송절차는 통상 많은 시일이 소요되고,[4] 그 사이에 채무자의 재산상태가 변한다든가 다툼의 대상에 관하여 멸실·처분 등 사실적 또는 법률적 변경이 생기게 되면 채권자는 많은 시일과 경비만을 소비하게 될 뿐 권리의 실질적 만족은 얻지 못하게 되는 수가 많다. 이러한 결과를 방지하기 위하여 집행권원을 받기 전에 미리 채무자의 일반 재산이나 다툼의 대상의 현상을 동결시켜 두거나 임시로 잠정적인 법률관계를 형성시켜 두는 조치를 취함으로써 집행을 용이하게 하고 그때까지 채권자가 입게 될지 모르는 손해를 예방

---

1) 민법 제209조(자력구제)
　① 점유자는 그 점유를 부정히 침탈 또는 방해하는 행위에 대하여 자력으로써 이를 방위할 수 있다.
　② 점유물이 침탈되었을 경우에 부동산일 때에는 점유자는 침탈후 직시 가해자를 배제하여 이를 탈환할 수 있고 동산일 때에는 점유자는 현장에서 또는 추적하여 가해자로부터 이를 탈환할 수 있다.
2) 집행권원이라 함은 사법상의 이행청구권의 존재 및 범위를 표시하고 그 청구권에 집행력을 인정한 공정의 문서를 말한다. 구 민사소송법에서는 채무명의라고 하였다. 이행청구권의 표시가 없는 형성판결이나 확인판결은 집행권원으로 되지 않는다. 집행권원이 되는 것에 대하여는 민사집행법 등 법률에 정하여져 있다(민사집행법 제24조, 제56조 등 참조).
3) 강제집행절차는 채권자의 신청에 의하여 국가의 집행기관이 채권자를 위하여 집행권원에 표시된 사법상의 이행청구권을 국가권력에 기하여 강제적으로 실현하는 법적 절차이다. 이에 반하여 저당권, 질권, 전세권 등 담보물권의 실행을 위한 경매절차를 강제경매에 대응하는 개념으로 임의경매라고 부른다(민사집행법 제264조 이하).
4) 민사소송법상 판결은 소가 제기된 날로부터 5월 이내에 선고한다고 규정하고 있지만(민사소송법 제199조 전문) 이는 훈시규정으로 이해되고 있고, 합의부의 복잡한 사건은 훨씬 많은 기간이 소요되는 것이 현실이다.

하는 수단이 필요하다. 이러한 수단으로써 법원이 채권자의 신청을 받아 필요한 최소한의 심리를 거쳐 집행보전을 위한 잠정적 조치를 명하는 재판을 보전소송, 보전처분 또는 보전재판이라고 부른다.[5]

2. 보전소송의 종류

가. 가압류[6][7]

1) 민사집행법 제276조(가압류의 목적)는 제1항에서 "가압류는 금전채권이나 금전으로 환산할

---

5) 보전절차는 다시 보전명령절차와 보전집행절차로 나뉜다. 전자는 채권자의 신청에 의하여 개시되어 임의적 변론 또는 심문을 열거나 혹은 심문 없이 심리한 후 권리 또는 법률관계에 관한 보전자격 및 필요가 인정되는 때에는 결정으로 보전명령(가압류·가처분)을 발하는 재판절차이고, 후자는 채권자가 보전명령을 집행권원으로 하여 집행을 신청하면 보전집행기관이 이에 의하여 채무자의 재산에 관하여 보전명령의 목적을 달성하기 위하여 필요한 처분을 행하는 집행절차이다. 다만, 부동산 또는 채권에 관한 보전처분의 신청과 같이 법원을 집행기관으로 하는 보전처분의 신청은 동시에 집행신청이 병합되어 있다고 보는 것이 실무이다{법원실무제요 민사집행[Ⅳ], 법원행정처(2003), 56면}.

민사집행법 제1조에는 "강제집행, 담보권 실행을 위한 경매, 민법·상법, 그 밖의 법률의 규정에 의한 경매 및 보전처분의 절차를 규정함을 목적으로 한다."라고 규정하고 있는데, 그 중 보전처분절차를 제외한 부분을 협의의 민사집행이라고 한다. 보전집행절차는 조문의 특칙이 있는 것을 제외하고는 강제집행절차를 준용하고 있다(민사집행법 제291조, 제301조).

대법원 1992. 7. 6. 자 92마54 결정: 민사소송법상의 보전처분은 민사판결절차에 의하여 보호받을 수 있는 권리에 관한 것이므로, 민사소송법상의 가처분으로써 행정청의 어떠한 행정행위의 금지를 구하는 것은 허용될 수 없다.

6) 대법원 1994. 11. 29. 자 94마417 결정: 부동산에 대하여 가압류등기가 먼저 되고 나서 근저당권설정등기가 마쳐진 경우에 그 근저당권등기는 가압류에 의한 처분금지의 효력 때문에 그 집행보전의 목적을 달성하는 데 필요한 범위 안에서 가압류채권자에 대한 관계에서만 상대적으로 무효이다.

대법원 2008. 2. 28. 자 2007다77446 판결: 부동산에 대하여 가압류등기가 먼저 되고 나서 근저당권설정등기가 마쳐진 경우에 경매절차의 배당관계에서 근저당권자는 선순위 가압류채권자에 대하여는 우선변제권을 주장할 수 없으므로 그 가압류채권자는 근저당권자와 일반 채권자의 자격에서 평등배당을 받을 수 있고, 따라서 가압류채권자는 채무자의 근저당권설정행위로 인하여 아무런 불이익을 입지 않으므로 채권자취소권을 행사할 수 없다 할 것이나, 채권자의 실제 채권액이 가압류 채권금액보다 많은 경우 그 초과하는 부분에 관하여는 가압류의 효력이 미치지 아니하여 그 범위 내에서는 채무자의 처분행위가 채권자들의 공동담보를 감소시키는 사해행위가 되므로 그 부분 채권을 피보전채권으로 삼아 당연히 채권자취소권을 행사할 수 있다.

7) 대법원 2013. 1. 17. 선고 2011다49523 전원합의체 판결: 주택임대차보호법 제3조 제3항은 같은 조 제1항이 정한 대항요건을 갖춘 임대차의 목적이 된 임대주택(이하 '임대주택'은 주택임대차보호법의 적용대상인 임대주택을 가리킨다)의 양수인은 임대인의 지위를 승계한 것으로 본다고 규정하고 있는바, 이는 법률상의 당연승계 규정으로 보아야 하므로, 임대주택이 양도된 경우에 양수인은 주택의 소유권과 결합하여 임대인의 임대차 계약상의 권리·의무 일체를 그대로 승계하며, 그 결과 양수인이 임대차보증금반환채무를 면책적으로 인수하고, 양도인은 임대차관계에서 탈퇴하여 임차인에 대한 임대차보증금반환채무를 면하게 된다. 나아가 임차인에 대하여 임대차보증금반환채무를 부담하는 임대인임을 당연한 전제로 하여 임대차보증금반환채무의 지급금지를 명령받은 제3채무자의 지위는 임대인의 지위와 분리될 수 있는 것이 아니므로, 임대주택의 양도로 임대인의 지위가 일체로 양수인에게 이전된다면 채권가압류의 제3채무자의 지위도 임대인의 지위와 함께 이전된다고 볼 수밖에 없다. 한편 주택임대차보호법상 임대주택의 양도에 양수인의 임대차보증금반환채무의 면책적 인수를 인정하는 이유는 임대주택에 관한 임대인의 의무 대부분이 그 주택의 소유자이기만 하면 이행가능하고 임차인이 같은 법에서 규정하는 대항요건을 구비하면 임대주택의 매각대금에서 임대차보증금을 우선변제받을 수 있기 때문인데, 임대주택이 양도되었음에도 양수인이 채권가압류의 제3채무자의 지위를 승계하지 않는다면 가압류권자는 장차 본집행절차에서 주택의 매각대금으로부터 우선변제를 받을 수 있는 권리를 상실하는 중대한 불이익을 입게 된다. 이러한 사정들을 고려하면, 임차인의 임대차보증금반환채권이 가압류된 상태에서 임대주택이 양도되면 양수인이 채권가압류의 제3채무자의 지위도 승계하고, 가압류권자 또한 임대주택의 양도인이 아니라 양수인에 대하여만 위 가압류의 효력을 주장할 수

수 있는 채권에 대하여 동산 또는 부동산에 대한 강제집행을 보전하기 위하여 할 수 있다."라고 규정하고 있다. 이와 같이 가압류는 금전채권이나 금전으로 환산할 수 있는 채권, 즉 피보전채권의 집행을 보전하기 위하여 채무자의 일반 재산의 감소를 방지할 목적으로 하는 것이므로, 가압류 요건으로서 무엇보다도 피보전채권이 존재해야 한다. 그러나 피보전채권은 가압류신청 당시 확정적으로 발생되어 있어야 하는 것은 아니고, 이미 그 발생의 기초가 존재하는 한 조건부 채권이나 장래에 발생할 채권도 된다(동조 제2항 참조). 집행의 대상이 되는 재산의 종류에 따라 크게 부동산 가압류, 유체동산 가압류, 채권 가압류, 항공기·선박·자동차·건설기계에 대한 가압류, 그 밖의 재산권[8]에 대한 가압류로 구별한다. 가압류 후 금전의 지급을 명하는 확정판결이 있게 되면 가압류는 본압류로 이전되어[9] 가압류된 재산에 대한 금전채권의 강제집행 절차를 밟게 된다.

2) 민사집행법 제277조(보전의 필요)는 "가압류는 이를 하지 아니하면 판결을 집행할 수 없거나 판결을 집행하는 것이 매우 곤란할 염려가 있을 경우에 할 수 있다."라고 규정하고 있는데 이것이 가압류의 또 다른 요건인 보전의 필요성이다. 따라서 채무자에게 재산이 충분히 있음이 소명된 경우에는 가압류의 필요성은 부인된다.[10]

나. 가처분[11][12]

민사집행법 제300조(가처분의 목적)는 "① 다툼의 대상에 관한 가처분은 현상이 바뀌면 당사

있다고 보아야 한다.

8) 특허권·실용신안권·디자인권·상표권·저작권 등의 지식재산권, 골프·스포츠회원권 등이 이에 해당한다.

9) 보전처분이 집행되어 있는 상태에서 시간적 간격 없이 본집행을 하게 된다. 유체동산의 경우에는 가압류의 표시는 그대로 둔 채 덧붙여 본압류의 표시를 붙이고, 등기·등록의 경우에는 경매개시결정의 기입등기를 새로 촉탁하게 된다.
   대법원 2004. 12. 10. 선고 2004다54725 판결: 가압류집행이 있은 후 그 가압류가 강제경매개시결정으로 인하여 본압류로 이전된 경우에 가압류집행이 본집행에 포섭됨으로써 당초부터 본집행이 있었던 것과 같은 효력이 있고, 본집행의 효력이 유효하게 존속하는 한 상대방은 가압류집행의 효력을 다툴 수 없다.

10) 대법원 1967. 12. 29. 선고 67다2289 판결: 채권을 담보하기 위하여 대와 그 지상건물을 근저당권설정을 하였을 경우 채권의 집행보전을 위한 가압류의 필요 유무를 판단함에 있어서는 위 부동산의 환가가치를 확정하여 그 가격으로 채권만족을 얻을 수 있는가의 여부를 먼저 가려야 할 것이다.

11) 대법원 1984. 4. 16. 자 84마7 결정: 가처분에 의한 처분금지의 효력은 가처분채권자에 대한 관계에 있어서 전면적으로 부정되는 것이 아니고, 가처분채권자의 권리를 침해하는 한도에서만 생긴다고 할 것이므로 가처분채권자는 피보전권리에 관하여 본안소송에서 승소확정을 받은 경우에 피보전권리의 한도에서 가처분 위반의 처분행위의 효력을 부정할 수 있다 할 것인바, 임차권은 목적물의 사용수익을 내용으로 하는 권리로서 근저당권의 존속이 임차권의 실현에 장애가 되지 아니한다 할 것이고 가처분등기 후 설정된 근저당권의 실행이 있다 하더라도 선행된 가처분등기와 임차권설정등기청구를 인용한 본안판결에 기하여 임차권을 제3자에게 대항할 수 있다 할 것이니 근저당권의 설정으로 인하여 가처분에 의하여 보전된 임차권이 아무런 침해를 받지 아니한다 할 것이므로 재항고인은 그 가처분 후에 마쳐진 근저당권설정등기의 말소를 구할 수 없다.

12) 대법원 2012. 11. 15. 선고 2010다73475 판결: 민법 제245조 제1항에 의하면 부동산에 관한 점유취득시효가 완성되었더라도 소유권취득을 위한 등기청구권이 발생할 뿐 곧바로 소유권취득의 효력이 생기는 것이 아니고 등기를 함으로써 비로소 소유권을 취득한다. 따라서 취득시효의 완성 후 그 등기를 하기 전에 제3자의 처분금지가처분이 이루어진 부동산에 관하여 점유자가 취득시효 완성을 원인으로 소유권이전등기를 하였는데, 그 후 가처분권리자가 처분금지가처분의 본안소송에서 승소판결을 받고 그 확정판결에 따라 소유권이전등기를 하였다면, 점유자가 취득시효 완성 후 등기를 함으로써 소유권을 취득하였다는 이유로 그 등기 전에 처분금지가처분을 한 가처분권리자에게 대항할 수 없다.

자가 권리를 실행하지 못하거나 이를 실행하는 것이 매우 곤란할 염려가 있을 경우에 한다.

② 가처분은 다툼이 있는 권리관계에 대하여 임시의 지위를 정하기 위하여도 할 수 있다. 이 경우 가처분은 특히 계속하는 권리관계에 끼칠 현저한 손해를 피하거나 급박한 위험을 막기 위하여, 또는 그 밖의 필요한 이유가 있을 경우에 하여야 한다."라고 규정하고 있다.

위 1항을 다툼의 대상에 관한 가처분, 위 2항을 임시의 지위를 정하기 위한 가처분이라 한다.

1) 다툼의 대상에 관한 가처분

채권자가 금전 이외의 물건이나 권리를 대상으로 하는 청구권(피보전채권, 예컨대 부동산소유권이전등기청구권, 소유물반환청구권 등)을 가지고 있을 때 그 대상물의 현상변경 즉, 목적물을 훼손하는 것(객관적 변경)[13]이나, 이전하거나 양도하는 것(주관적 변경)[14]으로 인해 권리실현이 불능 또는 매우 곤란할 염려가 있을 경우(보전의 필요성)에 대한 장래의 강제집행(민사집행법 제257조 내지 제263조)을 보전하기 위하여 그 현상을 유지하는 것을 목적으로 하는 보전처분이다. 가처분 후 본안에 관한 확정판결이 있게 되면 그대로 본집행으로 이전되는 것이 아니고 가처분된 상태에서 따로 청구권 실현을 위한 강제집행을 하게 된다.[15]

여기에는 처분금지가처분과 점유이전금지가처분이 있다.[16]

2) 임시의 지위를 정하기 위한 가처분

당사자 간에 현재 다툼이 있는 권리 또는 법률관계가 존재하고(피보전채권) 그에 대한 확정판결이 있기까지 현상의 진행을 그대로 방치한다면 권리자가 현저한 손해를 입거나 급박한 위험에 처하는 등 장래 확정판결을 얻더라도 소송의 목적을 달성하기 어려운 경우에(보전의 필요성) 잠정적으로 권리 또는 법률관계에 관하여 임시의 지위를 정하여 그와 같은 손해나 급박한 위험을 피할 수 있도록 하는 보전처분이다. 이는 앞서의 보전처분과는 달리 장래의 집행을 보전하기 위한 것이 아니다.

실무상 많이 이용되는 가처분으로는 지식재산권침해금지가처분, 부정경쟁행위금지가처분, 업

그런데 한편 취득시효 완성 당시의 소유명의자의 소유권등기가 무효이고 취득시효 완성 후 그 등기 전에 이루어진 처분금지가처분의 가처분권리자가 취득시효 완성 당시 그 부동산의 진정한 소유자이며 그 가처분의 피보전권리가 소유권에 기한 말소등기청구권 또는 진정명의회복을 위한 이전등기청구권이라면, 그 가처분에 기하여 부동산의 소유 명의를 회복한 가처분권리자는 원래 취득시효 완성을 원인으로 한 소유권이전등기청구의 상대방이 되어야 하는 사람이므로, 그 가처분권리자로서는 취득시효 완성을 원인으로 하여 이루어진 소유권이전등기가 자신의 처분금지가처분에 저촉되는 것이라고 주장하여 시효취득자의 소유권취득의 효력을 부정할 수 없으며, 취득시효 완성을 원인으로 하여 그 완성 당시의 등기명의인으로부터 시효취득자 앞으로 이루어진 소유권이전등기는 실체관계에 부합하는 유효한 등기라고 보아야 한다.

13) 현상변경의 결과 목적물의 동일성이 상실된 경우 본안소송에서 청구취지를 신 목적물로 변경하여야 본집행이 가능하다.

14) 가처분 이후에 가처분채무자로부터 점유를 이전받은 제3자에 대하여는 본안판결의 집행단계에서 승계집행문을 부여받아 집행하게 된다(대법원 1999. 3. 23. 선고 98다59118 판결).

15) 처분금지가처분 권리자의 가처분 기입등기 후의 가처분 저촉등기의 말소에 관하여는 2020. 7. 21. 대법원 등기예규 제1690호 참조.

16) 건물퇴거, 토지인도청구권을 피보전권리로 하는 경우 건물점유자에게 특별한 사유가 없는 한 통상 건물에 대하여만 점유이전금지가처분을 하게 되나, 건물의 소유자가 그 건물의 소유를 통하여 타인 소유의 토지를 점유하고 있는 경우에는 그 토지 소유자로서는 그 건물의 철거와 그 대지 부분의 인도를 청구할 수 있을 뿐, 자기 소유의 건물을 점유하고 있는 자에 대하여 그 건물에서 퇴거할 것을 청구할 수는 없으므로(대법원 1999. 7. 9. 선고 98다57457, 57464 판결), 이때에는 건물에 대한 처분금지가처분을 받아야 한다.

무방해금지가처분, 공사금지가처분 등과 회사법상의 이사직무집행정지 및 직무대행자 선임가처분(상법 제407조) 등이 있는데, 이러한 가처분 중에는 본안판결을 통하여 얻고자 하는 내용과 실질적으로는 동일한 내용의 권리관계를 형성하는 단행가처분 또는 만족적 가처분도 있다(예컨대, 건물의 인도청구권을 본안권리로 하는 채권자에게 임시로 그 건물점유자의 지위를 부여하는 건물인도단행가처분, 해고의 무효를 주장하는 근로자에게 임금의 계속 지급을 명하는 금원지급가처분, 교통사고를 당한 피해자에게 치료비, 생활비 상당의 돈을 받게 하는 금원지급가처분 등).[17]

3. 보전소송의 신청[18]

법원에 대하여 보전재판을 구하는 보전처분의 신청은 통상 민사소송에 있어서 소의 제기에 해당하는 것이므로 성질에 반하지 아니하는 한 소의 제기에 관한 규정이 준용된다(민사집행법 제23조). 따라서 신청서 작성의 요령은 기본적으로 민사소장의 그것과 다르지 않다.[19]

보전처분의 신청은 본안소송의 제기 전에 하는 것이 보통이나 본안소송이 이미 제기되었다 하더라도 집행권원을 얻기까지는 신청할 수 있다. 그러나 일단 집행권원을 얻으면 특별한 사정이 없는 한 보전의 필요성이 없다.

채권자는 채무자를 대위하여 보전처분의 신청을 할 수 있는데, 채무자는 채권자의 보전처분 신청을 안 후에는 자기 채권을 처분하거나 행사할 수 없다(대법원 2007. 6. 28. 선고 2006다85921 판결).

4. 신청에 대한 재판

가. 심 사

1) 신청서[20] 자체에 대한 심사와 더불어 가압류 신청에 있어서는 가압류신청진술서[21]에 대한 심사를 한다. 진술서를 첨부하지 않은 경우나 중요부분의 기재를 누락한 경우는 이를 보전의 필요성에 대한 실질적인 진술이 누락된 것으로 취급된다. 신속성을 요구하는 보전처분의 성질상 일반적으로 신청서에 첨부된 소명방법인 서면만으로 신청의 당부를 심사한다. 가압류와

---

17) 이 외에도 가사소송법상에도 재산보존, 양육을 위한 임시적 처분 규정, 가압류, 가처분 규정(동법 제62조, 제63조)이 있고, 행정소송법상에도 보전처분인 행정처분의 집행정지 규정(동법 제23조) 등이 있다.
18) 관할은, 가압류는 가압류할 물건이 있는 곳을 관할하는 지방법원이나 본안의 관할법원이(민사집행법 제278조), 가처분은 본안의 관할법원 또는 다툼의 대상이 있는 곳을 관할하는 지방법원이(민사집행법 제303조) 각 관할법원이 된다.
19) 민사소송 등에서의 전자문서 이용 등에 관한 법률에 따른 전자소송의 시행으로 인해 2013. 9. 16.부터 보전처분 신청사건 등에 대해서도 법원의 전자소송시스템을 이용하여 보전처분 신청서와 소명자료 등을 전자문서로 제출할 수 있다(http://ecfs.scourt.go.kr/ecf/index.jsp).
20) 대법원재판예규 제944호 "보전처분 신청사건의 사무처리요령"(재민 2003-4) 제2조에 따라 법원 민원실에는 부동산가압류 신청서, 유체동산가압류 신청서, 채권가압류 신청서, 부동산처분금지가처분 신청서, 가압류신청 진술서의 양식이 비치되어 사용할 수 있도록 하고 있다.
21) 위 사무처리요령 제3조에는 가압류를 신청하는 경우에 가압류신청 진술서를 첨부하지 아니하거나, 고의로 진술 사항을 누락하거나 허위로 진술한 내용이 발견된 경우에는 특별한 사정이 없는 한 보정명령 없이 신청을 기각할 수 있다고 규정하고 있고, 가압류신청 진술서 양식은 법원에 비치되어 있다.

처분금지가처분, 점유이전금지가처분 등 현상유지적 가처분의 경우는 대부분 서면심리에 의하고 있는 것이 실무례이다.

    – 가압류신청 진술서 양식

가압류신청 진술서

    채권자는 가압류 신청과 관련하여 다음 사실을 진술합니다. 다음의 진술과 관련하여 고의로 누락하거나 허위로 진술한 내용이 발견된 경우에는, 그로 인하여 보정명령 없이 신청이 기각되거나 가압류이의절차에서 불이익을 받을 것임을 잘 알고 있습니다.

20 . . .

        채권자(소송대리인) _____ (날인 또는 서명)

※ 채무자가 여럿인 경우에는 각 채무자별로 따로 작성하여야 합니다.

◇ 다 음 ◇

1. 피보전권리와 관련하여
  가. 채무자가 신청서에 기재한 청구채권을 인정하고 있습니까?
      □ 예
      □ 아니오 → 채무자의 주장의 요지:
      □ 기타:
  나. 채무자의 의사를 언제, 어떠한 방법으로 확인하였습니까? (소명자료 첨부)
  다. 채권자가 신청서에 기재한 청구금액은 본안소송에서 승소할 수 있는 금액으로 적정하게 산출된 것입니까? (과도한 가압류로 인해 채무자가 손해를 입으면 배상하여야 함)
      □ 예   □ 아니오

2. 보전의 필요성과 관련하여
  가. 채권자가 채무자의 재산에 대하여 가압류하지 않으면 향후 강제집행이 불가능하거나 매우 곤란해질 사유의 내용은 무엇입니까?
  나. 채권자는 신청서에 기재한 청구채권과 관련하여 공정증서 또는 제소전화해조서가 있습니까?
  다. 채권자는 신청서에 기재한 청구채권과 관련하여 취득한 담보가 있습니까? 있다면 이 사건 가압류를 신청한 이유는 무엇입니까?
  라. [채무자가 (연대)보증인인 경우] 채권자는 주채무자에 대하여 어떠한 보전조치를 취하였습니까?
  마. [다수의 부동산에 대한 가압류신청인 경우] 각 부동산의 가액은 얼마입니까? (소명자료 첨부)

바. [유체동산가압류 또는 채권가압류사건인 경우] 채무자에게는 가압류할 부동산이 있습니까?
  ☐ 예
  ☐ 아니오 → 채무자의 주소지 소재 부동산등기부등본을 첨부할 것

사. ["예"라고 대답한 경우] 가압류할 부동산이 있다면, 부동산가압류 이외에 유체동산 및 채권가압류신청을 하는 이유는 무엇입니까?
  ☐ 이미 부동산상의 선순위 담보 등이 부동산가액을 초과함 → 부동산등기부등본 첨부할 것
  ☐ 기타 사유 → 내용:

아. [유체동산가압류 신청인 경우]
  ① 가압류할 유체동산의 품목, 가액은?
  ② 채무자의 다른 재산에 대하여 어떠한 보전조치를 취하였습니까? 그 결과는?

3. 본안소송과 관련하여

가. 채권자는 신청서에 기재한 청구채권(피보전권리)의 내용과 관련하여 채무자를 상대로 본안소송을 제기한 사실이 있습니까?
  ☐ 예 ☐ 아니오

나. ["예"로 대답한 경우]
  ① 본안소송을 제기한 법원·사건번호·사건명은?
  ② 현재 진행상황 또는 소송결과는?

다. ["아니오"로 대답한 경우] 채권자는 본안소송을 제기할 예정입니까?
  ☐ 예 → 본안소송 제기 예정일:
  ☐ 아니오 → 사유:

4. 중복가압류와 관련하여

가. 채권자는 신청서에 기재한 청구채권(금액 불문)을 원인으로, 이 신청 외에 채무자를 상대로 하여 가압류를 신청한 사실이 있습니까? (과거 및 현재 포함)
  ☐ 예 ☐ 아니오

나. ["예"로 대답한 경우]
  ① 가압류를 신청한 법원·사건번호·사건명은?
  ② 현재 진행상황 또는 결과(취하/각하/인용/기각 등)는? (소명자료 첨부)

다. [다른 가압류가 인용된 경우] 추가로 이 사건 가압류를 신청하는 이유는 무엇입니까? (소명자료 첨부)

---

2) 서면심리만으로는 부족한 경우 당사자의 주장을 석명하게 하거나 소명방법을 보충하도록 하기 위하여 심문[22]을 하기도 하고, 임시의 지위를 정하는 가처분의 경우에는 가처분의 목적을 달성할 수 없는 사정이 있지 않는 한 반드시 심문기일이나 변론기일을 열어서 심리하여야 한다(민사집행법 제304조).

---

22) 심문은 일정한 방식에 의하지 아니하고 서면 또는 구두로 행한다. 심문을 위한 기일이 열리는 경우도 있지만 반드시 기일을 열거나 당사자들을 대석하게 하거나 공개할 필요가 없다.

나. 결 정[23]

1) 가압류신청에 대한 재판은 결정으로 하는데(민사집행법 제281조 제1항) 이는 가처분신청에 대한 재판에도 준용된다(동법 제301조). 보전처분 신청이 소송요건을 결하여 부적법하거나 법원이 제공을 명한 담보를 제공하지 아니한 때에는 신청이 각하되고, 피보전권리나 보전의 필요성이 없어 이유가 없는 때에는 신청이 기각된다.

채권자는 신청을 배척하는 결정에 대하여 즉시항고로 다툴 수 있다(민사집행법 제281조 제2항).[24]

2) 보전처분을 인용하는 재판은 담보를 조건으로 하는 경우와 무조건으로 하는 경우가 있는데,[25] 실무상으로는 소명이 있는 경우에도 대부분 손해담보로서의 보증을 명하고 있다. 이 담보는 부당한 보전처분으로 인하여 채무자가 입게 될 손해를 직접 담보하는 것이다. 따라서 채무자는 그 손해배상청구권에 관하여 공탁된 보증금에 대해 질권자와 동일한 권리를 가진다.[26] 법원은 통상 보전처분을 발하기에 앞서 일정한 기간을 정하여 일정액의 담보를 제공하는 명령을 발하는데, 채권자가 담보를 제공할 것을 조건으로 하는 정지조건부 보전처분을 하는 경우도 있다.

---

23) 보전처분에 관한 모든 재판의 형식이 결정으로 바뀌었기 때문에 해석상 이의재판에 대한 결정이 확정된 후에도 보전처분 신청의 취하가 가능하다(사법연수원, 보전소송, 2015, 60면 주111).

24) 대법원 2014. 10. 8.자 2014마667 전원합의체 결정: 판결과 달리 선고가 필요하지 않은 결정이나 명령(이하 '결정'이라고만 한다)과 같은 재판은 그 원본이 법원사무관등에게 교부되었을 때 성립한 것으로 보아야 하고, 일단 성립한 결정은 그 취소 또는 변경을 허용하는 별도의 규정이 있는 등의 특별한 사정이 없는 한 결정법원이라도 이를 취소·변경할 수 없다. 또한 결정법원은 즉시항고가 제기되었는지 여부와 관계없이 일단 성립한 결정을 당사자에게 고지하여야 하고 그 고지는 상당한 방법으로 가능하며(민사소송법 제221조 제1항), 재판기록이 항고심으로 송부된 이후에는 항고심에서의 고지도 가능하므로 결정의 고지에 의한 효력 발생이 당연히 예정되어 있다. 일단 결정이 성립하면 당사자가 법원으로부터 결정서를 송달받는 등의 방법으로 결정을 직접 고지받지 못한 경우라도 결정을 고지받은 다른 당사자로부터 전해 듣거나 기타 방법에 의하여 결론을 아는 것이 가능하여 본인에 대해 결정이 고지되기 전에 불복 여부를 결정할 수 있다. 그럼에도 이미 성립한 결정에 불복하여 제기한 즉시항고가 항고인에 대한 결정의 고지 전에 이루어졌다는 이유만으로 부적법하다고 한다면, 항고인에게 결정의 고지 후에 동일한 즉시항고를 다시 제기하도록 하는 부담을 지우는 것이 될 뿐만 아니라 이미 즉시항고를 한 당사자는 그 후 법원으로부터 결정서를 송달받아도 다시 항고할 필요가 없다고 생각하는 것이 통상의 경우이므로 다시 즉시항고를 제기하여야 한다는 것을 알게 되는 시점에서는 이미 즉시항고기간이 경과하여 회복할 수 없는 불이익을 입게 된다. 이와 같은 사정을 종합적으로 고려하면, 이미 성립한 결정에 대하여는 그 결정이 고지되어 효력을 발생하기 전에도 그 결정에 불복하여 항고할 수 있다고 보는 것이 타당하다.

25) 대한민국은 "인지 첩부·첨부 및 공탁 제공에 관한 특례법" 제3조에 따라 무담보이다.

26) 보전처분의 발령 또는 집행으로 인하여 손해배상청구권의 존재 및 범위가 확정되었을 때 담보권자는 현금공탁에 대하여는 실무상 통상 공탁자가 가지는 공탁물회수청구권에 관하여 압류 및 전부 또는 추심명령을 받은 후 담보권자 명의로 담보취소를 신청하여 담보취소결정을 받아 공탁물을 회수하는 방법을 취하고 있고, 지급보증위탁계약서가 제출된 경우 보전처분신청 채권자를 상대로 한 집행권원의 서면을 첨부하여 보험회사에 청구하여 지급받는다.

담보제공방식과 관련한 법원의 사무요령에 대하여는 대법원 재판예규 제936호 "지급보증위탁계약체결문서의 제출에 의한 담보제공과 관련한 사무처리요령"(재민 2003-5) 참조.

제2절 가압류 신청서

1. 가압류명령의 양식 예시[27]

○○지방법원

결 정

사　건　　　2014 카단1011　유체동산가압류
채권자　　　김갑동 (－생략－)
　　　　　　서울 서초구 서초동 ○○○
채무자　　　이을동 (－생략－)
　　　　　　서울 강남구 압구정동 ○○○

주　문

채무자 소유의 유체동산을 가압류한다.
채무자는 다음 청구금액을 공탁하고 집행정지 또는 집행취소를 신청할 수 있다.[28]
신청비용은 채무자의 부담으로 한다.[29]

청구채권의 내용　20 ． ． ．자　대여금
청구금액[30]　　　금　　　원

이　유

이 사건 유체동산가압류신청은 이유 있으므로 담보로 금　　원을 공탁하게 하고(담보로 별지 첨부의 지급보증위탁계약을 맺은 문서를 제출받고)[31] 주문과 같이 결정한다.

20 ． ． ．

판사 ＿＿＿ ＿＿ (인)[32]

---

27) 단독사건을 예시하였다. 본안이 단독판사 관할인 경우 보전소송을 단독판사가 처리하고, 본안이 합의부 관할인 경우에는 보전소송을 합의부에서 처리한다. 경우에 따라서는 재정합의, 재정단독 결정 후 재배당을 하기도 한다.
28) 가압류 명령에는 가처분과 달리 가압류의 집행을 정지시키거나 집행할 가압류를 취소시키기 위하여 채무자가 공탁할 금액을 적시하여야 한다(민사집행법 제282조).
29) 보전처분신청사건의 경우 "심문 또는 변론을 거친" 경우에는 당사자가 소송비용부담의 신청을 하지 않은 경우라도 직권으로 소송비용부담의 재판을 함이 원칙이다. 그렇지 아니한 경우에는 통상 당사자가 신청하지 않는 한 이 부분이 기재되지 아니 한다. 따라서 소송비용부담재판을 하지 않은 경우에는 별도로 발령법원에 대하여 소송비용부담재판의 신청을 하여야 한다.
30) 통상 압류신청시까지의 원리금을 기재하는데, 장래의 지연손해금(예컨대, 완제일까지 연 5%의 지연손해금)을 포함하여 기재하기도 한다.
31) 담보로 지급보증위탁계약을 맺은 문서를 제출받고 하는 가압류의 경우 별지로 담보제공자가 제출하는 보증서(공탁보증보험증권) 전면의 사본을 첨부한다.

2. 각종의 가압류 신청서[33]

가. 부동산 가압류 신청서

부동산가압류신청

채권자[34]   - 생략 -

채무자   - 생략 -

청구채권[35]의 표시

금   원 및 이에 대한 20 . . .부터 연   %의 비율에 의한 20 . . .자 대여금 채권

가압류할 부동산의 표시

별지 목록 기재[36]와 같습니다.

신청취지[37]

　채무자 소유의 별지 기재 부동산을 가압류한다.
라는 재판을 구합니다.

신청이유[38]

1. 피보전권리
　채권자가 채무자에게 20 . . . 금   원을 이자 월 %, 변제기 20 . . .로 하여 대여
하였는데, 채무자는 20 . . .부터 이자를 지급하지 아니하더니 변제기를 경과한 지금까지도
이를 갚지 않고 있습니다.

2. 보전의 필요성
　채권자는 채무자로부터 위 돈을 지급받기 위하여 본안소송을 준비하고 있는데, 별지 목록

---

32) 판결의 경우에는 반드시 판사가 서명날인하여야 하지만, 결정의 경우에는 기명으로 갈음할 수 있다(민사소송법 제224조 제1항 단서).
33) 대법원은 일반인들의 편의를 위해 가압류 신청서의 견본을 마련하고 신청서 작성 방법 및 인지금액 등을 알려 주고 있다{대법원 홈페이지(www.scourt.go.kr/supreme/) 대국민서비스 ⇒ 전자민원센터 ⇒ 절차안내 신청 ⇒ 가압류 참조}.
34) 소장 부분 참조, 당사자 표시는 소장과 같이 한다. 다만 소장의 '원고', '피고'와 달리 '채권자', '채무자'라 한다.
35) 피보전채권의 가액이 사물관할의 기준이고, 담보액 산정기준이다.
36) 원칙적으로 등기된 부동산이 그 대상이 되므로 등기부 표시대로 기재한다. 소장의 기재례 참조.
37) 소장의 청구취지에 대응한다. 어떠한 내용의 가압류를 구하는 것인지 그 취지를 분명하게 기재한다.
38) 소장의 청구원인에 대응한다. 피보전권리와 보전의 필요성을 적시한다.

기재 부동산 외에는 별다른 재산이 없는 채무자가 위 부동산을 처분해 버리면 채권자가 승소하더라도 강제집행의 목적을 달성할 수 없기 때문에 시급히 위 부동산을 보전해 둘 필요성이 있습니다.

3. 담보제공

　　담보제공은 지급보증위탁계약을 맺은 문서(○○보험주식회사 증권번호 제○○호)로 제출하고자 하오니 허가하여 주시기 바랍니다.[39]

소명방법

1. 현금보관증	1통
1. 등기사항전부증명서(토지)	1통

첨부서류[40][41]

1. 위 각 소명자료	각 1통
1. 가압류신청진술서	1통
1. 송달료납부서	1통

20 ． ． ．

위 채권자 　(인)

○○○지방법원 귀중

---

39) 이 양식은 보증서 제출과 신청을 동시에 한 경우의 예시이다.

　　대법원 재판예규 제936호 "지급보증위탁계약체결문서의 제출에 의한 담보제공과 관련한 사무처리요령" (재민 2003-5) 제6조에 의하면, 채권자가 부동산·자동차·건설기계 또는 금전채권에 대한 가압류신청을 하는 때에는 법원의 담보제공명령이 없더라도 "① 부동산·자동차·건설기계에 대한 가압류 신청사건의 경우 청구금액(원금만을 기준으로 하고 이자·지연손해금 등은 포함하지 않는다. 이하 같다)의 1/10 (10,000원 미만은 버린다. 이하 같다), ② 금전채권에 대한 가압류 신청사건의 경우(급여채권·영업자예금 채권에 대한 가압류신청을 하는 때에는 제외) 청구금액의 2/5, 다만 법원이 지역 사정 등을 고려하여 별도의 기준을 정한 경우에는 그에 상당하는 금액"을 보증금액으로 하는 보증서원본을 제출하는 방법으로 담보제공의 허가신청을 할 수 있다. 이때 채권자·채무자 중 일방 또는 쌍방이 여럿인 경우에는 각 채권자가 각 채무자를 위하여 위 보증금액에 해당하는 보증서 원본을 개별적으로 제출하여야 한다.

　　보증서 원본을 미리 제출하였다가 현금공탁을 명령받거나 가압류신청이 기각·각하되거나 취하한 경우 최저보험료를 제외한 부분을 환급받을 수 있다.

40) 등기나 등록이 필요한 보전처분을 신청하는 경우에는 등록면허세와 지방교육세를 납부한 영수필통지서 및 영수필확인서를 신청서에 첨부한다. 이 때 가압류신청이 기각·각하되거나 신청을 취하한 경우는 지방세기본법 환급규정에 따라 환급받을 수 있다(지방세기본법 제60조 이하).

41) 상대방이 출석하는 심문이나 변론을 열어 심리하는 경우에는 부본을 제출하여야 한다.

　　첨부하는 수입인지와 납부할 송달료에 대해서는 재판예규 제955호 "민사소송 등 인지법" 제9조 제2항, "송달료 규칙의 시행에 따른 업무처리요령(재일 87-4)" 참조.

- 별지 목록은 소장의 기재례 참조.

나. 유체동산 가압류 신청서

유체동산가압류신청

채 권 자   - 생략 -

채 무 자   - 생략 -

청구채권의 표시[42]

금 1,000만 원
채권자가 채무자에 대하여 가지는 2008. 1. 1.자 대여금 청구채권의 원금

신청취지[43]

채무자 소유의 유체동산을 가압류한다.
라는 재판을 구합니다.

신청이유

1. 피보전권리
  (본안 소장에 기재할 사실관계와 피보전권리 발생의 법률관계를 기재)

2. 보전의 필요성
  채권자는 채무자에게 수차례 위 대여금의 변제를 독촉하였으나 채무자가 이를 불응하여 이제 채무자를 상대로 본안소송을 제기하려고 합니다. 그런데 채권자가 조사한 바에 의하면 별다른 재산이 없는 채무자는 자신의 유체동산마저도 처분할 태세이고, 그렇다면 채권자가 후일 본안소송에서 승소판결을 얻더라도 그 집행이 불가능하게 될 것이므로 시급히 이를 보전해 둘 필요가 있습니다.

3. 담보제공
  담보제공에 대하여는 보증보험회사와 지급보증 위탁계약을 맺은 문서로 제출하고자 하오니 허가하여 주시기 바랍니다.

첨부서류

1. 차용금 증서	1통
1. 가압류신청진술서	1통
1. 송달료납부서	1통

---

42) 원금만을 피보전채권으로 한 경우를 기재하였다.
43) 신청취지에 "채무자 소유의 유체동산을 가압류한다."라고 하여 유체동산을 특정하지 아니하고 채무자의 유체동산 전체를 그 대상으로 한다.

20 . . .
위 채권자   (인)

○○지방법원 귀중

다. 채권 가압류[44] 신청서

채권가압류신청

채 권 자   – 생략 –

채 무 자   – 생략 –
제3채무자   – 생략 –

청구채권의 표시

금 1,000만 원
채권자가 채무자에 대하여 가지는 2008. 1. 1.자 대여금 청구채권

신청취지[45][46]

채무자의 제3채무자에 대한 별지 목록 기재의 채권을 가압류한다.
제3채무자는 채무자에게 위 채권에 관한 지급을 하여서는 아니 된다.
라는 재판을 구합니다.

신청이유

1. 피보전권리
　(본안 소장에 기재할 사실관계와 피보전권리 발생의 법률관계를 기재)

　그러나 공장의 재고물품이나 기계를 특정하여 가압류신청을 할 수도 있다. 이때에는 가압류하고자 하는 물건을 구체적으로 특정하여야 한다.

44) 채권가압류결정을 받은 제3채무자는 그 후에 취득한 채권에 의한 상계로 그 가압류채권자에게 대항하지 못하지만(민법 제498조), 수동채권이 가압류될 당시 자동채권과 수동채권이 상계적상에 있거나 자동채권의 변제기가 수동채권의 그것과 동시에 또는 그보다 먼저 도래하는 경우에는 제3채무자는 자동채권에 의한 상계로 가압류채권자에게 대항할 수 있다(대법원 2012. 2. 16. 선고 2011다45521 전원합의체 판결).

45) 표시에 약간의 잘못이 있더라도 현실적으로 존재하는 채권과 동일성이 인정되면 압류명령은 유효하다.
　장래 발생할 채권이나 조건부 채권도 현재 그 권리의 특정이 가능하고 가까운 장래에 발생할 것이 상당 정도 기대되는 경우에는 이를 가압류할 수 있다(대법원 2001. 9. 18.자 2000마5252 결정: 20년 이상 근속한 지방공무원의 경우에는 명예퇴직수당의 기초가 되는 법률관계가 존재하고 그 발생근거와 제3채무자를 특정할 수 있어 그 권리의 특정도 가능하며 가까운 장래에 발생할 것이 상당 정도 기대된다고 할 것이어서, 그 공무원이 명예퇴직수당 지급대상자로 확정되기 전에도 그 명예퇴직수당 채권에 대한 압류가 가능하다고 할 것이고, 그 공무원이 명예퇴직 및 명예퇴직수당 지급신청을 할지 여부가 불확실하다거나 예산상

2. 보전의 필요성

채권자는 채무자에게 수차례 위 대여금의 변제를 독촉하였으나 채무자가 이를 불응하여 본 안소송을 제기하여 강제집행을 하려고 합니다. 그런데 채권자가 조사한 바에 의하면 채무자에게 별지 채권 외에는 별다른 재산이 없으므로 이에 대하여 시급히 그 집행을 보전해 둘 필요가 있습니다.

3. 담보제공

담보제공에 대하여는 보증보험회사와 지급보증 위탁계약을 맺은 문서로 제출하고자 하오니 허가하여 주시기 바랍니다.

첨부서류

- 생략 -

20 .   .   .

위 채권자   (인)

○○지방법원 귀중

---

* 별지의 가압류할 채권의 표시 - 예시

- 임금 및 퇴직금[47]

가압류할 채권의 표시

금 1,000만 원
채무자가 제3채무자로부터 매월 수령하는 급여채권(급료, 상여금, 그 밖에 이와 비슷한 성질을 가진 급여채권)에서 제세공과금을 뺀 잔액의 1/2씩 위 청구금액에 이를 때까지의 금액[다만,

---

부득이한 경우 그 지급대상범위가 제한될 수 있다는 것 때문에 그것이 가까운 장래에 발생할 것이 상당 정도 확실하지 않다고 볼 것은 아니다).

46) 어음, 수표, 선하증권, 화물상환증, 창고증권 등의 지시증권에 수반하는 지시채권에 대한 가압류집행은 그 지시증권의 배서금지 여부에 따라 나뉜다. 배서가 금지되지 아니한 것은 유체동산으로 집행하고(민사집행법 제291조, 제189조 제2항 제3호), 배서가 금지된 것은 채권집행 방법에 따른다(민사집행법 제291조, 제233조). 후자의 경우도 증권을 점유하여야 하므로 신청취지는 아래와 같다.
"채무자의 제3채무자에 대한 별지 기재 약속어음에 기한 채권(화물상환증에 기한 별지 기재의 유체동산 인도청구권)을 가압류한다. 제3채무자는 채무자에게 위 채무의 지급을 하여서는 아니 된다. 채권자의 위임을 받은 집행관은 채무자로부터 위 약속어음을 빼앗아 점유하고 위 어음의 권리보전에 필요한 조치를 취하여야 한다."

47) 대법원 2014. 1. 23. 선고 2013다71180 판결: 민사집행법은 제246조 제1항 제4호에서 퇴직연금 그 밖에 이와 비슷한 성질을 가진 급여채권은 그 1/2에 해당하는 금액만 압류하지 못하는 것으로 규정하고 있으나, 그 특별법이라고 할 수 있는 '근로자퇴직급여 보장법'(이하 '퇴직급여법'이라고 한다) 제7조 제1항에 의하면 퇴직급여법상 퇴직연금채권은 그 전액에 관하여 압류가 금지된다.

국민기초생활보장법에 의한 최저생계비를 감안하여 민사집행법 시행령이 정한 금액에 해당하는 경우에는 이를 제외한 나머지 금액, 표준적인 가구의 생계비를 감안하여 민사집행법 시행령이 정한 금액에 해당하는 경우에는 이를 제외한 나머지 금액] 및 위 청구금액에 달하지 아니한 사이에 퇴직한 때에는 퇴직금에서 제세공과금을 뺀 잔액의 1/2 중 위 청구금액에 이를 때까지의 금액. 끝.

- 공탁금출급청구권

가압류할 채권의 표시

금   원
채무자가 제3채무자에 대하여 가지는 20 . . . 공탁자가 아래 물건의 매매대금으로서 ○○지방법원 20 년 금 제   호로 공탁한 금   원의 출급청구권(공탁 후 발생한 이자 전부 포함) 중 위 금액. 끝.

- 임대차보증금반환채권

가압류할 채권의 표시

금   원
채무자가 제3채무자로부터 20 . . . 서울   구   동(또는 도로명 주소) ○○아파트 ○동 ○호를 임차함에 있어 제3채무자에게 지급한 임대차보증금   원의 반환채권.
단, 「주택임대차보호법」 제8조 및 같은 법 시행령의 규정에 따라 우선변제를 받을 수 있는 금액이 있을 경우 이를 제외한 나머지 금액 끝.

- 예금채권

가압류할 채권의 표시[48]

금   원
다만, 채무자 갑(주민등록번호 또는 사업자등록번호 기재)이 제3채무자에 대하여 가지는 아래 예금채권(장래 입금되는 예금을 포함) 중 아래 기재한 순서에 따라 위 청구금액에 이를 때까지의 돈

1. 압류되지 않은 예금과 압류된 예금이 있는 때에는 다음 순서에 의하여 가압류한다.
   가. 선행압류·가압류가 되지 않은 예금
   나. 선행압류·가압류가 된 예금
2. 여러 종류의 예금이 있는 때에는 다음 순서에 의하여 가압류한다.
   가. 보통예금, 나. 당좌예금, 다. 정기예금, 라. 정기적금, 마. 저축예금, 바. 자유저축예금, 사. 기타 모든 예금
3. 같은 종류의 예금이 여러 계좌 있는 때에는 ① 예금금액이 많은 것부터, ② 만기가 빠른

> 것, ③ 계좌번호가 빠른 것의 순서에 의하여 가압류한다.
>
> 4. 제3채무자 송달일 기준으로 위 청구금액에 이르지 못하는 경우 장래 입금될 예금(입금되는 순서에 따름)을 가압류한다. 끝.

─ 소유권이전등기청구권을 가압류[49](가등기되지 아니한 경우)하는 경우도 있는데, 아래 주[50]

---

48) 대법원 2011. 2. 10. 선고 2008다9952 판결: 가압류명령의 송달 이후에 채무자의 계좌에 입금될 예금채권도 그 발생의 기초가 되는 법률관계가 존재하여 현재 그 권리의 특정이 가능하고 가까운 장래에 예금채권이 발생할 것이 상당한 정도로 기대된다고 볼만한 예금계좌가 개설되어 있는 경우 등에는 가압류의 대상이 될 수 있다. 한편 채권가압류에 있어서 가압류될 채권에 장래에 채무자의 계좌에 입금될 예금채권도 포함되느냐 여부는 가압류명령에서 정한 가압류할 채권에 그 예금채권도 포함되었는지 여부에 따라 결정되는 것이고 이는 곧 가압류명령상의 '가압류할 채권의 표시'에 기재된 문언의 해석에 따라 결정되는 것이 원칙이다. 그런데 제3채무자는 순전히 타의에 의하여 다른 사람들 사이의 법률분쟁에 편입되어 가압류명령에서 정한 의무를 부담하는 것이므로 이러한 제3채무자가 가압류된 채권이나 그 범위를 파악함에 있어 과도한 부담을 가지지 않도록 보호할 필요가 있다. 따라서 '가압류할 채권의 표시'에 기재된 문언은 그 문언 자체의 내용에 따라 객관적으로 엄격하게 해석하여야 하고, 그 문언의 의미가 불명확한 경우 그로 인한 불이익은 가압류 신청채권자에게 부담시키는 것이 타당하므로, 제3채무자가 통상의 주의력을 가진 사회평균인을 기준으로 그 문언을 이해할 때 포함 여부에 의문을 가질 수 있는 채권은 특별한 사정이 없는 한 가압류의 대상에 포함되었다고 보아서는 아니 된다. 원심판결 이유에 의하면, 이 사건 가압류명령의 '가압류할 채권의 표시'에는 '청구금액 2,497,950,000원정, 채무자가 각 제3채무자들에 대하여 가지는 다음의 예금채권 중 다음에서 기재한 순서에 따라 위 청구금액에 이를 때까지의 금액'이라고 기재되어 있고 그 아래에 '1. 압류되지 않은 예금과 압류된 예금이 있는 경우에는 다음 순서에 의하여 압류한다. 가. 선행압류, 가압류가 되지 않은 예금, 나. 선행압류, 가압류가 된 예금, 2. 여러 종류의 예금이 있는 때에는 다음 순서에 의하여 압류한다. 가. 보통예금, 나. 당좌예금, 다. 정기예금, 라. 정기적금, 마. 별단예금, 바. 기타제예금'이라고 기재되어 있는 사실 등을 알 수 있다. 이를 앞서의 법리에 비추어 보면, 위 문언 자체를 객관적으로 보아 이 사건 가압류명령에서 정한 가압류할 채권에는 이 사건 가압류결정이 송달될 당시 채무자가 제3채무자에게 가지고 있는 여러 예금채권을 대상으로 하여 위에서 정한 순서에 따라 그 금액이 가압류채권자의 청구금액에 달할 때까지의 예금채권이 포함됨은 분명하다. 그러나 나아가 위 문언의 기재로써 이 사건 가압류명령의 송달 이후에 새로 입금되는 예금채권까지 포함하여 가압류되었다고 보는 것은 통상의 주의력을 가진 사회평균인을 기준으로 할 때 의문을 품을 여지가 충분하다고 보이므로, 이 부분 예금채권까지 가압류의 대상이라고 해석할 수는 없다.

49) 부동산소유권이전등기청구권의 가압류는 채권에 대한 것이고 부동산 자체에 대한 것이 아니므로 결정정본을 송달함으로써 집행한다. 신청취지에 "채무자의 제3채무자에 대한 별지 목록 기재 부동산의 소유권이전등기청구권을 가압류한다. 제3채무자는 채무자에게 위 부동산에 관한 소유권이전등기절차를 이행하여서는 아니 된다."고 기재한다.
  대법원 2007. 9. 21. 선고 2005다44886 판결: 소유권이전등기청구권에 대한 압류가 있어도 채무자와 제3채무자에게 결정을 송달하는 외에 현행법상 등기부에 이를 공시하는 방법이 없어 채무자와 제3채무자 이외의 제3자에 대해서는 처분금지적 효력을 주장할 수 없고, 부동산 자체의 처분을 금하는 대물적 효력은 없으므로 제3채무자나 채무자로부터 이전등기를 경료한 제3자에 대하여 취득한 등기가 원인무효라고 주장하여 말소를 청구할 수 없고 제3채무자가 압류결정을 무시하고 이전등기를 이행하고 채무자가 다시 제3자에게 이전등기를 경료하여 준 결과 채권자에게 손해를 입힌 때에는 불법행위를 구성하고 그에 따른 배상책임을 지게 된다.
  대법원 2002. 10. 25. 선고 2002다39371 판결: 소유권이전등기청구권을 압류한 경우 채권자가 채권을 추심하기 위하여는 우선 민사집행법 제244조에서 정한 절차에 따라 부동산에 관하여 채무자 명의로 소유권이전등기를 경료한 다음 다시 그 부동산에 대한 강제경매를 실시하여 그 경매절차에서 배당받아야 할 것이므로, 제3채무자의 고의 또는 과실로 소유권이전등기청구권이 압류된 부동산에 관하여 채무자, 제3자 명의의 소유권이전등기가 순차 경료됨으로써 채권자에 대한 불법행위책임이 성립하는 경우, 그로 인한 압류채권자의 손해액은 압류채권액 범위 내에서 압류채권자가 배당받을 금액이다.

50) 대법원 1992. 11. 10. 선고 92다4680 전원합의체 판결: 일반적으로 채권에 대한 가압류가 있더라도 이는 채무자가 제3채무자로부터 현실로 급부를 추심하는 것만을 금지하는 것이므로 채무자는 제3채무자를 상대로 그 이행을 구하는 소송을 제기할 수 있고, 법원은 가압류가 되어 있음을 이유로 이를 배척할 수 없는

참조(신청취지는 "채무자의 제3채무자에 대한 별지 목록 기재 부동산의 소유권이전등기청구권을 가압류한다. 제3채무자는 채무자에게 위 부동산에 관한 소유권이전등기절차를 이행하여서는 아니 된다."라고 한다).

＊ 본 교재 제2장 제3절 소장 예문 사례에 의거 각종의 가압류신청서를 작성해 보자.

제3절　가처분 신청서

1. 다툼의 대상에 대한 가처분 신청서

가. 가처분 명령의 양식 예시 - 설명은 가압류 명령의 양식 부분 참조

○○지방법원
결　정

사　　건　　　20 카단 부동산처분금지가처분
채 권 자　　　－ 생략 －
채 무 자　　　－ 생략 －

주　문

채무자는 별지 목록 기재 부동산에 대하여 매매, 증여, 저당권 설정 그 밖의 일체의 처분행위를 하여서는 아니 된다.
피보전권리의 내용　　　20 ． ． ． 매매를 원인으로 한 소유권이전등기청구권

이　유

이 사건 가처분신청은 이유 있으므로 담보로 별지첨부의 지급보증위탁계약을 맺은 문서를 제출받고 주문과 같이 결정한다.

20 ． ． ．

판사 ＿＿＿＿＿＿＿＿ (인)

것이 원칙이나, 소유권이전등기를 명하는 판결은 의사의 진술을 명하는 판결로서 이것이 확정되면 채무자는 일방적으로 이전등기를 신청할 수 있고 제3채무자는 이를 저지할 방법이 없으므로 이와 같은 경우에는 가압류의 해제를 조건으로 하지 아니하는 한 법원은 이를 인용하여서는 안 된다.

나. 각종의 가처분 신청서[51]

1) 부동산 처분금지 가처분 신청서

부동산처분금지가처분신청

채권자　　　　－ 생략 －
채무자　　　　－ 생략 －

목적물의 표시

별지 목록 기재와 같습니다.

목적물의 가액[52]

금　　　　원

피보전권리의 요지

　별지 목록 기재 부동산에 관하여 20　.　.　.자 금　　　원의 매매를 원인으로 하는 소유권이전등기청구권

신청취지[53]

　채무자는 별지 목록 기재 부동산에 대하여 양도, 저당권, 임차권의 설정 그 밖의 일체의 처분행위를 하여서는 아니 된다.
라는 재판을 구합니다.

신청이유[54]

1. 피보전권리
　채권자는 채무자 소유의 별지 목록 기재 부동산을 20　.　.　. 금　　　원에 매수하고 그날 계약금　　　원, 중도금 기일인 20　.　.　. 금　　　원을 각 지급하였습니다.
　채권자는 그 후 잔금지급기일인 20　.　.　. 채무자에게 잔금을 지급하고 위 부동산의 소유권을 이전받고자 하였으나 채무자는 잔금수령을 거절하면서 위 부동산 소유권이전등기를 거부하고 있습니다.

2. 보전의 필요성
　채권자는 채무자로부터 위 부동산의 소유권을 이전받기 위하여 본안소송을 준비하고 있는데, 위 부동산에 대한 소유권이전등기의무를 부인하고 있는 채무자가 위 부동산을 처분할 우려가 있고 그렇다면 채권자는 본안소송에서 승소하더라도 강제집행의 목적을 달성할 수 없기 때문

---

51) 대법원은 일반인들의 편의를 위해 가처분 신청서의 견본을 마련하고 신청서 작성 방법 및 인지금액 송달료 등을 알려 주고 있다{대법원 홈페이지(www.scourt.go.kr/supreme/) 대국민서비스 ⇒ 전자민원센터 ⇒ 절차안내 신청 ⇒ 가처분 참조}.
52) 시가 내지 실제거래가격을 원칙으로 한다. 매매대금이 나타나 있는 경우 매매대금이 공시지가 등보다 높으면 매매대금을 목적물 가액으로 한다. 토지의 경우는 공시지가에 의한다. 담보액 산정의 기준이 된다. 목적물 가액을 계산할 수 있는 자료를 첨부하여야 한다.
53) 가압류와 달리 종류에 따라 신청취지가 다양하므로 구하고자 하는 내용을 개별로 구체적으로 특정한다.
54) 가압류와 같다. 보전의 필요성을 적시한다.

에 이 신청에 이르게 되었습니다.

3. 담보제공

　담보제공은 보증보험회사와 지급보증위탁계약을 맺은 문서로 제출할 수 있도록 허가하여 주시기 바랍니다.

첨부서류

1. 부동산매매계약서	1통
1. 부동산등기부등본	1통
1. 영수증	1통
1. 송달료납부서	1통

20 . . .

위 채권자 　(인)

○○지방법원 귀중

---

2) 부동산 점유이전금지 가처분 신청서

부동산점유이전금지가처분신청

채권자　　　 － 생략 －

채무자　　　 － 생략 －

목적물의 표시

별지 목록 기재와 같습니다.

목적물의 가액

금　　　　원

피보전권리의 요지

별지 목록 기재 부동산에 대한 소유권에 기한 소유물반환청구권

신청취지[55]

채무자는 별지 목록 기재 부동산에 대한 점유를 풀고 이를 채권자가 위임하는 집행관에게 인도하여야 한다.

집행관은 현상을 변경하지 아니할 것을 조건으로 하여 채무자에게 이를 사용하게 하여야 한다.

채무자는 그 점유를 타인에게 이전하거나 점유명의를 변경하여서는 아니 된다.

집행관은 위 명령의 취지를 적당한 방법으로 공시하여야 한다.

라는 재판을 구합니다.

신청이유

1. 피보전권리

  별지 목록 기재 부동산은 채권자의 소유인데 채무자는 아무런 권원 없이 이를 점유하고 있으므로 채권자는 소유권에 기하여 그 반환을 구할 권리가 있습니다.

2. 보전의 필요성

  채권자는 채무자로부터 위 부동산을 반환받기 위하여 본안소송을 준비하고 있는데, 채무자는 위 부동산의 점유를 이전할 우려가 있고 그렇다면 채권자가 승소하더라도 강제집행의 목적을 달성할 수 없기 때문에 이 신청에 이르게 되었습니다.

3. 담보제공

  담보제공은 보증보험회사와 지급보증위탁계약을 맺은 문서로 제출할 수 있도록 허가하여 주시기 바랍니다.

첨부서류

1. 부동산등기부등본   1통
1. 송달료납부서   1통

20 . . .

위 채권자   (인)

○○지방법원 귀중

＊ 본 교재 제2장 제3절 소장 예문 사례에 의거한 가처분신청서를 작성해 보자.

---

55) 과거에는 "……보관을 명한다. 집행관은 ……채무자에게 이를 사용하게 할 수 있다."라는 문구를 사용하였으나 현재의 통상적인 문구는 이와 같다(위 실무제요 253면).

2. 임시의 지위를 정하는 가처분 신청서[56)]

가. 가처분 명령의 양식 - 공사방해금지 가처분 결정문의 사례

○○지방법원
제 ○ 부[57)]
결 정

사　　건　　95카합6033 공사방해금지가처분
채 권 자　　○○ 주식회사
채 무 자　　별지 목록 기재와 같다.

주　문

1. 채무자들은 부산 사하구 신평동 642의 10 대 33,058㎡ 지상에서 채권자가 시행하고 있는 폐기물소각장 건설공사를 방해하는 일체의 행위를 하여서는 아니 된다.
2. 채무자들은 위 토지 및 건축공사 현장에 출입하여서는 아니 된다.
3. 채권자의 위임을 받은 이 법원 집행관은 위 명령의 취지를 적당한 방법으로 공시하여야 한다.
4. 신청비용은 채무자들이 부담한다.

신청취지

주문과 같다.

이　유

1. 제출된 각 소명자료의 각 기재 및 당원의 부산광역시장에 대한 사실조회 결과에 심문의 전 취지를 종합하면, 다음과 같은 사실이 소명된다.
 (이하 생략)

2. 판 단
 위 소명사실에 의하면, (이하 생략)

3. 결 론
　그렇다면 채권자 회사는 위 건축공사장에 무단으로 들어와 공사를 방해하는 채무자들에 대하여 위 공사현장에 출입하여 공사를 방해하는 행위의 금지를 구할 권리가 있고, 또 채무자들의 위 공사방해행위가 계속될 경우 채권자는 그로 인하여 현저한 손해를 입을 것이 예상되므로 가처분으로 위 권리를 보전할 필요성도 있다 할 것이어서, 채권자의 이 사건 신청은 이유 있어 이를 인용하기로 하고, 신청비용은 패소자인 채무자들의 부담으로 하여 주문과 같이 결정

---

56) 이러한 가처분의 경우는 사례가 아주 다양하고 분쟁도 매우 증가하고 있다. 하급심판결집을 참고하여 다양한 사례를 익혀 보자.
57) 재산권상의 소로서 그 소가를 산출할 수 없는 것과 비재산권을 목적으로 하는 소송의 경우 사물관할은 합의관할이다(민사소송등인지법 제2조 제4항, 민사및가사소송의사물관할에관한규칙 제2조 본문).

한다.

1995. . .

재판장   판사   ○○○
판사   ○○○
판사   ○○○

나. 각종의 가처분 신청서

1) 공사중지 가처분 신청서

공사중지가처분신청

채 권 자   - 생략 -

채 무 자[58)59)]   - 생략 -
소송물가액[60)]
금   원

피보전권리[61)]의 요지

채무자가 20 . .경부터 시행하는 지상 5층, 지하 2층 건물의 건축공사로 인하여 인접한 채

---

58) 가해건물의 건축주 또는 사업시행자와 시공자가 채무자로 된다. 실무상 종종 건축주와 시공자를 공동채무자로 한다.
    대법원 2005. 3. 24. 선고 2004다38792 판결: 건물 건축공사의 수급인은 도급계약에 기한 의무이행으로서 건물을 건축하는 것이므로 원칙적으로 일조방해에 대하여 손해배상책임이 없다고 할 것이지만, 수급인이 스스로 또는 도급인과 서로 의사를 같이하여 타인이 향수하는 일조를 방해하려는 목적으로 건물을 건축한 경우, 당해 건물이 건축법규에 위반되었고 그로 인하여 타인이 향수하는 일조를 방해하게 된다는 것을 알거나 알 수 있었는데도 과실로 이를 모른 채 건물을 건축한 경우, 도급인과 사실상 공동 사업주체로서 이해관계를 같이하면서 건물을 건축한 경우 등 특별한 사정이 있는 때에는 수급인도 일조방해에 대하여 손해배상책임을 진다.
59) 대법원 2001. 6. 26. 선고 2000다44928, 44935 판결: 분양회사가 신축한 아파트를 분양받은 자는 분양된 아파트에서 일정한 일조시간을 확보할 수 없다고 하더라도, 이를 가지고 위 아파트가 매매목적물로서 거래상 통상 갖추어야 하거나 당사자의 특약에 의하여 보유하여야 할 품질이나 성질을 갖추지 못한 것이라거나, 또는 분양회사가 수분양자에게 분양하는 아파트의 일조 상황 등에 관하여 정확한 정보를 제공할 신의칙상 의무를 게을리 하였다고 볼 여지가 있을지는 몰라도, 분양회사가 신축한 아파트로 인하여 수분양자가 직사광선이 차단되는 불이익을 입게 되었다고 볼 수는 없으므로 분양회사에게 일조방해를 원인으로 하는 불법행위책임을 물을 수는 없다.
60) "민사소송등인지규칙"에 의하면, 재산권상의 소로서 그 소가를 산출할 수 없는 것과 비재산권을 목적으로 하는 소송의 소가는 5천만원으로 하되, 동 규칙 제15조 제1항 내지 제3항, 제15조의2, 제17조의2, 제18조에 정한 소송의 소가는 1억원으로 한다(동규칙 제18조의2).
61) 대법원 1997. 7. 22. 선고 96다56153 판결: 환경권은 명문의 법률규정이나 관계 법령의 규정 취지 및 조리에 비추어 권리의 주체, 대상, 내용, 행사 방법 등이 구체적으로 정립될 수 있어야만 인정되는 것이므로, 사법상의 권리로서의 환경권을 인정하는 명문의 규정이 없는데도 환경권에 기하여 직접 방해배제청구권을

권자 소유 층 건물에 발생하는 균열, 일조권 침해에 대하여 소유권에 기해 소유물방해제거 및 방해예방 청구권의 행사로서 가지는 공사중지청구권

신청취지

채무자는 별지 목록 기재 토지상에 건물의 축조공사를 하여서는 아니 된다.
집행관은 위 취지를 적당한 방법으로 공시하여야 한다.
라는 재판을 구합니다.

신청원인

1. 사실관계
  (채권자의 소유물에 돌이킬 수 없는 훼손이나 위험, 일조권침해가 채무자의 행위로 인하여 발생하고 있음을 상세히 제시)

2. 피보전권리 및 보전의 필요성
  채무자는 채권자의 소유물인 위 건물에 대한 소유권행사를 현재 방해하고 있을 뿐만 아니라 그대로 공사가 진행되면 앞으로도 방해가 지속되고 위험은 증대될 것이 분명해 보이므로, 채권자는 건물의 소유자로서 소유권에 기한 방해배제와 예방을 위하여 채무자에게 공사의 중지를 청구할 권리가 있습니다.
그리고 위 공사가 즉시 중지되지 않으면, 채권자의 건물이 붕괴되거나 수리불능의 상태로 파손이 진전될 뿐 아니라 나아가 돌이킬 수 없는 일조권의 침해가 발생할 것이므로 본안판결의 확정을 기다리지 않고 즉시 보전할 필요성이 있습니다.

3. 담보제공
  - 생략 -

첨부서류

1. 건물등기부등본   1통
1. 사진(건축공사장 게시문)   1장
1. 사진(건물파손상태)   20장
1. 송달료납부서   1통

20   .   .   .

위 채권자   (인)

○○지방법원 귀중

인정할 수 없다. 어느 토지나 건물의 소유자가 종전부터 향유하고 있던 경관이나 조망, 조용하고 쾌적한 종교적 환경 등이 그에게 하나의 생활이익으로서의 가치를 가지고 있다고 객관적으로 인정된다면 법적인 보호의 대상이 될 수 있는 것이라 할 것이므로, 인접 대지에 건물을 신축함으로써 그와 같은 생활이익이 침해되고 그 침해가 사회통념상 일반적으로 수인할 정도를 넘어선다고 인정되는 경우에는 토지 등의 소유자는 소유권에 기하여 방해의 제거나 예방을 위하여 필요한 청구를 할 수 있다.

2) 직무집행정지 가처분[62][63] 신청서

직무집행정지 가처분 신청

채 권 자   － 생략 －

채 무 자   － 생략 －

소송물가액
금   원

피보전권리의 요지

○○○ 주식회사의 적법한 주주총회 결의 없이 채무자를 위 주식회사의 이사로 선임하고 이를 기초로 하여 이사회에서 채무자를 대표이사로 선임한 것에 대하여 발행주식 총수의 50%의 주식을 소유한 채권자가 위 주주총회결의의 하자를 이유로 하여 채무자에 대하여 가지는 직무집행정지청구권

신청취지

채권자가 ○○○ 주식회사를 상대로 하여 제기한 ○○지방법원 2002가합243호 주주총회결의 무효 확인사건의 본안판결 확정시까지 채무자는 위 회사의 대표이사 및 이사의 직무를 집행하여서는 아니 된다.
위 직무집행정지기간 중 변호사 ○○○(19   .   .   .생, 사무실 주소: － 생략 －)를 ○○○ 주식회사의 대표이사 및 이사의 직무대행자로 선임한다.
라는 재판을 구합니다.

신청원인

1. 사실관계
  (채권자가 ○○○ 주식회사의 발행주식 총수의 50%에 해당하는 주식의 소유주이고, 채무자가 적법한 주주총회 결의 없이 이사로 선임되어 등기된 사실을 상세히 적시)
2. 피보전권리 및 보전의 필요성
  따라서 이 사건 주주총회는 ……한 이유로 무효이므로 이러한 하자있는 결의를 기초로 하여

---

62) 대표자 등의 선임결의의 효력을 다투는 본안소송의 피고 적격은 회사나 단체에게만 있으나, 직무집행정지 가처분 신청의 채무자는 대표자 개인이 된다(대법원 1997. 7. 25. 선고 96다15916 판결). 이 경우는 본안 소송의 피고와 가처분사건의 채무자는 일치하지 않는다.

63) 대법원 1997. 10. 14. 자 97마1473 결정: 임시의 지위를 정하는 가처분은 다툼 있는 권리관계에 관하여 그것이 본안소송에 의하여 확정되기까지의 사이에 가처분권리자가 현재의 현저한 손해를 피하거나 급박한 강포를 막기 위하여, 또는 기타 필요한 이유가 있는 때에 한하여 허용되는 응급적·잠정적 처분이고, 이러한 가처분을 필요로 하는지의 여부는 당해 가처분신청의 인용 여부에 따른 당사자 쌍방의 이해득실관계, 본안소송에 있어서의 장래의 승패의 예상, 기타의 제반 사정을 고려하여 법원의 재량에 따라 합목적적으로 결정하여야 할 것이며, 단체의 대표자 선임 결의의 하자를 원인으로 하는 가처분신청에 있어서는 장차 신청인이 본안에 승소하여 적법한 선임 결의가 있을 경우, 피신청인이 다시 대표자로 선임될 개연성이 있는지의 여부도 가처분의 필요성 여부 판단에 참작하여야 한다.

이루어진 위 이사회의 결의 역시 중대한 하자가 있고, 채권자는 위 주주총회결의의 하자를 이유로 채무자의 직무집행정지를 구할 피보전권리가 있습니다. 나아가 채무자가 위 주식회사의 대표이사의 직무집행을 계속할 경우 발행주식을 마음대로 변경하는 등으로 위 주식회사 및 주주로서의 권리를 가지는 채권자에게 회복하기 어려운 손해를 입힐 우려가 있으므로 채무자의 대표이사 및 이사로서의 직무를 정지할 긴급한 필요성이 있습니다.

3. 담보제공
  - 생략 -

첨부서류

1. 법인등기부등본	1부
1. 임시주주총회의사록 인증서	1통
1. 정관	1통
1. 주주명부 사본	1통
1. 송달료납부서	1통

20 . . .
위 채권자 (인)

○○지방법원 귀중

※ 본 교재 제2장 제3절 사해행위취소청구의 소장 사례로는 어떠한 보전처분을 하여야 하는지 그에 따른 신청서를 작성해 보자.

[연습문제 - 보전처분신청서 작성]⁶⁴⁾ → [연습문제 - 보전처분신청서 작성][64]

다음 사건메모를 토대로 박장사를 채무자로 하여 위임취지에 부합하는 보전처분신청서를 작성하시오.[65][66]

〈사건메모〉

> 서울 서초구 서초로 100 법조빌딩 101호에서 업무를 수행하고 있는 변호사 이공평(전화 525-1122, 팩스 525-1133)은 고향친구 김철수(70****-10*****, 부산 서구 구덕로226번길 9 살기좋은 아파트 101동 201호)의 방문을 받고 아래와 같은 설명을 듣게 되었다. 아래의 설명을 마친 김철수는 하소연하기를, 다른 일은 해 본적이 없고 오로지 20여 년간 슈퍼마켓을 천직으로 여기고 영업하여 왔기 때문에 이 자리에서 계속 슈퍼마켓을 운영하고 싶다. 모든 조치

---

64) 신난다유통 주식회사와 박장사와의 임대차계약은 상가건물 임대차보호법의 적용대상이 아님을 전제로 한다.
65) 가능한 보전처분은 어떤 종류가 있을까?
66) 대법원 1995. 9. 5. 선고 94다30867 판결; 대법원 1997. 4. 7. 자 97마575 결정; 대법원 1997. 12. 26. 선고 97다42540 판결 각 참조.

를 다 해 달라고 하는 부탁과 함께 소송위임을 받았다.

　　[부산 서구지역에 위치한 8개 회사의 무주택 근로자들이 각 회사별로 단위 주택조합을 결성하였고, 그 단위 주택조합이 연합하여 2015. 10. 4. 부산지역근로자주택조합을 설립하여 등기하였다{등기부상 주소: 부산광역시 서구 부민동 2-1(도로명 주소: 부민로3), 현재 해산등기가 경료되었고, 청산인에 박정산(주소: 서울특별시 서대문구 연희로 10)이 등기되어있다. 이하 '조합'이라 한다}. '조합'은 이 사건 살기 좋은 아파트와 부속 상가 건물을 건립하여 분양하였는데, 김철수는 2017. 4. 16. 위 상가 건물 중 지하층 447.18㎡를 분양받은 문장사로부터 그 중 슈퍼마켓업종으로 지정된 285.7㎡를 매수하여 2018. 12. 6. 매수 부분에 상응하는 28570/44718 지분에 관하여 소유권이전등기를 경료하였다. 김철수를 비롯한 위 상가 건물의 수분양자들은 2017년 10월경 박장사(62****-10*****, 서울 서대문구 연희로 15)가 '조합'으로부터 위 상가 건물 중 3층(447.18㎡) 및 4층(447.18㎡)을 분양받아 그 곳에 소비조합 형식의 판매점을 개설하려는 계획을 알고 그렇게 되면 자신들의 기존 업종과 중복되어 영업에 큰 타격을 받게 될 것이므로 위 3, 4층 부분을 공개입찰 방식에 의하지 아니하고 특혜분양하였다는 등의 이유로 관계 기관에 진정을 함과 아울러 업종을 중복되게 분양함으로써 영세상인들의 생존을 위협케 한다고 호소하는 등 집단민원을 제기하였다.

　　이에 '조합'은 위 상가 건물을 분양받은 사람들에게 2017. 11. 16. 위 상가 건물 중 3, 4층을 분양함에 있어서 지하 및 1, 2층의 영업이 활성화 될 수 있도록 지하 및 1, 2층과는 전혀 경업이 되지 않는 품목만 선정하여 분양하겠으며 향후 10년간 지하 및 1, 2층의 영업권에 지장이 없도록 적극 보호하겠다는 내용의 각서와 같은 해 12. 12. 향후 상가를 분양함에 있어 위 상가 건물 내 3, 4층에서는 지하층 및 1, 2층의 지정된 업종의 품목과 중복되는 것은 절대하지 않겠다는 내용의 각서를 각 제공하였다. '조합'은 이 사건 약정을 전후하여 위 3, 4층을 분양받을 박장사에게 직접 또는 조합회의를 통하여 그 곳에서 지하층 및 1, 2층 점포의 지정된 영업 품목과 중복되지 아니하는 업종만을 취급ㆍ운영할 것을 고지하여 그 약속하에 2017. 12. 15. 박장사에게 이 사건 상가 건물 중 301호 및 401호 점포 각 447.18㎡를 분양하였다. 그런데 박장사는 2018. 9. 18. 위 301호에 대하여 그 명의로 소유권이전등기를 경료한 후 같은 해 12월경 유통체인업체인 신난다유통 주식회사에 이를 임대하였다. 김철수는 2017년 11월경 그 매매대금을 모두 지급하고 지하층 점포에서 슈퍼마켓을 열어 현재까지 같은 영업을 계속하고 있으며 위 신난다유통 (주) 또한 박장사로부터 위 점포를 임대받음과 동시에 슈퍼마켓을 개설하여 영업함으로써 김철수는 매월 400만 원의 손해를 입고 있다. 김철수와 수분양자들은 '조합'을 찾아가 항의하였으나, 박장사는 '조합'의 설립을 주도한 공로로 위 301호 및 401호를 각 원가 3억 원(시가는 각 6억 원 상당)으로 저렴하게 분양한 것으로 박장사에 대하여는 '조합'으로서도 어쩔 도리가 없다는 조합관계자의 말 뿐이었고 '조합'은 남은 재산을 서둘러 처분하고 청산에 들어가서 이제는 '조합'에 여직원 1명 외에는 직원도 보이지 않고 있다.]

상가건물 중 3층의 표시
(1동의 건물의 표시)
부산광역시 서구 부민동1가 2의3(도로명 주소: 부산시 서구 부민로1)　철근콘크리트라멘조 경사 슬래브지붕 4층 상가
지하층 내지 4층 각 447.18㎡
(대지권의 목적인 토지의 표시)

부산광역시 서구 부민동1가 2-3 대 1,000㎡
(전유부분의 건물의 표시)
철근콘크리트라멘조 제3층 제301호 철근콘크리트조 447.18㎡
(대지권의 표시)
소유권대지권 1,000분의 89.436 끝.

목적물의 가액
2억 원

제4절 보전처분에 대한 채무자의 구제방법

1. 보전처분에 대한 이의신청서[67]

가압류결정에 대한 이의신청

신청인(채무자) — 생략 —

피신청인(채권자) — 생략 —

신청취지

1. 위 당사자 사이의 ○○지방법원 20 카합 부동산가압류 신청사건에 관하여 위 법원이
   20 . . .자로 한 가압류결정을 취소한다.
2. 채권자의 위 가압류신청을 기각한다.
3. 신청비용은 채권자의 부담으로 한다.

---

67) 보전처분의 이의는 변론 또는 당사자 쌍방이 참여할 수 있는 심문을 거쳐 보전처분 신청의 당부를 심리 판단하여 달라는 신청이다(민사집행법 제283조 제1항, 제301조). 이의신청은 보전절차 내에서 채무자에게 주어진 소송법상의 불복신청방법이므로 그 신청인은 채무자 또는 그의 일반승계인이고, 채무자의 특정승계인은 직접 자신의 이름으로 이의신청을 할 수 없다. 채권자가 원고에 대응하는 적극적 당사자로서 보전처분의 인가를 구하고 채무자는 피고에 대응하는 소극적 당사자로서 보전처분의 기각을 구한다.
    영업비밀의 침해와 전직을 금지하는 가처분에서 금지기간을 정한 경우에 그 금지기간의 경과로 가처분의 효력이 상실되었다면, 채무자들로서는 더 이상 이의신청으로 가처분의 취소나 변경을 구할 이익이 없으나(대법원 2004. 10. 28. 선고 2004다31593 판결), 기간을 정하여 서비스표의 사용을 금지하는 가처분과 함께 그 의무위반에 대한 간접강제결정이 내려진 경우에는 채무자는 위 금지기간 경과 후에도 간접강제결정에 기하여 집행당할 위험이 존재하므로 그 배제를 위하여 이의신청으로 가처분의 취소를 구할 이익이 있다(대법원 2007. 6. 14. 자 2006마910 결정).
    보전처분을 취소·변경하는 결정이 내려지더라도 이미 행한 보전처분 집행의 효과가 상실되는 것은 아니므로 채무자는 그 결정정본을 집행기관에 제출하여 집행을 취소를 구하여야 한다. 보전처분취소 결정이 항소심에서 변경된 경우에도 가처분취소 결정의 집행에 의하여 처분금지가처분등기가 말소된 경우 그 효력은 확정된 것이 된다.
68) 이의사유는 채권자의 보전처분요건의 주장에 대한 채무자의 방어방법에 지나지 않기 때문에 채무자의 이

라는 재판을 구합니다.

신청이유[68]

채권자는 채무자가 20 . . . 차용한 차용금을 변제하지 않았다고 주장하면서 이 사건 가압류집행을 하였으나, 위 차용금에 대하여는 20 . . . 채권자의 전화요구에 따라 그 부인인 ○○○에게 지급하였으므로 채권자의 주장은 이유가 없습니다.

첨부서류

1. 가압류 결정 정본   1통

20 . . .

위 신청인(채무자) (인)

○○**지방법원 귀중**

2. 보전처분에 대한 취소신청서[69]

가. 제소기간의 경과로 인한 취소신청서

1) 제소명령신청서

제소명령신청

신청인(채무자)   ― 생략 ―

피신청인(채권자)   ― 생략 ―

위 당사자간 귀원 20 카단 부동산처분금지가처분 신청사건에 관하여 귀원에서 20 . . . 가처분결정을 하였으나 채권자는 아직도 본안 소송을 제기하지 아니하고 있으므로 신청인(채무자)은 피신청인(채권자)에 대하여 제소명령을 하여 주도록 신청합니다.

의사유가 여럿이라면 이를 한꺼번에 주장하여야 한다.
69) 보전처분에 대한 취소신청은 보전재판절차와는 독립된 절차이며 채무자를 비롯한 취소채권자가 적극적 당사자가 되고 채권자가 소극적 당사자가 된다.
　　제소기간 경과로 인한 취소(민사집행법 제287조), 사정변경 등에 따른 취소(동법 제288조), 특별사정에 의한 가처분 취소(동법 제307조)가 있다. 재판은 모두 결정으로 한다.
　　가처분을 명한 재판에 기초하여 채권자가 물건을 인도받거나 금전을 지급받거나 또는 물건을 사용·보관하고 있는 경우에는, 법원은 가처분을 취소하는 재판에서 채무자의 신청에 따라 그 취소의 재판과 동시에 그 물건이나 금전을 반환하도록 명할 수 있다(민사집행법 제308조).

20 . . .

위 신청인(채무자) (인)

○○지방법원 귀중

2) **취소신청서**

가처분결정취소신청

신청인(채무자) − 생략 −

피신청인(채권자) − 생략 −

신청취지

1. 위 당사자간 귀원 20 카단 부동산처분금지가처분 신청사건에 관하여 귀원이 20 . . .한 부동산가처분결정을 취소한다.
2. 신청비용은 피신청인이 부담한다.
라는 재판을 구합니다.

신청이유

1. 피신청인은 신청인을 상대로 20 . . . 귀원 20 카단 부동산처분금지가처분 결정을 받아 그 무렵 가처분집행을 하였습니다.
2. 그런데 신청인은 피신청인에 대하여 20 . . . 제소명령신청을 하여 귀원으로부터 20 . . . 그 결정을 받았고, 피신청인은 그 기간 내에 본안의 소 제기에 관한 증명서류를 제출하지 아니하였으므로 이 신청에 이르게 되었습니다.

첨부서류

1. 제소명령결정   1통

20 . . .

위 신청인(채무자) (인)

○○지방법원 귀중

나. 사정변경으로 인한 취소신청서

가압류결정취소신청

신청인(채무자)   - 생략 -

피신청인(채권자)   - 생략 -

신청취지

1. 위 당사자 사이의 귀원 20 카합 부동산가압류 신청사건에 관하여 귀원이 20 . . .자로
   한 가압류결정을 취소한다.

2. 신청비용은 피신청인이 부담한다.
라는 재판을 구합니다.

신청이유

1. 가압류결정
   피신청인은 신청인에 대하여 · · ·채권이 있다 하여 이를 피보전권리로 하여 귀원에 20
카합 부동산가압류 신청을 하여 귀원에서는 20 . . . 가압류결정을 하였고 그 무렵 가압류
기입등기가 경료되었습니다(만약 채권가압류의 경우라면, "20 . . .자로 제3채무자에게 가압
류결정이 송달되어 채권가압류집행이 이루어졌습니다."라고 기재한다).

2. 취소사유
   (예컨대, 본안판결에서 채무자가 승소하고 확정되었다는 사정변경을 기재한다.)

3. 결 어
   그러므로 이 사건 가압류결정은 취소되어야 하므로 이 신청에 이르렀습니다.

20 . . .
위 신청인(채무자)   (인)

○○지방법원 귀중

다. 특별사정에 의한 취소신청서

특별한 사정이 있으면 담보를 제공하게 하고 가처분을 취소할 수 있다(민사집행법 제307조 제
1항). 이러한 특별사정은 가처분을 존속시키는 것이 공평의 관념상 부당하다고 생각되는 경우인
데, 가처분에 의하여 보전되는 권리가 금전적 보상으로써 그 종국의 목적을 달할 수 있는 사정
이 있거나, 또는 가처분 집행으로 인하여 가처분채무자가 특히 현저한 손해를 받고 있는 경우

가 이에 해당한다(대법원 1998. 5. 15. 선고 97다58316 판결).

법원에서는 특별사정을 심리한 후 그 사정이 인정되면 채무자가 제공할 담보[70]의 종류와 금액을 정하여 미리 담보를 제공하게 하고 가처분을 취소하는 결정을 하거나 담보제공을 조건으로 가처분을 취소하는 결정을 한다(민사집행법 제307조 제2항, 제286조 제3항).

신청서 기재 형식은 위 사정변경으로 인한 취소와 같다.

---

70) 이 담보는 피보전권리 자체를 담보하는 것이 아니라 가처분의 취소로 말미암아 가처분 목적물이 존재하지 않게 됨으로써 입게 되는 손해를 담보하는 것이다(대법원 2010. 8. 24.자 2010마459 결정: 가처분채무자가 제공하는 담보는 가처분채권자가 본안소송에서 승소하였음에도 가처분의 취소로 말미암아 가처분목적물이 존재하지 않게 됨으로써 입는 손해를 담보하기 위한 것이므로, 가처분채권자는 가처분취소로 인하여 입은 손해배상청구소송의 승소판결을 얻은 후에 민사집행법 제19조 제3항, 민사소송법 제123조에 의하여 그 담보에 대하여 질권자와 동일한 권리를 가지고 우선변제를 받을 수 있다).

제 5 장

가사소송

제 5 장

가사소송

제1절 가사사건 진행과정

1. 사건의 개시

가사사건은 가사소송(訴訟)사건으로 가류(類)·나류·다류의 3종, 가사비송(非訟)사건으로 라류·마류의 2종, 도합 5종으로 분류된다(가사소송법 제2조). 소송사건은 소장을, 비송사건은 심판청구서를 당사자가 가정법원에 접수함으로써 절차가 개시된다. 그 이후의 진행은 다음과 같은 절차를 순서대로 거치는 것이 일반적이다.

2. 사실조사절차

가사소송사건 중 가류와 나류에 해당하는 사건을 심리함에 있어서는 법원이 직권으로 사실조사 및 필요한 증기조사를 하여야 한다(가사소송법 제17조). 이러한 사실조사를 위하여 가정법원에는 가사조사관을 두며, 가사조사관은 재판장·조정장 또는 조정담당판사의 명을 받아 사실조사를 하여 조사보고서를 작성하여 제출한다(가사소송법 제6조, 가사소송규칙 제8조 내지 제13조). 재판장·조정장·조정담당판사 또는 가사조사관은 사실의 조사를 위하여 필요한 때에는 경찰 등 행정기관 기타 상당하다고 인정되는 단체 또는 개인에게 사실의 조사를 촉탁하고 필요한 사항의 보고를 요구하기도 한다(가사소송법 제8조).

3. 조정절차

가사소송사건 중 나류·다류, 가사비송사건 중 마류의 사건에 대하여는, 소제기 또는 심판청구인이 재판에 앞서 먼저 조정을 신청하여야 하며, 그 조정신청이 없을 경우에는 법원이 조정에 회부함을 원칙으로 한다(가사소송법 제50조, 조정전치주의). 조정절차에서는 앞서의 사실조사보고서를 자료로 활용한다.

4. 재판절차

조정대상이 아닌 사건이거나 조정 대상사건일지라도 조정이 성립되지 아니한 경우에는 재판절차로 이행한다.

제2절 가사사건 법문서작성 기본사항

1. 법원(法源)

가사에 관한 소송·비송(非訟)·조정의 절차를 규율하는 법은 가사소송법과 가사소송규칙(대법원규칙)이다. 그리고 민사소송법·비송사건절차법·민사조정법이 준용된다(가사소송법 제12조, 제34조, 제49조).

2. 가사 분쟁의 절차 및 법문서의 특징

가사사건은 소송사건과 비송사건 모두 가정법원의 전속관할에 속하는데(가사소송법 제2조 제1항), 사건의 종류별로 세분하여 재판관할이 별도로 정해진다(동법 제13조, 제22조, 제26조, 제35조, 제46조, 제51조).

대리인이 있더라도 본인이 출석하여야 한다(본인출석주의, 동법 제7조).

가사사건은 넓은 의미의 민사사건에 포함된다. 또 가사소송절차는 가사소송법이 특별히 정한 외에는 민사소송법을 준용한다. 따라서 가사소송의 법문서는 기본적으로 민사소송의 법문서와 같다.

가사소송 사건은 다른 가사소송 사건과 병합이 가능하고, 심지어 가사비송 사건과의 병합도 허용되므로(동법 제14조), 다양한 청구를 하나의 가사소송에 포함시킬 수 있다.

3. 이혼청구 소장 유의사항

청구취지는 「원고와 피고는 이혼한다」로 표현한다. 가집행선고 문구를 제외한다.

청구원인은 민법 제840조의 이혼사유를 염두에 두고 기재하고, 결론에 이를 명시한다. 이혼소장의 청구원인 기재는 이혼사유의 성격상 장황해질 수밖에 없다.

제3절 이혼 및 그 병합소송

1. 소장 양식 1: 단순 이혼청구

소   장

원   고   김 선 녀 (700301-2134567)
　　　　　　주소 서울 송파구 오금로35길 18(가락동)
　　　　　　송달장소 서울 강남구 남부순환도로 250(대치동)
　　　　　　등록기준지 포항시 북구 신광면 우각길70번길 11
피   고   이 선 남 (680901-1234567)
　　　　　　주소 서울 송파구 오금로35길 18(가락동)
　　　　　　등록기준지 포항시 북구 신광면 우각길70번길 11

이혼 청구의 소

청 구 취 지

1. 원고와 피고는 이혼한다.
2. 소송비용은 피고가 부담한다.

청 구 원 인

1. 혼인의 성립 및 자녀관계

　원고와 피고는 희망주식회사 직장동료로서 약 3년간의 연애기간을 거쳐 결혼식을 올리고 2003. 4. 5. 혼인신고를 마친 법률상의 부부입니다. 원고와 피고 사이에는 현재 자녀가 없습니다.

2. 혼인파탄의 경위

　피고는 1년 전부터 귀가시간이 늦어지면서 원고를 대하는 태도가 변하여, 원고가 탐문한 결과 직장 부하직원인 소외 박바람과 교제하면서 성관계까지 갖고 있는 사실을 확인하였습니다.

3. 이혼사유

　위와 같은 피고의 행위는 민법 제840조 제1호에 정해진 이혼사유인 '배우자의 부정한 행위'에 해당합니다. 따라서 피고와의 이혼을 청구합니다.

첨 부 서 류

1. 가족관계등록부등본　　　　　　　　　　　　　1통(갑 제1호증)
2. 세대별주민등록표등본　　　　　　　　　　　　1통

3. 사실확인서   1통

2021. 3. 10.

원고 김 선 녀 (서명 또는 날인)

서울가정법원 귀중

2. 소장 양식 2: 병합청구 있는 이혼청구

소   장

원   고   (생 략)
피   고   (생 략)
사건본인   이 자 녀 (030405-4134555)
            서울 동대문구 휘경로22길 20(휘경동)

이혼 등 청구의 소

청 구 취 지

1. 원고와 피고는 이혼한다.
2. 피고는 원고에게 위자료로 5,000만 원 및 이에 대한 이 사건 소장 부본 송달 다음날부터 다 갚는 날까지 연12%의 비율로 계산한 돈을 지급하라.
3. 피고는 원고에게 재산분할로 별지 목록 기재 부동산 중 2분의 1 지분에 관하여 이 판결 확정일자 재산분할을 원인으로 한 소유권이전등기절차를 이행하라.
4. 사건본인의 친권자 및 양육자로 원고를 지정한다.[1]
5. 피고는 원고에게 사건본인을 인도하라.
6. 피고는 원고에게 사건본인의 양육비로 사건본인을 인도한 다음날부터 2022. 4. 4.까지 월 100만 원씩을 매월 말일에 지급하라.
7. 소송비용은 피고가 부담한다.

---

1) 이혼 과정에서 친권자 및 자녀의 양육책임에 관한 사항을 의무적으로 정하도록 한 민법 제837조 제1항, 제2항, 제4항 전문, 제843조, 제909조 제5항의 문언 내용 및 이혼 과정에서 자녀의 복리를 보장하기 위한 위 규정들의 취지와 아울러, 이혼 시 친권자 지정 및 양육에 관한 사항의 결정에 관한 민법 규정의 개정 경위와 변천 과정, 친권과 양육권의 관계 등을 종합하면, 재판상 이혼의 경우에 당사자의 청구가 없다 하더라도 법원은 직권으로 미성년자인 자녀에 대한 친권자 및 양육자를 정하여야 하며, 따라서 법원이 이혼 판결을 선고하면서 미성년자인 자녀에 대한 친권자 및 양육자를 정하지 아니하였다면 재판의 누락이 있다 (대법원 2015. 6. 23. 선고 2013므2397 판결).

청 구 원 인

1. 혼인의 성립 및 자녀관계

　원고와 피고는 희망주식회사 직장동료로서 약 3년간의 연애기간을 거쳐 결혼식을 올리고 2002. 4. 5. 혼인신고를 마친 법률상의 부부로서, 슬하에 사건본인을 두고 있습니다.

2. 혼인파탄의 경위

　피고는 1년 전부터 귀가시간이 늦어지면서 원고를 대하는 태도가 변하여, 원고가 탐문한 결과 직장 부하직원인 소외 박바람과 교제하면서 수시로 성관계까지 가진 사실을 확인하였습니다.

3. 위자료 참작사유

　(당사자의 사회적 지위, 재산정도, 피고의 태도 등 위자료 액수를 정하는 데에 참고될 사항을 상세히 기재함. 기재내용이 방대할 경우, 가급적 소장에 기재함이 원칙이지만, 특별한 사정이 있다면 일단 사실의 요지만 기재하고 후일 준비서면에 의하여 보완할 수 있음.)

4. 재산상태 및 재산형성의 경위

　(재산분할에 영향을 주는 요소, 즉 쌍방의 현재 재산 보유상태 및 그 형성경위를 상세히 기재)

5. 양육관계 및 양육비산정 참작사유[2]

　(원고가 양육자로서 적합하고 피고가 양육자로서 부적합하다고 법관을 설득할만한 사실관계 및 양육비의 액수가 충분히 인정될 수 있도록 피고의 재산상태와 수입관계, 양육비의 소요항목 등에 관한 사실관계를 상세히 기재)

6. 결어

　위와 같은 피고의 행위는 민법 제840조 제1호에 정해진 이혼사유인 '배우자의 부정한 행위'에 해당하므로 원고는 피고에게 이혼을 청구하고, 피고는 원고에게, 앞에서 기재한 제반사정에 비추어 최소한 청구취지 제2항 기재의 위자료와 소송촉진 등에 관한 특례법이 정한 이율에 의한 지연손해금을 지급할 의무가 있고, 앞서의 재산보유 및 재산형성 경위에 비추어 재산분할로서 청구취지 제3항 기재의 소유권이전등기절차를 이행할 의무가 있고, 앞서의 사실관계에 의하면 청구취지 제4항 기재와 같이 사건본인의 양육자 및 친권행사자로서는 원고를 지정함이 상당하고 또 피고는 원고에게 사건본인을 인도하고 그 인도 다음날부터 사건본인이 성년이 되는 2022. 4. 4.까지 매월 말일에 청구취지 제6항 기재의 양육비를 지급할 의무가 있습니다.

첨 부 서 류

1. 가족관계등록부등본　　　　　　　　　　　　1통(갑 제1호증)
2. 세대별주민등록표등본　　　　　　　　　　　1통
3. 사실확인서(목격자)　　　　　　　　　　　　1매(갑 제2호증)
4. 부동산등기부등본　　　　　　　　　　　　　9통(갑 제3호증의 1-9)

---

2) 가정법원에서 매년 양육비 산정기준을 정하여 고시하고 있으며, 현재 2021년도 양육비 산정기준은 2017. 11. 17.자 개정한 것이 그대로 이어져 오고 있다.

2021. 5. 18.

원고　김 선 녀　(서명 또는 날인)

서울가정법원 귀중

3. 연습 예시

가. 문제: 병합청구 있는 이혼청구 소장

다음의 사실관계 메모를 토대로 소장을 작성하시오.

1. 사실관계

 (1) 혼인생활 개요

 A전문대학 간호실무과를 졸업한 처 김미녀는 B대학 국문과를 졸업한 남편 이미남과 중매로 결혼하여 2012. 4. 5. 혼인신고. 슬하에 사건본인 딸 1명을 둠. 남편의 부친도 첩실을 둔 경력이 있고, 남편은 그 첩실 집에서 성장.

 (2) 혼인파탄 경위

 ① 의처증 및 성도착증

 직장에서 전화를 하여 처의 소재를 수시 확인. 외출 후 귀가가 다소 늦어도 행처를 집요하게 추궁. 전화가 걸려와도 통화자를 꼭 확인. 동창회 모임에 참석하는 것도 반대. 화장을 하거나 시장에만 가도 의심.

 차를 타고 나가 승용차 안에서 성관계를 요구하는 습관. 노래방에 가서 노래방 남자 종업원을 불러 들여 처를 애무하도록 요구하였다가 거절당한 적도 있음.

 ② 폭력성

 처와 대화중 화를 내면서 면전에서 술병을 내리쳐 깨뜨려 공포 분위기 조성. 처조부 제사에 왔다가 음주 언쟁 끝에 화를 내면서 한밤중에 자녀와 함께 귀가하겠다고 고집하고, 그 과정에서 만류하는 장모를 떠밀어 넘어뜨려 상해를 입힌 적 있음.

 ③ 부정의혹

 2018년 여름 성명불상의 여자가 집으로 전화를 하여 이미남과 함께 제주도에 1박2일로 여행한 적 있음을 얘기(이미남은 그 사실을 부인, 그녀의 행방 확인 불가).

 (3) 재산관계

 ○ 이미남 명의 부동산은 별지 목록과 같고 시가액은 공시가액으로 40억 원. 별지 1,2,5,6 기재 건물의 임대수입이 매월 수천만 원씩.

 ○ 이미남 명의 재산은 모두 혼인생활 중 구입. 식당경영(배달중심의 '상해탕수육' 식당을 마포에서 2년간 경영)을 할 때에는 처도 공동참여.

 ○ 남편 명의로 경리·타자·컴퓨터학원을 경영하다가 최근에는 제과점 경영. 제과점 경

영에는 원고도 공동참여.

　(4) 자녀 양육관계
　　① 피고의 양육방식
　　자녀는 이미남의 폭력에 두려움을 느낌. 이미남은 김미녀에 대한 그릇된 생각을 자녀에게 주입하면서 만나는 것도 금지.
　　② 양육비 관련사실
　　자녀는 초등학교 2학년 재학중. 정규 교육비용이 매월 5만 원 정도, 피아노·바이올린·재능산수·국어·속독학원의 과외비용이 매월 45만 원씩 소요.

2. 의뢰인(김미녀)의 희망
　○ 이혼: 그동안 친정부모에게 알리지 않았으나(이혼을 금기시하는 전통적인 가풍 때문) 더 이상 혼인생활을 같이 할 수가 없다고 보고 이혼을 바람.
　○ 위자료 등: 5억 원을 구하고, 별지 기재 부동산에 대하여는 재산분할을 바람.
　○ 양육: 자녀들은 김미녀가 양육하고, 충분한 양육비를 바람.

3. 관련자 인적사항
　① 김미녀(金美女)
　○ 주소: 서울 강서구 양천로76길 23-15(염창동, 양지빌라)
　○ 송달장소: 서울 송파구 올림픽로 435, 101동 105호(신천동, 파크리오)
　○ 등록기준지: 서울 성북구 장위로 15길 28
　○ 생년월일 및 주민등록번호: 1977. 3. 1. 생(770301-2134567)

　② 이미남(李美男)
　○ 주소: 서울 강서구 양천로76길 23-15(염창동, 양지빌라)
　○ 생년월일 및 주민등록번호: 1975. 9. 1. 생(750901-1234567)
　○ 등록기준지: 서울 성북구 장위로 15길 28

　③ 사건본인
　○ 성명: 이일녀(李一女)
　○ 생년월일 및 주민등록번호: 2013. 4. 5. 생(130405-4134555)
　○ 주소 및 등록기준지: 각 부모와 같은 곳

4. 참고사항
　○ 청구 내용: 이혼, 위자료 5억 원, 재산분할로 별지 목록 기재 부동산의 50% 지분, 자녀의 친권자와 양육자는 母로, 양육비는 월 100만 원.
　○ 증거서류: 가족관계확인서, 진단서 각 1통과 부동산등기부등본, 토지대장 등 각 9통
　○ 부동산 목록은 생략하고, 작성일자는 2021. 6. 11.로 할 것.
　○ 사건을 수임한 변호사: 법무법인 서울서울(서울 중구 서소문동 1. 전화 119-0119, 담당 변호사 정의감)

나. 소장 작성례: 병합청구 있는 이혼청구

소   장

원 고	김 미 녀 (790301 - 2134567)
	주소 서울 중구 중구 퇴계로90길 50, 101동 1201호(신당동, 현대아파트)
	등록기준지 서울 노원구 상계동 103-7
	소송대리인 법무법인 서울중앙 담당변호사 정의감
피 고	이 미 남 (770901 - 1234567)
	주소 서울 강남구 언주로 550, 503호(역삼동, 정복빌딩)
	등록기준지 서울 성동구 행당동 115-207
사건본인	이 일 녀 (130405 - 4134555)
	주소 서울 강남구 언주로 550, 503호(역삼동, 정복빌딩)
	등록기준지 서울 성동구 행당동 115-207

이혼 등 청구의 소

청 구 취 지

1. 원고와 피고는 이혼한다.
2. 피고는 원고에게 위자료로서 5억 원 및 이에 대한 이 사건 소장 부본 송달 다음날부터 다 갚는 날까지 연 12%의 비율로 계산한 돈을 지급하라.
3. 피고는 원고에게 재산분할로서 20억 원 및 이에 대한 이 판결 확정일 다음날부터 다 갚는 날까지 연 5%의 비율로 계산한 돈을 지급하라.
4. 사건본인의 친권자 및 양육자로 원고를 지정한다.
5. 피고는 원고에게 사건본인을 인도하라.
6. 피고는 원고에게 사건본인의 양육비로서 사건본인을 인도한 다음날부터 2032. 4. 4.까지 월 100만 원씩을 매월 말일에 지급하라.
7. 소송비용은 피고가 부담한다.

청 구 원 인

1. 혼인 성립 및 자녀관계

원고는 A전문대학 간호실무과를 졸업하였고, 피고는 B대학 국문과를 졸업하였는데, 원고와 피고는 중매로 결혼하여 2007. 4. 5. 혼인신고를 마치고 9년 남짓 살아온 법률상 부부입니다. 슬하에는 딸로서 사건본인인 이일녀가 있습니다.

2. 혼인파탄의 경위
 (1) 피고의 가정환경

피고의 아버지는 첩실을 두어 현재도 2중의 가정생활을 하고 있고, 피고는 그 첩실 집에 보내져 그곳에서 성장하였습니다. 피고는 그것이 비정상적인 가정환경인지도 자각하지 못한 채 가부장적이고 혼인의 순결에 반하는 가정관을 가진 사람입니다.

(2) 피고의 의처증 및 성도착증

피고는, 직장에서 집으로 전화를 하여 처의 소재를 수시 확인하거나, 원고가 외출 후에 귀가시간이 다소 늦기만 하여도 행처를 집요하게 추궁하고, 외부에서 원고에게 전화가 걸려와도 통화자를 꼭 확인하고, 원고가 동창회 모임에 참석하는 것도 반대하고, 원고가 화장을 해도 의심하고, 심지어 시장에만 가도 의심합니다. 이러한 피고의 의처증세는 처인 원고에게 큰 고통을 주는 정도로 심각합니다.

한편 피고는 집을 두고 원고를 데리고 차를 타고 나가 승용차 안에서 성관계를 요구하는 습관이 있습니다. 노래방에 가서 노래방 남자 종업원을 불러 들여 처를 애무하도록 요구하였다가 거절당한 적도 있습니다. 원고는 피고의 이러한 비정상적이고 성도착적인 행위에 큰 고통을 받으면서 수동적으로 이끌려 왔습니다.

(3) 폭력행위

피고는 원고와의 대화 도중에 그의 말에 고분고분하지 않는다는 이유로 화를 내면서 원고의 면전에서 술병을 내리쳐 깨뜨려 공포 분위기 조성한 적도 있습니다. 또 피고는 처조부 제사에 갔다가 처가 식구들과 음주 언쟁 끝에 화를 내면서 한밤중에 자녀와 함께 귀가를 하겠다고 고집하고, 그 과정에서 만류하는 장모를 떠밀어 넘어뜨려 상해를 입힌 적도 있습니다.

(4) 부정행위

2018년 여름 성명불상의 여자가 집으로 전화를 하여 원고와 통화한 적이 있는데, 그 여자는 피고와 함께 제주도에 1박2일로 여행 다녀온 적이 있다고 얘기하였습니다.

3. 재산상태 및 재산형성의 경위

피고 명의의 부동산은 별지 목록과 같고, 그 시가액은 공시가액으로 40억 원이며, 별지 1,2,5,6 기재 건물의 임대수입이 매월 수천만 원씩이 됩니다.

피고 명의의 위 재산은 모두 원고와의 혼인생활 중에 구입된 것입니다. 피고가 배달중심의 영업을 하였던 '상해탕수육' 식당을 마포에서 2년간 경영할 때에는 원고도 공동으로 경영하였습니다. 피고는 경리·타자·컴퓨터학원을 경영하다가 최근에는 제과점을 경영하였고, 제과점 경영에는 원고도 함께 참여하였습니다.

4. 양육관계 및 양육비산정 참작사유

(1) 피고의 양육방식

딸 이일녀는 평소 원고와 함께 생활할 때에도 아버지의 폭력에 두려움을 느껴 왔습니다. 피고는 원고에 대한 그릇된 생각을 딸에게 주입하면서 현재 모녀가 만나는 것도 금지시키고 있습니다.

(2) 양육비 관련사실

딸 이일녀는 현재 초등학교 2학년 재학중이며, 정규교육비가 매월 5만 원 정도, 피아노·바이올린·재능산수·국어·속독학원 과외비가 매월 45만 원씩 소요됩니다.

5. 결어

위와 같은 피고의 행위는 민법 제840조 제3호, 제4호, 제1호, 제6호에 정해진 이혼사유에 해당하므로 원고는 피고에게 이혼을 청구합니다. 피고는 원고에게, 앞에서 기재한 제반사정에 비추어 최소한 청구취지 제2항 기재의 위자료를 지급할 의무가 있고, 앞서의 재산보유 및 재산형성 경위에 비추어 재산분할로서 청구취지 제3항 기재의 소유권이전등기절차를 이행할 의무가 있습니다. 앞서의 사실관계에 의하면 청구취지 제4항 기재와 같이 사건본인의 양육자 및 친권행사자로서는 원고를 지정함이 상당합니다. 피고는 원고에게 사건본인을 인도하고 그 인도 다음날부터 사건본인의 성년일인 2032. 4. 4.까지 매월 말일에 청구취지 제6항 기재의 양육비를 지급할 의무가 있습니다.

증 명 방 법

1. 갑 제1호증   가족관계등록부등본
2. 갑 제2호증   세대별주민등록표등본
3. 갑 제3호증   진단서
4. 갑 제4호증의1   부동산 등기사항 전부·일부증명서(건물)
5. 갑 제4호증의2   부동산 등기사항 전부·일부증명서(토지)

첨 부 서 류

1. 위 증명방법   1부
1. 소송대리 위임장   1매

2021. 6. 11.
원고 소송대리인 법무법인 서울중앙
담당변호사 정 의 감 (서명 또는 날인)

서울가정법원 귀중

제4절 친생자관계존부확인: 소장 양식

소 장

원   고   김 장 남 (700301-2134567)
            서울 중구 소공동 1. 소공아파트 123동 1234호 (우편번호: 100-070)
            등록기준지 서울 중구 황학동 2.
            연락처: 전화번호 011-111-3333, 이메일 kjangnam@hanmail.net
피   고   이 적 모 (450901-2123456)
            서울 중구 소공동 1. 소공아파트 123동 1234호 (우편번호: 100-070)
            등록기준지 서울 중구 황학동 2.
            연락처: 전화번호 011-222-4444, 이메일 leejm@chol.com

친생자관계부존재확인 청구의 소

청 구 취 지

1. 원고는 피고와 사이에 친생자관계가 존재하지 아니함을 확인한다.
2. 소송비용은 피고의 부담으로 한다.

청 구 원 인

　가족관계등록부에 원고는 피고를 모(母)로 하고 소외 김춘풍을 부(父)로 하여 그들의 아들로 출생한 것으로 등재되어 있습니다.

　그러나 원고는 소외 박실모를 모(母)로 하고 위 김춘풍을 부(父)로 하여 출생하였습니다. 원고의 출생당시 위 박실모와 위 김춘풍은 혼인관계에 있지 않았으므로 위 김춘풍의 처인 위 이적모가 원고를 출산한 것처럼 출생신고를 하게 되었던 것입니다.

　따라서 잘못된 가족관계등록을 바로잡기 위하여 이 사건 청구에 이르렀습니다.

증 명 방 법

1. 갑 제1호증　　　　　　　　　　　　　　가족관계등록부등본
2. 갑 제2호증　　　　　　　　　　　　　　공증인증서

첨 부 서 류

1. 위 증명방법　　　　　　　　　　　　　　1부

2021. 5. 10.

원고　김 장 남　(서명 또는 날인)

서울가정법원 귀중

제5절　가사비송사건 신청서 양식: 양육자변경 및 양육비 청구서 양식

양육자변경 및 양육비 청구

청 구 인　　　김 선 녀 (700301-2134567)
　　　　　　　(주소, 등록기준지, 소송대리인의 표시 생략)
상 대 방　　　이 선 남 (680901-1234567)
　　　　　　　(주소, 등록기준지, 연락처 표시 생략)

사건본인   이 일 녀 (030405－4134555)
                    (주소, 등록기준지 표시 생략)

청 구 취 지

1. 사건본인의 양육자를 상대방에서 청구인으로 변경한다.
2. 상대방은 청구인에게 2021. 5. 1.부터 사건본인이 성년이 될 때까지 사건본인의 양육비로
   월 100만 원씩을 매월 말일에 지급하라.
3. 신청비용은 상대방이 부담한다.

청 구 이 유

1. 양육자 변경의 이유
   (상대방이 현재 사건본인의 양육자로 정해진 이유와 현재 청구인이 양육자로서 상대적으로
   적합하게 된 사유 등을 기재)
2. 양육비 산정의 근거
   (총 양육비 액수 및 청구인과 상대방이 적절하게 분담할 비율과 근거를 기재)

증 명 방 법

1. 소갑 제1호증   가족관계등록부등본
2. 소갑 제2호증   세대별주민등록표등본
3. 소갑 제3호증   사실확인서

첨 부 서 류

1. 위 증명방법   1부
1. 소송대리위임장   1매

2021. 6. 30.

신청인의 대리인 법무법인 서울서울
담당변호사 정 의 감 (서명 또는 날인)

서울가정법원 귀중

제 6 장

행정소송

행정소송

제1절　행정사건 진행과정 및 행정소송의 종류

1. 행정처분에 대한 불복과 행정사건의 진행

행정처분은 행정청 스스로 취소·변경할 수 있으므로 처분청이나 그 상급청을 상대로 부당 또는 위법한 처분에 대하여 취소·변경을 구할 수 있다. 그리고 위법한 행정처분에 대하여는 헌법 제27조가 보장하는 재판을 받을 권리에 근거하여 독립된 재판기관인 법원에 그 취소나 무효의 재판을 구함으로써 침해된 권익을 구제받을 수 있다. 따라서 행정처분에 대한 불복은 행정기관에 제기하는 불복절차와 법원에 제기하는 불복절차로 나뉜다.

이들 불복절차 중 어느 절차를 이용하든 행정처분은 행정목적의 원활한 수행을 위하여 공정력, 자력집행력 등 고유의 효력이 인정되므로 그 집행 등으로 인하여 회복할 수 없는 손해가 발생할 염려가 있다면 본안판결의 실효성 확보를 위하여 미리 그 집행이나 절차의 속행을 정지할 필요가 있다. 행정처분의 집행을 정지하려면 행정심판청구서나 취소소송의 소장을 접수한 후 본안사건의 담당법원에 집행정지신청을 하여 집행정지결정을 받아야 한다.

행정심판절차든 행정소송절차든 간에 승소하면 그 결정이나 판결의 형성적 효력에 의하여 원래의 행정처분은 곧바로 효력을 잃고, 이로써 국민의 침해된 권익을 구제받게 된다.

2. 행정소송의 종류

가. 주관적 소송과 객관적 소송

주관적 소송은 주로 침해된 개인의 권익을 구제하기 위한 소송이고, 객관적 소송은 주로 행정작용의 적법성을 보장하기 위한 소송이다. 주관적 소송의 원고는 일반적으로 침해된 권익의 주체인 반면에 객관적 소송의 원고는 침해된 권익의 주체를 포함하여 행정작용의 적법성과 이해관계를 갖는 자 중에서 법률에서 정하는 자가 된다.

나. 항고소송과 당사자소송

항고소송은 이미 효력을 발생한 행정처분 등을 전제로 그 위법성을 이유로 취소·변경을 구하는 소송절차이고, 당사자소송은 행정처분 등을 원인으로 하거나 그 밖에 법률관계를 대상으로 하는 소송절차이다. 항고소송의 피고는 편의상[1] 다른 법률에 특별한 규정이 없는 한 해당 행정처분을 한 처분청이 되는 반면에 당사자소송의 피고는 처분청이 아닌 법률관계의 일방 당사자로서 국가, 지방자치단체 등이 된다.

다. 취소소송, 무효 등 확인소송, 부작위위법확인소송 및 법정외 항고소송(무명항고소송)

현행 행정소송법은 항고소송의 유형으로 행정청의 위법한 처분등을 취소 또는 변경하는 취소소송, 행정청의 처분등의 효력 유무 또는 존재 여부를 확인하는 무효등확인소송, 행정청의 부작위가 위법하다는 것을 확인하는 부작위위법확인소송을 규정하고 있다(행소법 제4조). 그 외에도 의무화소송, 예방적부작위소송, 불이익배제소송 등 행정소송법이 명시적으로 규정하지 않은 항고소송의 유형과 관련하여 이를 법정외 항고소송(무명항고소송)으로 허용하는 견해가 있다. 하지만 판례는 이를 허용하지 않고 있다.[2] 무효선언을 구하는 의미의 취소소송도 취소소송의 제기요건을 구비하는 한 적법하다는 것이 학설·판례의 입장이다.[3] 행정처분의 무효와 취소의 구별이 상대적으로 어려워 원고에게 이를 명확하게 할 것을 요구하기 어렵기 때문이다.

라. 형식적 당사자소송

처분이나 재결을 원인으로 하는 법률관계에 관하여 그 원인이 되는 처분등에 불복하여 소송을 제기함에 있어 처분청이 아닌 법률관계의 일방 당사자를 피고로 하여 제기하는 소송을 형식적 당사자소송이라고 한다. 행정소송법상 일반적으로 인정되는 것은 아니나 개별적인 법률에 근거하여 허용된다. 보상금증감에 관한 소송(공익사업을 위한 토지 등의 취득 및 보상에 관한 법률 제85조 제2항),[4] 특허무효심판청구에 관한 심결 취소소송(특허법 제187조 단서)[5] 등이 이에 해당한다. 처분등의 효력을 다툰다는 점에서 항고소송의 성격을 갖지만, 이해관계의 일방 당사자인 권리

---

1) 소송에서 당사자는 권리의무의 주체인 것이 원칙이지만, 항고소송에서는 법률관계의 일방 당사자인 국가나 지방자치단체가 아니라 그 기관인 행정청이 편의상 피고가 된다.

2) 대법원 1997. 9. 30. 선고 97누3200 판결; 대법원 1995. 3. 10. 선고 94누14018 판결.

3) 대법원 1993. 3. 12. 선고 92누11039 판결; 대법원 1999. 4. 27. 선고 97누6780 판결.

4) 제85조(행정소송의 제기) ② 제1항에 따라 제기하려는 행정소송이 보상금의 증감(增減)에 관한 소송인 경우 그 소송을 제기하는 자가 토지소유자 또는 관계인일 때에는 사업시행자를, 사업시행자일 때에는 토지소유자 또는 관계인을 각각 피고로 한다.

5) 제187조(피고적격) 제186조 제1항에 따라 소를 제기하는 경우에는 특허청장을 피고로 하여야 한다. 다만, 제133조 제1항, 제134조 제1항·제2항, 제135조 제1항·제2항, 제137조 제1항 또는 제138조 제1항·제3항에 따른 심판 또는 그 재심의 심결에 대한 소를 제기하는 경우에는 그 청구인 또는 피청구인을 피고로 하여야 한다.

의무의 귀속주체를 피고로 함으로써 법률관계의 통일적이고 신속한 확정에 도움이 된다.

마. 민중소송과 기관소송

국가 또는 공공단체의 기관이 법률에 위반되는 행위를 한 때에 직접 자기의 법률상 이익과 관계없이 그 시정을 구하기 위하여 제기하는 민중소송, 국가 또는 공공단체의 기관상호간에 있어서의 권한의 존부 또는 그 행사에 관한 다툼이 있을 때에 이에 대하여 제기하는 기관소송(헌법재판소법 제2조의 규정에 의하여 헌법재판소의 관장사항으로 되는 소송은 제외)은 행정소송법에서 행정소송의 종류로서 규정하고 있지만(행소법 제3조 제3호, 제4호), 객관소송의 특성상 법률이 정한 경우에 법률에 정한 자에 한하여 허용된다(행소법 제45조).

종 류				허용 여부
주관적 소송	항고소송	취소소송	(고유의)취소소송	일반적 허용
			무효선언을 구하는 의미의 취소소송	
		무효등확인 소송	처분 등에 대한 무효, 유효, 실효, 부존재, 존재 등 확인	
		부작위위법확인소송		
		법정외(無名) 항고소송	의무화소송	불 허
			예방적부작위소송	
			불이익배제소송	
	당사자소송	실질적 당사자소송		일반적 허용
		형식적 당사자소송		
객관적 소송	민중소송			개별 법률로써 허용
	기관소송			

제2절 행정사건에서 법문서작성의 기본사항

1. 행정소송의 관할

행정소송법에서 정한 행정사건의 제1심은 행정법원(행정법원이 설치되지 않은 경우 해당 지방법원 본원)이 이를 담당한다[법원조직법 제40조의4, 같은 법 부칙(1994. 7. 27. 법률 제4765호) 제2조[6]]. 관련 민사사건과 병합하여 소를 제기할 수 있고, 소제기 후에 행정사건이 취하 또는 각하되더라도 민사사건은 그대로 행정법원에서 계속 심리한다.

---

6) 부칙 제2조(행정사건에 관한 경과조치) 부칙 제1조 제1항 단서의 규정에 의한 행정법원에 관한 사항의 시행당시 행정법원이 설치되지 않은 지역에 있어서의 행정법원의 권한에 속하는 사건은 행정법원이 설치될 때까지 해당 지방법원본원 및 춘천지방법원 강릉지원이 관할한다.

보통재판적은 피고의 소재지를 관할하는 행정법원이고, 중앙행정기관 또는 그 장이 피고인 경우에는 대법원 소재지를 관할하는 행정법원에 소를 제기할 수 있다(행소법 제9조 제1항·제2항). 그리고 특별재판적에 의하여 부동산이나 특정의 장소에 관계되는 처분에 대한 경우에는 부동산이나 그 장소의 소재지를 관할하는 행정법원에(행소법 제9조 제3항), 사무소·영업소 소재지를 관할하는 법원에(민사소송법 제12조) 각 소를 제기할 수 있다. 따라서 근로복지공단 등 공법인을 피고로 하는 행정소송에서 지점소재지의 관할 법원도 그 지점의 업무에 관한 처분을 소송대상으로 하는 한 관할을 가진다.

행정소송은 합의부 재판이 원칙이나 합의부에서 단독판사가 재판할 수 있도록 결정할 수 있고(법원조직법 제7조 제3항), 과거 고등법원을 1심으로 하는 2심제로 운영되었으나 1998. 3. 1.부터 시행된 행정소송법에서 행정법원의 설치로 3심제로 운영되고 있다.

민중소송과 기관소송의 경우에는 이를 인정하는 개별 법률에서 그 관할도 함께 규정하고 있고, 당사자소송의 관할은 취소소송에 관한 규정을 준용한다(행소법 제40조).

2. 항고소송과 행정심판의 관계

행정심판은 처분청의 상급행정기관 등 행정기관이 처분의 위법 또는 부당 여부를 심사하는 쟁송절차이다. 행정심판과의 관계에서 행정소송의 제기에 앞서서 행정심판청구를 거치는 것이 당사자의 선택에 맡겨진 입법방식을 임의적 전치주의, 반드시 행정심판청구를 거쳐야 하는 입법방식을 필요적 전치주의라고 하는데, 1998. 3. 1. 행정소송법의 개정으로 다른 법률에서 행정심판의 재결을 거치지 않으면 취소소송을 제기할 수 없다는 규정이 있는 때를 제외하고는 임의적 전치주의를 원칙으로 한다(행소법 제18조 제1항 본문).

행정소송에 앞서 행정심판을 거치는 것은 행정청 스스로가 판단의 주체가 된다는 점에서 독립성이나 공정성을 담보하기 어렵고 이로써 권리구제가 지연된다는 문제점이 있지만, 그럼에도 불구하고 처분의 위법성이 아니라 정당성 여부까지 다툴 수 있고, 행정심판과정에서 유리한 증거를 발견하여 행정소송에서도 증거로 사용할 수 있을 뿐 아니라 행정의 전문성 활용 및 신속한 권리구제, 비용부담의 측면에서 행정심판을 거치는 것에도 실익이 있는 경우가 많다.

필요적 전치주의는 '법률'에 '명시적'으로 정한 경우에 한하여 적용되는데(행소법 제18조 제1항 단서, 제38조 제2항), 이때에도 행정심판의 위와 같은 문제점으로 인해 그것이 엄격하게 적용되지는 아니한다(제18조 제2항·제3항, 제38조 제2항).

개별 법률에서 필요적 전치주의를 규정한 경우로는 공무원에 대한 불이익처분(국가공무원법 제16조 제1항, 교육공무원법 제53조 제1항, 지방공무원법 제20조의2), 국세와 관세에 관한 처분(국세기본법 제56조 제2항, 관세법 제120조 제2항), 해양수산부장관 등의 선박검사 처분(선박안전법 제72조 제3항) 등에 대한 불복절차가 있다.

행정심판을 청구하려면 청구인과 피청구인, 심판의 대상이 되는 처분 등 행정심판법 제28조 제2항이 정하는 사항을 기재한 심판청구서를 피청구인이나 행정심판위원회에 제출하여야 한다(행심법 제23조 제1항).

3. 집행정지 등

일반적으로 소송사건에서 판결이 이루어지기까지는 상당한 기간이 소요된다. 그리고 원고가 원하는 결과를 판결로써 얻더라도 실제 권리구제의 결과로 이어지기 어려운 경우가 많다. 특히 처분 등 행정작용에는 행정목적의 원활한 수행 등을 위하여 공정력, 자력집행력 등 특수한 효력을 인정하고 있어 본안판결에까지 이르는 과정에서 이미 심판대상인 처분등의 집행이 완료되어 권리구제가 불가능하고 어려운 경우가 흔히 발생할 수 있다. 따라서 민사소송 등 다른 소송절차에서와 같이 판결이 확정되기 전에 잠정적으로 원고의 권리를 보전하여 승소판결의 실효성을 확보할 필요가 있는데, 침익적 처분에 대해서는 그 효력이나 집행 또는 절차의 속행을 중단할 것을 요구하는 집행정지제도를, 수익적 처분에 대해서는 임시의 지위를 정하는 등의 가처분제도를 고려할 수 있을 것이다.

행정소송법은 취소소송과 관련하여 처분등의 효력이나 그 집행 또는 절차의 속행으로 인하여 생길 회복하기 어려운 손해를 예방하기 위하여 긴급한 필요가 있다고 인정할 때에는 본안이 계속되고 있는 법원에 집행정지결정을 신청할 수 있음을 규정하고(제23조 제2항), 무효 등 확인 소송에서 이를 준용하고 있다(제38조 제1항).

집행정지결정이 인용되려면 본안소송이 계속 중이어야 하고, 보전의 필요성 즉, 회복하기 어려운 손해를 예방하기 위하여 긴급한 필요가 있어야 하며, 다만 공공의 복리에 중대한 영향을 미칠 우려가 없어야 한다(행소법 제23조 제3항). 집행정지결정이 있으면 결정에서 정한 대로 처분의 효력 등이 정지되며, 행정청은 동일한 내용의 처분을 다시 하거나 후속처분 등 집행정지결정의 취지에 반하는 관련처분을 할 수 없다.

행정소송법에는 본안판결의 실효성을 확보하기 위한 임시구제로서 집행정지에 관한 규정만을 두고 있는 관계로 민사집행법상 가처분 규정(제300조)이 준용되는지 여부에 관하여 견해가 나누어진다. 위에서 본 바와 같이 집행정지제도의 기능이 주로 침익적 처분의 효력 또는 집행의 정지에 그치는 관계로 행정소송에서도 실효적인 임시구제의 기능을 다하기 위해서는 권리의 보전이나 임시지위의 설정 등 가처분제도의 활용이 필요하다는 것이 긍정설의 취지이다. 이에 대하여 판례는 현행 행정소송법상 의무화소송이나 적극적 이행소송 등이 인정되지 않으므로 민사집행법상의 가처분조항 역시 준용할 수 없다고 하여 이를 부정하고 있다.[7]

민사소송에서와 마찬가지로 취소소송 등 본안소송을 제기할 때 집행정지신청을 함께 하는 것이 일반적이다.

---

7) 대법원 1992. 7. 6.자 92마54 결정 등 참조.

제3절 각종 신청서 양식

1. 행정사건 소장 양식

소   장

원   고   (생 략)

피   고   부산지방경찰청장

자동차운전면허취소처분취소 청구의 소

청 구 취 지

1. 피고가 원고에 대하여 201 . . .에 한 자동차운전면허취소처분을 취소한다.
2. 소송비용은 피고가 부담한다.
라는 판결을 구합니다.

청 구 원 인

1. 사건의 경위와 처분의 내용

2. 이 사건 소의 적법성

3. 이 사건 처분의 위법성

첨 부 서 류

1. 행정처분통지서   1통(갑 제1호증의 1)
2. 행정처분명령서   1통(갑 제1호증의 2)

201 . . .
원고 김 운 전 (인)

부산지방법원 귀중

---

2. 집행정지신청서 양식

집 행 정 지 신 청

신 청 인   (생 략)

피신청인   부산지방경찰청장

자동차운전면허취소처분취소 집행정지

신 청 취 지

피신청인이 신청인에 대하여 201 . . .에 한 자동차운전면허취소처분은 이 법원 201 구단 호 자동차운전면허취소처분취소 사건의 판결 선고시까지 그 집행을 정지한다.
라는 결정을 구합니다.

신 청 원 인

1. 사건의 경위와 처분의 내용(처분의 위법성)
   (소장에 기재한 내용과 동일. 단, 집행정지의 필요에 관한 사실관계를 상세하게 추가)

4. 집행정지의 필요성
   위와 같은 이유로 이 사건 행정처분의 취소를 구하는 행정소송을 제기하였는바, 장차 그 소송의 판결이 선고될 때까지는 상당한 시일이 소요될 것이고, 그때까지 행정처분의 집행이 정지되지 않으면 운전면허를 전제로 한 신청인의 직업은 유지될 수 없어 직장을 잃을 개연성이 높으며, 신청인이 실직한 다음에는 장차 본안소송에서 승소하더라도 그 손실을 회복할 수 없습니다.

첨 부 서 류

1. 행정처분통지서   1통(소갑 제1호증의 1)
2. 행정처분명령서   1통(소갑 제1호증의 2)
3. 채용계약서 및 취업규칙   1통(소갑 제2호증의 1)
4. 사실확인서(인사과장 김과장 작성) 1매(소갑 제2호증의 2)

201 . . .
신청인 김 운 전 (인)

부산지방법원 귀중

3. 행정심판청구서 양식

행 정 심 판 청 구

청 구 인   (생 략)

피청구인   부산지방경찰청장

청 구 취 지

피청구인이 청구인에 대하여 201 . . .에 한 자동차운전면허취소처분을 취소한다.

신 청 원 인

1. 사건의 경과와 처분의 내용

2. 심판청구의 적법성

3. 이 사건 처분의 위법성(부당성)
   위와 같은 사정을 종합하면, 피고의 행정처분은 재량권을 남용하거나 일탈한 위법이 있고, 가사 피고의 행정처분이 위법한 정도에 이르지는 않다 하더라도 확립된 행정관행을 벗어나 심히 부당합니다.

첨 부 서 류

1. 행정처분통지서	1통(소갑 제1호증의 1)
2. 행정처분명령서	1통(소갑 제1호증의 2)
3. 채용계약서 및 취업규칙	1통(소갑 제2호증의 1)
4. 사실확인서(인사과장 김과장 작성)	1매(소갑 제2호증의 2)
5. 사실확인서(동승자 이친구 작성)	1매(소갑 제3호증)

2015. 11. 11.
신청인 김 운 전 (인)

경찰청장 귀중

제4절 연습 예시

1. 문제: 소장 · 행정심판청구서 · 집행정지신청서

다음 사실관계 메모를 토대로 소장 · 행정심판청구서 · 집행정지신청서를 작성하시오.

1. 행정처분: 행정처분명령서와 영업허가증 및 의뢰인 대면 문답으로 확인

   ① 김가수는 부산 동래구청장으로부터 2015. 10. 15.자로 영업장폐쇄를 명하는 행정처분명령서와 행정처분통지서(작성일자는 2015. 10. 8.)를 2015. 10. 9.에 수령.

   ② 행정처분 사유는 '영업정지기간 중 영업행위'로, 근거법률은 '풍속영업 규제에 관한 법률 제7조, 제8조 제1항'으로 각각 기재되어 있음.

   ③ 영업허가의 내용: 영업소 명칭 '봄봄봄', 업종 '노래연습장', 영업소 소재지 '부산 동래구 온천로 33.' 영업자 '김가수', 영업자 주민등록번호 '700303－1111333'

2. 사실관계: 의뢰인 대면 문답

   ① 김가수는 2010. 10. 1.자로 영업허가를 받아 노래연습장 영업 시작.

   ② 김가수는 건강악화로 2015. 1. 10. 노래연습장 지배인 배신자에게 양도대금 총액 5억원(＝계약당일 계약금 5,000만 원+동년 2. 10. 지급일인 1차중도금 1억 5천만 원+동년 3. 10. 지급일인 2차중도금 5,000만 원+동년 3. 31. 지급일인 잔금 2억 5,000만원)에 양도하고 계약당일 계약금만 받고 영업장을 인계.

   － 배신자는 1차중도금 지급 후, 자금조달이 어렵다면서 2차중도금과 잔금을 지급하지 않은 채 계약해제를 요구.

   ③ 김가수는 노래연습장을 돌려주면 다른 원매자를 찾아 재양도를 한 다음 그 대금을 받아 1차중도금만을 돌려주겠다고 주장.

   － 배신자는 계약금까지 전액 반환과 영업장 반환의 동시이행을 주장.

   － 배신자가 현재까지 영업을 계속.

   ④ 김가수가 이 사건 처분을 통지받고 확인한바, 배신자는 2015. 1. 21. 23:00경에 이미 '주류판매'의 '업태위반'으로 동년 2. 15.부터 동년 3. 15.까지 1개월 영업정지처분을 받았고, 그 영업정지 제1일째에 행정처분을 무시하고 영업을 계속하다가 적발되어 같은 종류의 위반행위로 이 사건 행정처분을 받음.

   － 제1일째 자정이 조금 지난 시섬에 적발 당함.

   ⑤ 김가수는 영업설비를 위하여 주택전세금을 줄이고 친구들과 친척들에게서 2억 여 원을 빌려 투입.

   － 행정처분이 확정된다면 점포전세금을 회수하더라도 2억 원 정도의 빚이 남아 길거리에 내몰릴 형편임.

   － 영업시설의 노후화 방지를 위해 집행정지 필요.

3. 김가수 인적사항, 기타 참고사항

   ○ 주소: 부산광역시 동래구 사직로 11 3동 999호(동래낙원아파트)

   ○ 주민등록번호: 700303－1111333

   ○ 전화번호: 051-333-1133, 이메일 주소: singerk@hanmail.net

   ○ 증거서류는, 행정처분통지서 · 행정처분명령서 · 계약서 · 공증인증서 1통씩

   ○ 문서 작성일은 2015. 11. 15.자로 할 것

   ○ 변호사: 법무법인 부산부산(부산 연제구 연제로 1. 전화 119-0119, 담당변호사 정의감)

2. 행정사건 소장 작성례

소　　장

원　　고　　　김가수 (700303 – 1111333)
　　　　　　　　부산 동래구 사직로 11 3동999호(동래낙원아파트)
　　　　　　　　소송대리인 법무법인 부산부산
　　　　　　　　　　담당변호사 정의감
　　　　　　　　부산 연제구 연제동 1
피　　고　　　부산광역시 동래구청장

영업허가취소처분 취소청구

청 구 취 지

1. 피고가 2015. 10. 8. 원고에 대하여 한 영업허가취소처분을 취소한다.
2. 소송비용은 피고의 부담으로 한다.

청 구 원 인

1. 행정처분(요지·처분사유·근거법률)
　가. 행정처분의 요지
　　피고는 2015. 10. 8. 원고에게 원고 명의의 별지 기재 영업에 관하여 2015. 10. 15.자로 영업허가취소를 명하는 행정처분을 하였습니다.
　나. 처분사유 및 근거법률
　　피고가 행정처분서에 적시한 행정처분의 사유는 '영업정지기간 중 영업행위'이고, 근거법률은 「풍속영업 규제에 관한 법률」 제7조, 제8조 제1항입니다.
2. 사실관계
　가. 영업양도
　　원고는, 2010. 10. 1.자로 별지 기재 영업허가를 받아 노래연습장 영업을 해오던 중 2015. 1. 10. 당시 지배인이던 소외 배신자에게 양도대금은 총액 5억 원으로 하여 계약당일에 계약금 5,000만 원, 같은 해 2. 10.에 1차중도금 1억 5천만 원, 같은 해 3. 10.에 2차중도금 5,000만 원, 같은 해 3. 31.에 잔금 2억 5,000만 원을 나누어 지급받는 내용으로 양도하고, 계약당일 계약금만 받고 영업장을 인계하였습니다.
　나. 양수인과의 갈등
　　배신자는 1차중도금을 지급한 후, 자금조달이 어렵다는 이유로 2차중도금과 잔금을 지급하지 않고 계약해제를 요구하고 있습니다. 영업양도인인 원고는 노래연습장을 돌려주면 다른 원매자를 찾아 재양도를 한 다음 그 대금을 받아 1차중도금만을 돌려주겠다고 제의하였습니다. 그러나 위 배신자는 자신의 계약위반을 무시한 채 계약금까지 반환을 요구하고 또 양도대금반환과 노래연습장반환의 동시이행을 주장하면서 영업을 계속하였습니다.

다. 위반경위

원고는 2015. 1. 10. 이후 현재까지 사업명의자에 불과할 뿐 영업에 직접 관여하지 않고 위 배신자가 영업을 해오고 있습니다. 원고가 이 사건 행정처분을 통지받고 확인한 바에 의하면, 위 배신자는 이미 같은 해 1. 21. 23:00경에도 주류판매를 하여 업태위반으로 같은 해 2. 15.부터 같은 해 3. 15.까지 이미 영업정지처분을 받았으며(그 행정처분도 원고를 상대로 이루어졌으나 위 배신자가 원고에게 알리지 않아 원고는 모르고 있었음), 이 사건 위반행위는 그 영업정지 제1일째에 적발당한 것이었습니다.

라. 원고의 처지

원고는 이 사건 노래연습장 영업을 위하여 주택의 전세금을 줄인 것은 물론 주변의 친구들과 친척들에게서 돈을 빌려 2억 여 원을 투입하여 설비를 하였던 것입니다. 따라서 만약 영업허가취소처분이 확정된다면 점포의 전세금을 회수하더라도 2억 원 정도의 빚을 지게 되어 가족들과 함께 길거리에 나앉을 처지입니다.

3. 처분의 위법성

이 사건 행정처분은, 영업정지처분을 무시하고 영업을 계속하던 중의 위법행위에 대한 것으로서 외관상으로는 흠이 없어 보이지만, 위와 같은 제반 사정을 종합해 본다면 재량권의 남용 또는 일탈의 위법이 있습니다.

4. 결론

첨 부 서 류

1. 행정처분통지서	1매(갑 제1호증의 1)	
2. 행정처분명령서	1매(갑 제1호증의 2)	
3. 계약서	1통(갑 제2호증)	
4. 공증인증서	1통(갑 제3호증)	
5. 소송대리위임장	1매	

2015. 11. 15.
원고 소송대리인 법무법인 부산부산
담당변호사 정 의 감 (인)

부산지방법원 귀중

별　지

영업소의 명칭: 봄봄봄
업종: 노래연습장
영업소의 소재지: 부산광역시 동래구 온천1동 333
영업자: 김가수
주민등록번호: 700303－1111333

3. 집행정지신청서 작성례

집 행 정 지 신 청

신 청 인 김가수 (700303 – 1111333)
      부산 동래구 사직로 11 3동999호(동래낙원아파트)
      신청대리인 법무법인 부산부산
         담당변호사 정의감
      부산 연제구 연제동 1

피신청인 동래구청장

집행정지 신청사건

신 청 취 지

피신청인이 신청인에 대하여 2015. 10. 8.에 한 영업허가취소 처분은 귀원 2015구단1008호 사건 판결 선고시까지 집행을 정지한다.

신 청 원 인

1~3. 행정처분, 사실관계, 처분의 위법성
 (소장에 기재한 내용과 같음. 별지도 소장에 첨부된 별지와 같음)

4. 집행정지의 필요성
 이 사건 행정처분의 취소를 구하는 행정소송을 제기하였는바, 장차 그 소송의 판결이 선고 될 때까지는 상당한 시일이 소요될 것이고, 그때까지 집행이 정지되지 않으면 영업시설이 노후되어 본안소송에서 승소하더라도 그 손실을 회복할 수 없습니다.

첨 부 서 류

1. 행정처분통지서   1통(소갑 제1호증의 1)
2. 행정처분명령서   1통(소갑 제1호증의 2)
3. 계약서   1통(소갑 제2호증)
4. 공증인증서   1통(소갑 제3호증)
5. 소송대리위임장   1매

2015. 11. 15.
신청인 대리인 법무법인 부산부산
담당변호사 정 의 감 (인)

부산지방법원 귀중

4. 행정심판청구서 작성례

행 정 심 판 청 구

청 구 인 　김가수 (700303 — 1111333)
　　　　　　부산 동래구 사직로 11 3동999호(동래낙원아파트)
　　　　　　소송대리인 법무법인 부산부산
　　　　　　　　　　담당변호사 정의감
　　　　　　부산 연제구 연제동 1

피청구인 　동래구청장

재 결 청 　부산광역시장

청 구 취 지

피청구인이 청구인에 대하여 2015. 10. 8.에 한 영업허가취소 처분을 취소한다.

신 청 원 인

1～2. 행정처분, 사실관계, 처분의 위법성
　(소장에 기재한 내용과 같음. 별지도 소장에 첨부된 별지와 같음)
3. 처분의 위법성·부당성
　위와 같은 제반 사정을 종합하면, 피고의 행정처분은 재량권을 남용하거나 일탈한 위법이
　있고, 가사 피고의 행정처분이 위법한 정도에 이르지는 않다 하더라도 그 정당성까지 인정
　될 수는 없습니다.

첨 부 서 류

(집행정지신청서의 경우와 같음)

2015. 11. 15.
청구인 대리인 법무법인 부산부산
담당변호사 　정 의 감 　(인)

부산광역시장 귀중

제 7 장

형사소송

제7장

형사소송

제1절 형사소송 및 형사법문서 개관

1. 형사소송 절차 개관

가. 형법은 범죄의 종류와 형벌에 대하여 규정하고 있다. 이러한 형법을 적용하기 위해서는 범죄를 수사하여 피의자를 확정·기소하는 절차, 형벌을 과하는 절차 및 확정된 형벌을 집행하는 절차가 필요한데, 이러한 형사절차를 규정하는 법률체계가 형사소송법이다. 그 중 공소의 제기에서부터 판결선고에 이르기까지의 통상의 공판절차를 '협의의 형사소송'이라고 한다.

나. 협의의 형사소송에 해당하는 공판절차는 공소가 제기되면, 공소장 부본을 송달하고, 피고인에 대하여 국민참여재판 여부 의사를 확인하여 그 여부를 결정한 후, 사선변호인이 없는 경우 필요한 국선변호인을 선정하며, 공판기일을 지정하여 공판기일을 진행하는 순으로 이루어진다.[1] 공판기일은 재판부가 사건을 호명하여 소송관계인의 출석을 확인한 후 피고인에 대한 진술거부권 고지,[2] 인정신문,[3] 검사의 모두진술,[4] 피고인의 모두진술,[5] 재판장의 쟁점정리 및 검사·변호인의 증거관계 등에 대한 진술[6]의 순서로 진행되는 모두절차와 법원이 사건에 관한 사실인정을 위한 심증을 얻기 위하여 각종의 증거방법을 조사하여 그 내용을 감지하는 증거조사,[7] 피고인 신문[8] 및 최종변론[9]의 순서로 진행되는 사실심리절차를 거쳐 판결선고[10]로 종결된

---

1) 공판기일에 앞서 공판준비절차를 진행할 수도 있다(형사소송법 제266조의5 이하 참조).
2) 형사소송법 제283조의2.
3) 형사소송법 제284조.
4) 형사소송법 제285조.
5) 형사소송법 제286조.
6) 재판장이 증거조사 이전에 사건의 쟁점을 정리하여 증거조사절차에 효율적인 심리를 할 수 있도록 하기 위한 규정이다(형사소송법 제287조).

다. 법관의 심증형성은 사실심리절차에서 이루어지므로 변호인의 적절한 반대신문권 행사 등 변호인의 조력이 이 단계에서 매우 중요하다.[11][12]

---

7) 형사소송법 제290조 내지 제296조. 그 중 증인신문에 대해서는 형사소송법 제146조 이하 참조.

8) 형사소송법 제296조의2 및 제297조.

9) 검사의 의견진술과 피고인·변호인의 의견진술이다(형사소송법 제302조 및 제303조).

10) 판결의 선고는 변론을 종결(최종변론을 마쳐 판결선고만이 남은 상태이다)한 기일에 하는 것이 원칙이다(형사소송법 제318조의4 제1항). 항소·상고 여부에 대한 판단과 항소·상고 이유서 작성 및 각 제출기간 여부를 철저히 검토하여야 한다(형사소송법 제361조의3, 제379조).

11) 대법원 2001. 9. 14. 선고 2001도1550 판결: 검사가 피의자 아닌 자의 진술을 기재한 조서는 원진술자의 공판준비 또는 공판기일에서의 진술에 의하여 그 성립의 진정함이 인정되면 증거로 할 수 있고, 여기에서 성립의 진정이라 함은 간인, 서명, 날인 등 조서의 형식적인 진정과 그 조서의 내용이 진술자의 진술내용대로 기재되었다는 실질적인 진정을 뜻하는 것이므로, 검사가 피의자 아닌 자의 진술을 기재한 조서에 대하여 그 원진술자가 공판기일에서 그 성립의 진정을 인정하면 그 조서는 증거능력이 있는 것이고, 원진술자가 공판기일에서 그 조서의 내용과 다른 진술을 하거나 변호인 또는 피고인의 반대신문에 대하여 아무런 답변을 하지 아니하였다 하여 곧 증거능력 자체를 부정할 사유가 되지는 아니한다. (그러나) 형사소송법은 제161조의2에서 피고인의 반대신문권을 포함한 교호신문제도를 규정함과 동시에, 제310조의2에서 법관의 면전에서 진술되지 아니하고 피고인에 의한 반대신문의 기회가 부여되지 아니한 진술에 대하여는 원칙적으로 증거능력을 부여하지 아니함으로써, 형사재판에 있어서 모든 증거는 법관의 면전에서 진술·심리되어야 한다는 직접주의와 피고인에게 불리한 증거에 대하여는 반대신문할 수 있는 권리를 원칙적으로 보장하고 있다. 반대신문권의 보장은 형식적·절차적인 것이 아니라 실질적·효과적인 것이어야 하므로, 증인이 반대신문에 대하여 답변을 하지 아니함으로써 진술내용의 모순이나 불합리를 드러내는 것이 사실상 불가능하였다면, 그 사유가 피고인이나 변호인에게 책임있는 것이 아닌 한 그 진술증거는 법관의 올바른 심증형성의 기초가 될 만한 진정한 증거가치를 가진다고 보기 어렵고, 이러한 증거를 채용하여 공소사실을 인정함에 있어서는 신중하여야 한다.

12) 대법원 2019. 11. 28. 선고 2013도6825 판결: 헌법은 제12조 제1항 후문에서 적법절차의 원칙을 천명하고, 제27조에서 재판받을 권리를 보장하고 있다. 형사소송법은 이를 실질적으로 구현하기 위하여, 피고사건에 대한 실체심리가 공개된 법정에서 검사와 피고인 양 당사자의 공격·방어활동에 의하여 행해져야 한다는 당사자주의와 공판중심주의 원칙, 공소사실의 인정은 법관의 면전에서 직접 조사한 증거만을 기초로 해야 한다는 직접심리주의와 증거재판주의 원칙을 기본원칙으로 채택하고 있다. 이에 따라 공소가 제기된 후에는 그 사건에 관한 형사절차의 모든 권한이 사건을 주재하는 수소법원에 속하게 되며, 수사의 대상이던 피의자는 검사와 대등한 당사자인 피고인의 지위에서 방어권을 행사하게 된다. 형사소송법상 법관의 면전에서 당사자의 모든 주장과 증거조사가 실질적으로 이루어지는 제1심법정에서의 절차가 실질적 직접심리주의와 공판중심주의를 구현하는 원칙적인 것이지만, 제1심의 공판절차에 관한 규정은 특별한 규정이 없으면 항소심의 심판절차에도 준용되는 만큼 항소심도 제한적인 범위 내에서 이러한 원칙에 따른 절차로 볼 수 있다.

　이러한 형사소송법의 기본원칙에 따라 살펴보면, 제1심에서 피고인에 대하여 무죄판결이 선고되어 검사가 항소한 후, 수사기관이 항소심 공판기일에 증인으로 신청하여 신문할 수 있는 사람을 특별한 사정 없이 미리 수사기관에 소환하여 작성한 진술조서는 피고인이 증거로 할 수 있음에 동의하지 않는 한 증거능력이 없다. 검사가 공소를 제기한 후 참고인을 소환하여 피고인에게 불리한 진술을 기재한 진술조서를 작성하여 이를 공판절차에 증거로 제출할 수 있게 한다면, 피고인과 대등한 당사자의 지위에 있는 검사가 수사기관으로서의 권한을 이용하여 일방적으로 법정 밖에서 유리한 증거를 만들 수 있게 하는 것이므로 당사자주의·공판중심주의·직접심리주의에 반하고 피고인의 공정한 재판을 받을 권리를 침해하기 때문이다. 위 참고인이 나중에 법정에 증인으로 출석하여 위 진술조서의 성립의 진정을 인정하고 피고인 측에 반대신문의 기회가 부여된다 하더라도 위 진술조서의 증거능력을 인정할 수 없음은 마찬가지이다.

　위 참고인이 법정에서 위와 같이 증거능력이 없는 진술조서와 같은 취지로 피고인에게 불리한 내용의 진술을 한 경우, 그 진술에 신빙성을 인정하여 유죄의 증거로 삼을 것인지는 증인신문 전 수사기관에서 진술조서가 작성된 경위와 그것이 법정진술에 영향을 미쳤을 가능성 등을 종합적으로 고려하여 신중하게 판단하여야 한다.

2. 형사법문서 개관[13)]

변호인은 수사의 최초단계에서부터 의뢰인이 혐의를 벗어날 수 있도록 노력하게 되고, 의뢰인의 신병에 대한 구속[14)]이 문제되면 체포적부심사청구 및 심문기일 참여,[15)] 구속전 피의자심문 기일 참여,[16)] 구속적부심사청구 및 심문기일 참여[17)] 등의 활동을 한다. 공소가 제기된 후에는 보석청구 및 심문기일 참여,[18)] 공판기일에서의 변호활동 등을 하게 된다. 그 과정에서 변호인의견서, 각종의 청구서, 변론요지서, 상소장 및 상소이유서 등을 작성하게 된다. 그 중 변호인이 공판절차의 최종단계에서 의견을 진술함에 있어(형사소송법 제303조) 구두변론 내용을 명확히 하고 또 이를 보충하는 의미에서 통상 구두변론에 앞서 제출하는 서면이 변론요지서이다. ① 변론요지서는 구두변론이 그 내용 전부 공판조서에 기재되지 않는 경우 또는 공판기일에서의 진술이 제한된 경우(형사소송규칙 제145조) 변호인의 주장이나 의견을 기록에 남길 수 있는 필수적인 문서이므로 변호인에게는 대단히 중요하다. ② 구속적부심사청구서·보석청구서의 경우 불구속의 요건인 증거인멸 또는 도주의 우려가 없다는 점을 호소하는 외에는 그 기재 내용은 피고사건에 대한 사실인정이나 법률주장으로서 결국 변론요지서의 기재내용과 동일하다. 검사가 기소한 후 청구하는 보석의 단계에는 사실상 수사가 종결되었기 때문에 증거인멸의 문제보다는 실질적으로는 도망할 염려가 문제된다. 통상 선고결과가 실형의 개연성이 있는 경우에는 특별히 방어권을 보장하여야 하거나 보석보증금으로 담보할 수 있지 않는 한[19)] 법원에서는 도망할 염려를 고려하여 보석신청을 기각하는데, 그 결과 보석신청서에는 증거인멸의 염려가 없을 뿐 아니라 피고사건이 실형의 가능성이 없다는 점을 법률적이나 사실적 측면에서 강조하게 된다. 피고사건의 성격에 따라 보석신청서에 기재하는 방법은 다양할 수 있겠으나 필요적 보석사유에 해당하는 경우는 필요적 보석사유에 해당한다는 점을 강조하여 보석 허가를 청구하게 된다. 그러나 일부 공소사실이 중한 죄가 되어 필요적 보석 사유에 해당하지 않아서[20)] 임의적 보석허가를 청구하는 경우라도, 결국 실형의 가능성이 없다는 점을 논리적으로 설득하여야 하므로 보석청구서에서는 공소사실에 대한 변론으로서 각각의 피고사건에 대한 면소·공소기각 등의 법률적 견해 또는 무죄의 사실인정과정을 논리직으로 전개하게 되는데 이 부분은 변론요지서에 기재할 내용과 실질적으로 동일하다.[21)] ③ 상소이유서의 경우 원심판결의 부당성을 지

---

13) 윤태석, "변호사시험 형사법 기록형의 출제 방향에 관하여", 법조 통권 제719호(2016. 10), 310~334면 참고.
14) 교도소 또는 구치소에 감금하는 구금과 법원 또는 기타 일정한 장소에 인치하는 구인을 포함하는 개념이다.
15) 형사소송법 제214조의2 제1항, 제9항 참조.
16) 형사소송법 제201조의2 제4항 참조.
17) 형사소송법 제214조의2 제1항, 제9항 참조.
18) 형사소송법 제94조, 동규칙 제54조의2 제5항.
19) 따라서 보석신청 시 경우에 따라서는 방어권을 특별히 보장하여야 할 사유가 있다거나 보석보증금으로 충분히 담보할 수 있다는 사정을 강조할 수도 있을 것이다.
20) 형사소송법 제95조 각호 중 제1, 제2호의 사유는 기소된 공소사실의 법정형을 기준으로 하므로 여러 개의 병합사건 중 비록 법정형이 장기 10년이 넘는 피고사건이 있는 경우는 실제로는 당해 피고사건이 무죄·공소기각이나 면소 등의 사유에 해당하면 피고인으로서는 억울한 면이 없지 않겠지만 필요적 보석사유에는 해당하지 않고 형식적으로는 임의적 보석허가를 청구하여야 한다.
21) 일부 공소사실이 필요적 보석의 예외사유인 형소법 제95조 제1호의 사유에 해당할 수 있게 보여도 당해

적하는 것으로 원심판결의 선고 후에 발생한 사정변경에 대한 주장을 제외하면 변론요지서와 동일하다고 하겠으나, 원심에서 변호인이 선임되지 못한 경우에는 원심의 변론과정에서 피고인이 잘못 수행한 변론이 있는지에 대하여 검토하여 설시하는 것이 변론요지서와 다소 차이가 있겠다. 항소이유서를 예를 들면, 원심판결에 통상 ① 법령위반, ② 사실오인, ③ 양형부당의 사유가 있다는 내용으로 전개한다.[22] 절대적 항소이유 외에는 판결에 영향을 미친 경우이어야 한다.[23] 불고불리의 원칙에 위반하였거나 증거법칙 또는 자백의 보강법칙을 위반한 경우는 법령위반의 사유가, 논리법칙과 경험법칙에 어긋나서 합리성을 결여한 사실인정은 사실오인의 사유가 되고, 유죄가 인정되는 경우라도 양형인자를 잘못 판단하여 형의 양정이 부당한 경우는 양형부당이 된다.[24] 기타 형사 법문서는 대법원 사이트의 전자민원센터에 방문하여(양식모음 중 형사편 참고) 적절히 활용하면 되겠다.[25]

④ 추가하여 의견서에 관하여 언급하고자 한다. 변호사가 작성하는 의견서(또는 검토보고서)는 통상 소송 외 문서의 일종인데,[26] 형사 기록형 문제에서는 의견서 작성도 출제된다.[27] 변호사가 작성하는 의견서는 변호사라면 능숙하게 작성해야 하는 가장 기본적인 문서라 할 수 있는데, 의뢰인에게 제출하는 경우와 법률사무소 내의 대표변호사 등에게 제출하는 경우 그리고 재판연구원이 담당재판장에게 제출하는 경우로 나누어 볼 수 있다. 일반적으로 사실관계, 법적인 논점, 법적인 논의, 결론 순으로 작성하게 되는 것은 동일하나 제출받는 주체에 따라서 즉 어떠한 목적으로 작성하는가를 염두에 두고 작성할 필요가 있다. 시기적으로 기소 전 단계, 증거조사 전 단계, 결심 후 판결 선고 전 단계 또는 판결 선고 후 항소 단계 등과 같이 사실관계나 법적인 논점이 아직 명확하지 아니한 단계와 사실관계나 법적인 논점이 뚜렷이 부각되는 단계가 구별되므로 단계별로 쟁점이 상이할 수가 있다는 점을 유의하여야 한다. 의뢰인이나 대표변호사에게 제출하는 경우는 선례가 없거나 기존의 판례를 변경하는 경우 외에는 법적인 논의는 대법원 판례를 중심으로 법원에서 어떠한 판결을 하게 될 것인가가 작성의 주목적이 될 것이고,[28] 재판연구원이 작성하는 경우는 심리과정에서 심리에 도움을 주고자 하는 것을 제외하고는 대체

피고사건이 무죄·공소기각이나 면소 등의 사유에 해당하는 경우에는 그 점을 적시한 후 나머지 공소사실은 그에 해당하지 않는다고 기재하면서 형사소송법 제95조를 활용하여 제96조 규정의 상당한 이유를 법원에서 납득할 수 있도록 전개하는 과정이다. 예컨대 병보석 또는 특별한 방어권 보장과 같은 경우가 아니라면 결국은 실형의 가능성이 없다는 점을 염두에 두고 설시하는 과정이 된다.

22) 형사소송법 제361조의5.

23) 판결의 주문은 물론이고 이유에도 영향을 미치는 경우를 포함하는데, 항소이유와 원심판결의 결과 사이에 영향을 미쳤을 가능성이 있으면 된다(가능성설).

24) 항소이유서를 작성하도록 하는 문제는, 법령위배나 사실오인 외에도 유죄를 전제로 한 양형부당의 주장을 하여야 하는 관계로 주어진 사안(기록)에 대하여 법률적 쟁점, 사실인정 문제와 유무죄를 각각 구별할 수 있어야 하므로 수험생들의 실력을 평가할 수 있는 좋은 문제가 된다. 양형부당의 경우에는 유죄로 인정되는 공소사실을 특정하여 그에 상응하는 간략한 정상관계를 기재하라는 지시를 예상할 수 있다.

25) http://help.scourt.go.kr/nm/minwon/doc/DocListAction.work.

26) 본 교재 제9장 참조. 실무상으로는 변론의 마지막 단계에서 제출하는 변론요지서 외에는 공판기일 진행에 따라 수시로 의견서라는 제목으로 법원에 제출하기도 한다.

27) 공동피고인으로 병합하여 기소하여 일부 피고인에 대해서는 의견서작성을 일부 피고인에 대해서는 변론요지서를 각각 작성하도록 제시하는 문제는 피고인별로 쟁점을 구분할 수 있을 뿐 아니라, 변론요지서에 집중할 사실인정 문제를 명확하게 부각할 수 있어서 출제에 긍정적인 측면이 있다.

28) 결론은 법원의 판단을 전제로 하는 경우 일반적으로 "법원에서는 …의 선고가 예상된다"는 형식이 될 것이다.

로 판결이 상급심에서 파기되지 않도록 법적인 논점을 빠트리지 않도록 작성하여야 한다.[29]

▌제2절 형사법문서(변론요지서·의견서 등) 작성

1. 작성 준비

가. 공소장 검토

1) 공소는 공소장에 피고인·죄명·공소사실 및 적용법조를 기재하여 관할법원에 제출함으로써 제기된다. 공소장의 형식적 요건 충족과 관련한 대법원 판례[30]에 의하면, [형사소송법 제57조 제1항은 "공무원이 작성하는 서류에는 법률에 다른 규정이 없는 때에는 작성 연월일과 소속공무소를 기재하고 기명날인 또는 서명하여야 한다"고 정하고 있고, '공무원이 작성하는 서류'에는 검사가 작성하는 공소장이 포함되므로, 검사의 기명날인 또는 서명이 없는 상태로 관할법원에 제출된 공소장은 형사소송법 제57조 제1항에 위반된 서류이다. 이와 같이 법률이 정한 형식을 갖추지 못한 공소장 제출에 의한 공소의 제기는 특별한 사정이 없는 한 그 절차가 법률의 규정에 위반하여 무효인 때에 해당하지만 이 경우 공소를 제기한 검사가 공소장에 기명날인 또는 서명을 추완하는 등의 방법에 의하여 공소의 제기가 유효하게 될 수 있다.]고 한다.

2) 검사가 법원의 심판을 요구하는 범죄사실이 무엇인지 명확히 파악해야 효율적인 변론활동이 가능하다. 수개의 범죄사실과 적용법조가 예비적 또는 택일적으로 기재될 수 있는데, 공소장에 기재된 모든 범죄사실이 법원의 심판의 대상이 되므로 변호인으로서는 그 공소사실 전부에 대하여 변론의 필요성을 염두에 두고 변론준비를 하여야 한다. 나아가 공소사실의 동일성이 인정되는 범위 내에서 피고인의 방어권 행사에 실질적 불이익을 초래할 염려가 없는 경우 법원은 공소장의 변경 없이 직권으로 공소장에 기재된 공소사실과 다른 범죄사실을 인정할 수 있기 때문에 이에 대하여도 염두에 두고 공소사실을 검토해야 한다.[31][32]

3) 공소사실의 요지를 간결하게 정리해 보면, 공소사실의 쟁점, 구성요건 및 법리를 쉽게 파

---

29) 일반적으로 공소사실의 요지, 피고인의 주장, 각 주장별 쟁점을 파악한 후 법적인 논의를 거쳐 결론을 도출한다. 쟁점과 논의에 있어서는 법원에서 직권으로 심리·판단하여야 할 필요성이 있는 부분에 대해서도 검토하여야 한다.

30) 대법원 2012. 9. 27. 선고 2010도17052 판결.

31) 대법원 2008. 11. 13. 선고 2006도7915 판결: 형법 제309조 제2항의 허위사실적시 출판물에 의한 명예훼손의 공소사실에는 같은 조 제1항 소정의 사실적시 출판물에 의한 명예훼손의 공소사실도 포함되어 있으므로, 피고인이 적시한 사실이 허위사실이 아니거나 피고인에게 적시한 사실이 허위사실이라는 인식이 없다면 법원은 공소장변경절차 없이도 형법 제309조 제1항의 사실적시 출판물에 의한 명예훼손죄로 인정할 수 있다.

32) 횡령죄와 배임죄 상호간에 대하여, 횡령죄와 배임죄는 다같이 신임관계를 기본으로 하고 있는 같은 죄질의 재산범죄로서 그 형벌에 있어서도 경중의 차이가 없고 동일한 범죄사실에 대하여 단지 법률적용만을 달리하는 경우에 해당하므로 법원은 배임죄로 기소된 공소사실에 대하여 공소장변경 없이도 횡령죄를 적용하여 처벌할 수 있다는 판결(대법원 1999. 11. 26. 선고 99도2651 판결)과, 법원이 공소장변경 없이 직권으로 피고인을 배임죄로 처벌하지 않는 것이 위법하다고 볼 수 없다는 판결(대법원 2000. 9. 8. 선고 2000도258 판결)을 각각 참고하기 바란다.

악할 수 있다. 죄명과 적용법조를 법전에서 직접 확인하여 해당 구성요건에 공소사실이 포섭되는지를 파악하고,[33] 특별법의 경우는 특별법 적용의 구성요건을 파악하여 공소사실의 포섭 여부를 검토하여야 한다.

4) 공소장일본주의에 관한 대법원의 판례는 [공소장일본주의의 위배 여부는 공소사실로 기재된 범죄의 유형과 내용 등에 비추어 볼 때에 공소장에 첨부 또는 인용된 서류 기타 물건의 내용, 그리고 법령이 요구하는 사항 이외에 공소장에 기재된 사실이 법관 또는 배심원에게 예단을 생기게 하여 법관 또는 배심원이 범죄사실의 실체를 파악하는 데 장애가 될 수 있는지 여부를 기준으로 당해 사건에서 구체적으로 판단하여야 한다. 이러한 기준에 비추어 공소장일본주의에 위배된 공소제기라고 인정되는 때에는 그 절차가 법률의 규정을 위반하여 무효인 때에 해당하는 것으로 보아 공소기각의 판결을 선고하는 것이 원칙이다. 그러나 공소장 기재의 방식에 관하여 피고인측으로부터 아무런 이의가 제기되지 아니하였고 법원 역시 범죄사실의 실체를 파악하는 데 지장이 없다고 판단하여 그대로 공판절차를 진행한 결과 증거조사절차가 마무리되어 법관의 심증형성이 이루어진 단계에서는 소송절차의 동적 안정성 및 소송경제의 이념 등에 비추어 볼 때 이제는 더 이상 공소장일본주의 위배를 주장하여 이미 진행된 소송절차의 효력을 다툴 수는 없다.][34]고 하므로 이를 염두에 두고 사전에 그 준수여부를 충분히 검토한다.[35] 공소사실의 특정과 관련하여서는, 대법원 판례는 [공소사실의 특정방법을 정한 형사소송법 제254조 제4항의 범죄의 "시일"은 이중기소나 시효에 저촉되지 않는 정도의 기재를 요하고 "장소"는 토지관할을 가름할 수 있는 정도의 기재를 필요로 하며 "방법"은 범죄의 구성요건을 밝히는 정도의 기재를 요하는 것이고, 이와 같은 공소범죄사실의 세 가지 특정요소를 갖출 것을 요구하고 있는 법의 취지는 결국 피고인의 방어의 범위를 한정시켜 방어권을 쉽게 해주게 하기 위한 데 있다. 공소장에 범죄의 일시, 장소, 방법 등이 구체적으로 적시 안된 경우가 있다고 하더라도 "시일", "장소", "방법"의 기재를 필요로 하는 정도에 반하지 아니하고 더구나 공소범죄의 성격에 비추어 세 가지 요소의 개괄적인 표시가 부득이하며, 또한 그에 대한 피고인의 방어권 행사에 지장이 없다고 보여지는 경우에는 당해 공소내용을 공소제기절차위반으로 무효라고 판단해서는 안된다.][36]고 하므로 이를 염두에 두고 그 특정 여부를 검토하도록 한다.[37] 친고죄의 고소 및 취소의 효력[38] 그리고 친고죄와 구별되는 반의사불벌죄의 법리[39] 등을 숙지하고 피고사건이

---

33) 대법원 2008. 5. 15. 선고 2008도1097 판결: 강요죄는 폭행 또는 협박으로 사람의 권리행사를 방해하거나 의무 없는 일을 하게 하는 것을 말하고, 여기에서 '의무 없는 일'이라 함은 법령, 계약 등에 기하여 발생하는 법률상 의무 없는 일을 말하므로, 폭행 또는 협박으로 법률상 의무 있는 일을 하게 한 경우에는 폭행 또는 협박죄만 성립할 뿐 강요죄는 성립하지 아니한다.

34) 대법원 2009. 10. 22. 선고 2009도7436 전원합의체 판결.

35) 피고인 측으로부터 이의가 유효하게 제기되어 있는 이상 공판절차가 진행되어 법관의 심증형성의 단계에 이르렀다고 하여 공소장일본주의 위배의 하자가 치유된다고 볼 수 없다고 한 사례(대법원 2015. 1. 29. 선고 2012도2957 판결).

36) 대법원 1994. 9. 23. 선고 94도1853 판결.

37) 따라서 공소사실은 위 세 가지의 특정요소를 종합하여 범죄구성요건에 해당하는 구체적 사실을 다른 사실과 판별할 수 있는 정도로 기재하여야 한다(대법원 2005. 7. 29. 선고 2005도2003 판결).

38) 대법원 2009. 1. 30. 선고 2008도7462 판결: 고소불가분의 원칙상 공범 중 일부에 대하여만 처벌을 구하고 나머지에 대하여는 처벌을 원하지 않는 내용의 고소는 적법한 고소라고 할 수 없고, 공범 중 1인에 대한 고소취소는 고소인의 의사와 상관없이 다른 공범에 대하여도 효력이 있다.

39) 대법원 1994. 4. 26. 선고 93도1689 판결: 형사소송법이 고소와 고소취소에 관한 규정을 하면서 제232조

이에 해당하는지 등을 검토하여 필요한 소송조건의 충족여부에 대해 필요하면 반드시 법조문을 재차 확인하여 검토하여야 한다. 친고죄에 있어서의 고소는 명시적인 고소장의 접수가 없다고 하더라도 고소권 있는 자가 수사기관에 대하여 범죄사실을 신고하고 범인의 처벌을 구하는 의사표시로서 서면뿐만 아니라 구술로도 할 수 있는 것이고, 다만 구술에 의한 고소를 받은 검사 또는 사법경찰관은 조서를 작성하여야 하지만 그 조서가 독립된 조서일 필요는 없으며 수사기관이 고소권자를 증인 또는 피해자로서 신문한 경우에 그 진술에 범인의 처벌을 요구하는 의사표시가 포함되어 있고 그 의사표시가 조서에 기재되면 고소는 적법하게 이루어진 것이 된다.[40) 비친고죄인 공소사실이 변경되어 친고죄에 해당되는 경우도 주의하여야 한다.

나. 사실 관계 파악

1) 피고인이 공소사실을 자백하는 경우

피고인의 자백은 매우 중요한 증거가 된다. 자백의 신빙성 유무를 판단함에 있어서는 자백의 진술내용 자체가 객관적으로 합리성을 띠고 있는지, 자백의 동기나 이유는 무엇인지 그리고 자백 이외의 정황증거 중 자백과 저촉되거나 모순되는 것이 없는지 하는 점을 고려하여 피고인의 자백에 합리적인 의심을 갖게 할 상황이 있는지를 판단하여야 한다. 비록 외견상으로는 피고인의 자백으로 인정될 여지가 있다고 하더라도 자백을 하게 된 당시의 피고인의 심리상황 등 여러 가지 상황에 비추어 그 진술의 내용이 다의적인 다른 의미로 사용된 것은 아닌지 충분한 합리성을 가지고 신중하게 접근할 필요성도 있다. 또한 피고인이 자백한다고 하더라도 면소,[41)42) 또는 공소기각[43)의 사유가 있는지 살펴보아야 한다. 또한 형사소송법 제325조 전단의 무죄사유로서 공소사실이 범죄를 구성하지 아니하거나, 형사소송법 제323조 제2항의 법률상 범죄의 성립을 조각하는 위법성이나 책임성 조각사유가 있어 범죄로 되지 아니하는 것은 아닌지,[44)45)46) 형사소송법 제325조 후단의 무죄사유로서 피고인이나 변호인이 증거로 함에 동의하

제1항, 제2항에서 고소취소의 시한과 재고소의 금지를 규정하고 제3항에서는 반의사불벌죄에 제1항, 제2항의 규정을 준용하는 규정을 두면서도, 제233조에서 고소와 고소취소의 불가분에 관한 규정을 함에 있어서는 반의사불벌죄에 이를 준용하는 규정을 두지 아니한 것은 처벌을 희망하지 아니하는 의사표시나 처벌을 희망하는 의사표시의 철회에 관하여 친고죄와는 달리 공범자간에 불가분의 원칙을 적용하지 아니하고자 함에 있다고 볼 것이지, 입법의 불비로 볼 것은 아니다.

40) 대법원 2009. 7. 9. 선고 2009도3860 판결.
41) 면소 판결에 대해 실체판결을 구하여 상소할 수 없다(대법원 2005. 9. 29. 선고 2005도4738 판결).
42) 형소법 제326조 제1호 내지 제4호 참조. 그 중 제1호의 확정판결은 협의의 유무죄 판단의 판결 외에 유죄의 확정판결과 동일한 효력이 있는 약식명령, 즉결심판, 도로교통법이나 관세법 또는 경범죄처벌법에 의한 통고처분에 기한 범칙금납부도 해당한다.
43) 형소법 제327조 제1호 내지 제6호 참조. 특히 제2호와 제5호 및 제6호의 차이를 이해하여야 한다.
제2호는 친고죄, 반의사불벌죄를 불문하고 공소제기 당시 흠결이 발생한 것이고, 제5호 및 제6호는 공소제기 후 발생하였으나 제5호는 친고죄, 제6호는 반의사불벌죄에 대한 것이다.
44) 형벌에 관한 법령이 헌법재판소의 위헌결정으로 인하여 소급하여 그 효력을 상실하였거나 법원에서 위헌·무효로 선언된 경우, 재심이 개시된 사건에서 형벌에 관한 법령이 재심판결 당시 폐지되었다 하더라도 그 폐지가 당초부터 헌법에 위배되어 효력이 없는 법령에 대한 것이었다면 형사소송법 제325조 전단의 무죄사유에 해당한다(대법원 2013. 5. 16. 선고 2011도2631 전원합의체 판결).
45) 대법원 2004. 1. 27. 선고 2001도5414 판결: 형법 제228조 제1항이 규정하는 공정증서원본불실기재죄는 특별한 신빙성이 인정되는 권리의무에 관한 공문서에 대한 공공의 신용을 보장함을 보호법익으로 하는 범죄로서 공무원에 대하여 진실에 반하는 허위신고를 하여 공정증서원본에 그 증명하는 사항에 관하여 실체

였다고 하여도 그 증거능력을 갖지 못하는 위법수집증거 또는 그에 터잡아 획득한 2차적 증거[47]가 되어 결국 증거가 없는 것은 아닌지를 각각 검토하여야 한다. 자백에 대한 보강증거는 피고인의 임의적인 자백사실이 가공적인 것이 아니고 진실한 것이라고 인정할 정도면 직접증거이거나 자백한 범죄사실과 직접, 간접으로 관련이 있는 정황증거라도 족하다고 하겠지만 피고인의 자백을 내용으로 하는 진술기재는 보강증거가 되지 못하므로[48] 결국 자백에 필요한 보강증거가 충분한지 검토해야 한다.[49][50] 그리고 형의 면제나 법률상 감경 등의 사유가 있는지, 몰수·추징의 가능 여부 등도 검토해 보아야 한다. 뇌물죄와 관련하여 수뢰액을 특정할 수 없는 경우 가액을 추징할 수 없다.[51] 형 면제의 사유가 있는 경우 판결에서는 형의 내용을 주문에 표시하지 않으나, 이것은 유죄판결에 해당하므로 이유되는 사실 및 증거, 근거규정을 설시하게 된다. 따라서 형 면제의 사유가 있는 경우 형을 면제해 달라고 주장하거나(변론요지서의 경우), 형 면제가 예상된다는 의견을 제시하여야 하고(의견서의 경우) 형 면제 사유를 이유로 면소 또는 공소기각의 결론을 맺어서는 안 된다. 법률상 감경은 법률상의 특별규정에 따라 형이 감경되는 것으로, 법원의 재량에 따라 형이 감경되는 작량감경(형법 제53조)과는 다르며, 필요적 감경과 임의적 감경이 있다. 위법한 함정수사는 공소기각사유가 된다.[52]

관계에 부합하지 아니하는 불실의 사실을 기재하게 함으로써 성립하는 것이고, 한편 공증인법에 따르면 공증인은 당사자 기타 관계인의 촉탁에 의하여 법률행위 기타 사권에 관한 사실에 대한 공정증서의 작성 등을 처리함을 그 직무로 하고(제2조), 공증인이 증서를 작성함에는 그 청취한 진술, 그 목도한 사실 기타 실험한 사실을 기록하고 또한, 그 실험의 방법을 기재하여야 하는바(제34조), 공증인이 채권양도·양수인의 촉탁에 따라 그들의 진술을 청취하여 채권의 양도·양수가 진정으로 이루어짐을 확인하고 채권양도의 법률행위에 관한 공정증서를 작성한 경우 그 공정증서가 증명하는 사항은 채권양도의 법률행위가 진정으로 이루어졌다는 것일 뿐 그 공정증서가 나아가 양도되는 채권이 진정하게 존재한다는 사실까지 증명하는 것으로 볼 수는 없으므로, 양도인이 허위의 채권에 관하여 그 정을 모르는 양수인과 실제로 채권양도의 법률행위를 한 이상, 공증인에게 그러한 채권양도의 법률행위에 관한 공정증서를 작성하게 하였다고 하더라도 그 공정증서가 증명하는 사항에 관하여는 불실의 사실을 기재하게 하였다고 볼 것은 아니고, 따라서 공정증서원본불실기재죄가 성립한다고 볼 수 없다.

46) 대법원 2010. 6. 10. 선고 2010도3232 판결: 민사조정법상 조정신청에 의한 조정제도는 원칙적으로 조정신청인의 신청 취지에 구애됨이 없이 조정담당판사 등이 제반 사정을 고려하여 당사자들에게 상호 양보하여 합의하도록 권유·주선함으로써 화해에 이르게 하는 제도인 점에 비추어, 그 조정절차에서 작성되는 조정조서는 그 성질상 허위신고에 의해 불실한 사실이 그대로 기재될 수 있는 공문서로 볼 수 없어 공정증서원본에 해당하는 것으로 볼 수 없다.

47) 대법원 2013. 3. 14. 선고 2010도2094 판결.

48) 대법원 2008. 2. 14. 선고 2007도10937 판결.

49) 대법원 1986. 2. 25. 선고 85도2656 판결: 甲에 대한 진술조서는 동인이 1985. 4. 30. 22:00경 성남시 태평동 자기집 앞에 세워 둔 봉고화물차 1대를 도난당하였다는 내용뿐이고 피고인은 법정에서 위 봉고차의 절취사실을 시인하고 있어 甲에 대한 진술조서의 기재는 피고인이 위 봉고차의 절도사실의 자백에 대한 보강증거는 될 수 있다 할 것이나 피고인이 위 차를 타고 충주까지 가서 이건 범행을 하였다는 자백은 그 차량을 범행의 수단, 방법으로 사용하였다는 취지가 아니고 피고인이 범행장소인 충주시에 가기 위한 교통수단으로 이용하였다는 취지에 불과하여 이 사건 절도사실과는 직접적으로나 간접적으로 아무런 관계가 없다 할 것이니 甲의 차량의 도난사실의 진술조서의 기재는 이 사건 피고인의 자백에 대한 보강증거는 될 수 없다.

50) 대법원 2008. 5. 29. 선고 2008도2343 판결: 피고인이 자신이 거주하던 다세대주택의 여러 세대에서 7건의 절도행위를 한 것으로 기소되었는데 그 중 4건은 범행장소인 구체적 호수가 특정되지 않은 사안에서, 위 4건에 관한 피고인의 범행 관련 진술이 매우 사실적·구체적·합리적이고 진술의 신빙성을 의심할 만한 사유도 없어 자백의 진실성이 인정되므로, 피고인의 집에서 해당 피해품을 압수한 압수조서와 압수물 사진은 위 자백에 대한 보강증거가 된다.

51) 대법원 2011. 5. 26. 선고 2009도2453 판결.

2) 피고인이 공소사실을 부인하는 경우

피고인이 범죄사실을 부인하는 경우에는 증거법칙을 따져서 합리적인 의심의 여지가 없을 정도로 검사가 범죄사실을 증명하였는지 하는 사실인정 여부가 쟁점이 된다.[53] 적극적 사실의 존재 여부에 대한 증명책임은 물론이고 구성요건에 해당하는 경우 적극적 사실의 부존재에 대한 증명책임도 검사가 부담함은 물론이지만, 증명책임을 다하였는가에 대해서는 주의하여야 한다. 이 부분에 대하여 대법원 판례는[54] [형법 제309조 제2항의 출판물에 의한 명예훼손죄로 기소된 사건에서, 공표된 사실이 허위라는 점은 검사가 이를 적극적으로 증명하여야 하고, 단지 공표된 사실이 진실이라는 증명이 없다는 것만으로는 허위사실공표에 의한 명예훼손죄가 성립할 수 없다. 그런데 위 증명책임을 다하였는지 여부를 결정함에 있어서는, 어느 사실이 적극적으로 존재한다는 것의 증명은 물론, 그 사실의 부존재의 증명이라도 특정 기간과 특정 장소에서의 특정행위의 부존재에 관한 것이라면 적극적 당사자인 검사가 이를 합리적 의심의 여지가 없이 증명하여야 할 것이지만, 특정되지 아니한 기간과 공간에서의 구체화되지 아니한 사실의 부존재를 증명한다는 것은 사회통념상 불가능한 반면 그 사실이 존재한다고 주장·증명하는 것이 보다 용이하므로 이러한 사정은 검사가 그 입증책임을 다하였는지를 판단함에 있어 고려되어야 하고, 따라서 의혹을 받을 일을 한 사실이 없다고 주장하는 사람에 대하여 의혹을 받을 사실이 존재한다고 적극적으로 주장하는 사람은 그러한 사실의 존재를 수긍할 만한 소명자료를 제시할 부담을 지며 검사는 제시된 자료의 신빙성을 탄핵하는 방법으로 허위사실임을 입증할 수 있을 것인데, 이 때 제시하여야 할 소명자료는 단순히 소문을 제시하는 것만으로는 부족하고 적어도 허위임을 검사가 입증하는 것이 가능할 정도의 구체성은 갖추어야 하며, 이러한 소명자료의 제시가 없거나 제시된 소명자료의 신빙성이 탄핵된 때에는 허위사실공표로서의 책임을 져야 한다.]고 판시하고 있으므로, 검사에게 증명책임이 있다고 하더라도 이를 염두에 두고

---

52) 대법원 2008. 10. 23. 선고 2008도7362 판결: 경찰관들이 단속 실적을 올리기 위하여 손님을 가장하고 들어가 도우미를 불러 줄 것을 요구하였던 점, 피고인측은 평소 자신들이 손님들에게 도우미를 불러 준 적도 없으며, 더군다나 이 사건 당일 도우미를 불러달라는 다른 손님들이 있었으나 응하지 않고 모두 돌려보낸 바 있다고 주장하는데, 위 노래방이 평소 손님들에게 도우미 알선 영업을 해 왔다는 아무런 자료도 없는 점, 경찰관들도 그와 같은 제보나 첩보를 가지고 이 사건 노래방에 대한 단속을 한 것이 아닌 점, 경찰관들이 피고인측으로부터 한 차례 거절당하였으면서도 다시 위 노래방에 찾아가 도우미를 불러 줄 것을 요구하여 도우미가 오게 된 점 등 여러 사정들을 종합해 보면, 이 사건 단속은 수사기관이 사술이나 계략 등을 써서 피고인의 범의를 유발케 한 것으로서 위법하고, 이러한 함정수사에 기한 이 사건 공소제기 또한 그 절차가 법률의 규정에 위반하여 무효인 때에 해당한다.

53) 대법원 1996. 3. 8. 선고 95도3081 판결: 형사재판에 있어서 공소된 범죄사실에 대한 거증책임은 검사에게 있는 것이고 유죄의 인정은 법관으로 하여금 합리적인 의심을 할 여지가 없을 정도로 공소사실이 진실한 것이라는 확신을 가지게 하는 증명력을 가진 증거에 의하여야 하므로, 그와 같은 증거가 없다면 설령 피고인에게 유죄의 의심이 간다 하더라도 피고인의 이익으로 판단할 수밖에 없으며, 민사재판이었더라면 입증책임을 지게 되었을 피고인이 그 쟁점이 된 사항에 대하여 자신에게 유리한 입증을 하지 못하고 있다 하여 위와 같은 원칙이 달리 적용되는 것은 아니다. 이 사건에서 피고인이 위 차액 상당의 금원을 횡령하였다는 사실도 어디까지나 검사가 이를 입증하여야 하는 것으로서 원심이 민사재판에 있어서의 입증책임분배의 원칙을 유죄 인정의 근거의 하나로 내세워 피고인이 그가 보관하던 이 사건 대여금 총액 중에서 피해자를 위하여 사용하였거나 피해자에게 반환하였음을 입증하지 못한 위 차액 상당의 금원을 횡령한 것이라고 판단한 것은, 형사재판에 있어서의 거증책임의 원칙과 증명력에 관한 법리를 오해한 위법을 저지른 것이라는 비난을 면할 수 없다.

54) 대법원 2008. 11. 13. 선고 2006도7915 판결.

변론을 준비하여야 한다.

한편, 여기에서 말하는 합리적 의심이라 함은 모든 의문, 불신을 포함하는 것이 아니라 논리와 경험칙에 기하여 요증사실과 양립할 수 없는 사실의 개연성에 대한 합리성 있는 의문을 의미하는 것으로서, 피고인에게 유리한 정황을 사실인정과 관련하여 파악한 이성적 추론에 그 근거를 두어야 하는 것이므로 단순히 관념적인 의심이나 추상적인 가능성에 기초한 의심은 합리적 의심에 포함된다고 할 수 없다.[55]

2. 작성 방법

가. 전개 방법[56]

1) 변론요지서·의견서 등은 다양한 사건에 따라 그 접근법이 다양할 수 있으므로 굳이 일정한 형식적 틀에 맞추어 작성하여야 하는 것은 아니다. 그러나 법원에 제출하는 법문서인 경우(변론요지서 등) 문서의 표제, 사건번호와 사건명, 피고인의 성명, 제출하는 법원명, 작성자인 변호인의 기명과 날인이 갖추어져야 한다. 특히 변론요지서의 내용을 기재함에 있어서는 주장의 실익과 피고인의 이익을 위한 사항인지를 판단하여 그 기재에 소홀함이 없도록 만전을 기하여야 한다. 변호인이 작성하는 변론요지서는 그 목적이 법원을 효과적으로 설득하여 의뢰인과 변호인이 원하는 판단의 결과를 가장 신속히 획득하고자 하는 것인 만큼 이러한 목적을 염두에 두고 설득력 있게 작성하여야 한다. 피고인이 자백하는 경우와 무죄를 주장하는 경우를 구분하여 변론의 방향에 맞게 작성한다. 설득력 없는 주관적 억측이나 독단적 의견은 단순한 무익한 주장이 아니라 여타의 주장에 대한 신뢰성마저 손상을 주게 되는 유해한 주장이 될 수 있으므로 피해야 한다. 공소사실의 요지를 간결하게 정리해 보면, 공소사실의 쟁점, 구성요건 및 법리를 쉽게 파악할 수 있음은 앞서 본 바와 같은 바, 변론요지서도 공소사실의 요지를 먼저 설시하면 이후의 주장내용이 원활하게 전개되므로 통상 공소사실의 요지를 적시하여 시작하는 것이 일반적이다.

2) 소제목이나 소목차를 부여해야 하는 복잡한 사건의 경우에는 서두에서 결론을 먼저 적시하는 경우가 효과적일 수 있다. 일반적으로 사실관계, 법적인 논점, 법적인 논의, 결론의 순으로 전개하게 되는데, 사실에 관한 주장과 법률에 관한 주장은 통상 분리하여 설시함이 일반적이나 사실에 관한 주장과 아울러 그러한 사실의 법률효과를 곧바로 함께 주장하는 경우도 효과적일 수 있다.[57] 판결의 주문에 해당하는 결론에 대해서는 법률용어를 정확히 사용하여야 한다. 즉, 면소, 공소기각(결정 또는 판결), 무죄, 형 면제 등의 용어를 정확히 사용하여야 하며 만연히 공소사실에 대해 혐의 없다거나, 이유 없다 또는 타당하지 않다, 부당하다, 무효이다 등의 사용은 특별히 의도하여 그 실익을 고려한 사용이 아니면 피하여야 한다. 증거를 인용하는 경우 법

---

55) 대법원 2004. 6. 25. 선고 2004도2221 판결.
56) 기록형 시험의 경우 제시된 변론요지서 등의 양식과 배점이나 평가제외 사항을 염두에 두고, 기록의 총목록을 통하여 전반적인 제시 문서와 공소사실의 변경여부, 구속관계를 확인하면 개략적인 사건 내용과 전개 방향을 파악할 수 있다.
57) 소송 외 법문서인 검토보고서를 작성하는 경우도 동일하다.

정에서의 진술과 그러한 진술이 기재된 조서를 서로 혼동하지 않아야 하며, 예비적 주장도 주위적 주장의 성공가능성을 염두에 두고 신중히 선택해야 하며 만연히 사용하는 것은 주위적 주장에 대한 선명성을 떨어뜨리게 되므로 지양해야 한다.

3) 무죄의 경우에는 피고인에게 유리한 증거가 있어 그 신빙성을 부각시켜 사실의 진실을 밝힐 수 있으면 더욱 좋겠지만, 형사재판에 있어서 공소사실에 대한 증명책임은 종국적으로 검사에게 있으므로, 결국은 검사가 제출한 증거를 증거능력이든 신빙성이든 탄핵하여 검사가 제출한 모든 증거에 의하더라도 공소사실은 합리적인 의심의 여지가 없을 정도로 증명된 것은 아니라는 점을 설득하는 과정이 된다. 피고인의 주장이 진실인양 만연히 전개하지 말고, 공소사실이 인정되는지 여부에 대해 공소사실에 부합하는 증거관계부터 배척하는 순서를 취하는 것이 효과적일 수 있다. 보통은 증거능력 없는 부분을 먼저 배척한 후 신빙성 부분을 탄핵하게 된다. 피고인의 유죄를 직접 증명하는 증거가 아닌 나머지 증거들에 대해서는 [나머지 …는 피고인의 가담여부 또는 피고인의 유죄여부와 관련 없고] 등으로 설시하여 검사가 제출한 증거 전부에 대하여 배척하는 것이 일반적이다.

4) 증명력 배척은 합리적인 근거를 갖추어야 하므로, ① 피고인에게 불리한 일방적 진술에 대해서는 그와 반대되는 객관적 자료(예컨대 등기부등본과 같은 공문서, 처분문서 등의 기재 등)가 없는지 또는 사실조회 등을 통하여 확보할 수 있는 객관적 자료 등에 대하여 검토하여 불리한 진술을 배척할 여지를 파악해야 하고,[58] ② 진술이 경험칙에 반하거나 합리성을 결여한 점 또는 이례적인 점을 파악하여 신빙성을 배척하되 이러한 경우는 경험칙 또는 합리성을 설시함이 적절하므로, 예컨대, "[경험칙 설시]이어야 할 것인데, [경험칙에 반하는 진술의 내용 설시]이므로,[59] 해당 진술은 진실성을 담보할 수 없어 배척해야 한다"는 등으로 설시함이 적절하고,[60] ③ 동일인의 진술이 번복되는 과정을 거치는 등으로 피고인에게 일부는 유리하고 일부는 불리한 상반되는 진술의 경우 "경험칙과 합리성에 비추어 유리한 진술이 설득력이 있고 불리한 진술은 설득력이 없다"거나, "피고인에 유리한 진술을 채택하면 공소사실과 배치됨에도 특별한 이유없

---

58) 대법원 2009. 1. 15. 선고 2008도8137 판결: 금원수수 여부가 쟁점이 된 사건에서 금원수수자로 지목된 피고인이 수수사실을 부인하고 있고 이를 뒷받침할 금융자료 등 객관적 물증이 없는 경우, 여러 차례에 걸쳐 금원을 제공하였다고 주장하는 사람의 신술을 신뢰할 수 있는지 심사해 본 결과 그 중 상당한 금원제공 진술 부분을 그대로 믿을 수 없는 객관적인 사정 등이 밝혀져 그 부분 진술의 신빙성을 배척하는 경우라면, 여러 차례에 걸쳐 금원을 제공하였다는 진술의 신빙성은 전체적으로 상당히 허물어졌다. 따라서 나머지 일부 금원제공 진술 부분에 관하여는 이를 그대로 믿을 수 없는 객관적 사정 등이 직접 밝혀지지 않았다고 하더라도, 여러 차례에 걸쳐 금원을 제공하였다고 주장하는 사람의 진술만을 내세워 함부로 나머지 일부 금원수수 사실을 인정하는 것은 원칙적으로 허용될 수 없다. 나머지 일부 금원수수 사실을 인정하려면 신빙성을 배척하는 진술 부분과는 달리 이 부분 진술만은 신뢰할 수 있는 근거가 확신할 수 있을 정도로 충분히 제시되거나, 그 진술을 보강할 수 있는 증거들에 의하여 충분히 뒷받침되는 경우 등 합리적인 의심을 해소할 만한 특별한 사정이 존재하여야 한다.
59) 또는 그 역으로 설시함이 효과적일 수도 있다.
60) 대법원 2008. 6. 12. 선고 2008도2621 판결: 피고인은 또한 2007. 1. 8. 일반인들은 잘 사용하지 않는 전문요리사용 회칼 1개를 81,000원에 구입하여 범행 현장에 노끈과 함께 가지고 갔다가 압수되었는데, 이에 대하여 피고인은 2007. 1. 27. 노량진수산시장 근처로 이사할 예정이었기 때문에 회칼을 미리 구입하여 석궁 가방에 노끈과 함께 우연히 보관하였을 뿐 범행 당시 회칼을 일부러 소지한 것은 아니라고 주장하나, 압수된 석궁 가방의 모양이나 구조에 비추어 석궁 이외의 다른 물건을 보관하거나 운반하는 용도로 사용하기에는 부적절해 보이고 피고인이 별다른 조리 경력도 없으면서 이사하기 20일 전에 전문요리사용 회칼을 미리 구입하여 소지한다는 것은 이례적이어서 피고인의 진술을 선뜻 믿기 어렵다.

이 피고인에 불리한 진술만을 일방적으로 채택하여 유죄의 증거로 할 수 없다"거나 또는 "자체 모순으로 인해 진실여부를 파악하기 불가능하여 신빙성을 부여할 수 없으므로 진술 전체를 배척해야 한다"는 등으로 신빙성을 배척한다.[61]

나. 기본 법리 숙지

1) 숙지 사항[62]

가) 무엇보다도 형사법의 법리를 숙지하고 공판기록 및 증거기록을 세심하게 검토하여야 완결된 형사법문서를 작성할 수 있음은 당연하다. 공판조서에 기재된 증인 신문조서를 면밀히 파악하여 공소사실 증명 여부를 검토하고, 특히 진술의 경우 그 의미가 다의적으로 해석된다면 피고인에게 유불리한 의미를 함께 검토하여야 한다. 그 진술이 사실에 관한 부분인지, 의견 내지 판단인지 구분하여 단순한 의견 내지 판단을 사실에 대한 진술로 오인하여서는 아니 된다. 법률적 판단에 대한 오류는 번복함에 별다른 문제가 없지만 사실을 번복함에는 매우 신중해야 하고 경우에 따라서는 피고인 또는 변호인의 전반적인 신뢰에 심대한 부정적 영향을 끼칠 수 있다. 일반인의 경우 사실과 판단을 엄밀하게 구분하지 못하고 혼동하여 사용하는 경우가 흔하다.

증거로 제출된 것이 증거동의의 대상인 서류인지, 증거동의 대상이 되지 못하는 물건인지 증거조사 방법상의 차이를 염두에 두고 구분하여 검토하여야 한다.[63] 증거물이지만 증거서류의 성질도 가지고 있는 이른바 '증거물인 서면'을 조사하기 위해서는 증거서류의 조사방식인 낭독·내용고지 또는

---

61) 대법원 2003. 1. 24. 선고 2002도4994 판결: 우선 피해자 1의 진술에 관하여 보면, 피해자 1은 당초 수사기관에서는 피고인에게 1억 3,800만 원을 빌려주었다는 차용사기 피해를 당하였다고 진술하였다가 그 후 다시 그 피해 금액을 1억 3,400만 원이라거나 또는 1억 2,400만 원이라고 하는 등 그 피해 금액의 총액을 정확하게 특정하고 있지 못할 뿐만 아니라, 1995. 6.경부터 1999. 3. 4.경까지 제1심 판시 별지 목록과 같이 모두 12회에 걸쳐 금원을 대여하였다고 주장하면서도 그 구체적인 일시 장소와 대여경위, 개별적인 대여금의 수액에 관하여는 대부분 아무런 객관적인 물적 증빙도 제시함이 없이 오로지 자신의 기억에 의존하고 있다고 진술하고 있을 뿐이며, 그 대여 자금의 출처나 송금방법 등에 관하여도 아무런 근거를 밝히지 못하면서 그저 일수거래 과정에서 보관하고 있던 현금을 피고인이 요구하면 그대로 전해주었다고 주장하는 등 그 주장 자체가 매우 자의적, 주관적임을 알 수 있고, 나아가 피해자 1은 피고인에게는 차용금을 변제할 의사와 능력이 전혀 없었음을 강조하는 취지에서 수사기관에서는 일관되게 1995. 이후에는 피고인으로부터 생활비든 대여금에 대한 변제금이든 받은 돈은 전혀 없었다고 주장하였다가, 제1심의 사실조회 결과 피고인이 1991. 1. 18.부터 1999. 11. 17.까지 합계 168,058,000원을 수십 회에 걸쳐 피해자의 통장에 입금한 사실이 드러나자 이는 공소사실 기재와 같은 1억 2,400만 원이 아닌 다른 대여금에 대하여 변제받은 돈이거나 생활비 등으로 받은 것이고 이 사건 공소사실의 대여금 1억 2,400만 원은 위 사실조회 결과와는 무관하게 피고인에게 추가로 대여한 것이라고 진술하면서도 종전과 같이 피고인에게 차용금 변제의 의사와 능력이 없었음에 관하여는 이렇다 할 해명을 하지 못하였음을 알 수 있는바, 이상에서 본 바와 같은 피해자 1의 일관성 없는 자의적인 수사기관에서의 진술태도, 피해자 1이 피고인으로부터 그 사이 지급받은 금원의 액수가 피해자 1이 주장해 온 대여금의 총액을 훨씬 넘어서고 있음이 밝혀지자 다시 피해자 1이 법정에서 보인 종전과는 모순된 진술내용에 더하여, 기록에 나타나는 피해자 1의 사회적 지위, 경제활동의 내용, 자금 능력, 피고인과의 그간의 친소관계, 피고인에 대한 이 사건 사기 및 혼인빙자간음 고소에 이르게 된 동기, 피고인이 그 사이 피해자 1에게 교부해 온 금원의 규모와 그 경위 등을 종합하여 볼 때, 이러한 피해자 1의 진술은 신빙성이 없어 위 증거로는 위 공소사실에서 적시하고 있는 구체적, 개별적 편취 범행의 내역은 물론이고, 당시 피고인에게 차용금을 변제할 의사와 능력이 없었다는 점 등 피고인의 편취 범의를 인정할 수는 없다고 할 것이다.

62) 통상의 형사재판 과정과 형사법 기록형 시험을 염두에 두고 기본적으로 숙지해 두어야 할 내용을 정리해 보았다.

63) 실무는 증거물에 대한 동의를 증거조사에 대한 이의신청권의 포기(형사소송법 제296조)로 취급하고 있다.

열람의 절차와 증거물의 조사방식인 제시의 절차가 함께 이루어져야 하므로, 원칙적으로 증거신청인으로 하여금 그 서면을 제시하면서 낭독하게 하거나 이에 갈음하여 그 내용을 고지 또는 열람하도록 하여야 한다.[64] 형식적으로는 증거능력을 구비한 것으로 보이는 경우에도 형사법의 기본이념과 원칙을 잘 숙지하여 판례변경이 가능한지 만전을 기하여 검토해야 한다. 특히 대법원 판례를 이해함에 있어서는 판례의 결론만을 암기하지 말고 그러한 결론이 도출된 법적이념을 항상 염두에 두어 새로운 사례에 새롭게 적용할 수 있는 능력을 키워야 한다.

　나) 형사재판에 있어서 필수불가결적 증거인 진술조서, 피의자신문조서 또는 전문진술[65]에 대해 그 증거능력부여의 요건을 충분히 이해하여야 한다.[66][67][68] 형사소송법 제57조 제1항은 공무원이 작성하는 서류에는 법률에 다른 규정이 없는 때에는 작성년월일과 소속공무소를 기재하고 서명날인하여야 한다고 규정하고 있는데, 그 서명날인은 공무원이 작성하는 서류에 관하여 그 기재 내용의 정확성과 완전성을 담보하는 것이므로 검사 작성의 피의자신문조서에 작성자인 검사의 서명날인이 되어 있지 아니한 경우 그 피의자신문조서는 공무원이 작성하는 서류로서의 요건을 갖추지 못한 것이 되어 위 법규정에 위반되어 무효이고 따라서 이에 대하여 증거능력을 인정되지 아니한다. 이 경우 그 피의자신문조서에 진술자인 피고인의 서명날인이 되어 있다거나, 피고인이 법정에서 그 피의자신문조서에 대하여 진정성립과 임의성을 인정하였다고 하여 증거능력이 부여되는 것이 아니다.[69]

---

64) 대법원 2013. 7. 26. 선고 2013도2511 판결.
65) 대법원 2012. 7. 26. 선고 2012도2937 판결: 타인의 진술을 내용으로 하는 진술이 전문증거인지 여부는 요증사실과의 관계에서 정하여지는바, 원진술의 내용인 사실이 요증사실인 경우에는 전문증거이나, 원진술의 존재 자체가 요증사실인 경우에는 본래증거이지 전문증거가 아니다. 기록에 의하면, 공소외 1은 제1심 법정에서 '피고인 1이 88체육관 부지를 공시지가로 매입하게 해 주고 KBS와의 시설이주 협의도 2개월 내로 완료하겠다고 말하였다'고 진술하였고, 공소외 2, 6도 피고인의 진술을 내용으로 한 진술을 하였음을 알 수 있는데, 피고인 1의 위와 같은 원진술의 존재 자체가 이 부분 각 사기죄 또는 변호사법 위반죄에 있어서의 요증사실이므로, 이를 직접 경험한 공소외 1등이 피고인으로부터 위와 같은 말을 들었다고 하는 진술은 전문증거가 아니라 본래증거에 해당한다고 할 것이다.
66) 공판기일에 증언을 마친 사람에 대한 진술조서 또는 피의자신문조서의 증거능력을 제한한 대법원 2013. 8. 14. 선고 2012도13665 판결 및 원진술자가 특정되지 않은 전문진술의 증거능력 제한에 대한 대법원 1982. 10. 26. 선고 82도1957 판결 참조.
67) 대법원 2012. 5. 17. 선고 2009도6788 전원합의체 판결: 법정에 출석한 증인이 형사소송법 제148조, 제149조 등에서 정한 바에 따라 정당하게 증언거부권을 행사하여 증언을 거부한 경우는 형사소송법 제314조의 '그 밖에 이에 준하는 사유로 인하여 진술할 수 없는 때'에 해당하지 아니한다.
68) 대법원 2019. 8. 29. 선고 2018도2738 전원합의체 판결: 공소외 9의 업무수첩 등에는 '전 대통령과 개별 면담자가 나눈 대화 내용을 전 대통령이 단독 면담 후 공소외 9에게 불러주었다는 내용'(이하 '대화 내용 부분'이라 한다)과 '전 대통령이 공소외 9에게 지시한 내용'(이하 '지시 사항 부분'이라 한다)이 함께 있다.
　공소외 9의 업무수첩 등의 대화 내용 부분이 전 대통령과 개별 면담자 사이에서 대화한 내용을 증명하기 위한 진술증거인 경우에는 전문진술로서 형사소송법 제316조 제2항에 따라 원진술자가 사망, 질병, 외국거주, 소재불명 그 밖에 이에 준하는 사유로 진술할 수 없고 그 진술이 특히 신빙할 수 있는 상태에서 한 것임이 증명된 때에 한하여 증거로 사용할 수 있다. 이 사건에서 공소외 9의 업무수첩 등이 이 요건을 충족하지 못한다. 따라서 공소외 9의 업무수첩 등은 전 대통령과 개별 면담자가 나눈 대화 내용을 추단할 수 있는 간접사실의 증거로 사용하는 것도 허용되지 않는다. 이를 허용하면 대화 내용을 증명하기 위한 직접증거로 사용할 수 없는 것을 결국 대화 내용을 증명하는 증거로 사용하는 결과가 되기 때문이다.
　공소외 9의 진술 중 지시 사항 부분은 전 대통령이 공소외 9에게 지시한 사실을 증명하기 위한 것이라면 원진술의 존재 자체가 요증사실인 경우에 해당하여 본래증거이고 전문증거가 아니다. 그리고 공소외 9의 업무수첩 중 지시 사항 부분은 형사소송법 제313조 제1항에 따라 공판준비나 공판기일에서 그 작성자인 공소외 9의 진술로 성립의 진정함이 증명된 경우에는 진술증거로 사용할 수 있다.

공소사실은 피고인을 단독으로 또는 복수의 공동피고인이 병합되어 제기되고, 공소사실도 한개 또는 수개의 범죄사실이 병합되어 기소된다. 공동피고인이 있는 경우에는 공범관계의 공소사실과 그렇지 아니하는 별개의 공소사실이 병합되어 기소될 수 있는데, 공범관계의 경우와 그렇지 않은 경우와는 피고인에 대하여 공동피고인의 진술에 대한 증거능력 부여과정이 상이하므로 주의하여야 한다. 공범관계에는 정범과의 관계에서 협의의 공범인 교사범과 종범뿐만 아니라 공동정범도 포함된다. 필요적 공범인 대향범도 형법총칙의 임의적 공범규정의 적용배제 여부와 관계없이 여기에서 말하는 공범관계에 포함된다.[70]

피고인에 대하여 공동피고인의 진술 또는 피의자신문조서에 대한 증거능력 부여에 관한 대법원 판례를 요약하여 정리해 보면 다음과 같다. [공범인 공동피고인의 법정진술은 변론분리 없이도 증거능력이 있고,[71] 공범이 아닌 공동피고인은 증인으로 신문하여야 그 진술에 증거능력이 부여된다.[72] 공범인 공동피고인은 변론이 분리되지 않는 한 다른 공동피고인에 대하여 증인적격이 없어 위증죄의 책임을 지지 않지만, 변론이 분리되면 다른 공동피고인에 대한 공소사실에 관하여 증인이 될 수 있고 위증죄의 책임도 지게 된다.[73] 공범관계에 있는 공동피고인의 경찰피의자신문조서는 피고인이 그 내용을 인정하여야 증거능력이 부여된다[74](2022. 1. 1.부터는 검사피의자신문조서의 증거능력에 대해서도 경찰피의자신문조서와 동일한 구비요건을 요구하는 형사소송법의 개정조항이 시행되므로 그 이후에는 검사피의자신문조서도 경찰피의자신문조서와 동일한 법리가 적용될 것이다). 공범관계에 있지 않은 경우 피고인이 증거로 함에 동의한 바 없는 공동피고인에 대한 경찰 또는 검사 작성의 피의자신문조서는 공동피고인의 증언에 의하여 그 성립의 진정이 인정되지 아니하는 한 피고인의 공소 범죄사실을 인정하는 증거로 할 수 없다.[75]]

다) 검사가 증거로 흔히 제출하는 수사보고서에 대해서도 주의하여야 한다. 수사보고서는 전문증거이므로 형사소송법 제310조의2에 의하여 같은 법 제311조 내지 제316조의 각 규정에 해당하지 아니하는 한 이를 증거로 할 수 없다. 이 부분에 관한 대법원 판례를 인용해 본다. [수사보고서 중 "피고인 1,2 서로 왼쪽 눈부위에 타박상이 있고, 피고인 1은 무릎에도 찰과상이 있다."라는 기재 부분은 단지 수사의 경위 및 결과를 내부적으로 보고하기 위하여 작성된 서류에 불과하므로 그 안에 검증의 결과에 해당하는 기재가 있다고 하여 이를 형사소송법 제312조 제1항의 '검사 또는 사법경찰관이 검증의 결과를 기재한 조서'라고 할 수 없을 뿐만 아니라 이를 같은 법 제313조 제1항의 '피고인 또는 피고인이 아닌 자가 작성한 진술서나 그 진술을 기재한 서류'라고 할 수도 없고, 같은 법 제311조, 제315조, 제316조의 적용대상이 되지 아니함이 분명하므로 그 기재 부분은 증거로 할 수 없고, 또한 위 수사보고서 중 "날이 밝으면 치료 후

---

69) 대법원 2001. 9. 28. 선고 2001도4091 판결.
70) 대법원 2012. 3. 29. 선고 2009도11249 판결.
71) 대법원 2006. 5. 11. 선고 2006도1944 판결.
72) 대법원 1982. 9. 14. 선고 82도1000 판결.
73) 대법원 2008. 6. 26. 선고 2008도3300 판결.
74) 그 결과로 공범관계에 있는 경찰피의자신문조서에 대하여는 원진술자가 사망 등 사유로 인하여 법정에서 진술할 수 없는 때에 예외적으로 증거능력을 인정하는 규정인 형사소송법 제314조가 적용되지 아니한다 (대법원 2004. 7. 15. 선고 2003도7185 전원합의체 판결).
75) 절도범과 그 장물범은 서로 다른 공동피고인의 범죄사실에 관하여는 증인의 지위에 있어 동일한 법리를 적용한 대법원 2006. 1. 12. 선고 2005도7601 판결 참조.

진단서 제출한다고 한다."라는 기재 부분은 진술자인 피고인들이 각 상대방에 대한 피해자의 지위에서 진술한 것으로서 진술자들의 자필이 아닐 뿐만 아니라 그 서명 또는 날인도 없으며, 공판준비 또는 공판기일에서 진술자들의 진술에 의하여 그 성립의 진정함이 증명되지도 않았으므로 형사소송법 제313조 제1항의 요건을 갖추지 못하여 그 기재부분 역시 증거로 할 수 없다.][76]

　　라) 근래에 이르러 더욱 그 의미가 중요하게 된 컴퓨터용 디스크 그 밖에 이와 비슷한 정보저장매체에 입력하여 기억된 문자정보 또는 그 출력물을 증거로 사용하는 경우의 증거능력 부여요건도 주의하여 이해해야 한다. 이 부분에 관한 대법원 판례를 인용해 본다. [압수물인 컴퓨터용 디스크 그 밖에 이와 비슷한 정보저장매체에 입력하여 기억된 문자정보 또는 그 출력물을 증거로 사용하기 위해서는 정보저장매체 원본에 저장된 내용과 출력 문건의 동일성이 인정되어야 하고, 이를 위해서는 정보저장매체 원본이 압수 시부터 문건 출력 시까지 변경되지 않았다는 사정, 즉 무결성이 담보되어야 한다. 특히 정보저장매체 원본을 대신하여 저장매체에 저장된 자료를 '하드카피' 또는 '이미징'한 매체로부터 출력한 문건의 경우에는 정보저장매체 원본과 '하드카피' 또는 '이미징'한 매체 사이에 자료의 동일성도 인정되어야 할 뿐만 아니라, 이를 확인하는 과정에서 이용한 컴퓨터의 기계적 정확성, 프로그램의 신뢰성, 입력·처리·출력의 각 단계에서 조작자의 전문적인 기술능력과 정확성이 담보되어야 한다. 이 경우 출력 문건과 정보저장매체에 저장된 자료가 동일하고 정보저장매체 원본이 문건 출력 시까지 변경되지 않았다는 점은, 피압수·수색 당사자가 정보저장매체 원본과 '하드카피' 또는 '이미징'한 매체의 해쉬(Hash)값이 동일하다는 취지로 서명한 확인서면을 교부받아 법원에 제출하는 방법에 의하여 증명하는 것이 원칙이나, 그와 같은 방법에 의한 증명이 불가능하거나 현저히 곤란한 경우에는, 정보저장매체 원본에 대한 압수, 봉인, 봉인해제, '하드카피' 또는 '이미징' 등 일련의 절차에 참여한 수사관이나 전문가 등의 증언에 의해 정보저장매체 원본과 '하드카피' 또는 '이미징'한 매체 사이의 해쉬 값이 동일하다거나 정보저장매체 원본이 최초 압수 시부터 밀봉되어 증거 제출 시까지 전혀 변경되지 않았다는 등의 사정을 증명하는 방법 또는 법원이 그 원본에 저장된 자료와 증거로 제출된 출력 문건을 대조하는 방법 등으로도 그와 같은 무결성·동일성을 인정할 수 있으며, 반드시 압수·수색 과정을 촬영한 영상녹화물 재생 등의 방법으로만 증명하여야 한다고 볼 것은 아니다.][77]

　　마) 체포, 압수·수색은 실무상 위법한 경우가 종종 발생할 수 있는 영역이므로 그 적법요건에 대해 세심하게 이해해두도록 한다. 수사기관은 현행범인을 체포하는 경우뿐만 아니라 긴급체포의 경우에도 반드시 범죄사실의 요지, 구속의 이유와 변호인을 선임할 수 있음을 말하고 변명할 기회를 주어야 하며, 이와 같은 고지는 체포를 위한 실력행사에 들어가기 이전에 미리 하여야 하는 것이 원칙이나, 달아나는 피의자를 쫓아가 붙들거나 폭력으로 대항하는 피의자를 실력으로 제압하는 경우에는 붙들거나 제압하는 과정에서 하거나, 그것이 여의치 않은 경우에는 일단 붙들거나 제압한 후에 지체 없이 행하여야 한다.[78] 형사소송법은 제215조에서 검사가

---

76) 대법원 2001. 5. 29. 선고 2000도2933 판결.
77) 대법원 2013. 7. 26. 선고 2013도2511 판결.
78) 대법원 2007. 11. 29. 선고 2007도7961 판결.

압수·수색 영장을 청구할 수 있는 시기를 공소제기 전으로 명시적으로 한정하고 있지는 아니하나, 헌법상 보장된 적법절차의 원칙과 재판받을 권리, 공판중심주의·당사자주의·직접주의를 지향하는 현행 형사소송법의 소송구조, 관련 법규의 체계, 문언 형식, 내용 등을 종합하여 보면, 일단 공소가 제기된 후에는 피고사건에 관하여 검사로서는 형사소송법 제215조에 의하여 압수·수색을 할 수 없다고 보아야 하며, 그럼에도 검사가 공소제기 후 형사소송법 제215조에 따라 수소법원 이외의 지방법원 판사에게 청구하여 발부받은 영장에 의하여 압수·수색을 하였다면, 그와 같이 수집된 증거는 기본적 인권 보장을 위해 마련된 적법한 절차에 따르지 않은 것으로서 원칙적으로 유죄의 증거로 삼을 수 없다.[79] 전자정보에 대한 압수·수색영장의 집행에 있어서는 원칙적으로 영장 발부의 사유로 된 혐의사실과 관련된 부분만을 문서 출력물로 수집하거나 수사기관이 휴대한 저장매체에 해당 파일을 복사하는 방식으로 이루어져야 하고, 집행 현장의 사정상 위와 같은 방식에 의한 집행이 불가능하거나 현저히 곤란한 부득이한 사정이 있더라도 그 같은 경우에 그 저장매체 자체를 직접 또는 하드카피나 이미징 등 형태로 수사기관 사무실 등 외부로 반출하여 해당 파일을 압수·수색할 수 있도록 영장에 기재되어 있고 실제 그와 같은 사정이 발생한 때에 한하여 예외적으로 허용될 수 있을 뿐이다. 나아가 이처럼 저장매체 자체를 수사기관 사무실 등으로 옮긴 후 영장에 기재된 범죄 혐의 관련 전자정보를 탐색하여 해당 전자정보를 문서로 출력하거나 파일을 복사하는 과정 역시 전체적으로 압수·수색영장 집행에 포함된다고 보아야 한다. 따라서 그러한 경우 문서출력 또는 파일복사의 대상 역시 혐의사실과 관련된 부분으로 한정되어야 하므로 수사기관 사무실 등으로 옮긴 저장매체에서 범죄혐의와 관련성에 대한 구분 없이 저장된 전자정보 중 임의로 문서출력 또는 파일복사를 하는 행위는 특별한 사정이 없는 한 영장주의 등 원칙에 반하는 위법한 집행이 된다.[80] 전자정보에 대한 압수·수색이 종료되기 전에 혐의사실과 관련된 전자정보를 적법하게 탐색하는 과정에서 별도의 범죄혐의와 관련된 전자정보를 우연히 발견한 경우라면, 수사기관으로서는 더 이상의 추가 탐색을 중단하고 법원으로부터 별도의 범죄혐의에 대한 압수·수색영장을 발부받은 경우에 한하여 그러한 정보에 대하여도 적법하게 압수·수색을 할 수 있다고 할 것이나, 이러한 경우에도 별도의 압수·수색 절차는 최초의 압수·수색 절차와 구별되는 별개의 절차이고, 별도 범죄혐의와 관련된 전자정보는 최초의 압수·수색영장에 의한 압수·수색의 대상이 아니어서 저장매체의 원래 소재지에서 별도의 압수·수색영장에 기해 압수·수색을 진행하는 경우와 마찬가지로 피압수자는 최초의 압수·수색 이전부터 해당 전자정보를 관리하고 있던 자라 할 것이므로, 특별한 사정이 없는 한 그 피압수자에게 형사소송법 제219조, 제121조, 제129조에 따라 참여권을 보장하고 압수한 전자정보 목록을 교부하는 등 피압수자의 이익을 보호하기 위한 적절한 조치가 이루어져야 한다.[81] 전자정보에 대한 압수·수색 과정에서 이루어진 현장에서의

79) 대법원 2011. 4. 28. 선고 2009도10412 판결.
80) 대법원 2012. 3. 29. 선고 2011도10508 판결.
81) 대법원 2015. 7. 16.자 2011모1839 전원합의체 결정{강력부 검사가 제1 영장 기재 혐의사실인 배임 혐의와 관련된 전자정보를 탐색하던 중 우연히 약사법 위반·조세범처벌법 위반 혐의에 관련된 전자정보(별건 정보)를 발견하고 이를 문서로 출력한 후 특수부에 통보하여 특수부 검사가 별건 정보를 소명자료로 제출하면서 다시 압수·수색영장을 청구하여 법원으로부터 별도의 압수·수색영장을 발부받아 외장 하드디스크에서 별건 정보를 탐색·출력하는 방식으로 압수·수색을 하면서 특수부 검사가 피압수자 측에 압수·

저장매체 압수·이미징·탐색·복제 및 출력행위 등 수사기관의 처분은 하나의 영장에 의한 압수·수색 과정에서 이루어지는 것이고, 그러한 일련의 행위가 모두 진행되어 압수·수색이 종료된 이후에는 특정단계의 처분만을 취소하더라도 그 이후의 압수·수색을 저지한다는 것을 상정할 수 없고 수사기관으로 하여금 압수·수색의 결과물을 보유하도록 할 것인지가 문제 될 뿐이므로 이 경우에는 특별한 사정이 없는 한 그 구분된 개별 처분의 위법이나 취소 여부를 판단할 것이 아니라 당해 압수·수색 과정 전체를 하나의 절차로 파악하여 그 과정에서 나타난 위법이 압수·수색 절차 전체를 위법하게 할 정도로 중대한지 여부에 따라 전체적으로 그 압수·수색 처분을 취소할 것인지를 가려야 하며, 여기서 위법의 중대성은 위반한 절차조항의 취지, 전체과정 중에서 위반행위가 발생한 과정의 중요도, 그 위반사항에 의한 법익침해 가능성의 경중 등을 종합하여 판단하여야 한다.[82] 압수·수색영장에서 압수할 물건을 '압수장소에 보관중인 물건'이라고 기재하고 있는 것을 '압수장소에 현존하는 물건'으로 해석할 수는 없고, 압수·수색영장은 처분을 받는 자에게 반드시 제시하여야 하므로 현장에서 압수·수색을 당하는 사람이 여러 명일 경우에는 그 사람들 모두에게 개별적으로 영장을 제시해야 하는 것이 원칙이므로 수사기관이 압수·수색에 착수하면서 그 장소의 관리책임자에게 영장을 제시하였다고 하더라도, 물건을 소지하고 있는 다른 사람으로부터 이를 압수하고자 하는 때에는 그 사람에게 따로 영장을 제시하여야 한다.[83]

바) 검사가 제출한 증거에 대한 증거동의의 의사표시는 증거조사가 완료되기 전까지 취소 또는 철회할 수 있으나, 증거조사가 완료된 뒤에는 취소 또는 철회가 인정되지 아니하므로, 일단 증거조사가 종료된 후에 증거동의 의사표시를 취소 또는 철회하더라도 취소 또는 철회 이전에 이미 취득한 증거능력이 상실되지 않는다. 증거로 함에 대한 동의의 주체는 소송주체인 당사자라 할 것이지만 변호인은 피고인의 명시한 의사에 반하지 아니하는 한 피고인을 대리하여 이를 할 수 있음은 물론이므로 피고인이 증거로 함에 동의하지 아니한다고 명시적인 의사표시를 한 경우 이외에는 변호인은 서류나 물건에 대하여 증거로 함에 동의할 수 있고 이 경우 변호인의 동의에 대하여 피고인이 즉시 이의하지 아니하는 경우에는 변호인의 동의로 증거능력이 인정되고 증거조사 완료 전까지 앞서의 동의가 취소 또는 철회하지 아니한 이상 일단 부여된 증거능력은 그대로 존속한다.[84] 이러한 점을 염두에 두어 증거동의 여부에 만전을 기하여 증거동의관계에 있어서 실수가 없도록 하여야 한다. 전문증거에 대해 증거동의를 하면 반대신문권을 포기하는 것으로서 증명력을 다투기 위하여 원진술자를 증인으로 신청하는 것은 허용하지 않는다는 것이 통설이다.[85]

수색 과정에 참여할 수 있는 기회를 부여하지 않았을 뿐만 아니라 압수한 전자정보 목록을 교부하지도 않은 사안에서 제1 영장에서 예외적으로나마 저장매체 자체의 반출이나 그 전자정보 전부의 복제가 허용되어 있으나, 제2 영장 청구 당시 압수할 물건으로 삼은 정보는 제1 영장의 피압수자에게 참여의 기회를 부여하지 않은 상태에서 임의로 재복제한 외장 하드디스크에 저장된 정보로서 그 자체가 위법한 압수물이어서 앞서 본 별건 정보에 대한 영장청구 요건을 충족하지 못한 것이므로, 비록 제2 영장이 발부되었다고 하더라도 그 압수·수색은 영장주의의 원칙에 반하는 것으로서 위법하다고 한 사안).

82) 대법원 2015. 7. 16.자 2011모1839 전원합의체 결정.
83) 대법원 2009. 3. 12. 선고 2008도763 판결.
84) 대법원 1999. 8. 20. 선고 99도2029 판결.
85) 이재상, 제2판 신형사소송법, 박영사, 2011, 606면.

사) 형법 총칙은 각칙 부분과 상호 연관하여 이해하도록 한다. 아래에서는 대법원 판례를 중심으로 간략하게 정리해 본다.

(1) 고의: 형법상 수뢰죄의 경우 공무원의 직무와 금품의 수수가 전체적으로 대가관계에 있으면 성립하는 것과는 달리, 제3자뇌물제공죄의 경우 '부정한 청탁'을 범죄성립의 구성요건으로 하고 있고 이는 처벌의 범위가 불명확해지지 않도록 하려는 데 취지가 있으므로, 당사자 사이에 청탁의 부정성을 규정짓는 대가관계에 관한 양해가 없었다면 단지 나중에 제3자에 대한 금품제공이 있었다는 사정만으로 어떠한 직무가 소급하여 부정한 청탁에 의한 것이라고 평가될 수는 없다. 그리고 형사재판에서 사실의 인정은 증거에 의하여야 하고, 범죄사실의 인정은 합리적인 의심이 없는 정도의 증명에 이르러야 하는데, 피고인이 일정한 사정의 인식 여부 등과 같은 내심의 사실에 관하여 부인하는 경우 이러한 주관적 요소인 사실은 사물의 성질상 상당한 관련이 있는 간접사실 또는 정황사실을 증명하는 방법에 의하여 입증할 수밖에 없다고 하겠으나, 무엇이 상당한 관련성이 있는 간접사실에 해당할 것인가는 정상적인 경험칙에 바탕을 두고 사실의 연결상태를 합리적으로 분석·판단하는 방법에 의하여야 할 것이다.[86]

(2) 목적범: 형법 제309조 소정의 '사람을 비방할 목적'이란 가해의 의사 내지 목적을 요하는 것으로서 공공의 이익을 위한 것과는 행위자의 주관적 의도의 방향에 있어 서로 상반되는 관계에 있으므로, 적시한 사실이 공공의 이익에 관한 것인 경우에는 특별한 사정이 없는 한 비방할 목적은 부인될 수밖에 없다. 그리고 '적시한 사실이 공공의 이익에 관한 경우'라 함은 적시된 사실이 객관적으로 볼 때 공공의 이익에 관한 것으로서 행위자도 주관적으로 공공의 이익을 위하여 그 사실을 적시한 것이어야 하는데, 여기에서 공공의 이익이라 함은 널리 국가·사회 기타 일반 다수인의 이익에 관한 것뿐 아니라 특정한 사회집단이나 그 구성원 전체의 관심과 이익을 포함한다. 나아가 그 적시한 사실이 공공의 이익에 관한 것인지 여부는 당해 명예훼손적 표현으로 인한 피해자가 공무원 내지 공적 인물과 같은 공인(公人)인지 아니면 사인(私人)에 불과한지, 그 표현이 객관적으로 국민이 알아야 할 공공성·사회성을 갖춘 공적 관심사안에 관한 것으로 사회의 여론형성 내지 공개토론에 기여하는 것인지 아니면 순수한 사적인 영역에 속하는 것인지, 피해자가 그와 같은 명예훼손적 표현의 위험을 자초한 것인지, 그리고 그 표현에 의하여 훼손되는 명예의 성격과 침해의 정도, 그 표현의 방법과 동기 등의 여러 사정에 비추어 판단하여야 한다.[87][88]

(3) 정당방위: 원심판결 이유 및 기록에 의하면, 피고인은 2009. 9. 6. 01:45경 서울 마포구 서교동 빌라 주차장에서 술에 취한 상태에서 전화를 걸다가 인근 지역을 순찰하던 경찰관인 공소외 1, 2로부터 불심검문을 받게 되자 공소외 2에게 자신의 운전면허증을 교부한 사실, 공소

---

86) 대법원 2014. 9. 4. 선고 2011도14482 판결; 대법원 2011. 4. 14. 선고 2010도12313 판결.
87) 대법원 2008. 11. 13. 선고 2006도7915 판결.
88) 대법원 2009. 9. 24. 선고 2009도6687 판결: 누구든지 범죄가 있다고 생각하는 때에는 고발할 수 있는 것이므로 어떤 사람이 범죄를 고발하였다는 사실이 주위에 알려졌다고 하여 그 고발사실 자체만으로 고발인의 사회적 가치나 평가가 침해될 가능성이 있다고 볼 수는 없지만, 그 고발의 동기나 경위가 불순하다거나 온당하지 못하다는 등의 사정이 함께 알려진 경우에는 고발인의 명예가 침해될 가능성이 있다는 법리하에, 갑이 제3자에게 을이 병을 선거법 위반으로 고발하였다는 말만 하고 그 고발의 동기나 경위에 관하여 언급하지 않았다면, 그 자체만으로는 을의 사회적 가치나 평가를 침해하기에 충분한 구체적 사실이 적시되었다고 보기 어렵다.

외 2가 피고인의 신분조회를 위하여 순찰차로 걸어간 사이에, 피고인은 위 불심검문에 항의하면서 공소외 1에게 큰 소리로 욕설을 한 사실, 이에 공소외 1은 피고인에게 모욕죄의 현행범인으로 체포하겠다고 고지한 후 피고인의 오른쪽 어깨를 붙잡았고, 피고인은 이에 강하게 반항하면서 공소사실 기재와 같이 공소외 1에게 상해를 가한 사실 등을 알 수 있다. 위 사실관계에 의하면, 공소외 1이 피고인을 현행범인으로 체포할 당시 피고인이 이 사건 모욕 범행을 실행 중이거나 실행행위를 종료한 직후에 있었다고 하더라도, 피고인은 공소외 1, 2의 불심검문에 응하여 이미 운전면허증을 교부한 상태이고, 공소외 1뿐 아니라 인근 주민도 피고인의 욕설을 직접 들었으므로, 피고인이 도망하거나 증거를 인멸할 염려가 있다고 보기는 어려울 것이다. 또한 피고인의 이 사건 모욕 범행은 불심검문에 항의하는 과정에서 저지른 일시적, 우발적인 행위로서 사안 자체가 경미할 뿐 아니라, 고소를 통하여 검사 등 수사 주체의 객관적 판단을 받지도 아니한 채 피해자인 경찰관이 범행현장에서 즉시 범인을 체포할 급박한 사정이 있다고 보기도 어렵다. 따라서 공소외 1이 피고인을 체포한 행위는 현행범인 체포의 요건을 갖추지 못하여 적법한 공무집행이라고 볼 수 없으므로 공무집행방해죄의 구성요건을 충족하지 아니하고, 피고인이 그 체포를 면하려고 반항하는 과정에서 공소외 1에게 상해를 가한 것은 불법체포로 인한 신체에 대한 현재의 부당한 침해에서 벗어나기 위한 행위로서 정당방위에 해당하여 위법성이 조각된다.[89]

(4) 실행의 착수: 위조유가증권행사죄의 처벌목적은 유가증권의 유통질서를 보호하고자 함에 있는 만큼 단순히 문서의 신용성을 보호하고자 하는 위조 공·사문서행사죄의 경우와는 달리 교부자가 진정 또는 진실한 유가증권인 것처럼 위조유가증권을 행사하였을 때뿐만 아니라 위조유가증권임을 알고 있는 자에게 교부하였더라도 피교부자가 이를 유통시킬 것임을 인식하고 교부하였다면, 그 교부행위 그 자체가 유가증권의 유통질서를 해할 우려가 있어 처벌의 이유와 필요성이 충분히 있다고 할 것이므로 위조유가증권행사죄가 성립한다고 보아야 할 것이지만, 위조유가증권의 교부자와 피교부자가 서로 유가증권위조를 공모하였거나 위조유가증권을 타에 행사하여 그 이익을 나누어 가질 것을 공모한 공범의 관계에 있다면, 그들 사이의 위조유가증권 교부행위는 그들 이외의 자에게 행사함으로써 범죄를 실현하기 위한 전 단계의 행위에 불과한 것으로서 위조유가증권은 아직 범인들의 수중에 있다고 볼 것이지 행사되었다고 볼 수는 없다.[90]

(5) 미수: 범죄의 실행행위에 착수하고 그 범죄가 완수되기 전에 자기의 자유로운 의사에 따라 범죄의 실행행위를 중지한 경우에 그 중지가 일반 사회통념상 범죄를 완수함에 장애가 되는 사정에 의한 것이 아니라면 이는 중지미수에 해당한다고 할 것이지만, 피고인이 피해자를 살해하려고 그의 목 부위와 왼쪽 가슴 부위를 칼로 수 회 찔렀으나 피해자의 가슴 부위에서 많은 피가 흘러나오는 것을 발견하고 겁을 먹고 그만 두는 바람에 미수에 그친 것이라면, 위와 같은 경우 많은 피가 흘러나오는 것에 놀라거나 두려움을 느끼는 것은 일반 사회통념상 범죄를 완수함에 장애가 되는 사정에 해당한다고 보아야 할 것이므로, 이를 자의에 의한 중지미수라고 볼 수 없다.[91]

---

89) 대법원 2011. 5. 26. 선고 2011도3682 판결.
90) 대법원 2007. 1. 11. 선고 2006도7120 판결.

(6) 예비: 피고인은 상습으로 절도 범행이 발각될 염려가 거의 없는 심야의 인적이 드문 주택가 주차장이나 길가에 주차된 자동차를 골라 그 문을 열고 동전 등 물건을 훔치는 범행을 계속해 온 사실 등을 알 수 있는바, 이에 의하면 피고인이 주택가를 배회하며 범행 대상을 물색할 당시 비록 등산용 칼 등을 휴대하고 있었다 하더라도 피고인에게 타인으로부터 금품을 강취할 목적이 있었음이 합리적인 의심이 없는 정도로 증명되었다고 보기는 어렵다.[92)]

(7) 공범: 형법 제30조의 공동정범은 공동가공의 의사와 그 공동의사에 의한 기능적 행위지배를 통한 범죄 실행이라는 주관적·객관적 요건을 충족함으로써 성립한다. 따라서 공모자 중 구성요건행위를 직접 분담하여 실행하지 아니한 사람도 위 요건을 충족함으로써 이른바 공모공동정범으로서의 죄책을 질 수 있다. 구성요건행위를 직접 분담하여 실행하지 아니한 공모자가 공모공동정범으로 인정되기 위하여는 전체 범죄에 있어서 그가 차지하는 지위·역할이나 범죄 경과에 대한 지배 내지 장악력 등을 종합하여 그가 단순한 공모자에 그치는 것이 아니라 범죄에 대한 본질적 기여를 통한 기능적 행위지배가 존재하는 것으로 인정되어야 한다. 이 경우 범죄의 수단과 태양, 가담하는 인원과 그 성향, 범행 시간과 장소의 특성, 범행과정에서 타인과의 접촉가능성과 예상되는 반응 등 제반 상황에 비추어, 공모자들이 공모한 범행을 수행하거나 목적 달성을 위하여 나아가는 도중에 부수적인 다른 범죄가 파생되리라고 예상하였거나 충분히 예상할 수 있었음에도 이를 방지하기에 족한 합리적인 조치를 취하지 아니하고 공모한 범행에 나아갔다면, 비록 그 파생적인 범행 하나하나에 대하여 개별적인 의사의 연락이 없었다고 하더라도 그 범행 전부에 대하여 암묵적인 공모는 물론 그에 대한 기능적 행위지배가 존재한다고 볼 수 있다. 그리고 공모공동정범에 있어서 공모자 중의 1인이 다른 공모자가 실행행위에 이르기 전에 그 공모관계에서 이탈한 때에는 그 이후의 다른 공모자의 행위에 관하여는 공동정범으로서의 책임은 지지 아니한다고 할 것이나, 공모관계에서의 이탈은 공모자가 공모에 의하여 담당한 기능적 행위지배를 해소하는 것이 필요하므로 공모자가 공모에 주도적으로 참여하여 다른 공모자의 실행에 영향을 미친 때에는 범행을 저지하기 위하여 적극적으로 노력하는 등 실행에 미친 영향력을 제거하지 아니하는 한 공모관계에서 이탈하였다고 할 수 없다.[93)]

(8) 합동범: 합동범이 성립하기 위하여는 주관적 요건으로서의 공모와 객관적 요건으로서의 실행행위의 분담이 있어야 하나, 그 공모는 법률상 어떠한 정형을 요구하는 것이 아니어서 공범자 상호간에 직접 또는 간접으로 범죄의 공동가공의사가 암묵리에 서로 상통하면 되고, 사전에 반드시 어떠한 모의과정이 있어야 하는 것도 아니어서 범의 내용에 대하여 포괄적 또는 개별적인 의사연락이나 인식이 있었다면 공모관계가 성립하며, 그 실행행위는 시간적으로나 장소적으로 협동관계에 있다고 볼 수 있는 사정이 있으면 되는 것이다.[94)]

(9) 종범: 형법상 방조행위는 정범이 범행을 한다는 정을 알면서 그 실행행위를 용이하게 하는 직접·간접의 행위를 말하므로, 방조범은 정범의 실행을 방조한다는 이른바 방조의 고의와 정범의 행위가 구성요건에 해당하는 행위인 점에 대한 정범의 고의가 있어야 하나, 이와 같은

---

91) 대법원 1999. 4. 13. 선고 99도640 판결.
92) 대법원 2006. 9. 14. 선고 2004도6432 판결.
93) 대법원 2011. 12. 22. 선고 2011도12927 판결.
94) 대법원 2012. 6. 28. 선고 2012도2631 판결.

고의는 내심적 사실이므로 피고인이 이를 부정하는 경우에는 사물의 성질상 고의와 상당한 관련성이 있는 간접사실을 증명하는 방법에 의하여 입증할 수밖에 없고, 이 때 무엇이 상당한 관련성이 있는 간접사실에 해당할 것인가는 정상적인 경험칙에 바탕을 두고 치밀한 관찰력이나 분석력에 의하여 사실의 연결상태를 합리적으로 판단하는 외에 다른 방법이 없다고 할 것이며, 또한 방조범에 있어서 정범의 고의는 정범에 의하여 실현되는 범죄의 구체적 내용을 인식할 것을 요하는 것은 아니고 미필적 인식 또는 예견으로 족하다.[95]

(10) **자수 · 자복**: 자수라 함은 범인이 스스로 수사책임이 있는 관서에 자기의 범행을 자발적으로 신고하고 그 처분을 구하는 의사표시를 말하고, 가령 수사기관의 직무상의 질문 또는 조사에 응하여 범죄사실을 진술하는 것은 자백일 뿐 자수로는 되지 않는다.[96]

아) 형법 각칙의 구성요건을 엄격히 파악하여야 함은 물론이고, 기타 실무상 종종 문제되고 특히 변호사시험에 포함되는 특별법의 경우도 각각의 제정목적과 형법총칙의 죄수론 및 형법상의 구성요건 등과 상호 관련하여 숙지하여 공소사실이 해당 구성요건에 포섭되는지에 대하여 심도있게 해석할 수 있는 능력을 키워나가야 한다. 아래에서는 중요한 대법원 판례를 중심으로 간략하게 정리해 본다.

(1) 도로교통법: ① 위법한 강제연행 상태에서 호흡측정 방법에 의한 음주측정을 한 다음 강제연행 상태로부터 시간적 · 장소적으로 단절되었다고 볼 수도 없고 피의자의 심적 상태 또한 강제연행 상태로부터 완전히 벗어났다고 볼 수 없는 상황에서 피의자가 호흡측정 결과에 대한 탄핵을 하기 위하여 스스로 혈액채취 방법에 의한 측정을 할 것을 요구하여 혈액채취가 이루어졌다고 하더라도 그 사이에 위법한 체포 상태에 의한 영향이 완전하게 배제되고 피의자의 의사결정의 자유가 확실하게 보장되었다고 볼 만한 다른 사정이 개입되지 않은 이상 불법체포와 증거수집 사이의 인과관계가 단절된 것으로 볼 수는 없다. 따라서 그러한 혈액채취에 의한 측정 결과 역시 유죄 인정의 증거로 쓸 수 없다고 보아야 한다. 그리고 이는 수사기관이 위법한 체포 상태를 이용하여 증거를 수집하는 등의 행위를 효과적으로 억지하기 위한 것이므로, 피고인이나 변호인이 이를 증거로 함에 동의하였다고 하여도 달리 볼 것은 아니다.[97]

② 교통안전과 위험방지를 위한 필요 없음에도 주취운전을 하였다고 인정할 만한 상당한 이유가 있다는 이유만으로 이루어지는 음주측정은 이미 행하여진 주취운전이라는 범죄행위에 대한 증거 수집을 위한 수사절차로서의 의미를 가지는 것인데, 도로교통법상의 규정들이 음주측정을 위한 강제처분의 근거가 될 수 없으므로 위와 같은 음주측정을 위하여 당해 운전자를 강제로 연행하기 위해서는 수사상의 강제처분에 관한 형사소송법상의 절차에 따라야 하고, 이러한 절차를 무시한 채 이루어진 강제연행은 위법한 체포에 해당한다. 이와 같은 위법한 체포 상태에서 음주측정요구가 이루어진 경우, 음주측정요구를 위한 위법한 체포와 그에 이은 음주측정요구는 주취운전이라는 범죄행위에 대한 증거 수집을 위하여 연속하여 이루어진 것으로서 개별적으로 그 적법 여부를 평가하는 것은 적절하지 않으므로 그 일련의 과정을 전체적으로 보

95) 대법원 2005. 4. 29. 선고 2003도6056 판결.
96) 대법원 2006. 9. 22. 선고 2006도4883 판결.
97) 대법원 2013. 3. 14. 선고 2010도2094 판결.

아 위법한 음주측정요구가 있었던 것으로 볼 수밖에 없고, 운전자가 주취운전을 하였다고 인정할 만한 상당한 이유가 있다 하더라도 그 운전자에게 경찰공무원의 이와 같은 위법한 음주측정요구에 대해서까지 그에 응할 의무가 있다고 보아 이를 강제하는 것은 부당하므로 그에 불응하였다고 하여 음주측정거부에 관한 도로교통법 위반죄로 처벌할 수 없다.[98]

③ 음주로 인한 특정범죄가중처벌 등에 관한 법률 위반(위험운전치사상)죄와 도로교통법 위반(음주운전)죄는 입법 취지와 보호법익 및 적용영역을 달리하는 별개의 범죄이므로, 양 죄가 모두 성립하는 경우 두 죄는 실체적 경합관계에 있고,[99] 무면허운전으로 인한 도로교통법위반죄에 있어서는 어느 날에 운전을 시작하여 다음날까지 동일한 기회에 일련의 과정에서 계속 운전을 한 경우 등 특별한 경우를 제외하고는 사회통념상 운전한 날을 기준으로 운전한 날마다 1개의 운전행위가 있다고 보는 것이 상당하므로 운전한 날마다 무면허운전으로 인한 도로교통법위반의 1죄가 성립한다고 보아야 할 것이고, 비록 계속적으로 무면허운전을 할 의사를 가지고 여러 날에 걸쳐 무면허운전행위를 반복하였다 하더라도 이를 포괄하여 일죄로 볼 수는 없다.[100] 형법 제40조에서 말하는 1개의 행위란 법적 평가를 떠나 사회관념상 행위가 사물자연의 상태로서 1개로 평가되는 것을 말하는 바, 무면허인데다가 술이 취한 상태에서 오토바이를 운전하였다는 것은 위의 관점에서 분명히 1개의 운전행위라 할 것이고 이 행위에 의하여 도로교통법 제111조 제2호, 제40조와 제109조 제2호, 제41조 제1항의 각 죄에 동시에 해당하는 것이니 두 죄는 형법 제40조의 상상적 경합관계에 있고,[101] 도로교통법 제107조의2 제2호 음주측정불응죄의 규정 취지 및 입법 연혁 등을 종합하여 보면, 주취운전은 이미 이루어진 도로교통안전침해만을 문제삼는 것인 반면 음주측정거부는 기왕의 도로교통안전침해는 물론 향후의 도로교통안전 확보와 위험 예방을 함께 문제삼는 것이고, 나아가 주취운전은 도로교통법시행령이 정한 기준 이상으로 술에 '취한' 자가 행위의 주체인 반면, 음주측정거부는 술에 취한 상태에서 자동차 등을 운전하였다고 인정할 만한 상당한 이유가 있는 자가 행위의 주체인 것이어서, 결국 양자가 반드시 동일한 법익을 침해하는 것이라거나 주취운전의 불법과 책임내용이 일반적으로 음주측정거부의 그것에 포섭되는 것이라고는 단정할 수 없으므로, 결국 주취운전과 음주측정거부의 각 도로교통법위반죄는 실체적 경합관계에 있는 것으로 보아야 한다.[102]

구 도로교통법(2014. 12. 30. 법률 제12917호로 개정되기 전의 것, 이하 '도로교통법'이라 한다) 제44조 제2항에 의하여 경찰공무원이 운전자가 술에 취하였는지를 알아보기 위하여 실시하는 측정은 호흡을 채취하여 그로부터 주취의 정도를 객관적으로 환산하는 측정 방법, 즉 음주측정기에 의한 측정으로 이해하여야 한다. 그리고 경찰공무원이 음주 여부나 주취 정도를 측정하는 경우 합리적으로 필요한 한도 내에서 측정 방법이나 측정 횟수에 관하여 어느 정도 재량을 갖는다. 따라서 경찰공무원은 운전자의 음주 여부나 주취 정도를 확인하기 위하여 운전자에게 음주측정기를 면전에 제시하면서 호흡을 불어넣을 것을 요구하는 것 이외에도 그 사전절차로서

---

98) 대법원 2012. 12. 13. 선고 2012도11162 판결.
99) 대법원 2008. 11. 13. 선고 2008도7143 판결.
100) 대법원 2002. 7. 23. 선고 2001도6281 판결.
101) 대법원 1987. 2. 24. 선고 86도2731 판결.
102) 대법원 2004. 11. 12. 선고 2004도5257 판결.

음주측정기에 의한 측정과 밀접한 관련이 있는 검사 방법인 음주감지기에 의한 시험도 요구할 수 있다. 한편 도로교통법 제148조의2 제1항 제2호에서 말하는 '경찰공무원의 측정에 응하지 아니한 경우'란 전체적인 사건의 경과에 비추어 술에 취한 상태에 있다고 인정할 만한 상당한 이유가 있는 운전자가 음주측정에 응할 의사가 없음이 객관적으로 명백하다고 인정되는 때를 의미한다. 운전자의 측정불응의사가 객관적으로 명백하였는지는 음주측정을 요구받을 당시의 운전자의 언행이나 태도 등을 비롯하여 경찰공무원이 음주측정을 요구하게 된 경위, 측정 요구의 방법과 정도, 주취운전자 적발보고서 등 측정불응에 따른 관련 서류의 작성 여부, 운전자가 음주측정을 거부한 사유와 태양 및 거부시간 등 전체적 경과를 종합적으로 고려하여 신중하게 판단하여야 한다. 그리고 경찰공무원이 운전자에게 음주 여부를 확인하기 위하여 음주측정기에 의한 측정의 전 단계에 실시되는 음주감지기에 의한 시험을 요구하는 경우 그 시험 결과에 따라 음주측정기에 의한 측정이 예정되어 있고, 운전자가 그러한 사정을 인식하였음에도 음주감지기에 의한 시험에 불응함으로써 음주측정을 거부하겠다는 의사를 표명한 것으로 볼 수 있다면, 음주감지기에 의한 시험을 거부한 행위도 음주측정기에 의한 측정에 응할 의사가 없음을 객관적으로 명백하게 나타낸 것으로 볼 수 있다.[103]

(2) 교통사고처리 특례법: 교통사고처리특례법 제3조 제2항 단서 각호의 사유는 공소제기 조건에 관한 사유에 불과하여 무죄판단의 대상이 되지 못하며,[104] 교통사고처리특례법 제3조 제2항 단서 각호의 사유가 경합하는 경우에 하나의 교통사고처리특례법 위반죄가 성립할 뿐 그 각호마다 별개의 죄가 성립하는 것은 아니고,[105] 교통사고처리특례법 단서 위반으로 기소된 경우 단서 위반이 아니라고 하더라도 소송조건의 흠결을 이유로 공소기각 판결을 하여야 한다.[106][107]

(3) 부정수표단속법: ① 부정수표가 공범에 의하여 회수된 경우에 그 소추조건으로서의 효력은 회수 당시 소지인의 의사와 관계없이 다른 공범자에게도 당연히 미치는 것으로 보아야 할 것이고, 부정수표를 실제로 회수한 공범이 다른 공범자의 처벌을 원한다고 하여 달리 볼 것이 아니다.[108] ② 부정수표단속법 제2조 제2항 위반의 범죄는 예금부족으로 인하여 제시일에 지급되지 아니할 것이라는 결과 발생을 예견하고 발행인이 수표를 발행한 때에 바로 성립하는 것이고 수표소지인이 발행일자를 보충기재하여 제시하고 그 제시일에 수표금의 지급이 거절된 때에 범죄가 성립하는 것은 아니다.[109] ③ 부정수표단속법 제2조 세2항 소정의 부정수표는 수표법 소정의 지급제시 기간내에 제시된 것임을 요하는 것으로서 위와 같은 제시기간의 준수여부를 확정하기 위하여 발행일의 기재는 필수적인 것임을 알 수 있다. 그런데 소론 수표 2매는 발행 일란의 발행 연월일 중 월의 기재가 없어 결국 발행일의 기재가 없는 수표로 볼 수밖에 없고 이와 같이 발행일의 기재가 없이는 그 수표가 수표법 소정의 지급제시 기간내에 제시되었는지의 여부를 확정할 길이 없으니 위 수표 2매는 부정수표단속법 제2조 제2항 소정의 구성요건을

103) 대법원 2017. 6. 8. 선고 2016도16121 판결.
104) 대법원 2011. 7. 28. 선고 2011도3630 판결.
105) 대법원 2008. 12. 11. 선고 2008도9182 판결.
106) 대법원 2004. 11. 26. 선고 2004도4693 판결.
107) 단 무죄판결이 가능하다고 한 예외적인 대법원 2015. 5. 28. 선고 2013도10958 판결 참고.
108) 대법원 1999. 5. 14. 선고 99도900 판결.
109) 대법원 2003. 9. 26. 선고 2003도3394 판결.

충족하지 못하는 것이라고 볼 수밖에 없다. 국내수표의 경우에 발행지 기재의 요건이 흠결되었다고 하여도(발행지를 백지로 발행하였다가 보충함이 없이 지급제시된 경우를 포함한다) 부정수표단속법 제2조 제2항의 적용대상에 포함된다.[110][111]

(4) 특정경제범죄 가중처벌 등에 관한 법률: ① 업무상배임으로 인한 재산상의 이익이 있었다는 점은 인정되지만 그 가액을 구체적으로 산정할 수 없는 경우에는 재산상 이익의 가액을 기준으로 가중 처벌하는 특정경제범죄 가중처벌 등에 관한 법률 위반(배임)죄로 의율할 수는 없다. 원심은 이 부분 공소사실에 관하여, 피고인이 공소외 2와 공모하여 공소외 1 관리공단소유의 화물차량 21대를 시장가격보다 싸게 공소외 3 주식회사등에 매도함으로써 공소외 3 주식회사등으로 하여금 시장가격과 매도가격의 차액 701,501,903원에 상당하는 재산상 이익을 얻게 하여 공소외 1 관리공단에 손해를 가하였고 그 가액이 5억 원 이상이라는 이유로 특정경제범죄 가중처벌 등에 관한 법률 위반(배임)죄에 해당한다고 판단하였다. 원심판결 이유를 기록에 비추어 살펴보면, 원심판단 중 피고인이 공소외 1 관리공단의 화물차량 21대를 시장가격보다 싸게 매도하였고 그러한 행위가 업무상배임에 해당한다고 본 것은 수긍할 수 있으나, 그로 인한 재산상 이익의 가액을 701,501,903원으로 산정하여 그것이 5억 원 이상이라는 이유로 특정경제범죄 가중처벌 등에 관한 법률 위반(배임)죄에 해당한다고 본 것은 다음과 같은 이유에서 납득하기 어렵다. 기록에 의하면, 원심은 공소외 1 관리공단의 화물차량 21대의 각 취득가액에 한국보험개발원이 만든 차량의 경과기간별 표준감가상각잔존율을 적용하여 산정한 가액을 당해 차량의 시가로 보고 그 가액과 매도가액의 차액 합계 701,501,903원이 업무상배임으로 인한 재산상 이익의 가액에 해당한다고 판단하였다. 그러나 위 표준감가상각잔존율을 적용하여 산정한 가액은 일률적으로 내용연수가 13년, 그 내용연수 경과 시의 잔존가치가 취득가액의 10%임을 전제로 하여 정률법에 의한 감가상각을 할 경우의 장부가액을 나타내는데 이와 같은 감가상각은 사용기간의 경과에 따른 시가의 감소분을 평가하는 것이 아니라 수익에 대한 비용의 적절한 대응을 위하여 그 취득가액을 사용기간 동안 비용으로 배분하는 것이므로 그에 따른 장부가액은 취득가액 중 비용으로 배분되고 남은 가액에 불과할 뿐 시장에서 형성되는 시가와는 무관한 것이다. 더구나 일부 화물차량은 슬러지 또는 유연탄 운송을 하다가 매각되었는데 황산·염산·철염 등의 유기성 물질이 포함된 슬러지가 화물차량에 적재될 경우 유기성 물질의 누수나 유해가스 등으로 인하여 엔진이나 차체의 부식이 빨라 위 표준감가상각잔존율의 전제와 달리 그 내용연수가 13년보다 짧거나 내용연수 경과 후의 잔존가치가 취득가액의 10%에 못 미칠 가능성도 배제할 수 없고 이를 일반화물운송업체에 매각하려면 상당한 금액의 개조·수리비용이

---

110) 대법원 1983. 5. 10. 선고 83도340 전원합의체 판결.
111) 대법원 1999. 8. 19. 선고 99다23383 전원합의체 판결 [수표금]: 국내수표란 국내에서 발행되고 지급되는 수표를 말하는 것이므로 국내수표인지 여부는 수표면상의 발행지와 지급지가 국내인지 여부에 따라 결정될 것이지만, 수표면상에 발행지의 기재가 없다고 하더라도 그 수표면에 기재된 지급지와 지급장소, 발행인, 지급할 수표금액을 표시하는 화폐, 수표문구를 표기한 문자, 어음교환소의 명칭 등에 의하여 그 수표가 국내에서 수표상의 효과를 발생시키기 위하여 발행된 것으로 여겨지는 경우에는 발행지를 백지로 발행한 것인지 여부에 불구하고 국내수표로 추단할 수 있다. 수표면의 기재 자체로 보아 국내수표로 인정되는 경우에 있어서는 발행지의 기재는 별다른 의미가 없는 것이고, 발행지의 기재가 없는 수표도 완전한 수표와 마찬가지로 유통·결제되고 있는 거래의 실정 등에 비추어, 그 수표면상 발행지의 기재가 없는 경우라고 할지라도 이를 무효의 수표로 볼 수는 없다.

드는 사정도 있는 것으로 보인다. 또한 일반적으로 중고차량의 시가는 시장에서의 수요와 공급의 상호관계에 의하여 형성되는 것이며 여기에는 당해 차량의 취득가액뿐만 아니라 그 구입시기와 연식, 사용 목적과 보존·관리 상태, 운행거리 및 빈도, 사고 이력 등이 종합적으로 반영되게 된다. 이와 같은 여러 사정을 종합해 보면, 위 매각된 화물차량 21대의 취득가액에 표준감가상각잔존율을 적용하여 산정한 가액은 그 시가를 나타낸다고 할 수 없으므로 이를 기준으로 실제 매도가액과의 차액을 업무상배임으로 인한 재산상 이익의 가액이라고 단정할 수 없다. 따라서 원심으로서는 이 부분 공소사실에 관하여, 유사매매사례가액이나 감정가액 등 시가로 인정될 수 있는 다른 가액이 있는지, 위 표준감가상각잔존율에 의한 가액이 시가를 나타낸다고 볼 특별한 사정이 있는지 여부 등을 더 심리하여 그 시가를 기준으로 업무상배임으로 인한 재산상 이익의 가액을 산정하였어야 하고, 이 부분에 관한 검사의 증명이 부족하다면 그 재산상 이익의 가액을 산정할 수 없다고 보아야 하므로 재산상 이익의 가액을 기준으로 가중 처벌하는 특정경제범죄 가중처벌 등에 관한 법률 위반(배임)죄로 의율할 수는 없다고 할 것이다.[112]

② 횡령·배임에 관계된 대법원 판례는 충분히 이해해 두어야 한다.[113][114][115][116][117]

---

112) 대법원 2012. 8. 30. 선고 2012도5220 판결.
113) ① 대법원 1992. 5. 26. 선고 91도2963 판결: 배임죄에 있어 재산상의 손해를 가한 때라 함은 현실적인 손해를 가한 경우뿐만 아니라 재산상 실해 발생의 위험을 초래한 경우도 포함되고, 재산상 손해의 유무에 대한 판단은 본인의 전재산 상태와의 관계에서 법률적 판단에 의하지 아니하고 경제적 관점에서 파악하여야 하며, 따라서 법률적 판단에 의하여 당해 배임행위가 무효라 하더라도 경제적 관점에서 파악하여 배임행위로 인하여 본인에게 현실적인 손해를 가하였거나 재산상 실해 발생의 위험을 초래한 경우에는 재산상의 손해를 가한 때에 해당되어 배임죄를 구성하는 것이라고 볼 것이다(주식회사의 대표이사가 회사의 중요한 재산을 양도한 경우 이것이 회사의 유일재산이고 처분 당시 주주총회의 특별결의를 거치지 아니한 이유로 위 매매계약 및 이에 따른 소유권이전등기는 법률상 당연무효라고 하더라도 경제적 관점에서 볼 때 적어도 위 재산에 관한 소유권이전등기를 넘겨 준 이상 위 처분행위로 인하여 위 회사에게 현실적인 손해를 가하지 아니하였다거나 재산상 실해 발생의 위험을 초래하지 아니하였다고 볼 수는 없다고 한 사례).
② 대법원 2004. 4. 9. 선고 2004도771 판결; 대법원 2009. 8. 20. 선고 2009도4120 판결; 대법원 2010. 3. 25. 선고 2009도14585 판결: 법인의 대표자 또는 피용자가 그 법인 명의로 한 채무부담행위가 관련 법령에 위배되어 법률상 효력이 없는 경우에는 그로 인하여 법인에게 어떠한 손해가 발생한다고 할 수 없으므로, 그 행위로 인하여 법인이 민법상 사용자책임 또는 법인의 불법행위책임을 부담하는 등의 특별한 사정이 없는 한 그 대표자 또는 피용자의 행위는 배임죄를 구성하지 아니한다.
③ 대법원 2017. 7. 20. 선고 2014도1104 전원합의체 판결:
(1) 주식회사의 대표이사가 대표권을 남용하는 등 그 임무에 위배하여 회사 명의로 의무를 부담히는 행위를 하더라도 일단 회사의 행위로서 유효하고, 다만 그 상대방이 대표이사의 진의를 알았거나 알 수 있었을 때에는 회사에 대하여 무효가 된다. 따라서 상대방이 대표권남용 사실을 알았거나 알 수 있었던 경우 그 의무부담행위는 원칙적으로 회사에 대하여 효력이 없고, 경제적 관점에서 보아도 이러한 사실만으로는 회사에 현실적인 손해가 발생하였다거나 실해 발생의 위험이 초래되었다고 평가하기 어려우므로, 달리 그 의무부담행위로 인하여 실제로 채무의 이행이 이루어졌다거나 회사가 민법상 불법행위책임을 부담하게 되었다는 등의 사정이 없는 이상 배임죄의 기수에 이른 것은 아니다. 그러나 이 경우에도 대표이사로서는 배임의 범의로 임무위배행위를 함으로써 실행에 착수한 것이므로 배임죄의 미수범이 된다. 그리고 상대방이 대표권남용 사실을 알지 못하였다는 등의 사정이 있어 그 의무부담행위가 회사에 대하여 유효한 경우에는 회사의 채무가 발생하고 회사는 그 채무를 이행할 의무를 부담하므로, 이러한 채무의 발생은 그 자체로 현실적인 손해 또는 재산상 실해 발생의 위험이라고 할 것이어서 그 채무가 현실적으로 이행되기 전이라도 배임죄의 기수에 이르렀다고 보아야 한다.
(2) 주식회사의 대표이사가 대표권을 남용하는 등 그 임무에 위배하여 약속어음 발행을 한 행위가 배임죄에 해당하는지도 원칙적으로 위에서 살펴본 의무부담행위와 마찬가지로 보아야 한다. 다만 약속어음 발행의 경우 어음법상 발행인은 종전의 소지인에 대한 인적 관계로 인한 항변으로써 소지인에게 대항하지 못하므로, 어음발행이 무효라 하더라도 그 어음이 실제로 제3자에게 유통되었다면 회사로서는 어음채무를 부담할 위험이 구체적·현실적으로 발생하였다고 보아야 하고, 따라서 그 어음채무가 실

제로 이행되기 전이라도 배임죄의 기수범이 된다. 그러나 약속어음 발행이 무효일 뿐만 아니라 그 어음이 유통되지도 않았다면 회사는 어음발행의 상대방에게 어음채무를 부담하지 않기 때문에 특별한 사정이 없는 한 회사에 현실적으로 손해가 발생하였다거나 실해 발생의 위험이 발생하였다고도 볼 수 없으므로, 이때에는 배임죄의 기수범이 아니라 배임미수죄로 처벌하여야 한다.

114) 대법원 2012. 2. 23. 선고 2011도15857 판결:

가. 원심판결 이유에 의하면, 원심은 그 채용 증거에 의하여 피고인이 자신의 개인사업체인 △△산업이 공소외 8 회사에 골프장 조경용 수목 시가 30억 원 상당을 매도하였다는 허위 내용의 매매계약을 체결하고 허위의 위 수목 매매대금 채권과 공소외 8 회사의 피고인에 대한 주주·임원·종업원 단기채권 중 30억 원을 상계하는 것으로 회계처리함으로써 공소외 8 회사에 대한 채무를 면제받아 재산상 이익을 취득하고 공소외 8 회사에 재산상 손해를 가한 사실을 인정한 다음, 피고인의 수목 매매대금 채권이 존재하지 아니하여 위 상계가 법률상 무효라고 하더라도 공소외 8 회사에 재산상 실해 발생의 위험은 있었다고 보아 이 부분 공소사실을 유죄로 판단하였다. 원심의 위와 같은 판단은 정당한 것으로 수긍이 가고, 거기에 상고이유 주장과 같은 업무상배임죄에 있어서의 손해에 관한 법리오해 등의 위법이 없다.

나. 원심은, 피고인이 자신의 개인채무를 담보하기 위하여 2009. 4. 27. 공소외 3 회사소유의 파주시 월롱면 위전리(지번 1 생략) 외 8필지 및 그 지상 건물에 관하여 공소외 14 앞으로 채권최고액 60억 원인 근저당권설정등기를 마침으로써 공소외 14에게 재산상 이익을 취득하게 하고 공소외 3 회사에 손해를 가하였다는 이 부분 공소사실에 관하여, 위 근저당권 설정행위는 공소외 3 회사에 대하여 무효라고 볼 여지가 있으나 채권채무관계인 채무부담행위에서 더 나아가 근저당권설정등기까지 마친 상태라면 공소외 3 회사에 재산상 실해 발생의 위험이 초래되었다고 보아 이 부분 공소사실을 일부 유죄로 판단하였다. 그러나 원심의 판단은 다음과 같은 이유에서 수긍하기 어렵다. 원심 판시에 의하더라도 위 근저당권을 설정받은 공소외 14는 피고인이 자신의 개인채무를 담보하기 위하여 위 근저당권을 설정한다는 사정을 잘 알고 있었다는 것이어서(기록에 의하면 공소외 14는 공소외 3 회사의 시설을 보증금 55억 2,500만 원에 임차하여 위탁운영한다는 허위 내용의 계약서를 작성하고 위 보증금 반환채권을 피담보채권으로 하여 위 근저당권을 설정하였음을 알 수 있다) 위 근저당권 설정행위는 대표권 남용행위로서 무효이므로 공소외 3 회사로서는 공소외 14에 대하여 무효인 위 근저당권에 기한 채무는 물론 사용자책임이나 법인의 불법행위 등에 따른 손해배상의무도 부담할 여지가 없을 뿐만 아니라, 원심이 채용한 증거에 의하면 위 근저당권은 2011. 5. 3. 해지를 원인으로 하여 말소되었음을 알 수 있어(위 말소에 공소외 3 회사의 재산출연이 수반되었음을 인정할 아무런 자료가 없다), 피고인의 위 근저당권 설정행위로 말미암아 공소외 3 회사에 재산상 손해가 발생하였다거나 재산상 실해 발생의 위험이 초래된 것으로 볼 수 없다.

115) 대법원 2013. 2. 21. 선고 2010도10500 전원합의체 판결 【횡령】: 피해자 갑 종중으로부터 종중 소유의 토지를 명의신탁받아 보관 중이던 피고인 을이 자신의 개인 채무 변제에 사용할 돈을 차용하기 위해 위 토지에 근저당권을 설정하였는데, 그 후 피고인 을, 병이 공모하여 위 토지를 정에게 매도한 사안에서, 피고인들이 토지를 매도한 행위는 선행 근저당권설정행위 이후에 이루어진 것이어서 불가벌적 사후행위에 해당한다는 취지의 피고인들 주장을 배척하고 위 토지 매도행위가 별도의 횡령죄를 구성한다고 본 원심판단을 정당하다고 한 사례.

[다수의견] (가) 횡령죄는 다른 사람의 재물에 관한 소유권 등 본권을 보호법익으로 하고 법익침해의 위험이 있으면 침해의 결과가 발생되지 아니하더라도 성립하는 위험범이다. 그리고 일단 특정한 처분행위(이를 '선행 처분행위'라 한다)로 인하여 법익침해의 위험이 발생함으로써 횡령죄가 기수에 이른 후 종국적인 법익침해의 결과가 발생하기 전에 새로운 처분행위(이를 '후행 처분행위'라 한다)가 이루어졌을 때, 후행 처분행위가 선행 처분행위에 의하여 발생한 위험을 현실적인 법익침해로 완성하는 수단에 불과하거나 그 과정에서 당연히 예상될 수 있는 것으로서 새로운 위험을 추가하는 것이 아니라면 후행 처분행위에 의해 발생한 위험은 선행 처분행위에 의하여 이미 성립된 횡령죄에 의해 평가된 위험에 포함되는 것이므로 후행 처분행위는 이른바 불가벌적 사후행위에 해당한다. 그러나 후행 처분행위가 이를 넘어서서, 선행 처분행위로 예상할 수 없는 새로운 위험을 추가함으로써 법익침해에 대한 위험을 증가시키거나 선행 처분행위와는 무관한 방법으로 법익침해의 결과를 발생시키는 경우라면, 이는 선행 처분행위에 의하여 이미 성립된 횡령죄에 의해 평가된 위험의 범위를 벗어나는 것이므로 특별한 사정이 없는 한 별도로 횡령죄를 구성한다고 보아야 한다.

(나) 따라서 타인의 부동산을 보관 중인 자가 불법영득의사를 가지고 그 부동산에 근저당권설정등기를 경료함으로써 일단 횡령행위가 기수에 이르렀다 하더라도 그 후 같은 부동산에 별개의 근저당권을 설정하여 새로운 법익침해의 위험을 추가함으로써 법익침해의 위험을 증가시키거나 해당 부동산을 매각함으로써 기존의 근저당권과 관계없이 법익침해의 결과를 발생시켰다면, 이는 당초의 근저당권 실행을 위한 임

(5) 특정범죄 가중처벌 등에 관한 법률: ① '형의 실효 등에 관한 법률'(2010. 3. 31. 법률 제 10211호로 개정되기 전의 것. 이하 '형실효법'이라 한다) 제7조 제1항은 "수형인이 자격정지 이상의 형을 받음이 없이 형의 집행을 종료하거나 그 집행이 면제된 날부터 같은 항 각 호에서 정한

의경매에 의한 매각 등 그 근저당권으로 인해 당연히 예상될 수 있는 범위를 넘어 새로운 법익침해의 위험을 추가시키거나 법익침해의 결과를 발생시킨 것이므로 특별한 사정이 없는 한 불가벌적 사후행위로 볼 수 없고, 별도로 횡령죄를 구성한다.

[대법관 이상훈, 대법관 김용덕의 별개의견] (가) 타인의 부동산에 근저당권을 설정하는 선행 횡령행위로 인하여 부동산 전체에 대한 소유권 침해의 위험이 발생함으로써 그에 대한 횡령죄가 성립하는 이상, 그 이후에 이루어진 당해 부동산에 대한 별개의 근저당권설정행위나 당해 부동산의 매각행위 등의 후행 횡령행위는 이미 소유권 침해의 위험이 발생한 부동산 전체에 대하여 다시 소유권 침해의 위험을 발생시킨 것에 불과하므로, 특별한 사정이 없는 한 선행 횡령행위에 의하여 평가되어 버린 불가벌적 사후행위로 보는 것이 논리상 자연스럽다.

(나) 선행 횡령행위로 발생한 소유권 침해의 위험이 미약하여 과도한 비용과 노력을 들이지 아니하고도 그 위험을 제거하거나 원상회복할 수 있는 상태에서 그보다 월등히 큰 위험을 초래하는 후행 횡령행위를 저지른 경우에는 그 행위의 반사회성이나 가벌성이 충분히 인정되고 일반인으로서도 그에 대한 처벌을 감수함이 마땅하다고 여길 만하다. 이와 같은 경우에는 예외적으로 이를 불가벌적 사후행위로 볼 것이 아니라 처벌대상으로 삼을 필요가 있다. 기존의 판례를 변경하지 아니하고도 이러한 해석이 가능하고, 이러한 해석을 하려면 판례를 변경하여야 한다고 보더라도 그 범위 내에서만 제한적으로 변경함으로써 충분하다.

[대법관 이인복, 대법관 김신의 반대의견] (가) 형법 제355조 제1항에서 규정한 횡령죄는 재물의 영득을 구성요건적 행위로 삼는다는 점에서 재산상의 이익을 대상으로 하는 같은 조 제2항의 배임죄와 구분되는데, 재물에 대한 불법영득의사는 피해자의 소유권 등 본권에 대한 전면적 침해를 본질적 내용으로 하므로 그러한 불법영득의사에 기한 횡령행위가 있을 경우 이미 그에 의한 법익침해의 결과나 위험은 그 소유권 등의 객체인 재물의 전체에 미친다고 볼 수밖에 없고, 따라서 일단 위와 같은 횡령죄가 성립한 후에는 재물의 보관자에 의한 새로운 처분행위가 있다고 하여 별도의 법익침해의 결과나 위험이 발생할 수 없음은 당연한 논리적 귀결이다.

(나) 타인의 부동산을 보관 중인 자가 그 부동산의 일부 재산상 가치를 신임관계에 반하여 유용하는 행위로서, 즉 배임행위로서 제3자에게 근저당권을 설정한 것이 아니라, 아예 해당 부동산을 재물로서 불법적으로 영득할 의사로, 즉 횡령행위로서 근저당권을 설정한 것이라면, 이러한 횡령행위에 의한 법익침해의 결과나 위험은 그때 이미 위 부동산에 관한 소유권 전체에 미치게 되고, 이 경우 후행 처분행위에 의한 추가적 법익침해의 결과나 위험은 법논리상 불가능하다고 보아야 한다.

116) 대법원 2014. 8. 21. 선고 2014도3363 전원합의체 판결: 채무자가 대물변제예약에 따라 부동산에 관한 소유권을 이전해 줄 의무는 그 예약 당시에 확정적으로 발생하는 것이 아니라 채무자가 차용금을 제때에 반환하지 못하여 채권자가 예약완결권을 행사한 후에야 비로소 문제가 되는 것이고, 채무자는 예약완결권 행사 이후라도 얼마든지 금전채무를 변제하여 당해 부동산에 관한 소유권이전등기절차를 이행할 의무를 소멸시키고 그 의무에서 벗어날 수 있다. 한편 채권자는 당해 부동산을 특정물 그 자체보다는 담보물로서의 가치를 평가하고 이로써 기존의 금전채권을 변제받는 데 주된 관심이 있으므로, 채무자의 채무불이행으로 인하여 대물변제예약에 따른 소유권등기를 이전받는 것이 불가능하게 되는 상황이 초래되어도 채권자는 채무자로부터 금전적 손해배상을 받음으로써 대물변제예약을 통해 달성하고자 한 목적을 사실상 이룰 수 있는 것이다. 이러한 점에서 대물변제예약의 궁극적 목적은 차용금반환채무의 이행 확보에 있고, 채무자가 대물변제예약에 따라 부동산에 관한 소유권이전등기절차를 이행할 의무는 그 궁극적 목적을 달성하기 위해 채무자에게 요구되는 부수적 내용이어서 이를 가지고 배임죄에서 말하는 신임관계에 기초하여 채권자의 재산을 보호 또는 관리하여야 하는 '타인의 사무'에 해당한다고 볼 수는 없다. 그러므로 채권담보를 위한 대물변제예약 사안에서 채무자가 대물로 변제하기로 한 부동산을 제3자에게 처분하였다고 하더라도 형법상 배임죄가 성립하는 것은 아니다.

117) 대법원 2018. 7. 19. 선고 2017도17494 전원합의체 판결: 송금의뢰인이 다른 사람의 예금계좌에 자금을 송금·이체한 경우 특별한 사정이 없는 한 계좌명의인이 그와 같이 송금·이체된 돈을 그대로 보관하지 않고 영득할 의사로 인출하면 횡령죄가 성립하고, 이때 계좌명의인이 사기의 공범이라면 자신이 가담한 범행의 결과 피해금을 보관하게 된 것일 뿐이어서 그가 송금·이체된 돈을 인출하더라도 사기죄 외에 별도로 횡령죄를 구성하지 않으며, 한편 계좌명의인의 인출행위는 전기통신금융사기의 범인에 대한 관계에서는 횡령죄가 되지 않는다.

기간이 경과한 때에는 그 형은 실효된다"고 정하고, 같은 항 제2호에서 3년 이하의 징역·금고형의 경우는 그 기간을 5년으로 정하고 있다. 위 규정에 따라 형이 실효된 경우에는 형의 선고에 의한 법적 효과가 장래에 향하여 소멸되므로, 그 전과를 구 '특정범죄 가중처벌 등에 관한 법률'(2010. 3. 31. 법률 제10210호로 개정되기 전의 것. 이하 '특가법'이라고 한다) 제5조의4 제5항에서 정한 "징역형을 받은 경우"로 볼 수 없다. 한편 형실효법의 입법취지에 비추어 보면, 2번 이상의 징역형을 받은 자가 자격정지 이상의 형을 받음이 없이 마지막 형의 집행을 종료한 날부터 위 법에서 정한 기간을 경과한 때에는 그 마지막 형에 앞서는 형도 모두 실효되는 것으로 보아야 한다. 또한 형법 제65조는 "집행유예의 선고를 받은 후 그 선고의 실효 또는 취소됨이 없이 유예기간을 경과한 때에는 형의 선고는 효력을 잃는다"고 정하고 있고, 여기서 "형의 선고가 효력을 잃는다"는 의미는 형실효법에 의한 형의 실효와 같이 형의 선고에 의한 법적 효과가 장래에 향하여 소멸한다는 취지이다. 따라서 위 규정에 따라 형의 선고가 효력을 잃는 경우에도 그 전과는 특가법 제5조의4 제5항에서 정한 "징역형을 받은 경우"로 볼 수 없다.[118]

② 음주로 인한 특정범죄가중처벌 등에 관한 법률 위반(위험운전치사상)죄는 그 입법 취지와 문언에 비추어 볼 때, 주취상태의 자동차 운전으로 인한 교통사고가 빈발하고 그로 인한 피해자의 생명·신체에 대한 피해가 중대할 뿐만 아니라, 사고발생 전 상태로의 회복이 불가능하거나 쉽지 않은 점 등의 사정을 고려하여, 형법 제268조에서 규정하고 있는 업무상과실치사상죄의 특례를 규정하여 가중처벌함으로써 피해자의 생명·신체의 안전이라는 개인적 법익을 보호하기 위한 것이다. 따라서 그 죄가 성립하는 때에는 차의 운전자가 형법 제268조의 죄를 범한 것을 내용으로 하는 교통사고처리특례법 위반죄는 그 죄에 흡수되어 별죄를 구성하지 아니한다.[119]

(6) 부동산등기 특별조치법: ① 부동산등기특별조치법 제8조 제1호, 제2조 제2항 위반의 죄가 성립하려면, 계약의 당사자가 서로 대가적인 채무를 부담하는 경우(법 제2조 제1항 제1호 참조)에는 ㉮ 부동산의 소유권을 이전받을 것을 내용으로 하는 계약을 체결한 자(이하 '부동산 양수인'이라 한다)가 자신의 반대급부의 이행을 완료하였을 것과 ㉯ 부동산 양수인이 그 양수한 부동산에 관하여 다시 제3자와 소유권이전을 내용으로 하는 계약이나 제3자에게 계약당사자의 지위를 이전하는 계약을 체결하였을 것이 요구된다(이는 법 제8조 제1호, 제2조 제3항 위반죄의 경우에도 마찬가지이다).[120] ② 부동산등기 특별조치법 제8조 제2호, 제6조 위반죄가 성립하기 위해서는 당해 부동산소유권이전계약이 유효하여야 한다. 국토의 계획 및 이용에 관한 법률상의 토지거래 허가구역 내의 토지에 대한 토지거래계약은 관할 관청의 허가를 받아야만 그 효력이 발생하고 허가를 받기 전에는 원칙적으로 무효라 할 것인바, 다만 허가받을 것을 전제로 체결한 거래계약은 일단 허가를 받으면 소급해서 유효한 계약이 되는 것이지만, 처음부터 허가를 배제하거나 잠탈하는 내용의 계약을 체결한 경우에는 확정적으로 무효이다. 원심이, 토지거래 허가구역 안에 소재한 이 사건 토지에 관한 피고인과 제1심 공동피고인 사이의 매매계약이 처음부터

---

118) 특정범죄 가중처벌 등에 관한 법률 제5조의4 제6항 적용 여부가 문제되는 경우 형의 실효 등에 관한 법률을 적용하게 되면 해당 구성요건을 충족하지 못하게 되는 경우도 함께 이해해 두어야 한다(대법원 2014. 9. 4. 선고 2014도7088 판결; 대법원 2010. 9. 9. 선고 2010도8021 판결 참조).
119) 대법원 2008. 12. 11. 선고 2008도9182 판결.
120) 대법원 2009. 1. 15. 선고 2008도8067 판결.

토지거래허가를 잠탈할 목적으로 증여를 가장하여 소유권이전등기를 마치려는 의도하에 체결된 것으로서 확정적으로 무효라는 이유로 이 부분 공소사실에 대하여 무죄를 선고한 것은 정당하다.[121] ③ 부동산등기 특별조치법 소정의 소유권이전등기 신청의무가 있는 자로서 부동산등기 특별조치법 위반의 범죄주체가 되는 '소유권이전을 내용으로 하는 계약을 체결한 자'는 매매·교환·증여 등 소유권이전을 내용으로 하는 계약의 당사자를 가리키는바, 어떤 사람이 타인을 통하여 부동산을 매수함에 있어 매수인 명의를 그 타인 명의로 하기로 하였다면 이와 같은 매수인 명의의 신탁관계는 그들 사이의 내부적인 관계에 불과한 것이어서 대외적으로는 그 타인을 매매당사자로 보아야 할 것이므로, 달리 특별한 사정이 없는 한 그 사람은 소유권이전을 내용으로 하는 계약을 체결한 자라고 볼 수 없다. 기록에 의하면, 피고인 3은 이 사건 공매절차에서 어머니인 공소외 1명의로 아파트 3세대를 낙찰받고 매수인을 공소외 1로 하여 파산관재인과 사이에 매매계약을 체결한 사실을 알 수 있으므로, 그 매매당사자는 공소외 1이라고 보아야 할 것이고, 피고인 3은 소유권이전을 내용으로 하는 계약을 체결한 자에 해당한다고 볼 수 없다. 그렇다면 범죄의 주체가 될 수 있는 신분을 가진 공소외 1과의 공범관계로 기소된 것이 아닌 이 사건에서, 피고인 3 및 그와 공모하였다는 피고인 1을 부동산등기 특별조치법 제8조 제1호, 제2조 제3항 위반죄로 처벌할 수 없다.[122]

(7) **통신비밀보호법**: 통신비밀보호법(이하 '법'이라고 한다) 제2조 제7호는 "감청"이라 함은 전기통신에 대하여 당사자의 동의없이 전자장치·기계장치 등을 사용하여 통신의 음향·문언·부호·영상을 청취·공독하여 그 내용을 지득 또는 채록하거나 전기통신의 송·수신을 방해하는 것을 말한다고 규정하고, 제3조 제1항은 누구든지 이 법과 형사소송법 또는 군사법원법의 규정에 의하지 아니하고는 전기통신의 감청을 하지 못한다고 규정하며, 나아가 제4조는 제3조의 규정에 위반하여, 불법감청에 의하여 지득 또는 채록된 전기통신의 내용은 재판 또는 징계절차에서 증거로 사용할 수 없다고 규정하고 있다. 이에 따르면 전기통신의 감청은 제3자가 전기통신의 당사자인 송신인과 수신인의 동의를 받지 아니하고 전기통신 내용을 녹음하는 등의 행위를 하는 것만을 말한다고 풀이함이 상당하다고 할 것이므로, 전기통신에 해당하는 전화통화 당사자의 일방이 상대방 모르게 통화 내용을 녹음하는 것은 여기의 감청에 해당하지 아니하지만, 제3자의 경우는 설령 전화통화 당사자 일방의 동의를 받고 그 통화 내용을 녹음하였다 하더라도 그 상대방이 동의가 없었던 이상, 이는 여기의 감청에 해당하여 법 제3조 제1항 위반이 되고, 이와 같이 법 제3조 제1항에 위반한 불법감청에 의하여 녹음된 전화통화의 내용은 법 제4조에 의하여 증거능력이 없다. 기록에 의하면, 공소외인은 2009. 9. 21.경 검찰에서 피고인의 이 사건 공소사실 범행을 진술하는 등 다른 마약사범에 대한 수사에 협조해 오던 중, 같은 달 29.경 필로폰을 투약한 혐의 등으로 구속되었는데, 구치소에 수감되어 있던 같은 해 11. 3.경 피고인의 이 사건 공소사실에 관한 증거를 확보할 목적으로 검찰로부터 자신의 압수된 휴대전화를 제공받아 구속수감 상황 등을 숨긴 채 피고인과 통화하고 그 내용을 녹음한 다음 그 휴대전화를 검찰에 제출한 사실, 이에 따라 작성된 이 사건 수사보고는 '공소외인이 2009. 11. 3.

---

121) 대법원 2007. 11. 30. 선고 2005도9922 판결.
122) 대법원 2007. 5. 11. 선고 2006도5560 판결.

오전 10:00경 피고인으로부터 걸려오는 전화를 자신이 직접 녹음한 후 이를 수사기관에 임의제 출하였고, 이에 필로폰 관련 대화 내용을 붙임과 같이 녹취하였으며, 휴대전화에 내장된 녹음파 일을 mp3파일로 변환시켜 붙임과 같이 첨부하였음을 보고한다'는 내용으로, 첨부된 녹취록에는 피고인이 이전에 공소외인에게 준 필로폰의 품질에는 아무런 문제가 없다는 피고인의 통화 내 용이 포함되어 있는 사실을 알 수 있다. 위 인정 사실을 앞서 본 법리에 비추어 보면, 위와 같 은 녹음행위는 수사기관이 공소외인으로부터 피고인의 이 사건 공소사실 범행에 대한 진술을 들은 다음 추가적인 증거를 확보할 목적으로 구속수감되어 있던 공소외인에게 그의 압수된 휴 대전화를 제공하여 그로 하여금 피고인과 통화하고 피고인의 이 사건 공소사실 범행에 관한 통 화 내용을 녹음하게 한 것이라 할 것이고, 이와 같이 수사기관이 구속수감된 자로 하여금 피고인의 범행에 관한 통화 내용을 녹음하게 한 행위는 수사기관 스스로가 주체가 되어 구속수감된 자의 동의 만을 받고 상대방인 피고인의 동의가 없는 상태에서 그들의 통화 내용을 녹음한 것으로서 범죄 수사를 위한 통신제한조치의 허가 등을 받지 아니한 불법감청에 해당한다고 보아야 할 것이므 로, 그 녹음 자체는 물론이고 이를 근거로 작성된 이 사건 수사보고의 기재 내용과 첨부 녹취 록 및 첨부 mp3파일도 모두 피고인과 변호인의 증거동의에 상관없이 증거능력이 없다.[123]

(8) 정보통신망 이용촉진 및 정보보호 등에 관한 법률: ① 정보통신망 이용촉진 및 정보보 호 등에 관한 법률은 제49조에서 "누구든지 정보통신망에 의하여 처리·보관 또는 전송되는 타 인의 정보를 훼손하거나 타인의 비밀을 침해·도용 또는 누설하여서는 아니 된다."고 규정하는 한편, 제71조 제11호에서 '제49조를 위반하여 타인의 정보를 훼손하거나 타인의 비밀을 침해· 도용 또는 누설한 자'를 5년 이하의 징역 또는 5천만 원 이하의 벌금에 처하도록 규정하고 있 다. 이 사건 조항에 규정된 '정보통신망에 의하여 처리·보관 또는 전송되는 타인의 비밀 누설' 이란 타인의 비밀에 관한 일체의 누설행위를 의미하는 것이 아니라, 정보통신망에 의하여 처 리·보관 또는 전송되는 타인의 비밀을 정보통신망에 침입하는 등의 부정한 수단 또는 방법으 로 취득한 사람이나, 그 비밀이 위와 같은 방법으로 취득된 것임을 알고 있는 사람이 그 비밀 을 아직 알지 못하는 타인에게 이를 알려주는 행위만을 의미하는 것으로 제한하여 해석함이 타 당하다.[124] ② 甲 운영의 산후조리원을 이용한 피고인이 9회에 걸쳐 임신, 육아 등과 관련한 유 명 인터넷 카페나 자신의 블로그 등에 자신이 직접 겪은 불편사항 등을 후기 형태로 게시하여 甲의 명예를 훼손하였다는 내용으로 정보통신망 이용촉진 및 정보보호 등에 관한 법률 위반으 로 기소된 사안에서, 피고인이 인터넷 카페 게시판 등에 올린 글은 자신이 산후조리원을 실제 이용하면서 겪은 일과 이에 대한 주관적 평가를 담은 이용 후기인 점, 위 글에 '甲의 막장 대 응' 등과 같이 다소 과장된 표현이 사용되기도 하였으나, 인터넷 게시글에 적시된 주요 내용은 객관적 사실에 부합하는 점, 피고인이 게시한 글의 공표 상대방은 인터넷 카페 회원이나 산후 조리원 정보를 검색하는 인터넷 사용자들에 한정되고 그렇지 않은 인터넷 사용자들에게 무분별 하게 노출되는 것이라고 보기 어려운 점 등의 제반 사정에 비추어 볼 때, 피고인이 적시한 사

---

123) 대법원 2010. 10. 14. 선고 2010도9016 판결.
124) 대법원 2015. 1. 15. 선고 2013도15457 판결; 같은 취지로 정보통신망으로 처리·전송이 완료된 다음 개 인용컴퓨터에 저장·보관되어 있는 자료의 의미에 관하여는 대법원 2018. 12. 27. 선고 2017도15226 판 결 참조.

실은 산후조리원에 대한 정보를 구하고자 하는 임산부의 의사결정에 도움이 되는 정보 및 의견 제공이라는 공공의 이익에 관한 것이라고 봄이 타당하고, 이처럼 피고인의 주요한 동기나 목적이 공공의 이익을 위한 것이라면 부수적으로 산후조리원 이용대금 환불과 같은 다른 사익적 목적이나 동기가 내포되어 있다는 사정만으로 피고인에게 甲을 비방할 목적이 있었다고 보기 어려운데도, 이와 달리 보아 유죄를 인정한 원심판결에 같은 법 제70조 제1항에서 정한 '사람을 비방할 목적'에 관한 법리오해의 위법이 있다.[125]

(9) 변호사법: 공무원이 취급하는 사건 또는 사무에 관하여 청탁한다는 명목으로 자신의 이득을 취하기 위하여 금품 등을 교부받은 것이 아니고, 공무원이 취급하는 사무에 관한 청탁을 받고 청탁 상대방인 공무원에게 제공할 금품을 받아 그 공무원에게 단순히 전달한 경우에는 알선수뢰죄나 증뢰물전달죄만이 성립하고, 이와 같은 경우에 변호사법 제111조 위반죄는 성립할 수 없다.[126]

(10) 여신전문금융업법: 회원권카드는 일반적으로 특정한 시설 이용을 목적으로 하여 고객이 그 시설 경영 기업과 체결한 회원계약상의 지위를 나타낸 카드를 의미하고, 현금카드는 은행에 예금계좌를 설정하여 둔 고객이 출납창구 이외에서 현금자동입출금기 등을 이용하여 자신의 예금계좌로부터 현금을 인출할 수 있도록 은행이 고객에게 발급하여 준 카드를 의미한다. 따라서 여신전문금융업법 제70조 제1항 제1호에서 그 위조행위를 처벌하고 있는 '신용카드 등'은 신용카드업자가 발행한 신용카드·직불카드 또는 선불카드만을 의미할 뿐, 회원권카드나 현금카드 등은 신용카드 기능을 겸하고 있다는 등의 특별한 사정이 없는 한 이에 해당할 여지가 없다.[127]

(11) 경찰관직무집행법: ① 경찰관직무집행법(이하 '법'이라고 한다) 제1조는 제1항에서 "이 법은 국민의 자유와 권리의 보호 및 사회공공의 질서유지를 위한 경찰관(국가경찰공무원에 한한다. 이하 같다)의 직무수행에 필요한 사항을 규정함을 목적으로 한다."고 규정하고, 제2항에서 "이 법에 규정된 경찰관의 직권은 그 직무수행에 필요한 최소한도 내에서 행사되어야 하며 이를 남용하여서는 아니된다."고 규정하고 있고, 법 제3조는 제1항에서 "경찰관은 수상한 거동 기타 주위의 사정을 합리적으로 판단하여 어떠한 죄를 범하였거나 범하려 하고 있다고 의심할 만한 상당한 이유가 있는 자 또는 이미 행하여진 범죄나 행하여지려고 하는 범죄행위에 관하여 그 사실을 안다고 인정되는 자를 정지시켜 질문할 수 있다."고 규정하고, 제2항에서 "그 장소에서 제1항의 질문을 하는 것이 당해인에게 불리하거나 교통의 방해가 된다고 인정되는 때에는 질문하기 위하여 부근의 경찰서·지구대·파출소 또는 출장소(이하 "경찰관서"라 하되, 지방해양경찰관서를 포함한다)에 동행할 것을 요구할 수 있다. 이 경우 당해인은 경찰관의 동행요구를 거절할 수 있다."고 규정하며, 제3항에서 "경찰관은 제1항에 규정된 자에 대하여 질문을 할 때에 흉기의 소지 여부를 조사할 수 있다."고 규정하고, 제7항에서 "제1항 내지 제3항의 경우에 당해인은 형사소송에 관한 법률에 의하지 아니하고는 신체를 구속당하지 아니하며, 그 의사에 반하여 답변을 강요당하지 아니한다."고 규정하고 있다.

위와 같은 법의 목적, 규정 내용 및 체계 등을 종합하면, 경찰관이 법 제3조 제1항에 규정

---

125) 대법원 2012. 11. 29. 선고 2012도10392 판결.
126) 대법원 2007. 2. 23. 선고 2004도6025 판결. 그 반대의 경우는 변호사법위반만 성립한다는 대법원 2006. 11. 24. 선고 2005도5567 판결 참고.
127) 대법원 2010. 6. 10. 선고 2010도3409 판결.

된 대상자(이하 '불심검문 대상자'라 한다) 해당 여부를 판단함에 있어서는 불심검문 당시의 구체적 상황은 물론 사전에 얻은 정보나 전문적 지식 등에 기초하여 불심검문 대상자인지 여부를 객관적·합리적인 기준에 따라 판단하여야 할 것이나, 반드시 불심검문 대상자에게 형사소송법상 체포나 구속에 이를 정도의 혐의가 있을 것을 요한다고 할 수는 없다. 그리고 경찰관은 불심검문 대상자에게 질문을 하기 위하여 범행의 경중, 범행과의 관련성, 상황의 긴박성, 혐의의 정도, 질문의 필요성 등에 비추어 그 목적 달성에 필요한 최소한의 범위 내에서 사회통념상 용인될 수 있는 상당한 방법으로 그 대상자를 정지시킬 수 있고 질문에 수반하여 흉기의 소지 여부도 조사할 수 있다.[128)]

② 검문 중이던 경찰관들이, 자전거를 이용한 날치기 사건 범인과 흡사한 인상착의의 피고인이 자전거를 타고 다가오는 것을 발견하고 정지를 요구하였으나 멈추지 않아, 앞을 가로막고 소속과 성명을 고지한 후 검문에 협조해 달라는 취지로 말하였음에도 불응하고 그대로 전진하자, 따라가서 재차 앞을 막고 검문에 응하라고 요구하였는데, 이에 피고인이 경찰관들의 멱살을 잡아 밀치거나 욕설을 하는 등 항의하여 공무집행방해 등으로 기소된 사안에서, 범행의 경중, 범행과의 관련성, 상황의 긴박성, 혐의의 정도, 질문의 필요성 등에 비추어 경찰관들은 목적 달성에 필요한 최소한의 범위 내에서 사회통념상 용인될 수 있는 상당한 방법을 통하여 경찰관직무집행법 제3조 제1항에 규정된 자에 대해 의심되는 사항을 질문하기 위하여 정지시킨 것으로 보아야 하는데도, 이와 달리 경찰관들의 불심검문이 위법하다고 보아 피고인에게 무죄를 선고한 원심판결에 불심검문의 내용과 한계에 관한 법리오해의 위법이 있다고 한 사례.[129)]

(12) 부동산 실권리자명의 등기에 관한 법률[130):] 부동산 실권리자명의 등기에 관한 법률 제

---

128) 대법원 2014. 2. 27. 선고 2011도13999 판결.
129) 대법원 2012. 9. 13. 선고 2010도6203 판결.
130) 명의신탁의 문제가 발생하는 부동산 실권리자명의 등기에 관한 법률상의 법리와 그에 따른 횡령죄 또는 배임죄의 법리를 잘 숙지해 두어야 한다. 대법원 판례를 아래와 같이 정리해 본다.
　① 대법원 2000. 3. 24. 선고 98도4347 판결: 부동산실권리자명의등기에관한법률 제2조 제1호 및 제4조의 규정에 의하면, 신탁자와 수탁자가 명의신탁 약정을 맺고, 이에 따라 수탁자가 당사자가 되어 명의신탁 약정이 있다는 사실을 알지 못하는 소유자와 사이에서 부동산에 관한 매매계약을 체결한 후 그 매매계약에 기하여 당해 부동산의 소유권이전등기를 수탁자 명의로 경료한 경우에는, 그 소유권이전등기에 의한 당해 부동산에 관한 물권변동은 유효하고, 한편 신탁자와 수탁자 사이의 명의신탁 약정은 무효이므로, 결국 수탁자는 전소유자인 매도인뿐만 아니라 신탁자에 대한 관계에서도 유효하게 당해 부동산의 소유권을 취득한 것으로 보아야 할 것이고, 따라서 그 수탁자는 타인의 재물을 보관하는 자라고 볼 수 없다.
　② 대법원 2012. 11. 29. 선고 2011도7361 판결: 명의신탁자와 명의수탁자가 이른바 계약명의신탁 약정을 맺고 명의수탁자가 당사자가 되어 명의신탁 약정이 있다는 사실을 알고 있는 소유자와 부동산에 관한 매매계약을 체결한 후 매매계약에 따라 부동산의 소유권이전등기를 명의수탁자 명의로 마친 경우에는 부동산 실권리자명의 등기에 관한 법률(이하 '부동산실명법'이라 한다) 제4조 제2항 본문에 의하여 수탁자 명의의 소유권이전등기는 무효이고 부동산의 소유권은 매도인이 그대로 보유하게 되므로, 명의수탁자는 부동산 취득을 위한 계약의 당사자도 아닌 명의신탁자에 대한 관계에서 횡령죄에서 '타인의 재물을 보관하는 자'의 지위에 있다고 볼 수 없고, 또한 명의수탁자가 명의신탁자에 대하여 매매대금 등을 부당이득으로 반환할 의무를 부담한다고 하더라도 이를 두고 배임죄에서 '타인의 사무를 처리하는 자'의 지위에 있다고 보기도 어렵다. 한편 위 경우 명의수탁자는 매도인에 대하여 소유권이전등기말소의무를 부담하게 되나, 위 소유권이전등기는 처음부터 원인무효여서 명의수탁자는 매도인이 소유권에 기한 방해배제청구로 말소를 구하는 것에 대하여 상대방으로서 응할 처지에 있음에 불과하고, 그가 제3자와 한 처분행위가 부동산실명법 제4조 제3항에 따라 유효하게 될 가능성이 있다고 하더라도 이는 거래 상대방인 제3자를 보호하기 위하여 명의신탁 약정의 무효에 대한 예외를 설정한 취지일 뿐 매도인과 명의수탁자 사이에 위 처분행위를 유효하게 만드는 어떠한 신임관계가 존재함을 전제한 것이라고는 볼 수 없으므로, 말소등기의무의

2조 제1호 본문은 "명의신탁약정이란 부동산에 관한 소유권이나 그 밖의 물권(이하 '부동산에 관한 물권'이라 한다)을 보유한 자 또는 사실상 취득하거나 취득하려고 하는 자(이하 '실권리자'라 한다)가 타인과의 사이에서 대내적으로는 실권리자가 부동산에 관한 물권을 보유하거나 보유하기로 하고 그에 관한 등기(가등기를 포함한다)는 그 타인의 명의로 하기로 하는 약정(위임·위탁매매의 형식에 의하거나 추인에 의한 경우를 포함한다)을 말한다."라고 규정하고 있는바, 부동산에 관한 물권의 실권리자인지 여부를 가리는 핵심적인 징표 중의 하나는 그가 과연 그 부동산에 관한 물권의 취득 자금을 부담하였는지 여부라 할 것이다. 따라서 위 공소사실과 같이 피고인 1이 위 아파트를 실제로 매수한 실권리자이고 피고인 3은 단순한 명의수탁자라고 인정할 수 있으려면, 위 아파트의 매수자금을 피고인 1이 부담, 지급하였다는 점이 증명되어야 할 것이다.[131]

(13) 폭력행위등 처벌에 관한 법률: 흉기 기타 위험한 물건을 휴대하고 공갈죄를 범하여 '폭

존재나 명의수탁자에 의한 유효한 처분가능성을 들어 명의수탁자가 매도인에 대한 관계에서 횡령죄에서 '타인의 재물을 보관하는 자' 또는 배임죄에서 '타인의 사무를 처리하는 자'의 지위에 있다고 볼 수도 없다.

③ 대법원 2016. 5. 19. 선고 2014도6992 전원합의체 판결: 중간생략등기형 명의신탁에서 명의수탁자가 신탁부동산을 임의로 처분한 경우에도 부동산 실권리자명의 등기에 관한 법률(이하 '부동산실명법'이라 한다) 제4조 제2항 본문에 의하여 명의수탁자 명의의 소유권이전등기는 무효이고, 신탁부동산의 소유권은 매도인이 그대로 보유하게 된다. 따라서 명의신탁자로서는 매도인에 대한 소유권이전등기청구권을 가질 뿐 신탁부동산의 소유권을 가지지 아니하고, 명의수탁자가 명의신탁자의 재물을 보관하는 자라고 할 수 없으므로, 명의수탁자가 신탁받은 부동산을 임의로 처분하여도 명의신탁자에 대한 관계에서 횡령죄가 성립하지 아니한다.

④ 대법원 2021. 2. 18. 선고 2016도18761 전원합의체 판결: 「부동산 실권리자명의 등기에 관한 법률」이하 '부동산실명법'이라 한다)은 부동산에 관한 소유권과 그 밖의 물권을 실체적 권리관계와 일치하도록 실권리자 명의로 등기하게 함으로써 부동산등기제도를 악용한 투기·탈세·탈법행위 등 반사회적 행위를 방지하고 부동산 거래의 정상화와 부동산 가격의 안정을 도모하여 국민경제의 건전한 발전에 이바지함을 목적으로 하고 있다(제1조). 부동산실명법에 의하면, 누구든지 부동산에 관한 물권을 명의신탁약정에 따라 명의수탁자의 명의로 등기하여서는 아니 되고(제3조 제1항), 명의신탁약정과 그에 따른 등기로 이루어진 부동산에 관한 물권변동은 무효가 되며(제4조 제1항, 제2항 본문), 명의신탁약정에 따른 명의수탁자 명의의 등기를 금지하도록 규정한 부동산실명법 제3조 제1항을 위반한 경우 명의신탁자와 명의수탁자 쌍방은 형사처벌된다(제7조). 이러한 부동산실명법의 명의신탁관계에 대한 규율 내용 및 태도 등에 비추어 보면, 부동산실명법을 위반하여 명의신탁자가 그 소유인 부동산의 등기명의를 명의수탁자에게 이전하는 이른바 양자간 명의신탁의 경우, 계약인 명의신탁약정과 그에 부수한 위임약정, 명의신탁약정을 전제로 한 명의신탁 부동산 및 그 처분대금 반환약정은 모두 무효이다. 나아가 명의신탁자와 명의수탁자 사이에 무효인 명의신탁약정 등에 기초하여 존재한다고 주장될 수 있는 사실상의 위탁관계라는 것은 부동산실명법에 반하여 범죄를 구성하는 불법적인 관계에 지나지 아니할 뿐 이를 형법상 보호할 만한 가치 있는 신임에 의한 것이라고 할 수 없다.

명의수탁자가 명의신탁자에 대하여 소유권이전등기말소의무를 부담하게 되나, 위 소유권이전등기는 처음부터 원인무효여서 명의수탁자는 명의신탁자가 소유권에 기한 방해배제청구로 말소를 구하는 것에 대하여 상대방으로서 응할 처지에 있음에 불과하다. 명의수탁자가 제3자와 한 처분행위가 부동산실명법 제4조 제3항에 따라 유효하게 될 가능성이 있다고 하더라도 이는 거래 상대방인 제3자를 보호하기 위하여 명의신탁약정의 무효에 대한 예외를 설정한 취지일 뿐 명의신탁자와 명의수탁자 사이에 위 처분행위를 유효하게 만드는 어떠한 위탁관계가 존재함을 전제한 것이라고는 볼 수 없다. 따라서 말소등기의무의 존재나 명의수탁자에 의한 유효한 처분가능성을 들어 명의수탁자가 명의신탁자에 대한 관계에서 '타인의 재물을 보관하는 자'의 지위에 있다고 볼 수도 없다.

그러므로 부동산실명법을 위반한 양자간 명의신탁의 경우 명의수탁자가 신탁받은 부동산을 임의로 처분하여도 명의신탁자에 대한 관계에서 횡령죄가 성립하지 아니한다. 이러한 법리는 부동산 명의신탁이 부동산실명법 시행 전에 이루어졌고 같은 법이 정한 유예기간 이내에 실명등기를 하지 아니함으로써 그 명의신탁약정 및 이에 따라 행하여진 등기에 의한 물권변동이 무효로 된 후에 처분행위가 이루어진 경우에도 마찬가지로 적용된다.

131) 대법원 2010. 7. 8. 선고 2008도7546 판결.

력행위 등 처벌에 관한 법률' 제3조 제1항, 제2조 제1항 제3호에 의하여 가중처벌되는 경우에도 형법상 공갈죄의 성질은 그대로 유지되는 것이고, 특별법인 위 법률에 친족상도례에 관한 형법 제354조, 제328조의 적용을 배제한다는 명시적인 규정이 없으므로, 형법 제354조는 '폭력행위 등 처벌에 관한 법률 제3조 제1항 위반죄'에도 그대로 적용된다.[132]

2) 심화 연습[133]
가) 연습 사례 – ①[134]

(1) 공소사실 요지

피고인은, (가) 200*년 5월 초순 일자불상 01:00경 ○○시 소재 피해자 A(여, 49세) 경영의 ○○주점에서, 양주와 맥주 등을 주문하여 먹은 후 술값을 요구하는 위 주점 종업원에게 "다음날에 계산을 하겠다"고 말하며 술값을 지불하지 아니하여, 피고인이 ○○지역 폭력배임을 잘 알고 있는 피해자가 계속하여 술값의 지불을 요구할 경우 피해자의 신체 또는 재산 등에 어떠한 해악을 가할 듯한 태도를 보여 이에 겁을 먹은 피해자로 하여금 술값 87만 원 상당의 청구를 단념하게 함으로써 동액 상당의 이익을 취득하고, (나) 200*년 8월 초순 일자불상 22:00경 같은 장소에서, 피고인이 ○○지역 폭력배임을 잘 알고 있는 피해자 A에게 가수 C 콘서트 입장권을 구입해달라고 요구하면서 "좀 사주이소"라고 말하여 만약 이에 불응하면 피해자의 신체 또는 재산 등에 어떠한 해악을 가할 듯한 태도를 보여 이에 겁을 먹은 피해자로부터 입장권 대금 명목으로 14만 원을 교부받아 이를 갈취하였다.

(2) 증거관계

(가) 피고인이 성립, 임의성 및 내용을 인정한 피고인에 대한 경찰 피의자신문조서[135]에는, 피고인이 술을 먹고 술값을 계산하지 않은 것과 입장권 판매대금을 받은 사실은 맞으나, 술값은 정상적인 외상거래를 하고 돈이 없어 갚지 못한 것이고, 입장권판매는 '식구생활'을 하고 있는 선배를 도와준다는 명목으로 피해자에게 입장권을 판매하였다고 기재되어 있다.

(나) 피고인은 법정에서 술값을 계산하지 않은 사실과 입장권 판매의 행위 자체는 인정하면서 공갈의 범의는 부인하였다.

(다) 피해자는 경찰에서의 진술조서에서 피고인으로부터 갈취당한 점을 모두 인정하였지만, 피고인은 그에 대하여 증거로 함에 부동의[136]하였다.

(라) 법정에 증인으로 출석한 피해자는 "경찰서에서 진술조서를 작성하면서 서명날인한 사실은 있으나 경찰관이 자세히 보여주지 않으면서 '좋은 게 좋다'고 하며 서명날인 하라고 하여 한 것인데, 지금 보니 당시 진술한 대로 되어 있지 않다. 피고인이 술을 먹고 돈을 주지 않았지만 피고인이 무서워서 돈을 받지 않은 것이 아니다." 입장권도 피고인이 무서워서 구입한 것이 아니다."고 진술[137]하였다.

(3) 검토할 사항[138]

(가) 경찰에서의 피해자진술조서는 증거능력이 있는가? 증거능력 구비요건으로서의 진정성립은 어떤 의미인가?

(나) 피고인의 행위 자체에 대해서는 인정되는가?

(다) 피고인이 법정에서 갈취의 점에 대한 범의를 부인하고, 또한 피해자도 법정에서 외포당

---

132) 대법원 2010. 7. 29. 선고 2010도5795 판결.

133) 아래의 연습사례는 윤태석, "법학전문대학원 형사법 교육방법의 일고찰–사실인정과 관련하여", 법조 2010 통권 650호, 305~331면에서 발췌하여 재정리하였다.

134) 본문의 순서대로 연습한 후 이 사건 피고인의 상고포기로 확정된 창원지방법원 2006. 5. 18. 선고 2006 노411 판결 사건을 참조하여 자신의 결론과 비교해 보기를 바란다.

한 사실을 부정하는 이 사건과 같은 경우 피고인의 범의는 부정되는가 아니면 인정된다면 어떻게 인정할 것인가? 또는 그 역으로 피해자가 법정에서 갈취당하였다고 진술하면서 수사기관의 진술조서를 성립인정하는 경우 피고인은 무조건 유죄로 인정되는가 아니면 그럼에도 변호인으로서는 합리적인 의심의 여지없이 입증되는지 여부를 검토해 본다면 어떠한 점에 대해 검토해 보아야 하는가?[139]

(라) 이 사건에 대하여 검사로서 증명을 더 해본다면 어떤 부분이 필요한가? 아니면 합리적 의심의 여지가 없을 정도의 증명은 충분한가?

(마) 변호인으로서 무죄의 변론서를 작성하거나, 검사로서 유죄의 의견서를 작성한다면 그 내용의 요지는 어떠한가? 판사로서 판결을 선고한다면 판결이유를 어떻게 작성할 것인가?

(바) 경험칙상 인정되는 일반적인 외상거래와의 차이가 발견되는가? 그렇다면 어떠한 점이 그러한가?

나) 연습 사례 – ②[140]

(1) 공소사실의 요지

피고인은 마약류취급자가 아니면서, 200*. 6. 23.경부터 같은 해 7. 3.경까지 사이에 ○○시 이하 불상지에서 메스암페타민 약 0.03g을 불상의 방법으로 1회 투약하였다.

(2) 증거관계

(가) 피고인은 이 사건 공소사실 약 2년 전 마약류관리에관한법률위반(향정)죄로 징역 1년을 선고받아 그 형의 집행을 종료한 전과가 있다.

(나) 200*. 1. 28. 23:40경 ○○시 ○○동에 있는 ○○병원 1층 화장실에서 향정신성의약품인 메스암페타민(일명 필로폰) 약 0.03g을 물에 녹여 1회용 주사기로 피고인의 혈관에 주입하여 메스암페타민을 1회 투약하여 200*. 2. 1. 체포되어 조사받던 중 필로폰을 공급한 윗선 A를 자백하였고 그 이유로 200*. 2. 10. 치료조건부 기소유예처분을 받았다.

(다) 피고인은 치료조건부 기소유예처분을 받고 구속취소로 석방되면서 국립부곡병원에서 필로폰 중독치료를 성실히 받고 퇴원 후 6개월 동안 매월 5일마다 검찰청에 출석하여 필로폰 투약여부를 확인하기 위한 검사를 받겠다고 서약하였고, 이에 따라 피고인은 200*. 4. 11. 국립부곡병원에서 치료를 마치고 퇴원한 후 200*. 5. 5. 및 200*. 6. 5. 각 검찰청에 출석하여 투약여부 검사를 받았는데 모두 통과되었다.

(라) 그런데, 피고인은 200*. 7. 3. 검찰청에 출석하여 필로폰 투약 여부의 검사를 받으면서 피고인은 소변을 채취해 주었는데 국립과학수사연구소의 감정결과 검사대상 소변에서 메스암페타민(이하 필로폰이라 한다) 양성반응이 나왔다.

(마) 검사는 200*. 7. 12. 피고인을 체포한 후 피고인의 동의를 얻어 모발 약 180수(길이 약 4㎝ 내지 4.5㎝)를 채취하여 대검찰청 과학수사 제1담당관실에 감정을 의뢰하였는데 그 감정

---

135) 공범관계 또는 공범아닌 공동피고인이 진술 또는 신문조서에 대한 증거능력 인정 요건은?

136) 타인의 진술조서에 대한 증거능력 인정 요건은?

137) 피고인 또는 증인의 법정진술의 증거법적 의미는?

138) 피해자가 공갈이라고 진술하는 반대의 경우는 어떻게 변론하여야 할까?

139) 대법원 2002. 12. 10. 선고 2001도7095 판결: 피고인이 범의를 부인하고 있는 경우에는 사물의 성질상 고의와 상당한 관련성이 있는 간접 사실을 증명하는 방법에 의하여 입증할 수밖에 없고, 무엇이 상당한 관련성이 있는 간접사실에 해당할 것인가는 정상적인 경험칙에 바탕을 두고 치밀한 관찰력이나 분석력에 의하여 사실의 연결상태를 합리적으로 판단하는 방법에 의하여야 한다.

140) 본문의 순서대로 연습한 후 대법원 2008. 5. 29. 선고 2007도1755 판결 및 그 원심판결인 창원지방법원 2007. 2. 1. 선고 2006노1996 판결을 참조하여 자신의 결론과 비교해 보기를 바란다.

결과 필로폰 음성반응이 나왔다.

(바) 소변감정으로써 필로폰 투약여부를 감정할 수 있는 기간은 투약 후 30분부터 단순투약자는 약 4일까지, 중독자는 7일에서 10일까지인데, 피고인은 감정서에 대해서 증거동의하였다.

(사) 피고인의 자백에 의해 유죄가 확정된 윗선 A와 200*. 2. 말경부터 200*. 3. 말경까지 교도소에서 함께 구속되었던 B는 증인으로 출석하여 "200*. 6. 하순경 피고인을 찾아가 함께 술을 마셨고, 그 때 B는 피고인에게 'A가 피고인에 대하여 섭섭해 한다, 교도소에서 나가면 피고인을 가만 안두겠다'고 말하기도 하였다고 전하면서 자신과 함께 면회를 가거나 혼자 면회를 가보라고 권유한 사실은 있다. 그러나 자신이 피고인의 술에 필로폰을 탄 사실은 없다"고 진술하였다.

(3) 검토할 사항

(가) 공소사실이 특정되었는가? 공소사실의 특정을 위한 요건은 어떠한가?

(나) 피고인이 법정에서 감정에 사용된 소변은 자신의 소변이 아니라고 주장하고 그 당시 채취된 소변은 감정에 전량 사용되어 현재 남아 있지 않은 경우, 감정결과 필로폰이 검출된 소변이 피고인의 소변인 점을 인정할 수 있는가?

(다) 피고인은, 필로폰을 투약한 적은 없다. 만약 피고인의 소변에서 필로폰이 검출된 것이 맞다면 피고인에게 감정이 좋지 않은 누군가가 술자리에서 피고인을 처벌받게 하려고 몰래 피고인의 술잔에 필로폰을 넣은 것 같다고 주장하는 경우 공소사실에 대하여 합리적 의심은 발생하는가? 그렇다면 그 근거는 무엇인가?

(라) 검사로서 증명을 더 해본다면 어떤 부분이 필요한가?

3. 구체적 작성 사례

변론요지서 등의 형사법문서는 형식적 기재 부분을 제외한 실질적인 내용 부분은 사건에 따라 매우 다양하게 작성할 수 있다. 이하에서는 변호사시험 기출문제에 대하여 그 제시된 양식에 따라 설시가능한 형사법문서(변론요지서·의견서·보석청구서 등)를 작성하여 이해를 돕고자 한다.[141] 반드시 사전에 실전과 같이 답안을 작성한 후에 아래의 제시 답안을 참고하도록 한다.

※ 다만, 주의할 사항이 있어서 언급하고자 한다.

2022. 1. 1.부터 시행되는 형사소송법(2020. 2. 4. 법률 제16924호로 개정) 제312조 제1항에 의하면, 검사가 작성한 피의자신문조서도 경찰 작성의 피의자신문조서와 동일한 증거능력 부여 요건을 구비하여야 한다. 따라서 위 시행일 이후에는 기존의 기록형 변호사 시험에서 제시된 검사 작성의 피의자신문조서의 증거능력이 현재 작성된 답안과 달리 부정되는 경우가 발생하고 본 교재에서 제시된 답안과 상당한 괴리가 발생한다. 이 점을 고려한 해설은 각 문제 아래의 박스 내용이므로 그것을 참고하기 바란다.

---

141) 참고판례는 임의로 주석처리하였다.

[제1회 기출문제]

피고인 김토건, 피고인 이달수에 대하여 각각 변론요지서 작성

Ⅰ. 피고인 김토건에 대하여

1. 피고인은 칼을 준 사실도 없고, 특수강도나 강도를 교사하지도 않았습니다.

피고인은 이달수에게 강도를 교사하거나 칼을 준 사실도 없고, 다만 피고인이 이달수에게 확실히 받아오라고 말을 한 사실은 있으나 그 말의 의미는, 채무자가 딱한 사정을 말한다고 하더라도 마음 약해지지 말고 채권추심을 분명히 하라는 일상생활에서 흔히 사용하는 정도의 의미였습니다.[142]

2. 증거관계의 검토

가. 증거능력 검토[143]

1) 이달수에 대한 사법경찰관 작성 피의자신문조서는 이달수가 성립 및 내용을 인정하고 있으나, 공범관계에 있는 피고인이 내용을 부인하는 취지로 증거부동의하였으므로 형사소송법 제312조 제3항을 적용하여야 한다는 대법원 판례에 따라 피고인에 대하여 증거능력이 없습니다.

2) 증인 이칠수의 증언은 이달수로부터 '피고인이 칼을 주었다'는 취지의 진술을 들었다는 전문진술인바, 원진술자 이달수가 피고인과의 공동피고인이라고 하더라도 피고인과의 관계에 있어서는 타인성을 상실하지 않기 때문에[144] 형사소송법 제316조 제2항의 요건을 충족하여야 증거로 할 수 있습니다. 그러나 이달수가 법정에 출석하여 재판받고 있으므로 그 필요성 요건을 충족하지 않아서 증거능력이 없습니다.

나. 신빙성 검토

증거능력이 있는 이달수의 법정진술 및 검사작성의 이달수의 피의자신문조서의 내용은 전혀 신빙성이 없습니다.

1) 이달수는 피고인으로부터 식칼을 받았다고 하나, 착각의 가능성이 없는 피해자 박대우의 증언에 의하면 이달수가 위 피해자에게 사용한 칼은 펼칠 때 '척' 소리가 나는 접히는 칼이라는 것입니다. 따라서 피고인으로부터 식칼을 받았다는 이달수의 진술은 거짓이고, 이달수는 식칼이 아닌 자신이 별도로 준비한 접히는 칼을 사용한 것임을 알 수 있습니다.

2) 이달수는 차를 타고 인천공항으로 가서 피고인을 마중하여 돌아 오던 중 피고인이 휴대용 서류가방에서 식칼이 든 봉투를 꺼내어 주었다고 하나, 검색이 삼엄한 국제선 공항검색대를 서류가방에 식칼을 소지하고 통과할 수는 없을 것이라는 우리의 경험칙에 비추어보면, 피고인으로부터 식칼을 받았다는 이달수의 진술은 이에 의하더라도 신빙성이 전혀 없음을 알 수 있습니다.

3) 그 외에도 이달수는 자신의 채무변제를 위해 시급히 돈이 필요하여 단독으로 강도할 이유가 있었고, 사후 다분히 피고인에게 책임을 전가하여 자신의 책임을 경감할 이유 또한 존재하며, 피고인의 돈을 착복하는 등으로 신뢰할 수 없는 사람이므로, 충분히 허위의 진술을 할 수 있습니다. 반면에 피고인은 아무런 전과도 없고 재력이 상당한 건설회사 사장으로 정상적으로 채권을 추심하여

---

142) 피고인이 상피고인에게 말한 확실히 받아오라는 말은 피고인에게 불리하게 작용할 수 있으므로 설명이 필요하다.

143) 보통은 사실심리절차인 증거조사과정에서 쟁점이 정리되어 결심단계의 변론요지서에서는 굳이 설시하지 않을 경우도 있으나, 변호사시험에서는 증거능력 부분도 쟁점으로 설시할 것을 지시하고 있으므로 함께 기재하였다.

144) 대법원 2000. 12. 27. 선고 99도5679 판결.

도 될 것인데, 굳이 이 사건 범행을 감행하는 경우 발생할 위험, 즉 자신의 채권조차 변제받지 못하게 될 위험성과 중한 형사상 처벌을 받게 될 위험성을 감수할 동기가 전혀 없습니다.

3. 따라서 피고인의 이 사건 공소사실은 합리적인 의심의 여지가 없을 정도로 증명되었다고 할 수 없기에 형사소송법 제325조 후단에 의하여 무죄를 선고해 주시기 바랍니다.

Ⅱ. 피고인 이달수에 대하여

1. 횡령의 점[145]

이 사건 공소사실에서 피고인이 횡령하였다는 돈 4,000만 원은 'H건설 주식회사'의 내부 규정에 반하여 하도급을 받고자 'H건설 주식회사' 공사계약담당이사인 최현대에게 전달하기 위하여 김토건으로부터 교부받은 돈입니다. 이러한 부정한 청탁을 목적으로 지급받은 돈은 불법원인급여에 해당하는 바, 불법원인급여물에 대하여는 위탁자가 그 반환청구권을 상실하므로 수탁자는 '타인의 재물을 보관하는 자'에 해당하지 않는다는 것이 대법원 판례입니다. 따라서 이 부분 공소사실은 범죄를 구성하지 않는 경우에 해당하므로 형사소송법 제325조 전단에 의하여 무죄를 선고해 주시기 바랍니다.

2. 성폭력범죄의처벌등에관한특례법위반(주거침입강간등)의 점

가. 증거능력 검토[146]

증거물로 제출된 압수된 신발은 사법경찰관이 피고인을 특수강도죄로 긴급체포한 후 영장없이 압수한 것입니다. 이 신발은 특수강도죄와 관련성이 없는 물건이므로 형사소송법 제217조 영장주의 예외에 해당하지 않은 위법한 압수에 해당하고,[147] 나아가 사후영장도 청구하지 않았으므로 위법수집 증거로서 증거능력이 없습니다.[148]

그에 대한 압수조서 및 족적 감정서 또한 위법수집한 증거에 의한 2차 증거이므로 독수독과에 해당하여 증거능력이 없습니다.

나. 피해자의 목격 진술의 신빙성 검토

피해자는 경찰의 진술조서 및 이 법정에서 피고인을 이 사건 범인으로 지목하였습니다. 그런데 피해자가 경찰에서 피고인을 지목한 것은 이 사건 범행 후 5개월이 지난 시점에서 경찰관이 피해자를 불러 피고인 1인만을 관찰하게 한 후 '범인이 맞다'는 진술을 받고 이루어진 것입니다. 이러한 범인식별 방법은 이른 바 쇼업(show-up) 방식에 의한 목격 진술입니다. 이러한 방식은 목격자에게 경찰관이 제시하는 자가 범인이라는 암시 내지 선입견을 줄 수 있으므로 피해자가 범인을 잘 알고 있다는 등의 아주 특별한 사정이 없는 한 부적절한 방식입니다. 대법원 판례도 특별한 사정이 없는 한 용의자를 포함하여 인상이 비슷한 다수인을 동시에 목격자에게 제시하는 라인업(line-up) 방식을 택하지 아니한 쇼업 방식에는 증명력을 배척합니다.[149] 따라서 쇼업 방식에 의하여야 할 특별한 사정이 없는 이 사건에서는 피해자 진술조서상의 목격진술 및 그 연장선상에 있는 법정진술은 신빙성을 인정할 수 없습니다. 나아가 피해자가 범인의 인상착의를 보았다는 당시의 상황은 피해자가 침대 스탠드 보조등을 켜놓았다고 하더라도 잠결에서 막 깨어나 흐릿한 불빛 속에서 매우 당황한 상태였기 때문에 인상착의가 비슷한 사람을 명확히 구별할 상황도 아닙니다. 따라서 이 사건 공소사실은 합리적 의심의 여지가 없을 정도로 증명되지 않았으므로 형사소송법 제325조 후단에 의하여 무

---

145) 횡령·배임죄에 대해서는 실무상 종종 발생하는 사안에 대한 판례를 숙지해야 한다.
146) 신발과 족적감정서는 증거능력을 배척하지 않으면 매우 불리한 증거에 해당한다.
147) 대법원 2008. 7. 10. 선고 2008도2245 판결.
148) 사후영장의 발부가 위법한 압수·수색 또는 검증의 위법성을 치유하지 못한다는 대법원 2017. 11. 29. 선고 2014도16080 판결 참고.
149) 대법원 2008. 1. 17. 선고 2007도5201 판결.

죄를 선고해 주시기 바랍니다.

3. 교통사고처리특례법위반의 점

검사는 자전거를 타고 횡단보도를 건너가던 피해자 조범생에 대하여 피고인이 보행자 보호의무를 위반했다고 하여 기소하였습니다. 그러나 도로교통법 제27조 제1항에 의하면 자전거 운전자의 경우 자전거에서 내려서 자전거를 끌고 통행하여야 보행자에 포함하고 있으므로, 이 사건 당시 자전거를 타고 가던 피해자는 그 보호 대상자인 보행자에 해당하지 않습니다. 따라서 보행자 사고가 아니므로 교통사고처리특례법 제3조 제2항에 의해 반의사불벌죄에 해당하는데, 이 사건 공소제기 후 피고인이 피해자와 합의하여 피해자가 처벌불원의 합의서를 제출하였으므로, 형사소송법 제327조 제6호에 의거 공소기각 판결을 선고하여 주시기 바랍니다.

4. 사기의 점

이 사건 공소사실과 2011. 12. 17. 확정된 약식명령의 범죄사실은 모두 술값 무전취식의 상습성의 발현에 의한 범행으로 포괄일죄에 해당합니다. 위 약식명령에 의하면 피고인은 상습범으로 처벌된 것이고 위 약식명령의 발령일인 2011. 11. 20. 이전에 이루어진 이 사건 공소사실에 대하여 위 약식명령의 기판력이 미치므로 이 사건 공소사실에 대하여는 확정된 판결이 있는 때에 해당합니다.[150] 따라서 형사소송법 제326조 제1호에 의하여 면소판결을 선고하여 주시기 바랍니다.

[제1회 기출문제] 개정 형사소송법 제312조 제1항을 적용할 경우

* 피고인 김토건에 대한 부분이 관련된다.

검사작성의 이달수에 대한 피의자신문조서는 공범관계에 있는 공동피고인이 내용부인 취지로 증거에 부동의하여 증거능력이 없다.

그러나 피고인과 이달수의 공범관계를 직접 나타내는 증거로, 제2회 공판기일에 이달수가 "피해자 박대우를 협박한 칼은 피고인 김토건에서 받은 것인가요"라는 검사의 신문에 "예"라고 답변한 부분과 반대신문에서의 답변으로 '20cm 이상이 되는 주방용 식칼을 계속 가지고 다니기에 부담스러워서 버렸다'는 취지의 진술이 있다. 이 부분은 법정에서의 진술로 증거능력을 구비하고 있으므로 탄핵이 불가피하다. 증인으로 출석한 박대우의 진술에 의하면 '접히는 칼'이라고 하였고, 사경 작성의 피고인에 대한 피의자신문조서에서는 경찰관이 "이달수는 피의자가 인천공항에서 서울로 오는 자동차 안에서 주방용 식칼이 든 봉투를 서류가방 속에서 꺼내 주어 그 식칼로 범행을 하였다고 진술하는데 어떤가요"라고 질문하였기 때문에 이러한 진술을 종합하여 탄핵하면 되는데 결국 증명력 검토 부분은 기존의 답안과 동일한 내용으로 작성된다.

[제2회 기출문제]

피고인 김갑인, 피고인 이을해에 대하여 각각 변론요지서 작성

Ⅰ. 피고인 김갑인에 대하여

1. 사문서위조 및 위조사문서행사의 점[151]

피고인이 위조 및 행사한 문서는 매도인 최정오, 매수인 박병진 2명의 명의로 된 1장의 부동산매

---

150) 대법원 2004. 9. 16. 선고 2001도3206 전원합의체 판결.
151) 문서죄에 대하여는 실무상 종종 발생하는 사안에 대한 판례를 숙지해야 한다.

매계약서입니다. 이러한 경우 문서위조의 죄수는 피해자 별로 성립하지만, 1개의 문서에서 작성한 것이어서 피해자들에 대한 문서위조죄는 상상적 경합관계에 있다는 것이 대법원 판례입니다. 그런데, 피고인은 이 사건 공소사실에 나타난 1개의 위조문서에 대해 매도인 최정오에 대한 위조 부분으로 이 사건 공소제기 후인 2012. 10. 24. 벌금 150만 원의 약식명령을 발령받았고, 2012. 11. 29. 확정되었습니다. 또한 위 확정된 약식명령의 범죄사실은 최정오의 위조명의를 박병진에게 행사한 죄도 포함되었는바, 이는 이 사건 공소사실과 동일한 1개의 문서를 동일한 일시에 동일한 피해자인 박병진에게 행사한 것이어서 동일한 범죄사실이라 할 것이고, 설령 위조명의자 별로 행사죄가 성립한다고 하더라도 최소한 상상적 경합관계라 하겠습니다. 따라서 이 사건 사문서위조 및 위조사문서행사의 점은 위 확정된 약식명령의 기판력이 미치므로 이 사건 공소사실에 대하여는 확정된 판결이 있는 때에 해당합니다.[152] 따라서 형사소송법 제326조 제1호에 의하여 면소판결을 선고하여 주시기 바랍니다.

2. 특가법위반(도주차량)의 점

이 사건의 차량손괴는 피해자의 차량 번호판이 약간 꺾이고 뒷범퍼에 흠집이 난 정도의 아주 사소한 충격에 의한 것입니다. 비록 피해자가 이 사건 사고로 경미한 상해를 입었다고 하더라도 당시 피고인은 차에서 내려서 주위 상황을 확인하였고 차량 이동 조치 후 피해자도 피고인과 함께 있던 40분간이나 상해에 대해 아무런 언급이 없었습니다. 당시 피고인은 피해자가 피고인의 음주운전을 구실로 과다한 합의금을 요구하여 부득이 현장을 피하게 된 것 뿐이어서 당시의 상황상 구호조치의 필요성이 전혀 없었습니다. 그렇다면, 이 사건 특가법위반의 점은 그 범죄의 증명이 없어 무죄이고, 다만 이 사건 공소사실의 축소사실인 교통사고처리특례법위반의 문제가 남게 되는데, 피고인은 이 사건 사고 당시 교통사고처리 특례법상의 보험에 해당하는 자동차종합보험에 가입되어 있었고, 아래 3.항에서 보듯이 당시 피고인이 음주운전을 한 것도 아니므로 형사소송법 제327조 제2호에 의거 공소기각 판결을 하여 주시기 바랍니다.[153]

3. 도로교통법위반(음주운전)의 점

이 사건은 피고인이 사고 당일 22:30경 경찰서에 자진 출석하여 음주측정에 응하여 혈중알콜 농도가 0.045%로 측정되자 그로부터 1시간 전 운전 당시의 혈중알콜 농도를 위드마크 공식을 적용하여 0.053%로 추산하여 기소된 것입니다. 그러나 피고인에 대한 음주측정 시각은 피고인이 음주를 종료한 당일 21:20경부터 90분이 경과하지 아니한 시점인바, 음주를 종료한 시점에서 90분 이내에는 혈중알콜 농도가 아직 하강기에 이르지 않았기 때문에 혈중알콜 농도가 하강기에 있음을 전제로 하는 위드마크 공식은 적용할 수 없습니다.[154] 더구나 피고인의 운전 당시의 혈중알콜 농도의 추산치는 처벌기준을 매우 근소하게 초과하는 수치이어서 이 사건과 같은 위드마크 공식의 적용은 더욱 불완전하여 피고인의 운전 당시 혈중알콜 농도가 0.05% 이상임이 엄격하게 증명되었다고 할 수 없습니다. 따라서 피고인에게 형사소송법 제325조 후단에 의해 무죄를 선고해 주시기 바랍니다.[155]

---

152) 대법원 2011. 2. 24. 선고 2010도13801 판결.
153) 대법원 2005. 4. 14. 선고 2005도790 판결; 대법원 2002. 6. 28. 선고 2002도2001 판결.
154) 대법원 2005. 7. 14. 선고 2005도3298 판결.
155) 현행 도로교통법 제44조 제4항에 의하면(2018. 12. 24. 법률 제16037호로 개정), 운전이 금지되는 술에 취한 상태의 기준은 혈중알콜 농도가 0.03% 이상인 경우이므로 그 기준에 따르면 0.03%를 매우 근소하게 초과하는 경우이어야 위 법리를 적용하게 될 것이다.

Ⅱ. 피고인 이을해에 대하여

1. 특정경제범죄 가중처벌 등에 관한 법률위반(사기)의 점[156)

가. 특정경제범죄 가중처벌 등에 관한 법률위반(사기)의 적용 여부

이 사건 적용법조인 특정경제범죄 가중처벌 등에 관한 법률 제3조 제1항 제2호의 경우에는 기망으로 인하여 착오에 빠진 피해자로부터 취득한 이득액이 5억 원 이상이어야 합니다. 그런데 피해자로부터 지급받은 5억 원 중 3억 원은 그 의도에 따라 매매대금으로서 매도인에게 지급하였기에 편취에 해당하지 않고, 다만 매도인에게 지급해야 한다고 기망하여 초과로 지급받은 2억 원 부분만 피해자의 착오로 지급받은 이득액에 해당합니다. 따라서 특정경제범죄 가중처벌 등에 관한 법률위반(사기)의 점은 그 구성요건에 해당하지 않으므로 형사소송법 제325조 전단에 의하여 무죄이고,[157) 단순 사기죄의 성립 여부만 남게 됩니다.

나. 공모 여부

1) 증거능력 검토

가) 피고인에 대한 경찰피의자신문조서는 피고인이 내용을 부인하였으므로 형사소송법 제312조 제3항이 적용되어 또는 피고인의 의사에 반한 강제력을 행사한 위법한 임의동행으로 경찰서에 강제로 인치되어 위법하게 긴급체포된 상태에서 진술한 위법수집증거이므로 어느 모로 보나 증거능력이 없습니다.[158)

나) 김갑인에 대한 경찰피의자신문조서는 공범관계에 있는 피고인이 내용을 부인하는 취지로 증거부동의하였으므로 형사소송법 제312조 제3항이 적용된다는 대법원 판례에 따라 피고인에 대하여 증거능력이 없습니다.

다) 피고인이 경찰에서 조사 당시 이 사건 범행을 자백하는 것을 들었다는 조사자 안경위의 법정진술도 피고인의 경찰에서의 자백이 피고인에 대한 위법한 임의동행하에 경찰서에 강제로 인치되어 위법하게 긴급체포된 상태에서 진술한 위법수집증거이므로 그 2차 증거인 독수독과에 해당하여 증거능력이 없습니다.

라) 양신구가 이 사건 돈을 피고인에게 전달하였다고 말하더라는 피해자 박병진의 법정전문진술 및 그 내용이 기재된 박병진의 진술조서에 대해서는 피해자가 군이 허위진술할 상황은 아니라고 하더라도, 원진술자인 양신구가 사망하였으므로 양신구의 진술에 대한 진실성 여부를 탄핵할 수 없게 되었습니다. 양신구의 진술은 형사소송법 제316조 제2항의 요건을 충족하여야 증거능력이 있는데, 김갑인이 양신구와 공모하였다면, 자신들의 책임을 피고인에게 전가할 필요성이 충분합니다. 실제로 양신구는 김갑인이 함께 한 자리에서 피해자 박병진으로부터 추궁받게 되자 그렇게 진술한 것이어서 피해자 앞에서의 양신구 진술은 무엇보다도 형사소송법 제316조 제2항 요건의 특신상황을 인정하기 어렵고 증거능력을 부정하여야 합니다.[159)

---

156) 특정경제범죄 가중처벌 등에 관한 법률 위반(배임)죄는 재산상 이익의 가액이 일정액 이상이라는 것이 범죄구성요건의 일부로 되어 있고 그에 따라 형벌도 가중되는 만큼 그 재산상 이익의 가액은 엄격하고 신중하게 판단하여야 한다. 실무상 종종 발생하는 사안에 대한 판례를 숙지해 두어야 한다.

157) 가중처벌되는 특별법위반의 경우 특별법의 가중처벌 구성요건에 해당되지 않고 형법상의 단순 사기죄가 성립한다면 공소장변경 없이도 단순 사기죄를 유죄로 인정할 수 있음을 전제로 특별법위반의 점은 무죄 변론하여야 한다.

158) 대법원 2006. 11. 9. 선고 2004도8404 판결.

159) 대법원 1995. 12. 26. 선고 95도2340 판결: 특히 신빙할 수 있는 상태 하에서 행하여진 때라 함은 그 진술 내용이나 조서 또는 서류의 작성에 허위 개입의 여지가 거의 없고, 그 진술내용의 신빙성이나 임의성을 담보할 구체적이고 외부적인 정황이 있는 경우를 가리키는 것이다.

2) 신빙성 검토

양신구의 진술에 증거능력이 인정된다고 하더라도 2억 원을 1주일에 걸쳐 현금으로 인출하여 피고인에게 전달하였다는 양신구의 진술과 김갑인의 법정진술 및 검사피의자신문조서에 대한 신빙성을 검토해 보겠습니다.

가) 김갑인의 행동은 경험칙상 도저히 납득할 수 없습니다.

① 무엇보다도 김갑인은 이 사건 부동산의 매매협상, 자신의 계좌로의 대금수수, 계약서 위조 및 이전등기절차의 처리 등 자신이 적극적으로 나서서 모든 일을 처리하였습니다. 그럼에도 자신의 계좌로 송금받은 편취액을 아무런 보장도 없이 자신의 몫을 전혀 챙기지 아니하고 전부 피고인에게 송금해버렸다는 것이므로 이는 재산상의 이익을 취득하기 위하여 편취행위에 가담한 김갑인의 행동에 비추어 경험칙상 도저히 납득할 수 없습니다. ② 나아가 부동산매매계약서의 위조 문제가 발각되어 매도인 최정오로부터 추궁을 받자 피고인과는 아무런 상의없이 스스로 나서서 매도인 최정오에게 1,000만 원을 지급하겠다고 제안하며 독자적으로 무마를 시도하였던 바, 이는 김갑인이 최정오에게 1,000만 원을 지급하고도 남는 충분한 이득을 챙기지 않았다면 경험칙상 납득할 수 없는 행동입니다. ③ 김갑인은 5억 원을 자신의 계좌로 송금받았으므로 그 돈을 수령한 사실은 부정할 수가 없게 되었습니다. 그렇다면 그 중 2억 원을 피고인에게 전부 전달하고자 한다면 나중에 그 전달된 사실을 부인당하여 자신이 2억 원을 취득하였다는 오해를 받지 않도록 하기 위해서라도 김갑인으로서는 은행계좌로 그 돈을 송금하여 송금 사실을 증명해 두어야 할 것입니다. 그럼에도 김갑인이 아무런 이유도 없이 자신의 계좌에서 현금으로 1주일간에 걸쳐 인출하여 전달하였다는 것은 경험칙상 도저히 납득할 수 없는 행동입니다. 결국 김갑인이 이러한 진술을 하게 된 것은 피고인에게 돈을 전달하지도 아니하였음에도 자신의 계좌에서 인출한 사실은 분명하기 때문에 양신구와 말을 맞추어 피고인에게 그 책임을 전가한 것이라고 할 수밖에 없습니다.

나) 피고인의 주장은 경험칙상 충분히 납득할 수 있습니다.

① 피고인이 편취행위에 가담하였다면 김갑인이 송금받은 돈에서 김갑인의 몫을 공제하고 나머지를 전달받는 것이 경험칙상 일반적이라고 하겠습니다. 그런데 피고인은 그렇게 하지 않고 자신이 매수인으로부터 입금받은 300만 원을 특별한 사정이 없음에도 다시 김갑인에게 송금하였는바, 이러한 행동은 피고인의 주장과 같이 김갑인의 편취행위를 알지 못한 상태에서 김갑인의 중개행위에 대한 정당한 대가를 지급한다고 인식하였기에 가능하다고 하겠습니다. ② 이 사건 후 약 10일이 지나서 피고인은 피해자 박병진에게 500만 원을 차용해 달라고 부탁한 사실이 있습니다. 만약 피고인이 자신의 친구인 위 피해자에게 거금 2억 원을 편취하였다면 그 얼마 후 위 피해자 앞에 스스로 나서서 태연히 500만 원을 빌려달라는 행동을 하지 못하였을 것입니다. 피고인으로서는 위 박병진의 편취당한 사실을 알지 못하였기 때문에 이러한 행동을 할 수 있었다고 추론하는 것이 경험칙이고 합리적이라 하겠습니다.

다) 객관적인 증거관계도 피고인의 주장과 부합합니다.

이 사건 후 김갑인은 제네시스 승용차를 구입하였고, 피고인은 음식값조차 없어 공갈문제에 휘말리게 됩니다. 또한 앞서 본 바와 같이 이 사건 후 피고인은 돈이 없어 피해자로부터 500만 원을 차용한 사실도 있는 바, 이러한 객관적인 정황은 모두 김갑인의 주장이 허위라는 점을, 그리고 피고인의 주장이 진실이라는 점을 뒷받침합니다.

다. 따라서 이 사건 공소사실은 합리적 의심의 여지가 없을 정도로 증명되지 못하였다고 하겠으므로 형사소송법 제325조 후단에 의하여 무죄의 판결을 선고해 주시기 바랍니다.

2. 공갈의 점

공갈죄의 경우 피해자를 외포케 한 후 피해자로부터 재물을 교부받거나 채무를 면제받아 재산상 이익을 취득하는 것이 필요합니다. 이 사건은 음식값이 부족한 피고인이 그 자리를 살짝 모면하고자 피해자를 폭행한 것일 뿐 공갈의 고의는 없었으며, 피해자도 도망가는 피고인의 뒤를 따라가 그 집을 확인하는 등 애초부터 음식값을 면제해 주지 않았고 음식값을 면제해 주기 위한 피해자의 어떠한 처분행위도 없었습니다. 따라서 이 사건 공소사실은 공갈죄의 죄책을 물을 수 없는 행위로서 형사소송법 제325조 전단 무죄에 해당합니다.[160]

공갈죄의 성립이 부정되면 그 축소사실인 폭행의 점은 반의사불벌죄에 해당하는 바, 피해자는 이 사건 공소가 제기되기 전에 이미 피고인과 합의하여 그 처벌을 원치 않았기에 형사소송법 제327조 제2호에 의하여 공소기각 판결에 해당합니다.

> **[제2회 기출문제] 개정 형사소송법 제312조 제1항을 적용할 경우**
>
> * 피고인 이을해의 특경가법위반(사기)의 공모관계에 대한 부분이 관련된다.
>
> 검사작성의 김갑인에 대한 피의자신문조서는 공범관계에 있는 공동피고인이 내용부인 취지로 증거에 부동의하여 증거능력이 없다.
>
> 그러나 피고인과 김갑인의 공범관계를 직접 나타내는 증거로, 제2회 공판기일에 피고인 김갑인이 "피고인은 이을해와 공모하여 피해자 박병진에게서 돈을 편취한 사실이 있는가요"와 "피고인이 양신구를 통해서 이을해에게 2억 원을 교부한 것인가요"라는 검사의 신문에 각각 "예, 그렇습니다"라고 답변한 진술이 있다. 이 부분은 법정에서의 진술로 증거능력을 구비하고 있으므로 탄핵이 불가피하다. 나아가 사망한 양신구의 진술을 전문한 박병진의 경찰과 법정에서의 진술이 있으므로 양신구의 진술에 대하여 특신상황이 없다는 증거능력에 관한 주장 외에 양신구의 진술에 대한 신빙성 탄핵도 필요하다. 증명력 검토 부분은 객관적 증거에 해당하는 최정오의 진술에 의해 김갑인이 최정오에게 1,000만 원을 제의하면서 무마부탁한 점을 근거로 한 탄핵, 현금 지급의 허구성을 지적하는 탄핵 및 피고인의 주장은 경험칙상 납득할 수 있고 객관적 증거관계도 피고인의 주장과 부합한다는 등의 탄핵과정은 기존의 해당 답안과 동일하다.

[제3회 기출문제]

피고인 김갑동에 대하여는 검토의견서, 피고인 이을남에 대하여는 변론요지서 각각 작성

I. 피고인 김갑동에 대하여

1. 배임의 점[161]

가. 업무상횡령죄로 기소되어야 할 사안임

공소가 제기된 서울 종로구 관철동 50-1 대 300㎡는 대표이사인 피고인에게 명의신탁된 갑동주식회사의 소유라는 것입니다. 부동산의 경우 재물의 보관여부는 등기명의를 기준으로 하므로 공소사

---

160) 대법원 2012. 1. 27. 선고 2011도16044 판결.
161) 제3회 변호사시험이 시행되던 당시에는 횡령죄가 인정된 양자간 명의신탁에 대해 대법원 2021. 2. 18. 선고 2016도18761 전원합의체 판결로써 기존의 판례를 파기하고 횡령죄의 성립을 부정하게 되었다. 따라서 변경된 판례를 반영하여 의율변경을 요구하는 시험문제의 취지를 살리는 의견서를 작성하였다. 공소장의 의율변경을 구하는 시험문제는 검사선발 시험이라면 타당하겠지만 기록형의 변호사시험에서 적절하지 않다는 것이 저자의 개인적 의견이다. 하지만 이러한 의율변경의 시험문제가 기록형의 변호사시험에서 실제로 출제되었고 아주 특이한 사례이므로 학습을 위하여 출제의 취지를 최대로 살려 작성하였다.

실과 같이 피고인이 갑동주식회사의 대표이사 지위에서 자신의 명의로 등기하여 보관하던 위 부동산에 근저당권을 설정한 행위는 타인의 사무를 처리하는 자임을 전제로 하는 배임죄의 성부가 아니라 타인의 재물의 보관을 전제로 하는 횡령죄의 성립 여부입니다. 의율을 바로 하게 되면 업무상횡령죄로 기소되어야 합니다.[162]

나. 부동산실명법을 위반한 양자간 명의신탁의 경우 보관자의 지위가 부정됨

이 사건과 같이 갑동주식회사의 부동산을 대표이사 명의로 신탁하여 보관하는 것은 부동산 실권리자명의 등기에 관한 법률을 위반한 이른바 양자간 명의신탁에 해당합니다.

횡령죄에 있어서 보관이란 위탁관계에 의한 재물의 점유를 의미하는데, 대법원 판례에 의하면, 부동산실명법을 위반한 양자간 명의신탁의 경우, 계약인 명의신탁약정과 그에 부수한 위임약정, 명의신탁약정을 전제로 한 명의신탁 부동산 및 그 처분대금 반환약정은 모두 무효이므로 명의신탁자와 명의수탁자 사이에 어떠한 위탁관계도 존재하지 아니합니다. 명의수탁자가 제3자와 한 처분행위가 부동산실명법에 따라 유효하게 될 가능성이 있다고 하더라도 이는 거래 상대방인 제3자를 보호하기 위하여 명의신탁약정의 무효에 대한 예외를 설정한 취지일 뿐 명의신탁자와 명의수탁자 사이에 위 처분행위를 유효하게 만드는 어떠한 위탁관계가 존재함을 전제한 것은 아닙니다. 위탁관계가 부정되면 횡령죄는 성립하지 않으므로 위탁관계가 부정되는 이 사건의 경우 명의수탁자인 피고인이 신탁받은 부동산을 임의로 처분하여도 명의신탁자에 대한 관계에서 횡령죄가 성립하지 아니합니다.

따라서 이 부분 공소사실은 피고인이 주장하는[163] 소위 1인회사에 해당한다거나[164] 불법영득 의사의 부존재[165] 여부를 판단할 필요가 없이 죄가 되지 않는 경우에 해당하므로 형소법 제325조 전단 무죄가 선고될 것입니다.

2. 특정경제범죄가중처벌등에관한법률위반(횡령)의 점

가. 업무상배임죄 및 배임죄로 각각 기소되어야 할 사안임

1) 피해자 갑동주식회사 소유명의의 서울 구로구 개봉동 353-4 대 500㎡를 박고소 및 최등기에게 각각 매도하여 등기이전한 부분(사안에서 박고소에게 계약체결한 날 중도금까지 수령하였고, 최등기에게 계약체결한 다음날 등기를 이전하였다)

대표이사인 피고인이 회사 소유명의의 위 부동산을 처분하여 개인적인 이익을 위하여 즉 불법영득의사로 박고소 및 최등기에게 각각 매각하였으므로 이는 회사의 사무를 처리하는 대표이사가 업무상의 임무에 위배하여 재산상의 이익을 취득하는 행위로 각각 갑동주식회사에 대한 업무상 배임죄에 해당합니다.[166] 이 경우 박고소에게 매각한 행위는 그 때에 실행의 착수에 해당하고, 다만 최

---

162) 법원에서 직권으로 배임죄가 아니라 횡령죄로 판단하여 유죄 또는 무죄로 인정하는 경우 배임죄에 대해서 이유에서 별도로 판단하지 않는다.
163) 의견서를 작성하는 경우 의뢰인이 주장하는 부분을 판단해 주는 것이 의뢰인을 위한 변호인의 입장에 충실한 태도이다.
164) 1인 회사에 관한 법리는 대법원 2011. 11. 24. 선고 2009도980 판결 참고.
165) 회사를 위한 경우의 법리는 대법원 2009. 4. 23. 선고 2009도495 판결 참고.
166) 대법원 1990. 6. 8. 선고 89도1417 판결: 배임죄 구성에 있어서 임무에 위배하는 행위라 함은 처리하는 사무의 내용, 성질등에 비추어 법령의 규정, 계약의 내용 또는 신의칙상 당연히 하여야 할 것으로 기대되는 행위를 하지 않거나 당연히 하지 않아야 할 것으로 기대되는 행위를 함으로써 본인과의 신임관계를 저버리는 일체의 행위를 포함한다고 할 것인바, 학교법인의 이사장이 학교법인 소유의 토지를 매도함에 있어서 그 매수인이 그 매매목적물인 부동산을 매수 즉시 그 매매가격보다 월등하게 높은 가격으로 전매할 것임을 알면서도 이를 확실하게 예측되는 전매가격보다 현저한 저가로 매도하였다면, 이는 그 임무에 위배되는 배임행위로서 본인인 학교법인에게 손해를 가하였다고 보지 아니할 수 없고 위의 저가매도에 관하여 재산처분에 관한 결정권을 가진 학교법인의 이사회의 결의가 있었다거나 그것이 감독청의 허가조건에 위배되지 아니한다는 사유만으로는 그 배임행위를 정당화 할 수 없다.

등기에게 이전등기를 완료하였으므로 그 때에 기수에 이르렀습니다. 피고인은 동일한 범의로써 동일한 피해자의 동일한 부동산을 박고소에게 매도한 후 근접한 범행일시에 이전등기를 최등기에게 마쳤는바 두 개의 매각행위는 포괄일죄로 처리함이 타당하겠습니다.

피고인의 이득액이 5억 원 이상인 경우에는 특정경제범죄 가중처벌 등에 관한 법률이 적용되지만 피고인이 매각한 위 부동산은 신한은행에 피담보채무 1억 5천만 원으로 한 근저당권이 설정되어있으므로 위 부동산의 시가 상당액 6억 원에서 위 피담보채무를 공제하고 나면 위 부동산의 매각으로 인한 이득액은 4억 5천만 원입니다.[167)168)169]

따라서 피고인은 특정경제범죄 가중처벌 등에 관한 법률이 아닌 형법상의 업무상배임죄(형법 제356조, 제355조 제2항)에 의하여 처벌받게 될 것입니다.[170]

---

167) 대법원 2011. 6. 30. 선고 2011도1651 판결: 부동산 이중매매로 인한 배임죄에서, 특정경제범죄 가중처벌 등에 관한 법률 제3조 제1항의 적용을 전제로 대상 부동산 가액을 산정할 때, 부동산 시가 상당액에서 근저당권 등에 의한 부담 금액을 공제하여야 하는지 여부(적극).

168) 대법원 2013. 5. 9. 선고 2013도2857 판결: 신탁 부동산을 근저당권을 설정하는 방법으로 횡령한 경우 실제 근저당권으로 취득한 액수가 횡령 금액이라고 한 사안.

169) 대법원 2009. 9. 24. 선고 2008도9213 판결: 제3자로부터 금원을 융자받을 목적으로 타인을 기망하여 그 타인 소유의 부동산에 제3자 앞으로 근저당권을 설정케 한 자가 그로 인하여 취득하는 재산상 이익은 그 타인 소유의 부동산을 자신의 제3자와의 거래에 대한 담보로 이용할 수 있는 이익이고, 또한 전세권설정 의무를 부담하는 자가 제3자에게 근저당권을 설정하여 준 경우 그 행위가 배임죄에 해당하는지 여부를 판단하기 위해서는 당시 그 부동산의 시가 및 선순위담보권의 피담보채권액을 계산하여 그 행위로 인하여 당해 부동산의 담보가치가 상실되었는지를 따져보아야 하는 것이므로, 타인에 대하여 근저당권설정의무를 부담하는 자가 제3자에게 근저당권을 설정하여 주는 배임행위로 인하여 취득하는 재산상 이익 내지 그 타인의 손해는 그 타인에게 설정하여 주기로 한 근저당권의 담보가치 중 제3자와의 거래에 대한 담보로 이용함으로써 상실된 담보가치 상당으로서, 이를 산정함에 있어 제3자에 대한 근저당권 설정 이후에도 당해 부동산의 담보가치가 남아 있는 경우에는 그 부분을 재산상 이익 내지 손해에 포함시킬 수 없다.

170) 대법원 2012. 1. 26. 선고 2011도15179 판결:

가. 배임죄에 있어서 손해액이 구체적으로 명백하게 산정되지 않았더라도 배임죄의 성립에는 영향이 없다고 할 것이나, 발생된 손해액을 구체적으로 산정하여 인정하는 경우에는 이를 잘못 산정하는 것은 위법하고, 매도인이 부동산의 매도 후 그 부동산에 양도담보계약을 체결하고 제3자에게 돈을 차용한 경우에 매수인이 입은 손해액은 그 양도담보권에 의하여 담보되는 피담보채무 상당액이라고 봄이 상당하다. 원심판결 이유에 의하면, 이 부분 범행은 피고인이 피해자 공소외 1에게 이 사건 건물 중 103호를 매도한 후 계약금 및 중도금 합계 342,452,000원을 수령한 다음 이 사건 건물 중 103호에 관한 양도담보계약을 체결하고 공소외 2에게 3,450만 원을 차용한 경우이므로, 피고인의 배임행위로 인하여 입을 피해자 공소외 1의 손해액은 양도담보계약의 피담보채무 상당액인 3,450만 원으로 봄이 상당함에도, 계약금 및 중도금 합계 342,452,000원을 피고인의 배임행위로 인하여 입을 피해자 공소외 1의 손해액으로 본 원심의 판단은 배임죄의 손해액 산정에 관한 법리를 오해하여 판결에 영향을 미친 위법이 있다.

나. 배임죄는 타인의 사무를 처리하는 자가 그 임무에 위배하는 행위로써 재산상의 이익을 취득하거나 제3자로 하여금 이를 취득하게 하여 본인에게 손해를 가한 경우에 성립하고, 여기서 본인에게 손해를 가한 때라 함은 현실적인 실해를 가한 경우뿐만 아니라 실해 발생의 위험성을 초래한 경우도 포함되며, 위임받은 타인의 사무가 부동산소유권 이전등기의무인 경우에는 임무위배행위로 인하여 매수인이 가지고 있는 소유권이전등기청구권이 이행불능되거나 이행불능에 빠질 위험성이 있으면 배임죄는 성립한다(대법원 2011. 6. 30. 선고 2011도1651 판결 등 참조). 원심판결 이유에 의하면, 원심은 적법하게 채택한 증거들을 종합하여 그 판시와 같은 사실을 인정한 다음, 피고인이 피해자 공소외 3에게 이 사건 건물 중 102호를 1억 6,000만 원 상당의 차용금에 대한 양도담보계약을 체결한 후 이 사건 건물 중 102호에 관한 양도담보계약을 체결하고 공소외 4에게 3,400만 원을 차용함으로써 배임행위의 실행의 착수가 있었다고 할 것이고, 이로 인하여 피해자 공소외 3이 가지는 이 사건 건물 중 102호에 관한 소유권이전등기청구권이 이행불능에 빠질 위험이 초래되었다고 볼 수 있다는 취지로 판단하였다. 위 법리 및 기록에 비추어 살펴보면, 원심의 위와 같은 판단은 정당한 것으로서 수긍할 수 있고, 거기에 상고이유 주장과 같은 논리와 경험의 법칙에 위배하고 자유심증주의의 한계를 벗어나거나 배임미수죄에 관한 법리를 오해한 위법 등이 있다고 볼 수 없다.

2) 피해자 박고소에게 1차로 매도하여 중도금까지 수령한 후 다시 그 부동산을 2차로 최등기에게 매도하여 최등기 명의로 이전등기한 부분

이는 부동산의 이중양도에 해당하므로 박고소를 피해자로 한 배임죄에 해당합니다.[171] 이로 인한 피고인의 이득액 또한 앞서 본 바와 같이 부동산 시가상당액에서 신한은행에 대한 피담보채무액을 공제한 4억 5천만 원 상당이므로 이 또한 특정경제범죄 가중처벌 등에 관한 법률이 아닌 형법상의 배임죄(형법 제355조 제2항)에 의하여 처벌받게 될 것입니다.

나. 결론

피고인이 피고인 이을남과 공모하여 범행하였다는 이 사건 각 특정경제범죄가중처벌등에관한법률위반(횡령)의 공소사실은 피고인 이을남에 대하여는 뒤에서 보는 바와 같이 가담행위가 인정되지 않고, 피고인에 대하여는 피고인의 자백과 박고소의 진술조서, 등기사항전부증명서 등에 의해 각 특정경제범죄가중처벌등에관한법률위반(횡령)의 죄가 아니라 피해자 갑동주식회사에 대한 업무상배임행위와 피해자 박고소에 대한 배임행위에 해당하고 이는 각 피고인의 단독범행임을 인정할 수 있습니다.[172] 이 경우 피고인이 최등기에게 등기를 이전하는 1개의 행위가 갑동주식회사에 대한 업무상배임죄에 해당함과 동시에 박고소에 대한 배임죄에 해당하므로 두죄는 상상적 경합 관계에 있다고 하겠습니다.[173][174]

Ⅱ. 피고인 이을남에 대하여

1. 특정경제범죄가중처벌등에관한법률위반(횡령)의 점

가. 특정경제범죄가중처벌등에관한법률위반(횡령)의 점은 위 Ⅰ.2.에서 본 바와 같이 그 행위가 횡령죄가 아닌 배임죄의 대상이라고 하겠으나 그 이득액이 5억 원에 미만하여 특정경제범죄가중처벌등에관한법률위반(배임)에 해당되지 않아 죄명을 공소장변경없이 법원에서 직권으로 각 특정경제범죄가중처벌등에관한법률위반(배임)으로 의율하더라도 이는 특정경제범죄가중처벌등에관한법률위반(배임)의 구성요건에 해당하지 않으므로 형사소송법 제325조 전단의 무죄에 해당합니다.

나. 형법상의 업무상배임 또는 배임죄에 해당하는지 여부

1) 박고소에게 매도한 부분

---

171) 대법원 2003. 3. 25. 선고 2002도7134 판결: 부동산 이중양도에 있어서 매도인이 제2차 매수인으로부터 계약금만을 지급받고 중도금을 수령한 바 없다면 배임죄의 실행의 착수가 있었다고 볼 수 없다.

부동산이중매매에 대해 배임죄의 성립을 인정하는 현재의 대법원 판례에 대해서는 많은 비판이 있으므로 그 판례변경도 조심스럽게 예측해 본다.

172) 판결 시 공모부분을 포함하여 이유에서 무죄판단하게 된다.

173) 대법원 2013. 10. 17. 선고 2013도6826 판결: 배임죄는 타인의 사무를 처리하는 자가 그 임무에 위배하는 행위로써 재산상 이익을 취득하거나 제3자로 하여금 이를 취득하게 하여 본인에게 손해를 가함으로써 성립한다. 이 경우 그 '임무에 위배하는 행위'는 사무의 내용, 성질 등 구체적 상황에 비추어 법률의 규정, 계약의 내용 혹은 신의칙상 당연히 할 것으로 기대되는 행위를 하지 않거나 당연히 하지 않아야 할 것으로 기대되는 행위를 함으로써 본인과 사이의 신임관계를 저버리는 일체의 행위를 포함하고, '재산상의 손해를 가한 때'는 현실적인 손해를 가한 경우뿐만 아니라 재산상 실해 발생의 위험을 초래한 경우도 포함된다(대법원 2010. 10. 28. 선고 2009도1149 판결 등 참조). 또한 부실대출에 의한 업무상배임죄가 성립하는 경우에는 담보물의 가치를 초과하여 대출한 금액이나 실제로 회수가 불가능하게 된 금액만을 손해액으로 볼 것은 아니고, 재산상 권리의 실행이 불가능하게 될 염려가 있거나 손해발생의 위험이 있는 대출금 전액을 손해액으로 보아야 할 것이다(대법원 2000. 3. 24. 선고 2000도28 판결 등 참조).

174) 대법원 2007. 4. 19. 선고 2005도7288 전원합의체 판결 【특정경제범죄가중처벌등에관한법률위반(사기)】 (피담보채권은 제외하고 나머지 액수 상당이 편취 사안).

반면, 대법원 2010. 12. 9. 선고 2010도12928 판결: 재물편취를 내용으로 하는 사기죄에서 상당한 대가가 지급되었다거나 피해자의 전체 재산상에 손해가 없더라도 사기죄가 성립하는지 여부(적극).

박고소에게 매도한 부분은 김갑동조차 피고인이 가담한 것은 아니라고 진술하고 있는 상황에서 박고소의 추측 외에는 피고인이 공모의 점에 대한 증거가 전혀 없어 무죄라고 하겠습니다.

2) 최등기에게 매도한 부분

가) 증거능력 검토[175]

① 김갑동에 대한 경찰 피의자신문조서는 공범관계에 있는 공동피고인이 내용을 부인하는 취지로 증거에 부동의하였으므로 대법원 판례에 따라 형사소송법 제312조 제3항이 적용되어 증거능력이 없습니다.

② 박고소의 법정 진술 및 경찰 진술조서 중 김갑동으로부터 전해들은 "김갑동이 이을남과 함께 받은 돈을 다 써버렸다"는 부분은 형사소송법 제316조 제2항의 전문진술 또는 형사소송법 제312조 제4항, 제316조 제2항의 적용을 받는 전문진술을 기재한 조서인데, 원진술자인 김갑동이 법정에 출석하여 재판을 받고 있으므로 모두 제316조 제2항의 필요성이 충족되지 않아 증거능력이 없습니다.

③ 증명서는 형사소송법 제313조 제1항의 서면에 해당하므로 그 요건인 원진술자(전총무)의 자필이거나 서명·날인이 있어야 하나 그 요건을 구비하지 못하였으므로 전총무가 사망하였다고 하더라도 형사소송법 제314조를 적용할 수가 없어 증거능력 없습니다.

나) 증명력 검토[176]

① 김갑동은 경찰에서는 피고인과 짜고 처분할 이유가 없다고 하였다가 검찰에서는 피고인과 공모하였다고 진술하였는데, 진술번복의 경위에 납득할 만한 사유가 없으므로 일관성 없는 위 진술을 믿기 어렵습니다.

② 김갑동이 최등기로부터 받은 매매대금 4억 원 중에서 피고인에게 2억 원을 주었다고 하나 김갑동이 전적으로 처분권한이 있는 회사소유의 이 사건 부동산을 처분하면서 최등기를 소개한 정도에 불과한 피고인에게 그 대금의 1/2에 해당하는 2억 원의 거액을 분배하였다는 것은 이 사건 부동산에 대한 김갑동의 권한과 관여행위에 비추어 경험칙상 납득할 수가 없습니다.

③ 김갑동이 피고인에게 2억 원이라는 거액을 지급한 것이 사실이라면 금전거래가 은밀하게 이루어지고 수령자가 흔적을 남기지 않고자 하는 뇌물죄 등과 달리 이 사건에서는 그 지급한 사실을 확실히 하기 위하여 영수증 등을 받지 못할 이유가 전혀 없음에도 2억 원이라는 거액을 지급하였다면서 그에 대한 영수증 등 일체의 증거를 남기지 않았다는 것은 경험칙상 도저히 납득할 수 없습니다.

④ 피고인이 2억 원의 거액을 분배받았다면 그 돈을 사용한 흔적이 있을 텐데 이 사건에 있어서는 그러한 흔적이 전혀 없을 뿐 아니라 나부인의 진술에 의하면 피고인이 월세 단칸방에서 끼니조차 걱정하여야 할 정도로 어렵게 살았다는 것이므로 이는 피고인이 2억 원이라는 기액을 수령한 사람의 생활이라고 힐 수가 없습니다.

⑤ 김갑동이 이례적으로 굳이 부동산 매도대금을 현금으로 가져오라고 하여 수령하였다는 것은 그 돈을 불법적인 자금으로 사용할 의도가 보이는데 그 중 2억 원을 현금으로 피고인에게 주었다고 진술하여 자신의 불법자금 사용을 은폐하려고 허위로 진술하였을 개연성이 충분합니다.

⑥ 피고인은 훨씬 중한 2억 원의 배임 부분이 발각될 위험이 매우 높음에도 겨우 100만 원의 소액의 이익을 얻기 위해 김갑동을 협박하였다는 것은 경험칙상 도저히 납득할 수가 없습니다. 일반적

---

175) 가령 나부인이 법정에서 전총무로부터 들은 내용을 전문으로 진술하는 경우에는 그 전문진술에 대해서는 아래와 같이 탄핵할 수 있겠다.
 − 전총무가 사망하였으므로 형식상으로는 형사소송법 제316조 제2항의 요건을 충족하는 것으로 보일 수가 있지만, 전총무가 범행을 전가하려는 김갑동과 이야기 한 후 김갑동의 의도대로 작성되었을 여지가 있기 때문에 특신상황이 인정 안 된다고 하여 증거능력을 배척하거나, 결국 신빙성 없는 김갑동의 진술과 다름없다고 하여 증명력을 배척할 수 있다.
176) 기록의 변호인이 실제 사건을 담당한 자신이라고 생각하고 최선을 다해 탄핵하는 자세가 필요하다.

으로는 이러한 위험성을 감수하지 않을 것이라는 점을 고려하면 피고인이 김갑동을 위협할 당시 피고인은 이 사건 배임행위에 가담하지 않았고 이러한 인식이 전혀 없었다는 점을 알 수 있습니다.

⑦ 피고인이 다른 급박한 사정도 없이 아주 소액에 불과한 100만 원을 얻기 위해 김갑동을 협박하였다는 것은 당시 피고인의 수중에는 100만 원조차 없었다는 것이고 그렇다면 그시경 피고인이 2억 원의 수령하였다는 김갑동의 진술은 허위임을 충분히 추측할 수 있습니다.

⑧ 피고인의 갈취에 대한 김갑동의 악감정이 동기가 되어 허위로 진술하였을 가능성과 자신의 책임을 경감하기 위하여 피고인에게 일부 전가하였을 가능성 등도 농후합니다.

⑨ 기타 박고소의 진술은 추측에 불과하고 나머지 부동산매매계약서, 영수증, 등기사항전부증명서 등은 피고인의 가담행위를 인정할 증거라고 할 수 없습니다.

다) 따라서 이 사건 공소사실은 합리적 의심의 여지가 없을 정도로 증명되지 못하였다고 하겠으므로 형사소송법 제325조 후단에 의하여 무죄를 선고해 주시기 바랍니다.

2. 강도의 점

강도죄가 성립하기 위해서는 사회통념상 객관적으로 상대방의 반항을 억압하거나 항거불능케 할 정도의 폭행 또는 협박이 요구되고 그 정도가 아니라면 공갈죄에 있어서의 폭행과 협박에 해당함이 문제될 뿐입니다.[177] 이 사건에 있어서 피고인은 김갑동에게 "회사 토지를 마음대로 처분한 것을 경찰에 알려"라는 정도의 협박을 한 것인데, 피해자인 김갑동의 연령, 사회적 지위 및 외사촌간인 피해자와의 관계 등을 고려할 때 이러한 정도의 협박은 김갑동의 반항을 억압하거나 항거불능케 할 정도의 협박에 해당되지 않는다고 하겠습니다. 따라서 강도의 점은 그 증명이 없어 형사소송법 제325조 후단의 무죄입니다.

이 경우 축소사실로 공갈죄의 성립이 문제될 수 있겠습니다만,[178] 공갈죄는 상대적 친고죄이고 피고인과 피해자와는 동거하지 않는 외사촌간입니다. 그런데 고소인 김갑동은 범인을 알게 된 그 범행일인 2012. 5. 20.부터 고소기간 6개월을 도과한 2013. 6. 3.에서야 피고인을 고소하였습니다. 따라서 이 부분 공소는 부적법한 고소에 의하여 제기된 것이어서 공소제기 절차가 법률의 규정에 위반하여 무효인 때에 해당하므로 형사소송법 제327조 제2호에 의하여 공소기각 판결을 선고해 주시기 바랍니다.

3. 현금 절도, 여신전문금융업법위반의 점

예금주인 현금카드 소유자를 협박하여 그 카드를 갈취한 다음 피해자의 승낙에 의하여 현금카드를 사용할 권한을 부여받아 이를 이용하여 현금자동지급기에서 현금을 인출한 행위는 모두 피해자의 예금을 갈취하고자 하는 피고인의 단일하고 계속된 범의 아래에서 이루어진 일련의 행위로서 포괄하여 하나의 공갈죄를 구성하므로, 현금자동지급기에서 피해자의 예금을 인출한 행위를 현금카드 갈취행위와 분리하여 따로 절도죄로 처단할 수는 없습니다.[179] 이 사건에서 피고인이 김갑동을 협박

---

177) 대법원 2001. 3. 23. 선고 2001도359 판결.
178) 대법원 1993. 4. 27. 선고 92도3156 판결: 강도죄와 공갈죄는 그 죄질을 달리하는 것으로서 위 1항과 같은 강도상해교사죄의 공소사실을 공소장변경절차 없이 2항과 같은 공갈교사죄로 처단할 수는 없다고 볼 것이므로, 원심의 위와 같은 조처는 심판의 대상이 되지 아니한 사실을 심판한 위법이 있다.
179) 대법원 2007. 5. 10. 선고 2007도1375 판결: 예금주인 현금카드 소유자를 협박하여 그 카드를 갈취한 다음 피해자의 승낙에 의하여 현금카드를 사용할 권한을 부여받아 이를 이용하여 현금자동지급기에서 현금을 인출한 행위는 모두 피해자의 예금을 갈취하고자 하는 피고인의 단일하고 계속된 범의 아래에서 이루어진 일련의 행위로서 포괄하여 하나의 공갈죄를 구성하므로, 현금자동지급기에서 피해자의 예금을 인출한 행위를 현금카드 갈취행위와 분리하여 따로 절도죄로 처단할 수는 없다. 왜냐하면 위 예금 인출 행위는 하자 있는 의사표시이기는 하지만 피해자의 승낙에 기한 것이고, 피해자가 그 승낙의 의사표시를 취소하기까지는 현금카드를 적법, 유효하게 사용할 수 있으므로, 은행으로서도 피해자의 지급정지 신청이 없

하여 교부받은 신용카드로 현금지급기에서 현금을 인출한 행위는 비록 하자있는 의사표시이기는 하지만 피해자의 승낙에 기한 것이고 이는 신용카드 갈취와 포괄일죄를 이루고 있어 별도로 절도죄가 성립하지 않습니다.[180]

나아가 검사는 피고인이 김갑동의 신용카드로 현금을 인출한 행위에 대하여 여신전문금융업법 제70조 제1항 제4호 위반으로 기소하였으나 신용카드를 현금카드 기능과 같이 사용하였을 뿐 신용카드를 그 본래의 용법에 따라 사용한 것이 아니므로 위 여신전문금융업법에서 대상으로 하는 범죄에 해당하지 아니합니다.[181][182]

따라서 현금 절도 및 여신전문금융업법위반의 점 모두 형사소송법 제325조 전단에 의하여 무죄를 선고해 주시기 바랍니다.

4. 점유이탈물횡령의 점[183]

점유이탈물횡령죄는 공소시효가 형사소송법 제249조 제5호에 의거 5년인데, 이 사건 공소는 그

는 한 그의 의사에 따라 그의 계산으로 적법하게 예금을 지급할 수밖에 없기 때문이다. 강도죄는 공갈죄와는 달리 피해자의 반항을 억압할 정도로 강력한 정도의 폭행·협박을 수단으로 재물을 탈취하여야 성립하므로, 피해자로부터 현금카드를 강취하였다고 인정되는 경우에는 피해자로부터 현금카드의 사용에 관한 승낙의 의사표시가 있었다고 볼 여지가 없다. 따라서 강취한 현금카드를 사용하여 현금자동지급기에서 예금을 인출한 행위는 피해자의 승낙에 기한 것이라고 할 수 없으므로, 현금자동지급기 관리자의 의사에 반하여 그의 지배를 배제하고 그 현금을 자기의 지배하에 옮겨 놓는 것이 되어서 강도죄와는 별도로 절도죄를 구성한다.

180) 공소장에는 절도죄의 피해자를 예금주로 특정하였다. 만약 피해자를 현금자동지급기 관리자로 변경하고자 하는 경우 대법원 2002. 8. 23. 선고 2001도6876 판결(기소된 공소사실의 재산상의 피해자와 공소장 기재의 피해자가 다른 것이 판명된 경우에는 공소사실에 있어서 동일성을 해하지 아니하고 피고인의 방어권 행사에 실질적 불이익을 주지 아니하는 한 공소장변경절차 없이 직권으로 공소장 기재의 사기피해자와 다른 실제의 피해자를 적시하여 이를 유죄로 인정하여야 한다); 대법원 1994. 9. 9. 선고 94도998 판결(피고인의 방어권행사에 실질적인 불이익을 초래할 염려가 없는 경우에는 공소장변경의 절차를 거치지 아니하고 공소사실과 기본적 사실의 동일성 범위 내에서 다소 다르게 인정할지라도 불고불리의 원칙에 어긋난다 할 수는 없으므로, 공소사실과 법원이 유죄로 인정한 사실 사이에 범행일시와 방법 등에 다소 차이가 있기는 하지만 그 차이가 있는 부분도 기본적 사실관계는 동일할 뿐만 아니라, 공소사실이나 법원이 인정한 사실이 그 전체범행의 시기와 종기 및 피해자가 동일하고, 법원이 인정한 피해액수 또한 공소사실의 범위를 넘어선 것은 아니며, 더구나 피고인은 피해액수에 해당하는 금원에 관하여 불법영득의 의사가 없었다는 취지로 주장하면서 그 주장을 뒷받침할 만한 충분한 자료도 제출하고 있다면, 법원이 공소장변경절차 없이 일부 공소사실과 달리 인정하였다 하여 불고불리의 원칙에 위배된 것이라 할 수 없다고 한 사례) 참조.

181) 대법원 2006. 7. 6. 선고 2006도654 판결: 여신전문금융입빕 제70조 제1항 제4호에 의하면, "강취·횡령하거나 사람을 기망·공갈하여 취득한 신용카드 또는 직불카드를 판매하거나 사용한 자"에 대하여 "7년 이하의 징역 또는 5천만 원 이하의 벌금에 처한다."고 규정하고 있는바, 여기서 부정사용이라 함은 강취, 횡령, 기망 또는 공갈로 취득한 신용카드나 직불카드를 진정한 카드로서 본래의 용법에 따라 사용하는 경우를 말하는 것이고, 강취, 횡령, 기망 또는 공갈로 취득한 신용카드라 함은 소유자 또는 점유자의 의사에 기하지 않고, 그의 점유를 이탈하거나 그의 의사에 반하여 점유가 배제된 신용카드를 가리킨다고 보아야 할 것이다. 유흥주점 업주가 과다한 술값 청구에 항의하는 피해자들을 폭행 또는 협박하여 피해자들로부터 일정 금액을 지급받기로 합의한 다음, 피해자들이 결제하라고 건네준 신용카드로 합의에 따라 현금서비스를 받거나 물품을 구입한 경우, 신용카드에 대한 피해자들의 점유가 피해자들의 의사에 기하지 않고 이탈하였거나 배제되었다고 보기 어려워 여신전문금융업법상의 신용카드 부정사용에 해당하지 않는다고 한 사례.

182) 대법원 1999. 7. 9. 선고 99도857 판결: 타인의 신용카드를 임의로 가지고 가 현금자동지급기에서 현금을 인출한 후 곧바로 반환한 경우, 신용카드에 대한 절도죄의 성립 여부(소극)

183) 대법원 1993. 9. 28. 선고 93도2143 판결: 피고인이 피해자를 살해한 방에서 사망한 피해자 곁에 4시간 30분쯤 있다가 그 곳 피해자의 자취방 벽에 걸려있던 피해자가 소지하는 원심판시 물건들을 영득의 의사로 가지고 나온 사실이 인정되는바, 이와 같은 경우에 피해자가 생전에 가진 점유는 사망 후에도 여전히 계속되는 것으로 보아 이를 보호함이 법의 목적에 맞는 것이라고 할 것이다.

범행일시인 2008. 9월 말로부터 5년이 경과한 2013. 10. 18.에 제기되어 공소시효가 완성되었습니다. 따라서 형사소송법 제326조 제3호에 의하여 면소판결을 선고해 주시기 바랍니다.[184]

5. 금목걸이 절도의 점

이 사건 증거물로 압수된 목걸이는 체포영장에 의하여 피고인을 체포하면서 형사소송법 제216조 제1항 제2호에 의거하여 영장 없이 압수한 것입니다. 그런데 체포영장의 피의사실은 강도, 점유이탈물횡령의 범죄사실이고 압수된 목걸이는 위 범죄사실과 관련성이 없는 물건이므로 당해 피의사실과 관련이 있는 증거물에 한하여 압수할 수 있는 위 규정을 위배한 위법한 압수이고 그에 대한 압수조서는 그 파생증거이므로 모두 증거능력이 없으며 피고인이 동의하였다고 하여도 마찬가지입니다.

결국 이 사건 공소사실에 대해서는 피고인의 자백[185]이 유일한 증거이고 이를 보강할 증거가 없으므로 형사소송법 제325조 후단에 의하여 무죄를 선고해 주시기 바랍니다.

[제3회 기출문제] 개정 형사소송법 제312조 제1항을 적용할 경우

* 피고인 이을남의 특정가법위반(횡령) 부분 중 최등기에게 매도한 부분의 공모관계가 관련된다.

검사작성의 피의자신문조서(대질) 중 김갑동 진술기재 부분은 공범관계에 있는 공동피고인이 내용 부인 취지로 증거에 부동의하여 증거능력이 없다.

그러나 피고인과 이을남의 공범관계를 직접 나타내는 증거로, 제2회 공판기일에 피고인 김갑동이 "피고인은 이을남과 공모하여 소유권이전등기를 마친 사실이 있지요" 라는 검사의 신문에 "예, 그렇습니다"라고 답변한 부분이 존재한다. 이 부분은 법정에서의 진술로 증거능력을 구비하고 있으므로 탄핵이 불가피하다.

위 법정진술을 제외하고는 공소사실을 증명할 다른 특별한 증거가 없으므로 [김갑동이 피고인과 공모하여 등기하였다는 진술은 공모에 관한 구체적인 사실에 대한 진술이라기보다는 추상적인 주장에 불과하여 이러한 추상적인 주장에 불과한 정도의 진술로는 이 사건 공소사실이 합리적 의심의 여지가 없을 정도로 증명되었다고 할 수가 없습니다.]라는 정도로 탄핵하는 것을 고려해 볼 수 있다.

그러나 기록에는 피고인에게 유리한 객관적 증거가 있으므로 이러한 점을 지적하여 자세한 탄핵이 더 바람직하다. 즉, [가령 피고인이 김갑동과 공모하였다면 그로 인한 수익을 분배받았을 것이 당연하다. 그러나 – 이하에 대하여는 피고인이 김갑동을 협박한 사실과 피고인의 궁박한 사정 등의 객관적 상황 등에 비추어 피고인이 공모의 수익을 분배받지 않은 점이 오히려 경험칙에 부합하므로 김갑동과 공모할 수 없다는 점을 전개하는 부분은 기존의 답안과 동일하여 기존의 답안으로 갈음한다. –]라는 기재로써 증명력 부분을 탄핵할 수 있겠다.

[제4회 기출문제]

피고인 김갑동에 대하여는 변론요지서, 피고인 이을남에 대하여는 검토의견서 각각 작성

I. 특정범죄가중처벌등에관한법률위반(뇌물)의 점

피고인은 이을남으로부터 돈을 받은 사실이 없습니다.

---

184) 대법원 2006. 11. 9. 선고 2004도4234 판결: 수개의 업무상횡령행위라 하더라도 피해법익이 단일하고, 범죄의 태양이 동일하며, 단일 범의의 발현에 기인하는 일련의 행위라고 인정될 때에는 포괄하여 1개의 범죄라고 봄이 타당하고(대법원 2005. 9. 28. 선고 2005도3929 판결 참조), 포괄일죄의 공소시효는 최종의 범죄행위가 종료한 때부터 진행한다(대법원 2002. 10. 11. 선고 2002도2939 판결 참조).

185) 경찰에서 위법하게 수집한 금목걸이를 제시하여 자백한 부분도 독수독과에 해당한다.

1. 증거능력 검토[186]

가. ① 피고인에 대한 경찰 피의자신문조서는 피고인이 내용을 부인하여,[187] ② 이을남에 대한 제1, 2회 경찰 피의자 신문조서는 공범인 공동피고인인 피고인이 내용 부인의 취지로 증거에 부동의하여 각각 형사소송법 제312조 제3항에 따라 증거능력이 없습니다.

나. 압수된 수첩은 형사소송법 제217조 제1항에 의거 긴급체포된 자의 소유물에 대한 압수로서 긴급체포 후 24시간 이내에 압수해야 합니다. 그러나 피고인이 긴급체포된 2014. 7. 30. 14:00부터 24시간이 경과된 2014. 8. 1. 13:00에 한 압수이므로 이는 위법한 압수입니다. 그리고 그에 대한 압수조서는 위법수집한 증거에 의한 2차 증거이므로 압수된 수첩 및 압수조서는 모두 증거능력이 없습니다.[188] 나아가 이을남에 대한 검사 피의자신문조서 중 검사가 수첩을 제시하면서 기재된 내용의 의미를 묻자 피고인에게 100만 원을 주었다는 취지의 기재라고 진술한 부분도 위법하게 수집된 증거에 의한 2차 증거로서 증거능력이 없습니다.

다. 조은숙의 경찰에서의 진술서는 피고인이 증거에 부동의하므로 형사소송법 제312조 제5항, 제4항 및 제314조의 요건을 모두 갖추어야 하는데, 조은숙이 일시적으로 미국으로 출국하였다는 내용의 소재수사보고서만으로는 외국거주 등으로 법정에 출석하여 진술할 수 없는 경우라고 볼 수 없어 증거능력이 없습니다.[189]

2. 증명력 검토[190]

가. 2,900만 원 부분[191]

① 이을남이 이 부분에 대한 언급은 검찰에서 조사받으면서 비로소 이루어졌는데, 가령 2,900만 원을 실제로 주었다면 처음 경찰에서부터 언급하지 않았을 이유가 없음에도 뒤늦게 검찰에서 비로소 진술한 점, ② 100만 원에 대하여 수첩에 기재하면서까지 근거를 남겼다면 그 보다 훨씬 큰 금액인 2,900만 원도 기재하는 등 흔적을 남겼을 터인데 이에 대하여 아무런 흔적을 남기지 않았다는 점, ③ 이을남이 피고인에게 100만 원을 지급하였다면 그 시경에 2,900만 원도 미리 인출한 상태였으므로 100만 원을 지급하면서 2,900만 원도 함께 지급하였을 터인데 특별한 사유도 없음에도 굳이 다음날 별도로 2,900만 원을 추가하여 지급하였다는 점, ④ 은밀하게 수수하는 뇌물의 특성에도 불구하고 사무실로 출근하는 길에 그리고 피고인의 동료들이 볼 수 있도록 공공연히 지급하였다는 것이고, 그런 상태에서는 어느 누구라도 그 돈을 수령하기를 꺼릴 것임에도 피고인은 태연히 받아 그대로 가져갔다는 점, ⑤ 굳이 그 돈을 피고인에게 지급하고자 하였다면 퇴근길에 약속하여 은밀히 만나 주었을 것임에도 이을남은 그날 부산으로 가는 촉박한 비행기 시간에도 아랑곳없이 피고인이 언제 나타날지 모르는 출근길에 2,900만 원을 들고 무작정 기다렸다는 점, ⑥ 이을남이 2,900만 원이나 되는 거액을 지급하였다면 그것은 매우 중요한 일이어서 확실히 기억하게 될 것임에도, 기간도 얼마 지나지 않았음에도 돈을 담은 쇼핑백이나 그 돈을 받을 당시의 피고인의 행동 등에 대해 제대로 기억을 하지 못하는 점, ⑦ 2014. 5. 9. 그날 시급히 비행기를 타고 부산에 간 후 1주일 가량 부산에 머물면서도 어디에 투숙하였는지 등에 대하여 언급을 회피하고 있고, 또한 도박 전과 및 그

---

186) 사실상 100만 원에 해당되는 부분.
187) 커피숍에서 만난 진술.
188) 대법원 2009. 5. 14. 선고 2008도10914 판결과 비교.
189) 대법원 2002. 3. 26. 선고 2001도5666 판결; 대법원 2008. 2. 28. 선고 2007도10004 판결; 대법원 2016. 2. 18. 선고 2015도17115 판결.
190) 사건에 따라서는 100만 원 부분을 먼저 탄핵한 후 2900만 원 부분을 탄핵하는 순서를 취할 수도 있지만 이 사건에서는 효과적인 방법으로 2,900만 원 부분을 먼저 탄핵하는 순서를 취하였다.
191) 진술의 신빙성을 탄핵하는 것이므로 사실을 파악하였으면 그 사실에 법률적 의미를 부여하여 설시할 것.

시경 도박죄로 처벌 받은 사실 등에 비추어 이을남이 병원신축을 위하여 투자받은 돈을 도박 등으로 마음대로 사용한 후 결국 병원이 허가나지 않자 투자자에 대한 면피용으로 피고인에게 뇌물을 건넸다고 진술할 가능성이 농후한 점에 비추어 보면, 이을남이 피고인에게 2,900만 원을 지급하였다는 부분은 경험칙상 도저히 믿을 수가 없습니다.

나. 100만 원 부분

① 이을남이 기대하였던 병원 건축허가를 받지 못하고 구청에서 소란을 피워 처벌받게 된 상황에서 피고인에 대한 악감정으로 허위 진술하였을 개연성이 충분한 점, ② 이을남은 '란'이라는 커피숍에서 위 돈을 지급하였다고 하나 '란'이라는 명칭이 들어간 가게는 '란' 커피숍 외에도 술집 등 다른 곳이 많으므로 '란'이라는 곳이 반드시 피고인에게 돈을 주었다는 '란' 커피숍을 의미하지는 않는다는 점, ③ 뇌물 공여 진술의 대부분에 해당하는 2,900만 원이 허위임이 분명한 이상 나머지 부분에 대해 인정하고자 하면 확신할 분명한 증거가 있어야 함에도 이러한 확신할 수 있는 분명한 증거가 없는 점 등에 비추어 이을남이 피고인에게 100만 원을 지급하였다는 부분도 도저히 믿을 수가 없습니다.

3. 결론

그렇다면 이 부분 공소사실은 합리적인 의심의 여지가 없을 정도로 증명되지 않았다고 하겠으므로 형사소송법 제325조 후단의 무죄를 선고해 주시기 바랍니다.

Ⅱ. 사문서변조, 변조사문서행사, 사기의 점[192]

1. 사실관계[193]

가. 피고인은 박고소로부터 6억 원 전부를 차용하는 적법한 위임을 받았고, 박고소 명의의 6억 원의 차용증을 황금성에게 제시하고 차용한 그 돈을 전부 박고소에게 전달하였다고 주장합니다. 그러나 ① 피고인이 박고소에게 위 차용금을 지급한 자료는 돈을 차용한 2009. 2. 2. 당일 송금한 3억 원뿐이고, 나머지는 현금으로 지급하였다고 하나 그 사실을 나타낼 영수증 등 일절 자료가 없다는 점, ② 돈을 차용하여 받은 일부는 송금하고 일부는 현금으로 인출하여 지급한다는 것이 매우 이례적임에도 그에 대한 합당한 이유가 없고, 처음에는 전부 송금하였다고 하다가 나중에는 일부는 현금으로 지급하였다고 진술하는 등 피고인의 진술이 일관되지 않다는 점, ③ 피고인의 금융거래내역상 박고소에게 돈을 지급하였다고 하는 시점에 황금성으로부터 차용한 돈을 인출하지 않았고 달리 피고인의 당시 자력 상태에 비추어 현금 2억 5,000만 원을 마련하여 지급하였을 가능성도 나타나지 않는 점 등에 비추어보면, 황금성으로부터는 6억 원을 차용하였지만 박고소에게는 3억 원만 지급하였음을 인정하지 않을 수가 없습니다.

나. 이 점에 더하여 3억 원에 대해서만 위임하였다는 박고소의 일관된 진술에 신빙성이 있고, 차용증의 글씨에 대해서도 처음에는 박고소가 직접 6억 원을 기재하였다고 하다가 글씨체가 나머지 부분과 다르다는 검사의 추궁에 자신이 6억 원을 추가하였다고 번복하는 등으로 백지 부분의 보충에 대한 일관되지 못한 진술 등을 종합하면 위임 범위도 3억 원이었음이 충분히 인정된다고 하겠습니다.

---

192) 사실관계(사실인정)를 파악한 후 피고인의 죄책을 판단하는 과정이다.

193) 피고인이 부인하고 있으므로 증거에 나타나는 간접사실로 세밀히 추론하여야 한다. 증거능력을 부정하여 피고인을 무죄로 인정할 것이 아니면 사례형과는 달리 기록형에서는 증거능력을 긍정하거나 부정하여 언급할 실익이 없다. 유죄가 인정되는 증거를 바로 적시하여 사실인정을 하면 충분하다.

2. 죄명에 대한 검토

제2회 공판기일에 재판장은 검사에게 위의 사실관계에 대하여 죄명을 검토할 것을 명하였습니다. 검사는 위의 사실관계에 기인한 공소사실에 대하여 사문서변조죄 및 변조사문서행사죄의 죄명으로 기소하였으나 위와 같이 피고인이 합의에 의하여 정하여진 위임 범위를 초과하여 차용증에 백지 금액란을 기재하는 행위는 새로운 문서를 작성하는 것이어서 사문서위조죄에 해당하고 이를 행사하는 것은 위조사문서행사죄가 성립합니다.[194] 검사도 이 부분을 검토할 것이 예상됩니다.

3. 피해자에 대한 검토

재판장은 검사에게 피해자에 대하여도 검토할 것을 명하였습니다. 위와 같은 사실관계를 간략히 정리하면, 피고인은 3억 원의 차용권을 위임받은 후에 박고소의 차용증에 6억 원을 임의로 기재하여 황금성에게 제시하고 그 문서를 진정한 것으로 믿은 황금성으로부터 5억 5천만 원을 수령한 것입니다. 이 경우 박고소는 위임 범위 내의 3억 원에 한하여는 황금성에게 채무를 부담하는 것은 명백하고, 그 초과부분인 2억 5천만 원에 대하여도 황금성에게 채무를 부담한다면 피해자가 박고소가 될 수 있을 것이지만 당시 사채업자인 황금성으로서는 피고인의 말만 믿고 박고소에게 확인하는 등의 어떠한 행위도 한 적이 없어 표현대리가 성립할 여지가 없어 보입니다. 박고소는 피고인으로부터 어떠한 기망행위를 당한 바도 없고 채무부담 등의 재산상 손해발생도 없어 사기죄의 피해자가 될 수 없으며, 더 나아가 이 사건에서는 위 초과부분에 대한 채무부담의 위험성조차 없다고 할 것이어서 박고소를 피해자로 하는 배임죄도 성립이 어려울 것으로 보입니다.[195]

다만 황금성의 경우에는 박고소의 위임이 있는 것으로 착오에 빠져 추가 2억 5천만 원을 교부한 것인데, 가령 황금성이 위와 같은 착오에 빠지지 않았다면 처음부터 3억 원도 교부하지 않았을 것이므로 황금성이 피고인의 기망행위로 인하여 착오에 빠져 처분한 5억 5,000만 원이 피고인이 편취하여 이득한 금액에 해당합니다. 이는 사기의 이득액이 5억 원 이상으로서 특정경제범죄 가중처벌 등에 관한 법률 제3조 제1항 제2호 위반에 해당하는 범죄입니다.

4. 예상되는 검사의 향후 소송대응

재판장의 석명에 따라 검사는 위와 같은 법리를 검토할 것이 예상되고, 사문서변조죄 및 사문서위조죄와 변조사문서행사죄 및 위조사문서행사죄는 각각 동일 법조문에 기재되어 죄명만 달리하게 되는 경우이므로 피고인의 방어권행사에 실질적 불이익을 초래하는 경우가 아니므로 위 죄명변경을 위하여 굳이 공소장 변경을 할 필요가 없습니다. 그러나 사기죄를 공소장변경 없이 법정형이 더 중한 특정경제범죄가중처벌등에관한법률위반(사기)죄로 처벌할 수는 없으므로 이 부분에 대해서는 반드시 공소장을 변경하여야 하고 따라서 검사는 피해자를 포함하여 일괄하여 공소장을 변경할 것이 예상됩니다.

5. 결론

검사는 위와 같이 공소장을 변경할 것이고, 법원은 그 변경된 공소사실대로 유죄로 인정할 것이 예상됩니다.

---

194) 대법원 1989. 12. 12. 선고 89도1264 판결.
195) 횡령죄의 성립 여부에 대해서는 대법원 1995. 1. 20. 선고 94도2760 판결.

Ⅲ. 특수협박의 점[196]

형법 제284조 소정의 "흉기 기타 위험한 물건을 휴대하여 그 죄를 범한 자"란 범행현장에서 그 범행에 사용하려는 의도아래 소지하거나 몸에 지니는 경우를 가리키는 것이지 그 범행과는 전혀 무관하게 우연히 이를 소지하게 된 경우까지를 포함하는 것은 아닙니다. 피고인은 당시 등산용 칼을 범행에 사용하려고 한 것이 아니고 칼이 낡아서 이를 버리기 위하여 배낭 안에 넣어 두었던 것이어서 이 사건 범행에 사용하려는 의도 없이 우연히 소지하고 있었던 것에 불과하므로 이 사건 공소사실은 형사소송법 제325조 후단의 무죄에 해당합니다.

이 경우 그 축소사실인 단순 협박죄가 문제될 수 있겠지만 협박죄는 그 공소시효가 5년인바, 이 사건 공소는 협박행위가 있었던 2009. 2. 3.부터 5년이 경과한 2014. 10. 17.에 제기되었으므로 이에 대해서는 형사소송법 제326조 제3호에 따라 면소판결이 선고될 것입니다.

Ⅳ. 명예훼손의 점

1. 주위적 공소사실

명예훼손죄는 특정인의 사회적 가치 내지 평가의 침해가 있을 정도로 구체적인 사실을 공연히 적시하는 경우를 말하는데, 공소장 기재와 같이 "이 나쁜 새끼, 거짓말쟁이"라고 말하였더라도 이는 단순한 경멸적 언사로서 욕설에 불과하고 구체적 사실의 적시가 아닙니다. 따라서 주위적 공소사실인 명예훼손죄는 성립하지 않으므로 형사소송법 제325조 전단에 의하여 무죄입니다.

2. 예비적 공소사실

모욕죄는 친고죄이고, 공소가 제기된 후 고소의 추완은 허용되지 않습니다. 이 사건에 있어서는 공소가 제기된 후인 2014. 12. 18. 고소가 이루어졌으므로 모욕죄인 예비적 공소는 공소제기 절차가 법률의 규정에 위반하여 무효인 때에 해당하여 형사소송법 제327조 제2호에 따라 공소기각 판결이 선고되어야 합니다.

[제4회 기출문제] 개정 형사소송법 제312조 제1항을 적용할 경우

* 피고인 김갑동에 대한 부분이 관련된다.

검사작성의 이을남에 대한 피의자신문조서는 공범관계에 있는 공동피고인이 내용부인 취지로 증거에 부동의하여 증거능력이 없다.

그러나 피고인과 이을남의 공범관계를 직접 나타내는 증거로, 제2회 공판기일에 피고인 이을남이 "피고인 김갑동은 2014. 5. 8. 피고인과 만난 사실도 없다고 하나 피고인이 그날 피고인 김갑동을 만난 사실은 분명하지요" 라는 검사의 신문에 "예"라고 답변한 부분이 존재하고, 피고인의 변호인이 이을남에 대한 반대신문 과정에서 뇌물 전달과정을 자세하게 진술하였다(이러한 반대신문은 검사작성의 이을남에 대한 피의자신문조서가 증거능력을 구비하게 됨을 전제로 하였던 것이므로 그 증거능력 배제를 전제하면 이러한 반대신문은 불필요하다).

어쨌든 이 부분은 법정에서의 진술로 증거능력을 구비하고 있고, 그 취지는 2014. 5. 8.과 2014. 5. 9. 2회에 걸쳐 현금으로 지급한 사실, 피고인의 아침 출근길에 쇼핑백에 현금을 담아 지급한 후 급히 비행기편으로 부산에 간 사실 등이다.

이러한 진술의 모순점을 지적하여 공소사실이 합리적 의심의 여지가 없을 정도로 증명되지 않는다는 부분은 기존의 증명력 검토 부분에 관한 해당 답안 내용과 동일하다.

---

196) 제4회 변호사시험이 출제될 당시에는 폭처법위반죄로 의율되었으나 그 적용법조인 폭처법 제3조 제1항이 삭제되었으므(2016. 1. 6. 법률 제13718호) 동일한 법리인 형법 제284조의 특수협박죄로 의율하여 판단한다.

[제5회 기출문제]

피고인 김갑동에 대하여는 검토의견서, 피고인 이을남에 대하여는 변론요지서 각각 작성

Ⅰ. 피고인 김갑동에 대하여

1. 사문서위조, 위조사문서행사의 점

피고인의 자백과 증거에 의하면, 피고인이 위조한 매매계약서의 명의자인 박병서는 문서작성일자 전 사망하였음이 인정됩니다. 그러나 문서가 당해 명의인의 권한 내에서 작성된 문서라고 믿게 할 수 있는 정도의 형식과 외관을 갖추었다면 명의인이 문서의 작성일자 전에 이미 사망하였다고 하더라도 공공의 신용을 해할 위험이 발생하므로, 사문서위조죄와 행사죄가 성립합니다.[197] 따라서 이 부분 공소사실에 대하여는 모두 유죄 판결이 예상됩니다. 단, 뒤에서 보듯이 이을남의 가담사실이 인정되지 않으므로 단독범에 해당합니다.

2. 특정경제범죄가중처벌등에관한법률위반(사기)의 점

법원을 기망하는 소송사기의 경우, 피기망자인 법원의 재판은 피해자의 처분행위에 갈음하는 내용과 효력이 발생하여야 합니다.[198] 이 사건에 있어서 피고인은 사망한 자인 박병서를 피고로 하여 허위 주소를 기재하고 허위 증거를 제출하여 승소 판결을 받았지만, 그 판결은 사망한 자를 상대로 한 것으로 무효이므로 판결의 피고 박병서는 물론이고 피해자인 상속인 박갑수에게도 효력이 미치지 않습니다. 이 부분 공소사실은 형사소송법 제325조 전단에 의한 무죄 판결이 예상됩니다.

3. 변호사법위반의 점

공무원이 취급하는 사건에 관하여 청탁·알선의 의사나 능력 없이 피해자를 기망하여 청탁자금 명목으로 금품을 수수하면 사기죄와 변호사법 제111조에 각각 해당하고 두 죄는 상상적 경합 관계에 있다는 것이 대법원 판례입니다. 그 중 한 죄에 대한 확정판결의 효력은 타죄에 대하여도 미치며 확정판결과 동일한 효력이 있는 약식명령도 이에 해당합니다. 피고인은 왕근심의 주거지에서 왕근심을 기망하여 청탁자금 명목으로 금품을 받았다는 내용의 사기죄로 이 사건 공소제기 후인 2015. 10. 30. 벌금 200만원의 약식명령을 받아 2015. 12. 15. 확정되었습니다. 이 사건 공소사실은 위 약식명령의 범죄사실과 동일한 일자에 동일 주소지에서 동일인으로부터 그 돈을 받은 행위이므로, 위 확정된 약식명령의 기판력은 상상적 경합관계에 있는 이 사건 공소사실에 미칩니다. 따라서 형사소송법 제326조 제1호에 의한 면소 판결이 예상됩니다.

---

197) 대법원 2005. 2. 24. 선고 2002도18 전원합의체 판결: 문서위조죄는 문서의 진정에 대한 공공의 신용을 그 보호법익으로 하는 것이므로 행사할 목적으로 작성된 문서가 일반인으로 하여금 당해 명의인의 권한 내에서 작성된 문서라고 믿게 할 수 있는 정도의 형식과 외관을 갖추고 있으면 문서위조죄가 성립하는 것이고, 위와 같은 요건을 구비한 이상 그 명의인이 실재하지 않는 허무인이거나 또는 문서의 작성일자 전에 이미 사망하였다고 하더라도 그러한 문서 역시 공공의 신용을 해할 위험성이 있으므로 문서위조죄가 성립한다고 봄이 상당하며, 이는 공문서뿐만 아니라 사문서의 경우에도 마찬가지라고 보아야 한다.

198) 대법원 2002. 1. 11. 선고 2000도1881 판결: 소송사기에 있어서 피기망자인 법원의 재판은 피해자의 처분행위에 갈음하는 내용과 효력이 있는 것이어야 하고, 그렇지 아니하는 경우에는 착오에 의한 재물의 교부행위가 있다고 할 수 없어서 사기죄는 성립되지 아니한다고 할 것이므로, 피고인의 제소가 사망한 자를 상대로 한 것이라면 이와 같은 사망한 자에 대한 판결은 그 내용에 따른 효력이 생기지 아니하여 상속인에게 그 효력이 미치지 아니하고 따라서 사기죄를 구성한다고 할 수 없다.

4. 절도의 점

비록 자동차의 등록 명의는 피고인이지만, 그 자동차는 피고인으로부터 재산분할 명목으로 증여 받은 피고인의 처 나부인이 배타적으로 운행 관리하고 있었으므로 판례에 의하면[199] 피고인과 나부 인 사이에서는 피해자인 나부인이 소유권자입니다. 따라서 이는 타인의 물건에 해당하므로 절도죄의 객체입니다. 다만, 당시 피고인이 피해자와 별거 중이라고 하더라도 피고인과 피해자는 여전히 친족 상도례에 해당하는 법률상 부부이므로, 형법 제344조 및 제328조 제1항에 의거하여 형면제 판결이 예상됩니다.

5. 범인도피교사의 점

피고인이 자신의 음주운전 적발을 피하기 위하여 타인을 교사하여 범인도피죄를 범하게 하는 것 은 국가의 형사사법 작용의 곤란을 초래하는 것이고,[200] 판례에 의하면 자기비호권(방어권)의 남용 으로 범인도피교사죄에 해당합니다. 피교사범인 이을남이 피고인의 고종사촌동생으로서 형법 제151 조 제2항에 해당하는 특례를 적용받아 처벌받지 아니하는 경우라도 달리 볼 수 없으므로, 이 부분 공소사실에 대하여 유죄 판결이 예상됩니다.

Ⅱ. 피고인 이을남에 대하여

1. 사문서위조, 위조사문서행사, 공전자기록등불실기재, 불실기재공전자기록등행사, 사기의 점

피고인은 박병서 명의의 매매계약서가 위조된 사실을 전혀 몰랐기에 김갑동과 공모한 것이 아닙 니다.

가. 증거능력 검토

1) 피고인에 대한 제1회 경찰 피의자신문조서는 피고인이 내용을 부인하였으므로 형사소송법 제 312조 제3항에 의하여 증거능력이 없습니다.

2) 김갑동에 대한 제2, 3회 경찰 피의자신문조서는 공범관계에 있는 피고인이 내용을 부인하는 취지로 증거부동의하였으므로 형사소송법 제312조 제3항을 적용하여야 한다는 대법원 판례에 따라 피고인에 대하여 증거능력이 없습니다.

3) 정고소의 법정진술 및 경찰 진술조서 중 김갑동으로부터 전해들은 "매매대금 중 5,000만 원은 이을남에게 나누어주었다"는 부분은 형사소송법 제316조 제2항의 전문진술 또는 형사소송법 제312 조 제4항, 제316조 제2항의 적용을 받는 전문진술을 기재한 조서인데, 원진술자인 김갑동이 법정에 출석하여 재판을 받고 있으므로, 모두 제316조 제2항의 필요성이 충족되지 않아 증거능력이 없습니다.

나. 증명력 검토

1) 김갑동 진술의 허구성

가) 경험칙상 피고인이 범행을 계획하고 주도할 수 없습니다.

① 범행을 주도할 수 있는 지위나 상황은 피고인보다 김갑동에게 있습니다. 김갑동은 사망한 박

---

199) 대법원 2007. 1. 11. 선고 2006도4498 판결: 자동차나 중기(또는 건설기계)의 소유권의 득실변경은 등록 을 함으로써 그 효력이 생기고 그와 같은 등록이 없는 한 대외적 관계에서는 물론 당사자의 대내적 관계 에 있어서도 그 소유권을 취득할 수 없는 것이 원칙이지만, 당사자 사이에 그 소유권을 그 등록 명의자 아닌 자가 보유하기로 약정하였다는 등의 특별한 사정이 있는 경우에는 그 내부관계에 있어서는 그 등록 명의자 아닌 자가 소유권을 보유하게 된다고 할 것이다.

200) 김갑동에게 적용될 수 있는 죄{도로교통법위반(음주운전), 절도죄}에 대한 수사권의 행사를 비롯한 국가 의 형사사법 작용 곤란 또는 불가능하게 하는 행위에 해당한다(대법원 2000. 11. 24. 선고 2000도4078 판결 참조).

병서의 부동산 거래를 담당해 온 중개업자로서 박병서의 가족관계나 재산관계를 인지할 가능성이 있으나, 피고인은 이를 알 수 있는 상황이 전혀 아니었습니다. 나아가 피해자 정고소는 피고인과 고향친구입니다. 거래에 문제가 발생하는 경우 무엇보다도 피고인이 그 책임을 져야할 가능성이 높음에도 그 책임을 감수하고까지 친구를 대상으로 하여 범행을 계획할 필요성도 없었습니다. 반면 김갑동은 범행 무렵 급전이 필요한 상황이었으므로 범행의 동기가 있었습니다.

② 박병서 명의의 매매계약서를 위조한 시점은 2014. 5. 7.경이고, 피해자인 정고소는 2014. 9월 초순경 우연히 피고인을 만나게 되었습니다. 즉 피고인이 오랜 기간 연락이 닿지 않던 정고소를 미래에 우연히 만날 것을 염두에 두고 미리 4월이나 앞서서 피해자를 대상으로 하여 문서위조를 주도한다는 것은 불가능합니다.

나) 피고인은 범행의 대가를 김갑동으로부터 받은 사실이 없습니다.

① 만약 한직원이 계좌이체한 1,000만 원이 사기행위에 가담한 대가라고 한다면, 최소한 사기 행위가 종료된 시점인 잔금 수령일 직후에 송금이 이루어져야 할 것입니다. 그런데 1,000만 원이 피고인의 계좌로 송금된 것은 2015. 3. 2.로 잔금 수령일로부터 6월이 경과한 시점에서 이루어진 것입니다. 따라서 이를 매매에 관여한 대가로 인정할 수는 없을 것입니다.

② 1,000만 원은 계좌로 송금하였음에도, 4,000만 원을 편지봉투 여러 장에 나누어 담아주었다는 진술도 경험칙에 반합니다. 4,000만 원만을 따로 현금으로 주어야 할 특별한 사정을 찾아볼 수 없으며, 돈을 지급하였다면 영수증 등 아무런 증거를 남기지 않았다는 사실도 납득하기 어렵습니다.

③ 김갑동은 잔금을 수령한 시점에 포르세 승용차를 구입하고 전세보증금을 반환하여야 하는 등으로 금전적으로 매우 어려운 상황이어서 피고인에게 5,000만 원을 지급할 여유가 없었습니다.

④ 피고인의 통장사본에 의하면 피고인은 소장 및 판결문을 송달받고 정고소를 소개해 준 대가로 2014. 9. 30. 김갑동으로부터 수령한 500만 원도 계좌에 입금하였습니다. 따라서 평소의 성격상 만약 4,000만 원을 수령하였다면 그 돈도 계좌에 입금하였을 것인데, 그렇게 하지 않은 것을 보면 4,000만 원을 수령한 사실이 없었다는 점을 경험칙상 충분히 알 수 있습니다.

2) 객관적 증거와 경험칙에 부합하는 피고인의 진술

① 피고인의 보통예금통장에 의하면 한직원이 피고인의 계좌로 송금한 1,000만 원은 범행도피 범행일인 2015. 3. 1.의 다음날인 2015. 3. 2. 입금된 것이므로 피고인의 주장과 같이 범인도피와 관련된 대가임을 경험칙상 충분히 인정할 수 있습니다.

② 위 1,000만 원이 그 즉시 피고인의 '여친 병원비'로 송금된 점을 보면, 피고인으로서는 김갑동 대신 허위자수하여 위 돈을 받을 동기도 있었고 그 정도의 금액은 당시 김갑동이 음주운전으로 구속될 수도 있었던 상황을 고려한다면 범인도피의 대가로서의 상당성도 있습니다.

③ 피고인의 설명은 결국, 김갑동이 피고인을 이용한 사실을 알지 못한 상태에서 송달에 조력하고 친구를 매수자로 소개한 후 잔금까지 수령이 이루어진 직후에 수고비에 상당한 정도인 500만 원을 김갑동으로부터 수령하였다는 것입니다. 피고인의 통장에 의하면 피고인은 그 돈을 자신의 계좌에 입금한 것이 나타나는데 이는 그 불법적 대가임을 인식하지 못하였기에 통장에 입금하는 행동이 가능하였다 할 것이므로, 경험칙상 충분히 납득이 가는 진술입니다.

④ 만약 김갑동의 사기 범행에 피고인이 주도적으로 계획하고 관여하였다면, 매매계약서에 피고인의 자필이 기재되었거나 김갑동이 이득한 4억 원 중 거의 1/2에 상당한 돈을 대가로 피고인이 분배받았어야 할 것입니다. 그러나 김갑동의 주장에 의하더라도 그러하지 않습니다.

⑤ 김갑동은 잔금 수령 직후 피고인에게 500만 원을 편지봉투에 넣어 주었던 사실을 과장하여 피고인에게 책임을 전가하고자 한직원과 짜고 피고인에게 4,000만 원을 지급하였다고 거짓진술하였다는 합리적인 추론도 가능합니다.

3) 등기사항 전부증명서 등 나머지 증거들은 김갑동의 범행에 대한 피고인의 고의를 증명하는 증거가 아닙니다.

다. 결론

따라서 이 사건 공소사실은 합리적인 의심의 여지가 없을 정도로 증명되지 않았으므로 형사소송법 제325조 후단에 의하여 무죄의 판결을 선고하여 주시기 바랍니다.

2. 범인도피의 점

피의자 아닌 피고인이 수사기관에 피의자임을 자처하고 허위사실을 진술하여 실제 범인의 발견 또는 체포가 곤란하게 되는 경우 범인도피죄를 구성합니다. 그러나 피고인은 김갑동의 고종사촌동생으로, 본인의 친족에 해당하므로 형법 제151조 제2항에 의거하여 무죄의 판결을 선고하여 주시기 바랍니다.

[제5회 기출문제] 개정 형사소송법 제312조 제1항을 적용할 경우

* 피고인 이을남의 사문서위조, 위조사문서행사, 공전자기록등불실기재, 불실기재공전자기록등행사, 사기의 점에 대한 공모 부분이 관련된다.

검사작성의 피의자신문조서(대질) 중 김갑동 진술기재 부분은 공범관계에 있는 공동피고인이 내용 부인 취지로 증거에 부동의하여 증거능력이 없다. 그러나 제2회 공판기일에 피고인신문 시 검사가 김갑동에 대하여 검사작성의 피의자신문조서와 동일한 내용으로 신문하였기 때문에 이 부분에 의해 김갑동 진술의 증명력 검토 부분은 기존의 답안 내용과 동일하게 탄핵해야 한다.

[제6회 기출문제]

피고인 김갑동, 피고인 이을남에 대하여 각각 검토의견서 작성

Ⅰ. 피고인 김갑동에 대하여

1. 특정경제범죄가중처벌등에관한법률위반(사기)의 점

가. 특경법위반(사기) 성립 여부

이 사건 적용법조인 특정경제범죄 가중처벌 등에 관한 법률 제3조 제1항 제2호의 경우에는 기망으로 인하여 착오에 빠진 피해자로부터 취득한 이득액이 5억 원 이상이어야 합니다. 피고인은 원금 4억 원을 빌려주면 이자 1억 원까지 총 5억 원을 변제하기로 하였으나, 이자 1억 원에 대하여는 피해자인 정고소의 처분행위가 없었기에 피해자로부터 취득한 것이 아닙니다. 따라서 편취 이득액 5억 이상을 대상으로 하는 특정경제범죄가중처벌등에관한법률위반(사기) 부분 공소사실은 형사소송법 제325조 전단 무죄에 해당합니다. 단, 아래에서 보듯이 축소사실로서 형법상 사기죄가 유죄로 인정되므로 이 부분은 이유에서 무죄 판단을 하게 될 것입니다.

나. 형법상 사기죄 성립 여부

피고인은 큰 수익이 예상되는 한류 공연장 사업을 진행할 예정이었고, 거래처로부터 수금이 예정되어 있었으므로 차용금 변제에 문제가 없었다고 주장하나 설득력이 없습니다.

1) 한류공연장 사업은 정상적으로 진행될 수가 없었습니다.

박병서와 피고인이 작성한 동업계약서에 의하면, 한류공연장 사업은 박병서가 공연장 시설 일체를 제공하고 피고인이 운영자금 7억 원을 마련하여 진행하되, 피고인이 운영자금을 7억 원을 먼저

입금하여야 박병서가 설비를 제공하는 내용입니다. 이을남과 피고인이 작성한 투자약정서에 의하면, 이을남으로부터 투자받기로 한 5억 원은 공연장 시설이 완비되는 것을 선행조건을 하였습니다. 따라서 피해자인 정고소로부터 차용한 4억 원 외에도 3억 원을 더 마련하여야 하였기에, 피해자로부터 4억 원을 차용할 당시 한류공연장 사업은 바로 진행될 수 없었습니다.

   2) 차용금 변제는 불가능하였습니다.

피고인은 피해자로부터 차용한 돈 4억 원을 개인적으로 또는 도박에 탕진하였을 뿐 그 돈이 한류공연장 사업을 위하여 투입한 내역이 전혀 없습니다. 나아가 피고인이 수금받기로 예정되어 있던 돈은 1억 원에 불과하였고, 당시 피고인의 고철 사업도 이미 잘 되고 있지 않았고 별다른 재산이 있는 상황도 아니었습니다. 따라서 차용일로부터 1년 후의 변제기에 차용금 5억 원을 변제하는 것은 불가능하였습니다.

   3) 결론

이와 같이 피고인은 애초에 변제의사나 능력 없이 피해자를 기망하여 돈을 차용하였다고 인정되므로 사기죄에 대하여는 유죄 판결이 선고될 것으로 예상됩니다. 다만, 뒤에서 보듯이 이을남의 가담이 인정되지 않으므로 단독범에 해당합니다.

2. 정보통신망이용촉진및정보보호등에관한법률위반의 점[201][202]

피고인은 이 사건 공소제기 후인 2016. 10. 30. 서울중앙지방법원에서 정통망법 위반으로 벌금 300만 원의 약식명령을 발령받아 2016. 12. 15. 확정되었습니다. 위 약식명령상의 범죄사실은 2015. 11. 15.경부터 2015. 12. 30.경까지 정고소에게 차용증 상환독촉에 불만을 품고 25회에 걸쳐 이 건 공소사실과 같은 내용의 문자메시지를 발송하였다는 것이고, 이 사건 공소사실은 2016. 1. 3.경부터 2016. 1. 5.경까지 위 약식명령의 범죄사실과 동일한 이유 및 동일한 내용의 문자메시지를 정고소에게 발송하였다는 것입니다. 그렇다면 위 약식명령상의 범죄사실과 이 사건 공소사실은 동일한 피해자에게 단일하고 계속된 범의 아래 일정 기간 동일한 범행이 계속하여 행하여진 것이므로 포괄일죄의 관계에 있습니다. 약식명령의 기판력은 발령일 이전에 범한 포괄일죄의 관계에 있는 이 사건 공소사실에 미치므로, 형사소송법 제326조 제1호에 의하여 면소 판결이 선고될 것으로 예상됩니다.

---

201) 대법원 2009. 2. 26. 선고 2009도39 판결: 위 확정판결의 정보통신망이용법 위반의 범죄사실과 이 사건 공소사실은 모두 그 주된 내용이 위 피해자가 전화를 받지 않은 데 대한 분노를 표출하거나 욕설을 해대며 또는 전화를 받으라고 윽박지르는 것으로서 거의 동일하며, 그 범행일시에서도 이 시긴 공소사실은 2006년도 하반기부터 2007년 5월 초까지의 문자메시지 등의 발송행위에 관한 것이고, 위 확정판결의 범죄사실은 2007년 5월 말부터 2007년 12월까지의 문자메시지 발송행위에 관한 것으로서 시간적으로 연속되어 있음을 알 수 있다(원심에서 공소장변경이 되기 전의 이 사건 공소사실은 2007년 7월까지의 문자메시지 발송행위를 포함하는 것이어서 범행기간의 점에서 위 확정판결의 범죄사실과 중첩되는 부분도 존재하였다). 그리고 이 사건 공소사실과 위 확정판결의 범죄사실에 따르면 피고인은 2006년 8월경부터 문자메시지를 발송한 이래 2007년 3월경부터 매달 수회에서 많게는 수십 회씩 피해자의 휴대전화로 문자메시지 등을 특별한 내용변경 없이 계속적으로 발송하여 2007년 12월에까지 이르고 있다. 이러한 문자메시지의 발송시기와 발송방법, 그 내용의 유사성과 함께 이 사건 범죄 자체가 구성요건의 성질에서 이미 동종행위가 반복될 것으로 당연히 예상되는 범인 점을 종합하여 보면, 이 사건 공소사실과 위 확정판결의 범죄사실은 동일 죄명에 해당하는 수 개의 행위를 단일하고 계속된 범의 아래 일정 기간 계속하여 행하고 그 피해법익도 동일한 경우에 해당하여 포괄일죄의 관계에 있다고 봄이 상당하다.
   따라서 이와 같이 포괄일죄의 관계에 있는 범행의 일부에 대하여 판결이 확정된 경우에는 그 사실심 판결선고시를 기준으로 그 이전에 이루어진 범행에 대하여는 확정판결의 기판력이 미쳐 형사소송법 제326조 제1호에 의하여 면소의 판결을 선고하여야 할 것이다.
202) 대법원 1964. 4. 28. 선고 64도134 판결: 면소사유가 있는 경우에는 면소판결을 선고하여야 하고 실체에 관하여 심리하여 무죄판결을 할 수 없다.

3. 무고의 점

피고인은 차용증을 정고소가 위조한 것이라고 주장하고 있으나, 다음과 같은 사실을 고려하면 허위의 사실을 인식하고 고소한 피고인의 범의를 인정하지 않을 수가 없습니다.

즉, ① 피고인의 부탁으로 피고인의 처 나부인이 정고소로부터 1,000만 원을 차용하였다는 점, ② 정고소와 피고인의 관계상 차용증을 받지도 않고 1,000만 원을 대여할 가능성은 희박한 점, ③ 실제로 나부인은 법정에서 자신이 차용증을 작성해 준 것이 맞는 것 같다고 진술한 점, ④ 돈을 차용한 1개월 후 피고인이 위 차용금을 변제하면서 정고소로부터 차용증을 반환 받았는데 당시 피고인이 아무런 이의를 제기하지 않았던 점, ⑤ 차용증이 위조된 일자를 차용증의 실제 작성일과 다르게 공소시효가 완성되지 않은 것처럼 허위로 작성한 점 등에 비추어 보면 피고인이 무고의 고의가 있었음이 인정됩니다. 고소사실에 대한 공소시효가 완성되었더라도, 고소하면서 공소시효가 완성되지 않은 것처럼 고소하면 국가기관의 직무를 그르칠 염려가 있으므로 무고죄는 성립합니다. 이는 신고시를 기준으로 판단하며, 이후 정정진술을 했더라도 마찬가지입니다.[203] 따라서 허위의 사실을 경찰에 신고한 후, 피고인이 수사기관에서 차용증 작성일자를 공소시효가 완성된 2008. 9. 10.로 정정진술하였다고 하더라도 이미 성립한 무고죄에 영향이 없으며 이 부분 공소사실에 대하여 유죄의 판결이 선고될 것으로 예상됩니다.

4. 공무집행방해의 점[204]

공무집행방해에 있어서 협박은 공무원에 대하여 공포심을 일으킬 만한 해악을 고지해야 하는데, 피고인은 수사업무를 담당하던 김병휘에게 김병휘에 대한 해악을 고지한 것이 아니라 고소인 정고소에 대한 해악을 고지하였을 뿐입니다. 정고소는 김병휘와 밀접한 인적관계에 있지 아니하므로, 정고소에 대한 해악의 고지가 김병휘로 하여금 공포심을 일으킬 만한 것이라고 볼 수 없어 공무원에 대한 협박에 해당하지 않습니다. 따라서 공무원에 대하여 협박이 이루어졌다는 점에 대한 증명이 없는 경우이므로, 형사소송법 제325조 후단에 의하여 무죄 판결이 선고될 것으로 예상됩니다.

---

203) 대법원 2008. 3. 27. 선고 2007도11153 판결: 무고죄는 타인으로 하여금 형사처분 등을 받게 할 목적으로 공무소 등에 허위의 사실을 신고함으로써 성립하는 범죄이므로, 그 신고 된 범죄사실이 이미 공소시효가 완성된 것이어서 무고죄가 성립하지 아니하는 경우에 해당하는지 여부는 그 신고시를 기준으로 하여 판단하여야 한다고 할 것이다. 기록에 의하면, 피고인은 피해자 공소외인의 폭행일시를 특정하지 아니한 고소장을 2005. 6. 28.경 수서경찰서 민원실에 제출, 접수한 후, 고소인 보충진술시에 그 폭행일시를 2003. 3.경으로 특정하였음을 알아 볼 수 있는바, 폭행죄의 공소시효기간은 3년이므로 피고인은 아직 공소시효가 완성되지 아니한 범죄사실을 신고한 것임이 명백하고, 따라서 그 신고사실이 허위인 이상 피고인은 무고죄의 죄책을 면할 수 없다고 할 것이고, 피고인이 그 이후 검찰이나 제1심 법정에서 위 피해자의 폭행일시를 2002. 3.로 정정하여 진술하였다고 하여 이미 성립된 무고죄에 영향을 미칠 수는 없다고 할 것이다.

204) 대법원 2012. 8. 17. 선고 2011도10451 판결: 피고인은 혼자서 술을 마시던 중 공소외 정당이 국회에서 예산안을 강행처리하였다는 것에 화가 나서 공중전화를 이용하여 수원중부경찰서 지령실에 여러 차례에 걸쳐 전화를 한 사실, 그리하여 피고인은 전화를 할 때마다 위 지령실에서 근무하면서 그 전화를 받은 각 경찰관에게 위 경찰서의 관할구역 내에 있는 공소외 정당 경기도당 당사를 폭파하겠다는 말을 한 사실을 알 수 있다. 그렇다면 피고인은 공소외 정당에 관한 해악을 고지한 것으로서 이 사건 공소사실에서 피해자로 일컫고 있는 각 경찰관 개인에 관한 해악을 고지하였다고 할 수 없다. 그리고 이들 경찰관은 수원중부경찰서 지령실에서 근무하던 공무원으로서, 그들이 공공의 안녕과 질서유지의 임무를 수행하고 있어서 피고인의 행위가 직무상 그에 따른 경비조치 등을 불필요하게 취하도록 하는 결과를 초래한다고 하더라도, 그것이 사안에 따라 공무집행방해 등의 죄책에 해당하는 경우가 있을 수 있음은 별론으로 하고, 다른 특별한 사정이 없는 한 일반적으로 공소외 정당에 대한 해악의 고지가 그들 개인에게 공포심을 일으킬 만큼 그와 밀접한 관계에 있다고 보기는 어렵다.

5. 특정범죄가중처벌등에관한법률위반(도주치상)의 점

가. 특가법(도주치상) 성립 여부[205]

특가법상 도주는 사고로 피해자가 상해를 입은 사실을 인식하고도 도로교통법 제54조 제1항의 구호조치를 하지 않고 사고 현장을 이탈하여 사고를 낸 자가 누구인지 확정할 수 없는 상태를 초래하는 것이고, 피해자나 경찰관 등 교통사고와 관계있는 사람에게 사고운전자의 신원을 밝히는 경우 도주에 해당하지 않습니다. 피고인은 사고 후 정차하였고 동승자 이을남이 경찰에 신고하였으며, 이을남으로 하여금 피해자를 부축하여 택시에 태워 성모병원에 데리고 가도록 하여 구호조치를 하였고, 경찰이 오기 전 현장에 도착한 피고인의 처에게 사후 조치를 부탁하였습니다. 피고인의 처가 도착한 경찰관에게 피고인의 인적사항을 알려 주었고, 피고인은 사고 다음날 경찰에 출석하여 조사를 받은 점에 비추어 보면 도주의 범의를 인정할 수 없습니다. 따라서 이 부분 공소사실은 형소법 제325조 후단에 의하여 무죄가 선고될 것으로 예상됩니다.

나. 교특법 위반 성립 여부[206]

축소사실인 교특법위반의 점에 대해서는 피고인의 차량이 넘어간 곳이 횡단보도로서 실제로 중앙선이 그어져 있지는 않다고 하더라도 황색실선의 중앙선이 곧바로 이어져 좌회전이 금지된 장소이고, 위와 같은 운전은 중앙선을 넘지 않을 것을 신뢰한 반대차선 피해자의 신뢰에 크게 어긋나며 교통사고의 위험성이 큰 운전행위로서 중앙선 침범이 사고 발생의 직접적인 원인인 경우에 해당합니다. 피고인의 차량이 종합보험에 가입되어 있다고 하더라도 교특법 제4조 제1항 제1호에 의하여 종합보험 가입의 특례가 적용되지 않으므로, 교특법위반죄 부분은 유죄 판결이 선고될 것으로 예상됩니다.

II. 피고인 이을남에 대하여

1. 특정경제범죄가중처벌등에관한법률위반(사기)의 점

앞서 본 바와 같이 특경법위반(사기)이 아닌 형법상의 사기죄 공모 여부가 문제되나, 피고인은 김갑동의 사기 범행을 알지 못하였고 그에 가담한 바도 없습니다.

---

205) 대법원 2002. 2. 8. 선고 2001도4771 판결: 특정범죄가중처벌등에관한법률 제5조의3 제1항 소정의 '피해자를 구호하는 등 도로교통법 제50조 제1항의 규정에 의한 조치를 취하지 아니하고 도주한 때'라 함은 사고운전자가 사고로 인하여 피해자가 사상을 당한 사실을 인식하였음에도 불구하고 피해자를 구호하는 등 도로교통법 제50조 제1항에 규정된 의무를 이행하기 이전에 사고현장을 이탈하여 사고를 낸 자가 누구인지 확정될 수 없는 상태를 초래하는 경우를 말한다. 사고운전자가 교통사고 후 피해자를 병원으로 후송하여 치료를 받게 하고 병원에서 피해자의 가족들에게 자신의 인적사항을 알려주었다면, 비록 경찰관서에 자신이 사고운전자임을 신고하지 아니하고 동료 운전기사로 하여금 그(주: 이 사안에서 '그'는 동료 운전기사를 의미한다)가 사고운전자인 것으로 신고하게 하였다 하더라도, 피해자를 구호하는 등 도로교통법 제50조 제1항에 규정된 의무를 이행하기 이전에 사고현장을 이탈하여 사고를 낸 자가 누구인지 확정될 수 없는 상태를 초래하였다고 볼 수는 없으므로, 사고운전자가 특정범죄가중처벌등에관한법률 제5조의3 제1항 소정의 피해자를 구호하는 등 도로교통법 제50조 제1항의 규정에 의한 조치를 취하지 아니하고 도주하였다고 볼 수 없다.

206) 대법원 1995. 5. 12. 선고 95도512 판결: 피고인이 운전하던 차량이 신호등이 설치되어 있지 아니한 횡단보도를 통로로 하여 반대차선으로 넘어 들어가다 충돌사고가 발생한 경우, 그 횡단보도에 황색실선의 중앙선이 곧바로 이어져 좌회전이 금지된 장소인 점 등 사고경위에 비추어 피고인 차량이 넘어간 부분이 횡단보도로서 실제로 중앙선이 그어져 있지 아니하더라도 반대차선에서 오토바이를 운행하던 피해자의 신뢰에 크게 어긋남과 아울러 교통사고의 위험성이 큰 운전행위로서 사고발생의 직접적인 원인이 되었다고 보아 교통사고처리특례법 제3조 제2항 단서 제2호 소정의 중앙선침범사고에 해당한다고 한 사례.

가. 증거능력 검토

1) 김갑동에 대한 제1회 경찰 피의자신문조서는 공범관계에 있는 피고인이 내용을 부인하는 취지로 부동의하였으므로, 형사소송법 제312조 제3항을 적용하여야 한다는 대법원 판례에 따라 피고인에 대하여 증거능력이 없습니다.

2) 나부인의 법정 진술 중 김갑동으로부터 전해들은 "이을남의 도움을 받아 정고소로부터 돈을 차용할 수 있었고 이을남이 그 대가로 수고비를 요구했다"는 부분은 형사소송법 제316조 제2항의 요건을 충족하여야 증거로 할 수 있습니다. 그러나 김갑동이 재정하고 있으므로 그 필요성 요건이 충족되지 않아 증거능력이 없습니다.

3) 압수된 보이스펜의 피고인과 김직원의 대화 녹음 부분은 형사소송법 제313조 제1항에 의하여 성립의 진정이 인정되어야 합니다. 그런데 작성자 김직원의 진술에 의하여 피고인이 진술한 대로 녹음된 것이라는 점이 증명되지 않았고, 김직원에게 단순한 송달불능 사유가 있다 하더라도 그 사유는 형사소송법 제314조의 요건에 해당되지 않으므로 증거능력이 없습니다.

4) 압수된 블랙박스는 형사소송법 제216조 제3항에 의하여 압수한 것으로서 지체없이 영장을 발부받아야 함에도 사후영장이 발부되지 않았으므로 위법수집증거에 해당합니다. 또한 그 녹음내용에 근거한 피고인에 대한 검사 신문내용 및 그 압수조서도 모두 그로부터 피생된 2차 증거이므로 독수독과에 해당하여 피고인이 동의하였다고 하더라도 증거능력이 없습니다.

나. 증명력 검토

1) 동업계약 조건에 대한 피고인의 인식 여부

피고인은 2014. 9. 30.까지 7억 원의 선 입금을 김갑동의 의무로 하는 김갑동과 박병서와의 동업계약서를 본 적이 없었고 김갑동의 진술과는 달리 객관성이 있는 정고소의 진술이 이에 부합합니다, 피고인은 2014. 9. 30.까지 한류 공연장사업의 시설이 완비되면 투자하기로 약속하였는데 이는 김갑동의 진술과는 달리 법정에서 피고인이 증거로 제출한 처분문서인 투자약정서가 증명합니다. 만약 박병서와의 동업계약서를 피고인이 인식하였다면 2014. 9. 30.까지는 공연장 시설이 완비될 수가 없는 시점이므로 김갑동과 피고인이 이러한 투자 약정을 서면으로 작성할 리가 없습니다. 결국 피고인은 김갑동의 박병서에 대한 선 입금 약정을 알지 못하고 한류 공연장사업이 정상적으로 진행될 것을 믿고 투자약정하였다가 2014. 9. 30.까지 공연장 시설이 완비되지 않았기에 돈을 투자하지 않았던 것이고 김갑동도 그렇기 때문에 피고인이 투자하지 않았던 것에 대하여 아무런 이의를 하지 못하였던 것입니다. 이는 그 후 김갑동이 피고인에게 피고인에 대한 항의는커녕 도박자금으로 스스로 1,000만 원을 지급하기까지 하였던 것을 보면 더욱 분명합니다.

2) 수고비 요구 여부

김갑동은 피고인이 피해자로부터 차용할 수 있었던 대가로 수고비를 요구하였다고 합니다. 그렇다면 피해자로부터 차용한 즉시 피고인이 적극적으로 김갑동에게 수고비 명목의 돈을 달라고 요구하여야 경험칙에 부합함에도 피고인은 그렇게 한 사실이 없고 이는 김갑동의 진술도 일치합니다. 피고인이 김갑동으로부터 1,000만 원을 수령한 것은 김갑동이 2회 공판기일에서 인정한 바와도 같이 김갑동이 도박장에 따라 가자고 하여 수동적으로 동행하였다가 그 곳에서 김갑동이 피고인에게 사용하라고 하여 수동적으로 수령한 것에 불과할 뿐입니다. 이는 편취금 중 3억 5천만 원을 개인적으로 사용하고 4천 만 원을 도박자금으로 사용하던 김갑동이 함께 가자고 하여 마지 못해 동행한 피고인에게 함께 도박할 것을 권유하면서 아무런 대가없이 경험칙상 충분히 지출할 수 있는 액수에 해당합니다. 피고인은 김갑동에게 수고비를 요구한 사실이 없었다는 점은 명백히 드러납니다.

3) 범행수익 배분 여부

만약 피고인이 김갑동의 범행에 가담하였다면 피고인도 당연히 금전적 수익을 염두에 두었을 것이고 그러한 부분에 대하여 적극적으로 언급이 있었을 것이며 실제로 편취금을 배분받았어야 합니다. 그러나 이 부분에 대해서는 김갑동도 인정하듯이 전혀 언급된 바가 없었고 실제로 편취금을 배분받은 사실도 없습니다. 4억 원의 편취금은 피고인이 3억 9천만 원 전부 사용하였고 피고인은 김갑동이 도박장에 따라 가자고 하여 동행하였다가 김갑동이 사용하라고 하면서 도박자금 명목으로 아무런 대가없이 1,000만 원을 주어서 받았을 뿐인데, 가령 위 1,000만 원을 범행수익 배분이 아닌가 하는 의문이 있을 수 있겠지만 4억 원의 범행 수익에 대한 배분이라고 하기에는 상대적으로 너무나 적은 액수이므로 경험칙상 그 돈을 범행 수익 배분이라고 할 수가 없습니다.

다. 결론

따라서 피고인의 가담여부에 대하여 합리적인 의심의 여지가 없을 정도로 증명되지 않았으므로 형소법 제325조 후단의 무죄 판결이 선고될 것으로 예상됩니다.

2. 부정수표단속법위반의 점

가. 아가 01212121 수표

초일 불산입을 고려하면 10일 내의 적법한 지급제시에 해당하며, 발행인이 변제공탁하였다고 하더라도 회수 또는 수표소지인의 불처벌 의사와 동일하다고 볼 수 없으므로 이 부분 공소사실에 대하여는 유죄의 판결이 선고될 것으로 예상됩니다.

나. 아가 01212122 수표

부수법 제2조 제4항에 의하면 이 사건은 수표소지인의 명시한 의사에 반하여 처벌할 수 없는 반의사불벌죄에 해당합니다. 그런데 이 사건 공소제기 후인 2회 공판기일에서 소지인 김갑동이 처벌불원의사를 표시하였으므로, 형사소송법 제327조 제6호에 의하여 공소기각의 판결이 선고될 것으로 예상됩니다.

[제6회 기출문제] 개정 형사소송법 제312조 제1항을 적용할 경우

 * 검사작성 피의자신문조서(대질)에 대해 피고인이 증거에 동의하였으므로 기존의 답안과 차이가 없다.

[제7회 기출 문제]

피고인 김갑동에 대하여는 검토의견서, 피고인 이을남에 대하여는 변론요지서 각각 작성

Ⅰ. 피고인 김갑동에 대하여

1. 모욕의 점

가. 소추조건 구비 여부

친고죄인 이사건에 관하여 피해자는 범인을 알게 된 2017. 6. 17.부터 6개월의 고소기간 내인 2017. 9. 18. 고소하였으므로 적법한 고소로서 소추조건을 구비하였습니다.

나. 증거관계 검토

피고인이 부인하고 있으므로 증거관계를 검토해 보겠습니다.

1) 이을남의 고소장, 이을남에 대한 경찰 진술조서

이 부분에 관하여는 피고인과 이을남은 공범관계가 아니므로 피고인이 증거에 부동의하는 위 서류에 대해서는 이을남이 선서하고 증인으로서 성립을 인정하여야 하는데, 그렇게 하지 아니하였으므로 이을남에 대하여 증거능력이 없습니다.

2) 이을남의 이 부분에 관한 법정진술

피고인과 이을남은 공범관계가 아니므로 증인으로 선서하고 진술하여야 피고인에 대하여 증거능력이 있게 되는데 이을남이 그렇게 하지 아니하고 진술한 것이어서 증거능력이 없습니다.

3) 김갑서에 대한 경찰 진술조서

피고인이 증거로 사용함에 부동의하였는데 김갑서가 법정에서 형소법 제148조에 따라 증언 거부권을 행사하여 성립의 진정이 증명되지 아니하였고, 위 규정에 따라 정당하게 증언거부권을 행사하여 증언을 거부한 경우는 형소법 제314조의 증거능력 인정을 위한 예외사유의 요건에도 해당하지 않으므로 증거능력이 없습니다.

4) SD카드의 녹음파일

김갑서가 피고인의 진술을 녹음한 것으로 대화당사자 일방이 녹음한 것입니다. 비록 통신비밀보호법 위반은 아니지만 피고인이 증거 부동의하므로 형소법 제313조 제1항에 따라 녹음자인 김갑서의 증언에 의하여 성립의 진정이 인정되어야 합니다. 그런데 김갑서가 증언거부권의 행사하여 진정성립이 인정되지 않았으므로 앞서 본 바와 같이 증거능력이 없습니다.

5) 녹취서

증거자료는 SD카드의 녹음파일(대화내용)이므로 위 녹음파일이 증거능력 없는 이상 부동의하는 피고인에 대하여 증거로 할 수 없습니다.[207)

다. 결론

달리 공소사실을 인정할 증거가 전혀 없으므로 범죄의 증명이 없어 형소법 제325조 후단 무죄가 선고될 것입니다.

2. 절도교사의 점

가. 피고인은 절도를 교사하지 않았고, 교사가 성립하더라도 절취 전에 만류하였기에 교사범의 죄책을 지지 않는다고 주장합니다.

나. 교사 여부

1) 이을남에 대한 제3회 경찰 피신조서는 공범인 피고인이 내용부인 취지로 부동의 하므로 증거능력이 없지만, 이을남의 검찰, 법정진술에 의하면 김갑동이 절도를 교사하였다는 구체적이고 일관성 있는 진술이 있습니다.

2) 문자메시지 캡처 사진에 의하면, 절도 범행 전 피고인이 이을남에게 "지난번 말은 잊어라"라는

---

207) 대법원 2008. 7. 10. 선고 2007도10755 판결: 수사기관이 아닌 사인(사인)이 피고인 아닌 자와의 전화대화를 녹음한 녹음테이프에 대하여 법원이 실시한 검증의 내용이 녹음테이프에 녹음된 전화대화의 내용이 검증조서에 첨부된 녹취서에 기재된 내용과 같다는 것에 불과한 경우에는 증거자료가 되는 것은 여전히 녹음테이프에 녹음된 대화 내용이므로, 그 중 피고인 아닌 자와의 대화의 내용은 실질적으로 형사소송법 제311조, 제312조 규정 이외의 피고인 아닌 자의 진술을 기재한 서류와 다를 바 없어서, 피고인이 그 녹음테이프를 증거로 할 수 있음에 동의하지 않은 이상 그 녹음테이프 검증조서의 기재 중 피고인 아닌 자의 진술내용을 증거로 사용하기 위해서는 형사소송법 제313조 제1항에 따라 공판준비나 공판기일에서 원진술자의 진술에 의하여 그 녹음테이프에 녹음된 진술내용이 자신이 진술한 대로 녹음된 것이라는 점이 인정되어야 하는 것이지만, 이와는 달리 녹음테이프에 대한 검증의 내용이 그 진술 당시 진술자의 상태 등을 확인하기 위한 것인 경우에는, 녹음테이프에 대한 검증조서의 기재 중 진술내용을 증거로 사용하는 경우에 관한 위 법리는 적용되지 아니하고, 따라서 위 검증조서는 법원의 검증의 결과를 기재한 조서로서 형사소송법 제311조에 의하여 당연히 증거로 할 수 있다.

메시지를 보낸 사실을 알 수 있는데 이는 절도교사가 전제되었음을 인정할 수 있습니다.

3) 이을남의 통화내역에 의하면 공소장의 교사일자 및 절도 범행 일자에 피고인과 이을남 사이의 통화기록이 나타나는데 이는 그 시경 통화한 적이 없다는 피고인의 주장과는 달리 통화사실을 인정하는 이을남의 진술과 부합합니다.

4) 서중기는 경찰 및 법정에서 피고인이 "이동수가 부자다. 기분이 좋다. 술한잔 하자"고 하였다고 진술하는데, 이는 절도 범행의 실행을 전제로 하였기에 가능한 말이라고 보입니다.

5) 폭행 사건 합의금을 마련해야 하는 등으로 피고인에게 교사의 동기가 있고, 이을남이 훔쳐온 카드를 피고인이 장물임을 알면서 적극적으로 달라고 하여 교부받은 사실도 인정됩니다.

6) 소결론

이상을 종합하면 절도 교사의 점은 합리적 의심의 여지가 없이 증명된다고 하겠습니다.

다. 공범관계 이탈 여부

1) 교사범이 공범관계에서 이탈하기 위해서는 피교사자가 범죄의 실행행위에 나아가기 전에 교사범에 의하여 형성된 피교사자의 범죄 실행의 결의를 해소하거나 당초 피교사자가 범죄를 결의하게 된 사정을 제거하는 등으로 당초의 교사행위에 의하여 형성된 피교사자의 범죄실행의 결의가 더 이상 유지되지 않는 것으로 평가되어야 합니다.[208]

2) 문자메시지 캡처 사진에 의하면, 피고인이 이을남에게 "지난번 말은 잊어라"라는 메시지를 보낸 사실을 알 수 있지만 그 메시지를 받은 이을남이 김갑동에게 "이제와서? 하라는 거야 뭐야, 이미 결심했다."라는 답신을 보내 피고인의 만류를 거절하고 당초의 범죄실행 결의를 유지한 것을 알 수 있으므로 피고인이 단순히 위와 같은 메시지만 보낸 것만으로는 공범관계에서 이탈하였다고 인정할 수 없습니다.

라. 결론

따라서 피고인의 절도교사죄는 성립됩니다. 비록 정범인 피교사자 이을남이 피해자와의 친족관계로 인한 상대적 친고죄를 이유로 야간주거침입절도에 대하여 이을남의 처벌을 원하는 고소가 없어 공소기각 판결이 선고될 경우에도 피고인은 자신의 행위인 절도교사죄로 처벌되는데 문제가 없으므로 이 사건 피고사실은 유죄로 인정될 것입니다.

3. 장물취득의 점

피고인이 자백하고 있습니다. 절도를 교사한 교사범이 절취해 온 물건을 본범으로부터 취득한 경우에는 절도교사죄 외에 장물취득죄가 별도로 성립합니다. 자백과 이을남의 제3회 경찰 피신조서 등에 의하여 유죄가 인정 될 것입니다.

4. 여신전문금융업법위반의 점

1) 도난된 신용카드를 단기간 내에 동일한 범의로 반복하여 사용한 경우 수개의 신용카드부정사용죄는 포괄하여 일죄에 해당합니다.

2) 피고인은 2017. 10. 20. 서울중앙법원에서 여전법위반죄, 사기죄로 약식명령을 고지받아 위 명령이 2017. 11. 10. 확정되었는데, 위 약식명령 사건의 범죄사실은 이 사건 여전법위반죄의 공소사실과 같이 같은 날 저녁에 강남대로 인근 주점에서 동일한 신용카드를 사용한 것이어서 여전법위반죄의 포괄일죄의 관계에 있습니다.

3) 따라서 위 확정된 약식명령의 기판력은 그 발령일 이전의 이 사건 공소사실에 미치므로 이 부분 공소사실은 형소법 제326조 제1호에 의하여 면소판결이 선고될 것입니다.

---

208) 대법원 2012. 11. 15. 선고 2012도7407 판결.

5. 사기의 점

도난된 신용카드를 사용하여 주점에서 술과 안주를 편취한 경우에는 여전법 제70조 제1항 제3호의 신용카드 부정사용죄와 사기죄가 모두 성립하고 두 죄는 실체적 경합범의 관계에 있고, 이 사건 사기죄의 공소사실과 위 약식명령의 사기죄의 범죄사실은 피해자를 달리하는 실체적 경합범입니다. 따라서 위 약식명령의 기판력은 이 사건 공소사실에 미치지 않습니다.

피고인의 자백과 한성민의 진술서 등에 의하여 유죄로 인정될 것입니다.

Ⅱ. 피고인 이을남에 대하여

1. 준특수강도의 점

가. 피고인은 준강도의 요건인 절도 및 폭행은 인정합니다만, 준특수강도의 요건인 커터 칼을 휘두른 사실이 없습니다.

나. 증거 관계 검토

1) 압수된 칼, 압수조서 및 압수목록

수사보고에 의하면, 압수된 칼은 피고인을 현행범인으로 체포하면서 형소법 제216조 제1항 제2호에 따라 체포현장에서의 압수에 의한 것입니다. 그러나 범행 종료 후 피고인이 도주하여 피해현장인 도곡로8길에 도착한 경찰관들은 피고인의 체포를 포기하고 파출소로 돌아왔습니다. 그 후 40분이나 경과하여 범행장소가 아닌 도곡로12길 1 소재 택시승강장에서 택시를 기다리던 피고인을 발견하고 체포하였는데 이러한 체포는 형소법 제211조 소정의 현행범 또는 준현행범 요건에 따른 체포가 아니므로 피고인을 당시 현행범으로 체포한 것은 위법한 체포에 해당합니다.

현행범으로의 체포가 위법한 이상 그에 따른 체포현장에서의 압수도 위법하므로 위 칼은 증거능력이 없고, 그에 관한 압수조서 및 압수목록도 그 파생증거로서 증거능력이 없습니다. 나아가 위 칼에 대한 사후영장도 발부된 사실이 없으므로 이 점에서도 증거능력이 없습니다.

2) 수사기관에서 위법하게 압수된 위 칼을 제시하고 진행한 문답은 위법한 압수에 따른 파생증거로서 증거능력 없습니다.

3) 나행복은 경찰에서는 '피고인이 날카로운 칼 같은 것을 꺼내 휘둘렀다'고 진술하였으나 이 법정에서는 '경찰에서 당황하여 진술하였지만 당시 뭔가 휘두른 것 같은데 그것이 칼이었는지는 모르겠고 칼을 보지도 못하였으며 피고인이 커터 칼을 휘두른 적은 없었던 것 같다'고 진술하여 종전 수사기관에서의 진술을 번복하였고, 법정진술은 피고인의 주장에 부합합니다. 피고인에게 유리한 나행복의 법정진술을 신뢰하면 당연히 흉기사용의 점은 인정되지 않을 것이지만, 달리 보더라도 압수물이 위법하여 아무런 물적 증거가 없는 상황에서 오로지 나행복의 모호한 수사기관에서의 진술만으로는 피고인이 당시 커터 칼을 휘둘렀다는 부분이 합리적 의심의 여지가 없을 정도로 증명되었다고 할 수 없습니다.

다. 결론

따라서 흉기휴대에 의한 준특수강도의 점은 합리적 의심이 없을 정도로 증명이 되었다고 할 수 없으므로 형소법 제325조 후단 무죄가 선고되어야 합니다.

2. 폭처법위반(공동폭행)의 점

가. 폭처법 제2조 제2항의 '2인 이상이 공동하여'는 동일한 장소에서 동일한 기회에 상호 다른 자의 범행을 인식하고 이를 이용하여 범행하여야 성립하는데,[209] 피고인은 룸에서는 싸움을 말렸고, 그 싸움이 끝난 후 별개로 발생한 화장실의 경우는 피고인만 싸웠을 뿐 김갑동과 공동하여 폭행한

---

209) 대법원 1997. 2. 14. 선고 96도1959 판결; 대법원 1986. 6. 10. 선고 85도119 판결.

사실이 없습니다.

나. 증거 관계 검토

1) 증거능력 부분

① 김갑동에 대한 제1회 경찰 피신조서는 공범인 피고인이 내용부인의 취지로 부동의하므로 형소법 제312조 제3항에 의하여 증거능력 없고, ② 장동근의 증언 중 김갑동으로부터 '피고인과 함께 폭행한'이라고 전문한 부분은 전문진술로 형소법 제316조 제2항의 요건을 갖추어야 하는데 김갑동이 피고인과 함께 재판을 받고 있으므로 그 필요성의 요건을 갖추지 못하여 증거능력 없으며, ③ 서중기의 경찰 진술조서 및 법정에서의 진술 중 김갑동으로부터 '피고인과 같이 한 폭행'이라고 전문한 부분도 진술조서는 형소법 제312조 제4항 및 제316조 제2항의 요건을, 법정 진술은 형소법 제316조 제2항의 요건을 갖추어야 하는데, 각각 위와 같이 형소법 제316조 제2항의 요건을 갖추지 못하여 증거능력 없습니다.

2) 신빙성 부분

가) 피고인이 주점 룸에서 김갑동의 폭행에 가담하였는지에 관하여

① 이에 부합하는 피해자 장동근의 진술을 보면, 경찰에서는 김갑동과 피고인이 문을 열고 들어왔고 피고인이 멱살을 잡고 뺨을 수회 때렸다고 진술하였으나, 법정에서는 김갑동이 먼저 들어와 폭행하고 피고인이 잠시 후 들어와 욕을 하면서 손으로 몸을 뒤로 밀쳤다고 진술하여 피고인의 가담 시간과 가담부분이 상이하고, ② 주진모는 김갑동이 장동근을 폭행한 후 피고인이 룸에 들어왔고 김갑동을 밀치고 장동근의 몸을 붙들며 만류했다고 진술하였는데 이는 영업주인 객관적 3자의 진술로서 신빙성이 있을 뿐 아니라 피고인의 행동은 중간에서 싸움을 말리는 전형적인 행태와 일치하며, ③ 장동근의 친구인 강동환도 김갑동이 장동근을 폭행한 후 피고인이 들어왔는데 두사람이 싸우려 하자 피고인이 장동근의 몸을 잡은 사실이 있다고 진술하여 주진모의 진술과 부합합니다.

이러한 객관적 증거에 의하면 오히려 피고인은 김갑동의 폭행을 만류한 사실을 인정할 수 있는데 이러한 객관적 증거를 무시하고 일관성 없는 장동근의 진술만으로 이 부분 공소사실이 합리적 의심의 여지가 없을 정도로 증명되었다고 할 수 없습니다.

나) 김갑동이 화장실에서 욕설을 하면서 위세를 가하여 피고인의 폭행행위에 가담하였는지에 관하여

① 이에 부합하는 피해자 장동근의 진술을 보면, 경찰에서는 피고인이 화장실에서 폭행할 때 김갑동이 욕설을 하며 폭행에 가담할 듯이 하였다고 진술하였으나, 법정에서는 김갑동이 옆에 있었지만 욕설을 하였는지는 기억하지 못하고 김갑동이 계속 노려봤다고 진술하여 공소장 기재와 같은 김갑동의 위세 행사 여부가 모호해 졌고, ② 강동환은 화장실에서 김갑동이 폭행을 하지 않았다고 진술하고 있는 점과 피해자가 통상 어느 정도 과장하여 진술하는 경향이 있음을 고려해 볼 때, 일관성 없는 피해자만의 진술로써 또한 노려보았다는 지극히 주관적인 판단으로써 김갑동이 가세한 점을 증명하는 자료로 삼기에는 증명력이 대단히 부족합니다.

따라서 김갑동이 화장실에서 욕설을 하면서 피해자에게 위세를 행사하였다는 이 부분 공소사실은 합리적 의심의 여지가 없을 정도로 증명되었다고 할 수 없습니다.

다) 룸에서의 폭행과 화장실에서의 폭행의 계속성에 관하여

① 장동근은 경찰에서 룸에서 나와 화장실로 강동환과 함께 피했는데 피고인이 따라와서 폭행하였다고 진술하였지만 앞서 본 바와 같이 장동근의 진술은 이미 그 신빙성을 갖기 힘들어 졌고, ② 반면 장동근의 친구 강동환의 진술에 의하면 룸에서의 폭행은 주진모 등의 만류로 끝났고 이후 어느 정도 경과한 뒤에 귀가하려고 장동근과 함께 화장실로 갔다는 것이며, ③ 주진모의 진술도 룸에

서의 폭행이 끝난 후 조금 더 있다가 장동근 일행이 계산을 끝내고 나갔다고 진술하고 있으므로, 객관적 증거에 의하면 룸에서의 폭행과 화장실에서의 폭행이 다른 장소, 다른 시각에 벌어진 별개의 폭행행위라고 하겠습니다.

그렇다면 룸에서의 폭행에 계속하여 화장실 폭행이 이루어졌다는 이 부분 공소사실도 합리적 의심의 여지가 없을 정도로 증명되었다고 할 수 없습니다.

다. 결론

결국 피고인 김갑동과 이을남이 장동근을 공동 폭행하였다는 부분은 합리적 의심의 여지가 없을 정도로 증명되지 않았으므로 형소법 제325조 후단 무죄가 선고되어야 합니다.

축소사실인 피고인의 주점 화장실에서의 폭행죄만 문제되는데, 폭행죄는 형법 제260조 제3항 반의사불벌죄인 바, 피해자 장동근이 2017. 12. 28. 법정에서 피고인의 처벌을 원하지 아니하는 의사를 표시하였으므로 폭행의 점은 형소법 제327조 제6호에 의하여 공소기각 판결이 선고되어야 합니다.

3. 야간주거침입절도

피해자 이동수는 피고인의 사촌으로 동거하지 아니하는 친족관계이므로 이 사건은 형법 제344조, 제328조에 의거 상대적 친고죄로서 피해자의 고소가 있어야 합니다. 고소권자인 이동수의 고소가 없었음에도 공소가 제기되었습니다. 따라서 이 사건 공소는 공소제기절차가 법률의 규정에 위반하여 무효이므로 형소법 제327조 제2호에 의하여 공소기각 판결이 선고되어야 합니다.

[제7회 기출문제] 개정 형사소송법 제312조 제1항을 적용할 경우

 * 검사작성 피의자신문조서(대질) 중 절도교사 부분에 대한 이을남 진술에 대해서만 공범관계에 있는 공동피고인이 내용 부인 취지로 증거에 부동의하였으므로 이 부분은 증거능력이 없다. 이 부분에 해당하는 내용은 기존의 답안 중 Ⅰ. 2. 나.인데, 그 중 1)에서 위 증거능력 부분을 추가하고 증거능력이 있다고 하여 기재된 '이을남의 검찰진술'을 삭제하는 외에는 법정진술 및 관련 기타 증거관계를 검토해야 하므로 기존의 답안과 동일하다.

[제8회 기출 문제]

피고인 김갑동에 대하여 검토의견서, 피고인 이을남에 대하여 보석허가청구서 각각 작성

Ⅰ. 피고인 김갑동에 대하여

1. 사기의 점[210]

사기죄는 기망행위로 인해 피해자가 착오에 빠져 처분행위를 하고 그로 인해 재산상 손해가 발생하여야 합니다. 이 사건과 같이 피고인이 임대차보증금 반환채권을 양도하였음에도 그 사실을 고지하지 아니하고 "이삿짐을 다 옮겼으니 보증금을 돌려달라"고 말을 하여 임대인으로부터 임대차보증금을 수령하였다고 하더라도 아직 대항요건을 갖추지 아니한 상태였으므로 채무자인 임대인이 양도인에 대하여 한 변제는 유효하고 채무자에게 어떠한 재산상 손해도 발생하지 아니합니다. 달리 피해자를 기망하여 편취한 점에 대한 증명이 없으므로 이 사건 공소사실은 형소법 제325조 후단의 무죄 판결이 선고될 것입니다.

---

210) 대법원 1999. 4. 15. 선고 97도666 전원합의체 판결.

2. 횡령의 점

가. 보관자의 지위 인정됨

피고인은 임대차보증금 반환채권을 피해자에게 양도하였지만 대항요건을 갖추기 전에 자신이 임차인으로서 임대차보증금을 임대인으로부터 직접 수령하였으므로 이 사건 임대차보증금은 피해자를 위해 보관해야 하는 피해자의 소유물이 아니라고 다투고 있습니다.

그러나 채권양도는 채권을 하나의 재화로 다루어 이를 처분하는 계약으로서, 채권 자체가 그 동일성을 잃지 아니한 채 양도인으로부터 양수인에게로 바로 이전합니다. 이 경우 양도인은 채무자에게 채권양도 통지를 하거나 채무자로부터 채권양도 승낙을 받음으로써 양수인으로 하여금 채무자에 대한 대항요건을 갖출 수 있도록 해 줄 의무를 부담하고 양수인으로 하여금 원만하게 채권을 추심할 수 있도록 하여야 할 의무도 있습니다.

이 사건에서와 같이 양도인인 피고인이 채권양도 통지를 하기 전에 채무자로부터 임대차보증금 반환채권을 추심하여 금전을 수령한 경우, 아직 대항요건을 갖추지 아니한 이상 채무자가 양도인에 대하여 한 변제는 유효하고, 그 결과 양수인인 피해자에게 귀속되었던 채권은 소멸하지만, 이는 이미 채권을 양도하여 그 채권에 관한 한 아무런 권한도 가지지 아니하는 피고인이 피해자에게 귀속된 채권에 대한 변제로서 수령한 것이므로, 양도인이 수령한 금전은 양도인과 양수인 사이에서 양수인의 소유에 속하고, 여기에다가 피고인이 피해자를 위하여 채권보전에 관한 사무를 처리하는 지위에 있다는 것을 고려하면, 피고인은 자신이 수령한 임대차보증금에 대해 양수인을 위하여 보관하는 관계에 있게 됩니다. 따라서 피고인에게는 횡령죄의 구성요건인 보관자의 지위가 인정됩니다.

나. 불법영득의사 인정됨

피고인은 피해자의 승낙을 받고 사용하였다고 하지만, 통신사실 확인자료와 피해자의 진술에 의하면 피고인이 피해자의 승낙 없이 불법영득의사로 임대차보증금을 임의로 사용한 사실이 넉넉히 인정됩니다.

다. 친족상도례 적용 없음

피해자가 법정에서 처벌불원 의사를 표시하였지만 피해자와는 단순히 사실혼 관계에 있었던 것에 불과하여 법률상의 친족관계를 요건으로 하는 친족상도례가 적용되지 않습니다.

라. 결론

유죄가 인정됩니다.

3. 특정범죄가중처벌등에관한법률위반(보복협박등)의 점

이 사건 특가법 제5조의9 제2항, 제1항의 보복협박죄는 그 구성요건이 형사사건의 수사 또는 재판과 관련한 협박을 의미하므로 이 사건 피고사건과 같이 민사상의 손해배상과 관련한 협박은 그 구성요건에 해당하지 아니합니다. 따라서 형소법 제325조 전단의 무죄에 해당합니다.

축소사실로 형법상 협박의 점이 문제될 수 있으나, 협박죄는 형법 제283조 제3항에 의거 피해자의 명시한 의사에 반하여 고소를 제기할 수 없는데, 피해자가 법정에서 처벌불원의 의사를 표시하였으므로, 형소법 제327조 제6호의 공소기각 판결에 해당합니다.

4. 상습존속폭행의 점

가. 처벌불원의사 표시의 효과

피해자가 법정에서 처벌불원의사를 표시하였지만 이 사건 상습존속폭행죄는 반의사불벌죄가 아니므로 그 처벌에 영향이 없습니다.

나. 확정된 약식명령의 효과

피고인은 폭행의 습벽이 인정되어 상습폭행죄로 2018. 10. 23. 벌금 300만 원의 약식명령을 발령받았고 2018. 11. 19. 확정되었습니다. 이사건 공소사실과 위 약식명령 범죄사실은 모두 폭행 습벽의 발로이므로 가장 무거운 상습존속폭행의 포괄일죄의 관계에 있습니다. 포괄일죄의 관계에 있는 상습폭행죄로 이미 처벌받았으므로 위 확정된 약식명령의 기판력은 발령일 이전의 이 사건 공소사실에도 미칩니다.

따라서 이 사건 공소사실에 대하여는 확정판결이 있는 때에 해당하여 형소법 제326조 제1호에 의하여 면소판결 선고가 예상됩니다.

다. 공소장변경허가 신청 부분

상습범에 있어서 공소제기의 효력은 공소가 제기된 범죄사실과 동일성이 인정되는 범죄사실의 전체에 미치는 것이므로 상습범의 범죄사실에 대한 공판심리 중에 그 범죄사실과 동일한 습벽의 발현에 의한 것으로 인정되는 범죄사실이 추가로 발견된 경우에는 검사는 공소장변경절차에 의하여 그 범죄사실을 공소사실로 추가할 수 있다고 할 것이나, 공소제기된 범죄사실과 추가로 발견된 범죄사실 사이에 그것들과 동일한 습벽에 의하여 저질러진 또다른 범죄사실에 대한 유죄의 확정판결이 있는 경우에는 전후 범죄사실의 일죄성은 그에 의하여 분단되어 공소제기된 범죄사실과 판결이 확정된 범죄사실만이 포괄하여 하나의 상습범을 구성하고, 추가로 발견된 확정판결 사실심 선고 후의 범죄사실은 확정판결의 기판력이 미치지 않으므로 그것과 경합범 관계에 있는 별개의 상습범이 됩니다. 따라서 검사는 공소장변경절차에 의하여 이를 공소사실로 추가할 수는 없고 어디까지나 별개의 독립된 범죄로 공소를 제기하여야 합니다.[211]

이 사건 공소장변경허가신청상의 공소사실은 위에서 본 확정된 약식명령 발령일 이후의 범죄이므로 공소장변경으로는 추가할 수 없고 별도로 공소제기하여야 합니다.

이러한 의견을 법원에 제출하면 이 사건 공소장변경허가 신청은 법원에서 불허할 것으로 예상됩니다.

Ⅱ. 피고인 이을남에 대하여

1. 보석사유의 존재

가. 이 사건 공소사실 중 성폭력범죄의처벌에관한특례법위반(준특수강간), 아동·청소년의 성보호에관한법률위반(준강간)의 점은 법정형이 장기 10년이 넘는 징역형에 해당하나 아래에서 보는 바와 같이 모두 무죄이고 나머지는 법정형이 10년을 넘지 아니합니다.

나. 피고인은 전과가 전혀 없으므로 누범이나 상습범에 해당하지 않습니다.

다. 피고인이 죄증을 인멸하거나 인멸할 염려가 있다고 믿을 만한 충분한 이유는 없으며, 오히려 이 사건 공소사실에 대해서는 수사와 공판과정에서 증거조사가 충분히 이루어졌으므로 죄증을 인멸할 여지도 없으며 염려도 없습니다.

라. 피고인이 도망하거나 도망할 염려가 있다고 믿을 만한 충분한 이유는 없으며, 오히려 피고인은 주민등록지에서 부모님과 함께 거주하고 있고, 팔성전자 주식회사에 2015. 3. 2.부터 현재까지 근무하고 있으므로 주거와 직장이 일정하고 도망할 염려도 없습니다.

마. 피고인이 출판물에의한명예훼손과 관련하여 그 법리상의 유무죄를 다툼은 별개로 하고 공소사실을 인정하고 나병녀를 피공탁자로 하여 300만 원을 공탁하여 피해를 일부라도 회복하였으므로, 피해자등에 대하여 생명·신체나 재산에 해를 가하거나 가할 염려가 있다고 믿을 만한 충분한 이유

---

211) 대법원 2017. 5. 17. 선고 2017도3373 판결.

가 없습니다.

바. 이상과 같이 피고인에게는 보석이 허가될 상당한 이유가 있습니다.

본건 공소사실 중 상상적 경합관계에 있는 성폭력범죄의처벌에관한특례법위반(준특수강간)의 점과 아동·청소년의 성보호에관한법률위반(준강간)의 점은 모두 무죄의 선고가 되어야 하고, 나머지는 피해자에게 상당한 정도 피해가 회복되어 비교적 경미합니다. 따라서 주거지에서 분명한 직장을 가지고 부모님을 부양하고 있는 피고인이 장기간의 구금으로 인하여 더 이상의 회복하기 어려운 손해를 방지하기 위해서라도 정상적인 가정생활과 직장생활을 하면서 재판에 임할 수 있도록 보석을 허가해 주시기 바랍니다.

2. 공소사실에 대한 변론

가. 성폭법위반(특수준강간) 및 아동·청소년의성보호에관한법률위반(준강간)의 점

1) 아동·청소년의성보호에관한법률위반(준강간)의 점

위 법률에 의하면, 제2조 제1호에서 19세에 도달하는 연도의 1월 1일을 맞이한 자는 그 적용대상에서 제외됩니다. 피해자 나병녀는 1999년 12월 31일 생으로 이 사건 당시 19세에 도달하는 연도의 1월 1일을 맞이하였으므로 그 적용대상자가 아닙니다. 이 부분 공소사실은 형소법 제325조 전단 무죄에 해당합니다.

2) 성폭법위반(특수준강간)의 점

피고인은 김갑동의 범행을 알지 못하여 그 범행에 가담한 사실이 없고, 피고인도 범행한 사실이 없습니다.

가) 증거능력 검토

(1) 김갑동에 대한 제1회 사경피신조서는 공범관계에 있는 공동피고인이 내용부인 취지로 증거에 부동의하였으므로 형소법 제312조 제3항이 적용되어 증거능력이 없습니다.

(2) 피고인에 대한 제1회 사경피신조서는 피고인이 내용부인하였으므로 형소법 제312조 제3항에 따라 증거능력이 없습니다.

(3) 강지연 진술조서 및 법정진술 중 나병녀로부터 전문한 진술은 조서의 경우 형소법 제312조 제4항, 제316조 제2항의 요건을, 진술의 경우 제316조 제2항의 요건을 충족하여야 하는데, 원진술자 나병녀가 법정에 출석하였으므로 모두 제316조 제2항 필요성의 용건을 충족하지 못하여 증거능력이 없습니다.

(4) 나병녀의 법정 진술 중 홍중재가 피고인으로부터 전문한 부분은 재전문진술이므로 증거능력이 없습니다.

(5) 수사보고서는 홍중재의 진술을 청취한 것으로 피고인이 증거에 부동의하였는바, 홍중재 진술은 본인의 자필이 아니고, 홍중재의 서명·날인도 없으므로 형소법 제313조 제1항의 요건을 구비하지 못하여 증거능력이 없습니다.

나) 증명력 검토

(1) 공소사실에 부합하는 듯한 부분의 모순진술

(가) 김갑동은 법정에서 피고인과의 이 사건 공소사실을 인정하면서도 그날 유럽 축구리그 생중계를 전반전까지 보고 휴식 시간 15분 사이에 피고인이 방으로 들어가서 샤워를 하였고, 나와서 후반전 시작부터 다시 시청하였다고 진술하였습니다. 그런데 김갑동은 검찰에서 피고인과 TV로 축구를 보고 있다가 피고인이 샤워를 한다고 방으로 들어가서 30~40분 후에 나왔는데 그때 피고인도 당연히 간음을 했다고 본다고 하여 그 시간이 확연히 다를 뿐 아니라 피고인의 범행에 대해서는 막연한 추측의 진술을 하였습니다.

(나) 나병녀는 법정에서 얼핏 남자 두명이 몸 위에 올라와서 성폭행을 한 것 같은 기억이 나고, 다음날 김갑동과 피고인에게 따졌을 때 피고인이 특별히 무슨 말을 하고 사과한 것은 아니고 그냥 고개만 숙이고 있었다고 진술하였습니다. 그런데 나병녀의 최초 경찰진술을 보면, 피고인의 옷에 자신의 립스틱이 묻어 있어서 피고인도 성폭행을 하였다고 막연한 추측을 한 후 피고인에게 따지니 미안하다고 하였다는 전혀 다른 진술을 하였습니다.

(2) 공소사실이 증명되는지 여부

(가) 피고인이 간음한 사실이 있는지 여부

① 위에서 본 바와 같이 공소사실에 부합하는 듯한 모든 증거에 의하더라도 피고인이 직접 간음행위를 하였는지에 대한 증명은 없습니다. 단지 피고인의 옷에 나병녀의 립스틱이 묻어 있었다는 것이 최대한의 불리한 증거라고 하겠지만, 반면 나병녀의 친구 강지연은 법정에서 함께한 술자리를 마칠 때 나병녀가 술에 취하여 피고인 쪽으로 쓰러질 뻔 하면서 피고인의 옷에 나병녀의 립스틱이 묻기도 하였다고 진술한 점에 비추어 보면, 피고인이 간음을 하는 도중에 피해자의 립스틱이 묻은 것이 아니므로 립스틱이 묻었다는 것은 피고인의 간음행위와는 아무런 관련이 없습니다.

② 김갑동 또한 피고인이 축구 중계를 보던 도중 샤워를 하기 위해 방에 들어가서 아마도 나병녀를 간음하지 않았을까 하는 단순한 추측에 불과한 것이고, 그것도 수사기관에서는 30～40분이라고 하였다가 법정에서는 정확히 휴식시간 15분이라고 하는 등 확연한 차이가 있어 도저히 그 신뢰성이 없습니다.

③ 이와 같이 피고인의 간음 여부에 대해 이를 증명할 직접적·간접적 사실이 전혀 없이 이러한 막연한 추측과 단순한 착오가 아닌 사실이 완전히 다른 일관성 없는 진술로써는 도저히 피고인의 간음행위에 대해 합리적 의심의 여지가 없을 정도로 증명되었다고 할 수 없습니다.

(나) 피고인이 김갑동과 합동하였는지 여부

피고인이 김갑동의 간음행위에 합동범으로 관여하였는지에 관하여도 이 부분을 증명할 부분은 전혀 없다고 하겠습니다. 다만 강지연의 경찰에서의 진술에는 그 전 피고인과 술자리를 함께 하면서 게임을 하였는데 김갑동과 피고인이 귓속말을 하였고 그때 범행을 하기로 계획한 것 같다는 추측이 있지만, 이러한 지극히 모호한 추측으로 피고인이 김갑동의 간음행위에 합동범으로 관여하였다고 인정할 수 없습니다. 게임 당시 피고인이 귓속말을 한 것은 게임과 관련된 것이므로 합동범의 성립과는 아무런 관련이 없음은 당연합니다.

다) 결론

따라서 이 부분 공소사실은 합리적 의심의 여지가 없을 정도로 입증되지 않았기에 형소법 제325조 후단 무죄에 해당합니다.

나. 출판물에 의한 명예훼손[212]

피고인이 이 부분 공소사실을 인정하고 나병녀를 피공탁자로 하여 300만 원을 공탁하여 피해를 일부라도 회복하였습니다.[213] 그러나 형법이 출판물 등에 의한 명예훼손죄를 일반 명예훼손죄보다

---

212) 정보통신망을 통한 명예훼손이나 허위사실적시 명예훼손 행위에는 위법성 조각에 관한 형법 제310조가 적용될 수 없다(대법원 2006. 8. 25. 선고 2006도648 판결).

213) 피고인이 수사기관에서부터 법정에 이르기까지 인정하고 있다. 그러나 그 인정은 유인물을 게시판에 부착한 사실관계 자체를 인정한 것이지 출판물에 의한 명예훼손이 인정되지 않으면 축소사실로 명예훼손의 죄를 부담하겠다는 취지라고 이해하여서는 안 된다. 법원에서 출판물에 의한 명예훼손을 무죄 선고하고 축소사실에 대하여 판단을 하지 않는 경우도 전혀 예상하지 못할 수는 없고 이는 피고인에게 대단히 유리하므로 정상에 유리한 점을 기재하면 족하고 굳이 축소사실이 유죄로 인정되므로 유죄로 처벌해 달라고 변론서 또는 보석청구서에서 기재할 이유는 없다. 그러나 의견서를 작성할 경우라면 축소사실이 유죄로 인정될 경우 피고인과 상의하는 등 그에 대비한 변론방향을 확정하여야 하므로 유죄로 인정될 여지가

중하게 처벌하는 이유는 사실적시의 방법으로서의 출판물 등의 이용이 그 성질상 다수인이 견문할 수 있는 높은 전파성과 신뢰성 및 장기간의 보존가능성 등 피해자에 대한 법익침해의 정도가 더욱 크다는 데 있는 점에 비추어 보면, 형법 제309조 제1항 소정의 '기타 출판물'에 해당한다고 하기 위하여는 그것이 등록·출판된 제본인쇄물이나 제작물은 아니라고 할지라도 적어도 그와 같은 정도의 효용과 기능을 가지고 사실상 출판물로 유통·통용될 수 있는 외관을 가진 인쇄물로 볼 수 있어야 합니다.[214] 위와 같은 법리에 비추어 볼 때, 피고인이 게시하였다는 이 사건 유인물은 컴퓨터 워드 프로세서로 작성되고 프린트된 A4용지 1쪽 분량의 인쇄물로서 그 외관이나 형식 및 그 작성경위 등에 비추어 볼 때, 그것이 등록된 간행물과 동일한 정도의 높은 전파성, 신뢰성, 보존가능성 등을 가지고 사실상 유통·통용될 수 있는 출판물이라고 볼 수는 없습니다.

따라서 이 부분 공소사실은 그 구성요건을 충족하지 못하여 형소법 제325조 전단 무죄에 해당합니다.

[제8회 기출문제] 개정 형사소송법 제312조 제1항을 적용할 경우

* 검사작성의 피의자신문조서(대질) 중 김갑동 진술기재 부분은 공범관계에 있는 공동피고인이 내용 부인 취지로 증거에 부동의하여 증거능력이 없다. 이러한 증거능력이 문제되는 것은 피고인의 성폭법 위반(특수준강간)의 점이고 이는 기존의 답안 중 II. 2. 가. 2)인데 그 중 가) (1)에서 이 부분을 추가하면 된다. 그러나 나머지 부분은 김갑동의 법정진술, 나병녀의 진술 및 강지연의 진술을 탄핵하는 것이므로 기존의 해당 답안과 동일하다.

[제9회 기출 문제]

피고인 김갑동에 대하여 검토의견서, 피고인 이을남에 대하여 변론요지서 각각 작성

Ⅰ. 피고인 김갑동에 대하여

1. 정보통신망이용촉진및정보보호등에관한법률위반(명예훼손)의 점

이건 범행은 정통법 70조 3항에 의거 반의사불벌죄로 피해자의 명시한 의사에 반하여 공소를 제기할 수 없습니다. 피해자 나부녀는 이 사건 공소제기 후인 2019. 12. 25. 피고인과 합의하여 피고인에 대한 처벌의사를 철회하였으므로 이 사건 공소는 형소법 327조 6호에 의하여 공소기각 판결이 선고될 것입니다.

2. 사자명예훼손의 점

이건 범행은 형법 312조 1항에 의거 친고죄인바 형소법 227조에 의하면 그 친족 또는 자손이 고소할 수 있는데 피해자의 배우자 나부녀는 경찰에서 범죄사실을 신고하고 피고인에 대한 처벌을 바라는 의사를 표시한 진술조서가 작성되었으므로 적법한 고소가 있고 공소제기는 적법합니다.

그 후 나부녀는 2019. 12. 25. 피고인과 합의하여 그 고소를 취소하였으므로 이 부분 공소사실은 형소법 327조 5호에 의하여 공소기각 판결이 선고될 것입니다.

있는 부분도 검토하여 결론을 도출해야 한다. 물론 유죄 이외의 주문이 축소범죄사실에 인정될 경우(예컨대 공소기각·면소 등)에는 법원이 간과하지 않도록 변론서에도 기재해야 한다.

214) 대법원 2000. 2. 11. 선고 99도3048 판결.

3. 상습절도의 점

가. 2017. 11. 19.자 상습절도의 점

상습범인 포괄일죄의 일부 범죄에 대하여 상습범으로 처벌받은 확정판결이 있는 경우 그 기판력은 확정전의 상습범행에 미칩니다. 피고인은 2017. 11. 20. 서울중앙지방법원에서 상습절도죄로 징역 1년에 집행유예 2년을 선고받고 2017. 11. 28. 그 판결이 확정되었는바, 위 확정판결의 범죄사실과 이 사건 상습절도죄의 공소사실은 전과, 범행기간, 수단과 방법 등에 비추어 동일한 습벽의 발현에 의한 범행으로 포괄일죄의 관계에 있습니다.

그렇다면 위 확정판결의 기판력은 그 선고일 전에 범한 이 사건 공소사실에 미치므로 본건 공소사실은 확정판결이 있는 때에 해당하여 형소법 326조 1호에 의하여 면소판결이 선고될 것입니다.

나. 2017. 12. 24.자 상습절도의 점

이건 공소사실은 상습절도의 확정 판결 선고 이후의 범죄이므로 면소사유는 해당하지 아니합니다.[215]

1) 캠코더 절도의 점은, 피고인이 캠코더에 자신의 얼굴이 찍힌 것으로 생각하고 범행의 증거를 인멸하기 위하여 이를 들고 나와 곧바로 부수어 인근 쓰레기통에 버린 사안입니다. 절도죄의 성립에 필요한 불법영득의 의사라 함은 권리자를 배제하고 타인의 물건을 자기의 소유물과 같이 그 경제적 용법에 따라 이용, 처분하려는 의사를 말하므로 이러한 의사가 결여된 이 사건에서는 불법영득의 의사는 인정할 수 없어 절도죄에 해당하지 아니합니다.[216] 달리 피고인의 불법영득의 의사를 인정할 증거가 없으므로 형소법 325조 후단 무죄에 해당합니다. 다만, 절도죄의 공소사실을 공소장변경 없이 손괴죄로 인정하여 처벌할 수는 없으나 두 죄는 공소사실의 동일성이 있으므로 공소장변경 신청이 있는 경우 손괴죄는 인정될 것입니다.

2) 신용카드 절도의 점은 피고인이 자백하고 보강증거도 있으므로 유죄가 인정될 것입니다.

다. 2019. 10. 31.자 신용카드와 통장 절도의 점

피고인은 아버지인 피해자 김부친 소유의 신용카드와 예금통장을 가지고 나와 이를 사용하여 돈을 인출한 후 곧바로 반환하였습니다.

1) 신용카드의 경우 이를 무단으로 가지고 나와 현금서비스를 받아 현금자동지급기에서 현금을 인출하였다고 하더라도 신용카드 자체가 가지는 경제적 가치가 인출된 예금액만큼 소모되었다고 할 수 없으므로 이를 일시 사용하고 반환한 경우에는 불법영득의 의사를 인정할 수 없습니다.[217] 달리 불법영득의 의사를 인정할 증거가 없으므로 이 부분 절도는 형소법 325조 후단 무죄에 해당합니다.

2) 예금통장 부분은 예금을 인출하게 되면 그 인출된 예금액에 대하여는 예금통장 자체의 예금액 증명기능이 상실되고 이에 따라 그 상실된 기능에 상응한 경제적 가치도 소모되므로 예금통장 자체가 가지는 예금액 증명기능의 경제적 가치에 대한 불법영득의 의사를 인정할 수 있어 절도죄가 성립합니다.[218] 그러나 피해자는 피고인의 아버지로서 직계혈족이므로 형면제 판결이 선고될 것입니다.

라. 2019. 10. 31.자 현금절도의 점

훔친 신용카드나 예금통장으로 현금자동인출기에서 현금서비스나 예금인출 기능을 이용하여 현금을 인출하는 경우에는 현금자동인출기 관리자의 의사에 반하는 것이므로 절도죄가 성립합니다. 이 경우 피해자는 은행이므로 친족상도례는 적용이 없고, 피고인이 자백하고 있고 보강증거도 있으므로

215) 대법원 2017. 5. 17. 선고 2017도3373 판결.
216) 대법원 2000. 10. 13. 선고 2000도3655 판결.
217) 대법원 1999. 7. 9. 선고 99도857 판결.
218) 대법원 2010. 5. 27. 선고 2009도9008 판결.

유죄가 인정될 것입니다.

마. 죄수관계

위에서 본 유죄인 절도 범행은 피고인의 전과, 범행기간, 수단 및 방법에 비추어 확정판결 전후의 범죄가 모두 상습절도의 포괄일죄의 관계에 있고, 다만 앞서 본 바와 같이 확정판결 후의 범죄로 포괄하여 1개의 형이 선고될 것입니다.

4. 건조물침입의 점[219]

절도범인이 상습 절도 범행의 수단으로 주간에 건조물에 침입하여 절도범행을 저지른 경우 그 건조물침입 행위의 위법성에 대한 평가가 형법 332조, 329조의 상습절도의 구성요건적 평가에 포함되어 있다고 볼 수 없으므로 주간의 주거침입행위는 상습절도죄와 별개로 주거침입죄가 성립하고 두 죄는 실체적 경합범의 관계에 있습니다. 상습절도의 확정판결의 기판력은 이건 주거침입죄에는 미치지 않으나 이건은 확정판결 이전의 범죄로 피고인이 자백하고 있고 형법 37조 후단의 경합범이므로, 형법 39조 1항에 의하여 형평을 고려한 형의 감경 또는 면제를 기대할 수 있습니다.

5. 여신전문금융업법위반의 점[220]

여전법 70조 1항 3호에 도난된 신용카드라 함은 소유자 또는 점유자의 의사에 반하여 점유를 이탈하거나 그의 의사에 반하여 점유가 배제된 신용카드를 가리키는 것으로서 소유자 또는 점유자의 점유를 이탈한 신용카드를 취득하거나 그 점유를 배제하는 행위를 한 자가 반드시 유죄의 처벌을 받을 것을 요하지 아니합니다. 또한 신용카드를 현금인출기에 투입하고 현금서비스를 받는 행위는 신용카드 본래 용도에 따라 사용하는 것에 해당합니다. 자백하고 있고 보강증거가 있어 유죄가 선고될 것입니다.

6. 사기의 점

사기죄가 성립하기 위해서는 기망행위로 인한 처분행위가 있어야 합니다.

그런데 피고인은 마치 태블릿을 구입할 것처럼 가장하여 피해자의 직원 어리숙으로부터 이를 건네받은 다음 마침 어리숙이 다른 손님을 응대하는 사이에 이를 가지고 나간 것으로, 위 태블릿은 아직 어리숙의 점유하에 있고, 어리숙이 태블릿을 건네준 행위가 태블릿에 대한 처분행위로서 피고인에게 점유이전을 한 것이라고 볼 수 없으며, 달리 이를 인정할 증거가 없습니다. 사기죄는 범죄의 증명이 없으므로 형소법 325조 후단 무죄에 해당합니다.

이 경우 피고인의 행위는 절도에 해당하는데, 사기죄의 공소사실을 공소장 병경 없이 절도죄로 인정하여 처벌할 수는 없으나 양죄는 공소사실의 동일성이 있으므로 공소장 변경 신청이 있는 경우 절도죄는 인정될 것입니다.

II. 피고인 이을남에 대하여

1. 정보통신망이용촉진및정보보호등에관한법률위반(명예훼손)의 점

가. 피고인은 김갑동의 범행에 관여한 바가 없습니다.

나. 증거능력 검토

1) 피고인에 대한 경찰 피신조서는 공범관계인 피고인이 내용부인 취지로 부동의하므로 형소법 321조 3항에 의하여 증거능력이 없습니다.

---

219) 대법원 2015. 10. 15. 선고 2015도8169 판결.
220) 대법원 1999. 7. 9. 선고 99도857 판결.

2) 고동창에 대한 경찰 진술조서와 법정증언 중 김갑동으로부터 들은 부분은, 진술조서는 형소법 312조 4항, 316조 2항이, 법정증언은 형소법 316조 2항이 각각 적용되는데, 원진술자인 김갑동이 이 법정에 출석하고 있으므로 출석불능의 요건을 갖추지 못하여 증거능력이 없습니다.

3) 압수된 이메일출력물 및 그 압수조서는, 그 압수가 형소법 217조 1항에 의한 압수인데 긴급체포된 피의사실과 관련성이 없는 물건을 압수하였고 또 긴급체포한 2019. 11. 12. 13:00로부터 24시간이 이미 경과한 2019. 11. 13. 15:00에 압수하였으므로 위 이메일출력물은 위법한 압수물이고 그 압수조서는 2차적 증거로써 증거능력이 없습니다. 사후영장을 발부받았다거나 피고인이 증거동의하였다고 하더라도 마찬가지입니다.

다. 신빙성 검토

김갑동의 진술에 관하여 보면, 김갑동은 경찰에서는 피고인이 글을 쓰자고 제안하여 같이 글을 썼다고 진술하였다가 검찰에서는 자신이 먼저 제안하자 피고인이 이에 응하였다고 번복하였으며, 검찰에서는 글을 올릴 때 피고인이 함께 있는 자리에서 상의하면서 글을 게재하였다고 진술하였으나 법정에서는 글을 쓸 때는 혼자 있었고 피고인은 나중에 왔다고 진술을 번복하여 중요한 부분에 있어서 전혀 일관성이 없으므로 도저히 그 진술을 신뢰할 수가 없습니다.

나머지 나부녀의 경찰 진술조서와 김갑동의 일부 법정진술만으로는 피고인의 공모사실을 인정하기 부족하고 달리 이를 인정할 증거가 없습니다.

라. 결론

그렇다면 이 사건 공소사실은 합리적 의심의 여지가 없을 정도로 증명이 되었다고 할 수 없으므로 형소법 325조 후단에 따라 무죄를 선고해 주시기 바랍니다.

2. 사자명예훼손의 점

본건은 친고죄이고 친고죄의 공범 중 1인에 대한 고소 또는 고소취소는 다른 공범자에 대하여도 효력이 미칩니다. 고소인 나부녀는 고소 후 2019. 12. 25. 공범인 김갑동과 합의하여 고소를 취소하였고 피고인에게도 그 효력이 미치므로 이 부분 공소사실은 형소법 327조 5호에 의하여 공소기각 판결을 선고해 주시기 바랍니다.

3. 장물취득의 점
가. 신용카드 취득의 점[221]

장물취득죄에서 '취득'이라고 함은 점유를 이전받음으로써 그 장물에 대하여 사실상의 처분권을 획득하는 것을 의미하는 것이므로, 단순히 보수를 받고 본범을 위하여 장물을 일시 사용하거나 그와 같이 사용할 목적으로 장물을 건네받은 것만으로는 장물을 취득한 것으로 볼 수 없습니다. 이 사건의 경우 피고인은 김갑동의 요청으로 신용카드로 물건을 사서 물건과 함께 신용카드를 돌려주기 위하여 이를 건네받은 것에 불과하므로 이를 취득으로 볼 수 없고 달리 취득의 점을 인정할 증거가 없습니다. 이 부분 장물취득죄는 형소법 325조 후단 무죄가 선고되어야 합니다.

나. 200만 원 취득의 점

피고인은 김갑동이 김부친의 허락을 받고 인출하는 것으로 알았을 뿐 장물인 정을 알지 못하였습니다.

피고인의 경찰 피신조서는 피고인이 내용을 부인하여 형소법 312조 3항에 의하여 증거로 쓸 수가 없으며, 김갑동에 대한 경찰 검찰 각 피신조서 및 법정진술은 김갑동과 피고인이 절도범과 장물범의

---

221) 대법원 2003. 5. 13. 선고 2003도1366 판결.

관계로 공범 아닌 공동피고인이므로 위 조서의 성립과 진술은 김갑동이 증인으로 선서하고 이루어져야 하는데, 그렇게 하지 아니하여 모두 증거능력이 없습니다.

김부친의 도난신고서 및 진술조서만으로는 피고인이 장물인 정을 알았다는 점을 인정하기에는 부족하고 달리 이를 인정할 증거가 없습니다. 이 사건 공소사실은 범죄의 증명이 없으므로 형소법 325조 후단 무죄를 선고해 주시기 바랍니다.

4. 사기방조의 점

가. 피고인은 이 사건 통장과 체크카드가 김갑동의 범행에 사용될 것을 전혀 알지 못하였습니다.

나. 증거능력 검토

1) 피고인에 대한 사경 피신조서는 피고인이 내용을 부인하므로 형소법 312조 3항에 의하여 증거능력 없습니다.

2) 피고인에 대한 제2회 검사 피신조서는 당시 변호인은 피고인 옆에 앉아 조력하겠다고 하였고 피고인도 이를 요청하였음에도 검사는 특별한 사정 없이 변호인을 피고인 뒤에 앉게 하였습니다. 이로 인하여 위축된 피고인은 변호인에게 적극적으로 조언과 상담을 요청하지 못하였고, 변호인은 피고인의 상태를 즉각적으로 파악하거나 수사기관이 피고인에게 제시한 서류 등의 내용을 정확하게 파악하기 어려워 피고인은 변호인의 조력을 제대로 받지 못한 상태에서 작성되었습니다. 따라서 검사 피신조서는 위법하게 수집된 증거로 증거능력 없습니다.[222] 피고인이 성립인정하였더라도 마찬가지입니다.[223]

3) 장호구의 경찰 진술조서, 압수된 현금 400만 원, 체크카드, 송금내역서만으로는 피고인이 사기범행을 알고 도와주었다는 증거로 삼기에는 부족하고 달리 이를 인정할 증거가 없습니다.

다. 그렇다면 본건 공소사실에 대하여는 범죄의 증명이 없으므로 형소법 325조 후단 무죄판결을 선고해 주시기 바랍니다.

5. 횡령의 점[224]

가. 전기통신금융사기 범행으로 피해자의 돈이 사기이용계좌로 송금·이체된 경우 계좌명의인이 은행에 대한 예금반환청구권을 가지는 것이지 계좌명의인으로부터 접근매체를 교부받은 사람에게 그 돈이 귀속하는 것이 아니므로 피고인이 접근매체를 교부받은 보이스피싱 조직원을 위하여 재물을 보관하는 관계가 아닙니다.

나. 또한 계좌명의인과 전기통신금융사기의 범인 사이의 관계는 횡령죄로 보호할 만한 가치가 있는 위탁관계도 있지 않습니다.

다. 따라서 이 사건 공소사실과 같이 피고인이 보이스피싱 사기범죄로 피고인의 통장으로 입금된 돈을 인출하였더라도 사기범인을 피해자로 하는 횡령죄는 성립하지 않습니다.

라. 그렇다면 본건 공소사실은 죄가 되지 아니하므로 형소법 325조 전단에 의한 무죄판결 선고되어야 합니다.

[제9회 기출문제] 개정 형사소송법 제312조 제1항을 적용할 경우

* 검사작성 피의자신문조서(대질) 중 정통망법위반(명예훼손)의 점 및 200만 원의 장물취득 부분에 대한 부분이 관련된다.

---

222) 헌재 2017. 11. 30. 선고 2016헌마503 결정.
223) 피고인이 원진술자인 자기 조서에 대하여 부적법하다는 증거인부가 적절하다.
224) 대법원 2018. 7. 19. 선고 2017도17494 전원합의체 판결.

> 그 중 정통망법위반(명예훼손)의 점에 관하여 본다.
>
> 기존의 답안 중 공범관계에 있는 공동피고인이 내용 부인 취지로 증거에 부동의하였으므로 이 부분은 증거능력이 없다는 부분을 추가하여야 한다. 그러나 그 외에는 김갑동 진술이 일관성없다는 점을 지적하는 해당 기존의 답안과 동일하다.
>
> 다음, 200만 원의 장물취득 부분에 관하여 본다.
>
> 김갑동과 피고인은 절도범과 장물범의 관계로 공범 아닌 공동피고인이므로 피고인이 증거에 부동의하였으므로 위 조서의 성립은 김갑동이 증인으로 선서하고 이루어져야 한다. 기존의 답안은 이러한 이유로 이 부분의 위 조서에 대하여 진정성립이 이루어지지 않았다고 하여 증거능력을 배척하였으므로 결국 기존의 답안과 동일하다.

[제10회 기출 문제]

피고인 김갑동에 대하여 검토의견서, 피고인 김을남에 대하여 변론요지서 각각 작성

Ⅰ. 피고인 김갑동에 대하여

1. 사문서위조, 위조사문서행사의 점

가. 위조의 점

피고인이 위조하였다는 '투자확약서'는 '엔젤 인베스트먼트 주식회사'의 명의이고, 그 명의인은 존재하지 않는 가공의 회사입니다. 그러나 문서위조죄는 문서의 진정에 대항 공공의 신용을 그 보호법익으로 하는 것이어서 당해 명의인의 권한 내에서 작성된 문서라고 믿게 할 수 있는 정도의 형식과 외관을 갖추었다면 그 명의인이 실재하지 않는 허무인이라도 공공의 신용을 해할 위험이 발생하므로 문서위조죄와 그 행사죄가 성립합니다.

피고인의 자백과 박병서의 진술, 투자확약서 사본 등의 증거를 종합하면 피고인이 박병서와 공모하여 위 사문서를 위조한 점이 인정됩니다.

피고인이 김을남, 박병서와 공모하였다고 기소되었으나 뒤에서 보는 바와 같이 김을남은 가담한 사실이 인정되지 않으므로 김을남을 제외한 박병서와의 공모관계만 인정될 것입니다.

나. 위조사문서행사의 점

피고인의 자백과 박병서의 진술, 김피해와 김손해의 진술 등의 증거를 종합하면 피고인이 박병서와 공모하여 그 정을 모르는 김을남을 이용하여 이 사건 범행을 행한 사실이 인정됩니다.

이 건 역시 피고인이 김을남, 박병서와 공모하였다고 기소되었으나 뒤에서 보는 바와 같이 피고인은 위조의 사실을 알지 못한 김을남을 이용한 간접정범에 해당하고 이러한 공동정범의 기소에 대하여 피고인이 박병서와 공모하여 김을남을 이용한 간접정범으로 인정하더라도 피고인의 방어권 행사에 불이익이 없으므로 공소장 변경 없이 유죄로 인정될 것입니다.[225]

2. 특경법위반(사기), 사기의 점

가. 특경법위반(사기)의 점-피해자 김손해 부분

형법상 사기죄의 성질은 특경법에 의해 가중처벌되는 경우에도 그대로 유지되고 특경법에서 친족상도례에 관한 형법 제354조, 제328조의 적용을 배제한다는 명시적인 규정이 없으므로, 형법 제354조는 특경법위반(사기)죄에도 그대로 적용됩니다.[226]

---

225) 대법원 2017. 3. 16. 선고 2016도21075 판결.
226) 대법원 2010. 2. 11. 선고 2009도12627 판결.

친족상도례는 상대적 친고죄이고 상대적 친고죄에 있어서도 공범간의 고소불가분의 원칙은 적용됩니다.

피고인은 피해자 김손해와 비동거 6촌 혈족의 친족관계에 있고 김을남은 피해자 김손해와 비동거 4촌 혈족의 친족관계에 있으므로, 피해자 김손해와의 관계에 있어서 피고인과 김을남은 고소불가분의 원칙을 적용받게 됩니다.

피해자 김손해는 피고인에 대해서는 고소한 바가 없고, 김을남에 대해서는 범인임을 안날인 2020. 4. 22.로부터 6월이 경과한 2020. 10. 26. 고소하여 그 고소는 고소기간이 도과한 고소로서 부적법하여 무효입니다. 김손해의 김을남에 대한 고소로써 피고인에게 고소불가분의 원칙을 적용하여도 고소기간을 도과한 부적법고소이므로 결국 피고인에 대해서는 친고죄의 적법한 고소없는 공소제기가 됩니다.

따라서 본건 공소는 공소제기 절차가 법률의 규정에 위반하여 무효인 경우에 해당하므로 형소법 제327조 제2호에 의하여 공소기각 판결이 선고될 것입니다.

나. 사기의 점 – 피해자 김피해 부분

피고인은 피해자 김피해와 비동거 6촌 혈족의 친족관계에 있고 김을남은 피해자 김피해와 비동거 4촌 혈족의 친족관계에 있으므로, 피해자 김피해와의 관계에 있어서 피고인과 김을남은 고소불가분의 원칙을 적용받게 됩니다.

김피해는 피고인에 대하여 고소한 바가 없지만 김을남에 대해서는 범인임을 안날인 2020. 4. 22.로부터 6월이 경과하기 전인 2020. 10. 3. 적법하게 고소하였습니다. 고소불가분의 원칙이 적용되는 공범의 관계에 관하여는 소추조건에 해당한다고 하여 공소사실에 의하여야 한다는 공소사실 기준설이 있고, 심리결과 공범관계에 있지 않다면 고소불가분의 원칙이 적용되지 않는다는 심리결과 기준설이 있습니다.

피고인은 뒤에서 보는 바와 같이 김을남을 생명 있는 도구로써 이용한 간접정범의 관계에 있고 이는 형법 총칙 제3절의 공범의 범위에 속합니다. 김을남에 대한 고소로써 고소불가분의 원칙을 적용하여 간접정범의 관계에 있는 피고인에 대한 고소로 인정할 것인가에 대해 대법원 판례가 명확하지 않는 상황에서, 교사범 또는 방조범의 예에 의해 처벌되는 간접정범인 피고인의 처벌을 외면하는 것은 실체적 진실발견이라는 형사소송법의 대원칙에도 부합하지 아니합니다.

따라서 이 건 공소사실에 대해서는 고소가 없다고 하여 공소기각에 해당한다고 결론하기에는 위험부담이 매우 높습니다. 김을남에 대한 고소에 고소불가분의 원칙을 적용하여 피고인에 대해서도 실체판단을 할 것에 대비해야 하는데, 김을남과 공동정범으로 기소된 피고인에 대하여 김을남을 도구로 이용한 간접정범으로 인정하더라도 앞서 본 바와 같이 피고인의 방어권 행사에 불이익이 없으므로 실체판단을 하게 된다면 피고인의 자백과 박병서의 진술, 김을남의 진술 등을 종합하여 공소장 변경 없이 유죄가 인정됩니다.[227]

3. 성폭법위반의 점

가. 피고인은 이 사건 공소사실에 대하여 자백하고 있으므로 보강증거관계를 살펴보아야 합니다.

나. 증거능력 없는 부분

1) 압수된 휴대전화, 휴대전화에서 출력한 사진 및 피고인으로부터 임의제출받았다는 기재의 압수조서 부분입니다.

---

227) 대표변호사에게 보고하는 의견서의 경우에는 변론요지서와 달리 피고인에게 불이익하게 선고될 여지에 대해서 충분히 검토하여 대응하는 것이 바람직하다.

압수된 휴대전화는 피고인으로부터 임의제출 받았다는 것입니다. 그런데 임의제출은 제출에 임의성이 인정되어야 하는데 압수조서상의 압수경위에 의하면 경찰관은 당시 피고인을 현행범으로 체포한 후 아무런 설명도 없이 휴대전화를 내놓으라고 요구하였고 피고인이 거부하여 현행범인으로 체포한 후 다시 휴대전화를 제출할 것을 요구하여 제출받은 것입니다. 이러한 제출에 임의성이 인정될수가 없고 오히려 현행범인 체포에 수반한 긴급압수에 해당한다고 하겠습니다만 사후영장을 받지 않았기에 이 또한 위법합니다. 따라서 휴대전화는 증거능력이 없고 그에 기초한 사진 및 위 압수조서는 위법한 증거에서 파생한 2차 증거로서 모두 증거능력이 없으며 당사자가 증거에 동의하였다고 하더라도 마찬가지입니다.

2) 김을남의 법정진술은 이 부분에 있어서는 공범관계에 있지 않으므로 증인으로 선서하고 증언하여야 증거능력이 구비됩니다만 공동피고인의 관계에서 진술하였기에 증거능력이 없습니다.

다. 증거능력 있는 증거

한편, 위 압수조서의 기재에는 작성자인 경찰관들의 피고인에 대한 범행 목격 진술이 기재되어있고 이러한 부분은 형소법 제312조 제5항의 진술서에 해당하여 위1)항의 압수조서 기재와는 별개의 독립된 증거이고 피고인이 증거에 동의하였으므로 증거능력이 있습니다.[228]

라. 결론

피고인의 자백과 위 증거능력 있는 증거가 보강증거가 되어 유죄가 인정됩니다.

II. 피고인 김을남에 대하여

1. 특경법위반(사기), 사기의 점

가. 특경법위반(사기)의 점

앞서 본 바와 같이 본건은 친고죄로서 피해자 김손해의 적법한 고소가 있어야 합니다. 김손해의 피고인에 대한 고소는 6월의 고소기간을 도과한 부적법한 고소이어서 공소제기 절차가 법률의 규정에 위반하여 무효이므로 형소법 제327조 제2호에 의하여 공소기각 판결을 선고해 주시기 바랍니다.

나. 사기의 점

1) 증거능력 검토

○ 김갑동에 대한 사경피신조서, 박병서에 대한 사경피신조서는 모두 공범인 피고인이 내용부인취지로 증거에 부동의하므로 증거능력이 없습니다. 비록 박병서가 사망하였다고 하더라도 형소법 제314조에 의하여 증거능력이 부여되지 않으므로 마찬가지입니다.

○ 김피해의 고소장은 형소법 제313조 제1항, 김피해의 진술조서는 형소법 제312조 제4항의 요건을 갖추어야 함에도 그 요건을 충족하지 못하였습니다. 김피해가 법정에서 진술거부권을 행사하였다고 하더라도 형소법 제314조의 요건을 충족하는 것은 아닙니다. 따라서 모두 증거능력이 없습니다.

○ 김갑동으로부터의 전문진술이 기재된 김손해의 고소장과 진술조서 그리고 김갑동으로부터의 전문진술인 김손해의 법정진술 모두 원진술자인 김갑동이 이 법정에 출석하여 재판을 받고 있어 형소법 제316조 제2항의 필요성을 충족하지 못하여 증거능력이 없습니다.

○ 김손해의 법정진술 중 김피해로부터의 전문진술은 김피해가 법정에 출석한 후 증언을 거부하였는바 이는 형소법 제316조 제2항의 요건을 충족하지 못하므로 증거능력이 없습니다.

2) 증명력 검토

○ 김갑동은 2020. 1. 1. 피해자들에게 보여주어 자금을 유치하기 위한 수단으로 '자금압박 심각,

228) 대법원 2019. 11. 14. 선고 2019도13290 판결.

상황타개책 필요'라는 카톡 문자를 피고인에게 보냈다고 합니다. 피고인은 당시 김갑동으로부터 그 문자를 받고 김갑동에게 피해자들의 여윳돈을 말해 주었으므로 카톡 메시지를 보낸 후 피해자들의 자금상태를 인지한 김갑동으로서는 카톡 메시지를 보낸 시점에 그 메시지를 피해자들에게 보여줄 상황이 되지 못하였고 실제 피고인은 그 메시지를 피해자들에게 보여주지도 않았습니다. 이는 피고인을 속여서 이용하기 위해 보낸 것입니다.

　○ 위 카톡 문자 메시지는 그 내용상 피해자들에게 보여주면 불안한 피해자들이 투자할 이유가 없음을 알 수 있습니다. 오히려 그 내용상 피고인의 진술과 같이 100억 원의 투자자금이 입금되기 전까지의 단기자금 융통이 필요하다는 것을 피고인으로 하여금 믿게 하기 위한 것임을 경험칙상 쉽게 인정할 수 있습니다.

　○ 투자확약서는 피고인이 요구하여 피해자들을 만날 때 보여주기 위하여 작성하였다고 합니다. 그러나 투자확약서에는 김갑동의 이름이 기재되어 있는데 피해자들은 김갑동을 알지 못한 상태였기에 김갑동의 이름을 기재할 이유가 없습니다. 이는 피고인의 진술과 같이 김갑동이 투자를 받는다는 점을 피고인에게 믿게 하기 위하여 기재되었음을 경험칙상 쉽게 인정할 수 있습니다.

　○ 이익금 분배에 관한 김갑동의 진술은 모순되고 전혀 일관성이 없어 믿을 수가 없습니다. 김갑동은 피고인, 박병서가 그 이익을 4:3:3으로 분배하기로 하였다고 주장하나 중요한 수익분배 약정서가 존재하지도 아니할 뿐 아니라 피고인에게 현금으로 지급하였다는 금액도 경찰에서는 3,000만 원, 검찰에서는 2,000만 원, 다시 법원에서는 3,000만 원이라고 일관성 없는 진술을 하였을 뿐만 아니라 그 진술에 의하더라도 4:3:3 비율에 의한 지급이 아닙니다.

　○ 피고인은 김갑동에게 2020. 1. 28. 1억 원을 송금하였는데 가령 피고인이 김갑동과 공모하였다면 1억 원을 송금하지 않았을 것이며 김갑동의 주장과 같이 계좌로 송금한 직 후 2,000만 원 혹은 3,000만 원을 현금으로 반환받는 것은 경험칙상 상상할 수 없는 거래행위입니다. 피고인도 김갑동에게 기망당하여 1억 원을 송금한 것에 불과합니다.

　○ 김갑동의 진술에 의하더라도 주식투자는 7억 원을 3개월간 투자하여야 수익이 나는 구조인데 그 수익이 발생하기 전에 수익분배를 할 수가 없습니다. 따라서 김갑동이 3,000만 원 상당을 현금으로 피고인에게 이익분배로 지급하였다는 것은 피고인을 공모관계에 끌어넣기 위한 억지주장임을 쉽게 알 수 있습니다.

　○ 김갑동은 피고인에게 급여 명목으로 300만 원을 계좌이체하였습니다. 그런데 그것보다 훨씬 큰 금액인 3,000만 원 상당을 계좌송금도 아닌 현금으로 지급하였다는 김갑동의 진술은 거래관행의 경험칙에 비추어 도저히 납득할 수 없습니다. 김갑동은 피고인에게 위 3,000만 원 상당을 지급한 사실이 없음에도 억지로 맞추기 위하여 현금을 지급하였다고 주장하고 있는 것입니다.

　○ 김갑동은 피고인으로부터 1억 원을 송금받은 당일 박병서에게 3,000만 원을 송금하였는데 가령 김갑동의 주장과 같이 피고인으로부터 송금받은 1억 원이 주식투자용이라면 주식투자에 사용하여야 할 것임에도 박병서에게 분배한 것이므로 김갑동의 주장은 객관적 증거에 배치됩니다.

　○ 김갑동은 이 사건 후 도주하였지만 피고인은 그렇게 하지 않은 점만 보더라도 피고인은 김갑동에게 이용당하였다는 점을 쉽게 인정할 수 있으며 김갑동은 피고인과의 공모를 주장하여 그 책임을 피고인에게 전가할 동기가 있습니다.

　○ 위조된 투자확인서 등 그 외 증거로는 피고인의 범행가담을 인정하기에 부족하고 달리 이를 인정할 증거가 없습니다.

　3) 결론

　피고인에게는 김갑동과 공모할 확정적 고의는 물론이고 이러한 결과발생의 용인을 필요로 하는 미필적 고의도 합리적 의심의 여지가 없을 정도로 증명되지 않았으므로 형소법 제325조 후단에 의하여 무죄판결을 선고해 주시기 바랍니다.

2. 횡령의 점

가. 2012. 7. 5.자 횡령

횡령죄의 공소시효는 7년인데 이 사건 공소는 범행일인 2012. 7. 5.로부터 7년이 도과한 2020. 11. 30. 제기되었습니다. 따라서 이 사건 공소사실은 공소시효가 완성되었으므로 제326조 제3호에 의하여 면소판결을 선고해 주시기 바랍니다.

나. 2020. 1. 28.자 횡령

이 사건 공소사실은 피고인이 피해자로부터 명의신탁받은 위 가.항의 2012. 7. 5.자 횡령으로 취득한 돈으로 매수한 후 다시 근저당권을 설정하여 횡령하였다는 것입니다.

그러나 이미 횡령한 물건의 처분대가로 취득한 물건에 대해서는 더 이상 피해자의 물건을 보관하는 지위에 있다고 할 수 없으므로 그 물건의 처분행위는 불가벌적 사후행위에 해당하고 이미 성립한 횡령죄 외에 별도의 횡령죄가 성립하지 않습니다.[229]

따라서 이 사건 공소사실에 대하여는 형소법 제325조 전단에 의하여 무죄의 판결을 선고해 주시기 바랍니다.

3. 특가법위반의 점

1개의 교통사고로 인하여 특가법위반(위험운전치사상)죄와 업무상과실 재물손괴의 도로교통법위반죄가 성립한 경우 위 두 죄는 1개의 운전행위로 인한 것이므로 상상적 경합관계에 있고 상상적 경합관계에 있는 하나의 죄에 대하여 약식명령이 확정된 경우에 그 확정된 약식명령의 기판력은 나머지 범죄에 미칩니다.

피고인은 2020. 12. 7. 서울중앙지방법원에서 도로교통법위반죄로 벌금 500만 원의 약식명령을 발령받아 2020. 12. 28. 확정되었습니다. 위 약식명령의 범죄사실인 업무상 과실재물손괴로 인한 도로교통법위반죄와 이 사건 공소사실은 동일한 교통사고로 재물손괴와 상해가 발생한 것이어서 상상적 경합관계에 있습니다.[230]

따라서 위 확정된 약식명령의 기판력은 이 사건 공소사실에 미치므로 이 사건 공소사실은 확정판결이 있는 때에 해당합니다. 형소법 제326조 제1호에 의하여 면소판결을 선고해 주시기 바랍니다.

[제10회 기출문제] 개정 형사소송법 제312조 제1항을 적용할 경우
* 피고인 김을남의 특가가법위반(사기)의 점에 대한 증거능력 부분 만 차이가 발생할 뿐 나머지는 모두 기존의 답안과 동일하다.
검사작성의 피의자신문조서(대질) 중 김갑동 진술기재 부분은 공범관계에 있는 공동피고인이 내용부인 취지로 증거에 부동의하여 증거능력이 없고 증거능력 부분에서 이 점을 지적해야 한다. 그러나 제2회 공판기일에 피고인신문 시 검사가 김갑동에 대하여 검사작성의 피의자신문조서와 동일한 내용으로 신문하였기 때문에 이 부분에 의해 김갑동 진술의 신빙성을 기존의 답안 내용과 동일하게 탄핵해야 한다.
앞으로도 검사작성의 피의자신문조서의 증거능력이 문제가 될 우려가 있으면 공판조서에 그와 같은 신문내용이 이루어졌다는 기재가 있게 될 것을 예상한다.

---

229) 대법원 2006. 10. 13. 선고 2006도4034 판결.
230) 대법원 2010. 1. 14. 선고 2009도10845 판결.

제 8 장

헌법소송

제8장

헌법소송

제1절 헌법소송의 유형과 절차 개관

1. 헌법소송의 유형

헌법 제111조 제1항과 헌법재판소법(이하 '헌재법'이라 함) 제2조는 헌법재판소의 관장사항을 법원의 제청에 의한 법률의 위헌여부 심판, 탄핵의 심판, 정당의 해산 심판, 국가기관 상호간·국가기관과 지방자치단체 간 및 지방자치단체 상호간의 권한쟁의에 관한 심판, 법률이 정하는 헌법소원에 관한 심판 등 5가지로 한정하여 열거하고 있다.

가. 위헌법률심판

위헌법률심판은 국회가 제정한 법률조항(형식적 의미의 법률)의 헌법 위반 여부를 심사하여 해당 법률조항이 헌법에 위반되는 경우 그 효력을 즉시 상실시키는 등의 방법으로 위헌성을 제거하거나 교정하는 헌법소송의 유형이다. 현행법상 위헌법률심판제도는 구체적 사건에서 법률조항의 위헌 여부가 재판의 전제가 되는 경우에만 위헌 여부 심사를 허용하고 있고(구체적 규범통제), 헌법은 '위헌심판의 제청권'과 '위헌 여부의 결정권'을 분리하여 전자는 구체적 사건에 대한 재판을 담당하는 일반법원이, 후자는 헌법재판소가 전속적으로 담당하도록 하고 있다(헌법 제107조 제1항, 제111조 제1항 제1호). 이에 따라 헌재법에서는 당해사건을 담당하는 법원이 직권 또는 당사자의 서면신청에 의한 결정으로 헌법재판소에 위헌 여부 심판을 제청하도록 그 절차를 구체화하고(제41조 제1항), 당사자의 위헌제청신청서 및 법원의 위헌제청결정서의 기재사항을 명시하고 있다(제41조 제2항, 제43조).

나. 탄핵심판

대통령·국무총리·국무위원·행정각부의 장·헌법재판소 재판관·법관·중앙선거관리위원회 위원·감사원장·감사위원 그 밖에 법률에서 정한 공무원이 그 직무집행에 있어서 헌법이나 법률을 위배한 때에는 국회는 탄핵의 소추를 의결할 수 있다(헌법 제65조 제1항). 탄핵심판은 대통령 등 고위공직자를 대상으로 헌법이 정하는 특별한 소추절차에 따라 법적 책임을 물음으로써 헌법을 보호하는 제도이다. 헌법은 탄핵심판에 관하여 그 소추기관과 심판기관을 나누어 국회에 '소추권'을, 헌법재판소에 '심판권'을 부여하고(제65조, 제111조 제1항 제2호), 소추위원인 국회 법제사법위원회 위원장이 소추의결서 정본을 헌법재판소에 제출함으로써 탄핵심판절차가 개시되도록 하고 있다(헌재법 제49조). 그리고 탄핵소추의 발의 및 의결 등 절차와 탄핵심판에서 청구서 역할을 하는 소추의결서의 기재사항 등에 대해서는 국회법에서 구체적으로 정하고 있다(국회법 제130조 내지 제134조).

다. 정당해산심판

정당의 목적이나 활동이 민주적 기본질서에 위배될 때에는 정부는 헌법재판소에 그 해산을 제소할 수 있고, 정당은 헌법재판소의 결정에 의하여 해산된다(헌법 제8조 제4항, 제111조 제1항 제3호). 정당해산심판은 정당으로부터 민주적 기본질서를 수호하면서, 동시에 정당의 해산이 오직 헌법재판소의 결정에 의해서만 가능하도록 함으로써 각종 이익단체 등 일반결사에 비해 정당을 특별히 보호함에 그 목적이 있다. 정부가 국무회의를 심의를 거쳐 그 사유를 명시하여 헌법재판소에 청구서를 제출함으로써 정당해산심판절차가 개시된다(헌법 제89조 제14호, 헌재법 제55조, 제56조).

라. 권한쟁의심판

국가기관 상호간, 국가기관과 지방자치단체 간 및 지방자치단체 상호간에 권한의 유무 또는 범위에 관하여 다툼이 있을 때에 해당 국가기관 또는 지방자치단체는 헌법재판소에 권한쟁의심판을 청구할 수 있다(헌법 제111조 제1항 제4호). 헌법재판소가 국가기관 또는 지방자치단체의 권한상 분쟁을 유권적으로 심판함으로써 헌법과 법률이 부여한 이들 기관의 권한 보호와 함께 헌법 및 법률이 정하는 객관적 권한 배분 질서의 유지를 통해 국가기능의 수행을 원활히 하고, 이로써 수평적·수직적 권력 상호간의 견제와 균형을 유지하려는 데 그 제도적 의의가 있다.[1]

다른 국가기관이나 지방자치단체의 처분 또는 부작위를 통해 권한을 침해받았거나 침해받을 현저한 위험이 있는 국가기관 또는 지방자치단체가 헌법재판소에 청구서를 제출함으로써 권한쟁의심판절차가 개시된다(헌재법 제61조, 제64조).

마. 헌법소원심판

헌법소원심판은 국가의 공권력 행사 또는 불행사로부터 헌법상 보장된 국민의 기본권을 보

---

1) 헌재 2011. 8. 30. 2011헌라1 참조.

호하고 그 침해를 구제하는 헌법소송의 유형으로 국가권력의 기본권 기속성을 실현하는 가장 실효적인 수단이다. 현행헌법은 '법률이 정하는 헌법소원에 관한 심판'을 헌법재판소의 관장사항으로 규정함으로써 우리 헌정사에서 최초로 헌법소원제도를 채택하고 그 심판권한을 헌법재판소에 부여하였다(제111조 제1항 제5호). 이에 근거하여 헌재법 제68조에서 헌법소원심판의 내용과 절차를 구체화하고 있는데, 제1항에서는 공권력의 행사 또는 불행사로 인하여 헌법상 보장된 기본권을 침해받은 때에 기본권을 침해받은 사람이 해당 공권력의 취소 등을 구하는 권리구제형 헌법소원(또는 '헌재법 제68조 제1항의 헌법소원')을, 제2항에서는 법률이 헌법에 위반되는 여부가 재판의 전제가 되어 법원에 위헌법률심판제청신청을 하였으나 기각된 때에 당사자가 직접 해당 법률의 위헌 여부 심판을 구하는 규범통제형 헌법소원(또는 '헌재법 제68조 제2항의 헌법소원')을 각 규정하고 있다.

권리구제형 헌법소원은 기본권구제를 주된 목적으로 하는 주관적 쟁송의 성격을 갖는 것으로 공권력의 행사 또는 불행사로 인해 헌법상 보장된 기본권을 침해받은 자가 청구할 수 있음에 비하여, 규범통제형 헌법소원은 그 명칭이나 형식과는 달리 위헌법률심판절차를 보완하는 구체적 규범통제의 본질을 갖는 것으로 서로 그 대상과 요건을 달리한다.[2] 따라서 전자의 경우 기본권을 침해하는 원인이 된 공권력과 공권력을 통해 침해된 기본권 등을 청구서의 기재사항(헌재법 제71조 제1항)으로 요구하고 있는 반면에, 후자의 경우에는 위헌법률심판에서 법원의 제청결정서 기재사항을 정한 헌재법 제43조를 청구서의 기재사항으로 준용하고 있다(같은 조 제2항).

헌법소원심판을 인용하는 경우에도 전자는 심판대상인 공권력 행사 등을 취소하거나 그 위헌성을 확인하는 결정을 하는 것에 비해, 후자의 경우 심판대상인 법률의 위헌 여부에 대한 결정을 한다(헌재법 제75조 제2항, 제6항).

2. 심판의 청구와 방식

가. 심판청구

일반법원의 재판절차와 마찬가지로 헌법소송도 심판절차의 유형별로 헌재법에 정해진 청구서를 헌법재판소에 제출함으로써 개시된다(헌재법 제26조 제1항). 이에 따라 헌재법과 '헌법재판소 심판 규칙'(이하 '심판규칙'이라 함)에서 심판절차별로 청구서(제청서, 소추의결서)의 기재사항을 정하고 있다(헌재법 제43조, 국회법 제133조, 헌재법 제56조, 제64조, 제71조). 청구서를 제출할 때에는 9통의 심판용 부본을 함께 제출하여야 하고, 송달하여야 하는 심판서류를 제출할 때에는 특별한 규정이 없으면 송달에 필요한 수만큼 부본도 함께 제출하여야 한다(심판규칙 제9조). 청구서를 비롯하여 헌법재판소에 제출하는 서면에는 특별한 규정이 없으면 사건의 표시, 서면을 제출하는 사람의 이름, 주소, 연락처(전화번호, 팩시밀리번호, 전자우편주소 등), 덧붙인 서류의 표시, 작성한 날짜를 기재하고, 기명날인 또는 서명을 하여야 한다(심판규칙 제2조 제1항).

---

2) 헌재 1994. 4. 28. 89헌마221 참조.

나. 심판의 대상과 이유의 기재

청구서를 제출할 때에는 누가, 무엇에 대해, 어떤 심판을 구하는지를 명확하고 분명히 기재하여야 하고, 그 청구를 이유 있게 하는 사실적·법적 기초를 구체적이고 자세하게 서술하여야 한다.

우선 각 심판절차에서 헌법재판소의 심리는 심판대상을 중심으로 이루어지고, 종국결정의 효력이 미치는 범위도 심판대상이 원칙적인 기준이 되기 때문에 청구서에서 심판대상을 정확하게 확정하는 것이 매우 중요한 의미를 가진다. 심판대상은 심판유형별로 다른데, 위헌법률심판과 규범통제형 헌법소원심판에서는 당해사건에 적용되는 법률조항의 위헌 여부가, 권리구제형 헌법소원심판에서는 특정 공권력의 행사 또는 불행사로 인한 청구인의 기본권 침해 여부가, 권한쟁의심판에서는 피청구인의 처분 또는 부작위로 인한 청구인의 권한 침해 여부가, 탄핵심판의 경우 피소추인의 공무집행의 헌법이나 법률의 위반 여부가, 정당해산심판의 경우 피청구인의 목적이나 활동의 민주적 기본질서 위배 여부가 각 심판대상이 된다. 사법작용의 본질상 일반적으로 요청되는 신청주의(Antragsprinzip)에 따라 헌법소송 역시 청구서에 기재된 심판대상을 통해 일차적으로 심판대상이 확정된다.[3]

심판의 대상과 함께 청구서에는 위헌이라고 해석되는 이유(헌재법 제43조 제4호), 탄핵소추의 사유(국회법 제133조), 청구 이유(헌재법 제56조, 제64조, 제71조) 등 심판청구의 적법성과 타당성을 근거 짓는 사실적·법적 근거와 관점을 구체적이고 명확하게 기재하여야 한다. 민사소송 등 일반법원의 재판절차에서는 청구취지를 특정함에 필요한 사실관계를 중심으로 청구이유를 기재하지만,[4] 사실관계의 확정보다 헌법 및 법률의 해석과 그 적용에 심리의 중점이 있는 헌법소송에서는 사실관계와 아울러 법적 근거 및 심리의 관점도 청구이유에서 구체적이고 명확하게 기재하여야 한다.

객관적 쟁송의 성격이 강조되는 헌법소송의 특성상 심판대상이나 청구이유가 불분명한 경우 청구서의 기재내용에 구애됨이 없이 청구인의 주장요지를 종합적으로 판단하여 헌법재판소가 직권으로 심판대상이나 제한된 기본권 등 법적 쟁점에 대해 판단할 수 있지만,[5] 이는 어디까지나 신청주의의 취지에 따라 청구서에 기재된 청구이유를 출발점으로 하여 불명확한 심판대상이나 법적 쟁점을 보완하고 보충하는 의미를 갖는 데 그친다고 볼 것이다. 따라서 헌법소원심판청구서에 특정 기본권과의 관련을 확인할 수 있을 정도의 구체적인 주장을 하지 않고 막연하고 모호한 주장을 하는 경우 그 심판청구는 부적법하다.[6]

---

3) 헌법소송은 단순히 제청신청인이나 청구인의 권리구제에만 그 목적이 있는 것이 아니라 헌법질서의 수호와 헌법문제의 해명이라는 객관적 성격도 아울러 가지고 있다. 또한 법적 명확성과 통일성의 확보, 소송경제의 관점에서 신청주의를 그대로 관철할 수 없는 경우도 흔히 있을 수 있다. 따라서 헌법재판소는 헌법소송의 이와 같은 특수성을 반영하여 직권으로 심판대상을 제한하거나 확장할 수 있고, 필요한 경우 이를 변경하기도 한다.

4) 이시윤, 신민사소송법(제12판), 272면 참조.

5) 헌재 1993. 5. 13. 91헌마190 참조.

6) 헌재 2005. 2. 3. 2003헌마544; 헌재 2014. 6. 17. 2014헌마362 등 참조.

3. 당사자

헌법소송에서 자신의 이름으로 심판을 구하는 자를 청구인이라 하고, 그 상대방으로 지정된 자를 피청구인이라 한다. 헌법소송의 목적과 기능이 주관적 권리구제 외에 헌법의 해석이나 헌법질서의 보호 등 객관적인 측면도 있으므로 헌법소송의 유형에 따라 누가 당사자가 되는지가 문제되고,[7] 소송의 특수성에 비추어 당사자를 상정하기 어려운 경우도 있을 수 있다. 따라서 헌법소송의 유형별로 누가 당사자인지를 검토하는 것이 필요하다.

가. 위헌법률심판

위헌법률심판은 법원이 직권으로 또는 법원에 계속중인 당해 소송사건(당해사건) 당사자의 신청에 의한 결정으로 헌법재판소에 위헌법률심판제청을 함으로써 그 절차가 개시되므로 제청의 주체인 법원에게 청구인의 지위를 부여하는 것을 생각할 수 있다. 그러나 법원은 위헌법률심판절차를 개시하는 위헌제청서를 헌법재판소에 제출하는 것 외에 따로 당사자로서 적극적으로 심판대상 법률조항의 위헌성을 주장하는 등 심판절차에 참여하지 않고, 또한 변론에서 진술이나 증거조사신청 등 헌재법이 규정하는 당사자의 권리를 제청법원에 그대로 인정하기도 어렵다. 실무적으로도 법원은 당사자로서 심판절차에 관여하지 않으며, 헌법재판소 역시 제청법원을 당사자로 보지 아니한다.

당해사건의 당사자 역시 담당법원에 제청신청을 할 수 있을 뿐 직접 헌법재판소에 심판청구를 한 주체가 아니기 때문에 당사자가 아니다. 다만 법률의 위헌 여부에 따라 재판의 결과가 달라지는 등 심판 결과에 밀접한 이해관계가 있으므로 당해사건 당사자에게 제청서 등본을 송달하고(헌재법 제27조 제2항), 법률의 위헌 여부에 대한 의견서를 제출할 수 있도록 하며(헌재법 제44조), 변론을 하는 경우 실무상 제청신청인에게 당사자에 준하는 절차참여를 허용하고 있다.

한편, 위헌법률심판절차에서 상대방인 당사자를 상정하는 것 또한 어렵다. 심판대상이 형식적 의미의 법률이므로 그 제·개정의 주체인 국회가 피청구인이 된다고 할 수 있을 것이지만, 헌재법과 헌법소송의 실무에서는 국회를 당사자로 보지 아니한다.

국가의 법무에 관한 사무를 관장하는 법무부장관이나 심판대상인 법률을 집행하는 국가기관 등 이해관계가 있는 국가기관 또는 공공기관은 이해관계기관으로서 의견서를 제출할 수 있고(헌재법 제44조, 심판규칙 제10조 제1항), 변론을 하는 경우 실무상 이들 이해관계기관에게 당사자에 준하는 절차참여를 허용하고 있다.

---

7) 객관적 쟁송의 경우 자신의 침해된 권리를 구제받고자 하는 데에 목적이 있지 아니하므로 법적 해명이나 법질서 수호와 관련하여 이해관계를 가지는 규범의 모든 수범자에게 원칙적으로 당사자의 지위를 부여할 수 있을 것이다. 그러나 이로써 공동체의 법적 안정성이 심각하게 훼손되므로 일정한 범위로 당사자의 지위를 제한할 필요가 있다.

나. 탄핵심판

탄핵심판에서 탄핵결정을 구하는 적극적 당사자는 국회이고, 국회 법제사법위원회 위원장이 소추위원으로 국회를 대표한다. 헌법재판소는 두 번의 대통령 탄핵사건(2004헌나1, 2016헌나1)에서 청구인 '국회', 소추위원 '국회 법제사법위원회 위원장'이라고 기재하였다. 그리고 소추대상자가 피청구인이 된다(국회법 제133조, 헌재법 제49조).

다. 정당해산심판

정당해산심판에서 청구인은 대한민국 정부(2013헌다1)이고, 피청구인은 정부가 해산을 요구하는 '정당'이다(헌재법 제56조).

라. 권한쟁의심판

권한쟁의심판은 객관적 쟁송의 성격이 두드러지므로 헌법(제111조 제1항 제4호) 및 헌재법(제61조, 제62조)에서 청구인과 피청구인이 될 수 있는 당사자를 명시하고 있다. 헌법 또는 법률이 정한 권한을 침해받았거나 침해받을 현저한 위험이 있는 국가기관 또는 지방자치단체가 청구인이고, 침해의 원인이 된 처분 또는 부작위를 한 국가기관 또는 지방자치단체가 피청구인이 된다.

마. 권리구제형 헌법소원심판

공권력의 행사 또는 불행사로 인하여 헌법상 보장된 기본권을 침해받은 자가 청구인이다(헌재법 제68조 제1항). 피청구인을 누구로 볼 것인지가 문제되는데, 헌재법 제71조는 청구서의 기재사항으로 청구인만을 요구하고, 심판규칙 제68조 제1항에서는 이와 달리 법령에 대한 헌법소원의 경우를 제외하고는 피청구인을 기재하도록 요구하고 있다. 그리고 헌재법 제75조 제4항에서는 "공권력의 불행사에 대한 헌법소원을 인용하는 결정을 한 때에는 피청구인은 결정취지에 따라 새로운 처분을 하여야 한다."라고 규정하여 당사자로서 피청구인의 존재를 분명히 하고 있다. 따라서 헌법소원의 대상이 법령인 경우를 제외하고는 청구서에 피청구인을 표시하여야 한다.

실무상 법령을 심판대상으로 하는 헌법소원심판절차에서는 위헌법률심판과 마찬가지로 청구의 상대방인 피청구인을 상정하지 않고 절차를 진행하는 반면, 법령 외의 공권력 행사 또는 불행사를 다투는 헌법소원심판절차에서는 피청구인의 표시를 요구하고 그 기재가 없거나 잘못된 경우에는 우선 청구인의 청구이유 등을 종합적으로 판단하여 직권으로 피청구인을 확정하거나 정정하여 절차를 진행한다.[8]

---

8) 헌재 1999. 11. 25. 98헌마456; 헌재 2001. 7. 19. 2000헌마546 참조.

바. 규범통제형 헌법소원심판

법원으로부터 위헌제청신청에 대한 기각결정을 받은 제청신청인이 청구인으로서 당사자가 된다(헌재법 제68조 제2항). 그러나 위헌법률심판과 그 본질을 같이 하므로 피청구인을 상정하기는 어렵다.

4. 대리인 등

헌법소송에서 정부가 당사자인 때에는 법무부장관이 정부를 대표한다(헌재법 제25조 제1항). 그리고 개별 국가기관 또는 지방자치단체가 당사자인 경우 변호사 또는 변호사의 자격이 있는 소속 직원을 대리인으로 선임하여 심판을 수행하게 할 수 있으므로(헌재법 제25조 제2항) 국가기관 또는 지방자치단체는 스스로 또는 변호사 등을 대리인으로 선임하여 심판절차를 수행할 수 있다.

한편, 헌법소송에서 사인이 당사자인 경우 변호사의 자격이 있는 때를 제외하고는 변호사를 대리인으로 선임하지 아니하면 심판청구를 하거나 심판수행을 하지 못한다(헌재법 제25조 제3항).

헌법소송에서 사인이 당사자인 경우는 헌법소원심판절차로 청구인이 한 헌법소원심판청구나 각종 주장 또는 신청 등 심판절차의 수행은 변호사인 대리인이 추인한 경우에 한하여 적법한 심판청구나 심판수행으로서 효력이 있다.[9][10]

헌법재판소의 실무는 대리인의 선임 없이 심판청구를 한 경우 지정재판부의 사전심사단계에서 상당한 기간을 정하여 대리인을 선임하도록 보정명령을 하고, 이와 함께 변호사를 대리인으로 선임할 자력이 없는 청구인을 위한 국선대리인선임제도를 안내하고 있다.

제2절 위헌법률심판제청신청서

1. 위헌법률심판제청신청

법원의 재판을 받는 당사자는 재판에 적용이 될 것으로 예상되는 특정 법률조항이 헌법에

---

9) 헌재 1992. 6. 26. 89헌마132.

10) 그러나 변호사강제주의의 취지는 헌법소원심판을 청구하려는 사인의 헌법재판청구권을 제한하는 데 목적이 있는 것이 아니므로 변호사인 대리인에 의한 심판청구가 있었다면 그 이후 심리과정에서 대리인이 사임하고 다른 대리인을 선임하지 않았더라도 청구인이 자기에게 유리한 진술을 할 기회를 스스로 포기한 것에 불과할 뿐이므로 헌법소원심판청구를 비롯하여 기왕에 한 대리인의 소송행위가 무효로 되는 것은 아니다(헌재 1992. 4. 14. 91헌마156). 다만, 이와 같은 결론은 대리인의 소송수행이 충분히 이루어진 이후에나 가능한 것이고, 청구인의 심판청구서가 제출된 이후에 선임된 대리인이 청구인의 심판청구에 관하여 추인하는 내용의 서면이나 새로운 심판청구서 등 심판청구에 관한 아무런 서면을 제출함이 없이 대리인 지위를 사임하여 헌법재판소가 대리인 선임과 그 대리인 명의로 된 심판청구서 제출을 명하는 보정명령을 발하였음에도 보정기간 내에 보정하지 아니하였다면 그 심판청구는 부적법하다(헌재 2004. 9. 23. 2003헌마16; 헌재 2004. 11. 25. 2003헌마788).

위반된다고 생각되면 담당법원에 위헌법률심판의 제청을 신청할 수 있다. 위헌제청신청서에는 인지를 첨부하지 않고[위헌법률심판제청사건의 처리에 관한 예규(재일 88-3)(2019. 3. 29. 재판예규 제1716호로 개정된 것) 제3조], 위헌제청신청은 당해사건에 관련된 신청사건으로 접수·처리된다(위 예규 제2조).

위헌제청신청은 민사재판을 비롯하여 형사재판, 행정재판 등 모두 유형의 재판에서 가능하다. 따라서 민사재판이나 행정재판의 경우 원고나 피고[11] 모두 제청신청인이 될 수 있고, 형사재판의 경우에는 피고인이 제청신청인이 된다.

2. 제청신청서 양식

위헌법률심판제청신청

사 건 2013가합1234 분담금
원 고 교통안전공단
피 고 ○○해운(주)

위 사건에 관하여 피고(신청인)는 아래와 같이 위헌법률심판제청을 신청합니다.

신 청 취 지

"교통안전공단법(2012. 3. 3. 법률 제   호로 개정된 것) 제13조 제2항 제1호·제2호, 제17조의 위헌 여부에 관한 심판을 제청한다."
라는 결정을 구합니다.

신 청 이 유

1. 사건의 개요와 심판의 대상
2. 재판의 전제성
    … 따라서 위 법률조항의 위헌 여부는 현재 ○○지방법원 2013가합0000호로 계속중인 분담금 사건에서 재판의 전제가 됩니다.
3. 교통안전분담금제도의 위헌성
    가. 헌법 제11조 제1항의 평등원칙 위배 여부
    나. 헌법 제23조 제1항의 재산권 침해 여부

---

11) 행정소송 중 항고소송의 피고인 행정청도 제청신청을 할 수 있는지와 관련하여 이를 긍정하는 견해와 부정하는 견해가 있다. 헌법재판소는 '행정청이 행정처분 단계에서 당해 처분의 근거가 되는 법률이 위헌이라고 판단하여 그 적용을 거부하는 것은 권력분립의 원칙상 허용될 수 없지만, 행정처분에 대한 소송절차에서는 행정처분의 적법성·정당성뿐만 아니라 그 근거 법률의 헌법적합성까지도 심판대상으로 되는 것이므로, 행정처분에 불복하는 당사자뿐만 아니라 행정처분의 주체인 행정청도 헌법의 최고규범력에 따른 구체적 규범통제를 위하여 근거 법률의 위헌 여부에 대한 심판의 제청을 신청할 수 있다.'고 하여 긍정하는 입장을 분명히 하였다(헌재 2008. 4. 24. 2004헌바44).

4. 결 론

이상의 이유로 위 법률조항들은 … 헌법에 위반되므로 신청인은 위 법률조항들에 대하여 위헌법률심판제청을 신청합니다.

20 .   .   .

신청인 ○○○ (서명 또는 날인)

○○지방법원 귀중

3. 제청신청서의 기재사항

위헌법률심판제청신청서에는 본안사건 및 당사자의 표시, 위헌이라고 해석되는 법률 또는 법률의 조항, 위헌이라고 해석되는 이유를 기재하여야 한다(헌재법 제41조 제2항, 제43조). 위헌법률심판제청신청사건은 본안사건(당해사건)의 신청사건으로 접수·처리되므로 헌재법 제43조의 제청서 기재사항 중에서 법원에 대한 위헌제청신청에 필요한 부분으로 기재사항을 한정하고 있다.[12]

위헌법률심판제청신청서의 기재사항은 규범통제형 헌법소원심판청구서의 기재사항(헌재법 제71조 제2항)과 그 내용이 실질적으로 동일하므로 해당 부분에서 함께 설명하기로 한다.

제3절 규범통제형 헌법소원심판청구서

1. 규범통제형 헌법소원심판청구의 법적 성격

당해사건 당사자의 위헌제청신청이 법원에 의해 기각되면 그 결정에 대한 불복절차가 없는한 자신의 사건에 적용될 법률조항의 위헌성으로 인해 불리한 재판을 받을 수 있는 당사자가 해당 법률조항에 대하여 헌법재판소에서 위헌 여부의 판단을 받을 기회는 없다. 재판에 적용되는 법률에 합리적인 위헌의 의심이 있는 경우 법원 스스로가 헌법재판소에 위헌제청을 하지 않는다면 재판의 당사자로서는 법원의 모든 심급절차를 거친 후에 비로소 위헌적인 법률을 적용한 재판이 자신의 기본권을 침해한다는 이유로 해당 재판에 대한 헌법소원의 형식으로 이를 다툴 수밖에 없을 것인데, 법원의 재판을 헌법소원의 대상에서 제외하고 있는 현행법상의 헌법재

---

12) 따라서 심판규칙 제54조에서 정하는 '당해사건이 형사사건인 경우 피고인의 구속 여부 및 그 기간', '당해사건이 행정사건인 경우 행정처분의 집행정지 여부' 등 심판규칙에서 추가로 정하는 제청서 기재사항의 경우 그 내용이 담당법원에 현저한 사실이므로 따로 기재할 필요가 없을 것이다. 그리고 본안사건 기록에 이미 사건명, 당사자 등에 관한 구체적인 내용이 나타나 있으므로 이 역시 특정에 필요한 정도로 간략한 기재로 충분할 것이다.

판제도에서는 이와 같은 재판에 대한 헌법소원의 방식(재판소원)을 통한 법률에 대한 위헌성 통제의 절차가 차단되어 있기 때문이다. 헌재법 제68조 제2항은 이러한 경우 법원의 위헌제청신청 기각결정에 불복하는 의미에서, 그리고 법원의 소극적인 위헌제청권의 행사를 통제하는 차원에서 당사자가 직접 재판에 적용될 위헌의 의심이 있는 법률에 대하여 헌법소원을 제기할 수 있는 통로를 열어 놓았다. 이를 통해 규범통제형 헌법소원제도는 재판소원을 배제하는 현행 헌법소원제도의 결함을 일부라도 보완하는 기능을 아울러 갖고 있다.

초기에 헌법재판소는 청구의 방식 및 절차에 근거하여 규범통제형 헌법소원제도의 법적 성격을 헌법소원의 한 유형으로 이해하였으나, 곧 실무적 취급과 판례의 변경을 통해 헌법소원과 구별되는 '헌바'라는 독자적인 사건부호의 부여와 함께 규범통제형 헌법소원심판을 위헌법률심판과 같이 구체적 규범통제의 한 유형으로 보았다.[13]

2. 심판청구서의 양식

헌법소원심판청구서

청 구 인   ○○○
            서울 성북구 ○○로 ○○, ○○○호(○○동)
            대리인 변호사 ○○○
            서울 서초구 ○○로 ○○, ○○○호(○○동)

청 구 취 지

"구 ○○법(2004. 12. 31. 법률 제7291호로 개정되고, 2011. 4. 5. 법률 제10551호로 개정되기 전의 것) 제○○조 제○항 제○호는 헌법에 위반된다."
라는 결정을 구합니다.

---

13) 헌재 1994. 4. 28. 89헌마221(법 제68조 제1항에 의한 헌법소원심판은 주관적 권리구제의 헌법소원으로서, 개별적인 공권력의 행사 또는 불행사로 인하여 헌법상 보장된 기본권을 침해받은 자가 청구할 수 있고 … 법 제68조 제2항에 의한 헌법소원심판은 구체적 규범통제의 헌법소원으로서 법 제41조 제1항의 규정에 의한 법률의 위헌여부심판의 제청신청이 법원에 의하여 기각된 때에는 그 신청을 한 당사자는 헌법재판소에 제청신청이 기각된 법률의 위헌 여부를 가리기 위한 헌법소원심판을 청구할 수 있는바, 그렇다면 법 제68조 제1항과 같은 조 제2항에 규정된 헌법소원심판청구들은 그 심판청구의 요건과 그 대상이 각기 다른 것임이 명백하다).

헌재 1997. 7. 16. 96헌바36등(헌법재판소법 제68조 제2항 소정의 헌법소원은 그 본질이 헌법소원이라기 보다는 위헌법률심판이므로 헌법재판소법 제68조 제1항 소정의 헌법소원에서 요구되는 보충성의 원칙은 적용되지 아니한다).

헌재 2003. 4. 24. 2004헌바44[헌법재판소법 제68조 제2항에 의한 헌법소원은 그 형식에도 불구하고 실질은 위헌법률심판제도이다. 따라서 위 조항에 의한 헌법소원은 구체적인 사건에 적용될 법률의 위헌여부가 '재판의 전제'가 되면 제소요건을 충족하고(동법 제41조 제1항) 그 외에 따로 동법 제68조 제1항의 헌법소원에서 요구되는 기본권침해나 제소요건(자기관련성, 현재성, 직접성, 청구기간)을 갖출 것을 요하지 않는다].

당 해 사 건

서울고등법원 2006구000호 퇴직처분무효확인

원고 ○○○,　　피고 ○○○

위헌이라고 판단(해석)되는 법률조항

구 ○○법(2004. 12. 31. 법률 제7291호로 개정되고, 2011. 4. 5. 법률 제10551호로 개정되기 전의 것) 제○○조 제○항 제○호

청 구 이 유

1. 사건개요
2. 심판청구의 적법성
3. 위헌이라고 해석되는 이유
4. 심판청구에 이르게 된 경위

첨 부 서 류

1. 위헌제청신청서
2. 위헌제청신청기각 결정문 및 동 결정의 송달증명서
3. 소송위임장(소속변호사회 경유)

20　. 　. 　.

청구인의 대리인 변호사 ○○○ (인)

헌법재판소 귀중

3. 심판청구서의 기재사항

규범통제형 헌법소원심판에서도 청구인이 심판청구서를 제출하여야 하며, 청구서에는 헌재법 제71조 제2항, 제43조, 심판규칙 제68조 제2항에 따라 ① 청구인 및 대리인의 표시, ② 사건 및 당사자의 표시, ③ 위헌이라고 해석되는 법률 또는 법률조항, ④ 위헌이라고 해석되는 이유, ⑤ 법률이나 법률조항의 위헌 여부가 재판의 전제가 되는 이유, ⑥ 청구기간의 준수에 관한 사항을 기재하여야 한다. 기재사항 중 ①, ②, ③, ⑤는 규범통제형 헌법소원심판이 헌법소원 형식의 규범통제절차로서 성격을 갖는 것으로 구체적으로 당해사건의 당사자 일방이, 심판대상인 법률조항이 당해사건에서 재판의 전제가 되어, 그 위헌 여부의 판단을 헌법재판소에 구하는 것에 따른 것이다.

한편, 심판청구서를 제출하는 때에는 헌재법 제68조 제2항의 절차를 거쳤음을 소명하는 취지의 위헌법률심판제청신청서 사본, 위헌법률심판제청신청 기각결정서 사본, 위헌법률심판제청신청 기각결정서 송달증명원, 당해사건의 재판서를 송달받은 경우에는 그 재판서 사본 등의 서

류와 헌재법 제25조 제3항에 따라 대리인의 선임을 증명하는 서류를 제출하여야 한다(심판규칙 제69조 제2항).

가. 청구인 및 대리인의 표시

청구인은 법원에 심판대상인 법률조항에 대해 위헌법률심판제청신청을 한 제청신청인으로서 당해사건 당사자 중 일방이다. 위헌법률심판제청신청의 경우 본안사건인 당해사건의 관련 신청 사건으로 접수·처리되므로 당사자의 표시는 그 특정에 필요한 정도의 간략한 기재로써 충분할 것이나, 심판청구서의 경우 헌법재판소에 처음 제출하는 서류로서 이름이나 주소 등을 정확하게 표시하여야 한다.

한편 규범통제형 헌법소원심판은 사인이 당사자이므로 변호사의 자격이 없는 한 변호사를 대리인으로 선임하여 이를 표시하여야 하며, 대리인을 선임하지 아니한 경우에는 심판청구와 동시에 대리인을 선임할 자력이 없음을 소명하여 국선대리인선임신청을 하여야 한다(헌재법 제70조 제1항, 심판규칙 제69조 제1항).

행정소송 중 항고소송의 피고인 행정청이 청구인이 되는 때에도 변호사를 대리인으로 선임하여야 하는지가 문제가 될 수 있지만, 헌재법 제25조의 취지에 비추어 행정청의 경우 사인의 자격이 아니라 공적 지위에서 헌법소원심판의 청구인이 되는 것이어서 대리인의 선임이 강제되지는 않는다고 볼 것이다.[14]

나. 당해사건 및 당사자의 표시

규범통제형 헌법소원심판은 구체적 규범통제의 본질을 가지므로 당해사건과 당해사건 당사자를 표시하여야 한다. 당해사건은 규범통제절차의 직접적 계기가 된 사건으로 청구인이 당사자로서 심판청구 당시 법원에 계속중인 구체적인 사건을 의미한다. 당해사건은 규범통제형 헌법소원심판의 적법요건으로 재판의 전제성을 판단하는 기준이 될 뿐 아니라 규범통제제도의 실효성 보장 및 청구인의 권리구제를 위하여 예외적으로 당해사건에는 위헌결정의 소급효가 미치므로 '법원, 사건번호, 사건명, 당사자'의 순서로 이를 구체적으로 기재하여야 한다.

다. 청구취지

앞에서 본 바와 같이 위헌법률심판과 규범통제형 헌법소원심판은 당해사건에 적용되는 법률조항의 위헌 여부에 대한 심판을 구하는 절차이다. 따라서 심판청구서에는 청구인이 위헌 여부의 판단을 구하는 법률 또는 법률조항과 이에 대하여 어떤 내용을 판단을 구하는지를 구체적이고 명확하게 기재하여야 하는데, 이를 청구취지라고 한다.

현행 헌법소송법제는 심판대상인 법률조항이 당해사건에서 재판의 전제성이 인정되는 경우에만 규범통제절차의 개시를 허용하는 구체적인 규범통제절차만을 채택하고 있으므로 청구취지

---

14) 행정청의 규범통제형 헌법소원심판에서 청구인능력을 긍정한 2004헌바44 사건에서 청구인인 울진군수는 변호사를 대리인으로 선임하여 심판청구를 하였다.

에서 위헌이라고 해석되는 법률조항, 즉 심판대상조항을 내용적으로 그리고 시간적으로 재판의 전제성이 인정되는 부분으로 명확하게 세분하여 특정할 것이 요청된다.[15]

우선 심판대상조항은 내용적으로 재판의 전제성이 인정되는 조, 항, 본문·단서, 전문·후문, 호, 목, 별표 등 규범의 형식상 구분되는 최소단위까지 세분하여야 하고, 그 경우에도 문구상 구분이 가능하다면 해당 문구의 내용 부분으로 특정하여 심판대상조항을 기재하여야 한다.

행정제재나 행정형벌을 정한 법률조항의 경우 한 개의 조항에서 금지(구성요건)부분과 제재(형벌)부분을 함께 규정하고 있는 일반적인 행정제재조항이나 형벌조항과는 달리 금지(구성요건)부분과 제재(형벌)부분을 분리하여 별개의 법률조항에서 규율하는 사례도 흔히 있다.

이 경우 심판대상조항의 확정과 관련하여 헌법재판소의 실무례는 일관적이지 않은데, 위헌적인 부분이 주로 의무를 부과하는 금지부분에 있으므로 금지부분만을 심판대상조항으로 확정한 사례,[16] 일반 형벌조항과 같이 금지(구성요건)부분과 제재(형벌)부분을 병렬적으로 나열하여 확정한 사례,[17] 구체적 규범통제절차의 성격에 비추어 제재(형벌)부분을 중심으로 금지(구성요건)부분을 인용하여 확정한 사례[18] 등으로 이를 분류할 수 있다.

한편 법률조항은 내용적으로 가분적일 뿐 아니라 시간적으로도 부단히 변화한다. 법률조항의 시간적 변화는 명시적인 법률개정을 통하여 이루어지는데, 이때 심판대상으로 삼으려는 법률조항의 시간적 범위를 정확하게 특정하여 표시하여야 한다(개정연혁의 표시).

법률조항의 개정연혁표시 역시 개정의 최소단위까지 세분하여 표시하여야 하며, 법률명과 조문 사이의 ( )안에 이를 표시한다.[19] 심판대상조항이 아닌 다른 법률조항의 개정경과는 원칙적으로 고려하지 않으므로 심판대상조항인 ○○법 제5조가 1995년에 개정되었고, 심판대상이 아닌 같은 법 제6조가 1997년에 개정된 경우라면 '○○법(1995.**.**. 법률 제⋯호로 개정된 것) 제5조'로 표시한다.

그리고 법률조항이 개정되어 현재 시행되는 것이 아니라면 법률명 앞에 현행의 법률조항이 아님을 의미하는 '구' 표시를 하여야 하고, 해당 개정경과에 덧붙여 그 후 다시 개정이 있었음을 의미하는 '개정되기 전의 것'이라는 표시를 한다.

법률조항의 규율내용에는 변화 없이 자구의 수정 등 사소한 부분의 개정만 있는 경우라도 그 개정연혁을 반영하여 표시함이 원칙이다. 그러나 소송경제나 심판절차의 효율성, 법적 통일성의 관점에서 개정경과를 반영하지 않는 실무례[20]도 일부 발견되는데, 이 경우 심판대상을 확정하면서 그 취지를 부기한다(⋯에서 ⋯로 문구의 개정이 있었으나 단순한 자구의 수정일 뿐 그 내용에는 실질적인 변화가 없으므로 개정 전 법률조항으로 심판대상을 표시한다). 심판대상조항의 확정을 통해 위헌결정의 범위가 정해지므로 자의적인 기준에 따라 법률연혁표시 여부를 결정하는 것보

---

15) 구체적 규범통제절차의 본질상 제청법원이나 청구인은 재판의 전제성이 인정되는 법률조항 부분에 한해 위헌 여부 판단을 구할 수 있고, 헌법재판소의 심리 및 결정 범위도 원칙적으로 이 부분으로 한정되기 때문이다.

16) 헌재 2007. 4. 26. 2006헌가2; 헌재 2008. 11. 27. 2007헌가13; 헌재 2010. 5. 27. 2009헌바183 등 참조.

17) 헌재 2007. 8. 30. 2003헌바51 등; 헌재 2008. 10. 30. 2005헌바32; 헌재 2009. 4. 30. 2007헌바29 등; 헌재 2009. 5. 28. 2006헌바24 등 참조.

18) 헌재 2010. 3. 25. 2008헌가5; 헌재 2011. 11. 24. 2011헌바51; 헌재 2011. 11. 24. 2011헌바18 등 참조.

19) 법률연혁표시는 개정의 최소단위인 조, 항, 호, 목 등을 단위로 하는 것이지만, 헌법재판소의 실무는 편의상 그 취지와는 달리 이를 법률명 다음의 ( )안에 표시하는 것에 유의하여야 한다.

20) 헌재 1998. 6. 25. 95헌바35; 헌재 2009. 7. 30. 2007헌마870 참조.

다는 개정 전과 후의 연혁을 표시하여 모두 심판대상으로 삼는 것이 타당하다.

심판대상조항이 부칙조항인 경우에는 해당 부칙조항이 개정 또는 폐지된 경우를 제외하고는 법령연혁을 표시할 때 공포일자와 공포번호만 기재하며, 부칙조항의 개정실무에 따라 '구', '…로 개정된 것', '…로 개정되기 전의 것'과 같은 개정의 경과는 표시하지 아니한다.

(심판대상조항의 기재사례 예시)

○ 일반적인 심판대상조항의 표시

　－ '학원의 설립·운영 및 과외교습에 관한 법률'(2008. 3. 28. 법률 제8989호로 개정된 것) 제22조 제1항 제1호(헌재 2014. 1. 28. 2011헌바252)

　－ 구 '아동·청소년의 성보호에 관한 법률'(2012. 2. 1. 법률 제11287호로 개정되고, 2012. 12. 18. 법률 제11572호로 전부개정되기 전의 것) 제44조 제1항 제9호 중 '성인대상 성범죄로 형을 선고받아 확정된 자'에 관한 부분(헌재 2016. 7. 28. 2013헌바389)

　－ 공직선거법(2010. 1. 25. 법률 제9974호로 개정된 것) 제60조 제1항 제5호 중 제53조 제1항 제4호 가운데 한국철도공사의 상근직원 부분(헌재 2018. 2. 22. 2015헌바124)

　－ 구 농업협동조합법(2013. 3. 23. 법률 제11690호로 개정되고, 2014. 6. 11. 법률 제12755호로 개정되기 전의 것) 제50조 제4항 중 '이사 선거'에서 제4호의 선거운동을 할 수 없도록 규정한 부분(헌재 2016. 11. 24. 2015헌바62)

　－ 구 '사립학교교직원 연금법'(2009. 12. 31. 법률 제9908호로 개정되고, 2013. 3. 23. 법률 제11690호로 개정되기 전의 것) 제42조 제1항 전문 중 공무원연금법 제64조 제1항 제1호 준용 부분(헌재 2013. 9. 26. 2013헌바170)

○ 행정제재 또는 행정형벌 조항의 표시

　－ 화장품법 제14조 제1항 중 '제10조 및 제11조의 규정에 의한 가격의 기재·표시를 하지 아니한 화장품을 판매의 목적으로 보관'하는 부분(헌재 2007. 4. 26. 2006헌가2: 구성요건 부분만으로 기재한 사례)

　－ 구 '공직선거 및 선거부정방지법'(2004. 3. 12. 법률 제7189호로 개정되기 전의 것) 제93조 제1항 중 '선거기간 전 명함 배부를 금지'한 부분, 제255조 제2항 제5호 중 제93조 제1항의 '선거기간 전 명함 배부를 금지'한 부분(헌재 2008. 10. 30. 2005헌바32: 금지부분과 형벌조항을 병렬적으로 기재한 사례)

　－ 구 건설산업기본법 제96조 제4호 가운데 제21조 제1항 중 '건설업 등록증 또는 건설업 등록수첩 대여'에 관한 부분(헌재 2012. 4. 24. 2011헌바131: 형벌조항 중 구성요건 부분으로 기재한 사례)

○ 부칙조항의 표시

　－ 형법 부칙(2014. 5. 14. 법률 제12575호) 제2조 제1항(헌재 2017. 10. 26. 2015헌바239등)

청구취지의 결론부분에는 심판대상인 법률조항에 대하여 청구인이 어떤 내용과 유형의 결정을 구하는지를 기재한다. 규범통제형 헌법소원심판에서 청구인이 구하는 결정의 내용과 유형은 심판대상인 법률조항의 효력을 즉시 상실하게 하는 '단순위헌결정'이 될 것이므로 일반적인 청구취지로서 "'심판대상 법률조항'은 헌법에 위반된다."라고 기재한다. 단순위헌결정 외에도 헌법

불합치결정이나 한정위헌(합헌)결정을 구하는 청구취지도 이론상 가능하고 또한 더욱 사안에 적절할 수 있겠지만, 심판청구서에서 굳이 단순위헌결정의 내용이나 효력을 제한함으로써 청구인에게 그만큼 불리한 유형의 청구취지를 기재할 필요는 없을 것이다.

다만, 심판대상조항의 일부 해석이나 적용 부분을 한정하여 해당 '해석' 또는 '적용' 부분에 대한 위헌결정을 구하는 취지의 한정위헌청구는 원칙적으로 허용된다는 것이 헌법재판소의 판례이다.[21] 이는 당해사건에 적용되는 질적 일부분으로 심판대상을 세분하여 확정하는 것으로 구체적 규범통제절차의 취지에 더욱 부합하고, 심판대상조항의 위헌성을 당해사건과의 관계에서 더욱 구체적·개별적으로 특정하여 주장함으로써 헌법재판소의 심리부담을 경감하고 위헌결정의 범위를 청구단계에서부터 제한하는 기능을 한다.[22] 이와 같은 사정이 있는 경우 한정위헌결정을 구하는 청구취지를 기재할 수 있을 것이다.

라. 청구이유

청구이유는 심판청구가 적법하고 이유가 있다는 청구취지의 내용을 뒷받침하는 사실적·법적 관점과 근거에 대한 청구인의 주장으로 구체적이고 명확하게 기재하여야 한다. 위에서 본 바와 같이 민사소송 등 일반법원의 재판절차에서는 청구취지를 특정함에 필요한 사실관계를 중심으로 청구이유를 기재하여야 하지만, 사실관계의 확정보다는 심판대상인 법률조항의 헌법 위반 여부가 심판의 대상인 규범통제형 헌법소원심판의 경우 청구이유에서 사실관계뿐 아니라 심판청구의 적법성 및 타당성에 관한 사실적·법적 쟁점을 자세하게 논증하여야 한다. 따라서 청구이유에서 헌재법과 심판규칙이 요구하는 기재사항인 '심판대상조항이 위헌이라고 해석되는 이유', '심판대상조항의 위헌 여부가 재판의 전제가 되는 이유', '청구기간의 준수에 관한 사항' 등 심판청구를 뒷받침하는 모든 주장을 체계적이고 구체적으로 정리·기재하여야 할 것이다.

청구이유의 작성에 일정한 기재의 순서나 체계가 있는 것은 아니다. 위헌법률심판 등 규범통제절차의 결정문에서 헌법재판소의 판단순서가 사실관계 및 사건의 진행경과를 서술하는 '사건개요', 심판청구의 '적법 여부 판단'과 '이유 유무 판단'의 순서로 구성되므로 청구이유에서도 이와 같은 순서와 체계로 기재하는 것이 논리적이고 체계적이라 평가할 수 있다.

1) 적법요건에 관한 주장

헌재법 제68조 제2항 및 제69조 제2항은 법률의 위헌 여부 심판의 제청신청이 기각된 때에는 그 신청을 한 당사자는 제청신청을 기각하는 결정을 통지받은 날부터 30일 이내에 헌법재판소에 헌법소원심판을 청구할 수 있다고 규정하고 있다. 따라서 규범통제형 헌법소원심판이 적

---

21) 헌재 2012. 12. 27. 2011헌바117.
   다만, 한정위헌청구가 적법하다 하더라도, 재판소원을 금지하는 헌재법 제68조 제1항의 취지에 비추어 개별·구체적 사건에서 단순히 법률조항의 포섭이나 적용의 문제를 다투거나 의미 있는 헌법문제에 대한 주장 없이 단지 재판결과를 다투는 헌법소원심판청구는 여전히 허용되지 않는다고 하여 헌법재판을 담당하는 헌법재판소와 일반재판을 담당하는 법원 사이의 관할 경계를 분명히 하였다.
22) 한정위헌청구의 구체적 사례로는, '구 형법(1995. 12. 29. 법률 제5057호로 개정되어 1996. 7. 1.부터 시행되기 전의 것) 제314조 중 "또는 위력" 부분에 집단적 노무제공행위가 해당한다고 해석하는 것은 헌법에 위반된다.'

법하려면 당해사건에 적용될 법률조항에 대한 위헌 여부의 제청신청과 이에 대한 법원의 기각결정(재판의 전제성 있는 형식적 의미의 법률조항에 대한 위헌제청신청과 이에 대한 기각결정), 청구기간의 준수, 변호사 선임 등의 요건이 충족되어야 한다.

먼저 규범통제형 헌법소원심판은 국회 제정의 형식적 의미의 법률과 형식적 의미의 법률은 아니지만 그와 동일한 효력을 가진 법규범으로서 조약,[23] 관습법,[24] 긴급재정경제명령, 유신헌법상의 긴급조치[25] 등을 심판대상으로 한다. 헌법재판소도 '규범통제형 헌법소원심판의 대상이 되는 법률인지 여부는 그 제정 형식이나 명칭이 아니라 그 규범의 효력을 기준으로 판단하여야 한다.'고 하여 이를 분명히 하고 있다.[26]

규범통제형 헌법소원심판의 대상은 위헌 여부 심판의 제청신청을 하여 그 신청이 기각된 때에만 청구할 수 있는 것이므로, 청구인이 법원에 위헌법률심판제청신청을 하지 않았고 따라서 법원의 기각결정도 없었던 부분에 대한 심판청구는 그 심판청구요건을 갖추지 못하여 부적법하다.[27] 그러나 당사자가 위헌법률심판제청신청의 대상으로 삼지 않았고 또한 법원이 기각결정의 대상으로도 삼지 않았음이 명백한 법률조항이라 하더라도, 예외적으로 위헌제청신청을 기각한 법원이 해당 조항을 실질적으로 판단하였거나 해당 조항이 명시적으로 위헌제청신청을 한 조항과 필연적 연관관계를 맺고 있어서 법원이 위 조항을 묵시적으로 위헌제청신청의 대상으로 판단한 것으로 볼 수 있는 경우에는 이에 대한 심판청구도 적법하다.[28]

위헌제청신청에 대한 기각결정을 받은 때란 법원이 제청신청된 법률조항에 대해서 실질적으로 위헌 여부에 대하여 판단한 결과인 기각결정만을 의미하는 것이 아니라 결정의 형식에 관계없이 해당 제청신청의 적법성을 헌법재판소 직권으로 심사하여 재판의 전제성 등 적법요건을 갖추었다면 법원이 제정신청을 부적법하다고 각하한 경우도 포함한다.

재판의 전제성 요건은 법원에 계속 중인 구체적인 재판사건에 적용할 법률조항이 헌법에 위반되는 여부가 재판의 전제로 되어야 함을 내용으로 한다. 이때 재판의 전제가 된다고 함은 첫째, 구체적인 사건이 법원에 계속 중이어야 하고, 둘째, 위헌 여부가 문제되는 법률이 당해 소송사건의 재판에 적용되는 것이어야 하며, 셋째, 그 법률이 헌법에 위반되는지의 여부에 따라 당해 소송사건을 담당하는 법원이 다른 내용의 재판을 하게 되는 경우를 의미하고, 다른 내용의 재판이란 재판의 결론이나 주문에 어떤 영향을 주는 경우뿐만 아니라, 주문 자체에는 아무런 영향을 주지 않는다고 하더라도 재판의 내용과 효력에 관한 법률적 의미가 달라지는 경우도 포함된다.[29] 다만 규범통제형 헌법소원심판은 위헌법률심판절차와 달리 당해사건이 헌법소원심판의 청구로 정지되지 않기 때문에 헌법소원심판의 종국결정 이전에 당해사건이 확정되어 종료되는 경우가 있을 수 있다. 그러나 헌법소원심판이 인용된 경우에는 당해사건이 이미 확정된 때라도 당사자는 재심을 청구할 수 있으므로(헌재법 제75조 제7항), 판결이 확정되었더라도 재판

---

23) 헌재 2001. 9. 27. 2000헌바20.
24) 헌재 2013. 3. 28. 2009헌바129.
25) 헌재 2013. 3. 21. 2010헌바70 등.
26) 헌재 2013. 3. 21. 2010헌바70 등.
27) 헌재 1992. 4. 28. 89헌마221; 헌재 1997. 8. 21. 99헌마51 등 참조.
28) 헌재 1998. 3. 26. 93헌바12; 헌재 2001. 2. 22. 99헌바93 등 참조.
29) 헌재 1992. 12. 24. 92헌가8; 헌재 2010. 5. 27. 2009헌바49; 헌재 2003. 5. 15. 2001헌바98 등 참조.

의 전제성이 소멸된다고 볼 수 없다는 점에 유의하여야 한다.[30]

2) 본안에 관한 주장

헌재법 제71조 제2항에서 법원의 위헌제청서 기재사항을 정한 헌재법 제43조를 준용하고 있으므로 청구인이 단지 당해사건에 적용될 심판대상조항에 대한 위헌의 의심을 진술하는 것만으로는 부족하고 위헌의 합리적인 의심을 헌법재판소에 설득력 있게 논증하여야 한다. 물론 위헌제청의 주체인 법원에게 요구되는 정도의 위헌의 합리적인 의심에 대한 논증을 요구할 수는 없겠지만, 구체적 규범통제절차의 본질과 변호사강제주의의 제도적 취지에 비추어 적어도 당해사건과 관련하여 심판대상인 법률조항의 위헌성을 구체적이고 자세하게 기재할 것이 요청된다.

위헌법률심판과 같이 규범통제형 헌법소원심판 역시 당해사건에 적용될 법률조항의 위헌 여부가 심판의 대상인 객관소송의 성격을 가지므로, 주관적 공권으로서 기본권조항으로 심사기준이 제한되는 권리구제형 헌법소원과 달리 헌법의 모든 규정이 심사기준이 될 수 있다. 따라서 기본권조항을 비롯하여 민주주의원리, 법치주의원리, 사회국가원리 등 헌법의 기본원리나 직업공무원제도, 지방자치 등 모든 헌법규정이 심사기준이 될 수 있다.

한편, 규범통제형 헌법소원이 구체적 규범통제의 법적 성격을 갖는다고 하더라도 이는 규범통제절차의 개시가 구체적 사건(당해사건)을 계기로 이루어진다는 것을 의미할 뿐, 헌법재판소의 위헌 여부 심사의 관점이 당해사건이나 청구인의 범위에 국한되는 것은 아니다.[31] 따라서 심판대상조항의 모든 법적 관점과 효과, 그리고 심판대상조항의 모든 수범자의 입장에서 위헌 여부의 심사를 받게 되므로 당해사건을 넘어 모든 법적 관점에서 위헌의 근거와 이유를 주장할 수 있다.

제4절 권리구제형 헌법소원심판청구서

1. 권리구제형 헌법소원심판의 내용과 절차

헌법소원심판은 국가권력으로부터 헌법상 보장된 국민의 기본권을 보호하고 그 침해를 구제하는 헌법소송의 유형으로 국가권력의 기본권기속성을 실현하는 가장 실효적인 수단이다. 헌재법 제68조 제1항은 '공권력의 행사 또는 불행사로 인하여 헌법상 보장된 기본권을 침해받은 자는, 법원의 재판을 제외하고는, 다른 법률이 정하는 구제절차를 모두 거친 후에 헌법재판소에 헌법소원심판을 청구할 수 있다.'고 하여 헌법 제111조 제1항 제5호의 위임에 따라 헌법소원심판제도를 구체화하고 있다. 앞에서 본 바와 같이 규범통제형 헌법소원은 본질적으로 구체적 규범통제의 법적 성격을 갖고 있으므로 헌재법 제68조에서 헌법소원의 유형으로 함께 규정되어

30) 헌재 1998. 7. 16. 96헌바33 등.
31) 헌재 1996. 12. 26. 96헌가18; 헌재 2000. 4. 27. 98헌가16 등 결정 참조. 따라서 과외교습금지를 규정하고 있는 법률조항에 대한 위헌심사와 관련하여 청구인인 '과외교습자의 직업의 자유'뿐 아니라 '학부모, 학생 등의 자녀교육권 등 관련 기본권', '국가의 교육 권한 및 책임'의 관점에서도 그 위헌성을 주장할 수 있고, 헌법재판소 역시 이들 관점에서 위헌 여부를 검토하여야 한다.

있을 뿐 그 본질은 권리구제형 헌법소원과 서로 구별된다.

그러나 헌재법 제68조 제1항에 따른 권리구제형 헌법소원과 제68조 제2항에 따른 규범통제형 헌법소원은 비록 그 본질과 요건, 심판대상이 서로 다르다고 하더라도 개인에 의한 심판청구라는 심판청구의 방식에서 동일하고, 공권력으로서 형식적 의미의 법률을 비롯하여 일반적·추상적 법령조항을 대상으로 한 권리구제형 헌법소원도 가능하여 소송경제적인 목적이나 분쟁의 통일적 해결의 관점에서 양 청구를 병합하여 제기할 수 있고, 헌법재판소도 이를 허용하고 있다.[32] 다만 이 경우에도 적법한 심판청구가 되기 위해서는 개별 심판청구의 적법요건을 모두 충족할 것이 요청된다.[33]

헌법재판소에 헌법소원심판청구서를 제출하면 규범통제형이든 권리구제형이든 헌법소원심판 사건은 먼저 지정재판부의 사전심사를 거치게 된다(헌재법 제72조 제1항). 사전심사애서는 단지 적법요건의 구비 여부만을 심사하는데, ① 다른 법률에 구제절차가 있음에도 불구하고 그 절차를 모두 거치지 아니한 경우, ② 법원의 재판에 대하여 청구된 경우, ③ 청구기간이 지난 경우, ④ 변호사를 대리인으로 선임하지 않고 청구한 경우, ⑤ 그 밖에 헌법소원심판의 청구가 부적법하고 그 흠결을 보정할 수 없는 경우에는 재판관 전원의 일치된 의견에 의한 결정으로 심판청구를 각하한다(헌재법 제72조 제3항).

한편 헌법소원심판절차에서는 변호사강제주의가 적용되기 때문에 변호사를 대리인으로 선임하여야 한다(헌재법 제26조 제3항). 청구인이 대리인을 선임하지 않고 심판청구를 한 경우 지정재판부는 사전심사단계에서 상당한 기간을 정하여 대리인을 선임하도록 보정명령을 하는데, 이때 변호사를 대리인으로 선임할 자력이 없는 경우에는 헌법재판소에 국선대리인 선임신청을 할 수 있다(헌재법 제70조 제1항).[34]

지정재판부가 심판청구를 각하하지 아니하는 경우에는 그 사건을 전원재판부의 심판에 회부하는 결정을 하여야 하고, 심판청구일부터 30일이 지날 때까지 각하결정이 없는 때에는 심판에 회부하는 결정이 있는 것으로 본다(헌재법 제72조 제4항).

---

32) 헌재 2010. 3. 25. 2007헌마933.
33) 헌재 2007. 10. 25. 2005헌바68.
34) 헌법재판소 역시 청구인이 대리인을 선임하지 않은 경우 보정명령을 하면서 대리인을 선임할 자력이 없는 청구인을 위하여 국선대리인선임제도의 안내와 함께 선임신청서 양식을 송달하고 있다.

2. 심판청구서의 양식

○ 심판대상이 법령인 경우

헌법소원심판청구서

청 구 인   ○ ○ ○
　　　　　서울 성북구 ○○로 ○○, ○○○호(○○동)
　　　　　대리인 변호사 ○ ○ ○
　　　　　서울 서초구 ○○로 ○○, ○○○호(○○동)

청 구 취 지

"구 ○○법(2004. 12. 31. 법률 제7291호로 개정되고, 2011. 4. 5. 법률 제10551호로 개정되기 전의 것) 제○○조 제○항 제○호는 헌법에 위반된다."
라는 결정을 구합니다.

침 해 된 권 리

헌법 제11조 평등권, 제15조 직업선택의 자유

침 해 의 원 인

구 ○○법(2004. 12. 31. 법률 제7291호로 개정되고, 2011. 4. 5. 법률 제10551호로 개정되기 전의 것) 제○○ 제○항 제○호

청 구 이 유

1. 사건개요
2. 심판대상조항의 위헌성
3. 심판청구에 이르게 된 경위
4. 청구기간의 준수 여부 등

첨 부 서 류

1. 각종 입증서류
2. 소송위임장(소속변호사회 경유)

20 .   .   .

청구인 대리인 변호사 ○○○ (인)

헌법재판소 귀중

○ 심판대상이 행정청의 공권력 행사인 경우

헌법소원심판청구서

청 구 인   ○ ○ ○
　　　　　　서울 성북구 ○○로 ○○, ○○○호(○○동)
　　　　　　대리인 법무법인 ○ ○ ○
　　　　　　담당변호사 ○ ○ ○
　　　　　　서울 서초구 ○○로 ○○, ○○○호(○○동)
피청구인   서울구치소장

청 구 취 지

"피청구인이 청구인과 변호인 간의 20 . . .자 접견을 불허한 처분은 청구인의 변호인의 조력을 받을 권리를 침해하여 위헌임을 확인한다."
라는 결정을 구합니다.

침 해 된 권 리

헌법 제11조 제1항 평등권
헌법 제27조 제5항 재판절차에서의 진술권

침 해 의 원 인

피청구인이 청구인과 변호인 간의 20 . . .자 접견을 불허한 처분

청 구 이 유

1. 사건개요
2. 심판대상 처분의 위헌성
3. 심판청구에 이르게 된 경위
4. 청구기간의 준수 여부 등

첨 부 서 류

1. 각종 입증서류
2. 소송위임장(소속변호사회 경유)

20 . . .

청구인 대리인 법무법인 ○○○
담당변호사 ○○○ (인)

헌법재판소 귀중

○ 심판대상이 행정청의 부작위인 경우

헌법소원심판청구서

청 구 인   ○○○
            서울 성북구 ○○로 ○○, ○○○호(○○동)
            대리인 변호사 ○ ○ ○
            서울 서초구 ○○로 ○○, ○○○호(○○동)
피청구인   고용노동부장관

청 구 취 지

"피청구인이 ○○법 제○○조 및 ○○법 시행령 제○○조가 정하는 경우에 관하여 평균임금
을 정하여 고시하지 아니한 부작위는 청구인의 재산권을 침해한 것이므로 위헌임을 확인한다."
라는 결정을 구합니다.

침 해 된 권 리

헌법 제23조 재산권

침 해 의 원 인

피청구인이 ○○법 제○○조 및 ○○법 시행령 제○○조가 정하는 경우에 관하여 평균임금을
정하여 고시하지 아니한 부작위

청 구 이 유

1. 사건개요
2. 위 부작위의 위헌성
3. 심판청구에 이르게 된 경위

첨 부 서 류

1. 각종 입증서류
2. 소송위임장(소속변호사회 경유)

20 .   .   .

청구인 대리인 변호사 ○○○   (인)

헌법재판소 귀중

○ 국선대리인선임신청서

국선대리인 선임신청서

사　　건:

신 청 인　　(성명)

　　　　　　(주소)

　　　　　　(전화)

　신청인은 변호사를 대리인으로 선임할 자력이 없으므로 아래와 같이 국선대리인의 선임을 신청합니다.

1. 무자력 내역(해당란에 ✔표 하십시오)

　　□ 월 평균수입이 230만 원 미만인 자

　　□ 국민기초생활보장법에 의한 수급자

　　□ 국가유공자 등 예우 및 지원에 관한 법률에 의한 국가유공자와 그 유족 또는 가족

　　□ 위 각호에는 해당하지 아니하나, 청구인이 시각·청각·언어·정신 등 신체적·정신적 장애가 있는지 여부 또는 청구인이나 그 가족의 경제능력 등 제반사정에 비추어 보아 변호사를 대리인으로 선임하는 것을 기대하기 어려운 경우

2. 소명자료(해당란에 ✔표 하고 소명자료를 신청서에 첨부하십시오. 해당란이 없는 경우에는 '기타'에 ✔표 하신 뒤 소명자료의 명칭을 기재하고 소명자료를 신청서에 첨부하십시오)

　　□ 봉급액확인서, 근로소득원천징수영수증 등

　　□ 수급자증명서(국민기초생활보장법시행규칙 제40조)

　　□ 국가유공자와 그 유족 또는 가족증명서

　　□ 기타(장애인증명서, 지방세 세목별 과세증명서 등)

3. 국선대리인 선정 희망지역(해당란에 ✔표를 하십시오)

　　□ 서울　　□ 부산　　□ 대구　　□ 인천　　□ 광주　　□ 대전　　□ 울산

　　□ 의정부　□ 수원　　□ 강원　　□ 충북　　□ 전북　　□ 경남　　□ 제주

4. 헌법소원심판청구사유(헌법재판소법 제71조에 규정된 침해된 권리, 침해의 원인이 되는 공권력의 행사 또는 불행사, 청구이유 및 기타 필요한 사항을 간단 명료하게 별지에 기재하여 신청서에 첨부하십시오. 다만, 이 사건과 관련하여 이미 헌법소원심판청구를 한 경우에는 첨부하지 아니하여도 무방합니다)

　　　　　　　　　　　　20　　.　　.　　.

　　　　　　　　　　　　　　　신 청 인　　　　　　　　　　(인)

헌법재판소 귀중

3. 심판청구서의 기재사항

권리구제형 헌법소원의 심판청구서에는 헌재법 제71조 제1항, 심판규칙 제68조 제1항에 따라 ① 청구인 및 대리인의 표시, ② 피청구인(다만, 법령에 대한 헌법소원의 경우에는 그러하지 아니하다), ③ 침해된 권리, ④ 침해의 원인이 되는 공권력의 행사 또는 불행사, ⑤ 청구이유, ⑥ 다른 법률에 따른 구제절차의 경유에 관한 사항, ⑦ 청구기간의 준수에 관한 사항 등 사항을 기재하여야 한다. 그 중 ①, ③, ④, ⑤는 헌재법이 요구하는, ②, ⑥, ⑦은 심판규칙이 요구하는 기재사항이다. 그리고 대리인의 선임을 증명하는 서류를 제출하여야 한다(심판규칙 제69조 제1항).

가. 청구인 및 대리인의 표시

공권력의 행사 또는 불행사로 인하여 헌법상 보장된 기본권을 침해받은 사람은 헌법소원심판을 청구할 수 있으므로 침해된 기본권의 주체가 청구인이 된다. 변호사강제주의의 요청에 따라 변호사를 대리인으로 선임하여 이를 표시하여야 하며, 대리인을 선임하지 아니한 경우 국선대리인선임신청을 함께 하여야 한다.

나. 피청구인

공권력 행사에 대한 헌법소원의 경우 당해 공권력을 행사한 기관이, 공권력 불행사에 대한 헌법소원의 경우에는 공권력을 행사할 의무가 있다고 주장되는 기관이 피청구인이 된다. 법령조항을 심판대상으로 하는 경우 위헌법률심판이나 규범통제형 헌법소원과 마찬가지로 법령의 제·개정 주체를 일의적으로 확정하기 어려우므로 피청구인을 상정하기 어렵지만, 실무상 변론을 하는 때에는 위의 규범통제절차에서와 같이 심판대상인 법령을 집행하는 이해관계기관이 주로 당사자에 준하는 절차보장을 받고 있다.

헌재법 제71조 제1항에서 심판청구서의 기재사항으로 '피청구인'을 명시하지 아니한 관계로 과거 피청구인의 기재 여부에 관해 실무상 논란이 있었고, 헌법재판소 역시 '심판청구서에 기재된 피청구인에 구애되지 않고 청구인이 주장하는 침해된 기본권과 침해의 원인이 되는 공권력을 직권으로 조사하여 피청구인을 확정하였다.[35] 그런데 심판규칙에서 법령에 대한 헌법소원의 경우를 제외하고는 피청구인의 기재를 요구함으로써 적어도 규범적으로는 가능한 한 심판청구서에 피청구인의 기재가 필요하고(제68조 제1항 제2호), 그 기재가 누락되거나 명확하지 아니한 경우 보정명령과 그에 불응하는 경우 심판청구를 각하할 수 있도록 하고 있다(제70조).[36]

---

35) 헌재 1993. 5. 13. 91헌마190; 헌재 1999. 11. 25. 98헌마456 등 결정 참조.
36) 그러나 실제 보정명령을 하거나 불이행을 이유로 각하하는 사례는 거의 없고 헌법재판소가 직권으로 이를 정정하여 결정서에 표시하는 것이 일반적이다. 이러한 실무관행은 개인이 직접 심판청구를 하는 헌법소원의 특성상 기재사항에 대한 엄격한 심사가 어렵고, 공권력 행사의 주체나 공권력을 행사하여야 할 법적 책임이 있는 기관을 정확하게 가려 확정하는 것이 매우 어렵기 때문인 것으로 보인다.

다. 침해된 권리

공권력의 행사 또는 불행사로 인해 제한된 청구인의 헌법상 기본권(침해된 권리)을 특정하여야 하고, 이를 특정하지 않으면 부적법하다.[37] 기본권의 기재는 헌법재판소로 하여금 헌법상 보장된 기본권에 대한 침해가 있다는 주장인 것으로 인식할 수 있는 정도의 표시로 족하고, 헌법재판소는 그 표시된 기본권에 기속되지 않고 청구인이 주장하는 침해된 기본권과 침해의 원인이 되는 공권력의 행사를 직권으로 조사하여 판단할 수 있다.[38] 헌법소원은 공권력으로부터 기본권의 보장 및 구제를 위한 심판절차로서 위헌심사의 기준이 헌법상 기본권조항으로 제한되며, 따라서 기본권 관련성과 기본권 침해가능성이 적법요건으로 요청되고 헌법소원을 인용하는 경우 결정서의 주문에 침해된 기본권을 특정하여야 한다(헌재법 제75조 제2항).

라. 청구취지

권리구제형 헌법소원심판은 청구인의 기본권을 침해하는 공권력 행사의 취소를 구하거나 그 불행사의 위헌확인을 통해 기본권 보장 및 구제를 요청하는 심판절차이다. 따라서 심판청구서에는 헌법소원의 심판대상으로 '기본권 침해의 원인이 되는 공권력의 행사 또는 불행사'를 특정하여야 하고, 이에 대해 '어떤 내용의 구제를 헌법재판소에 요청'하는지를 구체적이고 명확하게 기재하여야 한다.

먼저 법령조항이 심판대상인 경우에는 위헌법률심판제청신청이나 규범통제형 헌법소원심판에서와 같이 법령명, 입법연혁, 기본권을 직접 제한하는[39] 해당 법령조항의 최소단위까지를 특정하여야 한다. 심판대상이 행정청의 처분 등 공권력 행사인 경우에는 행정청의 명칭과 처분일시 및 처분내용을, 입법부작위의 경우에는 입법의무의 주체와 작위의무의 근거법령 및 부작위의 내용, 행정부작위의 경우에는 행정청의 명칭과 작위의무의 근거 및 부작위의 내용을 구체적으로 기재하여야 한다.

그리고 청구취지의 결론 부분에서는 심판대상에 대하여 어떤 내용의 결정을 구하는지를 기재하여야 한다. 법령조항이 심판대상인 경우에는 규범통제형 헌법소원심판과 동일하게 법령조항에 대한 (단순)위헌결정을 구하는 취지를 기재하여야 한다. 심판대상이 공권력 행사인 경우에는 원칙적으로 해당 공권력의 효력을 소멸시켜 이를 제거하는 취소결정을 구하여야 한다.[40] 공권력 불행사의 경우에는 취소의 대상이 되는 공권력 행사가 존재하지 않아 위헌확인을 구하는 결정[41]을 구하여야 하는데, 위헌확인결정이 있으면 피청구인은 결정 취지에 따라 새로운 처분·을 하여야 한다(헌재법 제75조 제4항).

---

37) 헌재 1992. 12. 24. 90헌바158.
38) 헌재 1997. 1. 16. 90헌마110.
39) 규범통제절차에서는 재판의 전제성 있는 부분으로 심판대상조항을 세분함에 비해 권리구제형 헌법소원심판에서는 청구인의 기본권을 직접 제한하는 부분으로 심판대상조항을 세분하여 표시하여야 한다.
40) 피청구인(방송위원회)이 2004. 3. 9. 청구인 주식회사 ○○방송에게 한 '경고 및 관계자 경고'는 청구인의 방송의 자유를 침해한 것이므로 이를 취소한다(헌재 2007. 11. 29. 2004헌마290).
41) 청구인이 1991. 6. 14. 17시부터 그날 18시경까지 국가안전기획부 면회실에서, 그의 변호인과 접견할 때 피청구인 소속직원(수사관)이 참여하여 대화내용을 듣거나 기록한 것은 헌법 제12조 제4항이 규정한 변호인의 조력을 받을 권리를 침해한 것으로서 위헌임을 확인한다(헌재 1992. 1. 28. 91헌마111).

(권리구제형 헌법소원의 청구취지 예시)

- (법령조항) 노동조합 및 노동관계조정법(1997. 3. 13. 법률 제5310호로 제정된 것) 제94조 중 '법인의 대리인·사용인 기타의 종업원이 그 법인의 업무에 관하여 제90조의 위반행위를 한 때에는 그 법인에 대하여도 해당 조의 벌금형을 과한다' 부분 가운데 제81조 제4호 본문 전단에 관한 부분은 헌법에 위반된다.(헌재 2019. 4. 11. 2017헌가30)

- (공권력 행사로서 거부) 서울지방검찰청 의정부지청장이 1990. 8. 13. 청구인의 청구인에 대한 무고 피고사건의 확정된 형사소송기록의 일부인 서울지방검찰청 의정부지청 89형제5571.11958호 수사기록에 대한 복사신청에 대하여 이를 거부한 행위는 청구인의 알 권리를 침해한 것으로 위헌임을 확인한다.(헌재 1991. 5. 13. 90헌마133)

- (사실행위) 서울지방경찰청장이 2009. 6. 3. 서울특별시 서울광장을 경찰버스들로 둘러싸 청구인들의 통행을 제지한 행위는 청구인들의 일반적 행동자유권을 침해한 것으로 위헌임을 확인한다. (헌재 2013. 7. 25. 2011헌마628등)

- (입법부작위) 재조선미국육군사령부군정청법령 제75호 조선철도의통일(1946.5.7. 제정)을 폐지한 조선철도의통일폐지법률(1961.12.30. 법률 제922호)이 시행되기 전에 같은 군정청법령 제2조에 의하여 수용된 ○○철도주식회사, □□철도주식회사 및 △△철도주식회사 재산의 재산관계권리자로서 같은 법령 제3조에 따라 같은 군정청 운수부장에게 보상청구서면을 제출하여 위 수용으로 인한 보상청구권을 포기하지 않은 것으로 확정된 자 또는 그 보상청구권을 승계취득한 자에 대하여 위 수용으로 인한 손실보상금을 지급하는 절차에 관한 법률을 제정하지 아니하는 입법부작위는 위헌임을 확인한다.(헌재 1994. 12. 29. 89헌마2)

- (행정입법부작위) 대통령이 구 군법무관임용법 제5조 제3항 및 군법무관임용등에관한법률 제6조의 위임에 따라 군법무관의 봉급과 그 밖의 보수를 법관 및 검사의 예에 준하여 지급하도록 하는 대통령령을 제정하지 아니하는 입법부작위는 위헌임을 확인한다.(헌재 2004. 2. 26. 2001헌마718)

- (조례제정부작위) 피청구인들이 지방공무원법 제58조 제2항의 위임에 따라 사실상 노무에 종사하는 공무원의 범위를 정하는 조례를 제정하지 아니한 것은 위헌임을 확인한다.(헌재 2009. 7. 30. 2006헌마358)

(공권력 행사 또는 부작위의 기재사례 예시)

- 서울지방검찰청 의정부지청장이 1990. 8. 13. 청구인의 청구인에 대한 무고 피고사건의 확정된 형사소송기록의 일부인 서울지방검찰청 의정부지청 89형제5571.11958호 수사기록에 대한 복사신청에 대하여 이를 거부한 행위(헌재 1991. 5. 13. 90헌마133)

- 서울지방경찰청장이 2009. 6. 3. 서울특별시 서울광장을 경찰버스들로 둘러싸 청구인들의 통행을 제지한 행위(헌재 2013. 7. 25. 2011헌마628 등)

- 재조선미국육군사령부군정청법령 제75호 조선철도의통일(1946. 5. 7. 제정)을 폐지한 조선철도의통일폐지법률(1961. 12. 30. 법률 제922호)이 시행되기 전에 같은 군정청법령 제2조에 의하여 수용된 ○○철도주식회사, □□철도주식회사 및 △△철도주식회사 재산의 재산관계

권리자로서 같은 법령 제3조에 따라 같은 군정청 운수부장에게 보상청구서면을 제출하여 위 수용으로 인한 보상청구권을 포기하지 않은 것으로 확정된 자 또는 그 보상청구권을 승계취득한 자에 대하여 위 수용으로 인한 손실보상금을 지급하는 절차에 관한 법률을 제정하지 아니하는 입법부작위(헌재 1994. 12. 29. 89헌마2)

- 대통령이 구 군법무관임용법 제5조 제3항 및 군법무관임용등에관한법률 제6조의 위임에 따라 군법무관의 봉급과 그 밖의 보수를 법관 및 검사의 예에 준하여 지급하도록 하는 대통령령을 제정하지 아니하는 입법부작위(헌재 2004. 2. 26. 2001헌마718)

- 피청구인들이 지방공무원법 제58조 제2항의 위임에 따라 사실상 노무에 종사하는 공무원의 범위를 정하는 조례를 제정하지 아니한 것(헌재 2009. 7. 30. 2006헌마358)

마. 청구이유

심판청구가 적법하고 이유가 있다는 청구취지의 내용을 뒷받침하는 사실적·법적 관점과 근거에 대한 청구인의 주장을 구체적이고 명확하게 기재하여야 한다. 특히 권리구제형 헌법소원심판의 경우 기본권 구제를 목적으로 하는 주관적 쟁송의 성격이 강하고, 일반법원의 행정소송 등 통상의 권리구제절차와 보충적 관계에 있으므로 규범통제형 헌법소원심판과는 달리 청구인능력, 청구인적격, 대상적격, 기본권관련성 및 침해가능성, 권리보호이익, 청구기간, 보충성 등 적법요건의 충족이 엄격하게 요구된다. 따라서 청구이유에서 헌법소원심판청구에 이르게 된 경위를 통해 심판청구의 적법성과 심판대상인 공권력의 행사 또는 불행사가 청구인의 기본권을 침해하는 이유를 자세하게 기재하여야 한다. 이때 기본권 침해의 단순한 주장만으로는 부족하고 주장된 사실과 기본권 침해 사이에 어느 정도 관련성이 있어야 할 것으로 청구인에 대한 기본권 침해의 가능성을 확인할 수 있을 정도의 구체적 주장을 하지 않고 막연하고 모호한 주장만을 하는 경우 그 헌법소원은 부적법하다.[42]

1) 적법요건에 관한 주장

헌재법 제68조 제1항 및 제69조 제1항은, '공권력의 행사 또는 불행사로 인하여 헌법상 보장된 기본권을 침해받은 자는 법원의 재판을 제외하고는 그 사유가 있음을 안 날부터 90일 이내에, 그 사유가 있는 날부터 1년 이내에 헌법재판소에 헌법소원심판을 청구할 수 있는데, 다른 법률에 구제절차가 있는 경우에는 그 절차를 모두 거친 후에 청구할 수 있다.'고 규정한다. 먼저 기본권을 침해받은 자만이 헌법소원을 청구할 수 있으므로 청구인은 기본권주체가 될 수 있어야 하며(청구인능력), 헌법소원의 대상인 공권력에는 국가기관 등 공적 주체의 고권적 작용으로 입법, 행정, 사법(법원의 재판은 제외)의 모든 작용이 포함된다(대상적격). 또한 헌법소원심판은 헌법상 보장된 기본권의 보장 및 구제에 그 제도적 취지가 있기 때문에 심판대상인 공권력 행사 등을 통해 헌법상 기본권이 제한될 가능성이 있어야 하며(기본권 관련성 및 침해가능성), 헌법재판소의 인용결정을 통해 권리구제가 가능하고 또한 실효적이여야 하므로 공권력 행사 등으로

---

42) 헌재 2005. 2. 3. 2003헌마544 등 참조.

인해 청구인 자신의 기본권이 현재 그리고 직접 제한될 것이 요청된다(기본권 침해의 법적 관련성의 요청으로 자기관련성, 현재성, 직접성). 그리고 권리구제형 헌법소원의 보충적·예비적 성격으로 인해 법원의 행정소송 등 통상의 권리구제절차를 거쳐야 하며(보충성), 권리관계의 조속한 확정을 위해 청구기간의 준수와 함께 사법작용의 일반적 요청으로서 본안결정을 통한 권리보호의 이익이 있어야 한다.

따라서 심판청구서에는 사실관계 및 심판청구에 이르기까지의 경과에 대한 설명을 통해 이들 헌법소원심판의 적법요건을 모두 갖추었음을 설명하여야 하고, 아울러 공권력 행사 등을 통해 발생한 청구인 자신의 기본권 제한 및 그 정도, 필요한 권리구제절차의 경유사실을 소명하여야 한다.

2) 본안에 관한 주장

권리구제형 헌법소원은 국가 등의 공권력 행사 등을 통해 침해된 청구인의 기본권 구제에 그 본래적인 취지가 있으므로 위에서 본 바와 같이 공권력 행사 등을 통해 청구인 자신의 기본권이 현재 그리고 직접 제한되어야 하며, 헌법재판소의 인용결정을 통해 즉시 기본권 구제가 가능할 것이 요청된다. 따라서 심판청구서에는 공권력 행사 등을 통해 청구인의 기본권이 헌법이 정하는 기본권 제한의 헌법적 지침과 한계를 따르지 않고 침해되었음을 자세하게 논증하여야 한다.

제5절 권한쟁의심판청구서

1. 권한쟁의심판의 내용과 절차

권한쟁의심판은 국가기관 사이, 국가기관과 지방자치단체 사이 또는 지방자치단체 사이에 권한의 존부 또는 범위에 관하여 다툼이 발생한 경우에, 헌법재판소가 이를 유권적으로 심판함으로써 이들 각 기관에게 주어진 권한을 보호함과 동시에 객관적 권한질서의 유지를 통해서 국가기능의 수행을 원활히 하고, 수평적·수직적 권력 상호간의 견제와 균형을 유지하려는 데에 그 제도적 의의가 있다.[43] 따라서 권한쟁의심판은 헌법과 법률이 정하는 국가기관 등의 권한 보호와 이를 통한 객관적 권한질서의 유지에 그 취지가 있으므로 객관소송의 성격이 두드러지지만, 피청구인의 처분 또는 부작위로 인해 청구인의 권한이 침해되었거나 침해될 현저한 위험이 있는 경우에만 심판청구를 할 수 있도록 하여 심판청구의 가능성을 일부 제한하고 있다(헌재법 제61조 제2항).

권한쟁의심판에서 청구인과 피청구인은 그 객관적 소송의 성격에 따라 헌법 제111조 제1항 제4호 및 헌재법 제62조 제1항에서 이를 명시하고 있다. 따라서 현행법상 권한쟁의심판에는 "국회, 정부, 법원 및 중앙선거관리위원회 상호간"의 국가기관 상호간의 권한쟁의심판, "정부와 특별시·광역시·특별자치시·도 또는 특별자치도 간" 및 "정부와 시·군 또는 지방자치단체인

---

43) 헌재 2011. 8. 30. 2011헌라1.

구간"의 국가기관과 지방자치단체 간의 권한쟁의심판, "특별시·광역시·특별자치시·도 또는 특별자치도 상호간", "시·군 또는 자치구 상호간" 및 "특별시·광역시·특별자치시·도 또는 특별자치도와 시·군 또는 자치구 간"의 지방자치단체 상호간의 권한쟁의심판 등 3가지 유형이 있고, 이들 국가기관과 지방자치단체로 권한쟁의심판의 당사자능력이 제한된다.

다른 심판절차에서와 마찬가지로 권한쟁의심판도 청구인이 심판청구서를 작성하여 헌법재판소에 제출함으로써 절차가 개시되며, 위헌법률심판절차나 헌법소원심판절차와는 달리 서면심리가 아니라 변론에 의해 심리가 진행된다(헌재법 제30조 제1항).

2. 심판청구서의 양식

권한쟁의심판청구서

청 구 인   국회의원 ○○○
            대리인 변호사 ○○○
피청구인   국회의장

심판대상이 되는 피청구인의 처분 또는 부작위

피청구인이 20   .   .   . 국회 본회의에서 ○○○ 법률안을 가결처리한 행위

침해된 청구인의 권한

헌법 및 국회법에 의하여 부여된 청구인의 법률안 심의·표결권

청 구 취 지

피청구인이 20 . . . 국회 본회의에서 ○○○법률안을 가결선포한 행위가 헌법 및 국회법에 의하여 부여된 청구인의 법률안 심의·표결의 권한을 침해한 것이라는 확인을 구하며, 또한 피청구인의 위 행위가 무효임을 확인하여 줄 것을 청구합니다.

청 구 이 유

1. 헌법 또는 법률에 의하여 부여된 청구인의 권한의 유무 또는 범위
2. 권한다툼이 발생하여 심판청구에 이르게 된 경위
3. 피청구인의 행위에 의한 청구인의 권한의 침해
4. 피청구인의 처분이 취소 또는 무효로 되어야 하는 이유
5. 청구기간의 준수 여부 등

첨 부 서 류

1. 각종 입증서류

2. 소송위임장

20 .   .   .

청구인 대리인 변호사 ○○○ (인)

헌법재판소 귀중

3. 심판청구서의 기재사항

권한쟁의심판의 심판청구서에는 헌재법 제64조에 따라 ① 청구인 또는 청구인이 속한 기관 및 심판수행자 또는 대리인의 표시, ② 피청구인의 표시, ③ 심판대상이 되는 피청구인의 처분 또는 부작위, ④ 청구 이유, ⑤ 그 밖에 필요한 사항을 기재하여야 한다.

가. 청구인 또는 청구인이 속한 기관 및 심판수행자 또는 대리인의 표시

청구인 또는 청구인이 속한 기관의 표시란 청구인 또는 청구인이 속한 기관의 명칭, 대표자 성명 등의 기재를 의미한다. 그리고 심판수행자 또는 대리인의 표시란 헌재법 제25조 제2항에 따라 선임된 변호사인 대리인의 성명, 주소의 기재를, 변호사의 자격이 있는 소속직원이 심판을 수행하는 경우 그 성명, 직위의 기재를 말한다. 이때 대리인의 선임을 증명하는 위임장을 심판 청구서에 첨부하여야 한다.

나. 피청구인의 표시

청구인의 권한을 침해한 처분을 한 국가기관이나 지방자치단체, 일정한 작위를 하여야 할 의무가 있다고 주장되는 국가기관이나 지방자치단체를 피청구인으로 표시하여야 한다. 권한쟁의심판의 특성상 해당 처분을 하였거나 일정한 처분을 하여야 하는 국가기관 등을 헌법과 법률 상의 권한규범에 대한 해석을 통해 일의적으로 확정하는 것은 매우 어려우므로 심판청구서 단계에서는 이를 정확하게 지정하는 것이 매우 어렵다. 따라서 심리 중에 청구인의 신청에 의해 결정으로 피청구인 경정을 허가하는 사례가 흔히 있다.[44]

다. 청구취지

권한쟁의심판은 피청구인의 처분 또는 부작위가 헌법 또는 법률에 의하여 부여받은 청구인 의 권한을 침해하였거나 침해할 현저한 위험이 있는 경우 청구인의 객관적인 권한의 보호에 그 목적이 있다. 따라서 심판청구서에는 권한쟁의심판의 대상으로서 권한침해의 원인인 '피청구인

---

44) 피청구인 '정부'를 '정부 및 국회'로 결정한 사례(헌재 2005. 12. 22. 2004헌라3), 피청구인 '대한민국 정부' 를 '대통령'으로 경정한 사례(헌재 2010. 6. 24. 2005헌라9), 피청구인 '대한민국 정부'를 '1. 해양수산부장 관, 2. 부산지방해양수산청장'으로 경정한 사례(헌재 2008. 3. 27. 2006헌라1).

의 처분 또는 부작위'를 특정하여야 하고, 이에 대해 '어떤 내용의 구제를 헌법재판소에 요청'하는지를 구체적이고 명확하게 기재하여야 한다.

먼저 권한쟁의심판청구의 대상이 되는 '처분'은 법적 중요성을 지닌 것으로 청구인의 법적 지위에 구체적으로 영향을 미칠 가능성이 있는 입법부, 행정부, 사법부의 작용들이 모두 포함된다.[45] 국회의 법률 제정 또는 개정 행위,[46] 국회의장의 법률안가결선포행위,[47] 감사원의 지방자치단체를 상대로 한 감사행위[48] 등이 이에 해당한다.

부작위는 단순한 사실상의 부작위가 아니고 헌법상 또는 법률상의 작위의무가 있는데도 불구하고 이를 이행하지 아니하는 것을 말한다. 따라서 지방자치단체의 관할구역을 정하는 법률의 제정으로 관할이 변경되었음에도 불구하고 변경 전 지방자치단체가 관할이 변경된 지역에 관한 사무 및 재산의 인계를 하지 아니한 부작위는 권한쟁의심판청구의 대상이 된다.[49]

청구취지의 결론 부분에서는 심판대상에 대하여 어떤 내용의 결정을 구하는지를 기재하여야 한다. 권한쟁의심판은 권한의 유무 또는 범위에 관하여 헌법재판소에 유권적 판단을 구하는 심판이지만, 피청구인의 처분 등으로 청구인의 권한이 침해되었거나 침해될 현저한 위험이 있는 경우에만 청구할 수 있으므로 '피청구인의 처분 또는 부작위에 의하여 청구인의 권한이 침해되었음의 확인을 구'하는 것이 일반적이다(헌재법 제61조).[50] 그리고 청구인의 권한이 이미 침해된 때에는 심판대상인 피청구인의 처분을 취소하거나 그 무효의 확인을 구하는 것도 가능하다(헌재법 제66조 제2항).[51]

(권한쟁의심판의 청구취지 예시)

- (법령조항) 피청구인 국회가 2005. 8. 4. 법률 제7681호로 공직선거법 제122조의2를 개정한 행위는 청구인들의 지방자치권을 침해한 것이다. (헌재 2008. 6. 26. 2005헌라7)
- 피청구인 대통령이 2015. 12. 10. 대통령령 제26697호로 지방교부세법 시행령 제12조 제1항 제9호를 개정한 행위는 청구인의 지방자치권한을 침해한 것이다. (헌재 2019. 4. 11. 2016헌라7)
- (사실행위) 피청구인 행정안전부장관이 2006. 9. 14.부터 2006. 9. 29.까지 청구인의 [별지] 목록 기재의 자치사무에 대하여 실시한 정부합동감사는 헌법 및 지방자치법에 의하여 부여된 청구인의 지방자치권을 침해한 것이다. (헌재 2009. 5. 28. 2006헌라6)
- 피청구인 감사원이 2005. 6. 13.부터 2005. 8. 30.까지 청구인들을 상대로 실시한 감사는 청구인들의 지방자치권을 침해한다.

---

45) 헌재 2006. 5. 25. 2005헌라4; 헌재 2008. 6. 26. 2005헌라7 등 참조.
46) 제정 또는 개정된 법률조항의 내용으로 인해 청구인의 권한이 침해된 경우 심판대상은 법률조항 자체가 아니라 국회가 해당 법률조항을 제정 또는 개정한 행위임을 유의하여야 한다(헌재 2005. 12. 22. 2004헌라3).
47) 국회의장의 법률안가결선포행위로 인해 청구인 국회의원의 법률안 심의표결권 침해 여부(헌재 1997. 7. 16. 96헌라2).
48) 헌재 2008. 5. 29. 2005헌라3.
49) 피청구인 진해시가 진해시 용원동 일대 토지들에 관하여 지방자치법 제5조에 의한 사무와 재산의 인계를 청구인 부산광역시 강서구에 행하지 아니하는 부작위(헌재 2006. 8. 31. 2004헌라2).
50) 헌재 1997. 7. 16. 96헌라2; 헌재 1998. 7. 14. 98헌라3 등 참조.
51) 피청구인 진해시가 2004. 3. 10. 진해시 용원동 1307 도로에 대한 점용을 이유로 청구외 박○원, 황○규, 김○균, 이○화, 유○옥에게 행한 각 점용료부과처분은 이를 취소한다(헌재 2006. 8. 31. 2004헌라2).

> ─ (법원의 재판) 피청구인(서울남부지방 제51민사부)이 서울남부지방법원 2010카합211 사건을 심리하여 이 사건 가처분을 하고 그 결정을 고지한 행위는 청구인의 국회의원으로서의 권한 을 침해한다. (헌재 2010. 7. 29. 2010헌라1)

라. 청구이유

청구이유에서는 청구인과 피청구인의 권한 분배를 다루는 헌법 및 법률의 규정을 들어 권한의 소재 및 범위를 설명하고, 문제되는 권한의 유무 또는 범위에 관한 다툼이 발생하게 된 경위와 피청구인의 처분 또는 부작위에 의해서 헌법 및 법률에 의하여 청구인에게 부여된 특정한 권한이 침해받았거나 침해받을 현저한 위험이 있다는 이유를 구체적이고 명확하게 기재하여야 한다.

제6절 가처분신청서

1. 가처분신청의 의의와 허용 여부

가처분은 본안결정의 실효성을 확보하고 잠정적인 권리보호를 위해 행하는 본안결정 전의 사전조치를 말한다. 본안결정이 있기까지 상당한 기간이 소요되는 헌법재판에서도 상황의 변화 로 인해 심판청구가 받아들여지더라도 소기의 목적을 달성할 수 없게 될 우려가 있다. 즉, 본안 결정 전에 사실관계가 완결되어 더 이상 돌이킬 수 없는 단계에 이르면 심판청구의 당사자에게 나 헌법질서에 회복하기 어려운 손해가 발생할 수 있으므로 본안결정의 실효성을 확보하고 잠 정적인 권리보호를 위해 본안결정이 있기까지 잠정적으로 임시의 법적 관계를 정하는 가처분절 차가 필요하다.

헌재법은 정당해산심판과 권한쟁의심판에서 종국결정의 선고 시까지 피청구인의 활동을 정 지(제57조)하거나 피청구인 처분의 효력을 정지(제65조)하는 결정을 할 수 있음을 명시하고 있지 만, 헌법소원심판 등 다른 심판절차에서는 가처분에 관한 명문의 규정이 없으므로 이들 심판절 차에서도 가처분이 허용되는지 의문이 있을 수 있다.

합리적 위헌의 의심을 넘어 그 위헌성이 두드러지게 명백한 법률조항에 대하여 사후의 위헌 결정으로 인한 법적 안정성의 혼란을 방지하기 위해 본안결정 전에 가처분으로 미리 그 효력을 정지시킬 필요성을 인정할 수 있고, 특히 권리구제형 헌법소원심판절차의 경우 주관적 권리보 호에 그 취지가 있으므로 다른 심판절차에 비해 사전적인 권리구제조치가 필요하고 나아가 효 과적인 권리구제를 위해 불가피하다고 볼 수도 있다. 그리고 헌재법 제40조에서 헌법재판소의 심판절차에 관하여 헌재법에 특별한 규정이 있는 경우를 제외하고는 헌법재판의 성질에 반하지 아니하는 한도에서 민사소송에 관한 법령을 준용하고, 특히 권한쟁의심판 및 헌법소원심판의 경우에는 행정소송법을 함께 준용하도록 규정하고 있으므로 헌법소송에서 가처분신청을 허용할 실정법상의 근거도 충분히 마련되어 있다.

　　헌법재판소 역시 헌법소원심판절차에서 처음으로 가처분신청을 인용한 사법시험령 제4조 제3항에 대한 효력정지 가처분사건에서, '정당해산심판과 권한쟁의심판 이외에 헌재법 제68조 제1항 헌법소원심판절차에 있어서도 가처분의 필요성은 있을 수 있고, 달리 가처분을 허용하지 아니할 상당한 이유를 찾아볼 수 없으므로 위 헌법소원심판청구사건에서도 가처분이 허용된다.'고 판시하여 가처분의 필요성과 허용성을 긍정하고 있다.[52]

　　가처분신청은 이미 계속 중이거나 장래 계속될 본안심판의 청구인적격이 있는 사람이 할 수 있고, 가처분신청서에는 신청의 취지 및 이유의 기재와 함께 주장을 소명하기 위한 증거나 자료를 첨부하여야 한다(심판규칙 제50조). 가처분신청은 본안청구가 계속 중인 이상 언제나 가능하며, 본안심판이 종결되었거나 본안심판절차가 충분하게 진행되어 본안결정을 내릴 수 있는 정도에 이른 시점에서는 가처분결정을 구할 실익이 없으므로 가처분신청을 할 수 없다.

2. 가처분신청서의 양식

가 처 분 신 청 서

신 청 인　　○○○ 외184명
　　　　　　　신청인들 대리인 ○○○
본안사건　　2000헌마262 사법시험령 제4조 제3항 위헌확인

신 청 취 지

"사법시험령 제4조 제3항 본문의 효력은 헌법재판소 2000헌마262 헌법소원심판청구사건의 종국결정 선고시까지 이를 정지한다."
라는 결정을 구합니다.

신 청 이 유

1. 본안사건의 개요
2. 보전처분의 필요성

첨 부 서 류

20 ．　．　．

신청인 대리인 변호사　○○○　(인)

헌법재판소 귀중

---

52) 헌재법 2000. 12. 8. 2000헌사471.

3. 신청서의 기재사항

가처분신청서에는 신청인과 본안사건을 표시하여야 하고, 다른 신청서(청구서)와 마찬가지로 잠정적 조치인 가처분이 내려져야 할 대상으로 신청대상과 잠정처분의 내용을 기재하여야 한다 (신청취지).

그리고 신청이유에서는 본안사건의 실효성을 확보하기 위한 부수적인 절차로서의 성질상 본안사건의 개요와 함께 가처분의 필요성을 자세하게 기재하여야 한다.

가처분결정은 신청대상인 침해행위가 위헌으로 결정될 경우 신청인이나 공공복리에 발생하게 될 회복하기 어려운 현저한 손해나 회복 가능하지만 중대한 손해를 방지하기 위해 긴급히 필요한 때에, 그 효력이나 집행 또는 절차의 진행을 정지하거나 손해를 회복 또는 방지하기 위한 응급적·잠정적인 임시의 지위를 정하는 것을 내용으로 하므로 신청 취지 및 이유에서 이를 자세하게 기재하여야 할 것이다.

○ 가처분결정의 신청취지 사례
- 사법시험령 제4조 제3항 본문의 효력은 헌법재판소 2000헌마262 헌법소원심판청구사건의 종국결정 선고 시까지 이를 정지한다. (헌재 2000. 12. 8. 2000헌사471)
- 피신청인 경기도지사가 1998. 4. 16. 경기도고시 제1998-142호로 행한 성남도시계획시설에 대한 도시계획사업시행자지정 및 실시계획인가처분과 그 선행절차로서 행한 도시계획입안의 효력은 헌법재판소 98헌라4 권한쟁의심판청구사건에 대한 종국결정의 선고 시까지 이를 정지한다. (헌재 1999. 3. 25. 98헌사98)
- 군행형법시행령 제43조 제2항 본문 중 전단 부분의 효력은 헌법재판소 2002헌마193 헌법소원심판청구사건의 종국결정 선고 시까지 이를 정지한다. (헌재 2002. 4. 25. 2002헌사129)
- 피신청인 인천공항출입국관리사무소장은 변호인의 2014. 4. 25.자 신청인에 대한 변호인접견신청을 즉시 허가하여야 한다. (헌재 2014. 6. 5. 2014헌사592)
- 초·중등교육법 시행령(2017. 12. 29. 대통령령 제28516호로 개정된 것) 제81조 제5항 중 '제91조의3에 따른 자율형 사립고등학교는 제외한다' 부분의 효력은 헌법재판소 2018헌마221 헌법소원심판청구사건의 종국결정 선고 시까지 이를 정지한다. (헌재 2018. 6. 28. 2018헌사213)

제 9 장

소송 외 문서

소송 외 문서

제1절 변호사가 작성하는 소송 외 문서 개관

변호사법 제3조는 변호사의 직무범위를 '소송에 관한 행위 및 행정처분의 청구에 관한 대리 행위와 일반 법률사무'라고 규정하고 있다. 이러한 변호사의 직무활동은 ① 의뢰인으로부터의 수임과정, ② 수임업무의 처리과정, ③ 수임업무의 처리 후 마지막 종결의 순으로 진행되는 것이 일반적인데, 변호사는 이 과정에서 앞서 본 재판 관련의 법문서 외에도 다양한 종류의 소송 외 문서를 취급하게 된다. 본 장에서는 이러한 소송 외 문서에 대해 개략적으로 살펴보기로 한다.

1. 수임과정 - 면담기록 및 위임장

사건의 수임은 대체로 의뢰인과의 면담으로 시작된다.[1] 면담은 변호사가 의뢰인으로부터 사안의 내용 및 의뢰인이 궁금해 하는 사항에 대해 설명을 듣는 것으로 시작되는 것이 보통이다. 그런데, 소송의 의뢰인들은 법률전문가가 아닌 까닭에 자신의 사안과 관련된 법률적 쟁점에 대한 이해도 부족하며, 구체적으로 어떤 사실이 자신의 주장을 뒷받침하는데 도움이 되는지를 잘 모르는 경우가 많다. 그러다 보니 불필요한 사실관계를 필요 이상으로 장황하게 설명하는 경우가 있는데, 이런 경우 요점만 간단히 말하라고 하면 정작 이야기해야 할 중요 사실을 빠뜨릴 수도 있으므로, 일단은 인내심을 가지고 당사자의 설명을 주의 깊게 들을 필요가 있다. 또한 의뢰인의 설명을 통해 파악된 증거관계나 법률상의 쟁점에 관하여는 변호사가 수시로 질문을 던짐으로써 유의미한 사실관계 위주로 설명이 진행되도록 유도하는 동시에 의뢰인이 미처 그 중요성을 인식하지 못하여 설명을 누락하고 있는 사항은 없는지 점검할 필요가 있다.[2] 이러한 과

---

[1] 이미 법률자문계약이 체결되어 있는 기업고객의 경우에는 이메일이나 팩스 등의 서면전송만으로 사건을 의뢰하는 경우도 많지만, 이런 경우에도 보다 자세한 사안 설명을 위해 추가적인 면담이 수반되는 경우가 많다.

정을 통해 사안의 개요가 파악되면, 변호사는 의뢰인이 궁금해하는 부분과 그 의도한 내용에 대하여 유리한 점과 불리한 점, 실현가능성과 유용성 및 앞으로의 처리 방향과 권리관계의 추이를 의뢰인의 눈높이에 맞추어 명확하고 쉬운 어휘를 사용하여 설명하는 것이 바람직하다. 해당 쟁점에 관하여 명확한 판결이 존재하는 경우에는 판례를 인용하며 설명하면 되지만, 선례가 없는 상태에서 학설이 나뉘거나 아예 논의조차 없는 쟁점을 다루어야 하는 경우도 왕왕 발생한다. 이런 경우에는 변호사로서 예상되는 여러 가지 입장과 그 논거를 분석하여 설명을 함과 동시에 본인은 이 중 어느 주장이 법원에서 채택될 가능성이 더 높다고 보는지 및 그에 대한 합리적 논거를 제시할 필요가 있다.

의뢰인과의 면담과 관련하여서는, 면담이나 회의에서 논의된 사항을 정리하고 앞으로의 회의 일정과 그 이전에 각자 하여야 할 일들을 확인할 목적으로 면담기록(회의록)을 작성하여 두는 것이 바람직하다.[3] 이러한 면담기록(회의록)은 가능하면 면담이나 회의 중 수시로 작성하는 것이 바람직하며, 회의 중 불가피하게 기재하지 못한 내용이 있다면 그 종료 후에라도 보완하도록 한다. 면담기록(회의록)을 작성함에 있어서는 본인의 기억력을 과신하지 말고, 가능한 한 상세한 기록을 남겨두는 습관을 들이는 것이 바람직하다. 변호사는 여러 건의 사건을 동시에 처리해야 하는 것이 일상이므로 특정 사건에 대한 면담 종료와 동시에 해당 건에 대한 업무처리에 바로 착수할 수 있는 경우는 많지 않다. 또한, 의뢰인이 자신의 이해관계에 따라 말을 뒤집는 경우도 가끔은 발생하는 것이 안타까운 현실이다. 가능한 한 상세한 면담기록을 남겨 두면, 업무처리과정에서 중요한 사항을 놓치는 실수를 방지할 수 있을 뿐 아니라 의뢰인과 소모적인 분쟁을 예방하는 데에도 도움이 된다.

면담 이후 정식으로 사건을 수임하게 되면 소송위임계약 또는 법률자문계약을 체결하는 것이 일반적이다. 다만, 기업고객의 경우에는, 특정 사안에 대해 건별로 법률자문계약을 체결하는 대신 일정 기간 일정한 조건으로 계속적인 법률자문을 제공하는 내용의 기본계약을 체결한 후 이에 따라 수시로 법률자문을 제공하는 방식으로 운영하는 경우도 많이 있다. 소송을 위임받은 경우에는, 재판에 임하는 변호사의 대리권을 증명하기 위해 소송위임장을 법원에 제출하여야 하므로[4] 위임계약 체결과 동시에 고객으로부터 위임장을 교부받아야 한다. 대한변호사협회에서 권장하는 소송위임장 표준양식은 아래와 같다.

---

2) 대법원 2002. 11. 22. 선고 2002다9479 판결: 의뢰인과 변호사 사이의 신뢰관계 및 사고수표와 관련된 소송을 위임한 의뢰인의 기대와 인식 수준에 비추어 볼 때, 피사취수표와 관련된 본안소송을 위임받은 변호사는, 비록 사고신고담보금에 대한 권리 보전조치의 위임을 별도로 받은 바 없다고 하더라도, 위임받은 소송업무를 수행함에 있어서 사고신고담보금이 예치된 사실을 알게 되었다면, 이 경우에는 수표 소지인이 당해 수표에 관한 소송이 계속중임을 증명하는 서면을 지급은행에 제출하고 수익의 의사표시를 하면 나중에 확정판결 등을 통하여 정당한 소지인임을 증명함으로써 사고신고담보금에 대한 직접청구권이 생기므로, 법률전문가의 입장에서 승소 판결금을 회수하는 데 있어 매우 실효성이 있는 이와 같은 방안을 위임인에게 설명하고 필요한 정보를 제공하여 위임인이 그 회수를 위하여 필요한 수단을 구체적으로 강구할 것인지를 결정하도록 하기 위한 법률적인 조언을 하여야 할 보호의무가 있다.

3) 의뢰인과의 면담은 수임과정에서만이 아니라 수임이후 업무처리과정에서도 필요한 경우가 많이 있다. 그 경우에도 동일한 방식으로 면담을 진행한 후 기록을 남기는 것이 바람직하다.

4) 소송위임장은 소속지방변호사회(예: 서울지방변호사회)를 경유해서 법원에 제출하여야 한다.

소 송 위 임 장

사 건	
원 고	
피 고	

위 사건에 관하여 아래 수임인을 소송대리인으로 선임하고, 아래에서 정한 권한을 수여합니다.

수임인

변호사 ○○○
　주 소:
　전 화:　　　　　　　　이메일:

수권사항

(1) 일체의 소송행위
(2) 변제의 수령　　　(3) 상소의 제기　　　(4) 반소의 제기
(5) 재판상 또는 재판외의 화해　　　　　　(6) 복대리인의 선임
(7) 기타 특별수권사항 [권한을 부여하면 ○표시, 보류하면 ×표시]

기타 특별수권사항		수권여부
소의 취하	제기된 소송의 전부 또는 일부를 철회하여 소송을 종료할 수 있는 권한	
상소의 취하	원심을 유지·확정하면서 상소의 신청을 철회할 수 있는 권한	
청구의 포기	위임인의 청구가 이유 없다고 인정하여 소송을 종료할 수 있는 권한	
청구의 인낙	상대방의 청구가 이유 있다고 인정하여 소송을 종료할 수 있는 권한	
소송탈퇴	제3자가 소송에 참가한 경우 그 소송에서 탈퇴할 수 있는 권한(민사소송법 제80조에 따른 탈퇴)	

20 년　　월　　일

위임인 성명　○　○　○　　(서명 또는 인)
주소:

변호사회 경유

법률자문의 경우에도, 의뢰인에게 법률자문을 제공하는 것에 그치지 않고 대외적인 관계에서 의뢰인을 위한 개별 사무의 대리가 필요한 경우에는, 아래의 예시에서 보는 바와 같이, 위임하는 권한의 범위를 명확하게 기재하여 위임장을 작성하면 된다.

위 임 장

성 명:　　　　　　－ 생략 －

주민등록번호:　　　－ 생략 －

주 소:　　　　　　－ 생략 －

　위 사람을 대리인으로 정하고 다음의 사항 일체를 위임합니다.

- 다 음 -

1. 위임하는 사항: 아래 기재 부동산에 대한 매매계약체결에 관한 대리권[5]

2. 부동산의 표시:　　　－소재지 생략－　대　　　㎡
　　　　　　　　　　　위 지상 철근콘크리트 슬라브지붕 층 주택　　　㎡

첨부: 인감증명서　　　1통

20 ．　．　．

위임인:　　－생략－　(인)
　　　　　－주소 생략－

---

2. 수임업무의 처리과정

　소송 수행시 작성되는 핵심 법문서인 재판관련 각종 법문서들에 대하여는 이미 앞서 살펴보았다. 한편, 자문업무[6]의 핵심은 계약서 또는 법률의견서 작성인데, 계약서와 법률의견서는 작

---

5) 대법원 2008. 1. 31. 선고 2007다74713 판결: 어떠한 계약의 체결에 관한 대리권을 수여(授與)받은 대리인이 수권된 법률행위를 하게 되면 그것으로 대리권의 원인된 법률관계(기초적 내부관계)는 원칙적으로 목적을 달성하여 종료되는 것이고, 법률행위에 의하여 수여(授與)된 대리권은 그 원인된 법률관계의 종료에 의하여 소멸하는 것이므로(민법 제128조), 그 계약을 대리하여 체결하였다 하여 곧바로 그 사람이 체결된 계약의 해제 등 일체의 처분권과 상대방의 의사를 수령할 권한까지 가지고 있다고 볼 수는 없다.
6) 실무상 자문업무라 부르는 업무는 대체로 변호사법 제3조의 일반 법률사무의 범주에 속한다고 하겠다. 변호사법상 "일반 법률사무"의 범위에 대하여 대법원은 다음과 같이 판시하고 있다.

성목적이 전혀 다른 까닭에, 작성과 관련하여 유의하여야 할 사항에 현저한 차이가 있으므로, 2절 이하에서 별도로 다루기로 한다. 따라서, 여기서는 수임업무 처리과정에서 부수적으로 작성되는 각종 문서들에 대해서만 간단히 살펴보기로 한다.

가. 각종 청구서신 및 내용증명서신

소송수행은 물론 자문업무의 경우에도 의뢰인과 상대방 당사자 간의 분쟁을 소송 이외의 방법으로 해결하고자 상대방 당사자[7] 내지는 그 대리인과 협상을 추진하거나 또는 향후 소송에 대비하여 증거확보·증거현출 등의 목적으로 일정한 사항을 요청하는 청구서신이나 최고서 등을 발송할 필요가 발생한다. 이러한 목적으로 고객을 대신하여 변호사가 발송하는 서신 등에 대해서는 특별한 양식이 필요한 것은 아니므로 작성목적에 맞추어 그때 그때 적절히 작성하면 된다. 다만, 일반적인 작성요령은, 아래 예시처럼, 우선 그러한 문서를 작성·발송하게 된 경위를 요령 있게 적시함으로써 시작하는 것이다. 본문 내용은 6하 원칙, 즉 '누가, 언제, 어디서, 무엇을, 어떻게, 왜'를 염두에 두고 문서작성의 목적에 맞는 간결한 표현을 사용하도록 한다. 특히 일반인을 상대로 하는 문서에서는 지나치게 어려운 법률용어의 사용은 피하는 것이 바람직하다. 한편, 이러한 서신들은 그 내용을 증거로 남기기 위해 통상 내용증명우편[8]으로 발송하는 것이 일반적이다.

대법원 2006. 5. 11. 선고 2003두14888 판결[부동산중개사무소개설등록신청반려처분취소]: 변호사법 제3조에 의하면, 변호사의 직무는 소송에 관한 행위와 행정처분의 청구에 관한 대리행위 및 일반 법률사무로 나누어지고, 변호사법 제109조 제1호에서는 이를 좀 더 구체적으로 소송사건·비송사건·가사조정 또는 심판사건·행정심판 또는 심사의 청구나 이의신청 기타 행정기관에 대한 불복신청사건, 수사기관에서 취급 중인 수사사건 또는 법령에 의하여 설치된 조사기관에서 취급 중인 조사사건 기타 일반의 법률사건에 관하여 감정·대리·중재·화해·청탁·법률상담 또는 법률관계 문서작성 기타 법률사무를 취급하는 것으로 규정하고 있는바, 위 변호사법 각 규정의 취지에 의하면, 변호사의 직무는 법률사건에 관한 법률사무를 행하는 것으로서, 법률상의 권리·의무에 관하여 다툼 또는 의문이 있거나 새로운 권리의무관계의 발생에 관한 사건 일반에 관하여, 그 분쟁이나 논의의 해결을 위하여 법률상의 효과를 발생, 변경 또는 보전하는 사항을 감정·대리·중재·화해·청탁·법률상담 또는 법률관계 문서작성 및 당사자를 조력할 수 있는 기타의 방법 등으로 처리하는 것이라 할 수 있고(대법원 1995. 2. 14. 선고 93도3453 판결; 1998. 8. 21. 선고 96도2340 판결; 2001. 11. 27. 선고 2000도513 판결 등 참조), 위와 같은 변호사의 직무는 법률상 전문지식에 기하여 제공되는 소송 및 행정처분의 청구에 관한 대리행위와 기타 법적 서비스를 처리하는 것이라고 하여야 힐 것이며, 법률사건에 관한 일체의 사무를 취급하는 것을 의미하는 것은 아니라고 할 것이다. 반면에, 구 부동산중개업법(2005. 7. 29. 법률 제7638호로 전문 개정되기 전의 것, 이하 같다) 제2조 제1호, 제2호의 규정에 의하면, 부동산중개업의 대상이 되는 중개행위는 중개대상물에 대하여 거래당사자간의 매매·교환·임대차 기타 권리의 득실·변경에 관한 행위를 알선하는 것이라고 규정하고 있어, 중개행위는 당사자 사이에 매매 등 법률행위가 용이하게 성립할 수 있도록 조력하고 주선하는 사실행위라 할 것이다. 따라서 변호사법 제3조에서 규정한 법률사무는 거래당사자의 행위를 사실상 보조하는 업무를 수행하는 데 그치는 구 부동산중개업법 제2조 제1호 소정의 중개행위와는 구별되는 것이고, 일반의 법률사무에 중개행위가 당연히 포함되는 것이라고 해석할 수 없다.

7) 상대방 당사자가 대리인을 선임하지 않은 경우에는 변호사가 상대방 당사자를 직접 접촉을 해도 무방하지만, 상대방이 대리인을 선임한 경우에는 변호사는 그 대리인을 통해서 상대방과 접촉을 하는 것이 원칙이다.

8) 내용증명우편이란 등기취급을 전제로 우체국창구 또는 정보통신망을 통하여 발송인이 수취인에게 어떤 내용의 문서를 언제 발송하였다는 사실을 우체국이 증명하는 우편업무이다(우편법시행규칙 제25조 제1항 4. 가호). 총 3부의 서류를 준비하고 우체국에 가서 내용증명으로 보내겠다고 하면 내용증명우편 소인을 날인한 후 우체국에서 1부 보관하고, 발신인 보관용으로 1부 반환하며, 1부를 수신인에게 발송한다.

대법원 2002. 7. 26. 선고 2000다25002 판결: 내용증명우편이나 등기우편과는 달리, 보통우편의 방법으로 발송되었다는 사실만으로는 그 우편물이 상당기간 내에 도달하였다고 추정할 수 없고 송달의 효력을 주장하는 측에서 증거에 의하여 도달사실을 입증하여야 할 것이다.

최 고 서

수 신   김 갑 동
         - 주소 생략 -

발 신   이 을 동
         - 주소 생략 -

   위 발신인은 귀하에 대하여 아래와 같이 최고합니다.

아 래

1. 최고 경위
   (이러한 최고서를 보내게 된 연유를 간단히 기재한다.)

2. 최고 내용
   (최고서에 담고자 하는 내용을 요령 있게 기재한다.)

3. 결론
   - 이러한 촉구내용이 원만하게 해결되기를 바라는 마음과 함께 그렇지 않으면 수신인이 추후 소송비용(변호사비용 일부 부담 포함)부담의 경우도 있음을 알려줄 필요가 있다. -

20 . . .

위 발신인   이 을 동   (인)

나. 경과보고서

   경과보고서는 수임업무 진행 도중에 그간의 진행과정 및 향후의 진행상황을 의뢰인에게 알려주기 위하여 작성하는 문서이다. 특히 소송의 경우에는 기일이 진행될 때마다 매번 의뢰인에게 서면으로 간략하게 보고서 형식으로 작성하여 보내주는 것이 바람직하다. 의뢰인으로서는 이러한 경과보고서를 참고하여 사실을 조사하거나 증거를 확보하고 필요한 경우 변호사와의 추가 의사소통을 하는 등으로 소송진행 상황에 따라 소홀함이 없이 대처할 수 있으므로, 원활한 소송진행에 도움이 된다. 이러한 보고서를 잘 활용하면 변호사와 의사소통이 잘 안 된다는 고객의 불만을 방지할 수 있다.

다. 보수청구서

수임업무가 종결되면 소송위임계약 또는 법률자문계약에 정한 바에 따라 보수를 청구하게 된다. 그런데, 자문업무의 경우에는 보수를 정액으로 정하지 않고 합의된 시간당 요율에 실제 소요시간을 곱한 금액을 청구하기로 약정하는 경우가 많이 있다. 이때에는 비용발생에 소요된 시간과 그 시간에 투여된 업무내용에 대한 명세를 가급적 자세하게 기재하여 청구하여야 고객 의 신뢰지수가 높아진다.

부가가치세법 제32조는 사업자가 용역을 공급하는 경우 세금계산서를 발급하도록 규정하고 있으며, 부가가치세법 제16조에 따르면, 용역이 공급되는 시기는 '역무의 제공이 완료되는 때'이 다. 따라서, 수임업무처리가 종결되면 바로 보수를 청구하고 세금계산서를 발행하여야 한다. 이 때 법무법인이나 직전 연도의 용역공급가액이 3억원이 넘는 개인사업자인 변호사는 대통령령[9] 이 정하는 전자적 방법으로 세금계산서('전자세금계산서')를 발급하여야 한다.[10] 전자세금계산서 는 종이로 발행하는 세금계산서와 달리 일단 발급되고 나면 세금계산서 실물을 회수하고 정정 된 내용으로 재발행하는 작업이 쉽지 않다.[11] 그런데, 시간당 보수약정의 경우에는 변호사가 청 구하고자 하는 총액에 대해 의뢰인이 이의를 제기하는 경우가 많기 때문에, 특히 시간당 보수 약정에 따른 자문료 청구시에는 자문료 총액에 대해 미리 의뢰인의 확인을 받은 후 전자세금계 산서를 발급하는 것이 바람직하다.

라. 기 타

마지막으로 종결과정에서는 업무수행에 대한 보수청구서를 작성하는 외에도 업무가 완전히 종결에 이르지 못하였다면 추가로 고객이 결정·처리해야 할 내용을 알려주어 법률적 소양이 부족한 고객이 불측의 손해를 입는 일이 없도록 하여야 한다.[12]

---

9) 부가가치세법 시행령 제68조 제5항: ⑤ 법 제32조 제2항에서 "대통령령으로 정하는 전자적 방법"이란 다 음 각 호의 어느 하나에 해당하는 방법으로 같은 조 제1항 각 호의 기재사항을 계산서 작성자의 신원 및 계산서의 변경 여부 등을 확인할 수 있는 인증시스템을 거쳐 정보통신망으로 발급하는 것을 말한다.
　　1. 「조세특례제한법」 제5조의2 제1호에 따른 선사적(船社的) 기업자원 관리설비로서 「전자문서 및 전자거 래 기본법」 제18조, 제23조 및 제24조에 따른 표준인증을 받은 설비를 이용하는 방법
　　2. 재화 또는 용역을 실제 공급하는 사업자를 대신하여 전자세금계산서 발급업무를 대행하는 사업자의 전 자세금계산서 발급 시스템을 이용하는 방법
　　3. 국세청장이 구축한 전자세금계산서 발급 시스템을 이용하는 방법
　　4. 전자세금계산서 발급이 가능한 현금영수증 발급장치 및 그 밖에 국세청장이 지정하는 전자세금계산서 발급 시스템을 이용하는 방법
10) 부가가치세법 제32조 제2항, 시행령 제68조 제1항 참조.
11) 부가가치세법 제32조 제7항에 따르면, 세금계산서가 잘못 발행된 경우에는 정식으로 수정세금계산서를 발 급하여 바로 잡는 것이 원칙이다.
12) 대법원 2004. 5. 14. 선고 2004다7354 판결: 일반적으로 수임인은 위임의 내용에 따라 선량한 관리자의 주의의무를 다하여야 하고, 특히 소송대리를 위임받은 변호사는 그 수임사무를 수행함에 있어 전문적인 법 률지식과 경험에 기초하여 성실하게 의뢰인의 권리를 옹호할 의무가 있으며, 구체적인 위임사무의 범위는 변호사와 의뢰인 사이의 위임계약의 내용에 의하여 정하여지는 것이지만, 위임사무의 종료단계에서 패소판 결이 있었던 경우에는 의뢰인으로부터 상소에 관하여 특별한 수권이 없는 때에도 그 판결을 점검하여 의 뢰인에게 불이익한 계산상의 잘못이 있다면 의뢰인에게 그 판결의 내용과 상소하는 때의 승소가능성 등에 대하여 구체적으로 설명하고 조언하여야 할 의무가 있다.

1. 명확성

특별히 법에서 서면계약을 요구하고 있지 않다면,[13] 구두계약은 서면계약과 동일한 효력이 있다. 그럼에도 비교적 중요하다고 여겨지는 계약들의 경우에는 으레 계약서를 작성하는 관행이 확립되어 온 것은 당사자의 합의사항을 서면으로 기록함으로써 증거로 남겨 나중에 다른 주장을 할 여지를 차단하고자 하는 것이다. 법원도 이러한 당사자들의 의도를 존중해서, 일단 계약서가 적법하게 작성된 이상 해당 계약서의 문언은 당사자의 합의내용을 증명하는 결정적인 증거가 된다고 판시하고 있다.[14] 계약서의 이러한 기능을 고려한다면, 계약서 작성시 최우선적으로 고려되어야 하는 점은 어떻게 하면 당사자들의 합의내용을 명확하게 기록으로 남길 것이냐 하는 것이다. 명확성을 확보하려면 당사자들이 합의한 내용은 통상적이고 평이한 용어로 구체적으로 기록할 필요가 있다. 추상적인 용어들은 향후 해석상 이견을 초래할 가능성이 높기 때문에 되도록 자제하는 것이 바람직하며, 계약서에 사용되는 문구는 그 정확한 의미에 맞게 사용하여야 한다. 특히 '…전', '…후'와 '…이전', '…이후' 등을 명백히 구별하고,[15] 맞춤법과 문장부호 사용을 지키며, 앞서 본 법문서 작성 시의 주의사항을 잘 익혀 사용하도록 한다.

합의내용을 자세히 기재하다 보면 자칫 계약서의 분량이 지나치게 방대해지기 쉬운데, 이렇게 되면 오히려 내용파악이 어려워 합의사항의 증명이라는 본래의 목적에 부합하지 못하는 부작용이 초래될 수 있다. 그러므로, 계약서의 표현은 명확할 뿐 아니라 간결해야 하지만, 간략하게 기재하다 보면 아무래도 전달력은 훼손된다. 결국 계약서 작성은 간결성과 명확성이라는 다소 상충되는 목표를 두고 적절한 선에서 타협해야 하는 쉽지 않는 작업이라고 하겠다.[16]

대체로 계약 협상을 시작하는 시점에는 당사자들의 관계가 상당히 우호적이기 때문에 모든 것이 잘 될 것이라는 장밋빛 환상을 가지고 협상에 임하는 경우가 많이 있다. 그러다 보니 이 시점에는 대체로 당사자들은 계약서에 자세하게 기록할 필요성을 별로 느끼지 않는다. 이런 우호적 관계가 계약 체결 이후에도 지속되기만 한다면, 사실 계약서에 뭐라고 적든 대수롭지 않

---

13) 예를 들면, 민법 제428조의2 제1항은 보증은 반드시 보증인의 기명날인 또는 서명이 있는 서면으로 할 것을 요구하고 있다.

14) 대법원 2018. 11. 29. 선고 2018두41532 판결: 처분문서는 진정성립이 인정되면 특별한 사정이 없는 한 처분문서에 기재되어 있는 문언의 내용에 따라 당사자의 의사표시가 있었던 것으로 객관적으로 해석하여야 하나, 당사자 사이에 계약의 해석을 둘러싸고 이견이 있어 처분문서에 나타난 당사자의 의사해석이 문제 되는 경우에는 문언의 내용, 그와 같은 약정이 이루어진 동기와 경위, 약정에 의하여 달성하려는 목적, 당사자의 진정한 의사 등을 종합적으로 고찰하여 논리와 경험칙에 따라 합리적으로 해석하여야 한다.

15) 대법원 1989. 3. 10. 선고 88수85 판결: 국회의원선거법 제27조 제6항 소정의 "선거일 공시일로부터"라 함은 "선거일을 공고한 날의 오전 영시로부터"를 의미하는 것으로 해석되므로 민법 제157조 단서에 해당되어 초일불산입을 규정한 같은 조 본문은 적용되지 않는다.

16) 대체로 영미권에서는 당사자들의 합의를 매우 구체적으로 상세히 기록하는 경향이 있어 계약서의 분량이 지나치게 방대해지는 경우가 많다. 반면 우리나라의 경우에는 너무나 많은 사항을 생략해버리고 1-2페이지로 간단하게 끝내버리기 때문에 정작 당사자 간에 분쟁이 발생한 경우에는 계약서가 별로 도움이 되지 않는 경우가 많이 발생한다.

는 문제이기도 하다. 특별히 달리 합의하지 않는 한, 계약의 내용은 당사자 간의 합의로 언제든지 수정될 수 있기 때문이다. 우호적인 관계에서는 당사자들은 얼마든지 대화를 통해 원만한 합의에 도달할 수 있고, 이런 합의를 통해 기존 계약은 사실상 수정되어 가는 것이므로, 굳이 계약서를 꺼내 볼 필요도 없다. 문제는 이런 우호적인 관계가 깨진 경우이다. 이렇게 되면 더 이상 당사자 간의 원만한 합의는 어려워지고 계약서의 애매한 문언에 대한 해석은 해당 계약 체결과정에 개입하지 않은 판사나 중재인 같은 제3자의 몫이 되고 만다. 하지만, 계약체결과정의 맥락을 모르는 제3자의 '합리적인 해석'을 통해 파악된 의미가 당사자가 실제로 의도했던 의미와 항상 일치하는 것은 아니다. 따라서, 계약서가 합의 내용에 대한 증거로서 제대로 기능하려면, 합의된 내용이 오해의 여지가 없도록 명확하게 기재됨으로써 해석의 여지를 최소화하는 것이 필수적이다. 또한, 계약 당사자간 이해관계가 복잡하게 얽혀 있어서 합의에 긴 시간이 걸리는 경우에는 협상과정을 중간 중간에 회의록 형태로 확인해두거나 또는 양해각서나 계약내용 협의서 등을 작성함으로써 그 시점까지 협상의 결과 어떠한 내용에 대하여 어느 정도 합의하였으며 앞으로 추가 협상이 필요한 항목이 무엇인지를 정리해두는 것이 바람직하다. 특별한 사정이 없다면, 이러한 문서의 기재사항이 당사자가 서명한 최종 계약서보다 우선할 수는 없지만, 나중에 계약서의 문구 해석에 다툼이 발생한 경우에는 당사자의 진의를 파악하기 위한 보조 자료로 유용하게 활용될 수 있다.

2. 포괄성

계속적 계약은 물론이거니와 그렇지 않은 경우라도 일단 계약관계가 성립되고 나면 향후 상황의 전개에 따라 여러 가지 부수적인 문제들이 발생할 가능성은 늘 존재한다. 하지만, 계약체결 당시에는 계약당사자들은 이러한 문제들에 대한 인식이 없기 때문에 본인들의 핵심 관심사항들에 대하여만 합의를 하는 방식으로 계약을 체결하는 경우가 많이 있다. 그러한 부수적인 쟁점들에 대한 논의없이 계약의 핵심적인 요소들에 대한 의사의 합치만으로 성립된 계약의 경우 분쟁이 발생하면 민법 등 법규의 보충적인 적용을 통해 해결할 수밖에 없으나, 이는 최선의 해결방법은 아니다. 예를 들면, 매매복적물과 매매대금만을 명시적으로 정한 매매계약에서 매매 목적물 인도 이후 하자가 발생하면 민법에 규정된 하자담보책임을 물을 수밖에 없다. 하지만, 민법의 규정은 모든 종류의 매매계약에 공통적으로 적용되는 일반규정인 까닭에 사실 민법이 제시하는 방안은 특정 목적물에 관한 특정 당사자들간의 문제해결에 최적화된 해결책은 아니다. 또한 매매계약이 그대로 이행되지 않는 경우, 민법에 따르면 상대방은 손해배상청구를 하기 위해 이러한 채무불이행과 손해발생간의 인과관계 및 실제 발생한 손해액을 입증할 필요가 있지만 이 또한 쉬운 일이 아니다. 이런 경우, 계약서에 계약 불이행에 대한 손해배상예정[17]이나 위약벌[18]이 규정되어 있으면 채무불이행을 억제하는 효과가 있을 뿐 아니라 실제로 채무불이행

---

17) 민법 제398조(배상액의 예정) ① 당사자는 채무불이행에 관한 손해배상액을 예정할 수 있다.
　② 손해배상의 예정액이 부당히 과다한 경우에는 법원은 적당히 감액할 수 있다.
　③ 손해배상의 예정은 이행의 청구나 계약의 해제에 영향을 미치지 아니한다.
　④ 위약금의 약정은 손해배상액의 예정으로 추정한다.

이 발생한 경우에도 손해액을 입증할 필요가 없으므로 배상을 받기가 용이해진다.

그러므로, 계약서에서는 해당 유형의 계약과 관련하여 발생가능성이 높다고 예상되는 쟁점들을 가능한 한 총망라해서 다룰 필요가 있다. 계약협상단계에서 이러한 쟁점들과 관련하여 당사자들이 원하는 해결방법에 대해 구체적인 합의를 하고 이를 계약서에 명확하게 규정해두어야 실제로 문제가 발생한 경우 당사자의 의사에 가장 부합하는 방식으로 효율적으로 해결할 수 있다. 나아가, 문제의 해결방안이 계약서에 명확하게 규정되어 있다면 당사자들은 계약에 규정된 사항을 위반하면 구체적으로 어떠한 책임을 지게 되는가를 사전에 비교적 정확하게 예측할 수 있게 되므로, 문제가 발생하더라도 굳이 소송까지 가지 않고도 타협이 이루어질 가능성이 높아질 뿐 아니라 고의적인 계약위반을 억제하는 효과도 있다.

이렇게 해당 계약과 관련하여 예상가능한 모든 쟁점들을 포괄적으로 계약서에 담기 위해서는 계약서 작성 전에 미리 계약서의 기본 구성체계를 염두에 두고 계약서에 반영하여야 할 핵심사항들을 메모한 후 이를 기초로 작성하여야 필요한 사항의 누락을 방지하고 효율적으로 계약서를 작성할 수 있다. 계약서에서 다루어야 할 쟁점의 종류 및 구체적인 해결방안은 계약의 구체적인 유형에 따라 상당한 차이가 있다. 따라서, 필요한 사항들이 누락되지 않도록 하려면 계약서 작성에 앞서 해당 유형의 계약이 갖는 특성을 확실히 이해하고 통상적으로 자주 발생하는 쟁점들에 대해서 조사해두어야 할 것이다.

일상 속에서 빈번히 체결되는 유형의 계약들과 관련하여서는 이미 실무에서 각 유형별로 표준 계약 서식들이 많이 활용되고 있다. 예를 들면, 노동조합과의 단체협약, 연예인과의 전속계약, 프로야구선수의 계약, 프렌차이즈 계약, 국제거래계약, 회사설립에 필요한 정관 등 다양한 서식 등은 관련 단체[19]의 홈페이지 등에서 각 표준서식을 참조할 수 있다. 변호사가 의뢰인과 작성하는 위임계약서의 양식에 관하여는 관련 지방변호사회에서 제공하는 '표준위임계약서'[20]를 참조할 수 있다. 이러한 표준 계약 서식들은 해당 유형의 계약관계에서 자주 발생하는 각종 문제들에 대한 표준적인 해결방안들을 총망라해서 규정하고 있으므로 이를 활용하면 계약서에서 중요한 쟁점사항이 누락되는 것을 방지하는 데에 도움이 된다.

하지만, 표준 계약 서식이란 옷을 지을 때 사용하는 '옷본' 같은 역할을 하는 것에 불과하다.

18) 대법원 2005. 10. 13. 선고 2005다26277 판결: 위약벌의 약정은 채무의 이행을 확보하기 위하여 정해지는 것으로서 손해배상의 예정과는 그 내용이 다르므로 손해배상의 예정에 관한 민법 제398조 제2항을 유추 적용하여 그 액을 감액할 수는 없는 법리이고 다만 그 의무의 강제에 의하여 얻어지는 채권자의 이익에 비하여 약정된 벌이 과도하게 무거울 때에는 그 일부 또는 전부가 공서양속에 반하여 무효로 된다.
19) 예컨대, 공정거래위원회, 전국민주노동조합총연맹, 한국연예제작자협회, 한국프로야구선수협회, 한국무역협회, 한국상장회사협의회 등의 홈페이지이다. 특히 공정거래위원회 홈페이지(www.ftc.go.kr)에는 다양한 표준약관을 제정하여 공시하고 있다.
20) 변호사와 의뢰인과의 사이에서도 계약체결 시 작성한 수임료와 분쟁해결 수단 조항과 관련하여 분쟁이 종종 발생한다. 위 계약서도 '약관'에 해당하므로 주의하여 무효가 되는 경우가 없도록 하여야 할 것이다. 공정거래위원회에서는 '부가가치세를 신고한 이후에는 위임사무의 착수 유무를 불문하고 반환을 청구하지 못하도록 규정'한 '선임료 반환 제한 규정', '성공여부와 무관한 경우에 수임인의 수임업무의 노력의 정도, 위임사무 처리의 경과, 정도 및 난이도 등을 고려하지 아니하고 일률적으로 성공한 것으로 간주하여 성공보수의 최고액을 지급하도록 규정'한 '성공간주 조항', '위임인의 의사를 묻지 아니하고 단순히 위임 종료 후 일정 기간(3개월)이 경과하면 수임인이 일방적으로 위임인의 서류와 자료를 폐기할 수 있도록 규정'한 '일방적 자료 폐기 조항' 및 '전속적 합의관할 규정' 등에 대하여 무효라고 심결한 사례가 있다(공정거래위원회, 2007. 2. 7.자 제2007-014호 시정권고서 참조).

옷본 그대로 지은 옷은 정작 맞는 사람이 별로 없는 것처럼, 표준 계약 서식 그대로 계약서를 작성하면 정작 계약 당사자들의 구체적인 필요에 맞지 않는 계약서가 되고 만다. 계약서 작성 능력이란 구체적인 계약과 관련하여 당사자들이 실제 합의한 내용이 제대로 반영되도록 해당 유형의 표준 서식을 적절하게 수정하는 능력인 셈이다.

3. 강행법규의 준수

계약 내용은 원칙적으로 자유이나 약정한 내용이 불공정[21]하거나 미풍양속 또는 강행법규에 위반되어 무효가 되는 경우도 발생할 수 있으므로 사전에 관련된 법규나 판례 등도 세밀하게 검토해 두어야 한다.

4. 계약서의 기본 구성 체계

계약서의 기본 형태는 ① 표제, ② 당사자표시, ③ 전문이나 정의규정, ④ 계약 내용으로서의 권리의무, 해지나 해제, 분쟁 해결과 준거법, 일반조항, ⑤ 작성일 및 서명·날인 순으로 구성되는 것이 일반적이다. 이는 오랜 세월에 걸친 반복적인 체험을 통해 이와 같은 구성체계가 합의사항을 일목요연하게 기재하는 효율적인 기법으로 검증되면서 성립된 관행이므로, 특별한 사정이 없다면, 이 체계를 따르는 것이 좋을 것이다.

5. 기 타

행정기관이나 기업 등 상대방이 사용하고 있는 정형화된 양식을 이용할 경우 그 내용을 반드시 읽고 명확하게 이해한 후 계약 내용으로 삼아야 하며,[22] 만약 인쇄된 문구와 달리 계약할

---

21) 대법원 1997. 7. 25. 선고 97다15371 판결: 민법 제104조에 규정된 불공정한 법률행위는 객관적으로 급부와 반대급부 사이에 현저한 불균형이 존재하고 주관적으로 그와 같이 균형을 잃은 거래가 피해 당사자의 궁박, 경솔 또는 무경험을 이용하여 이루어진 경우에 성립하는 것으로서, 약자적 지위에 있는 사의 궁박, 경솔 또는 무경험을 이용한 폭리행위를 규제하려는 데 그 목적이 있고, 여기에서 '궁박'이라 함은 '급박한 곤궁'을 의미하는 것으로서 경제적 원인에 기인할 수도 있고 정신적 또는 심리적 원인에 기인할 수도 있으며, 당사자가 궁박의 상태에 있었는지 여부는 그의 신분과 재산 상태 및 그가 처한 상황의 절박성의 정도 등 제반 상황을 종합하여 구체적으로 판단하여야 하며, 한편 피해 당사자가 궁박, 경솔 또는 무경험의 상태에 있었다고 하더라도 그 상대방 당사자에게 위와 같은 피해 당사자측의 사정을 알면서 이를 이용하려는 의사, 즉 폭리행위의 악의가 없었다면 불공정법률행위는 성립하지 않는다.

22) 대법원 2000. 12. 22. 선고 99다4634 판결: 약관규제법 제2조 소정의 약관이라 함은 그 명칭이나 형태 또는 범위를 불문하고 계약의 일방 당사자가 다수의 상대방과 계약을 체결하기 위하여 일정한 형식에 의하여 미리 마련한 계약의 내용이 되는 것을 말하는바(약관규제법 제2조 제1항), 원심 판시와 같이 원고들과 피고 사이에 체결된 이 사건 협약은 피고에 의하여 미리 마련된 택지공급협약서에 의하여 원고들을 포함한 여러 건설업체와 동일한 내용으로 체결되었으므로 특별한 사정이 없는 한 이 사건 협약의 각 조항은 약관규제법 제2조 소정의 약관에 해당하여 약관규제법의 적용 대상이 된다 할 것이다. 다만 사업자와 고객 사이에 교섭이 이루어진 조항은 약관 작성상의 일방성이 없으므로 약관규제법 소정의 약관에 해당하지 않는다고 할 것이나, 이 경우 원칙적으로 개개의 조항별로 교섭의 존재 여부를 살펴야 하며, 약관 조항 중 일부의 조항이 교섭되었음을 이유로 그 조항에 대하여는 약관규제법의 적용이 배제되더라도 교섭되지 아니한 나머지 조항들에 대하여는 여전히 약관규제법이 적용되어야 할 것이다. 따라서 이 사건 협약 중 제4

내용이 있다면 인쇄된 문구를 확실하게 정정하도록 한다. 정정할 때는 삭제하는 문자를 알아볼 수 있도록 두 줄로 선을 긋고 그 문서 작성 시 사용하는 인장으로 날인한다. 계약서는 통상 수기보다는 워드로 인쇄된 문서를 출력하여 서명·날인[23]하는 방식을 취하게 될 것인데, 정정할 내용이 여러 곳이어서 계약서가 지저분해진다면 정정한 후의 내용에 따라 새로운 계약서를 작성하는 것이 바람직하다.

계약의 서명·날인은 부득이 한 경우가 아니라면, 당사자가 함께 있는 자리에서 상대방의 신분 및 법률상의 권한을 서로 확인하여 이루어지도록 한다. 또한 문서가 2장 이상이 되거나 첨부 서류가 있는 경우에는 간인을 하는 것이 바람직하다. 중요한 문서는 원본 외에도 여분의 사본을 하여 보관할 필요도 있다.

제3절 유형별 계약서 작성사례

1. 부동산매매계약서의 일반적 사례

부동산매매[24]계약

매도인 김갑동(이하 "갑"이라 한다)과 매수인 이을동(이하 "을"이라 한다)은 아래 표시 부동산에 관하여 다음과 같이 매매계약을 체결한다.

1. 부동산의 표시

소재지				
토지	지목		면적	m²
건물	구조 및 용도		면적	m²

조와 제6조가 교섭되었다고 하여 그로 인하여 제17조 제4항까지도 약관규제법상의 약관성을 상실하고 개별 약정으로 변한 것은 아니라고 할 것이다. 특별히 동일한 약관집 내의 대다수의 조항들이 교섭되고 변경된 사정이 있다면, 변경되지 아니한 나머지 소수의 조항들에 대해서도 교섭이 이루어진 것으로 추정할 수 있다 할 것이나, 기록에 의하면 20개조로 이루어진 이 사건 협약 중 제4조와 제6조가 교섭되었을 뿐인 것으로 보이므로 이 사건에 있어 위와 같은 특별한 사정이 있다고 할 수도 없다.

23) "서명·날인"은 서명 또는 날인을 하는 것이고, "서명날인"은 서명 및 날인을 동시에 요구하는 것이다(서울고등법원 2007. 3. 30. 선고 2006누2444 판결 참조). 한편, 공인중개사의 업무 및 부동산거래 신고에 관한 법률 제26조 제2항, 제25조 제4항에서 정하는 '서명·날인'은 서명과 날인을 모두 하여야 한다는 서명 및 날인의 의미로 해석해야 하고, 또한 같은 법 제39조 제1항 제9호는 같은 법 제26조 제2항, 제25조 제4항에 정한 거래계약서에 서명·날인의무를 위반한 경우를 업무정지사유로 규정하고 있으므로, 위 제39조 제1항 제9호에 정한 '서명·날인을 하지 아니한 경우'란 서명과 날인 모두를 하지 아니한 경우뿐만 아니라 서명과 날인 중 어느 한 가지를 하지 않은 경우도 포함한다는 대법원의 판결(대법원 2009. 2. 12. 선고 2008두16698 판결, 위 판결 선고 후 2009. 4. 1. '서명 및 날인'으로 위 조항은 개정되었다) 등을 고려할 때, 법문서에 가운뎃점을 사용하여 표기할 때는 신중하게 사용할 필요가 있다.

반면 "기명날인"은 명판 등 자필이 아닌 수단으로 성명을 찍고 거기에 도장을 날인하는 것이다.

24) 대법원 1998. 6. 26. 선고 98다13914 판결 【매매대금반환】: 민법 제574조에서 규정하는 '수량을 지정한 매매'라 함은 당사자가 매매의 목적인 특정물이 일정한 수량을 가지고 있다는 데 주안을 두고 대금도 그 수

2. 계약내용

제1조 (목적) 갑은 그 소유의 위 부동산을 을에게 매도하고 을은 이를 매수한다.
제2조 (대금지급) 매매대금은 아래와 같이 지급한다.

매매대금	금	원	단가(㎡당)	
계약금	금	원은 계약시에 지불하고 영수함.		
중도금	금	원은 년 월 일에 지불하며		
	금	원은 년 월 일에 지불하며		
잔 금	금	원은 년 월 일에 지불한다.		

제3조 (소유권이전 및 부동산의 인도) 갑은 을의 잔금지급과 동시에 소유권이전등기에 필요한 서류를 을에게 교부하고 이전등기절차에 협력하여야 하며 위 부동산을 인도한다.

제4조 (저당권등의 말소) 갑은 위 제3조의 인도전에 위 부동산상의 저당권, 질권, 전세권, 지상권, 임차권 기타 소유권의 행사를 제한하는 일체의 권리를 말소하여야 한다. 다만, 승계하기로 하는 권리에 대하여는 그러하지 아니하다.

제5조 (제세공과금 부담) 위 목적물에 관하여 발생한 수익과 제세공과금 등의 부담금은 위 부동산 인도일을 기준으로 하되, 그 전일까지의 것은 매도인에게, 그 이후의 것은 매수인에게 각각 귀속한다. 다만, 지방세의 납부책임은 지방세법의 납세의무자로 한다.

제6조 (계약의 해제) ① 위 제2조의 중도금 지급(중도금약정이 없을 때에는 잔금)전까지 을은 계약금을 포기하고, 갑은 계약금의 배액을 상환하고 계약을 해제할 수 있다.
② 당사자 어느 일방이 이 계약을 위반하여 이행을 태만히 한 경우 상대방은 1주간의 유예기간을 정하여 이행을 최고하고, 일방이 이 최고의 기간 내에 이행을 하지 않을 경우에 상대방은 계약을 해제할 수 있다.

제7조 (위약금) 위 제6조 제2항에 의하여 갑이 이 계약을 어겼을 때에는 계약금으로 받은 금액의 두 배를 을에게 주고, 을이 이 계약을 어겼을 때에는 계약금은 갑에게 귀속된다.

량을 기준으로 하여 정한 경우를 말하는 것이므로, 토지의 매매에 있어서 목적물을 공부상의 평수에 따라 특정하고, 단위면적당 가액을 결정하여 단위면적당 가액에 공부상의 면적을 곱하는 방법으로 매매대금을 결정하였다고 하더라도 이러한 사정만으로 곧바로 그 토지의 매매를 '수량을 지정한 매매'라고 할 수는 없는 것이고, 만일 당사자가 그 지정된 구획을 전체로서 평가하고 평수에 의한 계산이 하나의 표준에 지나지 아니하여 그것이 당사자들 사이에 대상 토지를 특정하고 대금을 결정하기 위한 방편이었다고 보일 때에는 '수량을 지정한 매매'가 아니라고 할 것이며(대법원 1993. 6. 25. 선고 92다56674 판결 참조), 반면 매수인이 일정한 면적이 있는 것으로 믿고 매도인도 그 면적이 있는 것을 명시적 또는 묵시적으로 표시하고, 나아가 당사자들이 면적을 가격 결정 요소 중 가장 중요한 요소로 파악하고, 그 객관적인 수치를 기준으로 가격을 정하였다면 그 매매는 '수량을 지정한 매매'라고 하여야 할 것이다(대법원 1996. 4. 9. 선고 95다48780 판결 참조). 따라서 특정의 토지매매가 '수량을 지정한 매매'인지의 여부는 매매계약 당사자의 의사해석의 문제라고 할 것이다.
- 원심판결 이유에 의하면 원심은, 원고와 피고가 이 사건 토지에 대한 매매계약을 체결한 당시 매매계약서에 매매 대상물의 면적을 부동산등기부상의 기재에 따라 '834㎡(약 252평)'로 기재하고, 위 면적에 평당 가액 150만 원을 곱한 금액에서 우수리 돈을 감액하는 방법으로 매매대금 3억 7,000만 원을 결정하였는데 그 후 측량 결과 이 사건 토지의 실제 면적이 746㎡로 밝혀진 사실을 인정하면서도, 이 사건 토지가 도로, 잡목, 주택 등으로 인근 토지와 경계가 구분되어 있으며, 원고가 이 사건 매매계약을 체결하기 전 이 사건 토지를 2차례 현장답사하여 현황을 확인하였던 점 등에 비추어 이 사건 토지 매매는 '수량을 지정한 매매'라고 볼 수 없고, 구획된 경계에 따라 특정하여 매매한 것이라고 인정하였는바, 기록에 비추어 살펴보면 원심의 인정은 수긍할 수 있고, 이에 상고이유에서 지적하는 바와 같은 채증법칙 위배로 인한 사실오인, 법리오해 등의 위법이 있다고 할 수 없다.

제8조 (관할법원) 이 계약에 관한 분쟁이 발생할 시에는 소송의 관할법원은 위 부동산의 소재지를 관할하는 법원으로 한다.

이 계약을 증명하기 위하여 계약서 2통을 작성하여 갑과 을이 서명·날인한 후 각각 1통씩 보관한다.

20 . . .

매도인	주소						
	성명		인	주민등록번호		전화	
매수인	주소						
	성명		인	주민등록번호		전화	
입회인	주소						
	성명		인	주민등록번호		전화	

2. 주식매매계약서를 통해 본 응용 사례[25]

주 식 매 매 계 약 서[26]

A 주식회사
(매도인)

그리고

B 주식회사
(매수인)

2008년 12월   일

법무법인 ○○

---

25) 실제 사용된 계약서를 활용하였다.
26) 보통 표지를 별도로 작성한다. 회사명의 표시는 등기부등본에 기재된 그대로 기재한다.

주 식 매 매 계 약

본 주식매매계약(이하, "본 계약")은 다음 당사자들[27) 사이에 2008. 12.   .에 체결되었다.

(1) 대한민국 법률에 따라 적법하게 설립된 회사로서 [서울 중구]에 등기된 본점을 두고 있는 A주식회사(이하, "매도인")

(2) 대한민국 법률에 따라 적법하게 설립된 회사로서 [서울 중구]에 등기된 본점을 두고 있는 B주식회사(이하, "매수인")

전 문[28)

대한민국 법률에 따라 적법하게 설립된 회사로서 [서울 중구]에 등기된 본점을 두고 있는 XYZ사(이하, "대상회사")는 [2001. 1. 1.] 설립된 법인으로서 본 계약체결일 현재 [   ]을 주된 영업으로 영위하고 있다.

본 계약 체결일 현재 대상회사는 액면가 5,000원인 기명식 보통주식 총 [00,000]주와 액면가 5,000원인 수종의 주식[00,000]주를 발행하고 있으며, 매도인은 대상회사의 총 발행주식 중 [   ]%에 해당하는 기명식 보통주 [00,000]주를 보유하고 있다.

매수인은 본 계약에 규정된 내용과 조건에 따라 매도인으로부터 대상회사의 총 발행주식 중 [   ]%에 해당하는 매도인 소유의 기명식 보통주식 [ ]주를 매수하고자 하며, 매도인은 이를 매수인에게 매도하고자 한다.

이상을 증명하기 위하여 매도인과 매수인은 다음과 같이 합의한다.

제1조 (매매목적물)[29)

1.1 매도인은 본 계약에 정한 바에 의하여 본 계약체결일 현재 매도인이 소유한 대상회사의 기명식 보통주식 [00,000]주 가운데 [000]주(이하, "대상주식")를 매수인에게 매도하며, 매수인은 매도인으로부터 대상주식을 매수한다.

1.2 매도인은 대상주식에 대하여 어떠한 질권, 양도담보, 보증, 권한의 제한, 유치권, 지분권이나 옵션의 설정, 가압류, 가처분 등의 소송, 기타 대상주식의 완전한 소유 및 권리 행사에 제한 또는 지장을 초래하는 어떠한 종류의 담보, 하자나 부담(이하, 이를 총칭하여 "부담"이라 함)이 없는 완전한 상태로 매수인에게 양도하여야 한다.

1.3 매도인이 대상주식을 본 계약의 정하는 바에 따라 매수인에게 매도함으로써 대상주식에

---

27) 통상 계약 체결의 당사자는 계약서 맨 뒤에 표시하는 것이 대부분이므로 표제부분에서는 상호 정도로만 간략하게 표시한다.
28) 반드시 필요한 것은 아니나 전체적인 계약의 형태를 알 수 있다. 계약의 체결 경위나 동기가 중요할 때에는 동기를 기재할 수도 있다.
29) 어떠한 계약인지를 알 수 있는 목적물이 통상 먼저 기재된다. 목적물의 표시를 명확히 하여야 하고 계약에 따라 목적물의 사양이나 내용이 복잡한 경우에는 명세서, 설계도, 사진 등을 별첨한다.

부여된 이익배당청구권, 신주인수권, 의결권 기타 대상주식에 부여된 모든 권리 또한 매수인에게 이전된다.

제2조 (매매대금)[30]

매도인과 매수인은 상호 합의에 따라 대상주식 1주당 매매가격은 금[   ](₩)으로 하고, 대상주식에 대한 총 매매가격은 금[   ](₩)(이하 "매매대금")으로 한다.

제3조 (매매의 이행)[31]

3.1 이행일시, 장소 및 방법
본 계약에서 의도한 대상주식의 매매의 이행(이하, "이행")은 [서울 중구 ○○에 소재한 A 회사 사무실] 또는 당사자가 달리 합의하는 장소에서 아래 제3.2조에 기재한 바와 같이 이루어진다. 이행이 이루어지는 날을 이행일이라 한다.

3.2 이행

3.2.1 대상주식 매매에 대한 이행은 제7조에서 정한 선행조건이 모두 충족되거나, 그 조건의 충족으로 이익을 받을 당사자가 그 조건을 포기하는 것을 조건으로 하여 [2008. 12. .] 또는 당사자가 달리 합의하는 날에 이루어진다. 이행일 이전에 발생한 대상주식에 대한 권리(배당 포함)는 (그 권리가 실현되었는지 여부와 관계없이) 이행일 현재 매수인에게 모두 양도된다.

3.2.2. 이행일에 매도인은 1회의 거래로 매수인에게 대상주식에 대한 주권 전부를 양도하고, 이와 동시이행으로 매수인은 매도인이 서면으로 지정, 통지한 예금계좌에 매매대금을 전액 송금하는 방법으로 매도인에게 매매대금을 지급한다.

3.2.3 매도인의 의무
이행일에 매도인은 제3.2.2조 소정의 주권교부의무 이외에 매도인이 본 계약의 체결 및 이의 이행을 위하여 적법한 권한이 있음을 나타나는 주주명부 등 증빙서류, 매매대금 영수증 및 제5조의 진술 및 보증사항을 증빙하는 제반서류, 기타 매수인이 합리적으로 요청하는 서면을 매수인에게 교부하여야 하고, 매수인이 합리적으로 요구하는 적법한 절차의 이행에 협력하여야 한다.

3.2.4 매수인의 의무
이행일에 매수인은 제3.2.2조 소정의 대금지급의무 이외에, 매수인이 본 계약의 체결 및 이의 이행을 위하여 필요한 적법한 수권절차가 있었음을 증명하는 서류(매수인의 이사회의사록 등), 대상주식 주권수령증 기타 매도인이 합리적으로 요청하는 서면을 매도인에게 교부하여야 하고,

---

30) 거래대금에 관한 변조 혹은 오류를 방지하기 위하여 한글과 아라비아 숫자를 혼용한다. 한글 부분이건 아라비아 숫자 부분이건 국어 띄어쓰기 법칙과는 달리 모두 붙여서 쓰는 것이 바람직하다. 거래내용에 따라서는 지급수단이 외국 화폐가 될 수도 있고, 부가가치세나 등기·등록세 또는 제반 수수료에 대한 기재가 필요할 때도 있다.

31) 지체책임 등을 고려하여 이행일이 공휴일인지의 여부를 확인하여 분명히 한다. 자료제공 규정을 둘 때 제공이 어려운 비밀자료의 경우에는 열람만 가능하도록 할 수도 있다.

매수인이 합리적으로 요구하는 적법한 절차의 이행에 협력하여야 한다.

제4조 매매대금의 정산[32]

4.1 매수인이 이행일 이후 [   ]일 이내 혹은 당사자가 합의한 기간 내에 본 계약에 따라 대상회사에 대한 실사(Due Diligence)를 실시하고, 이 실사결과와 당사자 사이에 합의된 정산기준에 따라 매도인과 매수인은 합의로 매매대금을 조정, 정산하여야 한다. 만일, 매도인과 매수인 사이에 매수인의 실사완료일로부터 [   ]내에 정산합의가 성립되지 아니하는 경우, 위 기간 도과 후 4영업일 이내에 양자가 공동선임한 회계법인으로 하여금 대한민국에서 일반적으로 인정된 회계원칙과 이에 반하지 아니하는 한 대상회사의 종전 회계원칙에 따라 정산실사를 하게 하여, 위 실사결과와 양 당사자 사이에 합의된 정산기준에 따라 이행일로부터 2월 내에 매매대금을 확정적으로 조정, 정산한다.

4.2 제4.1조에 따른 매매대금의 조정, 정산범위는 매매대금의 [10.0]%를 최대한도로 한다.

4.3 성산내역이 확정되면 지급의무 있는 당사자가 위 확정일로부터 [7일] 내에 이를 상대방 당사자에게 현금 혹은 당사자 사이에 합의된 방법으로 지급하여야 하며, 만일 위 기간 내 정산금액이 완납되지 아니하는 경우 당해 미지급액에 대해서는 위 기간 도과일로부터 실제 지급이 완료될 때까지 연 [10.0]%의 비율로 산정된 이자를 가산한 금액을 지급한다.

4.4 본 조 소정의 매매대금 정산을 위하여 소요되는 회계법인의 비용에 대하여는 매수인이 부담한다.

제5조 진술 및 보증[33]

5.1 매도인의 진술 및 보증
매도인은 본 계약 체결일 현재 및 이행일 현재 다음 각 사실이 정확하고 완전한 것임을 진술하고 이를 보증한다. 다만, 다음 진술 및 보증 중 본 계약 체결일 및 이행일 이외의 다른 특정일을 지정하여 진술 및 보증을 한 경우에는 해당 특정일 현재의 사실만을 진술하고 보증하는 것으로 한다.

5.1.1. 대상회사의 주식은 적법하게 수권되었고, 유효하게 발행되었으며, 그 납입금이 전액 납입되어 어떠한 추가납입청구도 없다.

5.1.2 권한 및 자격
 (a) 매도인은 대한민국 법률에 따라 적법하게 설립되어 유효하게 존속하는 법인으로서 본

---

32) 연체이율이 부당하지 않도록 주의하고, 변제충당에 관하여도 민법상의 법정충당 규정(민법 제477조)과 달리 규정할 필요성에 대하여도 검토한다.

33) 이하에서는 본 계약의 목적물 및 거래대금이 온전히 이행될 수 있도록 하는 조항들이 적시된다. 통상 담보제공, 이행지체효과, 해지나 해제, 위약금 규정 등이 포함된다. 계약의 종류(용역제공계약 등)에 따라서는 보증보험 증권을 담보로 제공하는 경우도 있는데 이 때에는 보증금을 수령하기 위하여 필요한 보험사고 발생에 대한 대법원 판결(대법원 2007. 2. 9. 선고 2006다28553 판결; 2006. 4. 28. 선고 2004다16976 판결 등)을 충분히 염두에 두고 작성하도록 한다.

계약을 체결하고, 본 계약상의 의무를 이행하며, 이에 따른 거래를 완결하는 데 필요한 모든 권리와 권한을 가지고 있다. 매도인에 의한 본 계약의 체결 및 교부와 이에 따른 거래의 이행은 매도인의 모든 필요한 결의 등에 의해 적법하게 권한을 위임받은 것이다.

(b) 매도인이 본 계약의 체결 및 이행과 관련하여 요구되는 정부 또는 준정부기관의 동의, 승인, 인가, 명령, 위임, 등록, 신청, 신고는 존재하지 아니하고, 그 외 제3자의 동의, 승인이 요구되지 아니한다.

5.1.3 유효하고 구속력 있는 의무

본 계약은 매도인에 의하여 적법하게 서명 또는 날인되었으며 본 계약의 모든 조항들은 매도인에 대하여 유효하고 구속력 있는 의무를 구성한다.

5.1.4 위반사항의 부존재

제5.1.2(b)에 규정된 모든 동의, 승인, 인가 및 기타 조치를 취득하였고 모든 신고와 통지가 행해졌음을 가정할 경우, 매도인에 의한 본 계약의 체결, 교부 및 이행은 다음과 같은 상태로 이루어진다.

(a) 매도인의 정관이나 기타 유사한 해당 문서를 위반하거나 그에 상반되지 않는다.

(b) 본 계약에 의한 거래를 완결할 수 있는 매도인의 능력에 영향을 미치거나 미칠 가능성이 크다고 합당하게 예상되는, 매도인에 대한 해당 법률, 명령, 판결, 처분금지명령, 시행령, 결정 또는 판결에 상반되거나 이를 위반하지 않는다.

(c) 매도인이 당사자이거나 대상주식이 구속되거나 영향을 받고 본 계약에 의한 거래를 완결할 수 있는 매도인의 능력에 영향을 미치거나 미칠 가능성이 크다고 합당하게 예상되는 어음, 채권, 저당, 계약, 약정, 합의, 임대, 라이센스, 허가, 프랜차이즈 또는 기타 증서나 계약의 위반을 초래하거나, 그에 따른 의무불이행을 성립시키거나(통지, 시간의 경과 또는 두 가지 모두로 의무불이행이 된 경우), 그에 따른 동의를 요구하거나, 그에 대한 해지, 변경, 기한의 이익 상실 또는 취소의 권리를 다른 사람들에게 주거나, 매도인이 소유한 본건 주식에 부담을 설정하는 결과를 가져오지 않는다.

5.1.5 대상주식

(a) 매도인은 대상주식에 대하여 대상회사 주주명부상의 주주일 뿐 아니라 실질적으로 이를 완전히 소유하고 있으며, 매도인은 매수인에게 매도인 소유의 대상주식을 완전한 법적 상태로 매도할 적법한 권한이 있다.

(b) 대상주식에 대하여는 어떠한 형태의 담보권, 옵션을 비롯한 일체의 부담도 설정되어 있지 아니하며, 관련법령이나 대상회사의 회사규정상 대상주식의 처분이나 의결권 행사 등 주주로서의 권리행사를 제한하는 어떠한 규정도 없다.

5.1.6 소송의 부재

본 계약에 의한 거래의 완결을 지연, 금지하고자 하거나 또는 본 계약에 의한 거래를 완결할 수 있는 매도인의 능력에 불리한 영향을 미치거나 이를 제한할 가능성이 크다고 합리적으로 예상되는 청구, 소송, 절차 또는 조사가 현재 진행되고 있지 않다.

5.2 매수인의 진술 및 보증

매수인은 본 계약체결일 현재 및 이행일 현재 각각 다음 사실이 정확하고 완전한 것임을 진술하고 이를 보증한다. 다만, 다음 진술 및 보증 중 본 계약체결일 또는 이행일 이외의 특정일을 지정하여 진술 및 보증을 한 경우에는 해당 특정일 현재의 사실만을 진술하고 보증하는 것으로 한다.

5.2.1 권한 및 자격

(a) 매수인은 한국 법률에 의거하여 적법하게 설립되어 유효하게 존속하는 법인으로서 본 계약을 체결하고 본 계약상의 의무를 이행하며 이에 따른 거래를 완결하는 데 필요한 모든 권리와 권한을 가지고 있다. 매수인에 의한 본 계약의 체결 및 교부와 이에 따른 거래의 이행은 매수인의 모든 필요한 결의 등에 의해 적법하게 권한을 위임받은 것이다.

(b) 매수인이 본 계약의 체결 및 이행과 관련하여 요구되는 정부 또는 준정부기관의 동의, 승인, 인가, 명령, 위임, 등록, 신청, 신고는 존재하지 아니하고, 그 외 제3자의 동의, 승인이 요구되지 아니한다.

5.2.2 유효하고 구속력 있는 의무

본 계약은 매수인에 의하여 적법하게 서명·날인되었으며 본 계약의 조항들은 매수인에 대하여 유효하고 구속력 있는 의무를 구성한다.

5.2.3 위반사항의 부존재

제5.2.1(b)에 규정된 모든 동의, 승인, 인가 및 기타 조치를 취득하였고 모든 신고와 통지가 행해졌음을 가정할 경우, 매수인에 의한 본 계약의 체결, 교부 및 이행은 다음과 같은 상태로 이루어진다.

(a) 매수인의 정관이나 기타 유사한 해당 문서를 위반하거나 그에 상반되지 않는다.

(b) 본 계약에 의한 거래를 완결할 수 있는 매수인의 능력에 영향을 미치거나 미칠 가능성이 크다고 합당하게 예상되는, 매수인에 대한 해당 법률, 명령, 판결, 처분금지명령, 시행령, 결정 또는 판정에 상반되거나 이를 위반하지 않는다.

(c) 본 계약에 의한 거래를 완결할 수 있는 매수인의 능력에 중요한 부정적 영향을 미치거나 미치게 될 가능성이 크다고 합당하게 예상되는 상태로, 매수인이 당사자이거나 매수인의 자산이나 재산이 구속되거나 영향을 받는 어음, 채권, 저당, 증서, 계약, 합의, 임대, 라이센스, 허가, 프랜차이즈 또는 기타 증서나 계약에 대한 위반을 초래하거나, 그에 따른 의무불이행(또는 통지, 시간의 경과 또는 두 가지 방법 모두에 의해 의무불이행이 된 경우)을 성립시키거나, 그에 따른 동의를 요구하거나, 그에 대한 해지, 변경, 기한의 이익 상실 또는 취소의 권리를 다른 사람들에게 주거나, 매수인의 자산 또는 재산에 유치권이나 다른 부담을 설정하는 결과를 가져오지 않는다.

5.2.4 소송의 부재

본 계약에 의한 거래의 완결을 지연, 금지하고자 하거나 또는 본 계약에 의한 거래를 완결할 수 있는 매수인의 능력에 불리한 영향을 미치거나 이를 제한할 가능성이 크다고 합리적으로 예상되는 청구, 소송, 절차 또는 조사가 현재 진행되고 있지 않다.

5.3 매도인과 매수인은 본 계약 체결일 이후의 사정으로 인하여 제5.1조 내지 제5.2조에 의한 진술 및 보증에 변동이 발생하는 경우에 한하여, 상대방의 서면 동의를 받아 이행일까지 제5.1조 내지 제5.2조에 의한 진술 및 보증을 수정할 수 있다. 다만, 본 계약체결일 이전의 사정에 대해서는 진술 및 보증을 수정할 수 없다.

5.4 본 조에 명시적으로 규정된 내용을 제외하고는 각 당사자는 대상주식의 매매와 관련하여 어떠한 명시적 또는 묵시적 진술이나 보증도 하지 아니한다.

5.5 본조에 의한 진술 및 보증의 위반으로 인하여 어느 일방 당사자가 타방 당사자에 대하여 부담하는 손해배상, 손실보상 또는 면책책임에 대하여 일방당사자는 그 청구원인이 계약위반, 불법행위 기타 사유 여하를 불문하고 타방 당사자에게 이를 배상 또는 보상한다.

제6조 (본 계약 이행을 위한 선행조건)[34]

6.1 매도인의 본 계약의 이행은 다음의 조건이 충족되는 것을 전제조건으로 한다:
  (a) 매수인의 진술 및 보증사항이 이행일 현재 진실하고 정확할 것;
  (b) 본 계약에 따른 거래를 완결하는 것에 필요한 대한민국의 관련 법률상 이행일 이전에 완료할 것이 요구되는 일체의 관계당국에 대한 신고의 수리 또는 관계당국으로부터의 인가, 승인 또는 허가 등을 취득할 것;
  (c) 정부 당국이나 관할 법원이 결과적으로 본 계약에 의한 거래를 불법적으로 만들거나 동 거래의 완결을 달리 제한 또는 금지하고 있거나 그러한 효력을 가지고 있는 (임시적, 예비적 또는 영구적) 법령, 규칙, 규정, 처분금지명령 또는 기타 명령을 제정, 공포, 공표, 시행 또는 개시되지 않았을 것. 단, 본 계약의 당사자들은 그러한 명령이나 처분금지명령이 있으면 이를 무효화하기 위하여 모든 합리적인 노력을 다하여야 한다;
  (d) 매수인이 상법 등의 관련 법령, 정관 또는 내부규정에 따라 매수인의 이사회 또는 주주총회에서 본건 거래의 이행에 대한 승인결의가 있어야 하고, 이러한 승인결의에 대한 이사회의 사록 등의 사본 기타 매도인이 합리적으로 요구하는 서류가 매도인에게 제공될 것;

6.2 매수인의 본건 계약의 이행은 다음의 조건이 모두 충족되는 것을 전제조건으로 한다:
  (a) 매도인의 진술 및 보증사항이 이행일 현재 진실하고 정확할 것;
  (b) 본 계약에 따른 거래를 완결하는 것에 필요한 대한민국의 관련 법률상 이행일 이전에 완료할 것이 요구되는 일체의 관계당국에 대한 신고의 수리 또는 관계당국으로부터의 인가, 승인 또는 허가 등을 취득할 것;
  (c) 정부 당국이나 관할 법원이 결과적으로 본 계약에 의한 거래를 불법적으로 만들거나 동 거래의 완결을 달리 제한 또는 금지하고 있거나 그러한 효력을 가지고 있는 (임시적, 예비적 또는 영구적) 법령, 규칙, 규정, 처분금지명령 또는 기타 명령을 제정, 공포, 공표, 시행 또는 개시하지 않았을 것. 단, 본 계약의 당사자들은 그러한 명령이나 처분금지명령이 있으면 이를 무효화하기 위하여 모든 합당한 노력을 다하여야 한다;
  (d) 매도인이 제5.3조에 따라 진술 및 보증을 수정한 경우, 그러한 수정내용이 본 계약의 이행을 할 수 없을 정도로 본 계약체결일 현재의 진술 및 보증과 비교하여 중대한 변동이 되지 않을 것;

---

34) 계약에 따라서는 민법상의 조건이 될 수 있다.
   대법원 2003. 5. 13. 선고 2003다10797 판결: 조건은 법률행위의 효력의 발생 또는 소멸을 장래의 불확실한 사실의 성부에 의존케 하는 법률행위의 부관으로서 당해 법률행위를 구성하는 의사표시의 일체적인 내용을 이루는 것이므로, 의사표시의 일반원칙에 따라 조건을 붙이고자 하는 의사 즉 조건의사와 그 표시가 필요하며, 조건의사가 있더라도 그것이 외부에 표시되지 않으면 법률행위의 동기에 불과할 뿐이고 그것만으로는 법률행위의 부관으로서의 조건이 되는 것은 아니다.

(e) 매도인이 상법 등의 관련 법령, 정관 또는 내부규정에 따라 매도인의 이사회 또는 주주총회에서 본건 거래의 이행에 대한 승인결의가 있어야 하고, 이러한 승인결의에 대한 이사회의 사록 등의 사본 기타 매수인이 합리적으로 요구하는 서류가 매수인에게 제공될 것.

6.3 매도인과 매수인은 본 제6조의 계약이행을 위한 선행조건을 조속히 충족시키기 위하여 최선의 노력을 다하며 합리적인 범위 내에서 상대방 당사자에게 필요한 모든 협조를 한다.

제7조 (합의사항)

7.1 고용승계 등
매수인은 이행일 현재 대상회사에 소속된 근로자에 대한 기존의 고용관계와 대상회사와 이사, 임원 등 사이의 위임계약 혹은 근무계약 관계를 그대로 승계하고 계속적으로 유지하여야 한다.

7.2 추가사항에 대한 합의
본 계약의 목적 달성을 위해 추가적으로 합의할 사항이 있는 경우, 각 당사자는 이러한 추가사항에 대해 별도의 합의서를 작성하여 합의할 수 있다.

제8조 (권리 및 의무의 양도)

본 계약의 당사자는 상대방 당사자의 사전 서면동의 없이 본 계약상 지위, 본 계약에 관한 권리 및 의무의 전부 또는 일부를 제3자에게 양도, 이전하거나 담보로 제공할 수 없다.

제9조 (계약의 해제 및 위약금)[35]

9.1 다음 각 호에 해당하는 본 계약의 당사자는 이행이 '완료'(다만, 이행의 완료에는 제4조의 정산절차의 완료를 포함하지 아니한다)되기 전까지 상대방에 대한 서면통보로써 본 계약을 해제할 수 있다.
 (ⅰ) 본 계약의 당사자가 본 계약을 해제하기로 서면합의한 경우의 각 당사자
 (ⅱ) 일방이 본 계약상 내용을 중대하게 위반함으로써 본 계약 목적의 달성이 불가능한 경우 귀책사유 없는 상대방 당사자
 (ⅲ) 일방이 본 계약상 내용을 중대하게 위반하였고 이의 시정을 요구하는 서면최고를 받고도 그 서면 수령일로부터 30일 이내에 위반사항을 시정하지 못한 경우, 귀책사유 없는 상대방 당사자
 (ⅳ) 제11조 소정의 불가항력이 30일 이상 지속되는 경우 각 당사자
 (ⅴ) 본 계약의 어느 조항이 관계법령의 위반 등 당사자에게 책임 없는 사유로 무효가 되거나 실행 불가능한 경우 당사자간에 이에 대체되는 조항에 관하여 합의를 이루지 못함으로써 본 계약의 목적달성이 불가능한 경우
 (ⅵ) 사유의 여하를 불문하고 [2008. 12. .]까지 대상주식 전체의 양도, 양수가 완료되지 아니할 경우의 귀책사유 없는 당사자

---

35) 해제권 발생에 있어서 이행의 최고를 요하는 경우와 그렇지 않은 경우를 잘 구별하고 기재한다. 불가항력이라 하여 무작정 그 기간을 유예할 수 없는 점 등을 고려하여 해제사유를 충분히 검토하여 유예기간을 정한다.

9.2 본 계약이 해제되는 경우 각 당사자는 원상회복의무를 부담한다. 이 경우 매도인은 원상회복의무로 매수인에게 본 계약에 따라 수령한 금전에 대하여 그 받은 날로부터 지급할 때까지 연 [5.0]%의 비율로 산정한 이자를 가산하여 반환하여야 한다. 본 계약을 해제하는 당사자는 본 계약 위반에 대하여 귀책사유 있는 상대방에 대하여 상대방의 본 계약 위반으로 인하여 자신이 입게 된 손해의 배상을 청구할 수 있다.

9.3 본 계약상 이행이 완료된 후에는 매도인과 매수인 누구라도 어떠한 사유로든지 본 계약을 해제할 수 없다.

9.4 본건 계약이 해제 기타 그 사유 여하를 막론하고 실효된 경우에도 성질상 계속하여 효력을 유지함이 타당하다고 인정되는 본 계약의 각 조항은 계속 유효하게 적용되는 것으로 한다.

제10조 면책

10.1 매수인의 면책
이행이 완료된 이후 매도인은 (i) 본 계약이나 본 계약상 진술 또는 보증을 위반하거나, (ii) 본 계약에 의하여 이행하거나 실행 또는 이를 준수하기로 한 약정이나 의무 또는 합의를 위반한 경우 (iii) 이행이 완료되기 이전의 대상회사 영업의 운영, 또는 그와 관련하여 종전의 대상회사의 임원, 직원 등의 작위 또는 부작위로 인하여 발생하였거나, 이와 관련되었거나 또는 그의 결과로 인한 모든 손해배상청구, 책임, 행위, 소송, 분쟁절차 등의 일체의 손실, 손해에 대하여, 매수인 및 이들의 각 임직원, 대리인, 관계인을 면책, 보호하고 손해가 없도록 한다.

10.2 매도인의 면책
매수인은 이행이 완료된 이후 (i) 본 계약상 매수인이 서면으로 한 사실진술 또는 보증을 위반한 경우 (ii) 본 계약에 따라 이행하거나 실행 또는 이를 준수하기로 한 매수인의 약정이나 의무 또는 합의의 위반 등으로 인하여 발생하였거나, 이와 관련되었거나 또는 그의 결과로 인한 모든 손해로부터 그리고 그에 관하여 매도인과 이들의 대리인, 임직원, 관계인을 면책, 보호하고 손해가 없도록 한다.

제11조 (불가항력)[36]

각 당사자가 폭동, 지진, 대화재, 대폭발, 천재지변, 전쟁, 모라토리움, 정부의 조치, 기타 본 계약 당사자에 귀책사유가 없는 것으로서 본 계약당사자가 지배할 수 없는 사유(이하, "불가항력")에 기하여 본 계약을 이행하지 못한 경우, 그러한 불가항력에 있는 당사자의 의무불이행 또는 이행지체는 본 계약의 위반으로 간주되지 아니한다. 이 경우 당해 당사자는 그러한 불가항력을 초래하지 않았으며 불가항력을 모면하고 그 결과를 개선하기 위하여 합당한 노력을 기울였어야 하고, 불가항력 발생일 즉시 상대방에게 그러한 사실을 통보하여 그로 인한 어떠한 손실, 지연을 최소화하도록 최선의 노력을 다하여야 한다.

---

36) 어떠한 경우가 불가항력으로 될 것인가에 대한 분쟁의 발생을 방지하게 된다. 불가항력의 기준을 명확히 한다. 파업 등 노사관계로 발생하는 부분도 고려한다. 불가항력 기간 중의 위험부담의 문제에 대하여도 민법 제537조(채무자위험부담주의) 규정을 잘 이해하여 대처할 수 있도록 해야 한다.

제12조 (본 계약의 우선 순위 및 변경)

본건 거래에 대하여는 본 계약상의 합의 내용이 가장 우선하여 적용되며, 본 계약 체결이전에 이루어진 당사자들 간의 어떠한 약정, 계약, 합의내용도 본 계약의 내용에 우선하지 못한다. 본 계약의 내용은 계약 당사자간의 서면합의에 의하지 않고서는 수정, 변경될 수 없다.

제13조 (조세 및 비용부담)

본 계약의 체결 및 이행과 관련하여 각 당사자에게 부과되는 조세 및 각 당사자에게 발생한 변호사, 재정자문인, 회계사에 대한 수수료와 지급금 등 제반비용은 본 계약에서 달리 정하지 아니하는 한 각자 부담한다.

제14조 (본 계약의 해석)

본 계약의 해석은 대한민국의 법률 및 신의성실의 원칙에 따라 당사자들의 계약 체결 당시의 진의에 가장 부합하도록 해석되어야 한다. 또한, 본 계약 각 조항의 제목은 단순한 편의에 의해 기재된 것일 뿐 본 계약의 해석과 관련하여 법률적으로 어떠한 영향도 주지 아니한다.

제15조 (비밀유지)[37]

15.1 매도인 및 매수인은 본 계약의 체결과정 및 이행과정을 통하여 제공받거나 알게 된 각 상대방 당사자의 비밀을 다음 각 호의 경우를 제외하고는 누설하거나 제공받은 목적 이외로 사용하지 않는다.
  (a) 당해 정보가 그 상대방으로부터 알게 되기 이전에 그 당사자가 소유하고 있었음을 서면 증거로써 증명하는 경우
  (b) 당해 정보가 그 당사자의 귀책사유 없이 공지의 사실이 되었거나 이미 공지의 사실인 경우
  (c) 상대방 당사자의 동의가 있는 경우
  (d) 전문조력가(변호사, 회계사, 에이전트 등 포함)에게 업무에 필요한 범위 내에서 공개하는 경우
  (e) 판결, 명령, 법령이나 규정, 정부기관, 준정부기관의 적법한 처분, 지시에 의해 그 공개가 요구되는 경우(다만, 가능한 범위 내에서 최초로 정보를 제공한 당사자에게 상기의 공개가 요구된다는 사실을 사전 통지하여야 함)

15.2. 어느 당사자가 제15.1조 각 호에 따라 비밀 사항을 제3자에게 공개하고자 하는 경우, 사전에 상대방 당사자에게 동 공개의 사유 및 공개가 요구되는 내용에 대해 서면으로 통지를 하고, 상대방 당사자와 공개의 범위, 내용 및 문구 등에 대해 협의를 하여야 한다.

15.3. 본 조에 따른 각 당사자의 의무는 본 계약의 해제일 또는 이행일 이후 [5년]간 존속한다.

---

37) 거래에 따라서는 산업재산권과 관련된 제반 기술 및 노하우가 누출될 수도 있으므로 비밀유지에 대한 조항에 만전을 기할 필요가 있다. 특히 앞서 본 자료제공의무가 기재될 경우 더욱 그러하다.

제16조 (별첨 문서 등의 효력)

본 계약에 별첨된 문서나 기재사항은 모두 본 계약의 일부를 이루는 것으로서 본 계약 본문과 동일한 효력을 가진다. 다만, 본 계약에 별첨된 문서의 기재내용이 본 계약 본문의 내용과 모순, 상충되는 경우에는 본 계약 본문이 우선하여 적용된다.

제17조 (준거법 및 분쟁의 해결)[38]
본 계약의 준거법은 대한민국의 법률로 한다. 본 계약과 관련하여 당사자간에 분쟁이 발생할 경우, 당사자들은 신의와 성실로서 상호 원만한 합의에 의하여 해결하고자 노력 하여야 하며, 위 분쟁이 원만히 해결될 수 없을 때에는 서울중앙지방법원을 전속적이고 배타적인 합의관할 법원으로 하는 소송에 의하여 이를 해결한다.

제18조 (통지)

18.1. 본 계약과 관련한 모든 통지와 연락은 서면으로 작성하여 직접 전달하거나, 팩스, 우편 또는 택배서비스 등을 통해 각 당사자의 아래 주소지로 발송 및 전달되어야 한다.

(1) 매도인에 대하여

　 회 사 명: A 주식회사
　 주　소:
　 팩스번호:
　 전화번호:
　 참　조: 대표이사

(2) 매수인에 대하여

　 회 사 명: B 주식회사
　 주　소 :
　 팩스번호 :
　 전화번호 :
　 참　조: 대표이사

18.2. 본 계약과 관련한 모든 통지와 연락은 수령 당사자에게 도달된 때에 효력이 발생한다. 반대의 증거가 없는 한, (i) 직접 전달된 통지나 수령은 수령사실이 확인되는 수령증에 기재된 날, (ii) 팩스나 택배서비스로 발송된 통지나 연락은 그 발송일의 다음날, (iii) 등기우편이나 내용증명우편으로 발송된 통지나 연락은 그 발송일을 포함하여 그 날로부터 4일이 경과된 날, (iv) 배달증명우편으로 발송된 통지나 연락은 우편배달증명서에 기재된 날을 각각 그 도달일로 본다.

---

38) 중재에 관하여 합의하고자 할 때에는 그 장단점을 충분히 고려하여 정하도록 한다. 대한상사중재원의 홈페이지를 참조해 보자.

제19조 (기타)

19.1 본 계약의 어느 일방 당사자가 본 계약의 어느 규정 위반 또는 불이행에 대하여 권리를 행사하지 않는 경우 동 규정에 대해 장래에도 권리 행사를 하지 않는다는 의사표시로 해석되지 아니하며 본 계약의 다른 규정의 위반에 대한 권리를 포기하는 것으로 해석되지 아니한다.

19.2 무효조항의 대체
본 계약상 어느 조항이 관계법령의 위반 기타 어떠한 사유로 무효가 되거나 실행 불가능할 경우 그러한 조항의 무효 또는 실행불능으로 인하여 본 계약 자체가 바로 무효화되지는 아니한다. 이 경우 본 계약의 당사자는 신의성실로써 무효 또는 실행불능인 조항을 대체하여 당초의 본 계약의 취지에 부합하는 내용으로 본 계약을 수정하도록 노력하여야 하되 다만, 당사자간 합의의 불성립 등으로 그와 같은 수정이 불가능하고 그로 인하여 본 계약의 목적달성이 불가능할 경우 본 계약은 무효로 된다.

19.3 포기
  (a) 본 계약의 일방 당사자의 의무 이행 또는 기타 행위에 대한 기한 (b) 본 계약 또는 이에 따라 전달된 문서상의 진술 및 보장에 있어 부정확한 사실 (c) 본 계약에 포함된 계약이나 조건의 준수는, 상대방 당사자에 의해 연장되거나 경우에 따라 포기될 수 있다. 그러한 연장이나 포기는 각 당사자들이 서명하고 그들을 구속하는 서면 증서에 규정된 경우에만 유효하다.

제20조 (본 계약의 성립 및 효력발생)
본 계약은 본 계약 체결일에 매도인과 매수인이 본 계약서에 모두 서명 또는 날인함과 동시에 성립되고, 그 즉시 효력이 발생한다.

별첨)[39] ―생략―

이상과 같이 본 계약을 체결하고 이 사실을 증명하기 위하여 본 계약서 2통을 작성하여, 매도인과 매수인이 각각 서명·날인하고 각 1통씩 보관하기로 한다.

2008. 12.   .

매도인: A 주식회사

주소:

직책 및 성명: 대표이사[40] ○○○

---

39) 해당 계약과 관련하여 별도의 첨부서류가 있는 경우에는 첨부서류명과 부수를 기재한다.
40) 공동대표인 경우 대표자 전원을 기재한다. 사장, 회장, 전무 등이 대표이사인 경우도 있으므로 그 직책을 그대로 기재하도록 한다.
     대법원 1992. 10. 27. 선고 92다19033 판결: 회사가 공동대표이사에게 단순한 대표이사라는 명칭을 사용하여 법률행위를 하는 것을 용인 내지 방임한 경우에도 회사는 상법 제395조에 의한 표현책임을 면할 수 없고, 공동대표이사가 단독으로 회사를 대표하여 제3자와 한 법률행위를 추인함에 있어 그 의사표시는

```
         (서명)_____(인)


         매수인: B 주식회사


         주소:


         직책 및 성명: 대표이사 ○○○


         (서명)_____(인)
```

3. 근로계약서의 기본형식 및 표준근로계약서

근로기준법 제17조에 따르면, 사용자는 근로계약을 체결할 때 근로자에게 (i) 임금, (ii) 소정근로시간, (iii) 근로기준법 제55조에 따른 유급휴일, (iv) 근로기준법 제60조에 따른 연차 유급휴가 및 (v) 그 밖에 대통령령으로 정하는 근로조건[41]을 명시하여야 한다. 나아가, 근로자의 요구와 관계없이 임금의 구성항목・계산방법・지급방법 및 위 (ii)~(iv)의 사항이 명시된 서면을 근로자에게 교부할 것을 요구하고 있다. 만일 사용자가 이를 위반할 경우에는 500만원 이하의 벌금에 처해진다(근로기준법 제114조).

따라서, 근로계약을 서면으로 체결하는 경우라면 이러한 사항들을 처음부터 계약서에 반영해두는 것이 효율적이다.[42] 고용노동부에서는 산업현장에서 근로계약을 서면으로 체결하는 문화가 정착되도록 지원하기 위하여 이러한 사항들이 반영된 표준근로계약서 양식을 5가지 유형별로 작성하여 홈페이지에 게시하고 있다.[43] 이 중 가장 일반적인 근로계약서 양식은 아래와 같다.

단독으로 행위한 공동대표이사나 그 법률행위의 상대방인 제3자 중 어느 사람에게 대하여서도 할 수 있다.
41) 근로기준법 시행령 제8조는 현재 다음과 같은 세 가지 사항을 명시할 것을 요구하고 있다.
　　1. 취업의 장소와 종사하여야 할 업무에 관한 사항
　　2. 법 제93조 제1호부터 제12호까지의 규정에서 정한 사항
　　3. 사업장의 부속 기숙사에 근로자를 기숙하게 하는 경우에는 기숙사 규칙에서 정한 사항
42) 구두계약만 체결한 경우라면, 지체없이 이러한 사항을 명시한 서면을 근로자에게 제공하도록 자문하여야 할 것이다.
43) 고용노동부 홈페이지(www.moel.go.kr/news/notice/noticeView.do?bbs_seq=1412901295626) 참조.

표준근로계약서

_____ (이하 "사업주"라 함)과(와) _____ (이하 "근로자"라 함)은 다음과 같이 근로계약을 체결한다.

1. 근로계약기간: _____년___월___일부터 _____년___월___일까지

  ※ 근로계약기간을 정하지 않는 경우에는 "근로개시일"만 기재

2. 근 무 장 소:
3. 업무의 내용:
4. 소정근로시간: 시   분부터   시   분까지 (휴게시간: 시   분~   시   분)
5. 근무일/휴일: 매주   일(또는 매일단위)근무, 주휴일 매주   요일
6. 임   금
  - 월(일, 시간)급: 원
  - 상여금: 있음 (   )   원, 없음 (   )
  - 기타급여(제수당 등): 있음 (   ),   없음 (   )
    ·   원,   원
    ·   원   원
  - 임금지급일: 매월(매주 또는 매일)   일(휴일의 경우는 전일 지급)
  - 지급방법: 근로자에게 직접지급(   ), 근로자 명의 예금통장에 입금(   )
7. 연차유급휴가
  - 연차유급휴가는 근로기준법에서 정하는 바에 따라 부여함
8. 사회보험 적용여부(해당란에 체크)
  ☐ 고용보험   ☐ 산재보험   ☐ 국민연금   ☐ 건강보험
9. 근로계약서 교부
  - 사업주는 근로계약을 체결함과 동시에 본 계약서를 사본하여 근로자의 교부요구와 관계없이 근로자에게 교부함(근로기준법 제17조 이행)
10. 기   타
  - 이 계약에 정함이 없는 사항은 근로기준법령에 의함

     년   월   일

(사업주) 사업체명: (전화:)
       주   소:
       대 표 자: (서명)
(근로자) 주   소:
       연 락 처:
       성   명: (서명)

근로자가 18세 미만인 경우에는 그 연령을 증명하는 가족관계기록사항에 관한 증명서와 친권자 또는 후견인의 동의서를 사업장에 비치하여야 하므로(근로기준법 제66조) 근로계약서에 근로자에게 이러한 서류를 제출할 의무를 부과하는 조항을 포함시켜두는 것이 바람직하다. 나아가, 15세 이상 18세 미만의 경우에는 근로시간에 제한이 있으므로(근로기준법 제69조), 그러한 제한을 초과하지 않는 범위에서 근로시간을 정하여야 할 것이다. 한편, 15세 미만의 경우에는 근로기준법 제64조에 따라 고용노동부장관이 발급한 취직인허증을 지닌 경우에 한하여서만 취업이 허용되므로, 15세 미만의 근로자를 채용하는 경우에는 계약서에 근로자로 하여금 취직인허증을 제출하도록 규정하는 것이 바람직하다. 한편, 근로기준법 제20조는 "사용자는 근로계약 불이행에 대한 위약금 또는 손해배상액을 예정하는 계약을 체결하지 못한다."라고 규정하고 있으므로, 근로계약서에 위약금 또는 손해배상액 예정조항이 포함되지 않도록 유의하여야 한다.[44]

4. 채권양도계약서[45][46]

채 권 양 도 계 약

채무자 을은 채권자 갑에 대하여 부담하고 있는 차용금채무(차용금   원, 차용일 20 . . . 변제기일 20 . . ., 이자 월   %)의 변제로써,[47] 을이 제3채무자 병(주민등록번호: , 주소:)에 대해 갖는 채권을 아래와 같이 갑에게 양도한다.

---

44) 대법원 2008. 10. 23. 선고 2006다37274 판결: 이 사건 약정은 근로자인 피고가 사용자에게 영업비밀을 침해하지 않고 약정한 10년 동안 근무하겠다는 등을 약속하면서 만약 이를 이행하지 않을 때에는 10억원을 지불하기로 하는 내용이라는 것인바, 이는 피고가 약정 근무기간 이전에 퇴직하는 등 위 약속을 위반하기만 하면 그로 인하여 사용자에게 어떤 손해가 어느 정도 발생하였는지 묻지 않고 바로 미리 정한 10억원을 사용자에게 손해배상액으로 지급하기로 하는 것이므로, 구 근로기준법 제27조가 금지하는 전형적인 위약금 또는 손해배상액의 예정에 해당하여 그 효력을 인정할 수 없는 것이다.

45) 대법원 2008. 2. 14. 선고 2007다77569 판결: 채권의 양수인이 양도인으로부터 채권양도통지 권한을 위임받아 대리인으로서 그 통지를 함에 있어서 그 통지가 본인인 채권의 양도인을 위한 것임을 표시하지 아니한 경우라도 채권양도통지를 둘러싼 여러 사정에 비추어 양수인이 대리인으로서 통지한 것임을 상대방이 알았거나 알 수 있었을 때에는 민법 제115조 단서의 규정에 의하여 유효하게 되나(대법원 2004. 2. 13. 선고 2003다43490 판결 참조), 이는 채권의 양수인이 양도인으로부터 채권양도통지 권한을 위임받아 그에 대한 대리권을 가지고 있음을 전제로 하는 것이다.

46) 대법원 2008. 9. 11. 선고 2008다38400 판결: 지명채권의 양도는 양도인이 확정일자 있는 증서에 의하여 채무자에게 통지하거나 채무자가 승낙하지 아니하면 채무자 이외의 제3자에게 대항하지 못한다고 규정하고 있는바, 여기서 확정일자란 증서에 대하여 그 작성한 일자에 관한 완전한 증거가 될 수 있다고 법률상 인정되는 일자로서 당사자가 나중에 변경하는 것이 불가능한 확정된 일자를 가리키고, 확정일자 있는 증서란 위와 같은 일자가 있는 증서로서 민법 부칙(1958. 2. 22. 법률 제471호, 이하 '부칙'이라고만 한다) 제3조 소정의 증서를 말하며(대법원 1988. 4. 12. 선고 87다카2429 판결; 대법원 2000. 4. 11. 선고 2000다2627 판결 등 참조), 채권자가 채권양도통지서에 공증인가 합동법률사무소의 확정일자 인증을 받아 이를 채무자에게 통지한 경우에도 확정일자 있는 증서에 의한 채권양도의 통지가 있었다고 해석하는 것이 당원의 판례이다.

47) 대법원 1981. 10. 13. 선고 81다354 판결: 채권자에 대한 채무변제를 위하여 어떤 다른 채권을 채권자에게 양도함에 있어서는 특단의 사정이 없는 한, 그 채권양도는 채무변제를 위한 담보 또는 변제의 방법으로 양도되는 것이지 채무변제에 갈음하여 양도되어 원채권이 소멸하는 것이 아니다.

아 래

제1조 (양도채권)

  을이 병에게 20 . . .부터 20 . . .까지의 사이의 ○○물품을 판매하고 현재 받지 못한 합계 원의 외상매출채권.

제2조 (양도통지)

  을은 본 계약체결 후 지체 없이 병에게 확정일자가 있는 증서로써 병에게 채권양도의 통지를 하거나 또는 병의 승낙을 받는다.

  단, 갑도 위와 같은 채권양도통지권한을 행사할 수 있고, 이 계약으로써 갑에게 그 권한을 위임한다.

제3조 (담보책임)

  을은 본 양도채권에 대해 병으로부터 상계 그 밖에 을에게 대항할 수 있는 사유 또는 제3자에 의한 압류 등 어떠한 하자나 부담이 없는 것을 보증한다.

제4조 (변제)

  갑이 병으로부터 위 양도채권을 변제받게 되면 을의 병에 대한 위 채무는 그 변제받은 금액의 한도 내에서 소멸한다.

  이 계약을 증명하기 위하여 계약서 2통을 작성하여 갑과 을이 서명·날인한 후 각각 1통씩 보관한다.

20 . . .

갑: － 생략 － (인)
주소: －생략－

을: － 생략 － (인)
주소: －생략－

5. 화해계약서[48]

합 의 서

피해자 (갑):　　　　　　　－생략－
가해자 (을):　　　　　　　－생략－
자동차보유자 (병):　　　　－생략－
　[사고내용]
　　－사고일시: 20 . . . 20:30경
　　－사고장소: 서울시 서초구 서초동 123번지 앞 도로상
　　－가해차량번호:　　　호

위 사고와 관련하여 아래와 같이 합의한다.

아 래

제1조 (손해배상 책임 인정)
　을과 병(모두를 '가해자 측'이라고도 한다)은 위의 교통사고로 인하여 갑을 사망하게 한 사실을 인정하고 이로 인한 손해를 연대하여 배상하기로 합의한다.

제2조 (배상받을 자의 범위)
　갑의 유족으로는 상속인인 배우자 ○○○와 자녀 ○○○(7세)가 있고, 어머니 ○○○와 형제 2명(○○○, ○○○)이 있는데(모두를 '피해자측'이라고도 한다) 배우자 ○○○와 형제 중 ○○○가 나머지 사람들로부터의 적법한 대표로 합의한다.

제3조 (합의금액)
　가해자측이 지급할 합의금액은 합계 금　　원으로 정하고 피해자측에서는 나머지의 청구를 포기함과 동시에 위 금액 외에는 서로간에 아무런 권리 또는 청구권이 없음을 확인한다.

제4조 (지급방법)
　위 합의금 총액　　원 중 금　　원은 자동차손해배상보장법에 의거하여 ○○○가 수령한 보험금으로써 이에 충당하고 나머지 금원은 20 . . . 금　　원, 20 . . . 금　원으로 2회 분할하여 ○○○의 은행계좌(○○은행 계좌번호 ○○○)에 입금하는 것으로 종결한다.

제5조 (기한이익 상실 및 위약벌)
　만약 가해자측에서 위 돈을 약정기일에 입금하지 아니하면 즉시 그때까지의 미지급금 전부

---

48) 대법원 2002. 9. 4. 선고 2002다18435 판결: 민법상의 화해계약을 체결한 경우 당사자는 착오를 이유로 취소하지 못하고, 다만 화해 당사자의 자격 또는 화해의 목적인 분쟁 이외의 사항에 착오가 있는 때에 한하여 이를 취소할 수 있으며, 여기서 '화해의 목적인 분쟁 이외의 사항'이라 함은 분쟁의 대상이 아니라 분쟁의 전제 또는 기초가 된 사항으로서, 쌍방 당사자가 예정한 것이어서 상호 양보의 내용으로 되지 않고 다툼이 없는 사실로 양해된 사항을 말하는 것이라 할 것이다.

와 그에 대한 연 20%의 지연이자, 그리고 약속불이행에 대한 위약벌로써 금   원을 합한
돈을 별도의 최고 없이 바로 지급한다.

제6조 (담보제공)
　병은 본건 손해배상채무의 지급을 담보하기 위하여 자기 소유인 아래 부동산에 근저당권을
설정하며, 20 ． ． ．까지 근저당권설정 등기절차를 이행한다.

이 계약을 증명하기 위하여 계약서 2통을 작성하여 가해자측에서 1통, 피해자측에서 1통을 보
관한다.

20 　 ．　 ．　 ．

　　　　　　　갑의 배우자 ○○○ (인)
　　　　　　　주소: － 생략 －
　　　　　　　갑의 형 ○○○ (인)
　　　　　　　주소: － 생략 －

　　　　　　　을 ○○○ (인)
　　　　　　　병 ○○○ (인)
　　　　　　　위 을, 병의 주소: － 생략 －

＜근저당할 부동산의 표시＞
－ 생략 －

첨부: 위임장 1통

6. 상속재산분할협의서[49]

상속재산분할협의

20 . . . 김갑동－주소, 주민등록번호 생략－의 사망으로 인하여 개시한 상속에 있어 공동상속인 박○○, 김1, 김2, 김3은 아래와 같이 상속재산을 분할하기로 협의한다.

아 래

1. 상속재산 중 서울 －이하 생략－ 소재 대 100㎡ 토지는 박○○의 소유로, 서울 －이하 생략－ 소재 ○○아파트 101동 112호는 김1의 소유로 한다.
2. 상속재산 중 예금(○○은행, 계좌번호 －생략－, 금   원)은 김2의 소유로 한다.
3. 상속재산 중 자동차(그랜저 승용차 차량번호 호), 골프회원권(○○골프장, 회원번호 ○○○)은 김3의 소유로 한다.

위 협의를 증명하기 위하여 이 협의서 4통을 작성하여 각자 1통씩 보관한다.

20 . . .

박○○ (인)
　－ 주소 생략 －
김1　 (인)
　－ 주소 생략 －
김2　 (인)
　－ 주소 생략 －
김3　 (인)
　－ 주소 생략 －

---

49) 대법원 2002. 7. 12. 선고 2001두441 판결: 공동상속인 상호간에 상속재산에 관하여 협의분할이 이루어짐으로써 공동상속인 중 일부가 고유의 상속분을 초과하는 재산을 취득하게 되었다고 하여도 이는 상속개시 당시에 소급하여 피상속인으로부터 승계받은 것으로 보아야 하고 다른 공동상속인으로부터 증여받은 것으로 볼 수 없으며, 상속세및증여세법 제31조 제3항에서 "상속개시 후 상속재산에 대하여 등기·등록·명의개서 등(이하 '등기 등'이라 한다)에 의하여 각 상속인의 상속분이 확정되어 등기 등이 된 후 그 상속재산에 대하여 공동상속인 사이의 협의에 의한 분할에 의하여 특정상속인이 당초 상속분을 초과하여 취득하는 재산가액은 당해 분할에 의하여 상속분이 감소된 상속인으로부터 증여받은 재산에 포함한다."고 규정하고 있는 것은 각 상속인의 상속분이 확정되어 등기 등이 된 후 상속인들 사이의 별도 협의에 의하여 상속재산을 재분할하는 경우에 적용된다.

7. 부부재산계약서[50]

부 부 재 산 계 약

부(夫)　　　　김갑동
　　　　　　　주 소: － 생략 －
　　　　　　　등록기준지: － 생략 －

처(妻)　　　　박을녀
　　　　　　　주 소: － 생략 －
　　　　　　　등록기준지: － 생략 －

위 당사자는 혼인을 함에 있어 혼인신고를 하기 전에 아래와 같이 계약한다.

아　래

1. 특유재산
　가. 부의 재산
　－ 부동산표시 생략 －
　나. 처의 재산
　－ 재산표시 생략 －
　위 특유재산에 대하여는 혼인한 후에도 각자의 재산으로 하고 각자가 사용·수익·관리한다. 이혼시 재산분할대상이 되지 아니한다.

2. 공유재산
위 특유재산 이외에는 모두 부부의 공유재산으로 한다.

위 계약을 증명하기 위하여 이 계약서 2통을 작성하여 각자 1통씩 보관한다.

　　　　　　　　　　　　20　.　.　.

　　　　　　　　　　부 김갑동 (인)

　　　　　　　　　　처 박을녀 (인)

50) 부부재산약정이 체결된 경우 등기신청 등에 대하여는 대법원 2011. 10. 21. 개정 등기예규 제1416호(부부재산약정등기 사무처리 지침) 참조.

제4절   법률의견서 작성요령

1. 법률자문목적의 법률의견서

가. 일반적인 유의사항

법률자문은, 구두 상담만으로 종결되기도 하지만, 특히 기업고객의 경우에는 서면의견서를 제공하는 것이 일반적이다. 법률의견서는 해당 쟁점 및 의견서를 요청하는 배경 등을 고려하여 의견서의 독자가 쉽게 이해할 수 있도록 적절하게 작성하면 충분하고 반드시 특정 형식에 따라야 하는 것은 아니지만, 편의상 (i) 질의와 관련된 사실관계(Facts), (ii) 질의사항(Questions Presented), (iii) 법적인 논의(Discussions), (iv) 결론(Conclusion)의 순으로 구성하는 것이 일반적이다.

사실관계는 법적인 논점이 제기되는 범위 내에서 빠뜨리지 않고 간결하게 기재하도록 한다. 변호사는 의견서를 발급하기 전 의뢰인과의 상담 및 자료검토를 통해 사실관계를 파악하는 것이 원칙이다. 그럼에도 불구하고, 현실적인 한계로 사실관계에 대한 변호사와 의뢰인의 인식이 서로 다른 경우가 발생하기도 한다. 이렇게 되면, 변호사가 제시하는 법률의견은 의뢰인에게 사실상 도움이 안 될 수가 있다. 의견서 서두에 해당 법률의견이 어떠한 사실관계를 전제로 하고 있는지 간략히 기재해두면, 의뢰인이 의견서의 의미를 제대로 이해하는 데에 도움이 될 뿐 아니라 혹시 변호사가 인식한 사실관계가 실체적 진실과 다른 경우 변호사의 면책에도 도움이 된다.

질의사항 항목에는 의뢰인이 알고자 하는 내용을 정리함으로써 이후 논리 전개의 출발점이 되도록 하는 동시에 의뢰인이 사안에 대한 문제점을 효과적으로 파악할 수 있도록 한다. 다양한 법적 논점이 제기되는 사안의 경우에는 중요한 것과 사소한 것을 구분하여 설시할 필요가 있다. 관련 사실관계가 비교적 단순한 사안에서는 사실관계와 질의사항을 하나의 항목으로 합쳐서 기재해도 무방하다.

'법적인 논의'는 의견서의 핵심으로 의견서의 신뢰도를 좌우하는 중요한 부분이다. 쟁점과 관련하여 판례가 확립되어 있는 경우에는 이를 인용하여 논리를 전개하여야 할 것이다. 만일 판례가 확립되어 있지 않고 이에 대한 학설도 나뉘고 있는 경우 또는 아예 논의조차 없는 쟁점에 대하여는, 여러 가지 가능한 논거 중 우열을 명확히 하여 더 타당한 견해를 논리적으로 도출해 내어야 하며 불필요한 장황한 전개는 피하도록 한다. 이러한 법률이론에 대한 설명을 함에 있어서는 의견서의 독자가 법률전문가인지 아닌지에 따라 적절히 수준을 조절할 필요가 있지만, 어떤 경우에도 법적인 논점과 법적인 논의가 만연히 중복되어 기술되는 것은 피하여야 할 것이다.

마지막으로, 의견서의 결론은 의뢰인이 궁금해하는 내용을 의뢰인의 입장에서 명확하게 이해할 수 있도록 효과적으로 설시한다. 특히 의뢰인이 선택할 사항이 있다면, 여러 선택지의 장단점에 대한 분석과 함께 변호사로서는 어떤 선택이 가장 합리적이라고 보는지에 대한 의견을 제시함으로써, 의뢰인이 궁금해하는 사항을 충분히 이해한 후 스스로 선택하는데 실질적인 도움을 줄 수 있도록 하는 것이 바람직하다. 법률의견서에는 통상 수신인 이외의 자가 이를 이용하여서는 안 된다는 단서를 붙이며 예민한 사안의 경우 '비밀유지특권/대외비'를 표시하기도 한다. 그러나 제3자가 이를 볼 수 있는 가능성은 항상 있으므로 이를 염두에 두고 구성이나 단어 하나하나에 주의하여야 한다.

나. 국문의견서 사례[51]

20 . . .

수 신: ○○○ 주식회사
참 조: ○○○ 귀하
제 목: 법률 의견 송부

　귀사의 20 . . .자 질의에 대하여 법적 검토를 마치고 별첨과 같은 법률 의견을 송부하오니 업무에 참고하시고 의문이 있으시면 연락하여 주시기 바랍니다.

별　　첨 :　　의 견 서

변호사 － 생략 －
주소: － 생략 －
전화번호: － 생략 －

의 견 서

Ⅰ. 사안 및 질의의 요지

　귀사는 ○○시 ○○동 일원에서 ○○아파트(이하 '이 사건 아파트'라고 합니다)를 건설하여 공급하는 주택건설사업의 시행사로서 주택공급에 관한 규칙 제8조에 따른 입주자 모집공고 승인을 거쳐 수분양자들과 이 사건 아파트의 공급계약(이하 '이 사건 분양계약'이라고 합니다)을 체결해 왔습니다.

　한편, 이 사건 분양계약서에 따르면 수분양자들은 계약금은 2회, 중도금은 6회로 각 정하여진 날짜에 분할하여 납부하도록 되어 있고, '중도금을 계속하여 3회 이상 납부하지 아니하여 14일 이상의 유예기간을 정하여 2회 이상 최고하여도 납부하지 아니한 때'에는 귀사가 이 사건 분양계약을 해제할 수 있도록 규정되어 있습니다. 그런데, 수분양자 ○○○은 계약금 2회

---

51) 실제 사용된 의견서를 활용하였다.

분만을 납부한 채 1차, 2차, 3차 각 중도금 3회분을 전혀 납부하지 아니하였고, 이에 귀사는 2008. 2. . 및 2008. 6. . 2회에 걸쳐 위 수분양자에 대하여 이를 납부하도록 최고하였는데, 그럼에도 불구하고 위 수분양자는 2008. 9. .에 이르러서야 비로소 중도금 1회분 금 22,401,000원의 반액에도 못 미치는 금 10,000,000원만을 납부하였습니다.

이와 같은 상황 하에서, 귀사는 다음 사항에 관하여 질의하셨습니다.

가. 귀사가 위 수분양자에 대하여 이 사건 분양계약을 해제할 수 있는지 여부

나. 이 사건 분양계약의 해제시 귀사가 위 수분양자에 대하여 위약금 이외에, 이 사건 분양계약서 제4조 제3항 소정의 중도금 납부 지연에 대한 "연체료"를 추가로 청구할 수 있는지 여부

Ⅱ. 검토 의견

1. 질의사항 가.에 대한 검토

가. 이행지체에 있어 해제권 발생의 요건

민법 제544조 본문은 "당사자 일방이 그 채무를 이행하지 아니하는 때에는 상대방은 상당한 기간을 정하여 그 이행을 최고하고 그 기간 내에 이행하지 아니한 때에는 계약을 해제할 수 있다"라고 규정하고 있는바, 이행지체를 이유로 한 해제권은 채무자의 이행지체가 있고, 채권자가 상당한 기간을 정하여 그 이행을 최고하였는데도 채권자가 그 기간이 지나도록 그 의무를 이행하지 않을 경우에 비로소 발생한다고 할 것입니다(즉, 채무자의 이행지체가 있다고 하더라도 바로 해제권이 발생하는 것은 아닙니다).

나. 수분양자의 이행지체 여부

따라서, 귀사가 이 사건 분양계약을 해제하기 위해서는 이러한 해제권의 발생요건이 모두 충족되어야 할 것인데, 먼저 위 수분양자의 이행지체가 있었는지 여부에 대하여 살펴보면, 이 사건 분양계약서 제2조 제1항 제1호는 "중도금을 계속하여 3회 이상 납부하지 아니하여 14일 이상의 유예기간을 정하여 2회 이상 최고하여도 납부하지 아니한 때" 귀사가 이 사건 분양계약을 해제할 수 있는 것으로 규정하고 있으므로, 위 수분양자의 이행지체는 "중도금을 계속하여 3회 이상 납부하지 아니한 때"에 성립한다고 보아야 할 것입니다.

이 사건 분양계약서에 따르면 중도금 1회분은 2007. 8. 5.에, 2회분은 2007. 12. 5.에, 중도금 3회분은 2008. 4. 5.에 각 납부하도록 예정되어 있는데, 위 수분양자는 2008. 4. 5.까지 이를 납부하지 아니함으로써 중도금 3회분의 납부예정일을 도과하였는바, 일응 그 다음날인 2008. 4. 6.에는 이행지체에 빠진 것으로 볼 수 있을 것입니다. 다만, 위 수분양자는 2008. 9. . 중도금 1회분 중 일부인 10,000,000원을 납부하였다고 하므로, 이러한 채무의 일부 이행이 이미 성립한 이행지체에 어떠한 영향을 미치는 것인지가 문제될 것입니다.

살펴건대, 위 수분양자의 중도금 1회분 중 일부의 납부는 2008. 9. .에 이루어진 것으로서,

당초 중도금 1회분에 대한 납부예정일이 2007. 8. 5.에 비하여 무려 1년이나 지연되었던 점, 변제의 제공은 채무의 내용에 좇은 완전한 이행이어야 유효할 것인데 위 수분양자는 중도금 1회분 22,401,000원의 반액에도 못 미치는 10,000,000원만을 납부하였으므로 채무의 내용에 좇은 완전한 이행이라 할 수 없는 점, 대법원 역시 2005. 8. 19. 선고 2003다22042 판결에서 "채무자가 이행지체에 빠진 이상, 채무자의 이행제공이 이행지체를 종료시키려면 완전한 이행을 제공하여야 하므로, 채무자가 원본뿐 아니라 지연이자도 지급할 의무가 있는 때에는 원본과 지연이자를 합한 전액에 대하여 이행의 제공을 하여야 할 것이고, 그에 미치지 못하는 이행제공을 하면서 이를 원본에 대한 변제로 지정하였더라도, 그 지정은 민법 제479조 제1항에 반하여 채권자에 대하여 효력이 없으므로, 채권자는 그 수령을 거절할 수 있다"라고 판시하여 금전지급채무를 부담하는 채무자가 그 전액의 이행제공을 하지 아니하였을 경우 그 변제의 효력을 인정하지 않고 있는 점 등을 고려할 때, 위 수분양자의 일부 채무의 이행을 가지고는 이미 성립한 이행지체가 종료된다고 볼 수 없을 것입니다.

다. 귀사의 "최고"의 적법여부

이 사건 분양계약서 제2조 제1항 제1호는 "… 14일 이상의 유예기간을 정하여 2회 이상 최고하여도…"라고 규정하고 있는바, 이는 일반적으로 채무자의 이행지체가 성립한 후 채권자가 상당한 기간을 정하여 한번만 최고하면 해제권이 발생하는 것으로 되어 있는 민법의 규정과 달리 귀사와 수분양자 사이에는 2회 이상 최고가 이루어졌음에도 미납시 비로소 해제권이 발생하는 것으로 약정한 것으로 해석되고, 또한 이러한 최고에 있어서 상당한 기간에 관하여도 이를 14일 이상으로 하기로 약정한 것으로 이해됩니다.

그런데, 귀사는 위 수분양자에게 14일 이상의 유예기간을 정하여 중도금 납부를 독촉하는 공문을, 1차로 2008. 6. 25.에 보내고(이하 '1차 최고'라고만 합니다), 2차로 2008. 7. 3.에 다시 보냈는데(이하 '2차 최고'라고만 합니다), 2차 최고는 1차 최고일로부터 14일이 채 경과하지 않은 시점에 이루어졌는바, 과연 위 2차 최고가 해제권 발생을 위한 최고로서 유효한 것인지가 문제될 수 있습니다.

살피건대, 이 사건 분양계약서상 당사자의 의사는 분양계약의 해제를 위하여 1차 최고와 2차 최고의 2회의 최고가 있어야 하며, 이러한 각 최고 역시 각 14일 이상의 유예기간을 성할 것을 특약하였다고 할 것인데*(즉, 1차 최고 후 14일 이상이 경과하여도 채무자의 이행이 없을 경우 다시 2차 최고를 하고, 그 후 14일 이상이 경과하여도 채무자의 이행이 없다면 그 때 비로소 해제권이 발생하는 것으로 특약하였다고 볼 것입니다), 귀사는 1차 최고가 있은 2008. 6. 25.로부터 14일이 되지 아니한 2008. 7. 3.에 2차 최고를 하였으므로, 결국 위 2차 최고는 부적법한 것으로 보아야 할 것이고, 따라서 이 사건의 경우 2회의 최고요건이 충족되지 아니하여 아직 귀사에게 적법한 해제권이 발생한 것으로 볼 수는 없다고 사료됩니다.

---

* 만일 이와 같이 각 최고에 14일 이상의 유예기간이 설정되어 있다고 해석하지 아니하고, 단순히 2차 최고에만 14일 이상의 유예기간이 설정되어 있다고 해석할 경우 1차 최고를 한 당일이나 다음날에 바로 2차 최고를 하더라도 그 후로부터 14일 이상만 경과된다면 분양계약을 해제할 수 있게 되어 실질적으로 2번의 최고를 거치도록 한 당사자의 약정이 무의미하게 될 것이므로, 이와 같이 해석할 수는 없을 것입니다.

라. 소결론

따라서, 현 시점에서 귀사가 위 수분양자에 대한 해제권을 취득하지 못한 이상 이 사건 분양계약을 해제한다는 의사표시를 하여도 이는 효력이 없을 것입니다. 다만, 귀사가 이제라도 다시 14일 이상의 유예기간을 정하여 중도금 납부를 최고하고, 그 후 정해진 유예기간이 경과하도록 수분양자의 이행이 없다면 그 때에는 2회의 최고요건이 충족된 것으로 보아 이 사건 분양계약을 해제할 수 있을 것입니다.

한편, 정해진 기간 동안 채무의 이행이 없으면 위 기간의 도과로서 바로 해지권이 행사되는 것으로 간주하는 이른바 정지조건부 해제의 의사표시도 가능한 것이므로, 위 최고시 14일 이상의 구체적인 유예기간을 정하여, 그 기간 동안 위 수분양자의 이행이 없을 경우 위 기간 경과시에 자동적으로 이 사건 분양계약이 해제된다는 내용을 포함한다면, 그 후 귀사의 별도의 해제 의사표시가 없더라도 이 사건 분양계약은 위 기간의 경과로 바로 해제될 수 있을 것입니다.

2. 질의사항 2.에 대한 검토

이 사건 분양계약서 제3조 제1항은 "제2조 제1항 제1호 내지 제3호 및 제2조 제2항에 해당하는 사유로 이 계약이 해제된 때에는 공급금액 총액의 10%는 위약금으로 '갑'에게 귀속된다"라고 규정하고 있는바, 이러한 위약금은 다른 특별한 사정이 없는 한 손해배상의 예정으로서의 성질을 가지게 될 것입니다.

손해배상액의 예정은 당사자들이 미리 '채무불이행'이 있는 경우에 지급하여야 할 손해배상액을 정하여 두고 '채무불이행'이 발생하면 위약을 한 상대방에 대하여 이를 몰취하거나 상환할 수 있도록 해 두는 것인데, 이 경우 실제의 손해액이 예정된 배상액보다 많더라도 채권자는 예정된 배상액을 청구할 수 있을 뿐이며 실제의 손해액이 예정된 배상액보다 적더라도 채권자는 예정된 배상을 청구할 수 있고, 다만 예정된 손해배상액이 부당하게 과다하면 법원이 직권으로 감액할 수 있습니다(민법 제398조 제2항).

따라서, 귀사는 이 사건 분양계약의 해제시, 가사 실제의 손해액이 위약금보다 적다고 하더라도, 이와 같은 위약금이 과다하지 않는 한 이러한 위약금을 손해배상으로서 수분양자들로부터 지급받을 수 있을 것입니다.

그런데, 이러한 위약금은 이 사건 분양계약서 제3조에서 보는 바와 같이 계약의 해제를 전제로 한 것인 반면, 이 사건 분양계약서 제4조 제3항에서 규정한 연체료는 계약이 유지되고 있음을 전제로, 다만 수분양자의 중도금 및 잔금이 지급이 지체되고 있을 때 이에 대한 지체상금을 규정한 것에 불과합니다. 즉, 귀사가 수분양자로부터 중도금과 잔금 및 이에 대한 연체료까지 지급받아야 비로소 그 동시이행으로서 수분양자에게 이 사건 아파트의 소유권을 이전하고 이를 인도할 의무를 부담하게 되는 것으로서, 이는 계약이 해제되지 아니한 것을 전제로 하는 것입니다.

따라서 위약금과 연체료는 각각 그 법적 성질을 달리할 뿐만 아니라 적용되는 경우가 다른 것이어서, 만일 귀사가 이 사건 분양계약을 해제한다면 수분양자들로부터 위약금만을 지급받게 되는 것이지, 이에 더하여 지체된 중도금 및 잔금에 대한 연체료까지 지급받을 수는 없는 것이라 하겠습니다. 끝.

다. 영문의견서 사례

MEMORANDUM[52]

Date: December 23, 2008
To: ―생략―
From: ―생략―
Re: Establishment of Joint Venture Company

The purpose of this memorandum is to advise on the information and documents required in order to establish a joint venture company in Korea ("NewCo").

Broadly speaking, the establishment of NewCo is accomplished in two basic steps:

(a) **Government approval process**, namely, obtaining approval for the foreign investment under the Foreign Investment Promotion Act("FIPA"), and

(b) **Incorporation process**, namely, registration of NewCo by following the incorporation procedures set forth in the Korean Commercial Code ("KCC").

Each step is explained below.

A. Foreign Investment Approval

Prior to establishment of a corporation by a foreign party, an application for approval for the foreign investment must be made pursuant to FIPA. In that regard, the government has delegated approval authority to certain designated foreign exchange banks pursuant to FIPA. The designated banks are both Korean banks and Korean branches of foreign banks, and a foreign investor may select any of them.

The documentation required for the application for foreign investment approval is as follows:

(1) **An Application** in a prescribed form containing general information on the NewCo and each foreign investor (i.e., ABC Inc. and EFG Corporation). We will prepare the application form in Korean, subject to your provision of the following information about each a foreign investor and NewCo:
(a) The jurisdiction and address of each foreign investor's incorporation,
(b) The total paid-in capital of NewCo,
(c) The full trade name and address of NewCo,
(d) The principal businesses of NewCo, and

---

52) 영문의 변호사 의견서는 통상 'memorandum'의 표제를 사용한다.

(e) The amount of proposed foreign investment into NewCo (This amount should be stated in Korean Won). The minimum amount of foreign investment is fifty (50) million Korean Won per foreign investor.

(2) **A Power of Attorney** from each foreign investor in favor of our office in order to prepare and process the application for foreign investment before the approval authority and to establish and register NewCo upon receipt of approval. We have attached hereto a sample power of attorney form which needs to be notarized.

(3) **A good standing** of each foreign investor: We need a formal document which shows the nationality and good standing of each foreign investor.

After our receipt of the above information and the power of attorney as requested, we will submit the application to the approval authority. Foreign investment approval is usually granted within one day.

B. Incorporation of NewCo

Upon receipt of government approval of the foreign investment, NewCo may then be established, and the approved amount of foreign investment is paid into NewCo as part of the establishment procedure. While there are 4 types of companies recognized under the KCC, we assume that NewCo will be incorporated in the form of *Chusik Hoesa* (i.e., a limited stock company) in your case because a *Chusik Hoesa* is psychologically regarded by the Korean business community and public as a more prestigious type of entity. We can complete all of the necessary steps based on the power of attorney described above.

As explained above, NewCo will be established upon payment of subscription for shares of not less than fifty (50) million Korean Won by each foreign investor.

The basic steps to be taken in the incorporation of NewCo are as follows:

(1) Prepare the Articles of Incorporation ("AOI"), translate into the Korean language, and have it notarize. We have attached a sample AOI for your review and comments.

(2) Wire the funds into a foreign exchange bank in Korea in preparation of the subscription payment for the establishment of NewCo. The following is a sample bank instruction for your use.

"○○○ or other attorney designated by them from Law Offices ○○○ is authorized to withdraw all or a portion of the remitted amount of _____ _____[US dollars] sufficient to purchase _____ Won and to deposit such amount in Korean Won into a sundry account at your bank as the foreign investment pursuant to the foreign investment approval of the Government of Korea. Any remaining amount of [US dollars] not converted to Korean Won shall be returned to the following account of the remitter: _____ "

(3) Hold the inaugural shareholder' meeting. At the meeting, the directors and statutory auditor must be appointed. In the case of a *Chusik Hoesa*, the KCC

requires (i) at least one director (if the total paid-in capital of NewCo is less than 500 million Korean Won) or at least three directors (if the total paid-in capital of NewCo is 500 million Korean Won or more) and (ii) at least one statutory auditors. The statutory auditor must be a natural person.

(4) One or more of the directors must be appointed as a "Representative Director(s)" at the inaugural meeting of either shareholders or the board of directors. For your information, a Representative Director is the person who is authorized by law and the AOI to represent and bind the company (similar to a CEO or President in a US company).

Our recommendation is to have the Representative Director be elected by the general meeting of the shareholders, rather than by the Board of Directors, as an administrative convenience; that is, if the Representative Director is elected at the shareholders' meeting we may attend the meeting on behalf of the shareholders of NewCo with the power of attorney ("POA") to be provided to us and also notarize the minutes of the inaugural shareholders' meeting and register the Representative Director with the relevant court.

However, if the Representative Director is elected at the board of directors meeting, the POA from each director is additionally needed to notarize the minutes for the purpose of registration of the Representative Director.

(5) All the directors, Representative Director and statutory auditor need to send us their original Letters of Acceptance that should be signed and notarized. We have attached hereto sample form of Letter of Acceptance to be used by each director, Representative Director and auditor. If they are Korean residents, we can coordinate with them locally to obtain their Letters of Acceptance. The letters of acceptance must be signed and notarized by a notary public in the country of each person's passport issuance. Also, each person's passport must be attached to the letters of acceptance for the notarization. If notarization in the country of director or statutory auditor's passport issuance is not possible, then the letter of acceptance (together with a copy of the passport) must be notarized and consularized by consul. In case of a foreign Representative Director, we will need a copy of an official document, such as a driver's license, showing his residence address, in addition to the passport copy. There is no restriction regarding nationality of the directors or auditor.

(6) Prepare and register a corporate seal of the Representative Director. We will prepare it locally.

(7) After completion of the foregoing, we will register NewCo and its officers (i.e., the directors, statutory auditor and Representative Director) with the local district court registry office in the jurisdiction where the head office of NewCo is located. For your information, except for some out-of-pocket expenses, the following are some of the main taxes and expense for registration of NewCo:

(a) registration tax: 0.4% of the amount of paid-in capital (if the address of NewCo is located in Seoul or other metropolitan area, 1.2% is the rate).

(b) education tax: 10% of the registration tax amount as a surtax.

(c) city railroad bond: 0.1% of the amount of paid-in capital.

(8) Register NewCo with the local tax office.

C. Business Combination Report

Not necessary. Please see our email of yesterday.

D. Timing

Upon receipt of the aforementioned incorporation documents, we can establish NewCo within several days from the date of the wire transfer of the funds for subscription of NewCo shares.

2. 특정 거래의 이행과 관련한 의견서(Closing Opinion)

가. 일반적인 유의사항

국제거래 중 금융, M&A와 같이 거액의 자금 이전이 수반되는 거래의 경우에는, 자금이전의 선행조건으로 자금제공자가 해당 거래와 관련된 일정한 사항들을 확인하는 법률의견서를 요구하는 것이 일반적이다.[53] 이러한 법률의견서를 Closing Opinion이라고 한다. Closing Opinion은 특정 거래를 수행함에 있어 통상적으로 법적 확인이 필요한 사항들에 대한 의견을 개진하는 목적으로 작성되므로, 각 거래유형별로 상당히 표준화되어 있는 까닭에, 특정 유형의 거래와 관련하여 실제로 발급되는 Closing Opinion은 대체로 동일한 내용을 담고 있다. Closing Opinion을 발급하는 변호사에게 기대되는 역할의 핵심은 관련 사항들을 일일이 점검함으로써 그러한 내용으로 의견서가 실제로 발급될 수 있는 상황인지를 확인하는 것이다. 만일 해당 거래와 관련하여 표준적으로 사용되는 내용대로 의견서를 발급을 할 수 없는 어떤 상황이 존재한다면 이를 의뢰인에게 알리고 그 내용을 구체적으로 의견서에 언급하여야 할 것이다.

Closing Opinion의 기본체제는 다음과 같다.

1. 수신자
2. 해당 거래에 관한 간략한 묘사
3. 의견서 발급과정에서 검토한 서류 목록
4. 의견서 발급의 전제가 되는 사실들(assumptions)
5. 법률의견(의견서 본문)
6. 수신자가 본문에 기재된 법률의견을 참고하는 과정에서 고려하여야 하는 사항들(qualifications)
7. 발급자의 상호 및 서명

---

53) 최근에는 국내 거래와 관련하여서도 이와 같은 법률의견서를 요구하는 관행이 확립되어 가는 추세이다.

나. 영문 의견서 사례

아래 예시는 금융거래와 관련하여 발급되는 표준적인 closing opinion의 양식이다.

[Date]

To: [Name of Addressee]

            [Address]

                 Re: [   ]

Dear Sirs:

We have acted as Korean counsel to Borrower in connection with [Description of Transaction].

Unless otherwise defined herein, all terms used in this opinion shall have the respective meanings specified in the [Transaction Document].

In connection herewith, we have examined the following documents:

(a) An executed copy of the [Transaction Document];
(b) A certified copy of the Articles of Incorporation of the Borrower;
(c) An executed copy of the Power of Attorney of the Borrower;
(d) A certified copy of the Commercial Registry extracts relating to the Borrower;
(e) A certified copy of the seal certificate of the Representative Director of the Borrower; and
(f) A certified copy of the minutes of the meetings of the Board of Directors of the Borrower adopting resolutions authorizing the execution and performance of the Transaction Document].

In giving this opinion, we have assumed:

(a) that all seals and signatures are genuine, all documents submitted to us as originals are authentic, all documents submitted to us as copies conform to the originals and all documents submitted to us as drafts are the same as the final versions in all material respects;
(b) all factual statements made in such documents are correct and no revision has been made and no action has been taken up to the date of this opinion which would

make any such factual statement set forth in any such document incorrect, inaccurate or misleading;

(c) all parties to the [Transaction Documents] other than the Borrower are duly formed and validly existing as separate legal entities under the laws and regulations of their respective jurisdictions and have full power, authority and legal right to own their respective assets and carry on their respective businesses as they are now being conducted;

(d) all parties to the [Transaction Documents] other than the Borrower have the necessary corporate power and the legal capacity to enter into, sign, or as appropriate, otherwise execute or deliver the [Transaction Documents], to perform and comply with their respective obligations thereunder, and have taken all necessary corporate action to authorize the execution, delivery and performance of the [Transaction Documents];

(e) the individuals expressed to be signing, or as appropriate, the execution of the [Transaction documents] for and on behalf of the parties thereto other than the Borrower have been duly authorized and have full power to do so for and on behalf of such parties;

(f) that the copies of the Articles of Incorporation of the Borrower and the Commercial Registry extracts relating to the Borrower mentioned in paragraphs (*) and (*) above are true, complete, accurate and up-to-date;

(g) that the meetings of the Board of Directors of the Borrower mentioned in paragraph (*) above were duly held as stated in the minutes thereof and that such resolutions have not been amended or rescinded; and

(h) that the [Transaction Documents] constitute or will constitute legal, valid and binding obligations of each of the parties thereto enforceable against the respective parties in accordance with their respective terms under the laws of [Nation A] by which laws they are expressed to be governed.

[We have found nothing in our examination to indicate that such assumptions are not fully warranted or justified.][54)

As to any other matters of objective fact relevant or material to the opinions expressed herein, we have made no independent inquiry and have relied solely upon certificates or oral or written statements of officers or other representatives of the Borrower.

This opinion is given with respect to the laws of Korea in effect as of the date here of and as currently applied by the courts of Korea. As such, we neither express nor

---

54) 의견서에 대한 신뢰도를 높이기 위해 이런 문구를 삽입하기도 한다. 즉, 위에서 열거한 전제 사실들(assumptions) 의 정확성에 대하여는 별도로 확인 작업을 하지는 않았지만 최소한 통상적인 서류검토과정에서 사실이 아 닐 가능성을 암시하는 이상징후는 없었음을 확인하는 취지이다. 하지만, 이는 의견서를 발급하는 변호사의 기본적인 책무이므로, 이런 문언이 없더라도, 변호사가 고의로 허위 또는 왜곡된(misleading) 사실들을 전 제로 의견서를 발급하였다면 책임을 면할 수는 없을 것이다.

imply any opinion with respect to the laws of any other country or jurisdiction other than Korea.

Based on the foregoing and subject to the qualifications set forth below, we are of the opinion that:

1. The Borrower is a company duly incorporated and validly existing as a limited liability company (chusik hoesa) under the laws of Korea. The Borrower has full corporate power, authority and legal right to execute, deliver and perform its obligations under the [Transaction Documents] and to consummate the transactions contemplated thereunder.

2. The [Transaction Document] has been duly authorized, executed and delivered by the Borrower and the [Transaction Document] constitutes legal, valid and binding obligations of the Borrower enforceable against it in accordance with its terms and conditions under the laws of Korea.

3. The execution and delivery of, and performance of its obligations under the [Transaction Document] by the Borrower does not or will not violate the Articles of Incorporation of the Borrower, any provisions of existing laws, decrees or regulations having the force of law in Korea applicable to the Borrower.

4. The Borrower has obtained all consents, licenses, approvals and authorizations and has effected all declarations, filings and registrations, in respect of any governmental authority or agency of Korea necessary for the due execution, delivery, performance and enforceability of the [Transaction Document] other than [   ].

5. The Lender need not be licensed, qualified, registered or otherwise entitled to do business in Korea in order to enable the Lender to execute and deliver or to enforce any of its rights under the [Transaction Document].

6. The Lender shall not be deemed to be a resident of, domiciled in or carrying on business in Korea solely by reason of the execution, delivery or performance by it of the [Transaction Document] to which it is a party or the consummation of any of the transactions contemplated thereby.

7. Provided that the choice of laws of [Nation A] as the governing law of the [Transaction Document] is recognized as a valid and irrevocable choice of law under the laws of [Nation A], laws of [Nation A] will be recognized and upheld as the governing law of the [Transaction Documents] under the laws of Korea; provided that in the event of an action, proceeding or litigation in a Korean court, (i) Korean law bearing upon the capacity of the Borrower to enter into contracts and (ii)

Korean law, decrees and administrative regulations requiring governmental approvals, authorizations and consents for actions or contracts executed by the Borrower would be applied by the Korean courts.

8. The submission by the Borrower to the jurisdiction of [the courts of Nation A] is, as a matter of contract law, valid and binding and not subject to revocation. In the event that a judgment of such courts were obtained, the same would be enforced by the courts of Korea without further review on the merits; provided that (i) such judgment was final and conclusive∗ and given by a court having valid jurisdiction, (ii) the party against whom such judgment was awarded received service of process in the manner specified in the [Transaction Document] or in accordance with the laws of the jurisdiction of the court rendering judgment, otherwise than by publication or responded to the action without being served with the process, (iii) such judgment is not contrary to the public policy of Korea and (iv) judgments of the courts of Korea are accorded similar treatment under the laws of [Nation A].

9. It is not necessary to ensure the legality, validity or enforceability of the [Transaction Document] or admissibility into evidence of the [Transaction Document] in any court or arbitral proceeding that any stamp, registration, duties or similar taxes be paid in Korea on or in relation to the [Transaction Document] except that (i) a stamp tax not material in amount shall be imposed on each copy of the [Transaction Document] if it is executed in Korea and (ii) in the event of a legal proceeding in Korea, the Korean language translation of the [Transaction Document] shall be submitted to the Korean court.

10. The obligations of the Borrower under the [Transaction Document] constitute direct, unconditional, unsecured and general obligations and rank and will rank at least pari passu in priority of payment with all other direct or contingent unsecured liabilities of the Borrower, except for those preferred by the operation of law.

11. The Borrower is subject to civil and commercial law with respect to its obligations under the [Transaction Document] and neither the Borrower nor any of its assets is entitled to any immunity or privilege (sovereign or otherwise) from legal proceedings, judgment, execution, attachment or other legal process in Korea and the execution and performance of the [Transaction Document] by the Borrower do and will constitute private and commercial acts.

This opinion is subject to the following reservations and qualifications:

(a) The enforcement of the [Transaction Document] may be limited or affected by bankruptcy, insolvency, liquidation, reorganization or compulsory composition of the Borrower pursuant to the Debtor Rehabiliation and Bankruptcy Act of Korea or other similar laws generally affecting the enforcement of creditors' rights;

(b) Nothing in this opinion should be taken as indicating that the remedies of injunction (being in some instances discretionary remedies of the court) would necessarily be available with respect to any particular provision of the [Transaction Document] in any particular instance;[55]

(c) Failure to exercise a right of action for more than a certain period of time, may under certain circumstances, operate as a bar to the exercise of such right, and the failure to exercise such a right for a certain period of time may, under certain circumstances, be deemed by the Korean courts to constitute a waiver thereof; and

(d) Provisions in the [Transaction Document] that permit any party thereto or any other person to take action or make determinations, or require payments under indemnity and similar provisions, may be interpreted by a Korean court to be subject to the requirement that such action be taken or such determination be made on a reasonable basis and in good faith, and that any action or omission to act in respect of which any indemnity or other payment is required be reasonable and in good faith.

This opinion is limited to the matters addressed herein and is not to be read as an opinion with respect to any other matter. This opinion is addressed to you in connection with the [Transaction Document] and may be disclosed to and relied upon by the addressee and its respective counsel(s).

Subject to the foregoing, it may not be used or relied upon by any other person for any purpose whatsoever, other than in connection with regulatory requirements or in response to a court order, without in each instance our prior written consent.

---

55) 영국 법률사무소에서 발급하는 의견서의 경우에는 다음과 같이 specific performance 허용여부에 대해서도 단서를 다는 것이 보통이다.

"Nothing in this opinion should be taken as indicating that the remedies of <u>specific performance</u> or injunction (being discretionary remedies of the court) would necessarily be available with respect to any particular provision of the [Transaction Document] in any particular instance."

영국법상 specific performance란 채무의 내용대로 이행을 명하는 이행명령으로 우리법상 직접 강제에 해당한다. 그런데, specific performance는 형평법(Equity)상 구제수단이므로, 법적 요건이 충족되는 한 반드시 부여되어야 하는 보통법(common law)상 구제수단과는 달리, 허용 여부가 전적으로 법원의 재량에 달려 있다. 그렇기 때문에 형평법상 구제수단(equitable remedy)은 법원의 재량적 구제수단('discretionary remedies of the court')이라고 표현할 수밖에 없다. 반면, 우리 민법 제389조 제1항은 채무의 성질이 강제이행에 반하는 경우를 제외하고는 강제이행을 청구할 수 있다고 규정하고 있다. 즉, 채무의 성질이 강제이행에 반하는 경우를 제외하고는, 법원은 강제이행을 거부할 수 있는 재량권을 보유하지 않는다. 따라서, 판사의 주관적 판단이 개입할 수 있는 여지는 '채무의 성질'이 과연 강제이행에 반한다고 볼 것이냐 하는 문제로 국한되므로 이를 두고 discretionary remedy라고 하는 것은 적절하지 않다고 본다. 단순히 법적 요건의 충족 여부를 판단하는 과정에서 어느 정도 판사의 주관적 판단이 개입하는 것을 두고 discretionary remedy라고 하지는 않기 때문이다.

Very truly yours,

[ABC Law Offices]⁵⁶⁾

✱ A final and conclusive judgment refers to a judgment which conclusively determines the rights of the parties and appeal therefrom is no longer available because the party against whom enforcement is sought has exhausted all legal means of contesting the judgment under the procedural law of the jurisdiction in which the judgment was rendered.⁵⁷⁾

---

56) 의견서를 발급하는 법률사무소(law firm)의 명칭을 기재하는 것이 관행이다. 즉, 발급된 의견서는 해당 법률사무소의 공식의견으로, 해당 법률사무소가 책임을 진다는 취지이다.

57) 영미에서 'final judgment'란 통상 해당 심급의 종국판결을 가리키는 용어로 사용되므로, 그냥 'final judgment'라고만 하면 우리 식의 '확정판결'로 해석되지 않을 가능성이 높다. 이 의견서에서는 혼란을 피하기 위해 final and conclusive라고 표현하였으나, 이는 사실 영미쪽에서는 잘 사용하지 않는 표현이다 보니 여전히 전달력이 떨어질 수 있다. 이런 경우에는 이와 같이 각주로 정확한 의도를 기재해주는 것도 한 방법이다.

[저자약력]

■ 범경철 연세대학교 법과대학 졸업
　　　　　전북대학교 대학원 법학박사
　　　　　제33회 사법시험 합격
　　　　　특전사령부, 국방부 검찰관
　　　　　변호사
　　　　　영국 옥스퍼드 법대 방문교수
　　　　　사법시험, 변호사시험, 변리사시험, 입법고시, 노무사시험 출제위원
　　　　　현재, 경희대학교 법학전문대학원 교수(민사법 담당)

■ 손인혁 연세대학교 법과대학 졸업
　　　　　제38회 사법시험 합격
　　　　　헌법재판소 헌법연구관
　　　　　헌법재판연구원 제도연구팀장
　　　　　독일연방헌법재판소 파견근무
　　　　　사법시험, 변호사시험 출제위원
　　　　　현재, 연세대학교 법학전문대학원 교수(헌법, 공법실무 담당)

■ 윤태석 연세대학교 법과대학 졸업
　　　　　제26회 사법시험 합격
　　　　　변호사(김·장&리 소속)
　　　　　부산지방법원 부장판사
　　　　　변호사 시험위원
　　　　　현재, 연세대학교 법학전문대학원 교수(법조실무 담당)

■ 이미현 서울대학교 법과대학 졸업
　　　　　Harvard Law School LL.M.
　　　　　제26회 사법시험 합격
　　　　　법무법인 광장 파트너 변호사
　　　　　대한변호사협회 부협회장
　　　　　현재, 연세대학교 법학전문대학원 교수(상법, 법조실무 담당)

신법문서작성 [개정판]

2019년 8월 25일 초판 발행
2022년 6월 25일 개정판 2쇄 발행

공저자　범 경 철·손 인 혁
　　　　윤 태 석·이 미 현

발행인　배　　효　　선

발행처　도서　法 文 社
　　　　출판

주 소　10881 경기도 파주시 회동길 37-29
등 록　1957년 12월 12일　제 2-76호 (윤)
전 화　031-955-6500~6, 팩스 031-955-6500
e-mail(영업)：bms@bobmunsa.co.kr
　　　(편집)：edit66@bobmunsa.co.kr
홈페이지 http：// www.bobmunsa.co.kr

조 판　법 문 사 전 산 실

정가 29,000 원　　　　ISBN 978-89-18-91224-0